Sicher leben in Stadt und Land

Ausgewählte Beiträge des 17. Deutschen Präventionstages

16. und 17. April 2012 in München

Herausgegeben von
Erich Marks und Wiebke Steffen

Mit Beiträgen von:
Dirk Behrmann; Melanie Blinzler; Wilfried Blume-Beyerle; Holger Bölkow; Rainer Cohrs; Gunnar Cronberger; Silke Eilzer; Holger Floeting; Bernhard Frevel; Bernd Fuchs; Helmut Fünfsinn; Wolfgang Gores; Reiner Greulich; Frederick Groeger-Roth; Axel Groenemeyer; Joachim Häfele; Rita Haverkamp; Dieter Hermann; Joachim Herrmann; Guido Jabusch; Robert Kopp; Thomas Kutschaty; Olaf Lobermeier; Heinz-Peter Mair; Erich Marks; Andreas Mayer; Christian Miesner; Julia Muth; Gerd Neubeck; Sybille Oetliker; Christiane Sadeler; Martin Schairer; Karla Schmitz; Anke Schröder; Herbert Schubert; Christoph Schüle; Detlev Schürmann; Tillmann Schulze; Helmut Seitz; Norbert Seitz; Celina Sonka; Wiebke Steffen; Rainer Strobl; Christian Ude; Marie-Luis Wallraven-Lindl; Christian Weicht

Forum Verlag Godesberg GmbH 2013

Bibliographische Information der Deutschen Nationalbibliothek

Die Deutsche Nationalbibliothek verzeichnet diese Publikation in der Deutschen Nationalbibliographie: detailierte bibliografische Daten sind im Internet über http://dnb.d-nb.de abrufbar.

Satz und Layout: Karla Schmitz und Kathrin Geiß
Coverdesign: Konstantin Megas, Mönchengladbach

Gesamtherstellung: BoD - Books on Demand, Norderstedt
Printed in Germany

978-3-942865-15-9 (Printausgabe)
978-3-942865-16-6 (eBook)

Inhalt

Vorwort der Herausgeber

Der 17. Deutsche Präventionstag fand am 16. und 17. April 2012 unter der Schirmherrschaft des Bayerischen Ministerpräsidenten Horst Seehofer sowie des Oberbürgermeisters der Landeshauptstadt München Christian Ude im Internationalen Congress Center in München statt. Den fast 3.700 Teilnehmenden und Gästen, darunter 199 internationale Teilnehmende aus 37 Staaten, wurden nicht nur 50 Vorträge zum Schwerpunktthema und weiteren Präventionsthemen sowie 14 Vorträge im 6. Internationalen Forum, 54 Kurzvorträge (Projektspots) und eine Sonderveranstaltung „Sicher im Öffentlichen Personen- und Nahverkehr" geboten, sondern auch die kongressbegleitende Ausstellung mit Infoständen, Infomobilen und Sonderausstellungen mit über 200 beteiligten Organisationen und Institutionen. Darüber hinaus wurden wieder die DPT-Schüleruniversität angeboten, das DPT-Bühnenprogramm und das Filmforum.

Dieser Dokumentationsband, der als Printausgabe sowie als eBook im Forum Verlag Godesberg erscheint, enthält zum einen die Schriftfassungen der Vorträge zum Schwerpunktthema des 17. Deutschen Präventionstages „Sicher leben in Stadt und Land". Zum andern gibt die Dokumentation einen Überblick über den gesamten Kongress und enthält das Kongressgutachten sowie die ausführliche Kongressevaluation.

Wie in den Vorjahren, ist auch der 17. Kongress in der Internetdokumentation des Deutschen Präventionstages unter www.praeventionstag.de/nano.com/17-DPT umfassend dokumentiert. Hier finden sich

- Abstracts, Präsentationen und Referenteninformationen sowie (teilweise) auch Schriftfassungen der Vorträge, Projektspots und Workshops incl. der Vorlesungen im Rahmen der Schüleruniversität;
- das wissenschaftliche Kongressgutachten;
- die Münchner Erklärung des Deutschen Präventionstages und seiner Veranstaltungspartner;
- die Kongressevaluation;
- die Liste aller Fachorganisationen, die sich an der kongressbegleitenden Ausstellung beteiligt haben sowie Abstracts zu allen Präsentationen in diesem Kongressbereich;
- im Kongressbereich „Werkstatt" die Dokumentationen der Begleitveranstaltungen, der DPT-Bühne sowie des Filmforums;
- Fotos aus allen Kongressbereichen incl. eCard-Funktionen sowie Filmmitschnitte der Eröffnungs- und Abschlussveranstaltung.

Wir danken dem Bundesministerium für Familie, Senioren, Frauen und Jugend (BMFSFJ) für die finanzielle Förderung des 17. Deutschen Präventionstages, den gastgebenden Veranstaltungspartnern, dem Freistaat Bayern und der Landeshauptstadt München, für ihre inhaltliche und finanzielle Unterstützung. Unser Dank gilt auch den ständigen Veranstaltungspartnern, dem Fachverband für Soziale Arbeit, Strafrecht und Kriminalpolitik (DBH), der Polizeilichen Kriminalprävention der Länder und des Bundes (ProPK), der Stiftung Deutsches Forum für Kriminalprävention (DFK) und dem WEISSEN RING e.V. für ihre Unterstützung und aktive Mitwirkung im Programmbeirat.

Besonders danken möchten wir auch Kathrin Geiß für Texterfassung und Gestaltung dieses Dokumentationsbandes, Karla Schmitz für die Endredaktion und Carl Werner Wendland für die verlegerische Betreuung.

Erich Marks und Wiebke Steffen

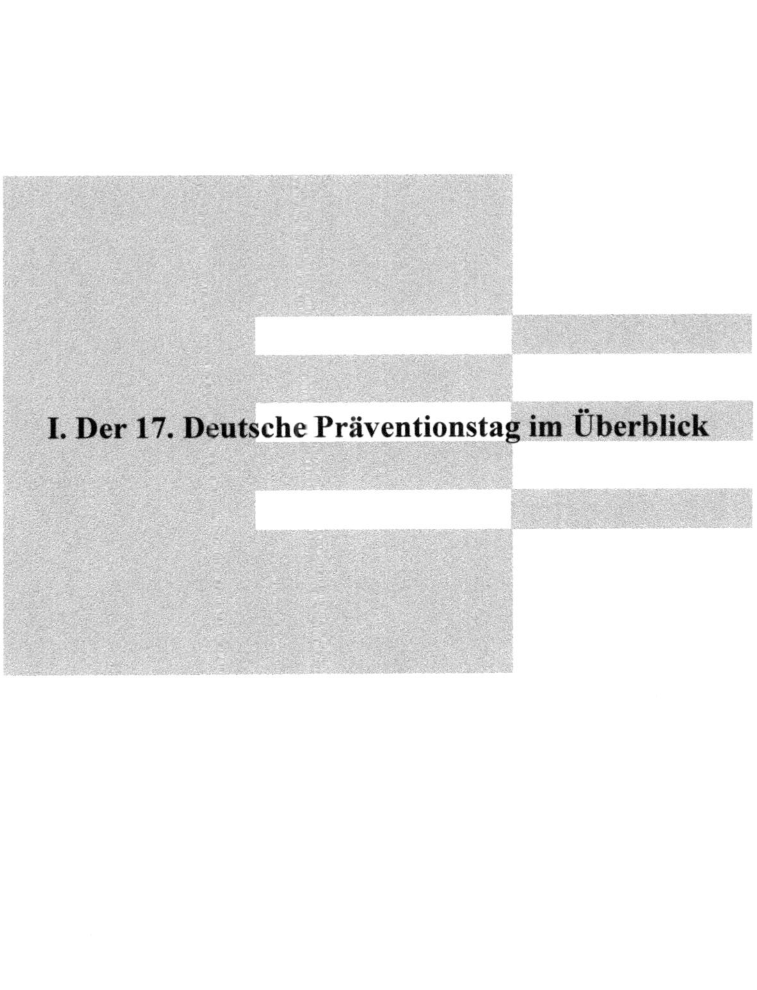

I. Der 17. Deutsche Präventionstag im Überblick

Deutscher Präventionstag und Veranstaltungspartner

Münchener Erklärung des 17. Deutschen Präventionstages

16. und 17. April 2012 in München

Sicher leben in Stadt und Land

„Sicher leben in Stadt und Land" – das bedeutet weit mehr als ein Leben in äußerer und innerer Sicherheit. Von gleich hohem Wert ist ein Leben in sozialer und wirtschaftlicher Sicherheit sowie die Verlässlichkeit und Planbarkeit des eigenen Lebens. Das ist jedoch in modernen Gesellschaften nicht mehr selbstverständlich: Grundlegende gesellschaftliche Veränderungen bringen Chancen, bergen aber auch Risiken.

Dies darf nicht zu sozialer Ungleichheit und der damit verbundenen Destabilisierung von Lebenslagen führen. Die Gewinnung von sozialer Sicherheit durch die Herstellung sozialer Gerechtigkeit ist nicht nur ein elementares menschliches Bedürfnis, sondern auch eine komplexe staatliche Aufgabe und bedeutet Prävention in einem ganz umfassenden Sinne.

Deshalb hat der 17. Deutsche Präventionstag Sicherheit zu seinem Schwerpunktthema gemacht. Auf der Basis des Gutachtens von Dr. Wiebke Steffen „Sicherheit als Grundbedürfnis der Menschen und staatliche Aufgabe" geben der Deutsche Präventionstag und seine Veranstaltungspartner DBH-Bildungswerk, Freistaat Bayern, Landeshauptstadt München, Polizeiliche Kriminalprävention der Länder und des Bundes (ProPK), Stiftung Deutsches Forum für Kriminalprävention, WEISSER RING e.V. diese **„Münchener Erklärung"** ab.

1. Der Sozialstaat als Grundlage sozialer Gerechtigkeit

Die Bundesrepublik Deutschland hat als Sozial- und Wohlfahrtsstaat die verfassungsrechtlichen Grundlagen dafür geschaffen, Desintegrationsfolgen abzumildern, soziale Ungleichheiten auszugleichen, soziale Sicherheit und Gerechtigkeit herzustellen sowie den inneren Zusammenhalt der Gesellschaft zu sichern. Der ***Deutsche Präventionstag*** *fordert die Politik nachdrücklich auf, weiterhin an dem im Grundgesetz verankerten* ***Sozialstaatsprinzip*** *festzuhalten. Eine sozial gerechte Politik muss die Chancen für ökonomische und soziale Teilhabe und Verwirklichung für alle Mitglieder der Gesellschaft ermöglichen. Jeder Einzelne soll im Rahmen seiner persönlichen Freiheit zu einem selbstbestimmten Leben und zu einer breiten gesellschaftlichen Teilhabe befähigt werden.*

Der wirksamen ***Vermeidung von Armut*** *kommt eine Schlüsselrolle zu: Unter den Bedingungen von Armut sind soziale Teilhabe und ein selbstbestimmtes Leben schwer möglich.*

Wenn durch soziale Prävention Einkommens-, Bildungs- und Integrationsarmut abgebaut werden soll, dann müssen – auch wegen der erheblichen regionalen Disparitäten bei allen Gerechtigkeitsdimensionen – die ***Städte und Gemeinden*** *in den Mittelpunkt rücken und umfassend unterstützt werden. Außerdem muss eine wirkungsvolle Prävention „maßgeschneidert" auf den Ort vor Ort erfolgen.*

2. Soziale Sicherheit und innere Sicherheit: Keine Kriminalpolitik anstelle von Sozialpolitik

Der ***Deutsche Präventionstag*** *spricht sich entschieden dafür aus, soziale Ängste weiterhin politisch zu thematisieren, eigenständig zu artikulieren und den „punitive turn" in anderen Staaten nicht mitzumachen, sondern ökonomisch und gesellschaftspolitisch bedingte Unsicherheit weiterhin sozialpolitisch und nicht ausschließlich kriminalpolitisch zu bearbeiten. Der politische Diskurs ist hier bislang bemerkenswert zurückhaltend gewesen; das sollte beibehalten und dem medialen wie auch manchem wissenschaftlichen Diskurs als Vorbild dienen.*

Auch wenn eine gute Sozialpolitik Kriminalität und Kriminalitätsfurcht reduzieren kann, warnt der ***Deutsche Präventionstag*** *nachdrücklich davor, Sozialpolitik als kriminalpräventive Politik einzufordern. Er spricht sich weiterhin für ein enges Verständnis von Kriminalprävention aus, in dem nur diejenigen Strategien, Konzepte und Maßnahmen als „kriminalpräventiv" bezeichnet werden, die direkt oder indirekt die Verhinderung oder Minderung von Kriminalität zum Ziel haben.*

Der ***Deutsche Präventionstag*** *weist auf den Anteil der Kriminalprävention daran hin, dass es in Deutschland bislang nicht zum „punitive turn" und zur Herausbildung einer Sicherheitsgesellschaft nach amerikanischen „Vorbild" gekommen ist, sondern die Politik der inneren Sicherheit im Grundsatz bei den Mechanismen der Integration und Pädagogisierung des Sozial- und Wohlfahrtsstaates geblieben ist - und bleiben sollte: Zum einen dadurch, dass bei der Verhinderung bzw. Minderung von Kriminalität der Prävention der Vorrang vor der Repression gegeben wird und zum andern dadurch, dass – im Falle der Repression – in der Erziehung und Resozialisierung wichtige Funktionen der Strafe gesehen werden. Beides betont den Gedanken und die Notwendigkeit der Inklusion, der sozialen Teilhabe und Partizipation.*

3. Kriminalprävention muss sich an den lokalen, sozialen und kulturellen Kontexten orientieren

Der ***Deutsche Präventionstag*** *fordert, sich kritisch auch mit den riskanten Aspekten falsch verstandener Kriminalprävention auseinanderzusetzen. Kriminalprävention muss eng verstanden werden, um die ausschließlich kriminalpolitische Bearbeitung sozialpolitischer Probleme zu vermeiden. Bei allen kriminalpräventiven Programmen, Projekten und Maßnahmen sind durch eine sorgfältige Problem- und Ursachenanalyse vor Ort die lokalen, sozialen und kulturellen Kontexte von Kriminalität in*

Betracht zu ziehen, die Notwendigkeit kriminalpräventiver Maßnahmen zu begründen und auf ihre Wirksamkeit hin zu überprüfen.

Wenn Kriminalprävention so verstanden und eingesetzt wird, dann kann sie aus Sicht des ***Deutschen Präventionstages*** *ihren Beitrag zum Abbau von Unsicherheit und Exklusion leisten und zur Förderung von sozialer Teilhabe, Integration und Solidarität.*

Hinsichtlich des Verständnisses von und der Anforderungen an Kriminalprävention und ihren Leistung(smöglichkeit)en verweist der 17. Deutsche Präventionstag auf die Verhandlungen des 12., 13., 14., 15. und 16. Deutschen Präventionstages sowie die Forderungen und Appelle der Wiesbadener „Erklärung", der „Leipziger Erklärung", der „Hannoveraner Erklärung", der „Berliner Erklärung" sowie der „Oldenburger Erklärung", deren Aktualität und Dringlichkeit unvermindert fortbestehen.

München, 17.04.2012

Erich Marks / Karla Schmitz

Zusammenfassende Gesamtdarstellung des 17. Deutschen Präventionstages

Die jährlich stattfindenden Deutschen Präventionstage verfolgen das Ziel, Kriminalprävention ressortübergreifend, interdisziplinär und in einem breiten gesellschaftlichen Rahmen darzustellen, zu erörtern und zu stärken. Dieser Sachbericht soll einen Überblick über die Struktur und die zahlreichen Themen, Sektionen und Foren des 17. Deutschen Präventionstages vermitteln, der am 16. & 17. April 2012 im Internationalen Congress Center München - ICM stattfand.

Leitbild des Deutschen Präventionstages

Das Selbstverständnis und die Rahmenziele sind kongressübergreifend in einem Leitbild formuliert: Der Deutsche Präventionstag wurde 1995 als nationaler jährlicher Kongress speziell für das Arbeitsfeld der Kriminalprävention begründet. Von Beginn an war es das Ziel, Kriminalprävention ressortübergreifend, interdisziplinär und in einem breiten gesellschaftlichen Rahmen darzustellen und zu stärken. Nach und nach hat sich der Deutsche Präventionstag auch für Institutionen, Projekte, Methoden, Fragestellungen und Erkenntnisse aus anderen Arbeitsfeldern der Prävention geöffnet, die bereits in mehr oder weniger direkten Arbeitszusammenhängen stehen. Neben der weiterhin zentral behandelten Kriminalprävention reicht das erweiterte Spektrum des Kongresses von der Suchtprävention oder der Verkehrsprävention bis hin zu den verschiedenen Präventionsbereichen im Gesundheitswesen.

Der Kongress wendet sich insbesondere an Verantwortungsträger der Prävention aus Behörden, Gemeinden, Städten und Kreisen, Gesundheitswesen, Jugendhilfe, Justiz, Kirchen, Medien, Politik, Polizei, Präventionsgremien, Projekten, Schulen, Sport, Vereinigungen und Verbänden, Wissenschaft, etc..

Der Deutsche Präventionstag will als jährlich stattfindender nationaler Kongress:

- aktuelle und grundsätzliche Fragen der verschiedenen Arbeitsfelder der Prävention und ihrer Wirksamkeit vermitteln und austauschen,
- Partner in der Prävention zusammenführen,
- Forum für die Praxis sein und Erfahrungsaustausch ermöglichen,
- Internationale Verbindungen knüpfen und Informationen austauschen helfen,
- Umsetzungsstrategien diskutieren,
- Empfehlungen an Praxis, Politik, Verwaltung und Wissenschaft erarbeiten und aussprechen.

Programmbeirat

Zur Vorbereitung eines jeden Präventionstages wird ein Programmbeirat[1] gebildet, in dem der Veranstalter sowie die gastgebenden und ständigen Veranstaltungspartner repräsentiert sind. Der Programmbeirat ist zuständig für inhaltliche Gestaltungsfragen des jeweilig anstehenden Kongresses sowie für Ausblicke und erste Vorplanungen künftiger Kongresse.

Der - wie in den Vorjahren veröffentlichte - Aufruf zur Einreichung von Vortragsthemen wurde wiederum sehr positiv aufgenommen und ergab eine große Zahl von Vorschlägen und Bewerbungen, die die Zahl der limitierten Vortragseinheiten in den verschiedenen Foren erneut deutlich überstieg.

Partner

Das Engagement und die Verbundenheit der DPT-Partner sind ein zentraler Baustein für das Gelingen des Kongresses. Allen beteiligten Entscheidungsträgern und Repräsentanten der DPT-Partner sei besonders herzlich für ihr Engagement gedankt. Insgesamt 27 Organisationen und Institutionen haben sich in unterschiedlichen Formen und vielfältigen Rollen ausdrücklich als offizielle Partner des 17. Deutschen Präventionstages mit ihrem Logo, ihrem guten Namen sowie personellen und finanziellen Ressourcen eingebracht. Ein ebenso herzlicher Dank gilt erneut dem Bundesministerium für Familie, Senioren, Frauen und Jugend sowie weiteren Bundesministerien und nachgeordneten Behörden für die Förderung des 17. Deutschen Präventionstages. Im Einzelnen waren beteiligt:

Der 17. Deutsche Präventionstag wurde vom Bundesministerium für Familie, Senioren, Frauen und Jugend (BMFSFJ) gefördert.

Gastgebende Veranstaltungspartner

- Freistaat Bayern und die Landeshauptstadt München

Ständige Veranstaltungspartner

- DBH-Bildungswerk
- Polizeiliche Kriminalprävention der Länder und des Bundes (ProPK)
- Stiftung Deutsches Forum für Kriminalprävention (DFK)
- WEISSER RING e. V.

---

1 Hubertus Andrä (Bayerisches Staatsministerium des Innern); Dr. Wilfried Blume-Beyerle (Landeshauptstadt München); Renate Engels (DBH-Bildungswerk); Prof. Dr. Hans-Jürgen Kerner (Deutsche Stiftung für Verbrechensverhütung und Straffälligenhilfe - DVS); Erich Marks (Deutscher Präventionstag - DPT); Andreas Mayer (Polizeiliche Kriminalprävention der Länder und des Bundes – ProPK); Corinna Metzner (WEISSER RING e. V.); Jürgen Mutz (Deutsche Stiftung für Ver-brechensverhütung und Straffälligenhilfe – DVS); Karla Schmitz (Deutscher Präventionstag - DPT); Norbert Seitz (Stiftung Deutsches Forum für Kriminalprävention - DFK); Dr. Wiebke Steffen (Deutscher Präventionstag - DPT)

Kooperationspartner und Sponsoren

- Bundeszentrale für gesundheitliche Aufklärung (BZgA)
- Bundeszentrale für politische Bildung (bpb)
- Deutsche Bahn AG
- Deutsche Post DHL
- Deutsche Sportjugend im Deutschen Olympischen Sportbund (dsj)
- Deutsches Jugendinstitut (dji)
- Freiwillige Selbstkontrolle Multimedia-Diensteanbieter e.V.
- Kriminologisches Forschungsinstitut Niedersachsen (KFN)
- Metro AG
- Munich RE
- proVal
- Stiftung Kriminalprävention

Partnerkongresse

- Deutscher Familiengerichtstag (DFGT)
- Deutscher Jugendgerichtstag (DJGT)

Internationale Partner

- European Forum for Urban Security, Paris (EFUS)
- giz – Deutsche Gesellschaft für Internationale Zusammenarbeit GmbH
- International Centre for the Prevention of Crime, Montreal (ICPC)
- Korean Institute of Criminology (KIC)
- UN Habitat
- WHO

Plenen

Kongresseröffnung

Montag, 16. April 2012 – 11:00 bis 12:30 Uhr

- Begrüßung des Geschäftsführers des Deutschen Präventionstages
  Erich Marks
- Grußwort des Oberbürgermeisters der Landeshauptstadt München
  Christian Ude
- Grußwort des Bayerischen Staatsministers des Innern
  Joachim Herrmann

- Grußwort des des Vorsitzenden der Deutschen Stiftung für Verbrechensverhütung und Straffälligenhilfe
  Prof. Dr. Hans-Jürgen Kerner
- Einführende Bemerkungen der DPT-Gutachterin zum Schwerpunktthema des 17. Deutschen Präventionstages
  Dr. Wiebke Steffen
- Grußwort des Präsidenten des European Forum for Urban Security
  Guilherme Pinto
- Impulsreferat – Balanced Investing in Proven Crime Prevention: A Crime Victim Right
  Prof. Dr. Irvin Waller
- Musikalische Begleitung durch das Brass-Ensemble der Bayerischen Polizei

Abendempfang
des Freistaats Bayern sowie der Landeshauptstadt München für die Teilnehmenden des 17. Deutschen Präventionstages am Montag, 16. April 2012 – 18:15 bis 20:00 Uhr

Abschlussplenum
Dienstag, 17. April 2012 – 15:00 bis 16:00 Uhr
- „Münchner Erklärung" des Deutschen Präventionstages
  Dr. Wiebke Steffen, Gutachterin des Deutschen Präventionstages
- Abschluss-Statement
  Prof. Dr. Hans-Jürgen Kerner, Kongresspräsident des Deutschen Präventionstages
- „Wege der Sicherheitsgesellschaft"
  Prof. Dr. Axel Groenemeyer, Technische Universität Dortmund
- Ausblick und Verabschiedung
  Erich Marks, Geschäftsführer des Deutschen Präventionstages

Vorträge

In Parallelveranstaltungen wurden insgesamt 50 Vorträge angeboten, die sich inhaltlich sowohl mit dem Schwerpunktthema „Sicher leben in Stadt und Land" als auch mit weiteren Themen der Prävention beschäftigten.

- Strategien gegen den sexuellen Missbrauch von Kindern
  Dr. Beate Merk, Bayerische Staatsministerin der Justiz und für Verbraucherschutz, München

- Über 300 Bürgerstiftungen in Deutschland - Antriebskräfte für die lokale Präventionsarbeit
  Prof. Dr. Christian Pfeiffer, Kriminologisches Forschungsinstitut Niedersachsen (KFN) e. V., Hannover
- Chancen der Prävention bei polizeilich mehrfach auffälligen Strafunmündigen
  Bernd Holthusen, Deutsches Jugendinstitut e. V., München
- Mediation im öffentlichen Raum am Beispiel des Münchner Gärtnerplatzes
  Dr. Eva Jüsten, Landeshauptstadt München - Sozialreferat, München
  Dr. Stefanie Wagner, Mediatorin, München
- Frühe Hilfen - Frühe Hilfen für belastete Familien in der Kommune
  Prof. Dr. Elisabeth Pott, Bundeszentrale für gesundheitliche Aufklärung (BZgA), Köln
- Jugendschutz in digitalen Welten - alles außer Kontrolle?
  Otto Vollmers, Freiwillige Selbstkontrolle Multimedia-Diensteanbieter e.V. (FSM), Berlin
- Ganzheitliche Sicherheitskonzepte setzen einen Schwerpunkt auf Prävention
  Prof. Gerd Neubeck, Deutsche Bahn AG, Berlin
- Gefühlte Sicherheiten und Sicherheitsgefährdungen – Barometer Sicherheit in Deutschland (BaSiD)
  Dr. Rita Haverkamp, Max-Planck-Institut für ausländisches und internationales Strafrecht, Freiburg im Breisgau
- Konzepte und Maßnahmen einer umfeldbezogenen Jugendkriminalprävention in Nordrhein-Westfalen
  Thomas Kutschaty, Justizminister des Landes Nordrhein-Westfalen, Düsseldorf
- Der Runde Tisch war erst der Anfang – Aufgaben und Ziele des Unabhängigen Beauftragten
  Johannes-Wilhelm Rörig, Unabhängiger Beauftragter für Fragen des sexuellen Kindesmissbrauchs, Berlin
- Wirksam Handeln bei Mobbing am Arbeitsplatz. Mobbing in gemeinsamer Verantwortung stoppen – Der "Shared Responsibility Approach"
  Detlef Beck, fairaend, Köln
  Heike Blum, fairaend, Köln
- Sind nationale Suizidpräventionsprogramme effektiv?
  Georg Fiedler, Therapiezentrum für Suizidgefährdete (TZS), Hamburg
  Prof. Dr. Dr. Armin Schmidtke, Nationales Suizidpräventionsprogramm für Deutschland, Würzburg
- Sicherheit in deutschen Städten. Ergebnisse zweier Kommunalumfragen
  Dr. Holger Floeting, Deutsches Institut für Urbanistik, Berlin
  Antje Seidel-Schulze, Deutsches Institut für Urbanistik, Berlin

- Netzwerk Rhein-Neckar - Chancen genutzt und auf Dauer angelegt
  Bernd Fuchs, Polizeidirektion Heidelberg
  Reiner Greulich, Sicheres Heidelberg e.V.
- „Das kommt aus Amerika, das geht hier nicht ...“ – Erfahrungen mit CTC in Niedersachsen
  Frederick Groeger-Roth, Landespräventionsrat Niedersachsen, Hannover
  Prof. Dr. Dr. Herbert Schubert, Fachhochschule Köln
- Kooperative Sicherheitspolitik in der Stadt - KoSiPol
  Prof. Dr. Bernhard Frevel, Fachhochschule für öffentliche Verwaltung NRW, Münster
  Christian Miesner, Westfälische Wilhelms-Universität Münster
- Missbrauchspräventionsprojekt „Kein Täter werden Bayern“
  Matthias Butz, Universität Regensburg
  Petya Schuhmann, Universität Regensburg
- Präventionsprogramm für Schulen „PIT - Prävention im Team“
  Martin Halbgewachs, Bayerisches Landeskriminalamt, München
  Gudrun Pfab, Staatsinstitut für Schulqualität und Bildungsforschung, München
- White IT / White IT Supporters e.V. - Ein Bündnis stellt sich vor
  Reinhard Crantz, White IT Supporters e.V., Hannover
- Zug um Zug ins Leben - „fairplayer“ nehmen Fahrt auf und zeigen Zivilcourage
  Prof. Gerd Neubeck, Deutsche Bahn AG, Berlin
  Prof. Dr. Herbert Scheithauer, Freie Universität Berlin
- Zum Selbstverständnis von Opferanwälten: Mittendrin statt nur dabei
  Jens Markus Rabe, PräventSozial gemeinnützige GmbH, Stuttgart
- Jugendkriminalität in städtischen und ländlichen Räumen: Perspektiven zur Prävention
  Prof. Dr. Thomas Görgen, Deutsche Hochschule der Polizei, Münster
  Benjamin Kraus, Deutsche Hochschule der Polizei, Münster
  Anabel Taefi, Deutsche Hochschule der Polizei, Münster
- Die Sicherheitspartnerschaft im Städtebau und das Qualitätssiegel „Sicheres Wohnen“ in Niedersachsen
  Achim Däbert, Nbank, Hannover
  Gabriele Lasius, Niedersächsisches Ministerium für Soziales, Frauen, Familie, Gesundheit und Integration, Hannover
  Prof. Dr. Dr. Herbert Schubert, Fachhochschule Köln
- Prävention und Intervention bei Verdacht auf sexuellen Missbrauch: Eine repräsentative Studie an Schulen und Heimen
  Elisabeth Helming, Deutsches Jugendinstitut e.V., München
  Dr. Heinz Kindler, Deutsches Jugendinstitut e.V., München

- Vorstellung des Sicherheits- und Aktionsbündnisses Münchner Institutionen (S.A.M.I)
  Robert Kopp, Polizeipräsidium München
- Wir schützen uns vor Schmutz im Netz
  Christine Bitter, Kriminalpolizeiinspektion Augsburg
- Die dunkle Seite des Netzes. Leicht verdientes Geld?!
  Benno Jahn, Polizeipräsidium München
- Nachhaltigkeit in der Kommunalen Prävention
  Melanie Blinzler, Präventionsrat Oldenburg (PRO)
- Bekämpfung der Taschen- und Handgepäckdiebstahlskriminalität - „Die Tricks der Taschendiebe"
  Reiner Holitschke, Bundespolizei, Potsdam
- Systemische Gewaltprävention - Methodischer Ansatz und praktische Erfahrungen
  Anna Rau, Deutsche Gesellschaft für Internationale Zusammenarbeit (GIZ) GmbH, Eschborn
  Dr. Tina Silbernagl, Deutsche Gesellschaft für Internationale Zusammenarbeit (GIZ) GmbH, Pretoria
- Städtebauliche Kriminalprävention
  Dr. Marie-Luis Wallraven-Lindl, Landeshauptstadt München
- Aussage gegen Aussage - Zum Dilemma von Täter- und Opferschutz bei Beziehungsdelikten
  Prof. em. Dr. Arthur Kreuzer, Justus-Liebig-Universität Gießen / WEISSER RING e. V., FB Vorbeugung, Gießen
- Münchner Programm zur Prävention des Missbrauchs von Alkohol und anderen Suchtmitteln bei Kindern und Jugendlichen „Rauschfrei durch München"
  Georg Hopp, Landeshauptstadt München
  Viktoria Racic, Landeshauptstadt München
  Barbara Roth, Landeshauptstadt München
- Möglichkeiten und Grenzen der Prävention durch Familienhebammen
  Angela Nieting, Deutscher Hebammenverband, Karlsruhe
- Was macht mein Kind im Internet? Aktuelle Entwicklungen – Gefährdungen – Medienempfehlungen
  Walter Staufer, Bundesprüfstelle für jugendgefährdende Medien, Bonn
- Der Gehalt der Gewalt - wie Gewalt aussieht und was sie begünstigt
  Dr. Johannes Luff, Bayerisches Landeskriminalamt, München
  Dr. Figen Özsöz, Bayerisches Landeskriminalamt, München
- Präventionsangebote für ältere Menschen im Zeichen gesellschaftlichen Wandels
  Andreas Mayer, Polizeiliche Kriminalprävention der Länder und des Bundes (ProPK), Stuttgart

- Kriminalprävention in der Stadtentwicklung - ein Blick in vier Europäische Länder
  Dirk Behrmann, Landeskriminalamt Niedersachsen, Hannover
  Dr. Anke Schröder, Landeskriminalamt Niedersachsen, Hannover
- Kommunale Kriminalprävention 55 plus Sicherheit - lebenswerte Stadt auch für die ältere Generation
  Erhard Paasch, Präventionsrat Hildesheim
- Förderprogramm „Prävention alkoholbedingter Jugendgewalt (PAJ)“
  Frank Buchheit, Landeskriminalamt Baden-Württemberg, Stuttgart
  Michael Haller, Innenministerium Baden-Württemberg, Stuttgart
  Hanjo Leukam, Innenministerium Baden-Württemberg, Stuttgart
- Vorstellung des Münchner Präventionsprojektes „zammgrauft“ und der aktuellen Evaluationsergebnisse
  Ralph Kappelmeier, Polizeipräsidium München
  Dr. Mechthild Schäfer, Ludwig-Maximilians-Universität München
- Facetten des Bevölkerungsschutzes – nicht polizeiliche Sicherheitsinteressen von Bürgerinnen und Bürgern
  Norbert Seitz, Bundesministerium des Innern, Berlin
- Elektronische Aufenthaltsüberwachung - ein Instrument der Führungsaufsicht
  Dr. Helmut Fünfsinn, Hessisches Ministerium der Justiz, für Integration und Europa, Wiesbaden
  Dr. Helmut Seitz, Bayerisches Staatsministerium der Justiz und für Verbraucherschutz, München
- Einbindung der Wirtschaft in die Präventionsarbeit
  Markus Heide, Security Insight, Hanau
  Dr. Frank Quante, Präventionsrat Oldenburg (PRO)
  Bernd Weber, Förderverein Präventionsrat Oldenburg (PRO)
- Bedingungen urbaner Sicherheit
  Prof. Dr. Dieter Hermann, Universität Heidelberg / WEISSER RING e. V., FB Vorbeugung
- Niedrigschwellige, familienorientierte Prävention: Zugangswege zur Erreichung arabischer Jugendlicher und Familien
  Nader Khalil, EJF gemeinnützige AG, Berlin
  Ismail Ünsal, EJF gemeinnützige AG, Berlin
- Ergebnisse der systematischen Rückfalluntersuchung im Hessischen Jugendvollzug
  Dr. Marc Coester, Landespräventionsrat Niedersachsen, Hannover
  Prof. Dr. Hans-Jürgen Kerner, Universität Tübingen
  Dr. Jost Stellmacher, Philipps-Universität Marburg
  Prof. Dr. Ulrich Wagner, Philipps-Universität Marburg

- MUM - Münchner Unterstützungsmodell gegen häusliche Gewalt
  Arno Helfrich, Polizeipräsidium München
- Stadt und Land - Strategien zur Gewaltprävention - Bündnis für Demokratie und Toleranz (BfDT), Berlin
  Volkert Ruhe, Gefangene helfen Jugendlichen e.V., Hamburg
  Prof. Dr. Wolfgang R. Vogt, kulturforum Pampiner Hof gGmbH, Pampin
- Elektronische Aufenthaltsüberwachung in Europa – kriminalpräventive Alternativen?
  Silke Eilzer, Hessisches Ministerium der Justiz, für Integration und Europa, Wiesbaden
  Heinz-Peter Mair, Bayerisches Staatsministerium der Justiz und für Verbraucherschutz, München

Projektspots

Projektspots sind praxisbezogene Kurzvorträge bzw. Projektvorstellungen von 15 Minuten Dauer zu verschiedenen aktuellen Themen der (Kriminal-)Prävention. Es wurden insgesamt 54 Projektspots angeboten.

- Stärkung der psych. Gesundheit von Kindern im Rahmen des EBP Starke Eltern-Starke Kinder®
  Cordula Lasner-Tietze, Deutscher Kinderschutzbund Bundesverband e.V., Berlin
- Projekt Graffiti München - Prävention durch Wiedergutmachung
  Christian Blechinger, Brücke München
- Guter Rat ist online! - Neue Beratungsangebote im Sport
  Martin Ziegenhagen, Gegen Vergessen - Für Demokratie e.V., Berlin
- Evaluation der Rahmenvorgabe zur poliz. Bekämpfung der JUIT´s
  Siegfried Kammhuber, Bayerisches Landeskriminalamt, München
- Sozialarbeit bei der Polizei
  Rainer Bode, Polizeidirektion Sachsen Anhalt Nord, Magdeburg
- Beratung von Kommunen im Umgang mit Extremismus
  Christoph Dauser, Bayerische Informationsstelle gegen Extremismus, München
- „Ehrenmord" in Deutschland. Eine empirische Studie
  Carina Agel, Justus-Liebig-Universität Gießen
- (Un-)Sicherheitsgefühle in urbanen Räumen
  Joachim Häfele, Hafencity University Hamburg
- Phänomenübergreifende Prävention politisch motivierter Gewaltkriminalität
  Holger Bölkow, Bundeskriminalamt, Wiesbaden
  Celina Sonka, Bundeskriminalamt, Wiesbaden
- Wirksamkeit Früher Hilfen: Ergebnisse des Modellprojektes Pro Kind
  Anja Becher, Pro Kind Kosten-Nutzen-Analyse, Hannover

- Tat-Ausgleich für Kinder im Alter von 12 und 13 Jahren.
  Oliver Jacob, Integrationshilfe EJF gAG, Berlin
- Demokratieförderung und Mediation
  Michael Neu, Zentrum Demokratische Bildung - Wolfsburg
  Dr. Kati Zenk, Landespräventionsrat Niedersachsen, Hannover
- Handlungskonzepte für die Frühen Hilfen. Der „Pro Kind"-Ansatz.
  Kristin Adamaszek, Stiftung Pro Kind, Bremen
- HEROES - gegen Unterdrückung im Namen der Ehre
  Steve Malki, BRÜCKE e.V. Augsburg
  Erwin Schletterer, BRÜCKE e.V. Augsburg
- K.-o.-Tropfen - das böse Erwachen muss nicht sein!
  Wolfgang Seidel, Polizeidirektion Westsachsen, Leipzig
- Die NRW-Initiative „Kurve kriegen"
  Peter Beckmann, Ministerium für Inneres und Kommunales des Landes Nordrhein-Westfalen, Düsseldorf
  Heike Pohlmann, Ministerium für Inneres und Kommunales des Landes Nordrhein-Westfalen, Düsseldorf
  Jörg Konrad Unkrig, Ministerium für Inneres und Kommunales des Landes Nordrhein-Westfalen, Düsseldorf
- „Gewaltprävention und Demokratielernen GuD" des Hess. Kultusministeriums
  Holger Weithöner, Projekt des Hessischen Kultusministeriums, Frankfurt/Main
- Randale in der Stadt - Erfolg für ein ungewöhnliches Team
  Regina Linda, Universitätsstadt Marburg
- Erfolgreiche Prävention durch Vernetzung auf Landesebene - Der LAK NRW
  Carmen Trenz, Arbeitsgemeinschaft Kinder- und Jugendschutz (AJS) NRW e.V., Köln
- Sport und Politik - verein(t) gegen Rechtsextremismus
  Carina Weber, Deutsche Sportjugend im Deutschen Olympischen Sportbund e.V. (dsj), Frankfurt am Main
- Arbeitskreis Asyl: Projekt Parkstraße
  Marko Haselböck, Präventionsrat der Gemeinde Lohfelden
- Qualifizierung Opferberatung 2012
  Dr. Olaf Lobermeier, proVal - Gesellschaft für sozialwissenschaftliche Analyse, Beratung und Evaluation, Hannover
  Dr. Kati Zenk, Landespräventionsrat Niedersachsen, Hannover
- Rechtsextremismus und Rassismus im Sport(Verein) – Was tun?
  Angelika Ribler, Sportjugend Hessen, Frankfurt am Main
- NETWASS: Prävention schwerer Schulgewalt – Evaluationsergebnisse
  Prof. Dr. Herbert Scheithauer, Freie Universität Berlin

- *Spannungsfeld Kriminalpräventive Öffentlichkeitsarbeit*
  Susanne Wiescher, Kreispolizeibehörde Mettmann, Erkrath
  Simone Zimmermann, MSc Crime Science, Erkrath
- Ü-Management für bes. förderbedürftige junge Strafgefangene
  Jutta Hoffmann, BBW Nordhessen, Bad Arolsen
  Mario Watz, JVA Rockenberg / BBW Nordhessen, Rockenberg
- NETWASS Blended-Learning für Krisenteams an Schulen
  Johanna Scholl, Freie Universität Berlin
  Friederike Sommer, Freie Universität Berlin
- Entlassungsmanagement zwischen Strafvollzug und Nachsorge
  Peter Reckling, DBH-Fachverband für Soziale Arbeit, Strafrecht und Kriminalpolitik, Köln
- Sicherheit an Hochschulen: Die Tübinger Sicherheitsstudie (TüS).
  Prof. Dr. Rüdiger Wulf, Deutsche Stiftung für Verbrechensverhütung und Straffälligenhilfe, Tübingen
- TEBESKO: Telefonische Beratung bei krisenhaftem Schülerverhalten
  Dr. Vincenz Leuschner, Freie Universität Berlin
- Arbeit mit Tätern als Tertiärprävention Häuslicher Gewalt
  Steffen Burger, Bundesarbeitsgemeinschaft Täterarbeit Häusliche Gewalt e.V., Landau
  Kay Wegner, Bundesarbeitsgemeinschaft Täterarbeit Häusliche Gewalt e.V., Landau
- Prävention=Kommunikation. Wie erreiche ich meine Zielgruppen?
  Sylvia Kolbe, Connect GmbH - Agentur für soziale Kommunikation, Kronsberg
- Aufmerksamkeit der Gesellschaft als Prävention
  Ingo Fock, gegen-missbrauch e. V., Göttingen
- Ambulante und dezentrale Behandlung für Sexualstraftäter
  Kornelia Kamla, Förderung der Bewährungshilfe in Hessen e.V., Frankfurt am Main
- Projekt RUBIKON - Bewährungshilfe bei jungen Intensivtätern
  Roland Hausenberger, Landgericht München
  Gudrun Platten, Landgericht München I
  Sabine Riemer, Landgericht München I
  Andreas Schmid, Landgericht München I
- Welchen Einfluss haben Jugenderhebungen im Strafverfahren?
  Carlotta Pirnat, Universität Wien
- Prävention sexualisierter Gewalt in Jugendverbänden
  Monika Glados, Bund der Pfadfinderinnen und Pfadfinder e.V., Immenhausen
- Was haben „Schulschwänzer" im Arrest verloren?
  Joachim Wallner, Brücke München

- Mediation im Kontext häuslicher Gewalt
  Mirko Haufe, BRÜCKE München
  Sonja Schmid, BRÜCKE München
- Opferwerdung von Jugendlichen im Internet
  Dr. Melanie Wegel, Universität Zürich
- Integration von Strafgefangenen in Hessen
  Dr. Helmut Roos, Hessisches Ministerium der Justiz, für Integration und Europa, Wiesbaden
- Mehr Täterarbeit für mehr Opferschutz bei häuslicher Gewalt
  Rainer Becker, Deutsche Kinderhilfe e.V., Berlin
- Räumliche Kriminalprävention – Jugend im öffentlichen Raum
  Christian Weicht, EDOCA- European Design Out Crime Association, Lemgo
- Zivilcourage Ja! - Aber wie?
  Wolfgang Gores, Polizeipräsidium Westhessen, Wiesbaden
  Julia Muth, Polizeipräsidium Westhessen, Wiesbaden
- Zivilcourage - Möglichkeiten der Förderung am Beispiel Pforzheim
  Rüdiger Schilling, Polizeidirektion Pforzheim, Pforzheim
- *Bewährungshilfe in seiner Stellung als Präventionsinstrument*
  Harald Zimmerhackel-Monien, Bewährungshilfe beim Landgericht München I
- Fair Skills: Jugendkulturelle Stärkung in ländlichen Raum
  Silke Baer, Cultures Interactive e.V., Berlin
  Dr. Harald Weilnböck, Violence Prevention Network e. V., Berlin
- BeSt KinGs – Persönlichkeitsstärkung von Kindern
  Shanta Ghosh, Landesinstitut für Präventives Handeln, St. Ingbert
- ELTERN-AG und Delinquenzvermeidung: Frühe Interventionen helfen!
  Prof. Dr. Meinrad Armbruster, MAPP-Empowerment GmbH (gemeinnützige GmbH), Magdeburg
- PartnerInnengewalt im ländl. Raum am Bsp. ausgew. Regionen Nds.
  Kirsten Bruns, BISS Vechta/Cloppenburg
  Prof. Mary Cavanaugh, Hunter School New York
  Ingeborg Hartmann-Seibt, BISS Aurich-Wittmund
  Zara-Marlene Helms, Universität Vechta
  Wiebke Janßen, Universität Vechta
  Michaela Kluge, Universität Vechta
  Walter Sieveke, Polizeikommissariat Vechta
  Prof. Dr. Yvette Völschow, Universität Vechta
- Sicherheitsaudit zur Städtebaulichen Kriminalprävention
  Detlev Schürmann, Polizei Bonn

- Jugendliche Gewalttäter zwischen Jugendhilfe und Justiz
  Jana Meier, Deutsches Jugendinstitut e. V., München
  Dr. Diana Ziegleder, Deutsches Jugendinstitut e. V., München
- 15 Jahre Jugendrechtshäuser. Module für die innere Sicherheit.
  Sigrun von Hasseln-Grindel, Akademie für Rechtskultur und Rechtspädagogik, Cottbus
- MA-Studiengang – Präv. Soz. Arbeit: Kriminologie u. Kriminalprävention
  Stefanie Hälig, Ostfalia - Hochschule für angewandte Wissenschaften, Wolfenbüttel
  Dr. Anja Meyer, Landespräventionsrat Niedersachsen, Hannover

Sechstes Internationales Forum (6th Annual International Forum for Crime Prevention - AIF) des Deutschen Präventionstages[2]

Die Vorträge des AIF werden in einer gesonderten Veröffentlichung in englischer Sprache dokumentiert, die, wie in den vergangenen Jahren, im Forum Verlag Godesberg (Book on Demand) erscheinen wird. Im Einzelnen wurden folgende Vorträge angeboten:

- Sustaining and Mainstreaming Pre-crime Prevention: Glasgow, Bogotá and Alberta
  Prof. Dr. Irvin Waller, University of Ottawa, Ottawa, Ontario
- Sicherheitsmanagement im öffentlichen Grund: Luzern auf dem Weg - ein Werkstattbericht!
  Ursula Stämmer-Horst, Stadt Luzern, Luzern
- Trotz alledem: die Geschichte der Kriminalprävention in Kanada am Beispiel einer Gemeinde
  Christiane Sadeler, Waterloo Region Crime Prevention Council (WRCPC), Waterloo
- Engaging young people in designing against crime
  Dr. Caroline L. Davey, University of Salford, Salford, Greater Manchester
  Andrew B. Wootton, University of Salford, Salford, Greater Manchester
- Presentation of the International Report on Crime Prevention and Community Safety 2012
  Dr. Paula Miraglia, International Centre for the Prevention of Crime ICPC, Montréal (Québec)
- Lokale Gegebenheiten und Kriminalitätsgelegenheiten: Koreanische Perspektive der Haushaltsviktimisierung
  Dr. Seong-Hoon Park, Korean Institute of Criminology (KIC), SEOUL
  Hark-Mo Daniel Park, Korean Institute of Criminology (KIC), SEOUL

---

2 Zur Konzeption und weiteren Hintergrundinformationen zum AIF s. http://www.aif-prevention.org

- Prävention und Gesundheitsförderung in der Partyszene: Mut oder Zumutung?
  Dr. Katia Duscherer, Centre de prévention des toxicomanies, Luxemburg
  Angelika Kraus, Landeshauptstadt Saarbrücken, Saarbrücken
  Dr. Carlos Paulos, Centre de prévention des toxicomanies, Luxemburg
- Sexual Harassment, Sexual Assault and Women's Right to the City: Lessons from the Gender Inclusive Cities Programme
  Dr. Sohail Husain, Analytica Consulting, Hampshire
- Sicherheitshaus - die Methodik des erweiterten Casemanagement und mehr
  Julia Mölck, Kommune Alkmaar, Alkmaar
- Building Safer and Inclusive Cities: The Experience of Delhi
  Kalpana Viswanath, Women in Cities International, Haryana
- Urbane Sicherheit 2025: Wie sich Schweizer Städte auf die Zukunft vorbereiten
  Sybille Oetliker, Schweizerischer Städteverband, Bern
  Dr. Tillmann Schulze, Ernst Basler + Partner AG, Zollikon
- Violence Prevention: Experiences from South Africa.
  Dr. Tina Silbernagl, Deutsche Gesellschaft für Internationale Zusammenarbeit (GIZ) GmbH, Pretoria
- Sicher leben in der Stadt – der zentrale Beitrag der kommunalen Mandatsträger
  Sigfried Löprick, Jugendhilfe Göttingen e.V., Göttingen
  Guilherme Pinto, European Forum for Urban Security (EFUS), Paris
  Dr. Martin Schairer, Landeshauptstadt Stuttgart, Stuttgart
- Preventing violence: an overview
  Dr. Alexander Butchart, World Health Organization (WHO), Geneva 27

Die zahlenmäßige Entwicklung der internationalen Teilnehmenden an den Deutschen Präventionstagen seit dem Jahr 2004 ergibt sich aus der folgenden Tabelle:

	9. DPT	10. DPT	11. DPT	12. DPT	13. DPT	14. DPT	15. DPT	16. DPT	17. DPT
Teilnehmende	27	23	37	40	73	80	192	81	199
Staaten	9	10	14	14	33	27	36	20	37

Kongressbegleitende Ausstellung

Die kongressbegleitende Ausstellung des 17. Deutschen Präventionstages gliederte sich in 152 Infostände, 8 Sonderausstellungen, 6 Infomobile und 32 Posterpräsentationen.

Infostände

- AK Medienkompetenz und -prävention des Landratsamtes Lindau (B)
- Akademie für Rechtskultur und Rechtspädagogik und Bundesverband der Jugendrechtshäuser Deutschland e.V.
- Aktion „Sportler setzen Zeichen" - WEISSER RING e. V.

- Aktion Jugendschutz, Landesarbeitsstelle Bayern e.V.
- Aktionsbündnis Amoklauf Winnenden
- AMYNA, Institut zur Prävention von sexuellem Missbrauch
- Arbeitsgemeinschaft Kinder- und Jugendschutz (AJS) Landesstelle NRW e.V.
- Bayerische Informationsstelle gegen Extremismus
- Bayerisches Landeskriminalamt
- Bayerisches Staatsministerium der Justiz und für Verbraucherschutz
- Beauftragte der Polizei für Frauen und Kinder in Bayern (BPFK)
- BOB-Initiativen in Deutschland
- Brücke München
- Buchhandlung Büchergilde
- Bund Deutscher Kriminalbeamter
- Bundesamt für Justiz
- Bundesamt für Migration und Flüchtlinge
- Bundesarbeitsgemeinschaft für Straffälligenhilfe (BAG-S)
- Bundesarbeitsgemeinschaft Täterarbeit Häusliche Gewalt e.V.
- Bundesministerium der Justiz/Bundesamt für Justiz
- Bundesministerium für Bildung und Forschung
- Bundespolizei
- Bundesprogramm „Zusammenhalt durch Teilhabe“
- Bundesprüfstelle für jugendgefährdende Medien
- Bundesverwaltungsamt
- Bundeszentrale für gesundheitliche Aufklärung
- Bundeszentrale für politische Bildung (bpb)
- CASHLESS-MÜNCHEN
- Cellebrite GmbH
- CePT - Centre de Prévention des Toxicomanies
- contour e.V.
- DB Regio AG, S-Bahn München
- DBH-Fachverband für Soziale Arbeit, Strafrecht und Kriminalpolitik
- Deutsche Bahn AG
- Deutsche Sportjugend im Deutschen Olympischen Sportbund e.V. (dsj)
- Deutsche Vereinigung für Jugendgerichte und Jugendgerichtshilfen e.V. (DVJJ)
- Deutscher Ju-Jutsu Verband e.V.

- Deutscher Kinderschutzbund Bundesverband e.V.
- Deutsches Forum für Kriminalprävention
- Deutsches Jugendinstitut e.V.
- Deutsch-Europäisches Forum für Urbane Sicherheit e.V. (DEFUS)
- Die Kinderschutz-Zentren
- Dominik-Brunner-Stiftung
- Drogenhilfe Schwaben gGmbH
- EJF gemeinnützige AG
- European Forum for Urban Security (EFUS)
- Fachkräfteportal der Kinder- und Jugendhilfe
- fairplayer e.V.
- Förderverein „Geheimsache Igel" e.V.
- Förderverein Gewaltfrei Lernen e.V.
- Freikirche der Siebenten-Tags-Adventisten K.d.ö.R.
- Galli Theater e.V.
- GdP Gewerkschaft der Polizei
- gegen-missbrauch e. V.
- Geschäftsstelle des Bündnisses für Demokratie und Toleranz
- Gewalt Akademie Villigst
- Glen Mills Academie Deutschland e. V.
- Grußbox des Regionalsenders München TV
- hand in gAG / Work and Box Company
- Haus des Jugendrechts Stuttgart
- Heidelberger Präventionszentrum
- Hessisches Ministerium der Justiz, für Integration und Europa
- Indanet AG
- Initiative Sicherer Landkreis Rems-Murr e.V.
- Initiative Sicherheit in Schulen e.V.
- International Centre for the Prevention of Crime ICPC
- Jugendamt Dortmund
- Jugendschutz aktiv - Bundesministerium für Familie, Senioren, Frauen und Jugend
- Justizministerium des Landes Nordrhein-Westfalen
- Justizvollzugsanstalt Wiesbaden

- Katholische Bundes-Arbeitsgemeinschaft Straffälligenhilfe im Deutschen Caritasverband
- Klicksafe
- Kommunaler Präventionsrat der Stadt Rödermark
- Koordinierungsstelle Gewaltprävention
- Kreispolizeibehörde Gütersloh
- Kriminalpräventiver Rat der Landeshauptstadt Dresden
- Kriminalpräventiver Rat der Landeshauptstadt Düsseldorf
- Kuratorium Sicheres Allgäu
- Landeshauptstadt München
- Landeshauptstadt München - Sozialreferat
- Landeshauptstadt München - Sozialreferat
- Landeshauptstadt Saarbrücken und Centre de prévention des toxicomanies
- Landeskriminalamt Baden-Württemberg
- Landeskriminalamt Mecklenburg-Vorpommern
- Landeskriminalamt Niedersachsen
- Landeskriminalamt Rheinland-Pfalz
- Landeskriminalamt Sachsen
- Landeskriminalamt Thüringen
- Landespräventionsrat Brandenburg
- Landespräventionsrat Niedersachsen
- Landesprogramm „Weltoffenes Sachsen“
- Landesrat für Kriminalitätsvorbeugung Mecklenburg-Vorpommern
- Landgericht München 1 - Bürgerliches Engagement in der Bewährungshilfe
- Landrat des Ennepe-Ruhr-Kreises als Kreispolizeibehörde
- Lions-Quest „Erwachsen werden“ - Lions Hilfswerk Bayern Süd e.V. Vertreter der Lions Clubs
- Malteser Hilfsdienst e.V.
- Mentor - Die Leselernhelfer Bundesverband e.V.
- Ministerium des Innern und für Sport Rheinland-Pfalz
- Ministerium für Inneres und Kommunales des Landes Nordrhein-Westfalen
- MVG – Münchner Verkehrsgesellschaft
- Nationales Suizidpräventionsprogramm für Deutschland
- Netzwerk gegen Gewalt

- Netzwerk Neue Festkultur
- Netzwerk Zuhause sicher e. V.
- Niedersächsisches Ministerium für Inneres und Sport
- Oberzent-Schule Beerfelden
- Odenwald-Regional-Gesellschaft (OREG) mbH
- Papilio e.V.
- Polizei Hessen
- Polizeidirektion Flensburg / Kriminalpräventiver Rat in der Stadt Flensburg
- Polizeidirektion Hannover
- Polizeiinspektion Weiden i.d.OPf.
- Polizeiliche Kriminalprävention der Länder und des Bundes (ProPK)
- Polizeipräsidium Dortmund
- Polizeipräsidium Mittelfranken
- Polizeipräsidium München - Münchner Blaulicht e.V.
- Polizeipräsidium München - Münchner Sicherheitsforum e.V.
- Polizeipräsidium München - Polizisten helfen e.V.
- Polizeipräsidium Niederbayern
- Polizeipräsidium Oberfranken
- Polizeipräsidium Oberpfalz
- Polizeipräsidium Schwaben Nord und Kriminalpräventiver Rat Augsburg
- Polizeipräsidium Schwaben Süd/West
- Präventionsrat Bremerhaven
- Präventionsrat Gelsenkirchen
- Präventionsrat Oldenburg (PRO)
- Präventionsrat Seevetal e.V.
- Projekt des Hessischen Kultusministeriums
- Rat für Kriminalitätsverhütung in Schleswig-Holstein
- Regiestelle „TOLERANZ FÖRDERN - KOMPETENZ STÄRKEN“
- ReplayTheater e.V.
- Runder Tisch gegen Gewalt in der Stadt Kempten
- Sächsisches Staatsministerium des Innern
- Salfeld Computer GmbH
- Seniorpartner in School e.V. - Bundesverband
- Sicherheit in Rheine (SIR) - Ordnungspartnerschaft zwischen der Kreispolizei-

behörde Steinfurt und der Stadt Rheine

- Sozialdienst katholischer Frauen Landesverband Bayern e. V.
- Staatsanwaltschaft Gera
- stark zusammen - Präventionsnetzwerk des Landkreises Günzburg
- Stiftung Kriminalprävention – Deutscher Förderpreis Kriminalprävention
- Stiftung Opferhilfe Niedersachsen
- theaterpädagogische werkstatt gGmbH
- Triple P - Deutschland GmbH
- Universität Erlangen
- Universitätsstadt Marburg
- Verein Programm Klasse2000 e.V.
- Verein zur Förderung der Methode Puppenspiel in der Kriminal- und Verkehrsprävention e. V. (VPKV)
- Verkehrswacht Bochum e.V.
- WEISSER RING e.V.

Sonderausstellungen

- Bayerisches Landeskriminalamt
- Bayerisches Staatsministerium für Arbeit und Sozialordnung, Familie und Frauen
- ContRa e.V.
- HUjA e.V.
- Justizministerium des Landes Nordrhein-Westfalen
- Kreispolizeibehörde Paderborn
- Polizeidirektion Friedrichshafen
- Polizeiinspektion Goslar

Infomobile

- Landeskriminalamt Baden-Württemberg
- Polizei Hessen
- Polizeipräsidium München
- Polizeipräsidium München - Kommissariat 105
- Stadtsportbund Düsseldorf e.V.

Posterpräsentationen

- Akademie für Rechtskultur und Rechtspädagogik
- Aktionsbündnis Amoklauf Winnenden
- Bundesarbeitsgemeinschaft Täterarbeit Häusliche Gewalt e.V.
- DBH-Fachverband für Soziale Arbeit, Strafrecht und Kriminalpolitik
- Dejan Pavlovic
- European Forum for Urban Security (EFUS)
- FH Jena
- Freikirche der Siebenten-Tags-Adventisten K.d.ö.R.
- gegen-missbrauch e. V.
- Gewalt Akademie Villigst
- Hochschule für Technik und Wirtschaft (HTW)
- HUjA e.V.
- Initiative Sicherer Landkreis Rems-Murr e.V.
- InSTEP-Weiterbildungsinstitut
- Institut für Prävention und Frühintervention im Kindes- und Jugendalter
- Justizvollzugsanstalt Bielefeld-Brackwede
- Landeshauptstadt München
- Landespräventionsrat Niedersachsen und Ostfalia - Hochschule für angewandte Wissenschaft
- Landschaftsverband Westfalen-Lippe (LWL)
- nexus Institut e.V.
- Pacsafe Deutschland
- Polizeidirektion Sachsen Anhalt Nord
- ReplayTheater e.V.
- SIUS Consulting
- Sportjugend des Landessportbundes Rheinland-Pfalz
- TU Braunschweig, Institut für Psychologie
- Universität Regensburg
- Universitätsklinikum Heidelberg
- Verband Christlicher Pfadfinderinnen und Pfadfinder (VCP)
- Verein für soziale Rechtspflege Dresden e. V.

Filmforum

Im Filmforum des 17. Deutschen Präventionstages wurden 8 Filme gezeigt und diskutiert.

- **Lernspiel: Erziehungspartnerschaften**
  Koordinierungsstelle Gewaltprävention, Weilburg
- **„Heimspiel" - Gewaltprävention ohne erhobenen Zeigefinger**
  Polizeiliche Kriminalprävention der Länder und des Bundes (ProPK), Stuttgart
- **Faustlos für die Sekundarstufe**
  Heidelberger Präventionszentrum
- **100% Elternbeteiligung in einer Sekundarschule - wie ist dies möglich?**
  Stiftung „Verantwortung statt Gewalt", Pohlheim
- **Der Ausflug**
  Aktionsbündnis Amoklauf Winnenden
  Anmerkung: Der Film konnte aufgrund einer Nominierung für das Cannes-Festival nicht gezeigt werden
- **Kinder sicher unterwegs**
  Kelly-Insel e.V., Filderstadt
- **Sage mir Deinen Avatar und ich sage Dir, wer Du bist**
  In media res - SocialMedia Productions, Hennef
- **„Nur Alltag oder ein Verbrechen?"**
  Polizeipräsidium München

Bühne

Auf der DPT-Bühne des 17. DPT wurden 13 Bühnenstücke angeboten:

- **„Bodo und das Straßenmonster" - Verkehrspuppenspiel in drei Akten**
  Polizeipräsidium München Verkehrspolizeiinspektion, Verkehrserziehung und –aufklärung
- **Karlstraße - Alles was zahlt!**
  ReplayTheater e. V., München
- **Farbenblind - Songs gegen Rassismus**
  Landeszentrale für politische Bildung, Saarbrücken
- **„Fake oder war doch nur Spaß" - mobiles Theaterstück zu Cyber-Mobbing und Medienkompetenz**
  Theater Ensemble Radiks, Berlin
- **Musik-Rhythmik-Tanz. Sicher bewegen – zusammen etwas bewegen**
  Landesinstitut für Präventives Handeln, St. Ingbert
- **„Ich hab`s geschnallt" - Ein Puppenstück zur Verkehrserziehung**
  Polizeiinspektion Weiden i.d.OPf.

- **Krasser Stoff - Theater gegen Alkoholmissbrauch**
  Galli Theater e.V., Hamburg
- **„War doch nur Spaß" - ein Theaterstück über den Schulalltag**
  Aktionsbündnis Amoklauf Winnenden - Stiftung gegen Gewalt an Schulen
- **Raus bist du - Ein gewaltpräventives Theaterstück zum Thema Mobbing**
  Theater EUKITEA, Berlin
- **Konflikte lösen lernen Kinder am besten in Bewegung!**
  Förderverein Gewaltfrei Lernen e.V., Pulheim
- **Beatstomper - Rhythmus- und Performanceprojekte**
  Kreisjugendamt Reutlingen
- **„Elly und Ingo" - Schultheaterstück gegen Rechtsextremismus**
  ueTheater, Regensburg
- **Nächster Halt: Zivilcourage - Eine Theateraktion zu mehr Zivilcourage**
  Landeskriminalamt Baden-Württemberg, Stuttgart

Begleitveranstaltungen

Im Rahmen des 17. Deutschen Präventionstages fanden die nachfolgenden Begleitveranstaltungen sowie die Offene Sonderveranstaltung „Sicher im Öffentlichen Personen- und Nahverkehr" statt.

- 19. DVS-Stiftungstag
- 2012 Violence Prevention Alliance Annual Meeting of the WHO
- Alumnitreffen der Beccaria-Fachkräfte Kriminal prävention
- Arbeitstreffen der Geschäftsführerinnen und Geschäftsführer der Landespräventionsgremien
- Offene Begleitveranstaltung
  „Ein Redestab zieht seine Kreise – die Beziehung kommt zuerst" – In Kooperation mit der Pädagogischen Hochschule Heidelberg und dem Gesundheitsamt Rhein-Neckar-Kreis
- Gemeinsames Treffen der AG Kripo und des UA FEK
- Mitgliederversammlung des Deutsch-Europäischen Forums für Urbane Sicherheit e. V. (DEFUS)
- Münchner Initiative gegen Trickdiebstahl – „M.I.T."
- Offene Infoveranstaltung des Landespräventionsrates Niedersachsen für zukünftige
- CTC-Anwender in Deutschland
- Planungsgespräch mit Repräsentanten der in der „Grünen Liste Prävention" verzeichneten Präventionsprogramme
- Presentation of the International Report on Crime Prevention and Community

Safety 2012 – International Centre for the Prevention of Crime ICPC

- Sitzung des Programmbeirates des 17. Deutschen Präventionstages
- Symposium Deutscher Förderpreis Kriminalprävention

Offene Sonderveranstaltung

„Sicher im Öffentlichen Personen- und Nahverkehr"

- Vorstellung des Münchner Zivilcourage- und Selbstsicherheitstrainings „POLIZEI-Kurs"
  Arno Helfrich, Präventionsstelle des Polizeipräsidiums München
- Man muss kein barmherziger Samariter sein – psychologische Anmerkungen zu Couragiertheit und Hilfeverhalten als Fahrgast
  Dr. Hans Peter Schmalzl, Zentraler Psychologischer Dienst der Bayerischen Polizei, München
- Vorstellung der Arbeit der Dominik-Brunner-Stiftung – Förderung für mehr Zusammenhalt
  Alois J. Meier, Vorstandsvorsitzender der Dominik-Brunner-Stiftung, Neufahrn i. NB
- Diskussionsrunde aller Referenten dieses Tages unter prominenter Moderation der Stimme des Bayerischen Rundfunks Petra Mentner
- Das Sicherheitskonzept des Polizeipräsidiums München im Bereich der Münchener Verkehrsbetriebe
  Robert Jaworski, Abteilung Verbrechensbekämpfung des Polizeipräsidiums München
- Sicher in Bus und Bahn – Präventionsarbeit bei der Münchner Verkehrsgesellschaft
  Rainer Cohrs, Securitybeauftragter der Münchner Verkehrsgesellschaft mbH
- Schritt für Schritt – ÖPNV-Nutzung durch Behinderte
  Gunnar Cronberger, Fachreferent für Qualität und Sicherheit der BOGESTRA AG Bochum Gelsenkirchener Straßenbahnen AG
  Guido Jabusch, Verkehrsunfallprävention der Polizei Bochum
- Verbesserung der Sicherheit von Personen und Objekten mittels neuer technologischer Entwicklungen im Bereich der Videoanalyse
  Dipl.-Ing. Klaus Bechtold, Securiton GmbH
  René Kiefer, Siemens AG, Vorsitzender Fachkreis Video im Fachverband Sicherheit des ZVEI – Zentralverband Elektrotechnik- und Elektronikindustrie e. V., Frankfurt
  Kurt Stern, Münchner Verkehrsgesellschaft mbH

Teilnehmende und Besucher

Die zahlenmäßige Entwicklung der Kongressteilnehmenden und –besucher der vergangenen Jahre ergibt sich aus der nachfolgenden Tabelle:

	registrierte Kongressteil-nehmende	registrierte Besucher der Bühne und der DPT-Universität	Gesamtzahl der registrierten Teilnehmenden und Besucher
5. DPT, Hoyerswerda, 1999	610	-	610
6. DPT, Düsseldorf, 2000	1.214	-	1.214
7. DPT, Düsseldorf, 2001	1.226	-	1.226
8. DPT, Hannover, 2003	1.219	50	1.269
9. DPT, Stuttgart, 2004	1.235	750	1.985
10. DPT, Hannover, 2005	1.907	1.550	3.457
11. DPT, Nürnberg, 2006	1.442	780	2.222
12. DPT, Wiesbaden, 2007	1.901	1.624	3.525
13. DPT, Leipzig, 2008	1.744	2.400	4.144
14. DPT, Hannover 2009	2.129	718	2.847
15. DPT, Berlin 2010	2.728	1.691	4.419
16. DPT, Oldenburg 2011	2.579	7.917	10.496
17. DPT, München 2012	2.333	1.357	3.690

Dokumentation und Evaluation

Die Gesamtdokumentation der Programme und der einzelnen Präsentationen der jährlichen Deutschen Präventionstage erfolgt grundsätzlich über das Internet. Die Beiträge zum Schwerpunktthema werden zusätzlich in gedruckter Form veröffentlicht. Die zentralen Programmpunkte und Beiträge aller bisherigen Kongresse sind auf der Homepage „www.praeventionstag.de“ dokumentiert und stehen dort auch als Downloads zur Verfügung, sofern die Referenten der vergangenen Jahre entsprechende Dokumente zur Verfügung gestellt haben. Diese Dokumentation wird ständig weiterentwickelt und steht als benutzerfreundliche Internetdatenbank zur Verfügung.

Seit dem 5. Deutschen Präventionstag im Jahr 1999 werden Kongresskataloge mit Abstracts zu allen Präsentationen und Programmpunkten gedruckt.

Buchdokumentationen wurden bislang zum 4. DPT (1998), 11. DPT (2006), 12. DPT (2007), 13. DPT (2008), 14. DPT (2009), 15. DPT (2010) sowie zum 16. DPT (2011) vorgelegt und werden seit dem 12. Kongress (2007) jährlich als Sammelband zum jeweiligen Schwerpunktthema der Kongresse veröffentlicht.

Der 17. Deutsche Präventionstag wurde durch die Agentur Proval mittels einer Onlinebefragung aller Kongressteilnehmenden evaluiert (siehe Abschlussbericht in diesem Buch).

Erich Marks

"Sicher is', dass nix sicher is', drum bin i' vorsichtshalber misstrauisch."[1]

- zur Eröffnung des 17. Deutschen Präventionstages 2012 -

Das Schwerpunktthema des 17. Deutschen Präventionstages lautet „Sicher leben in Stadt und Land". Und wenn denn, Karl Valentin folgend, nichts wirklich sicher ist, dann ist es um so wichtiger, dass wir nicht nur dem Grunde nach misstrauisch sind, sondern in einer offenen und freiheitlichen Gesellschaft den kritischen Diskurs darüber führen, welche Sicherheiten wir anstreben, was die Gesellschaft zusammenhalten soll und wie wir morgen leben wollen.

1. Ein herzliches „Grüß Gott" zum Deutschen Präventionstag 2012

Sehr herzlich begrüße ich alle Teilnehmenden und Gäste des 17. Deutschen Präventionstages im Internationalen Congress Center München. Ich freue mich sehr über Ihr so zahlreiches Kommen und danke bereits zu Kongressbeginn in besonderer Weise all jenen, die durch ihre aktive Mitwirkung als Vortragende, in der Moderation sowie in der Organisation diesen Kongress möglich gemacht haben.

Wie bereits in den Vorjahren haben zahlreiche Ehrengäste ihre Teilnahme am Münchener Kongress zugesagt. Mein besonderer Gruß den Repräsentanten der diesjährigen gastgebenden Veranstalter, verbunden mit einem sehr herzlichen Dank für die finanzielle Unterstützung des 17. Deutschen Präventionstages sowie für die äußerst angenehme gemeinsame inhaltliche und organisatorische Vorbereitung des diesjährigen Kongresses

- Joachim **Herrmann**, Bayerischer Staatsminister des Innern, zugleich in Vertretung des Kongress-Schirmherren Ministerpräsident Horst **Seehofer**
- Dr. Beate **Merk**, Bayerische Staatsministerin der Justiz und für Verbraucherschutz
- Christian **Ude**, Oberbürgermeister der Landeshauptstadt München und Schirmherr des 17. Deutschen Präventionstages
- Dr. Wilfried **Blume-Beyerle**, Kreisverwaltungsreferent der Landeshauptstadt München.

Sehr herzlich begrüße ich die Abgeordneten des Deutschen Bundestages

- Gabriele **Fograscher**, SPD-Fraktion,

---

[1] Ein laut http://www.karl-valentin.de/zitate/zitatedatenbank.htm Karl Valentin (1882-1948) zugeschriebener Ausspruch (zuletzt abgerufen am 6.4.2012)

- Jerzy **Montag**, rechtspolitischer Sprecher der Fraktion Bündnis 90/Die Grünen,
- Hartfried **Wolff**, FDP-Fraktion,

die Abgeordneten des Bayerischen Landtages

- Prof. Dr. Winfried **Bausback**, Mitglied der CSU-Fraktion,
- Prof. Dr. Peter Paul **Gantzer**, Mitglied der SPD-Fraktion,
- Petra L. **Guttenberger**, Mitglied der CSU-Fraktion,
- Angelika **Schorer**, Mitglied der CSU-Fraktion,
- Bernhard **Seidenath**, Mitglied der CSU-Fraktion,

die Landesminister

- Ralf **Jäger**, Minister für Inneres und Kommunales des Landes Nordrhein-Westfalen,
- Thomas **Kutschaty**, Justizminister des Landes Nordrhein-Westfalen,
- Uwe **Schünemann**, Minister für Inneres und Sport des Landes Niedersachsen,

die weiteren Redner der beiden Plenumsveranstaltungen

- Prof. Dr. Axel **Groenemeyer**, Universität Dortmund,
- Prof. Dr. Hans-Jürgen **Kerner**, Vorsitzender der Stiftung für Verbrechensverhütung und Straffälligenhilfe,
- Dr. Wiebke **Steffen**, DPT-Gutachterin,
- Guilherme **Pinto**, Präsident des Euriopäischen Forums für Urbane Sicherheit,
- Prof. Gerd **Neubeck**, Leiter Konzernsicherheit der Deutschen Bahn AG,
- Prof. Dr. Irvin **Waller**, Universität Ottawa,

die Direktoren und Präsidenten zentraler bundesweit oder international tätiger Behörden und Organisationen

- Prof. Dr. Ilsu **Kim**, Präsident des Koreanischen Instituts für Kriminologie,
- Prof. Dr. Christian **Pfeiffer**, Direktor des KriminologischenForschungsinstituts Niedersachsen,
- Prof. Dr. Elisabeth **Pott**, Direktorin der Bundeszentrale für gesundheitliche Aufklärung,
- Harald **Range**, Generalbundesanwalt beim Bundesgerichtshof,
- Johannes-Wilhelm **Rörig**, Unabhängiger Beauftragter für Fragen des sexuellen Kindesmissbrauchs,

- Prof. Dr. Dr. Armin **Schmidtke**, Vorsitzender des Nationalen Suizid Präventionsprogramms für Deutschland,
- Jörg **Ziercke**, Präsident des Bundeskriminalamtes und

die Repräsentanten diplomatischer Vertretungen in der Bundesrepublik Deutschland

- Gesandter Dr. Corneliu **Alexandru**, Rumänien,
- Konsul Aleksei **Semiletnikov**, Republik Belarus,
- Botschafter Hassan **Tchonai Elimi**, Tschad,
- First Counselor Ali Ramezan **Zadeh**, Islamische Republik Iran.

Sehr herzlich begrüße ich die zahlreichen kommunalen Mandatsträger sowie die Spitzenvertreter von Behörden und Nichtregierungsorganisationen auf der Ebene der Kommunen, der Bundesländer, des Bundes sowie auf internationaler Ebene. Namentlich begrüßen darf ich aus der großen Zahl der nationalen und internationalen Ehrengäste auch Juma **Assiago,** Heike **Bartesch,** Jörg **Baumbach,** Dr. Paul **Beinhofer,** Dr. Karl-Heinz **Blümel,** Prof. Dr. Reinhard **Böttcher,** Peter **Dathe,** Johannes **De Haan,** Prof. Dr. Wolfgang **Eisenmenger,** Olga **Fleischmann,** Horst **Fleischmann,** Prof. Knut **Foeckler,** Dr. Isabell **Götz,** Prof. Dr. Christian **Grafl,** Prof. Dr. Wolf **Hammann,** Robert **Heimberger,** Christoph **Hillenbrand,** Mitchell **Jacobs,** Walter **Kimmelzwinger,** Waldemar **Kindler,** Marianne **Kölbin,** Robert **Kopp,** Rudolf **Kraus,** Dr. Martin **Kuhlmann,** Reinhard **Kunkel,** Gerold **Mahlmeister,** Alois **Mannichl,** Liliane **Matthes,** Hans-Jürgen **Memel,** Natalia **Mendler,** Johann **Rast,** Anton **Scherl,** Gerhard **Schlögl,** Mario **Schmidbauer,** Prof. Dr. Wilhelm **Schmidbauer,** Dr. Tina **Silbernagl**, Elisabeth **Schosser,** Wolfgang **Sommer,** Hubert **Steiger,** Harald **Strötgen,** Katrin **Stüllenberg,** Hermann **Vogelgsang,** Hans-Werner **Wargel,** Rolf **Werlitz,** Franz-Josef **Wilfling** und Prof. Siegfried **Willutzki.**

Mein besonderer Gruß gilt den anwesenden Repräsentanten der Sponsoren und Partner des 17. Deutschen Präventionstages. Ebenfalls gilt mein besonderer Gruß allen akkredisierten Journalisten. Ihnen danke ich bereits vorab sehr für Ihre Berichterstattung in den unterschiedlichen Medien über die Beratungen des 17. Deutschen Präventionstages sowie insbesondere über die vielfältigen Präventionsprogramme, Praxisinitiativen und Forschungsprojekte.

2. Kleiner Nachtrag zum 16. Deutschen Präventionstag 2011 in Oldenburg

Die Beratungen des Schwerpunktthemas des Deutschen Präventionstages 2011 in Oldenburg - „Neue Medienwelten – Herausforderungen für die Kriminalprävention" – haben das Erfordernis und die große qualitative und quantitative Bedeutung eines kriminalpräventiven Diskurses mit und in den neuen Medienwelten gezeigt. Die Oldenburger Erklärung, die eindrucksvolle Schülerdemontration während des 16. DPT und die veröffentlichten Vorträge und Präsentationen wurden zahlreich von der Presse aufgenommen und sehr häufig über die Internetdokumentation des Deutschen Präventionstages abgerufen. Und sicherlich werden die Themen rund um die Kriminalität im Internet und insbesondere die geeigneten Möglichkeiten ihrer Prävention auf absehbare Zeit eine wichtige Rolle bei den Beratungen der kommenden Deutschen Präventionstage spielen.

Für sich selbst hat sich der Deutsche Präventionstag mit verschiedenen Initiativen bewusst entschieden, die Kommunikationschancen der neuen Medien besser zu nutzen und insbesondere bessere Angebote zur Information und im Bereich des Wissensmanagements zu entwickeln:

Die „kleine Prävention-Suchmaschine dpt-map"

Die seit Ende 2010 bestehende Webseite „dpt-map" (www.dpt-map.de und www.pre-search.org) sucht gezielt nach Projekten, Maßnahmen, Institutionen und Personen aus dem Arbeitsfeld der Kriminalprävention. Die Quellen für die Suche nach Stichworten und Schlüsselbegriffen sind bereits im Internet veröffentlichte thematische Datenbanken ausgewiesener Fachorganisationen.

Zum Start von „dpt-map" im Oktober 2010 konnte zunächst innerhalb von 2.462 Datensätzen recherchiert werden, auf der Basis der Internetseiten des Deutschen Präventionstages und des Landespräventionsrates Niedersachsen. Aktuell stehen bereits mehr als 3.800 Datensätze zur Verfügung. Die Einbeziehung weiterer Fachorganisationen als Partner soll kontinuierlich erfolgen. Institutionen, die an einer Partnerschaft und der Verlinkung ihrer Datenbanken interessiert sind, sind ausdrücklich willkommen.

Die tägliche Präventions-News

Speziell für das Arbeitsgebiet der Kriminalprävention und angrenzender Präventionsbereiche veröffentlicht der Deutsche Präventionstag seit Juli 2011 täglich eine aktuelle News auf seiner Webseite www.praeventionstag.de. Die tägliche Präventions-News informiert über Präventionsveranstaltungen und über einschlägige Dokumente aus den Bereichen Präventionspraxis, Präventionsforschung und Präventionspolitik. Die tägliche Präventions-News können auf vielfältige Weise von Ihnen wahrgenommen bzw. abonniert werden: direkt auf der Webseite des Deutschen Präventionstages, als tägliche, wöchentliche oder monatliche E-Mail, als RSS-Feed, über Twitter oder auf facebook.

Die Präsenz bei twitter und facebook

Noch im Aufbau befinden sich die Präsenzen des Deutschen Präventionstages bei den Onlinediensten twitter und facebook, über die bislang im Wesentlichen die täglichen Präventions-News zusätzlich bereitgestellt und verbreitet wird.

Die neue App des Deutschen Präventionstages

Eine eigene App ermöglicht jetzt auch den mobilen Abruf des im Internet dokumentierten Wissens aus den bislang durchgeführten sechszehn Deutschen Präventionstagen. Die von der Firma nanodesign erstellte App des Deutschen Präventionstages steht seit dem 7. April 2012 unter dem Stichwort „Prävention" im „iTunes App Store" zum kostenlosen Download zur Verfügung. Zu den Features der DPT-App gehören:

- die Offline-Recherche im Dokumentationsarchiv zu allen Kongressen,
- die Expertensuche nach Personen und Fachorganisationen und
- die Kurzinformation über den Deutschen Präventionstag.

Updates und inhaltliche Erweiterungen der App folgen in Kürze.

Eröffnungs- und Schlussveranstaltung des 17. DPT live im Internet

Bereits seit einigen Jahren veröffentlicht der Deutsche Präventionstag auch Vortragsmitschnitte aus den Eröffnungs- und Schlussveranstaltungen der jährlichen Kongresse auf seiner Internetseite. Dieses zusätzliche Informationsangebot erfreut sich zunehmender Beliebtheit und wird zahlreich genutzt. So wurde beispielsweise allein das Download-Angebot des Eröffnungsvortrages von Prof. Dr. Gerald Hüther zum 15. DPT (2010) in Berlin bislang 20.000 mal genutzt. Erstmals können die Eröffnungs- sowie die Schlussveranstaltung des 17. Deutschen Präventionstages in München auch live im Internet verfolgt werden. Durch die angebotene Simultanübersetzung kann dieses in deutscher oder englischer Sprache erfolgen.

3. Der Kongress im Überblick

Der 17. Deutsche Präventionstag gliedert sich in folgende Kongressbereiche:

- Plenumsveranstaltungen zu Beginn und zum Abschluss des Kongresses
- 49 Vorträge zum Schwerpunktthema und weiteren Präventionsthemen
- 14 Vorträge im 6. Internationalen Forum AIF, jeweils zur Hälfte in deutscher und englischer Sprache
- DPT-Schüleruniversität
- 54 Kurzvorträge (Projektspots)
- Kongressbegleitende Ausstellung mit Infoständen, Infomobilen und Sonderausstellungen mit über 200 beteiligten Organisationen und Institutionen
- Postersession mit 33 Postern
- DPT-Bühnenprogramm mit 10 Beiträgen
- Filmforum mit 8 Beiträgen
- Offene Sonderveranstaltung „Sicher im Öffentlichen Personen- und Nahverkehr"
- Sonderveranstaltung der Münchener Initiative gegen Trickdiebstahl – „M.I.T."
- 12 Begleitveranstaltungen

Insgesamt haben sich im Vorfeld über 3.500 Personen als Kongress-Teilnehmende und Gäste eingeschrieben, darunter mehr als 170 ausländische Kongressteilnehmende aus 34 Staaten.

4. Die Partner des 17. Deutschen Präventionstages

Auch für den Münchener Kongress gilt erneut: der Deutsche Präventionstag lebt von der guten Zusammenarbeit vieler Menschen und Institutionen! Allen Partnern und Sponsoren und ihren Mitarbeiterinnen und Mitarbeitern danke ich sehr herzlich für ihre materielle und ideelle Unterstützung! Hinweisen möchte ich in diesem Zusammenhang auf die ausführlicheren Darstellungen der jeweiligen Arbeitsschwerpunkte der DPT-Partner, im diesjährigen Kongresskatalog abgedruckt ab Seite 11.

Der 17. Deutsche Präventionstag wird gefördert vom Bundesministerium für Familie, Senioren, Frauen und Jugend (BMFSFJ).

Partner des Kongresses 2012 sind
als Gastgebende Veranstaltungspartner:

- Landeshauptstadt München
- Freistaat Bayern

als Ständige Veranstaltungspartner:

- DBH-Bildungswerk
- Polizeiliche Kriminalprävention der Länder und des Bundes (ProPK)
- Stiftung Deutsches Forum für Kriminalprävention (DFK)
- WEISSER RING e.V.

als Hauptsponsor

- Deutsche Bahn AG

als Kooperationspartner

- Bundeszentrale für gesundheitliche Aufklärung (BzgA)
- Bundeszentrale für politische Bildung (bpb)
- Bündnis für Demokratie und Toleranz
- Deutsche Gesellschaft für internationale Zusammenarbeit (giz)
- Deutsche Sportjugend (dsj)
- Deutscher Familiengerichtstag (DFGT)
- Deutscher Jugendgerichtstag der DVJJ
- Deutsches Jugendinstitut (dji)
- Freiwillige Selbstkontrolle Multimedia-Diensteanbieter (fsm)

- Kriminologisches Forschungsinstitut Niedersachsen (KFN)
- proVal – Gesellschaft für sozialwissenschaftliche Analyse – Beratung - Evaluation
- Stiftung Kriminalprävention

als Internationale Partner

- European Forum for Urban Security (EFUS)
- International Centre for the Prevention of Crime (ICPC)
- International Organization for Victim Assistance (IOVA)
- Korean Institute for Criminology (KIC)
- Violence Prevention Alliance of the World Health Organization (WHO)
- UN-HABITAT

als Sponsoren

- Deutsche Post DHL
- METRO GROUP
- Munich Re

als Kooperationspartner der gastgebenden Veranstaltungspartner

- Kreissparkasse
- MSF
- Münchener Verkehrsbetriebe MVG
- Stadtsparkasse München

5. Das sechste Internationale Forum für Kriminalprävention (AIF)

Im Rahmen des 17. DPT veranstaltet der Deutsche Präventionstag auch das 6. Annual International Forum for Crime Prevention (AIF). Die 14 Vorträge finden je zur Hälfte in deutscher und englischer Sprache statt.

Vorträge in englischer Sprache:

- „Sustaining and Mainstreaming Pre-crime Prevention: Glasgow, Bogotá and Alberta", Prof. Dr. Irvin Waller, University of Ottawa, Canada
- "Engaging young people in designing against crime", Dr. Caroline L. Davey & Andrew B. Wootton, University of Salford, United Kingdom
- Presentation of the International Report on Crime Prevention and Community Safety 2012, Dr. Paula Miraglia, International Centre for the Prevention of Crime ICPC, Montreal, Canada
- "Sexual Harassment, Sexual Assault and Women's Right to the City: Lessons from the Gender Inclusive Cities Programme", Dr. Sohail Husain, Analytica Consulting, Hampshire, United Kingdom

- "Building Safer and Inclusive Cities: The Experience of Delhi", Kalpana Viswanath, Delhi, India
- "Violence Prevention: Experiences from South Africa", Dr. Tina Silbernagl, GIZ South Africa and Partner from South Africa
- "Preventing violence: an overview", Dr. Alexander Butchart, World Health Organization (WHO), Genf, Switzerland.

Vorträge in deutscher Sprache:

- „Sicherheitsmanagement im öffentlichen Grund: Luzern auf dem Weg – ein Werkstattbericht!", Ursula Stämmer-Horst, Stadt Luzern, Schweiz
- „Trotz alledem: die Geschichte der Kriminalprävention in Kanada am Beispiel einer Gemeinde", Christiane Sadeler, Waterloo Region Crime Prevention Council (WRCPC), Canada
- „Lokale Gegebenheiten und Kriminalitätsgelegenheiten: Koreanische Perspektive der Haushaltsviktimisierung", Hark-Mo Daniel PARK & Dr. Seong-Hoon PARK, Korean Institute of Criminology (KIC), Seoul, Korea
- „Prävention und Gesundheitsförderung in der Partyszene: Mut oder Zumutung?", Dr. Katia Duscherer & Dr. Carlos Paulos, Centre de prévention des toxicomanies, Luxemburg, Angelika Kraus (Saarbrücken)
- „Sicherheitshaus - die Methodik des erweiterten Casemanagement und mehr", Julia Mölck, Kommune Alkmaar, Niederlande
- „Systemische Gewaltprävention – Methodischer Ansatz und praktische Erfahrungen", Anna Rau & Dr. Tina Silbernagl, Deutsche Gesellschaft für Internationale Zusammenarbeit (GIZ), Eschborn und Südafrika
- „Urbane Sicherheit 2025: Wie sich Schweizer Städte auf die Zukunft vorbereiten", Sybille Oetliker, Schweizerischer Städteverband & Dr. Tillmann Schulze, Ernst Basler + Partner AG, Schweiz.
- Violence Prevention Alliance der WHO zu Gast beim 17. DPT in München

Jahreskonferenz der Violence Prevention Alliance (VPA) der WHO

Die Jahreskonferenz 2012 der Violence Prevention Alliance (VPA) der Weltgesundheitsorganisation (WHO) wird als Sonderveranstaltung im Rahmen des internationalen Forums des 17. Deutschen Präventionstages stattfinden. Neben den internen Beratungen der Mitglieder und Delegierten der VPA, in der der Deutsche Präventionstag seit einigen Jahren Mitglied ist, sind auch Informationen und ein Vortrag vorgesehen, die für alle Kongressteilnehmenden zugänglich sind. Die Violence Prevention Alliance (VPA) ist ein Netzwerk aus Mitgliedstaaten der Weltgesundheitsorganisation (WHO), internationalen Behörden und bürgerschaftlichen Organisationen und arbeitet seit 2004. Sie verfolgt einen evidenzbasierten Ansatz öffentlicher Gesundheitsfürsorge, welcher sich auf Risikofaktoren konzentriert, die zu Gewalt führen können.

Hierbei wird insbesondere eine breit angelegte Kooperation aller betroffenen Resorts angestrebt. Die Mitglieder der VPA arbeiten daran, die Empfehlungen des „World report on violence and health“ der WHO (download einer Zusammenfassung in deutscher Sprache) zu vermitteln und umzusetzen.

Erstveröffentlichung des „International Report on Crime Prevention and Community Safety 2012“ der ICPC

Das Internationale Zentrum für Kriminalprävention (International Centre for the Prevention of Crime - ICPC) ist die einzige global arbeitende Nichtregierungsorganisation, die ausschließlich auf Kriminalprävention und gesellschaftliche Sicherheit fokussiert ist. Seit seiner Gründung im Jahre 1994 arbeitet ICPC in enger Partnerschaft mit den UN-Organisationen UN-HABITAT und UNODC. Zu den zentralen Aufgaben des Zentrums gehört die Unterstützung des Wissens- und Erfahrungsaustausches in der internationalen Kriminalprävention sowie die Realisierung einschlägiger internationaler Forschungs- und Beratungsprojekte. Aus der Bundesrepublik Deutschland ist seit 2004 der Deutsche Präventionstag Mitglied des ICPC und arbeitet seit 2005 aktiv in den Leitungsgremien mit. Seit 2008 veröffentlicht ICPC im Abstand von zwei Jahren einen „Internationalen Report zur Kriminalprävention und gesellschaftlichen Sicherheit“. Die Erstveröffentlichung des diesjährigen globalen Reports „International Report on Crime Prevention and Community Safety 2012“ erfolgt im Rahmen des internationalen Forums des 17. Deutschen Präventionstages.

6. Sicherheit – Security – Safety

„Sicher leben in Stadt und Land“ ist selbstredend nicht nur eine Frage der Kriminalprävention im engeren Sinne. Mehr denn je ist urbane Sicherheit eine komplexe Aufgabe zahlreicher Arbeitsbereiche und Ressorts mit unterschiedlichen Zielsetzungen und methodischen Vorgehensweisen. Und mehr denn je sind der interdisziplinäre Diskurs und die ressortübergreifende Kooperation und Koordination wichtige Gelingensbedingungen für Präventionsstrategien, für den Einsatz von Programmen und für Projekte.

In ihren Einladungsgrußworten haben sich hierzu auch die Schirmherren des 17. Deutschen Präventionstages geäußert: für den Bayerischen Ministerpräsidenten Horst Seehofer ist „die Sicherheit der Bürger Auftrag des Staates“ und für den Münchner Oberbürgermeister Christian Ude ist „sicher leben in Stadt und Land keine Selbstverständlichkeit, sondern das Ergebnis vielfältiger Anstrengungen und Bemühungen von Politik, Behörden, Institutionen, Einrichtungen, Verbänden und Vereinen. Auch die Initiative und das Engagement jeder einzelnen Bürgerin und jedes einzelnen Bürgers sind hier gefordert.“

In ihrem – wiederum – sehr beeindruckendem Gutachten zum Schwerpunktthema des 17. Deutschen Präventionstages schreibt Dr. Wiebke Steffen zusammenfassend:

„'Sicher leben in Stadt und Land' das bedeutet weit mehr als ein Leben in äußerer und innerer Sicherheit. Sicherheit bezieht sich auch – vor allem – auf die soziale und wirtschaftliche Sicherheit und ist damit sowohl eine komplexe gesellschaftliche Leitidee wie auch ein elementares menschliches Bedürfnis.

Sicherheitsversprechen und Sicherheitspflicht des Staates

In der modernen Welt ist es die staatliche Ordnung, der vor allem und in erster Linie die Aufgabe zufällt, die Sicherheit ihrer Bürger zu gewährleisten. Der Staat hat die Aufgabe, solche Rahmenbedingungen zu schaffen, aufrechtzuerhalten und zu verbessern, die für die Bürger physische, soziale und wirtschaftliche Sicherheit, Lebensqualität, Voraussehbarkeit und Planung erst ermöglichen.

Krise des Sozialstaates?

Allerdings: Moderne Zeiten sind unsichere Zeiten. Grundlegende gesellschaftliche Veränderungen und aktuelle Entwicklungen bringen Chancen, aber auch Risiken, „produzieren" nicht nur Gewinner, sondern auch Verlierer. Der Sozial- und Wohlfahrtsstaat gehört zu den wichtigsten Einrichtungen, um Desintegrationsfolgen abzumildern, soziale Ungleichheiten auszugleichen, soziale Sicherheit und soziale Gerechtigkeit herzustellen, den inneren Zusammenhalt der Gesellschaft zu sichern.

Doch dieses Versprechen und die Pflicht des Staates für die soziale Sicherheit seiner Bürger zu sorgen, scheint brüchig geworden zu sein, der Sozialstaat scheint sich in einer Krise zu befinden. Noch hält die Politik in Deutschland allerdings auch in wirtschaftlich schwierigen Zeiten am Sozialstaatsprinzip grundsätzlich fest, als dem wesentlichen Garanten für individuelle Freiheit, soziale Gerechtigkeit und solidarisches Miteinander.

Soziale Gerechtigkeit – wo steht Deutschland?

Angesichts der Wohlstandssorgen, einer weit verbreiteten Zukunftsunsicherheit und einer seit Jahren stagnierenden Lebenszufriedenheit entspricht diese Politik auch den Erwartungen der Menschen, zumal sich die Lebenslagen und Lebenschancen in Deutschland hinsichtlich sozialer Gerechtigkeit in den letzten Jahren weiter verschlechtert haben: Wachsende soziale Ungleichheit, Verfestigung von Armut, fehlende Chancengleichheit im Bildungswesen, deutliche Integrationsdefizite bei Menschen mit Migrationshintergrund, erhebliche regionale Unterschiede hinsichtlich der Gerechtigkeitsdimensionen Einkommen, Bildung und Integration – Deutschland hat ohne Frage einigen Nachholbedarf in Sachen sozialer Gerechtigkeit.

Gerechte Gesellschaften sind für alle besser – Folgerungen für die soziale Prävention

Der Vermeidung von Armut kommt eine Schlüsselrolle zu, wenn mehr soziale Gerechtigkeit erreicht werden soll: Unter den Bedingungen von Armut sind soziale Teilhabe und ein selbstbestimmtes Leben schwer möglich. Deshalb muss die Politik die Wurzel aller Probleme angehen, die soziale Ungleichheit. Damit ist wieder der **Sozialstaat** gefordert: Erfolgsbeispiele könnten die Wohlfahrtsstaaten Nordeuropas sein, die offenbar am besten in der Lage sind, für gleiche Verwirklichungschancen innerhalb ihrer Gesellschaften zu sorgen.

Außerdem müssen wegen der erheblichen regionalen Disparitäten bei allen Gerechtigkeitsdimensionen die **Städte und Gemeinden** in den Mittelpunkt rücken und hinsichtlich der Kosten unterstützt werden: Eine wirkungsvolle Prävention muss „maßgeschneidert“ auf den Ort vor Ort erfolgen.

Unverzichtbarer Bestandteil bei der Herstellung sozialer Gerechtigkeit und Solidarität ist das **bürgerschaftliche Engagement**, die lebendige Seite des Sozialstaats. Bürgerschaftliches Engagement ist nicht nur Bestandteil des Sozialkapitals unserer Gesellschaft, sondern schafft auch Sozialkapital und gesellschaftlichen Zusammenhalt und ermöglicht soziale Teilhabe.

Kriminalität – ein Modernisierungsrisiko?

Soziale Sicherheit und innere Sicherheit hängen zusammen: Einerseits ist die Wahrnehmung von innerer Sicherheit in die soziale Sicherheit eingebettet, andererseits kann die zunehmende soziale Ungleichheit und Ungerechtigkeit zu einem Anstieg der Kriminalität und einer Zunahme der Kriminalitätsfurcht führen.

Das ist jedoch für Deutschland erstaunlicherweise nicht der Fall: Die insgesamt von der Polizei registrierte Kriminalität geht seit Jahren kontinuierlich zurück, inzwischen auch die Gewaltkriminalität. Die Belastung mit Kriminalität wird bei allen Altersgruppen geringer und auch die Kriminalitätsfurcht nimmt nicht zu, sondern sogar eher ab –obwohl Kriminalitätsfurcht eine Metapher für all das sein kann, was mit gesellschaftlichen Veränderungen an negativen Erfahrungen und Befürchtungen verbunden ist.

Kriminalpolitik statt Sozialpolitik – vom Sozialstaat zum Strafstaat?

Die – günstigen - Befunde zur Entwicklung der Kriminalität, der Kriminalitätsfurcht wie auch zur Gefangenenrate und zur Frage steigender Punitivität in der Justiz und der Bevölkerung lassen den Schluss zu, dass es in Deutschland bislang nicht zur Verschiebung von einer sozialpolitischen zu einer kriminalpolitischen Bearbeitung von Unsicherheit, Armut und Ausgrenzung gekommen ist.

> In Deutschland scheinen die auch durch den Abbau des Sozialstaats ausgelösten sozialen Ungleichheiten, Unsicherheiten und Ängste bislang nicht in Richtung auf eine Sicherheitsgesellschaft umgeleitet worden zu sein, in der Kriminalpolitik zur Ersatz für fehlende oder brüchige Sozialleistungen wird.
>
> **Deutschland auf dem Weg zum Präventionsstaat – Folgerungen für die Kriminalprävention**
>
> Wohl aber befindet sich Deutschland auf dem Weg zum Präventionsstaat – und die Kriminalprävention ist gefordert, dem entgegenzuwirken. Es gilt, riskante Aspekte der Kriminalprävention zu vermeiden, die eine weitere Herausbildung des Präventionsstaates befördern könnten und stattdessen auf ihre Leistungen hinsichtlich des Abbaus sozialer Unsicherheit zu setzen, ihres Beitrags zu mehr sozialer Teilhabe, Integration und Solidarität."

Ich wünsche uns allen einen informativen, anregenden und kreativ diskursiven 17. Deutschen Präventionstag. Deutlicher als bislang sind wir wohl aufgefordert, uns über unsere Verständnisse, Haltungen und die Messbarkeiten wirksamen präventiven Handelns zu verständigen, denn, ein selbstbestimmtes, glückliches Leben nachfolgender Generationen ist das Generalziel allen präventiven Handelns.

Wiebke Steffen

Gutachten für den 17. Deutschen Präventionstag
16. & 17. April 2012 in München
„Sicher leben in Stadt und Land"

Sicherheit als Grundbedürfnis der Menschen und staatliche Aufgabe

Wiebke Steffen
Heiligenberg (Baden) / München

Inhalt

Vorbemerkung

„Sicher leben in Stadt und Land" – das bedeutet weit mehr als ein Leben in äußerer und innerer Sicherheit. Wichtiger noch ist ein Leben in sozialer und wirtschaftlicher Sicherheit, ist die Verlässlichkeit und Planbarkeit des eigenen Lebens.

Diese Dimensionen von Sicherheit zu gewährleisten ist vor allem und in erster Linie die Aufgabe staatlicher Instanzen. Der Staat hat die Aufgabe, solche Rahmenbedingungen zu schaffen, aufrechtzuerhalten und zu verbessern, die für die Bürger physische, soziale und wirtschaftliche Sicherheit, Lebensqualität, Voraussehbarkeit und Planung erst ermöglichen. Dieses Sicherheitsversprechen einzulösen, seiner Sicherungspflicht nachzukommen, fällt dem Staat unter den herrschenden Bedingungen der Unsicherheit jedoch zunehmend schwer: **Moderne Zeiten sind unsichere Zeiten**.

Die Modernisierung unserer Gesellschaft mit ihren Merkmalen der funktionalen Differenzierung, der Individualisierung und der sozialen Desintegration hat für die Gesellschaft insgesamt und für den Einzelnen Chancen wie Risiken gebracht. Verstärkt durch Entwicklungen, die etwa mit der Globalisierung, dem demographischen Wandel, der Finanz- und Schuldenkrise, der Migration, der ökonomisch-sozialen und ethnisch-kulturellen Spaltung verbunden sind, hat die **soziale Ungleichheit** deutlich zugenommen sowie die damit verbundene Destabilisierung von Lebenslagen.

Entsprechend ist die (Wieder)Gewinnung von Sicherheit durch die (Wieder)Herstellung **sozialer Gerechtigkeit** nicht nur ein elementares menschliches Bedürfnis, sondern auch eine komplexe staatliche Aufgabe und Prävention in einem ganz umfassenden Sinne. Wie Sicherheit weit mehr ist als die Eindämmung oder Verhinderung von Kriminalität oder anderer Schadensereignisse, ist auch **Prävention**, verstanden als die Schaffung von günstigen, sozial gerechteren Lebensbedingungen bzw. die Verhinderung sowie Minderung von Entwicklungen, die diese Sicherheit bedrohen und beeinträchtigen können, weit mehr als Kriminalprävention. Um mehr Sicherheit und mehr Sicherheitsgefühl zu erreichen, ist Kriminalprävention nur eines – und keineswegs das wichtigste – „Heilmittel".

Gleichwohl hängen soziale Sicherheit und Kriminalität, soziale Prävention und Kriminalprävention zusammen, sind – positive wie negative, produktive wie kontraproduktive - Abhängigkeiten und Beeinflussungen festzustellen. So, wie eine gute Sozialpolitik Kriminalitätsfurcht reduzieren kann, ist auch die Verschiebung von einer sozialpolitischen zu einer kriminalpolitischen Bearbeitung von Unsicherheit, Armut und Ausgrenzung möglich – bis hin zur Sicherheitsgesellschaft und zum Präventionsstaat.

Außerdem sind mit der Definition und Herstellung von Sicherheit Zielkonflikte mit anderen Grundrechten wie Freiheit, Gerechtigkeit oder Privatheit verbunden. Insbesondere befinden sich die Sicherheit und die Freiheit der Bürger stets in einem Spannungsverhältnis.

Das **Gutachten** zum Schwerpunktthema des 17. Deutschen Präventionstages „Sicher leben in Stadt und Land" greift dieses umfassende Verständnis von Sicherheit und Prävention, die Bedeutung von sozialer Gerechtigkeit und Gleichheit für die Sicherheit und das Sicherheitsgefühl der Menschen auf und diskutiert die Zusammenhänge zwischen Sozialpolitik und Kriminalpolitik, vor allem auch vor dem Hintergrund möglicher problematischer Entwicklungen.

Bezug wird dabei insbesondere auch auf das Gutachten zum Schwerpunktthema des 14. Deutschen Präventionstages 2009 „Solidarität leben – Vielfalt sichern" genommen, in dem für Deutschland die gesellschaftlichen Modernisierungsprozesse, die Entwicklung hin zu einer zunehmend sozio-ökonomisch, aber auch ethnisch-kulturell gespaltenen, immer weiter auseinander driftenden Gesellschaft und ihre Auswirkungen auf Kriminalität und Kriminalitätsfurcht sowie die damit verbundenen Herausforderungen für die Kriminalprävention aufgezeigt wurden.

0 Zusammenfassung

„Sicher leben in Stadt und Land" das bedeutet weit mehr als ein Leben in äußerer und innerer Sicherheit. Sicherheit bezieht sich auch – vor allem – auf die soziale und wirtschaftliche Sicherheit und ist damit sowohl eine komplexe gesellschaftliche Leitidee wie auch ein elementares menschliches Bedürfnis.

Sicherheitsversprechen und Sicherheitspflicht des Staates

In der modernen Welt ist es die staatliche Ordnung, der vor allem und in erster Linie die Aufgabe zufällt, die Sicherheit ihrer Bürger zu gewährleisten. Der Staat hat die Aufgabe, solche Rahmenbedingungen zu schaffen, aufrechtzuerhalten und zu verbessern, die für die Bürger physische,soziale und wirtschaftliche Sicherheit, Lebensqualität, Voraussehbarkeit und Planung erst ermöglichen.

Krise des Sozialstaates?

Allerdings: Moderne Zeiten sind unsichere Zeiten. Grundlegende gesellschaftliche Veränderungen und aktuelle Entwicklungen bringen Chancen, aber auch Risiken, „produzieren" nicht nur Gewinner, sondern auch Verlierer. Der Sozial- und Wohlfahrtsstaat gehört zu den wichtigsten Einrichtungen, um Desintegrationsfolgen abzumildern, soziale Ungleichheiten auszugleichen, soziale Sicherheit und soziale Gerechtigkeit herzustellen, den inneren Zusammenhalt der Gesellschaft zu sichern.

Doch dieses Versprechen und die Pflicht des Staates für die soziale Sicherheit seiner Bürger zu sorgen, scheint brüchig geworden zu sein, der Sozialstaat scheint sich in einer Krise zu befinden. Noch hält die Politik in Deutschland allerdings auch in wirtschaftlich schwierigen Zeiten am Sozialstaatsprinzip grundsätzlich fest, als dem wesentlichen Garanten für individuelle Freiheit, soziale Gerechtigkeit und solidarisches Miteinander.

Soziale Gerechtigkeit – wo steht Deutschland?

Angesichts der Wohlstandssorgen, einer weit verbreiteten Zukunftsunsicherheit und einer seit Jahren stagnierenden Lebenszufriedenheit entspricht diese Politik auch den Erwartungen der Menschen, zumal sich die Lebenslagen und Lebenschancen in Deutschland hinsichtlich sozialer Gerechtigkeit in den letzten Jahren weiter verschlechtert haben: Wachsende soziale Ungleichheit, Verfestigung von Armut, fehlende Chancengleichheit im Bildungswesen, deutliche Integrationsdefizite bei Menschen mit Migrationshintergrund, erhebliche regionale Unterschiede hinsichtlich der Gerechtigkeitsdimensionen Einkommen, Bildung und Integration – Deutschland hat ohne Frage einigen Nachholbedarf in Sachen sozialer Gerechtigkeit.

Gerechte Gesellschaften sind für alle besser – Folgerungen für die soziale Prävention

Der Vermeidung von Armut kommt eine Schlüsselrolle zu, wenn mehr soziale Gerechtigkeit erreicht werden soll: Unter den Bedingungen von Armut sind soziale Teilhabe und ein selbstbestimmtes Leben schwer möglich. Deshalb muss die Politik die Wurzel aller Probleme angehen, die soziale Ungleichheit. Damit ist wieder der **Sozialstaat** gefordert: Erfolgsbeispiele könnten die Wohlfahrtsstaaten Nordeuropas sein, die offenbar am besten in der Lage sind, für gleiche Verwirklichungschancen innerhalb ihrer Gesellschaften zu sorgen.

Außerdem müssen wegen der erheblichen regionalen Disparitäten bei allen Gerechtigkeitsdimensionen die **Städte und Gemeinden** in den Mittelpunkt rücken und hinsichtlich der Kosten unterstützt werden: Eine wirkungsvolle Prävention muss „maßgeschneidert" auf den Ort vor Ort erfolgen.

Unverzichtbarer Bestandteil bei der Herstellung sozialer Gerechtigkeit und Solidarität ist das **bürgerschaftliche Engagement**, die lebendige Seite des Sozialstaats. Bürgerschaftliches Engagement ist nicht nur Bestandteil des Sozialkapitals unserer Gesellschaft, sondern schafft auch Sozialkapital und gesellschaftlichen Zusammenhalt und ermöglicht soziale Teilhabe.

Kriminalität – ein Modernisierungsrisiko?

Soziale Sicherheit und innere Sicherheit hängen zusammen: Einerseits ist die Wahrnehmung von innerer Sicherheit in die soziale Sicherheit eingebettet, andererseits kann die zunehmende soziale Ungleichheit und Ungerechtigkeit zu einem Anstieg der Kriminalität und einer Zunahme der Kriminalitätsfurcht führen.

Das ist jedoch für Deutschland erstaunlicherweise nicht der Fall: Die insgesamt von der Polizei registrierte Kriminalität geht seit Jahren kontinuierlich zurück, inzwischen auch die Gewaltkriminalität. Die Belastung mit Kriminalität wird bei allen Altersgruppen geringer und auch die Kriminalitätsfurcht nimmt nicht zu, sondern sogar eher ab –obwohl Kriminalitätsfurcht eine Metapher für all das sein kann, was mit gesellschaftlichen Veränderungen an negativen Erfahrungen und Befürchtungen verbunden ist.

Kriminalpolitik statt Sozialpolitik – vom Sozialstaat zum Strafstaat?

Die – günstigen - Befunde zur Entwicklung der Kriminalität, der Kriminalitätsfurcht wie auch zur Gefangenenrate und zur Frage steigender Punitivität in der Justiz und der Bevölkerung lassen den Schluss zu, dass es in Deutschland bislang nicht zur Verschiebung von einer sozialpolitischen zu einer kriminalpolitischen Bearbeitung von Unsicherheit, Armut und Ausgrenzung gekommen ist.

In Deutschland scheinen die auch durch den Abbau des Sozialstaats ausgelösten sozialen Ungleichheiten, Unsicherheiten und Ängste bislang nicht in Richtung auf eine Sicherheitsgesellschaft umgeleitet worden zu sein, in der Kriminalpolitik zur Ersatz für fehlende oder brüchige Sozialleistungen wird.

Deutschland auf dem Weg zum Präventionsstaat – Folgerungen für die Kriminalprävention

Wohl aber befindet sich Deutschland auf dem Weg zum Präventionsstaat – und die Kriminalprävention ist gefordert, dem entgegenzuwirken. Es gilt, riskante Aspekte der Kriminalprävention zu vermeiden, die eine weitere Herausbildung des Präventionsstaates befördern könnten und stattdessen auf ihre Leistungen hinsichtlich des Abbaus sozialer Unsicherheit zu setzen, ihres Beitrags zu mehr sozialer Teilhabe, Integration und Solidarität.

1
Sicherheit als Grundbedürfnis der Menschen und staatliche Aufgabe

Sicherheit ist weit mehr als der Schutz vor militärischen Gefahren („äußere Sicherheit") und die Eindämmung oder Verhinderung von Kriminalität oder anderer Schadensereignisse[1] („zivile Sicherheit").[2] Sicherheit bezieht sich auch – vor allem – auf die soziale und wirtschaftliche Sicherheit und ist damit sowohl eine komplexe gesellschaftliche Leitidee wie auch ein elementares menschliches Bedürfnis; sie ist ein vielschichtiges, emotional und normativ aufgeladenes Konstrukt (BaSiD; Glaeßner 2002,3). Also etwas („Konstrukt"), das nicht gegeben und vorhanden ist, sondern entworfen und verwirklicht werden muss – als Gegenstück zur ebenfalls gesellschaftlich konzipierten und folglich konstruierten Unsicherheit (IZEW).[3]

---

1 Bedrohungen wie etwa Terrorismus, Naturkatastrophen oder technische Großunglücke (BaSiD)

2 Das macht schon die Herkunft des Wortes deutlich: Der Begriff „Sicherheit" geht auf das lateinische Wort „securitas" zurück, das „se" (= ohne) „cura" (= Sorge) bedeutet; „securitas" wiederum bezieht sich auf den Begriff der Seelenruhe, des Seelenfriedens, der Sorgenfreiheit (IZEW).
Siehe zum „erweiterten Sicherheitsbegriff" und zum „Wandel der Sicherheitskultur" auch Daase 2010 a und b, 2011. Die allmähliche Ausweitung des ursprünglich nationalstaatlich-militärisch verstandenen Sicherheitsbegriffs zu einem globalen Risikobegriff – beispielhaft dafür sei der von Ulrich Beck geprägte Begriff der „Welt-Risikogesellschaft" – habe zu einem Wandel der Sicherheitskultur geführt. Zunehmend würden sich soziale gegen staatliche Sicherheitsbedürfnisse durchsetzen. Die gesellschaftlichen Gefahrenwahrnehmungen hätten sich von staatlichen Sicherheitsbedürfnissen emanzipiert (wenn nicht abgekoppelt) und stellten nun die nationale und internationale Sicherheitspolitik vor völlig neue Aufgaben proaktiver Präventionspolitik und Daseinsvorsorge (2011, 142, 155).

3 Das ist auch aus der Diskussion um die „soziale Konstruktion von Kriminalität" bekannt – auch Krimina-

Das „Konstrukt Sicherheit" erhält dabei zumindest diese Dimensionen und Bedeutungsebenen (Glaeßner 2002,4):[4]

1. Sicherheit bedeutet **Gewissheit**, Verlässlichkeit, Vermeiden von Risiken. Die Abwesenheit von bzw. der Schutz vor Gefahren werden in diesem Sinne mit diesem Begriff verbunden.
2. Sicherheit meint aber auch **Statussicherheit**, Gewährleistung des erreichten Lebensniveaus und der Lebensumstände einzelner Menschen und/oder sozialer Gruppen sowie die Bewahrung der gesellschaftlichen und politischen Verhältnisse, in denen Menschen leben und sich eingerichtet haben.
3. Mit dem Begriff wird außerdem ein bestimmtes **institutionelles Arrangement** assoziiert, das als geeignet erscheint, innere und äußere Bedrohungen einer sozialen und politischen Ordnung abzuwehren.
4. Weiter wird Sicherheit im juristischen Sinne als **Unversehrtheit von Rechtsgütern** verstanden, die zu schützen und bei Verletzung wieder herzustellen Aufgabe der Rechtsordnung und des Staates ist.
5. **Rechtssicherheit** schließlich bedeutet Schutz vor willkürlicher Gewaltausübung und Beachtung von anerkannten Regeln des gesellschaftlichen Zusammenlebens und der individuellen Lebensführung.

Zwingend sind mit der Definition und Herstellung von „Sicherheit" Zielkonflikte mit anderen Grundrechten wie Freiheit, Gerechtigkeit oder Privatheit verbunden – „Sicherheit und Freiheit der Bürger befinden sich stets in einem Spannungsverhältnis" (Glaeßner 2002,3).[5] Womit sich die Frage stellt, welchen Preis eine Gesellschaft und ihre Bürger

lität gibt es nicht „per se", sondern auch sie muss gesellschaftlich hergestellt werden (Steffen 2011 b, 349 f). Grundlegend zur „gesellschaftlichen Konstruktion von Wirklichkeit" *Berger/Luckmann* 1969.

[4] Die Breite des „Sicherheitsprogramms der Moderne" zeigt sich gut im Englischen, das – anders als das Deutsche – bereits rein sprachlich zwischen drei Varianten von Sicherheit unterscheidet: Safety = technische Sicherheit im Sinne der Zuverlässigkeit technischer Systeme; Security = gesellschaftliche bzw. öffentliche Sicherheit im Sinne politisch-sozialer Sicherheit; Certainty = kognitive Sicherheit im Sinne erkenntnisbezogener Gewissheit (Bonß 2011, 44f).
Das 2009 an der Freien Universität Berlin gegründete *Forschungsforum Öffentliche Sicherheit* – gebilligt und gefördert im Rahmen der Bekanntmachung „Gesellschaftliche Dimensionen der Sicherheitsforschung" durch das Bundesministerium für Bildung und Forschung (BMBF) - hat auf seinem Auftaktworkshop im März 2010 zum Thema „Zukunft der Sicherheitsforschung" eine Explorationsstudie „Sicherheit in Zukunft" vorgestellt, die u.a. die Vielfalt der sicherheitsrelevanten Entwicklungen – mit ihren „Knotenpunkten" wie etwa „Kritische Infrastrukturen", „Gesellschaft", „soziale Risiken" – deutlich macht sowie die verschiedenen Sicherheitsbegriffe bzw. Sicherheitsdefinitionen – wie „Umgang mit Unsicherheit/Risiken", „Abwesenheit von Risiko/Gefahr", „Schutz", „menschliche/soziale Sicherheit", „systemische Sicherheit" – aufführt – und zum Schluss kommt „Es gibt nicht *ein wichtiges* Sicherheitsthema der Zukunft, sicherheitsrelevante Entwicklungen sind in den verschiedensten politischen, gesellschaftlichen und wirtschaftlichen Bereichen zu erwarten" und: Sicherheitsforschung ist immer auch Unsicherheitsforschung (Gerhold 2010, 26 ff).

[5] Im Rahmenprogramm der Bundesregierung „Forschung für die zivile Sicherheit 2012-2017 heißt es: Es gilt ... „dazu beizutragen, die Balance zwischen Freiheit und Sicherheit zu bewahren ... Wir müssen neue Wege suchen, um unsere Freiheit und Rechtsstaatlichkeit zu sichern. Dabei sind Sicherheit und Freiheit kein Gegensatz. Sie stehen aber in einem Spannungsverhältnis. Zu wenig Sicherheit bedroht unseren freiheitlichen

bereit sind, für den hohen Wert Sicherheit zu zahlen, wie es gelingen kann, das maximale Maß an Freiheit durch eine optimale Gewährung von Sicherheit zu erhalten (IZEW; Denninger 2002, 23).

Unstrittig ist jedoch, dass ein Grundmaß an Sicherheit ein notwendiger Bestandteil jedes sozialen Lebens und die Basis jeder kulturellen Entwicklung ist: Ohne dieses Grundmaß an Sicherheit kann kein menschenwürdiges Leben geführt werden, weil ohne ein Grundmaß an Sicherheit Handlungsplanung und freies Handeln nicht möglich sind, Gerechtigkeit nicht gewährleistet werden kann (IZEW).

Schon der Begriff „Grundmaß“ weist darauf hin, dass Sicherheit nicht das völlige Ausbleiben von Risiken, Bedrohungen oder Verlusten bedeutet, wohl aber das Vertrauen darauf, dass sich Risiken wegen ihrer grundsätzlichen Beherrschbarkeit entweder gar nicht realisieren werden oder dass die Folgen von sich doch realisierenden Risiken durch die staatlich verfasste Gesellschaft bzw. die Einzelnen bewältigt werden können (Albrecht 2011, 111).

In der modernen Welt ist es die **staatliche Ordnung**, der vor allem und in erster Linie die Aufgabe zufällt, die Sicherheit ihrer Bürger zu gewährleisten. Sicherheit nach Außen und im Inneren eines Gemeinwesens zu garantieren bzw. Unsicherheiten in ihren verschiedenen Dimensionen – ökonomische, soziale wie politische – zumindest einzudämmen, ist Aufgabe staatlicher Instanzen, man könne sogar von einem Grundrecht oder Menschenrecht auf Sicherheit sprechen: „In der sozialen Sphäre moderner Gesellschaften kommt dem Schutz des Einzelnen vor Risiken und unverschuldeten Beeinträchtigungen seiner Lebensführung ein zentraler Stellenwert zu“ (Glaeßner 2002, 3 f, 6). „Der Staat hat selbstverständlich die Aufgabe, solche Rahmenbedingungen zu schaffen, aufrechtzuerhalten und zu verbessern, die für die Bürger physische, soziale und wirtschaftliche Sicherheit, Lebensqualität, Voraussehbarkeit und Planung erst ermöglichen.“ (Albrecht 2011, 112).

Allerdings: Da Politik heute immer mehr unter Bedingungen von Unsicherheit stattfindet,

„Das Sicherheitsversprechen in der modernen Welt, das sich Jahrzehnte lang auf die Erwartung einer immer besseren Beherrschung wirtschaftlicher, technischer oder anderer Lebensvollzüge und eine Minimierung der mit neuen Entwicklungen verbundenen Risiken und Unsicherheiten stützen mochte, ist brüchig geworden“(Glaeßner 2002, 4)

kann es nicht mehr um die Garantie von Sicherheit gehen, sondern bestenfalls um die Reduktion von Unsicherheit. Das **Sicherheitsversprechen** und die **Sicherungs-**

Lebensstil. Zu viel Sicherheit kann unsere persönliche Freiheit und das Recht auf informationelle Selbstbestimmung gefährden“ (BMBF 2012, 3 ff).

pflicht des Staates können folglich nur eingeschränkt gelten: „Der Staat muss nicht nur seine protektive Rolle neu definieren, sondern eine Antwort darauf finden, welche Strategien eingeschlagen werden können, um eine Dissoziation der sozialen Ordnung und des politischen Gemeinwesens zu verhindern. Diese Gewährleistungspflicht des Staates ... erstreckt sich auch auf die wirtschaftliche, die soziale und die Wertesphäre" (Glaeßner 2002, 6).

Zum Ausdruck kommt diese „Definitionsaufgabe" in der Diskussion um den Sozial- und Wohlfahrtsstaat und seine Möglichkeiten, Versprechen und Pflichten hinsichtlich der Herstellung und Gewährleistung von sozialer Gerechtigkeit und sozialer Sicherheit noch einlösen zu können (siehe dazu unten Kapitel 2.1.1).

2
Soziale Sicherheit in Zeiten der Krise

2.1
Moderne Gesellschaften – unsichere Zeiten

„Moderne Gesellschaften (unterliegen) seit einiger Zeit einer grundlegenden Transformation der Konstruktionen sozialer Ordnung und der Politik, in denen Risiken und Unsicherheiten einen zentralen Platz einnehmen" (Groenemeyer 2010, 7)

Sicherheit bedeutet die Verlässlichkeit und Planbarkeit des eigenen Lebens; beides ist jedoch in modernen Gesellschaften immer weniger (selbstverständlich) gegeben. Moderne Zeiten sind unsichere Zeiten – grundlegende gesellschaftliche Veränderungen und aktuelle Entwicklungen bringen Chancen, aber auch Risiken, „produzieren" nicht nur Gewinner, sondern auch Verlierer. Der 14. Deutsche Präventionstag 2009 hatte diese Modernisierungsprozesse und ihre Auswirkungen auf gesellschaftliche Desintegrationserscheinungen zu seinem Schwerpunktthema gemacht; die folgenden Ausführungen beziehen sich auf das damals zum Schwerpunktthema erstellte Gutachten.[6]

Die Modernisierung unserer Gesellschaft mit ihren Merkmalen der zunehmenden funktionalen Differenzierung, der Individualisierung und der sozialen Desintegration hat nicht nur für die Gesellschaft insgesamt, sondern auch für den Einzelnen Chancen wie Risiken gebracht.

Für den **Einzelnen** hat die funktionale Differenzierung moderner Gesellschaften zur Individualisierung seiner Lebenswelten und Lebenschancen geführt. Sein Lebensweg, seine privaten, beruflichen und sonstigen Möglichkeiten sind heute weitaus weniger als in früheren Jahrhunderten - eigentlich nur noch in Ausnahmefällen – schon mit der Geburt (fast) unveränderbar festgelegt. Individualisierung gibt die Chance zu persönlicher Unabhängigkeit und Autonomie, dazu, sein Leben selbst gestalten zu können. Aber: Der

[6] Steffen 2011 a; hier finden sich auch die Literaturangaben.

Einzelne kann nicht nur sein Leben (weitgehend) selbst bestimmen, er muss es auch – und nicht jeder ist dazu fähig und in der Lage.

Das vor allem dann nicht, wenn seine realen Lebensbedingungen, die jeweiligen Lebenslagen, seine soziale Teilhabe, seine Integration in die Gesellschaft – oder genauer: in die verschiedenen gesellschaftlichen Funktionsbereiche – (drastisch) beschränken. Denn diese Lebenslagen haben sich für große Teile der Bevölkerung in Deutschland in den letzten Jahren und Jahrzehnten erheblich verschlechtert.[7]

Auf der **gesellschaftlichen Ebene** ist zwar aus der Perspektive der funktionalen Differenzierung die Desintegration einerseits der Normalfall moderner Vergesellschaftung: Als strukturelle Folge der gesellschaftlichen Entwicklung erfolgt die Integration bzw. Inklusion des Menschen in die Gesellschaft nicht mehr in stabile Sozialmilieus, sondern als partielle Integration in funktionale Teilsysteme und als gleichzeitige Zugehörigkeit zu verschiedenen Teilsystemen der Gesellschaft. Von daher gibt es die Frage danach, was Gesellschaften zusammen hält und was sie auseinander treibt, seit es moderne Gesellschaften gibt. Über diesen „Normalfall Desintegration" hinaus wird jedoch seit einiger Zeit für die deutsche Gesellschaft eine **krisenhafte Beschleunigung der Desintegration** festgestellt, mit den Merkmalen der Verschärfung der sozialen Ungleichheit, des Rückzuges der Menschen aus den Institutionen, der Zerstörung sozialer Beziehungen, der Pluralisierung von Werten und Normen.

Die Bewältigung der Folgen der strukturellen Desintegration ist ein Thema, seit es moderne Gesellschaften mit ihren Risiken gibt. Der **Sozial- und Wohlfahrtsstaat** gehört zu den wichtigsten Einrichtungen, um Desintegrationsfolgen abzumildern, soziale Ungleichheiten auszugleichen, soziale Sicherheit und soziale Gerechtigkeit herzustellen – und die gegenwärtig zu beobachtenden Destabilisierungserfahrungen könnten darauf zurückzuführen sein, dass „die kompensierende Kraft der rechts- und wohlfahrtsstaatlichen Institutionen derzeit nicht greift oder zumindest erheblich gestört" ist (Nassehi 1997, 139).

2.1.1 Sicherheitsversprechen des Staates vs. Abbau des Sozial- und Wohlfahrtsstaates

„Der Wohlfahrtsstaat lässt sich als soziales Arrangement zur Bewältigung kollektiver Risiken und der Moderation sozialer Ungleichheiten verstehen" (Mau/Burckhardt 2010, 141)

---

[7] in Kapitel 2.2 wird anhand der aktuellen Berichte etwa zu den Armutsrisiken, zur Bildungssituation, zur Integration von Migranten und ihren Nachkommen gezeigt, dass die Lebenslagen sich weiter verschlechtert haben, die sozialen Unterschiede noch größer geworden sind und die Erfahrung sozialer Ungerechtigkeit und sozialer Ungleichheit bis hin zum sozialen Ausschluss weiter zugenommen hat.

Der Begriff **Sozialstaat** bezeichnet

- zum einen „die Ausrichtung staatlichen Handelns auf die Herstellung sozialer Gerechtigkeit und sozialer Sicherheit, auf die Sicherung eines sozialen Existenzminimums für alle sowie die Minderung der ökonomischen Ungleichverteilung und der sozialen (Klassen-, Schichten-, Gruppen-) Gegensätze“
- zum andern auch die Gesamtheit staatlicher Einrichtungen, Steuerungsmaßnahmen und Normen um das Ziel zu erreichen, Lebensrisiken und soziale Folgewirkungen abzufedern (Nullmeier 2003).

In Deutschland ist das Sozialstaatsprinzip mit den Formulierungen „sozialer Bundesstaat“ (Art. 20,1) sowie „sozialer Rechtsstaat“ (Art. 28,1) im Grundgesetz als Staatsziel verankert. Das Bundesverfassungsgericht hat diese „Sozialstaatsklausel des Grundgesetzes“ wiederholt als „Pflicht“ des Staates ausgelegt, „für einen Ausgleich der sozialen Gegensätze und damit für eine gerechte Sozialordnung zu sorgen“ (Leisering 2007, 77). „In der Bundesrepublik Deutschland bildet das Soziale einen konstitutiven Bestandteil der politischen Kultur wie der Staatsarchitektur“ (Butterwege 2005, 9).

Aus dem Sozialstaatsgebot können jedoch direkt keine Rechtsansprüche und soziale Leistungsnormen abgeleitet werden („Prinzip der Offenheit, der relativen Unbestimmtheit des Sozialstaatsbegriffs“). Es obliegt dem Gesetzgeber die angemessenen Mittel und Wege zur Realisierung sozialer Gerechtigkeit zu bestimmen. (Nullmeier 2003).

Die (staatliche) Sozialpolitik, der Sozialstaat und das System der sozialen Sicherung[8] gehören eng zusammen, ohne allerdings identisch zu sein: „Die staatliche Sozialpolitik konstituiert den Sozialstaat, ohne dass dieser gänzlich darin aufginge. Er schafft den institutionellen Rahmen und bestimmt das Ziel, während sie ein mögliches Mittel darstellt, um es zu erreichen ... der Sozialstaat (soll) im umfassenden Sinn zur Daseinsvorsorge und zum Schutz des Individuums vor unsozialen sowie ungerechten Maßnahmen oder Effekten und damit schließlich zur Zukunftsgestaltung der Gesellschaft beitragen“ (Butterwege 2005, 16).[9]

Dabei unterliegen „alle Sozialstaaten .. grundsätzlich dem gleichen ‚ökonomischen Dilemma‘. Sie sind – zugespitzt formuliert – nur solange von imponierender Leistungsfähigkeit für den Einzelnen, wie ihre Leistungsversprechen in geringem Maße in

---

8 Siehe zum System der sozialen Sicherung die vom BMAS - Bundesarbeitsministerium 2011 herausgegebene Broschüre „Soziale Sicherung im Überblick“.

9 Bei *Butterwege* findet sich ein sehr umfassender Überblick über die Grundlagen des Sozialstaates, seine Entstehung und Entwicklung, die Kritik an ihm, die Reformen, die Diskussionen über den Wohlfahrtsstaat der Zukunft und mögliche Alternativen zum „neoliberalen Um- bzw. Abbau des Sozialstaates“ (2005). Zu den Konsequenzen, die mit dem „gewährleistenden Wohlfahrtsstaat“ anstelle des „sorgenden Wohlfahrtsstaats“ verbunden sind, siehe *Vogel* 2010, 160 f.

Anspruch genommen werden (bzw. werden müssen). Soll heißen: Bei guter Beschäftigungsentwicklung ... haben sie eine günstige Einnahmeentwicklung. Zugleich ist der Ausgabendruck ... gering ... Bei wachsenden Beschäftigungsschwierigkeiten kehrt sich die Entwicklung spiegelbildlich um. Der Sozialstaat verliert an Leistungskraft für den Einzelnen, sobald er massiver gefordert wird bzw. gefordert werden muss." (Döring 2007, 258 f).

Oder, mit den Worten der **Enquête-Kommission** „Wachstum, Wohlstand, Lebensqualität": „Die Finanzierung unseres Sozialsystems ist stark wachstumsabhängig. Es stellt sich die Frage, ob und wenn ja, wie das deutsche Wirtschafts- und Sozialstaatsmodell die ökologischen, sozialen, demografischen und fiskalischen Herausforderungen auch bei den zukünftig zu erwartenden moderaten Wachstumsraten auf Dauer bewältigen kann."[10]

Seit Mitte der 1970er Jahre werden unter dem Stichwort „**Sozialstaatskrise**" verstärkt die Grenzen des Sozialstaats diskutiert: Wirtschaftliche Probleme durch ökonomische, soziale, demographische und politische Entwicklungen, Staatsverschuldung und Arbeitslosigkeit führten und führen zu einer grundsätzlichen Kritik am Sozialstaatsprinzip – bis hin zum Vorwurf, der Sozialstaat sei die Ursache der Probleme (Nullmeier 2003).

Das Versprechen und die Pflicht des Staates hinsichtlich der sozialen Sicherheit seiner Bürger scheint brüchig geworden zu sein, sich zumindest in einer Krise zu befinden: Der Sozialstaat werde seit Mitte der 1970er-Jahre restrukturiert und demontiert, obwohl er weder Verursacher der damaligen Wirtschaftskrise war, noch aus seinem Um- bzw. Abbau irgendein Nutzen für die wirtschaftliche oder gesellschaftliche Entwicklung des Landes erwachse. Vielmehr bringe die neoliberale Wende[11] zwar das Ende des Wohlfahrtsstaates mit sich, wie ihn die „alte" Bundesrepublik kannte; eine Hochleistungs-, Konkurrenz- und Ellbogengesellschaft nach US-amerikanischem Muster biete aber für die Mehrheit der Bevölkerung keine erstrebenswerte Alternative (Butterwege 2005, 9).[12]

Werden die **Bürger** gefragt, dann lautet die Wunschliste an eine zukünftige Gesellschaft etwa so: Die Zukunft der Bundesrepublik gehöre einer Sozialgesellschaft (66%), einer Generationengesellschaft (56%) und einer Hilfeleistungsgesellschaft (52%). In der „Dreifach-Sicherung" des Lebens solle der Staat die Bürger vor sozialer Not schützen, müssten die Generationen fest zusammenhalten und füreinander da sein, wollten sich

---

10 Aus dem Faltblatt der Enquête-Kommission 2011; siehe dazu auch Kapitel 2.1.4.

11 Neoliberale Konzepte basieren auf drei Grundprinzipien: Autonomie des Individuums; Annahme, dass der Markt die effizienteste und daher ideale Form der Verteilung von Gütern und zur Lösung sozialer Probleme darstellt; Verständnis, dass der Staat ein potentielles Hindernis für individuelle Freiheiten und Markteffizienz darstellt. Entsprechende Konzepte zum neoliberalen Um- bzw. Abbau des Sozialstaates wurden zwar in keinem Land „originalgetreu" umgesetzt, haben aber bis heute wesentlichen Einfluss auf das Regierungshandeln in vielen Staaten (Singelnstein/Stolle 2012, 20).

12 Zu den Erwartungen und Ängsten der Bevölkerung siehe Kap. 2.1.2

die Menschen wieder mehr selber helfen, indem sie pragmatisch Gemeinschaften auf Gegenseitigkeit bilden. „Dabei verlieren sie ein Stück persönlicher Freiheit und Unabhängigkeit, gewinnen dafür aber genügend Sicherheit und soziale Geborgenheit".[13]

Auch die **Politik** hält am Sozialstaatsprinzip grundsätzlich fest. Im jüngsten Sozialbericht, dem *Sozialbericht 2009* des Bundesministeriums für Arbeit und Soziales heißt es:

„60 Jahre Sozialstaat – eine Erfolgsgeschichte auch in wirtschaftlich schwierigen Zeiten.

In der gegenwärtigen Finanz- und Konjunkturkrise zeigt sich, wie wichtig der Sozialstaat für Deutschland ist. Er ist seit 60 Jahren ein wesentlicher Garant für individuelle Freiheit, soziale Gerechtigkeit und solidarisches Miteinander ...

Die sozialen Sicherungssysteme wirken im konjunkturellen Abschwung als automatische Stabilisatoren ...

Die Vielzahl der Politikfelder, in denen der Sozialstaat wirkt, verdeutlicht, dass Sozialpolitik in Deutschland umfassend angelegt ist ...

Der umfassende Ansatz der Sozialpolitik wird weiterhin erforderlich bleiben. Gerade in unserer modernen Wissens- und Dienstleistungsgesellschaft, in der sich traditionelle Lebensweisen auflösen und soziale Bindungen verändern, steigt das Bedürfnis nach sozialer Sicherheit und verlässlichen, allgemein zugänglichen Leistungsangeboten ...

Der Sozialstaat ist für den einzelnen Bürger da – und zwar in den Lebenslagen, in denen er gebraucht wird ...

Der Sozialstaat eröffnet, sichert und verbessert Chancen. Er befähigt Betroffene, aus eigener Kraft wieder aufzustehen. Der Sozialstaat organisiert hier Solidarität ...

Der Sozialstaat sichert soziale und gesellschaftliche Teilhabe und Integration durch Aktivierung und Befähigung ...

Der Sozialstaat bildet die Grundlage für sozialen Frieden. Dieser kann dauerhaft nur gewährleistet werden, wenn allen Bürgerinnen und Bürgern Teilhabe ermöglicht wird – unabhängig von Geschlecht und Alter und unabhängig von sozialer, nationaler oder ethnischer Herkunft. Der Sozialstaat wirkt daher als Ganzes gesellschaftlich stabilisierend ...

---

[13] Ergebnisse einer Repräsentativbefragung von 2.000 Personen ab 14 Jahren im Jahr 2009 durch die *Stiftung für Zukunftsfragen* (2009 a).
Seit dem Frühjahr 2011 diskutiert die Bundeskanzlerin mit über 120 Fachleuten aus Wissenschaft und Praxis unter der Überschrift „Menschlich und erfolgreich. Dialog über Deutschlands Zukunft". Diesem **Zukunftsdialog** wird jetzt ein **Bürgerdialog** zur Seite gestellt: „Machen Sie Vorschläge, kommentieren Sie, stimmen Sie ab über drei große Fragestellungen: 1. Wie wollen wir zusammenleben? 2. Wovon wollen wir leben? 3. Wie wollen wir lernen?" Bis zum 15.04.2012 ist eine aktive Beteiligung möglich (www.dialog-ueber-deutschland.de).

Es gilt, den Sozialstaat und seine Institutionen leistungsfähig und effizient zu halten. Der Sozialstaat stellt sicher, dass sich Engagement auszahlt, dass jeder, der Leistungsbereitschaft zeigt, damit sein Leben verbessern kann, und dass jedem in Not geholfen wird ...

Der Sozialstaat steht auch weiterhin vor großen Herausforderungen. Er muss

- dem gesellschaftlichen und demografischen Wandelgerecht werden,
- den Wandel der Arbeitsgesellschaft begleiten,
- Beschäftigung fördern, Arbeitslosigkeit und Armut bekämpfen,
- die Globalisierung der Arbeitswelt sozialverträglich gestalten,
- Bildung und Weiterbildung voranbringen,
- Migration und zugleich Integration von Menschen mit Migrationshintergrund ermöglichen.

Der Sozialstaat hat auch in Zukunft eine Schlüsselstellung für Wohlstand und Lebensqualität in Deutschland inne. Seine Stabilität und seine Akzeptanz entscheiden mit darüber, ob wir in unserem Land gut leben können" (2009, 3 ff).

Auch der letzte (dritte) *Armuts- und Reichtumsbericht* der Bundesregierung vom Juni 2008 stellt fest: „Der deutsche Sozialstaat wirkt" ... „Kern sozial gerechter Politik ist es, ökonomische und soziale Teilhabe- und Verwirklichungschancen für alle Mitglieder der Gesellschaft zu ermöglichen. Politik, die dazu beitragen will, Armut und soziale Ausgrenzung zu verhindern, kann sich daher nicht in der Sicherung materieller Grundbedürfnisse erschöpfen ... Entscheidend für den Erfolg einer solchen Politik ist eine wirksame **Aktivierungspolitik**[14] mit Angeboten etwa für Betreuung, Bildung

---

[14] Die Re-Formulierung des Sozialstaates zum **aktivierenden Staat** „besagt, dass der alimentierende Sozialstaat bei der Bekämpfung von sozialer Exklusion an systematische Grenzen stößt und eine zukunftsfähige Sozialpolitik nur in einer Politik der zweiten Chance bestehen kann. Die bisher gepflegte Erwartung der Bürger der Sozialen Marktwirtschaft, sozial in jedem Fall unterstützt zu werden, wird hier umgewandelt. Nur dann erfolgt eine Unterstützung, wenn man bereit ist, in die eigene Zukunft zu investieren" (Penz/ Priddat 2007, 58).
Kritisch zum „aktivierenden Sozialstaat" als Leitbild der sog. Neuen Mitte *Butterwege* Für *Butterwege* bedeutet der „aktivierende Sozialstaat" im Sinne des Schröder/Blair-Papiers vom Juni 1999 das definitive Ende für den aktiven Sozialstaat (2005, 237 ff.).
Die Konzepte eines „aktivierenden" bzw. „ermöglichenden" Sozialstaates zielen insgesamt auf eine Neugestaltung der Beziehungen zwischen Staat und (Bürger-)Gesellschaft ab. Aufgegriffen wurden diese Konzepte deshalb auch von der *Enquête-Kommission „Zukunft des Bürgerschaftlichen Engagements"*: „Der Sozialstaat ist der institutionelle Ausdruck der Übernahme der Verantwortung für das Wohlergehen der Gesellschaftsmitglieder in grundlegenden Belangen ... Eine verbreitete Schlussfolgerung aus den Problemen des Sozialstaats ist die Rücknahme staatlicher Verantwortung zugunsten von Marktprozessen. Die Betrachtung des Sozialstaats aus der Perspektive bürgerschaftlichen Engagements zeigt eine Alternative auf: Bürgerschaftliches Engagement ist die lebendige Seite des Sozialstaats. Bürgerinnen und Bürger erscheinen als kooperative Mitgestalterinnen und Mitgestalter sozialstaatlicher
Leistungen. In dieser Konzeption ist der Sozialstaat nicht mehr umfassender Versorgungsstaat, sondern kooperativer Partner im Rahmen eines ‚Wohlfahrtspluralismus'" (Enquête-Kommission 2002, 47).
Durchaus kritisch zur zivilgesellschaftlichen Umverteilung sozialstaatlicher Aufgaben bzw. zur Zuschrei-

und Weiterbildung, um die Beteiligten zu befähigen, so weit wie möglich vom Bezug von Transferleistungen unabhängig zu werden. Alle müssen die Chance haben, ihre individuellen Möglichkeiten auszuschöpfen.

Dazu ist auch weiterhin die angemessene Absicherung der existentiellen Risiken Krankheit, Unfall, Behinderung, Arbeitslosigkeit, Erwerbsminderung, Pflegebedürftigkeit und Alter über die Sozialversicherungssysteme eine wichtige Voraussetzung. Darüber hinaus müssen soziale Ausgrenzung und Armut durch die Deckung des sozialkulturellen Existenzminimums[15] gesichert werden." (Armutsbericht 2008, 12).

„Unser Land ist stark, weil es sozial ist. Unsere sozialen Sicherungssysteme gehören zu den leistungsfähigsten der Welt. Sie sind ein Standortfaktor, denn sie stärken unsere Wirtschaftskraft. Und sie verbessern die Teilhabechancen vieler Bürgerinnen und Bürger.

Das soziale Netz haben Frauen und Männer über viele Generationen hinweg geknüpft. Damit es fest und dicht bleibt, müssen wir es immer wieder erneuern und den veränderten Bedingungen anpassen.

Der Sozialstaat, die soziale Marktwirtschaft, gehören zu den großen Traditionen Deutschlands. Der Sozialstaat macht unser Land lebenswerter und hat in der Welt einen guten Klang. Ich will, dass das auch in Zukunft so bleibt."[16]

2.1.2
Sicherheitserwartungen und Ängste der Menschen in Deutschland

„Die Deutschen wollen nach wie vor ein sicheres Einkommen haben und ohne Zukunftsangst leben können ... Sie erwarten, dass der Staat seine Sicherheitsversprechen einlöst und hoffen auf mehr soziale Gerechtigkeit".[17]

Wie wichtig es ist, dass der Staat auch zukünftig seine Sicherheitsversprechen einlöst und seine Sicherungspflicht wahrnimmt, wird an den Erwartungen bzw. Ängsten der Menschen in Deutschland deutlich.

---

bung der Verantwortung für soziale Risiken an die Bürger das *Editorial der Zeitschrift „Widersprüche"*: Der „aktivierende Sozialstaat" brauche aktive Bürger, die mit ihrem *Engagement* gemeinwohldienlich wirkten und sich sozialer Aufgaben annähmen. Tatsächlich entstehe derzeit in den durch die Transformation des Sozialstaats entstandenen Versorgungslücken ein beständig anwachsendes Feld bürgergesellschaftlicher Armutsversorgung (Widersprüche Juli 2011, Editorial).
Auch das *Gutachten zum Schwerpunktthema des 13. Deutschen Präventionstages 2008* „Engagierte Bürger – sichere Gesellschaft" äußert sich kritisch gegenüber Entwicklungen, die auf einen Missbrauch, eine Ausnutzung des bürgerschaftlichen Engagement hindeuten und verweist auf den Zusammenhang zwischen der Bereitschaft des Staates, seinen Teil an sozialer Verantwortung und Wohlfahrtspolitik zu übernehmen und der Bereitschaft der Bürger, sich zu engagieren (Steffen 2009, 35 f).

15 Siehe dazu auch die Entscheidung des Bundesverfassungsgerichtes vom 9. Februar 2010 zur Neuregelung der Hartz-IV-Sätze.

16 Ursula von der Leyen, Bundesministerin für Arbeit und Soziales, in der Einleitung zu BMAS 2011.

17 So die Bilanz einer 2009 durchgeführten Repräsentativbefragung der *Stiftung für Zukunftsfragen* von 2.000 Personen ab 14 Jahren (2009 a).

Zu recht pessimistischen Ergebnissen kommt etwa eine Befragung im Rahmen der *SOEP-Querschnittserhebung*[18] vom Sommer 2011 von 1.030 Bürgerinnen und Bürgern ab 16 Jahren in Deutschland zu **Wohlstandssorgen und Prekarisierungsängsten**. Bei der Unterscheidung nach aktuellen Risikoerwartungen und langfristig angelegten Abstiegsängsten zeige sich, dass akute Deprivationsängste in der Unter- und der unteren Mittelschicht konzentriert seien, langfristige Verlustängste beträfen demgegenüber tendenziell alle Gruppen gleichermaßen. Der Pessimismus in Hinblick auf die fernerliegende Zukunft sei weit verbreitet und beeinträchtige zudem Segmente der sozialen Mittelschicht:[19] „nennenswerte Teile der Bevölkerung in Deutschland haben danach den Glauben an langfristigen Wohlstandsgewinn und kollektiven Aufstieg verloren." Das deute „auf eine mentale Lage hin, die durch eine weitverbreitete Zukunftsunsicherheit und einen nur schwach ausgeprägten Wohlstandsoptimismus gekennzeichnet" sei (Schöneck/Mau/Schupp 2011, 9).

Was die Bewertung der Befunde zu Unsicherheitsgefühlen angeht, weist *Dittmann* zu Recht darauf hin, dass „streng genommen unklar" bleibe, was unter Unsicherheitsgefühlen zu verstehen sei. Einig seien sich die Wissenschaftler darüber, dass Sicherheitsbedürfnisse die Grundbedürfnisse einer Gesellschaft spiegeln, zu deren zentralen Komponenten in Deutschland die persönliche Unversehrtheit gehöre, ebenso wie der Schutz des persönlichen Eigentums und des Arbeitsplatzes (2009, 3).

Dittmann hat für Deutschland auf der Basis des SOEPuntersucht, wie sich Unsicherheitsgefühle in der Bevölkerung einerseits und das individuelle Sorgenniveau andererseits im letzten Vierteljahrhundert verändert haben. Außerdem wird untersucht, welche Zusammenhänge zwischen Sorgen - hinsichtlich Krieg und Kriminalität, Arbeit und Wirtschaft, Umwelt - und Aspekten des subjektiven Wohlbefindens, der Lebenszufriedenheit, bestehen.

Die Auswertungen zeigten, dass die Unsicherheitsgefühle um die Jahrtausendwende keineswegs zunähmen, wie es in Zusammenhang mit Transformationsprozessen oftmals postuliert werde. Es sei ein deutlicher Rückgang der Sorgen in der Bevölkerung bei

---

18 Das **Sozio-oekonomische Panel (SOEP)** ist eine seit 1984 (seit 1990 auch in den neuen Bundesländern) laufende Langzeitbefragung von privaten Haushalten in Deutschland. Das am Deutschen Institut für Wirtschaftsforschung (DIW) Berlin angesiedelte SOEP gibt Auskunft über Faktoren wie Einkommen, Erwerbstätigkeit, Bildung oder Gesundheit. Im Auftrag des DIW werden jedes Jahr in Deutschland über 20.000 Personen in über 10.000 Haushalten von TNS Infratest Sozialforschung befragt. Fester Bestandteil im Rahmen des SOEP ist eine jährliche Querschnitterhebung (Pretest). Dabei werden auch Fragemodule erprobt (Schöneck/Mau/Schupp 2011, 14).
Das SOEP erfragt auch subjektive Merkmale wie Wertvorstellungen, Risikoeinstellungen und Persönlichkeitsmerkmale sowie die Sorgen in der Bevölkerung zur eigenen wirtschaftlichen Situation, zur Arbeitsplatzsicherheit, zur wirtschaftlichen Entwicklung in der Gesellschaft, die Kriegssorgen und die Sorgen um den Schutz der Umwelt. Seit 1994 werden auch die Kriminalitätssorgen erhoben (Dittmann 2009).

19 Dem entsprechen die Ausführungen von *Vogel* (2010) „Wohlstandskonflikte und Unsicherheitsverschärfung. Die Mitte der Gesellschaft gerät unter Druck". Für Vogel ist die „Mittelklasse: Ein gefährdetes Staatsprodukt", denn soziologisch sei unzweifelhaft: Ohne einen expansiven und steuerkräftigen Wohlfahrtsstaat könne es keine breite und wohlhabende Mittelklasse geben.

Kriminalität und Umwelt zu verzeichnen; sprungartige Veränderungen gebe es bei den Kriegssorgen und bei der allgemeinen wirtschaftlichen Entwicklung. Dabei lägen die persönlich relevanten Sorgen zur eigenen wirtschaftlichen Situation und zur Arbeitsplatzsicherheit auf einem deutlich niedrigeren Niveau als die allgemeinen Sorgen (Dittmann 2009, 4 ff).

Auf der Individualebene kämen die Auswertungen zu einer **erstaunlichen Stabilität im Sorgenniveau** der Befragten (2009, 8). Wenn allerdings große Besorgnisse bei den Befragten häufiger aufträten und sich dabei auf die eigene wirtschaftliche Situation und die Arbeitsplatzsicherheit bezögen, dann schränkten diese Unsicherheiten die Lebenszufriedenheit[20] nennenswert ein. „Die wachsende und verfestigende Unsicherheit in zentralen persönlichen Bereichen, wie der wirtschaftlichen Situation und der Arbeitsplatzsicherheit, könnte eine Erklärung dafür sein, warum die Lebenszufriedenheit in den letzten Jahren weitgehend stagniert" (Dittmann 2009, 11).[21]

Zu einer etwas anderen Bewertung der Befunde kommt der *Glücksatlas Deutschland 2011*, mit dem die erste umfassende Bestandsaufnahme zum Lebensglück der Deutschen vorliegt, wann immer möglich aufgeschlüsselt nach 19 Regionen Deutschlands.[22] Er stellt für die „Lebenszufriedenheit der Deutschen von 1984 bis 2011" fest, dass diese insgesamt gestiegen sei und 2011 bei 7,0 Indexpunkten (auf einer Skala von 0 bis 10) liege, damit "sind die Menschen in Deutschland aktuell so zufrieden wie in den letzten 10 Jahren nicht mehr" (2011, 10).[23] Im europäischen Vergleich liegt Deutschland auf einer Skala von 1 bis 4 mit 3,03 im oberen Mittelfeld (das

---

20 Die allgemeine Lebenszufriedenheit wird im SOEP anhand einer zusammenfassenden Beurteilung des gegenwärtigen Lebens mittels einer 11er Skala – 0=ganz und gar unzufrieden, 10=ganz und gar zufrieden – gemessen. Zu den zentralen Erklärungsmerkmalen für Lebenszufriedenheit zählen Einkommen, Gesundheit, Alter und Persönlichkeit des Befragten (Dittmann 2009, 8).

21 Auch Van Suntum e.a. konstatieren für den Zeitraum von 1991 bis 2007: „In Deutschland ist die Lebenszufriedenheit im Zeitablauf insgesamt konstant geblieben" (2010, 22).
Differenziert nach West- und Ostdeutschland stellt der *Datenreport 2011* hinsichtlich der allgemeinen Lebenszufriedenheit (SOEP-Daten) für den gesamten Zeitraum 1990 bis 2009 eine Zufriedenheitsdifferenz zwischen Ost und West fest (die Westdeutschen sind zufriedener), etwa seit 1995 einen parallelen Verlauf der Zufriedenheitsniveaus, beide erreichen 2000 und 2001 ihre höchsten Werte, gehen dann zurück – Tiefpunkt 2004 – , weisen dann für Ostdeutschland jährliche Zunahmen auf (2009: Indexniveau 6,5), während sie für Westdeutschland nach einem kleinen Anstieg seit 2005 etwa auf gleichem Niveau bleiben (2009: Indexniveau 6,9).

22 Datenbasis ist wieder das SOEP, ergänzt durch eine Befragung (des Institutes für Demoskopie Allensbach im Frühjahr 2011). Analysiert wurden die Auswirkungen folgender Faktoren auf die Lebenszufriedenheit: Individuelle Persönlichkeitsmerkmale, Alter und Geschlecht, Familie und Freunde, Einkommen und Vermögen, Arbeit, Gesundheit, Bildung und Kultur.

23 1984, zum Beginn der SOEP-Datenreihe, lag der Wert bei 7,4 (Köcher/Raffelhüschen 2011, 34).
Auch die *R+V Versicherung*, die seit 1991, zuletzt 2011, die **Ängste der Deutschen** erfragt, kommt zu dem Ergebnis „Sorgen insgesamt zurückgegangen – Deutsche so optimistisch wie seit 10 Jahren nicht". Alle langfristig abgefragten Ängste seien gesunken. Besonders optimistisch blickten die Deutschen 2011 auf die eigene Wirtschaftslage - ein Thema, das sie sonst mit großer Sorge betrachteten. Allerdings: Eine Sonderbefragung zur aktuellen Schuldenkrise habe aufgedeckt, dass die großen europäischen Wirtschaftsfragen – der Euro und die Schuldenkrise im Euro-Raum – die traditionellen Ängste um die eigene Wirtschaftslage überdeckten (Info.Center 2011).

glücklichste Land ist Dänemark mit 3,66, während Portugal mit 2,29 den niedrigsten Zufriedenheitswert hat; Köcher/Raffelhüschen 2011, 30).

Zu den einzelnen Glücksfaktoren stellt der *Glücksatlas* fest:
Der Arbeit, dem Besitz eines Arbeitsplatzes und den Arbeitsbedingungen, kommen eine hohe Bedeutung für die Lebenszufriedenheit zu. Entsprechend gering ist die Lebenszufriedenheit von Arbeitslosen; sie liegt weit unter der von Erwerbstätigen. Auch die allgemeine Lebenszufriedenheit ist eng an die Arbeitslosenquote gekoppelt (2011, 14 f und 140 ff).

Während das Einkommen wichtig ist, vor allem das relative, also der Vergleich mit den Arbeitskollegen oder Nachbarn, hat der Zuwachs des Bruttoinlandproduktes (BIP) eher indirekten Einfluss auf die Lebenszufriedenheit. „Auf den ersten Blick hat sich die Wirtschaftsleistung sogar ganz von der Lebenszufriedenheit abgekoppelt" (2011, 13).

Dem entspricht, dass, bezogen auf die **Regionen,** nicht der Süden als die wirtschaftlich stärkste Region im Glücks-Ranking vorn liegt, sondern Hamburg und die Nordsee-Region. Am Ende des Rankings, und zwar mit einem eträchtlichen Unterschied zur Spitze, steht Thüringen, gefolgt von Brandenburg und Mecklenburg-Vorpommern (2011, 10 f). Allerdings entfalte sich in Ostdeutschland „derzeit die stärkste Dynamik ... Hält die Entwicklung an, dürfte Sachsen in Kürze als erste ostdeutsche Region den Bundesdurchschnitt erreichen" (2011, 127).[24]

Angaben zum Wohlbefinden von **Kindern** in Deutschland sind einem im Dezember 2011 veröffentlichten UNICEF-Bericht zu entnehmen (Bertram u.a. 2011), für den alle aktuell verfügbaren empirischen Daten zum Wohlbefinden von Kindern für die einzelnen Bundesländer ausgewertet wurden. Besonderes Gewicht hatte die – oft vernachlässigte – subjektive Sicht der Kinder. Dieses subjektive Wohlbefinden fällt weitgehend positiv aus. Dabei „ist die Teilhabe von Eltern am Arbeitsleben von zentraler Bedeutung für das Wohlbefinden der Kinder. Eltern, die die Möglichkeit haben, ihren Lebensunterhalt selbst zu bestreiten und als aktiv Handelnde am Leben der Gesellschaft mitzuwirken, sind die wichtigsten Rollenmodelle für Kinder" (Bertram e.a. 2011, 1).

Und: Es gibt erhebliche regionale Unterschiede. Die Lebenssituation der Kinder und Jugendlichen, ihre Schulleistungen, Hoffnungen und Ängste unterscheiden sich gravierend – je nachdem, wo sie in Deutschland aufwachsen, wovon ihre Familie lebt und welche Unterstützung sie in ihrem konkreten Lebensumfeld, durch die Politik und ihre Gemeinden erfahren.[25]

---

[24] Zur Lebenszufriedenheit in **München** wurde vom Institut für Soziologie der Ludwig-Maximilians-Universität eine kleine Studie durchgeführt, die zu vergleichbaren Ergebnissen wie der „Glücksatlas" kommt (Keuschnigg u.a. 2010).

[25] Da die Unterschiede zum Teil zwischen den Bundesländern sogar größer sind als zwischen den OECD-

2.1.3 Lebenszufriedenheit und Wirtschaftswachstum: Gibt es ein „Glücks-BIP"?

Auch wenn die Befunde zur Lebenszufriedenheit für „unsichere Zeiten" erstaunlich gut sind, ist es dennoch erforderlich, dass „der Zusammenhang zwischen Wirtschaftswachstum, Lebensqualität und Wohlfahrt wieder neu diskutiert (wird) und .. in der aktuellen politischen und wissenschaftlichen Debatte weit oben auf der Tagesordnung" steht (Datenreport 2011, 6) - vor allem vor dem Hintergrund des oben zitierten Befundes, dass die Wirtschaftsleistung, der Zuwachs des Bruttoinlandproduktes (BIP), allenfalls indirekten Einfluss auf die Lebenszufriedenheit hat.

Welche Faktoren zur Lebenszufriedenheit und zum Wohlbefinden beitragen bzw. sie vermindern, ist Gegenstand der Glücksforschung, einem noch jungen Forschungsfeld der Ökonomie (van Suntum e.a 2010, 3).[26] Denn vor allem aus ökonomischer Sicht entwickelte sich die Einsicht, dass ein höherer materieller Wohlstand nicht notwendigerweise glücklich macht und das Wohlergehen der Menschen nicht unbedingt zunimmt, wenn die Wirtschaft eines Landes wächst.[27] Diese Einsicht ist keineswegs neu – auch wenn sie in der breiten Öffentlichkeit und in der Politik immer noch eher zögerlich wahrgenommen werden (BMFSFJ 2009 a, 6) -, sondern seit den 1970er-Jahren als Easterlin-Paradox[28] bekannt: Nach dem Erreichen einer gewissen Wohlstandsgrenze trägt weiteres Wirtschaftswachstum nur noch unterdurchschnittlich zur Steigerung der Lebenszufriedenheit bei (van Suntum u.a. 2010, 3 f).[29]

Mit dem „Easterlin-Paradox" verbunden ist die Kritik am Bruttoinlandsprodukt (BIP) als Hauptindikator für die Lebensqualität von Gesellschaften. „Das BIP ist die Summe der Preise der in einer Volkswirtschaft produzierten Waren und Dienstleitungen. Es bildet daher lediglich rein materielle Aspekte des Wohlstands ab. Ökologische, soziale, bildungsrelevante oder kulturelle Aspekte, die zum gesellschaftlichen Wohlergehen und zur Lebensqualität beitragen, werden mit dem BIP hingegen nicht erfasst" (Faltblatt Enquête-Kommission 2011).[30] Lebenszufriedenheit und Glück können also

---

Staaten, haben nationale Durchschnittswerte, zum Beispiel zur Kinderarmut, nur begrenzte Aussagekraft. „Für eine wirksame Kinder- und Jugendpolitik müssen diese um regionale und kommunale Analysen ergänzt werden" (Bertram e.a. 2011, 4).

26 Ein Überblick über die Erkenntnisse der theoretischen und empirischen Glücksforschung findet sich bei van Suntum e.a. 2010 und beim BMFSFJ 2009 a.

27 Zumal dann nicht, wenn das Wirtschaftswachstum nicht automatisch allen Bevölkerungsgruppen zugute kommt, sondern Ungleichheiten vergrößert (s.u. Kap. 2)

28 Der amerikanische Ökonom Richard Easterlin, Mitbegründer des Faches der Glücksökonomie, hat bereits 1974 darauf hingewiesen, dass die Schattenseiten von ökonomischen Fortschritt dessen positive Glückseffekte wieder zunichtemachen können (BMFSFJ 2009, 5).

29 Die Grundbedürfnisse des Menschen sind Schätzungen zufolge bei ca. 20.000 Dollar Pro-Kopf-Einkommen im wesentlichen befriedigt. Bei höherem Einkommen wird deshalb die Lebenszufriedenheit von anderen, nicht monetären Faktoren beeinflusst (van Suntum e.a. 2010, 4).

30 Im Faltblatt der Enquête-Kommission „Wachstum, Wohlstand, Lebensqualität" wird dazu Robert Kennedy aus dem Jahr 1968 zitiert: „Das Bruttoinlandsprodukt misst alles, nur das nicht, was das Leben lebenswert macht."

nicht allein mit dem BIP gemessen werden – andererseits kann Lebenszufriedenheit wohl auch nicht ohne materiellen Wohlstand erzielt werden. „Es liegt daher nahe, das Bruttoinlandsprodukt als klassischen Wohlstandsindikator zwar nicht ganz zu verwerfen, wohl aber durch geeignete Zusatzindikatoren zu einer Art „Glücks-BIP" zu ergänzen (van Suntum e.a. 2010, 4).[31]

Neben der Ergänzung des BIP durch „objektive" Indikatoren - amtliche Statistiken und frühe Studien zur Lebensqualität in Deutschland beschränkten sich zumeist auf die Erfassung objektiver Lebensbedingungen, - finden inzwischen auch Indikatoren zum „subjektiven Wohlbefinden" Eingang in die Glücksforschung.[32] Seit 1984 wird im Rahmen des **Sozio-ökonomischen Panels** (SOEP, s.o. Fn 18) regelmäßig die Frage gestellt „Wie zufrieden sind Sie gegenwärtig, alles in allem, mit Ihrem Leben?". Die Ergebnisse gehen auch in den ebenfalls seit 1984 jährlich erscheinenden und schon mehrfach zitierten **Datenreport** ein,[33] den Sozialbericht für die Bundesrepublik Deutschland, in den neben statistischen Daten auch Daten aus dem SOEP unter sozialwissenschaftlichen Aspekten analysiert werden.

Auch die **OECD** hat für ihre Studien „Gesellschaft auf einen Blick" **Sozialindikatoren** entwickelt, „um für die Beurteilung der Lebens- und Arbeitsbedingungen ein besseres Instrument zur Verfügung zu stellen als die konventionellen Markt-einkommensindikatoren" (2009,10). Neben den Indikatoren zur Erfassung eher objektiver Lebensbedingungen wie „soziale Gerechtigkeit", „Gesundheit" oder „Einkommen" finden sich beim Indikator „sozialer Zusammenhalt" auch die „Unterindikatoren" Lebenszufriedenheit[34] und Arbeitszufriedenheit[35] (außerdem die Indikatoren kriminalitätsbedingte Viktimisierung, Suizide, Bullying, Risikoverhalten).

---

31 Siehe dazu auch den Auftrag an die Enquête-Kommission (2010, 2011).

32 Siehe zu diesen Indikatoren und den entsprechenden Fragestellungen auch BMFSFJ 2009 a, 6.

33 Und natürlich in alle Studien zur Glücksforschung, die sich auf diese Daten des SOEP beziehen, wie etwa den „Glücksatlas 2011".
Siehe zur „Historie" der Forschung zum Wohlbefinden in Deutschland und zu aktuellen Forschungsprojekten und Forschungsergebnissen BMFSFJ 2009.
Im **Datenreport 2011** wird die Frage nach dem Ausmaß der Schaffung „gleichwertiger Lebensverhältnisse" in Ost- und Westdeutschland gestellt; dabei werden drei Dimensionen betrachtet: objektive Lebensbedingungen, subjektives Wohlbefinden bzw. Zufriedenheit, die „Qualität der Gesellschaft" (wie nehmen Bürger in Ost- und Westdeutschland ihre ‚gemeinsame' Gesellschaft wahr und wie verankert empfinden sie sich in dieser Gesellschaft)(2011, 377)
Regelmäßig erfasst wird die Lebenszufriedenheit der Deutschen auch durch das **Eurobarometer** der Europäischen Kommission, mit dem die soziale Situation der Bürger sowie soziale und politische Einstellungen zu zentralen Themen der Europäischen Union untersucht wird. Neben dem zweimal im Jahr durchgeführten Standard-Eurobarometer gibt es zusätzliche Spezial-Eurobarometer, etwa 2010 zu „Armut und soziale Ausgrenzung".

34 Der Hauptindikator für die „Lebenszufriedenheit" stammt aus dem Gallup World Pool, in dem gefragt wird: „Stellen Sie sich eine Leiter mit 11 Stufen vor, auf der die unterste Stufe (0) das für Sie unerträglichste und die höchste Stufe (10) das für Sie bestmögliche Leben darstellt. Auf welcher Stufe der Leiter stehen Sie Ihrem Gefühl nach mit Ihrem Leben heute?" Außerdem gehen Daten aus der „World Happiness Datenbank", Informationen aus den Eurobarometer-Umfragen und aus dem World Value Survey ein (OECD 2009, 128).

35 Grundindikator der Arbeitszufriedenheit ist der Anteil aller Erwerbstätigen der angibt, in seinem Hauptberuf im allgemeinen „völlig", „sehr" oder „ziemlich" zufrieden zu sein (OECD 2009, 130).

Bislang gibt es für Deutschland keinen umfassenden Lebenszufriedenheitsindikator. 2010 haben *van Suntum/Prinz/Uhde* auf der Basis von SOEP-Daten eine Studie zur Konstruktion eines solchen Indikators für „Lebenszufriedenheit und Wohlbefinden in Deutschland“ veröffentlicht. In ihren **Lebenszufriedenheitsindikator** („Glücks-BIP“) gehen vor allem solche Faktoren ein, welche die Politik zumindest auf längere Sicht beeinflussen kann. Individuelle Glückskomponenten wie etwa Familienstand und Alter sollten nicht in einen Glücksindikator eingehen, der als **Kompass für die Politik** gedacht ist. Sie werden allerdings als Kontrollvariable berücksichtigt (van Suntum e.a. 2010, 4 f).[36] Die Autoren haben den für die Jahre 1991 bis 2007 errechneten „Glücks-BIP“ und den herkömmlichen BIP mit den Antworten auf die im SOEP regelmäßig gestellte Frage „ Wie zufrieden sind Sie gegenwärtig, alles in allem, mit Ihrem Leben?“ verglichen und kommen zu dem Ergebnis, dass der Lebenszufriedenheitsindikator eine gute Annäherung an den tatsächlichen Verlauf der Lebenszufriedenheit darstelle und deren Entwicklung bereits wesentlich näher komme als der Verlauf der Wachstumsraten des BIP pro Kopf (van Suntum e.a. 2010, 34).

Das **Fazit** der Autoren: „Der Mensch lebt nicht vom BIP allein. Es sollte deutlich geworden sein, dass neben Wirtschaftswachstum und materiellem Wohlstand[37] viele andere Faktoren für die Lebenszufriedenheit eine Rolle spielen. Nicht alle diese Faktoren sind politisch beeinflussbar, aber viele sind es eben doch. So ist ein sicherer Arbeitsplatz nicht nur wegen des Einkommens ein wichtiger Glücksfaktor, sondern auch ein Wert an sich. Sowohl der gesellschaftliche Status als auch das Selbstwertgefühl der Menschen wird positiv beeinflusst, wenn sie nicht nur von den Sozialsystemen aufgefangen werden, sondern aktiv am Erwerbsleben teilnehmen ... Nicht übersehen sollte man den großen Einfluss, den die persönlichen Lebensumstände und nicht zuletzt auch die Lebenseinstellung auf die Zufriedenheit haben. Diese Faktoren lassen sich auch durch ein Glücks-BIP nicht erfassen. Es wäre aber schon viel gewonnen, wenn die Politik diejenigen Glücksfaktoren positiv gestalten könnte, auf die sie zumindest längerfristig einen Einfluss hat. Dazu gehören neben den ökonomischen Rahmendaten auch gesellschaftspolitische Weichenstellungen, etwa im Gesundheitswesen und in der Renten-, Familien- und Arbeitsmarktpolitik“ (van Suntum e.a. 2010, 39 f).

---

36 Das **„Glücks-BIP“** setzt sich aus diesen Glücksfaktoren zusammen: Wachstum des Bruttoinlandsprodukts, Arbeitslosenquote der abhängigen zivilen Erwerbspersonen, Ungleichheit der Einkommensverteilung, Realisierung gewünschter Arbeitszeit, Arbeiten im erlernten Beruf, Chance, eine gleichwertige Stelle zu finden, Sorge um den Arbeitsplatz, Sorge um die finanzielle Sicherheit, Jährliches Nettohaushaltseinkommen nach Steuern, Wohneigentum, Guter Gesundheitszustand (van Suntum e.a. 2010, 29).

37 *Hayek* vermutet bei seinen Auswertungen der SOEP-Daten zum Zusammenhang von Lebenszufriedenheit und Einkommensreichtum „tendenziell“, dass „Einkommensreichtum mit einer hohen Lebenszufriedenheit einhergeht“ und nimmt an, dass „die ökonomische, politische und gesellschaftliche Bedeutung Einkommensreicher weiterhin zunimmt“ (Hayek 2011, 38 f).

2.1.4
Enquête-Kommission „Wachstum, Wohlstand, Lebensqualität"

Als ein Ergebnis „der aktuellen politischen Debatte" und der Unzufriedenheit mit dem BIP als alleinigem Maßstab für Wohlstand, Lebensqualität und gesellschaftlichen Fortschritt, wurde im November 2011 die Enquête-Kommission „Wachstum, Wohlstand, Lebensqualität – Wege zu nachhaltigem Wirtschaften und gesellschaftlichem Fortschritt in der Sozialen Marktwirtschaft"[38] eingesetzt. In dem Einsetzungsantrag vom 23.11.2010 heißt es:

„Wir stehen vor großen Herausforderungen: Die Unsicherheiten über die weitere Entwicklung der Wirtschaft, des Arbeitsmarktes, der Finanzmärkte sowie der demographische Wandel und die steigende Staatsverschuldung beunruhigen die Menschen ebenso wie die Gefahren des Klimawandels, der Verlust von biologischer Vielfalt, die mangelnde Generationengerechtigkeit und die soziale Ungleichheit auf globaler wie auf nationaler Ebene. All dies hat eine grundlegende Diskussion über gesellschaftlichen Wohlstand, individuelles Wohlergehen und nachhaltige Entwicklung angestoßen. Nicht nur in Deutschland, auch in anderen Industriestaaten gibt es eine Debatte darüber, ob die Orientierung auf das Wachstum des Bruttoinlandproduktes (BIP) ausreicht, um Wohlstand, Lebensqualität und gesellschaftlichen Fortschritt angemessen abzubilden."

„Der Auftrag, den die Enquête-Kommission bis zum Ende der Wahlperiode im September 2013 zu erfüllen hat, umfasst nahezu alle Lebensbereiche. Denn wer diese Frage beantworten will, muss sich auch fragen, was das für Wirtschaft und Arbeitswelt, das Konsumverhalten und den Lebensstil jedes und jeder Einzelnen bedeutet und welche Rolle die Politik dabei spielen kann und muss ... Mit der globalen Wirtschafts-und Finanzkrise trat eine große Verunsicherung über die weitere Entwicklung der Wirtschaft, des Arbeitsmarkts und der Finanzmärkte hinzu. Der demografische Wandel und die steigende Staatsverschuldung beunruhigen die Menschen ebenso wie die Gefahren des Klimawandels, der Verlust der biologischen Vielfalt, die mangelnde Generationengerechtigkeit und die zunehmende soziale Ungleichheit auf globaler und nationaler Ebene. Soziale Ausgrenzung und mangelhafte Teilhabemöglichkeiten mindern die Lebensqualität erheblich."[39]

Die Enquête-Kommission hat einen „gewaltigen Auftrag" abzuarbeiten, und das bis zum Ende der Wahlperiode im Jahr 2013. Man darf gespannt sein, zu welchen Erkenntnissen sie kommt und welche Vorschläge sie machen wird.[40]

---

38 Deutscher Bundestag Drucksache 17/3853 und www.bundestag.de/bundestag/ausschuesse17/gremien/enquete/wachstum/index.jsp
Zuvor hatten schon die Regierungen von England und Frankreich Kommissionen eingesetzt, die ganzheitliche Wohlstands- und Fortschrittsindikatoren prüfen sollten (Köcher/Raffelhüschen 2011, 7).

39 Aus dem vom Deutschen Bundestag herausgegebenen Faltblatt zur Enquête-Kommission November 2011.

40 Davor, Glück zum Verfassungsziel zu erheben, warnt der Wirtschaftswissenschaftler *Bruno Frey*: Politiker

2.2 Soziale Ungleichheiten: Nachholbedarf Deutschlands in Sachen sozialer Gerechtigkeit

Die Unsicherheitsgefühle, Wohlstandssorgen, Prekarisierungsängste und Beeinträchtigungen des Wohlbefindens sind vor dem Hintergrund der Entwicklung von Lebenslagen und Lebenschancen in Deutschland nicht unberechtigt. Es ist im Gegenteil erstaunlich, dass sie nicht noch weit ausgeprägter sind. Denn schon 2009, im Gutachten zum Schwerpunktthema des 14. Deutschen Präventionstages, wurde festgestellt:

„Obwohl Deutschland nach wie vor eines der wohlhabendsten Länder Europas ist, verschlechtern sich auch hier die Lebenslagen, sind nicht nur Einkommen, sondern auch Bildung und Gesundheit zunehmend ungleich verteilt, nehmen Desintegrationserfahrungen zu, während die Chancen auf soziale Teilhabe und Integration abnehmen." (Steffen 2011 a, 67)

Seither hat sich die soziale Gerechtigkeit in Deutschland hinsichtlich der Einkommensarmut noch verschlechtert und auch beim Bildungszugang und bei der Integration von Zuwanderern bestehen nach wie vor klare Defizite. Folglich nehmen Desintegrationserfahrungen weiter zu, nehmen die Chancen auf soziale Teilhabe und Integration weiter ab.[41]

Dazu kommen erhebliche regionale Disparitäten – in den Städten und Regionen Deutschlands leben die Menschen nicht in gleichem Maße sicher: „Ökonomische und demografische Prozesse tragen zu einer stärkeren Auseinanderentwicklung der unterschiedlichen Räume in Deutschland bei. Die wirtschaftsstärksten Agglomerationen sind zu Metropol-regionen avanciert und erhalten verstärkte Aufmerksamkeit. Abwanderung, Alterung und periphere Lage sind dagegen Merkmale problematischer Wirtschafts- und Lebensräume. In einigen strukturschwachen Regionen geraten bereits heute technische und kulturelle Infrastrukturen an die Tragfähigkeitsgrenzen, und grundlegende Dienstleistungen sind kaum noch aufrechtzuerhalten. Wachsende regionale Ungleichheiten beinhalten die Gefahr, Räume zu schaffen, in denen die Menschen schlechtere Lebenschancen vorfinden und von der allgemeinen Entwicklung abgekoppelt werden" (Datenreport 2011, 320).[42]

---

sollten nur die Rahmenbedingungen setzen, glücklich werden müsse jeder nach seiner eigenen Fasson (in einem Interview mit der Süddeutschen Zeitung vom 24. Februar 2012).

41 *Heitmeyer* (2012) beschreibt in der neuesten Folge (Nr. 10) der „Deutschen Zustände" eine zunehmende Spaltung einer durch dauernde Krisen verunsicherten Gesellschaft. Entsicherung, Richtungslosigkeit und Instabilität seien zur „neuen Normalität" geworden, in allen sozialen Gruppen sei die Nervosität gestiegen, die Ungleichheit habe zugenommen (Zeit Online vom 12.12.2011; www.zeit.de/politik/deutschland/2011-12/studie-deutschland-vorurteile/komplettansicht;; Abfragedatum: 17.12.11).

42 Der *Datenreport* geht bei den „regionalen Disparitäten" auf Unterschiede in den Distanzen zu den nächsten Oberzentren ein, auf die Wirtschaftskraft (gemessen am Bruttoinlandsprodukt – BIP), die Bevölkerungsentwicklung, die Beschäftigung, den Lebensstandard und die Bewertung der räumlichen Lebensbedingungen. „Überwiegend städtische Gemeinden machen ein Fünftel der Gesamtfläche Deutschlands aus: Hier leben zwei Drittel der Bevölkerung und befinden sich drei Viertel aller Arbeitsplätze. Im Gegensatz dazu nimmt der ländliche Raum zwar 60% der Fläche ein: dort leben allerdings nur 18% der Bevölkerung, die lediglich

2.2.1 Einkommensarmut: Deutschland wird amerikanischer

Die im Gutachten für den 14. Deutschen Präventionstag festgestellte Entwicklung hin zu einer tiefen Kluft zwischen Arm und Reich, zu einer zunehmenden Ungleichverteilung der Einkommen (Steffen 2011 a, 69) ist – trotz des wirtschaftlichen Aufschwungs und der im europäischen Vergleich hervorragenden ökonomischen Situation Deutschlands, etwa einer geringeren Arbeitslosigkeit als vor der Finanz- und Schuldenkrise – nicht nur nicht gestoppt worden, sondern sie hat sich im Gegenteil noch verschärft. Als im Dezember 2011 die OECD-Studie „Divided We Stand – Why Inequality Keeps Rising“[43] veröffentlicht und für Deutschland festgestellt wurde, dass hier die Einkommensungleichheit seit 1990 erheblich stärker gewachsen sei als in den meisten anderen OECD-Ländern, titelte etwa SPIEGEL ONLINE „Deutschland wird amerikanischer“, die soziale Kluft in Deutschland nähere sich den Verhältnissen in den USA an.[44]

Die **OECD-Studie** kommt zu dem Befund, dass in Deutschland die Einkommensungleichheit seit 1990 erheblich stärker gewachsen ist als in den meisten anderen OECD-Ländern. Während das Land in den 1980er und 1990er Jahren noch zu den eher ausgeglichenen Gesellschaften gehört habe, liege es heute (2008) nur noch im OECD-Mittelfeld. Die obersten 10% der deutschen Einkommensbezieher verdienten etwa achtmal so viel wie die untersten 10%; in den 1990er Jahren lag das Verhältnis noch bei 6 zu 1 (aktueller OECD-Durchschnitt: 9 zu 1; USA: 15:1). Die Zunahme der Ungleichheit zeige sich auch am Gini-Koeffizienten, einem statistischen Konzentrationsmaß, das für Einkommen zeigt, wie gleich oder ungleich dieses über eine Personengruppe verteilt ist: 1985 lag dieser Koeffizient in Deutschland bei 0,25, 2008 lag er bei knapp 0,3.[45]

Die zunehmende Kluft zwischen Arm und Reich gehe vor allem auf die Entwicklung der Löhne und Gehälter zurück. In den vergangenen 15 Jahren habe sich die Lohnschere zwischen den obersten und untersten 10% der Vollzeitarbeitenden um ein Fünf-

10% aller Arbeitsplätze vorfinden. Knapp die Hälfte der Bürger lebt in sehr zentralen Orten, jeder Vierte in peripheren oder sogar sehr peripheren Orten.“ (Datenreport 2011, 320).
Henkel (2011) weist in seiner Analyse „Das Dorf. Landleben in Deutschland – gestern und heute“ auf den „dramatischen Wandel“ im wirtschaftlichen und sozialen Gefüge der Dörfer hin. Das Dorf habe einen Großteil seiner Infrastruktur verloren, viele Dorfbewohner pendelten zu größeren Wirtschaftsbetrieben oder Verwaltungen. Allerdings sei das soziale Kapital sehr hoch. Es gäbe dichte soziale Netze, man engagiere sich für das Gemeinwohl, vor allem in den zahlreichen Vereinen (www.kirchenzeitung.de/content/land-lust-statt-land-frust; Abfragedatum: 05.12.2011).

43 www.oecd.org/document/54/0,3746,de_34968570_35008930_49176950_1_1_1_1,00.html; Abrufdatum: 04.02.2012.

44 URL: http://www.spiegel.de/wirtschaft/soziales/0,1518,801730,00.html Abrufdatum: 06.12.2011. Siehe zum Thema „Armutsgefährdung und soziale Ausgrenzung“ auch die Ausführungen im *Datenreport 2011* (S. 151 ff). Die dort zugrunde gelegten Daten beruhen auf der seit 2005 jährlich durchgeführten Erhebung „Leben in Europa. Die Statistik zu Einkommen und Lebensbedingungen in Deutschland (EU-SILC – European Union Statistics on Income and Living Conditions).

45 Der Gini-Koeffizient kann Werte zwischen 0 (absolute Gleichheit) und 1 (absolute Konzentration) annehmen. Je näher der Wert an 1 ist, umso größer ist die Ungleichheit in der Einkommensverteilung (Datenreport 2011, 152).

tel erweitert. Auch die zunehmende Teilzeitbeschäftigung – die sich in Deutschland seit 1984 auf 22% verdoppelt hat – trage zur Einkommensungleichheit bei, zumal es sich hier vor allem um Frauen handle, die immer noch weniger Lohn erhielten als ihre männlichen Kollegen. Hinzu komme eine Veränderung von Arbeitszeiten: Während Menschen aus den oberen Einkommensklassen wie schon vor 20 Jahren rund 2250 Stunden pro Jahr arbeiteten, habe sich bei den Geringverdienern die Arbeitszeit von 1000 Stunden auf jetzt 900 Stunden reduziert.

Um die Einkommensungleichheit abzuschwächen, nutzt auch Deutschland Steuern und Sozialtransfers. Hier ist die umverteilende Wirkung sogar relativ groß, auch wenn sie das Auseinanderdriften von Arm und Reich nicht verhindern konnte: Im Jahr 2008 verminderten Steuern und Sozialtransfers die Ungleichheit um knapp 29% (OECD-Mittel: 25%); im Jahr 2000 lag der Effekt noch bei 33%.[46]

Die zunehmende soziale Ungleichheit widerlegt die Annahme, dass Wirtschaftswachstum automatisch allen Bevölkerungsgruppen zugute kommt – und hat bedenkliche Auswirkungen: „Soziale Ungleichheit schwächt die Wirtschaftskraft eines Landes, sie gefährdet den sozialen Zusammenhalt und schafft politische Instabilität“ (OECD-Generalsekretär Angel Gurría). Um den Trend zu größerer Ungleichheit zu stoppen oder sogar umzukehren empfiehlt die OECD-Studie Investitionen in das Potenzial der Arbeitskräfte durch mehr und bessere (Aus)Bildung. Bildungsoffensiven müssten in der frühen Kindheit beginnen und während der gesamten Schulpflicht und des Berufslebens aufrecht erhalten werden. Direkten Einfluss auf die Umverteilung könnten die Regierungen auch über Steuer- und Sozialreformen nehmen: durch eine progressivere Gestaltung der Einkommenssteuer, durch Maßnahmen zur Eindämmung der Steuerflucht, durch die Abschaffung von Steuererleichterungen für Besserverdienende oder den Ausbau von Steuern auf Vermögen und Grundbesitz; gleichzeitig seien staatliche Transferzahlungen wichtiger als je zuvor, um die anhaltenden Verluste für Menschen mit niedrigem Einkommen auszugleichen.[47]

---

46 *Groh-Samberg* (2010) kommt auf der Basis des SOEP (Daten von 1984 bis 2009) und eines multidimensionalen und längsschnittlichen Armutsindikators – neben dem verfügbaren Einkommen werden die Wohnsituation, die Verfügbarkeit bzw. das Fehlen von finanziellen Rücklagen sowie die Arbeitslosigkeit berücksichtigt und das über fünf aufeinanderfolgende Jahre hinweg – zum Befund einer zunehmenden **Verfestigung von Armut**, die es in dieser Form in der Geschichte der Bundesrepublik noch nicht gegeben habe. Den Armutsanstieg in den letzten 10 Jahren charakterisiere die zunehmende Schwierigkeit, aus der Armut und auch aus der Prekarität wieder herauszukommen. Dabei seien die von verfestigter Armut besonders betroffenen und gefährdeten Gruppe sozial relativ homogen: Vor allem Familien der Arbeiterschicht, mit mehreren Kindern oder alleinerziehende Mütter oder Väter sowie Menschen mit Migrationshintergrund. Damit widersprächen die empirischen Befunde weit verbreiteten Annahmen über eine zunehmende Temporalisierung und soziale Entgrenzung der Armut, einer Zunahme sozialer Abstiege aus der Mitte der Gesellschaft und einem Ausgreifen von Prekarität in immer breitere Bevölkerungskreise. „Der Kern der Armutsentwicklung besteht vielmehr in ihrer signifikanten Verfestigung.“ (2010, 15).
Auf diese „verhärtete Armut“ weist auch der Armutsbericht des Paritätischen Gesamtverbandes (s.u.) hin (2011, 3).
Zu einem ähnlichen Befund kommt auch die OECD-Studie „Going for Growth“ (erscheint im März 2012), wenn festgestellt wird, dass die Ungleichheitsverschärfung sozial schwache Gruppen bedeutend stärker trifft als die Mittelschicht.

47 Diese Politikoptionen für Arbeit, Wachstum und sozialen Ausgleich werden in der im März 2012 erschei-

Dass Wirtschaftswachstum nicht automatisch allen Bevölkerungsgruppen zugute kommt, wird auch durch die erheblichen **regionalen Unterschiede in der Armutsentwicklung** belegt. So kommt der *Armutsbericht des Paritätischen Gesamtverbandes*[48] zwar für ganz Deutschland zu der Aussage, dass bundesweit von einer Verhärtung oder Verfestigung der Armut gesprochen werden müsse, da die Armutsgefährdungsquote[49] seit nunmehr sechs Jahren auf einem Rekordniveau von über 14% verharre und selbst starke wirtschaftliche Ausschläge offensichtlich so gut wie keinerlei Einfluss mehr auf die Armutsentwicklung hätten. Anders sehe es aus, wenn die Ergebnisse auf **Länderebene** verglichen würden: Zum einen seien die Armutsgefährdungsquoten sehr unterschiedlich hoch – in Bayern betrage sie nur 10,8%, in Mecklenburg-Vorpommern sei sie dagegen mit 22,4% fast doppelt so hoch; zum andern „bewegt sich bei neun der 16 Bundesländer kaum etwas, sieben Länder zeigen aber durchaus – zum Teil gegenläufige – Bewegungen ... So gingen in Hamburg, Brandenburg und Thüringen die Armutsquoten seit 2005 kontinuierlich und nennenswert zurück ... In Berlin und Nordrhein-Westfalen sind die Armutsquoten von 2005 auf 2006 zwar erfreulich gesunken, steigen seitdem jedoch stetig und spürbar an" (2011, 5).

Bemerkenswert sei auch die **regionale Zerrissenheit** innerhalb eines Landes – der Ländervergleich suggeriere eine Homogenität, die in den Regionen nicht mehr gegeben sei. Gerade die großen westdeutschen Flächenländer zeigten „enorme Armutsgefälle" innerhalb ihrer Landesgrenzen. Statt eines „sauberen Ost-

nenden OECD-Studie „Going for Growth" wieder benannt.

48 Vom *Paritätischen Gesamtverband* wurde erstmals 2009 ein Armutsatlas für Regionen in Deutschland vorgelegt. Für den 2011 veröffentlichten „Bericht zur regionalen Armutsentwicklung in Deutschland 2011" wurden die Erkenntnisse des Armutsatlas mit den seitdem regelmäßig veröffentlichten regionalen Armutsquoten der statistischen Landesämter zusammengeführt und mit den Trends im Hartz IV-Bezug seit 2005 verglichen.

49 2010 lag die Armutsgefährdungsquote für einen Single-Haushalt bei 826 Euro, für Familien mit zwei Erwachsenen und zwei Kindern bei 1.735 Euro.
2008 waren nach Zahlung staatlicher Sozialleistungen 15,5% der Bevölkerung in Deutschland armutsgefährdet (Datenreport 2011, 159).
„**Armutsgefährdung** geht in der Regel mit einer signifikanten Einschränkung der Teilhabe am sozialen Lebens (soziale Ausgrenzung) einher ... Die Beschränkungen, die armutsgefährdete Menschen im täglichen Leben erfahren, sind vielfältig ... Die Lebens- und Wohnbedingungen Armutsgefährdeter sind auch häufiger geprägt von Lärmbelästigung, Umweltverschmutzung, Kriminalität, Gewalt und mutwilligen Beschädigungen im Wohnumfeld" (Datenreport 2011, 154 ff).
Dass **Armut auch krank macht**, ein wesentlicher Faktor für die Entstehung von psychischen Erkrankungen und gesundheitlichen Einschränkungen ist, diesem Thema widmet sich beispielsweise die Caritas in Niedersachsen (Niedersächsische Auftaktveranstaltung „Armut macht krank" zur Caritas Jahreskampagne 2012 am 29. Februar 2012 in Hannover).
Vom 9. – 10. März 2012 findet in Berlin der 17. Kongress Armut und Gesundheit „Prävention wirkt!" statt (www.armut-und-gesundheit.de).
Sehr informativ zum engen Zusammenhang zwischen sozialer Lage und Gesundheit sind auch die Veröffentlichungen des „Kooperationsverbundes für Gesundheitsförderung bei sozial Benachteiligten" – ein Zusammenschluss von 53 Partnerorganisationen auf Initiative und mit Unterstützung der Bundeszentrale für gesundheitliche Aufklärung (www.gesundheitliche-chancengleichheit.de).
„Gesundheit ist sozial determiniert" wurde das entsprechende Kapitel im Gutachten für den 14. Deutschen Präventionstag überschrieben (Steffen 2011 a, 75 f).

West-Schnitts" erscheine Deutschland mehr und mehr als armutspolitischer Flickenteppich (2011, 7).

Speziell zur **Kinderarmut**[50] (bei der Altersgruppe der unter Dreijährigen, die das höchste Armutsrisiko aller Kinder tragen) und ihren regionalen Ungleichheiten liefert die Bertelsmann Stiftung mit ihrem *KECK-Atlas*[51] für alle 412 Kreise und kreisfreien Städte, sogar differenziert nach Stadtteilen, also auf Sozialraumebene, alle relevanten Daten zur Lebenswelt von Kindern. Deutlich werden bei dieser Differenzierung die erheblichen regionalen Unterschiede: Für ganz Deutschland gehe die Kinderarmut zwar zurück, „doch innerhalb der Bundesländer,[52] Landkreise und Städte[53] klaffen die Armutsquoten weit auseinander". Insgesamt lebten 2010 in Deutschland 403.000 Kinder unter drei Jahren in Familien, die auf staatliche Grundsicherung angewiesen sind; die Armutsquote liegt bei 19,8% (2008: 21,2%).

2.2.2
Bildungszugang: Defizite unter dem Aspekt der sozialen Gerechtigkeit

Eine weitere soziale Gerechtigkeits-Dimension, bei der Deutschland klare Defizite hat, ist der **Bildungszugang**[54]: Schon in den Gutachten für den 14. und für den 15. Deutschen Präventionstag[55] musste festgestellt werden, dass in Deutschland keine Bildungsgerechtigkeit vorhanden sei. Hier werde der Bildungserfolg der nachwachsenden Generation in hohem Maße von Schicht und Herkunft bestimmt. Bildung und Qualifizierung seien aber die Voraussetzungen für individuelle Lebenschancen und soziale Teilhabe.[56]

Trotz verbesserter Leistungen deutscher Schülerinnen und Schüler in der PISA-Erhebung 2009[57] hat sich daran nicht viel verändert: Die Chancengleichheit im deut-

---

50 Zu den negativen Auswirkungen von Kinderarmut auf viele zentrale Lebensbereiche, aber auch zu den methodischen Schwierigkeiten, Kinderarmut zu messen, siehe *Chassé* 2010.

51 „KECK: Kommunale Entwicklung – Chancen für Kinder". Siehe dazu die Pressemitteilung vom 1. Februar 2012 (www.bertelsmann-stiftung.de).

52 So wuchsen etwa in dem Bundesland mit der niedrigsten (10,1%) Armutsquote, Bayern, im Landkreis Freising 2,4% der unter Dreijährigen in armen Familien auf, in der Stadt Hof hingegen 32,4%.

53 Das zeigt sich am Beispiel der Städte Jena und Heilbronn, die den von der Bertelsmann Stiftung neu entwickelten Sozialraumatlas KECK zur Betrachtung einzelner Stadtviertel nutzen mit dem Ziel, Konzepte zu entwickeln, wie durch gezielte Angebote benachteiligte Stadtviertel gefördert werden können.

54 Zwischen Armut und Bildung besteht ein enger Zusammenhang: Mangelnder Bildungszugang und soziale Armut bilden einen Teufelskreis. Wer keinen Zugang zu Bildung hat, dem bleibt der soziale Aufstieg verwehrt. Wer sozial benachteiligt ist, findet keinen Zugang zu Bildung (BertelsmannStiftung 2010, 18).

55 Gutachten „Lern- und Lebensräume von Kindern und Jugendlichen als Orte von Bildung und Gewaltprävention" zum Schwerpunktthema des 15. Deutschen Präventionstages „Bildung – Prävention – Zukunft" (Steffen 2010).
Statistische Angaben und Auswertungen zu „Bildung" finden sich auch im Datenreport 2011, 49 ff.

56 Siehe dazu auch das Tagungsthema des 79. Deutschen Fürsorgetages (8.-10. Mai 2012 in Hannover) „Ohne Bildung keine Teilhabe".

57 PISA= Programme for International Student Assessment.
Ein Artikel der *Süddeutschen Zeitung* vom 30. Januar 2012, der auf die nächste PISA-Erhebung im Frühjahr

schen Bildungswesen sei noch immer schwach ausgeprägt. Die Wahrscheinlichkeit, dass ein Kind aus einem sozial schwachen Umfeld durch Bildung befähigt werde, am gesellschaftlichen Wohlstand teilzuhaben, sei deutlich geringer als in vielen anderen entwickelten Staaten (BertelsmannStiftung 2010, 18).[58]

Folglich benennt auch der Bericht *„Bildung in Deutschland 2010"* [59] als eine der zentralen Herausforderungen: „Der zunehmenden Kluft in den Bildungsverläufen von Kindern und Jugendlichen, die bestehende Bildungsangebote erfolgreich nutzen, und jenen, bei denen sich Benachteiligungen eher kumulieren, muss entschiedener begegnet werden: Die in unterschiedlichen Abschnitten einer Bildungsbiografie eingeschlagenen Wege unterscheiden sich insbesondere nach Geschlecht, sozialer Herkunft und Migrationsstatus. Sie führen zu Disparitäten der Bildungsbeteiligung und damit zu Unterschieden in den Bildungs- und Lebenschancen. Diese zunehmenden segregativen Erscheinungen stehen im Gegensatz zu der Inklusions- und Integrationsaufgabe des Bildungswesens. Eine zentrale Herausforderung besteht darin, allen jungen Menschen über ein dem gesellschaftlichen Entwicklungsniveau angemessenes Bildungsniveau die soziale und gesellschaftliche Teilhabe zu ermöglichen" (Autorengruppe Bildungsberichterstattung 2010, 13).

Diese zentrale Herausforderung – endlich – zu erfüllen ist auch wegen der Zusammenhänge zwischen Bildung und dem gesellschaftlichen Verhalten wichtig, auf die die *OECD* (2011 a) in ihrem Bericht „Bildung auf einen Blick" hingewiesen hat:

2012 hinweist, kritisiert die „Zensur der Pisa-Daten". Die Politik versuche, sich in die Studien einzumischen bzw. gestatte bestimmte Auswertungen nicht. „Eine Antwort der KMK auf eine entsprechende Anfrage der *Süddeutschen Zeitung* steht noch aus."

Bertram e.a. weisen in ihrem UNICEF-Bericht zur Lage der Kinder in Deutschland (s.o.) darauf hin, dass es den Autoren von den Kultusministerien leider nicht erlaubt worden sei, „die regional differenziert vorliegenden Daten der letzten PISA-Studie von 2009 für die Untersuchung vertiefend auszuwerten" (2011, 2).

Ganz aktuell macht der Chancenspiegel, mit dem die Bertelsmann Stiftung und das Institut für Schulentwicklungsforschung (IFS) die Schulsysteme aller Bundesländer auf Chancengerechtigkeit untersucht haben, die Bedeutung regionaler Differenzierungen deutlich: Die Chancen von Schülern, soziale Nachteile zu überwinden und ihr Leistungspotenzial auszuschöpfen, unterscheiden sich erheblich von Bundesland zu Bundesland (www.bertelsmann-stiftung.de; Pressemitteilung vom 11.03.2012).

[58] Aktuell hat eine **Studie** im Auftrag der Vodafone Stiftung „Herkunft zensiert? Leistungsdiagnostik und soziale Ungleichheiten in der Schule" den Zusammenhang zwischen Schulnoten und sozialem Status untersucht, insbesondere das Ausmaß, mit dem nicht nur Leistungen in die Schulnoten einfließen, sondern auch andere Faktoren wie der soziale Hintergrund der Schülerinnen und Schüler und das Geschlecht. Ergebnis: Sowohl in der Grundschule als auch am Ende der gymnasialen Oberstufe erhalten Kinder aus sozial benachteiligten Familien – bei gleicher Leistung in einem standardisierten Test – in der Schule schlechtere Noten als Kinder aus sozial begünstigten Elternhäusern. Im Durchschnitt erhalten Mädchen bessere Noten als Jungen. Der Anteil der Arbeiterkinder, die ein Gymnasium besuchen, würde sich von derzeit 19,2% auf 28,5% erhöhen, wenn sie bei gleicher Leistung nicht mehr ungleich benotet würden. Würden sich die Eltern beim Übergang unabhängig von ihrer sozialen Herkunft für eine Schulform entscheiden – haben sie selbst kein Abitur gemacht, schicken sie ihre Kinder derzeit auch bei guten Leistungen seltener aufs Gymnasium - , würde sich die Gymnasialquote sogar auf 32,5% erhöhen (www.vodafone-stiftung.de; Pressemitteilung vom 14.12.2011).

[59] Mit dem Bericht „Bildung in Deutschland 2010" wird von der Autorengruppe Bildungsberichterstattung zum dritten Mal eine umfassende empirische Bestandsaufnahme zum deutschen Bildungswesen vorgelegt. Besonderer Schwerpunkt sind 2010 die Perspektiven des Bildungswesens im demografischen Wandel.

Zwischen der Höhe des Bildungsabschlusses und der individuellen Zufriedenheit sowie einer positiven Einstellung zur Gesellschaft – gemessen an Faktoren wie ehrenamtliches Engagement oder Wahlbeteiligung – bestünden deutliche Zusammenhänge – und die Gesellschaft in Deutschland sei hier im Vergleich zu anderen OECD-Ländern besonders stark gespalten.

Dabei komme zu den privaten und gesellschaftlichen Vorteilen tertiärer Bildung in Deutschland noch ein klarer wirtschaftlicher Gewinn für den Staat: Außer den USA gäbe es kein anderes Land, in dem staatliche Investitionen in Universitäts-, Fachschul- oder gleichwertige Bildung einen so hohen Kapitalwert abwürfen wie in Deutschland. Dennoch gäbe es nur einen geringen Zuwachs bei weiterführenden Abschlüssen in Deutschland – vor 25 Jahren lag Deutschland hier im Mittelfeld aller 24 Länder, nunmehr sei es auf einen der untersten Plätze abgerutscht – und auch die Investitionen in Bildung seien, gemessen am Bruttoinlandsprodukt (BIP), in den vergangenen Jahren eher zurückgegangen

Auch bei der Gerechtigkeitsdimension Bildungszugang gibt es erhebliche regionale Unterschiede. KOMDAT, die kommentierten Daten der Kinder- und Jugendhilfe, machen das bei dem Ländervergleich für die Betreuungsplätze unter 3-Jähriger – Versorgungsquote von 49% in den östlichen und nur 20% in den westlichen Bundesländern zum Stichtag 31.12.2011[60] - ebenso deutlich wie für die Ganztagsbetreuung im Kindergarten – 2011 73% in den östlichen, 30% in den westlichen Bundesländern - oder bei der Hortbetreuung – im Grundschulalter besuchen in den östlichen Bundesländern mehr als 50% der Kinder im Jahr 2011 eine solche Einrichtung, in den westlichen nicht einmal 10%.

Die ebenfalls regional sehr unterschiedlichen Bedingungen für **lebenslanges Lernen** - schulisches, berufliches, soziales, persönliches Lernen – zeigt der „Deutsche Lernatlas“ (BertelsmannStiftung 2011), mit dem Ziel, Bedingungen des Lernens in diesen vier Dimensionen für alle 412 Kreise und kreisfreien Städte in Deutschland greifbar und vergleichbar zu machen. Dabei konnten allerdings nur die Lern-Kennzahlen berücksichtigt werden, die bundesweit für nahezu alle Regionen verfügbar sind. Seinem eigenen Anspruch nach ist der Deutsche Lernatlas kein Steuerungsinstrument für Bildungsplanung und –management: Er will und kann eine kommunale Bildungsberichterstattung nicht ersetzen und liefert deswegen auch keine konkreten Handlungsempfehlungen.

---

60 Die erheblichen Unterschiede in der Betreuung dieser Altersgruppe auf der kommunalen Ebene zeigt der DJI-Betreuungsatlas (DJI Thema 2011/06).

Die wichtigsten Befunde zu den regionalen Lernverhältnissen im Überblick (2011, 12 ff): Große regionale Unterschiede beim lebenslangen Lernen; kein ausgeprägtes West-Ost-Gefälle, sondern ein Süd-Nord-Gefälle; gute regionale Rahmenbedingungen für das Lernen in allen Lebensbereichen gehen im Normalfall einher mit geringer Arbeitslosigkeit und hoher Wirtschaftsleistung. Top-Regionen in den sechs Regionstypen: München, Erlangen, Bamberg sowie die Landkreise Würzburg, Main-Spessart, Miesbach. Aber es gibt auch Regionen, die sehr gute Ergebnisse aufweisen, obwohl sie noch nicht einen ihrer Lernleistung entsprechenden Wohlstand haben.

2.2.3 Integration: Ungleichheiten zum Nachteil von Menschen mit Migrationshintergrund[61]

Unterschiede in sozialer Gerechtigkeit und sozialer Teilhabe gibt es auch nach wie vor hinsichtlich der Integration von Personen mit einem Migrationshintergrund. Den haben in Deutschland mehr als 16 Millionen Menschen, rund 20% der Bevölkerung, die entweder selbst zugewandert sind (erste Generation) oder in Deutschland geboren sind, aber mindestens ein Elternteil haben, das zugewandert ist (zweite Generation).

Im Nationalen Integrationsplan von 2007 hat sich die Bundesregierung dazu verpflichtet, die Entwicklung der gesellschaftlichen Integration dieser Personen zu messen und 2009 einen ersten Integrationsindikatorenbericht vorgelegt. Der zweite Bericht wurde 2011 veröffentlicht und bezieht sich auf den Zeitraum von 2005 bis 2010. In ihrem Vorwort zu diesem zweiten Bericht[62] stellt die Beauftragte der Bundesregierung für Migration, Flüchtlinge und Integration fest:

„Der Zweite Indikatorenbericht zeigt erhebliche Fortschritte in der Integration. In zentralen Bereichen hat sich die Partizipation von Menschen mit Migrationshintergrund verbessert. Dies gilt insbesondere für in Deutschland geborene Menschen mit Migrationshintergrund. Hervorzuheben sind die positive Entwicklung im Bereich der Betreuung von Kindern mit Migrationshintergrund in Kindertagesstätten oder beim Übergang von Bewerberinnen und Bewerbern von der Schule in die Berufsausbildung ... Häufig bestehen aber noch deutliche Unterschiede zwischen der Bevölkerung mit und ohne Migrationshintergrund. Unser Ziel muss sein, Angleichung im Sinne von gleichberechtigter Teilhabe in allen Bereichen zu erreichen.“

---

61 Siehe dazu auch die Ausführungen im Gutachten für den 14. Deutschen Präventionstag (Steffen 2011 a, 76 ff.)

62 Die kontinuierliche Berichterstattung orientiert sich an einem Katalog von 64 Indikatoren in 11 gesellschaftlichen Bereichen: Rechtsstatus; Frühkindliche Bildung und Sprachförderung; Bildung; Ausbildung; Arbeitsmarktintegration; Soziale Integration und Einkommen; Gesellschaftliche Integration und Beteiligung; Wohnen; Gesundheit; Interkulturelle Öffnung von Schule, Verwaltung, Gesundheitsdiensten, Wirtschaft, Politik und Medien; Kriminalität, Gewalt, Fremdenfeindlichkeit (Integrationsindikatorenbericht 2011, 21).

Ungleichheiten zum Nachteil von Personen mit Migrationshintergrund zeigen sich weiterhin bei der frühkindlichen Bildung, auch wenn die Betreuungsquote für Kinder mit Migrationshintergrund gestiegen ist; bei Bildung und Ausbildung, hier besteht nach wie vor ein „Bildungsrückstand" der ausländischen Jugendlichen, die nicht nur häufiger die Schule ohne Abschluss verlassen, sondern auch seltener höhere Schulabschlüsse erreichen. Da Bildung aber eine zentrale Zugangsvoraussetzung zu Kultur und Erwerbssystem einer Gesellschaft ist, haben diese „Rückstände" Einfluss auf viele andere Dimensionen der Lebenslage (Integrationsindikatorenbericht 2011, 11). Das gilt etwa für die Arbeitsmarktintegration, für soziale Integration und Einkommen. Die Armutsrisikoquote der Bevölkerung mit Migrationshintergrund liegt mit 26,2% deutlich über derjenigen der Gesamtbevölkerung mit 14,5% - durch Einkommensarmut werde der Integrationsprozess erheblich erschwert (Integrationsindikatorenbericht 2011, 14). Auch hinsichtlich der interkulturellen Öffnung der Verwaltung und der sozialen Dienste, die als Motor der Integration gilt, besteht Handlungsbedarf: Personen mit Migrationshintergrund sind unterrepräsentiert. (Integrationsindikatorenbericht 2011, 16 f).

Insgesamt zeige der Zweite Integrationsindikatorenbericht, dass bei der Integration in Deutschland maßgebliche Fortschritte erreicht worden seien und sich in zentralen Bereichen des gesellschaftlichen Lebens die Partizipation von Personen mit Migrationshintergrund verbessert habe. Er zeige aber auch, in welchen Bereichen die positiven Entwicklungen fortzuführen seien und in welchen Bereichen ein besonderer Handlungsbedarf bestehe (Integrationsindikatorenbericht 2011, 19).[63]

Auch hinsichtlich der Integration von Menschen mit Migrationshintergrund dürfte es erhebliche **regionale Unterschiede** geben – es gibt dazu allerdings kaum empirische Daten. Bekannt ist die sehr unterschiedliche regionale Verteilung der Bevölkerung mit Migrationshintergrund: Migration ist ein Phänomen der alten Bundesländer. Westdeutsche Großstädte und die alten industriellen Zentren weisen historisch bedingt höhere Anteile an Migranten auf – 2009 hatte etwa der Regierungsbezirk Stuttgart einen Anteil der Bevölkerung mit Migrationshintergrund von 30,1%. In den neuen Bundesländern (ohne Berlin) liegt der Anteil dagegen bei nur 4,8% (Datenreport 2011, 188 f).

Das *Berlin-Institut für Bevölkerung und Entwicklung* fragt in seiner Analyse „Ungenutzte Potenziale. Zur Lage der Integration in Deutschland" auch „Wer integriert wie gut" und vergleicht einzelne Bundesländer und die größten Städte nach Integrationsindikatoren.[64] In der Gesamtbewertung der Bundesländer liegt Hessen vorn, Hamburg auf dem zweiten Platz und das Saarland ist Schlusslicht.[65] In der Städtewertung lie-

[63] Auf dem fünften Integrationsgipfel am 31. Januar 2012 wurde der „Nationale Aktionsplan Integration" verabschiedet, der zu diesem Handeln aufruft.

[64] Siehe zu den Indikatoren und den Ergebnissen des Integrationsvergleichs auch Steffen 2011 a, 80 ff.

[65] Am 28. Februar 2012 wurde von der bayerischen Sozialministerin eine Studie vorgestellt, die acht Migranten-Milieus untersucht hat. 80% der Milieus seien gut integriert. Handlungsbedarf gebe es bei den

gen Süddeutschland und das Rheinland vorn, zur Spitzengruppe gehören München,[66] Bonn, Frankfurt und Düsseldorf, die Schlusslichter sind Bochum/Herne, Dortmund, Nürnberg und Duisburg (Berlin-Institut 2009, 56 ff). Aber: „Selbst in den Bundesländern mit den besten Ergebnissen sind Migranten mehr als doppelt so häufig erwerbslos wie Einheimische, und sie hängen mehr als doppelt so oft wie diese von öffentlichen Leistungen ab. Das Ziel einer Annäherung zwischen Migranten und Einheimischen ist somit nirgendwo auch nur annähernd erreicht" (Berlin-Institut 2009, 8).

„Integration entscheidet sich vor Ort", in den Städten, Gemeinden, Stadtvierteln und Quartieren,[67] doch darüber, wie sie gelingt, gerade auch in den kleineren Städten und Gemeinden unter 100.000 Einwohnern, in denen immerhin mehr als die Hälfte der Bevölkerung mit Migrationshintergrund lebt, ist wenig bekannt. Auch wenn der „Nationale Aktionsplan Integration" vom Dezember 2011 wie schon sein Vorgänger, der Nationale Integrationsplan vom Juli 2007, den Kommunen attestiert, dass sie sich den aktuellen Herausforderungen mit großem Engagement stellten (2011, 399).

2.2.4 Soziale Gerechtigkeit: Wo steht Deutschland?

Wachsende soziale Ungleichheit, Verfestigung von Armut, fehlende Chancengleichheit im Bildungswesen, deutliche Integrationsdefizite bei Menschen mit Migrationshintergrund, erhebliche regionale Unterschiede hinsichtlich der Gerechtigkeitsdimensionen Einkommen, Bildung und Integration – Deutschland hat ohne Frage einigen Nachholbedarf in Sachen sozialer Gerechtigkeit.

Zu diesem Ergebnis kommt auch eine Studie der **BertelsmannStiftung** „Soziale Gerechtigkeit in der OECD – Wo steht Deutschland?", in der 31 Mitgliedsstaaten der OECD hinsichtlich ihrer sozialen Gerechtigkeit verglichen wurden. Mit Rang 15 komme Deutschland über einen Platz im Mittelfeld nicht hinaus:[68] „Schlechte Noten für den Sozialstaat".[69]

---

sog. prekären Migranten-Milieus (21%). Die Elterngeneration sei hier oft traditionsverwurzelt, die jungen fielen durch niedriges Bildungsniveau auf (aus einem Artikel der Süddeutschen Zeitung vom 29.02.2012 „Meist gut integriert").

[66] Zur Situation in **München** gibt es einen ersten „Interkulturellen Integrationsbericht: München lebt Vielfalt" der Stelle für interkulturelle Arbeit. Hier sagt OB Uhde in seinem Vorwort u.a. „Es bleibt n och sehr viel zu tun, bis alle Bürgerinnen und Bürger der Stadt gleiche Zugänge zu allen Kerninstitutionen erreicht haben. Der Bericht zeigt auf, wo es die größten Lücken, aber auch die beeindruckendsten Fortschritte gibt" (2010, 5).

[67] So der Nationale Integrationsplan in seinem ersten Fortschrittsbericht (2008, 104).

[68] Im internationalen Vergleich hinsichtlich sozialer Gerechtigkeit seien die nordeuropäischen Staaten „eine Klasse für sich". In einer erweiterten Spitzengruppe folgten die Niederlande und die Schweiz. Im Mittelfeld liege Deutschland mit Luxemburg auf einem ähnlichen Niveau. Im unteren Mittelfeld fänden sich die südeuropäischen Staaten Italien, Portugal und Spanien. Auch die USA und Irland schnitten schlecht ab; Schlusslicht sei die Türkei.

[69] So die Überschrift eines Artikels der Süddeutschen Zeitung vom 4. Januar 2011 über die Studie.

Dabei wird soziale Gerechtigkeit als **Teilhabegerechtigkeit** verstanden, ein Gerechtigkeitsideal, das für eine zukunftsfähige Soziale Marktwirtschaft mehrheits- und konsensfähig erscheine. Im Sinne dieses Gerechtigkeitsparadigmas erfolge die Herstellung sozialer Gerechtigkeit weniger über eine Kompensation von Exklusion, sondern eher über die Investition in Inklusion. Statt einer „gleichmachenden" Verteilungsgerechtigkeit oder einer lediglich formalen Chancengleichheit durch gleiche Spiel- und Verfahrensregeln gehe es bei dem Konzept der Teilhabegerechtigkeit darum, jedem Individuum tatsächlich gleiche Verwirklichungschancen durch die gezielte Investition in die Entwicklung individueller „Fähigkeiten" (capabilities) zu garantieren. Jeder Einzelne solle im Rahmen seiner persönlichen Freiheit zu einem selbstbestimmten Leben und zu einer breiten gesellschaftlichen Teilhabe befähigt werden (2010, 10).

Das nur durchschnittliche Abschneiden Deutschlands sei auf mehrere Ursachen zurückzuführen, wie ein Blick auf die einzelnen Zieldimensionen sozialer Gerechtigkeit zeige (2010, 6 f):

- Armutsvermeidung: Einkommensarmut habe in den vergangenen zwei Jahrzehnten deutlich zugenommen. Besorgnis erregend sei das Phänomen der Kinderarmut. Rund jedes neunte Kind lebe unter der Armutsgrenze.[70] „Daher mangelt es vielerorts bereits an den elementaren Grundvoraussetzungen sozialer Gerechtigkeit, denn unter den Bedingungen von Armut sind soziale Teilhabe und ein selbstbestimmtes Leben kaum möglich."
- **Bildungszugang**: Nach wie vor habe das deutsche Bildungssystem unter dem Aspekt der sozialen Gerechtigkeit klare Defizite. Hier rangiere Deutschland im OECD-Vergleich nur im unteren Mittelfeld. Der Bildungserfolg von Kindern und Jugendlichen hänge stark mit ihrem jeweiligen sozioökonomischen Hintergrund zusammen. Die Investitionen in frühkindliche Bildung, einem der Schlüsselfelder zur Gewährleistung gleicher Lebenschancen, seien zudem noch stark ausbaufähig.[71]
- **Arbeitsmarktinklusion**: Auch wenn die Arbeitslosenquote zurückgegangen und die Beschäftigungsquote gestiegen sei und mit gut 70% klar über dem OECD-Mittelwert von 66,3% liege, gebe es unter dem Gesichtspunkt sozialer Gerechtigkeit noch einige Schattenseiten, insbesondere hinsichtlich der Arbeitsmarktinklusion von Langzeitarbeitslosen und Geringqualifizierten. Hinsichtlich der Vermeidung von Langzeitarbeitslosigkeit liege Deutschland auf dem vorletzten OECD-Platz.

---

70 Siehe dazu auch den Aufsatz von Chassé (2010) zur Problematik der Messung von Kinderarmut, zu den Armutsfolgen für Kinder und zu den Möglichkeiten, Kinderarmut zu bekämpfen.

71 Dass es mit diesem „Schlüsselfeld" nicht gut aussieht, belegen die jüngsten Zahlen zum „U3-Ausbau", zur Bereitstellung von Betreuungsplätzen für unter 3-Jährige. Siehe dazu, aber auch zu den Entwicklungen bei den Kindern im Alter von 3 Jahren bis zum Schuleintritt und den Schulkindern (Thema: Hortbetreuung) *KOMDAT* 2011 und den *DJI-Betreuungsatlas*, der die erheblichen regionalen Unterschiede sichtbar macht („Wir suchen Erzieherinnen! So hieß es schon auf großflächigen Plakaten, die Münchens Rathausfassade zeitweilig zierten.")

- **Soziale Kohäsion und Gleichheit**: Die Ungleichverteilung der Einkommen habe in Deutschland innerhalb der letzten zwei Jahrzehnte so stark zugenommen wie in kaum einem anderen OECD-Mitgliedsstaat. „Mit Blick auf den Zusammenhalt einer Gesellschaft ist eine solche Polarisierungstendenz bedenklich“. Auch bei der Integration von Zuwanderern erhalte Deutschland eher mäßige Noten: “Zuwanderung wird in der öffentlichen Debatte häufig mehr als Risiko denn als Chance betrachtet.“
- **Generationengerechtigkeit**: Dieses Prinzip sei in Deutschland vergleichsweise gut verwirklicht. Es bestehe jedoch weiterhin umweltpolitischer Handlungsbedarf und auch die öffentlichen Ausgaben für Forschung und Entwicklung, die maßgeblich über die Innovationsfähigkeit eines Landes und damit auch über dessen Wohlstand entschieden, seien ausbaufähig.

Bei der Bewertung dieser „Zieldimensionen“ komme einer wirksamen **Vermeidung von Armut eine Schlüsselrolle** bei der Bemessung sozialer Gerechtigkeit zu: „Unter den Bedingungen von Armut sind soziale Teilhabe und ein selbstbestimmtes Leben schwer möglich ... Die Vermeidung von Armut ist somit gewissermaßen eine conditio sine qua non für soziale Gerechtigkeit und damit gerechtigkeitstheoretisch den anderen Dimensionen vorgelagert“ (2010, 12). Und: Der internationale Vergleich zeige eindeutig, dass sich soziale Gerechtigkeit und marktwirtschaftliche Leistungsfähigkeit keineswegs gegenseitig ausschlössen.

„Insgesamt gilt: Die Herstellung gleicher Teilhabechancen ist nicht nur eine ethisch-soziale Verpflichtung im Sinne gesellschaftlicher Solidarität und gegenseitiger Verantwortung, sondern sie ist auch eine grundlegende Investition in die Zukunftsfähigkeit unserer Gesellschaften überhaupt. Deutschland kann es sich moralisch, politisch und ökonomisch nicht leisten, große Potentiale gegenwärtiger und zukünftiger Generationen dadurch zu verspielen, dass viele Menschen hinsichtlich der Teilhabe an Bildung und Erwerbstätigkeit strukturell benachteiligt sind.“ (2010, 32).

2.2.5 Ist Gleichheit Glück?

Diese Forderung danach, gleiche Teilhabechancen herzustellen, soziale Ungleichheiten und die damit einhergehenden Unsicherheitsgefühle abzubauen, gewinnt noch an Bedeutung vor dem Hintergrund der Erkenntnisse dazu, dass gerechte Gesellschaften für alle besser sind, nicht nur für die strukturell Benachteiligten.

Das jedenfalls ist die zentrale Aussage der Analyse der britischen Sozialforscher Richard Wilkinson und Kate Pickett zu „Gleichheit ist Glück“.[72] Wilkinson/Pickett

[72] „Gleichheit ist Glück. Warum gerechte Gesellschaften für alle besser sind“ lautet der deutsche Titel des Buches von Richard Wilkinson und Kate Pickett „The Spirit Level. Why More Equal Societies Almost Always Do Better“ (2010).

kommen aufgrund ihrer umfangreichen statistischen Auswertungen für 21 reiche Industrieländer – darunter Deutschland – und auch innerhalb eines Landes (auf der Ebene der US-Bundesstaaten) zu Einkommensungleichheiten und dem Auftreten sozialer Probleme[73] zu diesen Befunden:

- Die sozialen Probleme treten vor allem in Ländern mit starker Ungleichheit auf: Je größer die Unterschiede zwischen Arm und Reich sind, umso größer sind auch die sozialen Probleme (2010, 33). Und: Die Einkommensunterschiede haben sich in vielen (nicht in allen) entwickelten Ländern vergrößert (2010, 268).
- Soziale Ungleichheit wirkt sich auf das Wohlbefinden aller aus (2010, 19), nicht nur Arme, sondern auch Reiche sind betroffen, denn Ungleichheit verstärkt die sozialen Ängste (2010, 58) und zersetzt die soziale Struktur in Gesellschaften.
- Der Grad der Einkommensunterschiede hat einen großen Einfluss darauf, wie die Menschen miteinander umgehen. Die sozialen Beziehungen verfallen umso mehr, je stärker eine Gesellschaft von Ungleichheit geprägt ist (2010, 67). Offensichtlich führt Ungleichheit zur Distanznahme zwischen den sozialen Gruppen: Die Menschen sind weniger geneigt, andere als „ihresgleichen" anzuerkennen.
- Wirtschaftlicher Erfolg, aber soziales Scheitern: Wirtschaftliches Wachstum und steigende Durchschnittseinkommen, die Verbesserung des materiellen Wohlstands allein, bringt kaum noch Vorteile für das Wohlbefinden der Bevölkerung. Das ökonomische Wachstum ist nicht mehr wie einst von Maßnahmen für das Wohlergehen und das Wohnbefinden der Bürger begleitet (2010, 19 f).

Wilkinson/Pickett fordern auf der Basis ihrer Befunde:

- Politiker sollten auf die Ungleichverteilung der Einkommen einwirken. Der Versuch, soziale oder gesundheitliche Probleme durch die Einrichtung spezialisierter Dienste zu lösen, haben sich als kostspielig und, bestenfalls, nur als teilweise effektiv erwiesen (2010, 267).[74] Dabei gebe es unterschiedliche Wege zu mehr Gleichheit – entscheidend sei der politische Wille: „Wenn die Regierenden tatsächlich für mehr Gleichheit hätten sorgen wollen, an politischen Mitteln dazu hätte es ihnen nie gefehlt" (2010, 273).

Für die wachsende Ungleichheit sei die Politik ganz entscheidend verantwortlich und wenn die Politik nicht die **Wurzel aller Probleme angehe, die soziale Ungleichheit**, dann „wird sich nichts fundamental ändern, und das ist auf Dauer ziemlich teuer und ineffizient. Also müssen wir uns als Gesellschaft die grundsätzliche Frage stellen, ob

---

[73] Problem-Kategorien: Niveau des Vertrauens; psychische Erkrankungen sowie Alkohol- und Drogensucht; Lebenserwartung und Säuglingssterblichkeit; Fettleibigkeit; schulische Leistungen der Kinder; Teenager-Schwangerschaften; Selbstmorde; Zahl der Gefängnisstrafen; soziale Mobilität (2010, 33).

[74] „Untersuchungen zur Wirksamkeit der bedeutsamsten dieser Dienste, wie Polizei und Gesundheitswesen, haben gezeigt, dass sie nicht gerade zu den wirksamsten Determinanten von Kriminalitätsraten oder Volksgesundheit zu zählen sind" (2010, 257).

wir wirklich nur nach dem Motto leben wollen, dass der Stärkere das meiste kriegt und der Schwächere zurückbleibt. Ungleichheit teilt eine Gesellschaft und reibt sie auf. Ich glaube, wir brauchen wieder mehr Kooperation und Gegenseitigkeit. Die Menschen wollen größere soziale Gleichheit."[75]

Die Analyse und die Forderungen von *Wilkinson/Pickett* haben beträchtliches Aufsehen erregt, obwohl die Befunde und ihre möglichen Konsequenzen keineswegs neu, allerdings wohl nicht oft so prägnant und eingängig dargestellt worden sind. In Deutschland haben vor allem *Heitmeyer* und seine Forschungsgruppe auf die Dimensionen sozialer Ungleichheit und die damit verbundenen Destabilisierungen von Lebenslagen hingewiesen und eine krisenhafte Beschleunigung der Desintegration der deutschen Gesellschaft festgestellt, die den Zusammenhalt der Gesellschaft insgesamt gefährde.

In der jüngsten, der 10. Folge des empirischen Langzeitprojekts „Deutsche Zustände" stellt *Heitmeyer* unter dem Titel „Das entsicherte Jahrzehnt" fest: „Die Frage nach der sozialen Spaltung und den Folgen ökonomistischer Einstellungen in Zeiten der Krisen und der Ökonomisierung des Sozialen verdient ... besondere Aufmerksamkeit ... So nehmen zum Beispiel die Solidarität und die Bereitschaft zur Hilfe für – auch krisenbedingt – schwache Gruppen ab, das Ideal der Gleichwertigkeit wird von Manchen aufgekündigt ... Entsicherung, Richtungslosigkeit und Instabilität sind zur neuen Normalität geworden, die Nervosität scheint über alle sozialen Gruppen hinweg zu steigen ... Die geballte Wucht, mit der die Eliten einen rabiaten Klassenkampf von oben inszenieren, und die Transmission der sozialen Kälte durch eine rohe Bürgerlichkeit, die sich selbst in der Opferrolle wähnt und deshalb schwache Gruppen ostentativ abwertet, zeigen, daß eine gewaltförmige Desintegration auch in dieser Gesellschaft nicht unwahrscheinlich ist"(Heitmeyer 2012, 26 ff).

Auch wenn es bislang zu dieser „gewaltförmigen Desintegration" der deutschen Gesellschaft nicht gekommen ist, die *Heitmeyer* seit Jahrzehnten und nicht nur in Zusammenhang mit der Langzeituntersuchung „Deutsche Zustände" prophezeit,[76] ist die deutsche Gesellschaft ohne jede Frage erheblich ungleicher geworden, haben Desintegrationserfahrungen zugenommen, werden die Chancen auf soziale Teilhabe und Integration geringer, sind die Solidarität, das gute Miteinander gefährdet.

2.2.6
Folgerungen für die soziale Prävention

„Der Deutsche Präventionstag appelliert an die Verantwortlichen in der Politik und in den Medien sowie in zivilgesellschaftlichen Gruppierungen auf kommunaler, Landes- und Bundesebene:

---

75 Richard Wilkinson in einem Interview mit ZEIT ONLINE vom 25.3.2010 (www.zeit.de/2010/13/Wohlstand-Interview-Richard-Wilkinson; Abfragedatum: 29.3.2010)

76 Siehe dazu die entsprechenden Verweisungen und Zitate bei Steffen 2011 a, S. 61 ff.

- *Einkommens-, Bildungs- und Integrationsarmut abzubauen, sozialen Desintegrationserscheinungen entgegen zu wirken mit dem Ziel einer gleichberechtigten wirtschaftlichen, politischen, sozialen und kulturellen Teilhabe aller Bevölkerungsgruppen.“*
  (Hannoveraner Erklärung des 14. Deutschen Präventionstages 2009)

Dieses Zitat aus der Hannoveraner Erklärung des 14. Deutschen Präventionstages 2009 kann auch 2012 für die Konsequenzen stehen, die sich aus den Befunden der zahlreichen Studien und Berichten zur sozialen Sicherheit in Deutschland und ihren Beeinträchtigungen durch gesellschaftliche Transformationsprozesse und aktuelle Entwicklungen ergeben.

Zentral ist die Wiederherstellung sozialer Gerechtigkeit durch den Abbau der Einkommensungleichheit sowie eine wirksame Vermeidung von Armut. Denn: Die soziale Ungleichheit ist die Wurzel aller Probleme (Wilkinson/Pickett 2010) und: Unter den Bedingungen von Armut sind soziale Teilhabe und ein selbstbestimmtes Leben schwer möglich (BertelsmannStiftung 2010, 12). Besonders bedenklich sind in diesem Zusammenhang die Befunde zur Verfestigung von Armut: Den Armutsanstieg in den letzten 10 Jahren charakterisiert die zunehmende Schwierigkeit, aus der Armut und auch aus der Prekarität wieder herauszukommen (Groh-Samberg 2010, 15).

2010 war das Europäische Jahr zur Bekämpfung von Armut und sozialer Ausgrenzung mit den Zielen, das öffentliche Bewusstsein für die Risiken von Armut und sozialer Ausgrenzung zu stärken und die Wahrnehmung für ihre vielfältigen Ursachen und Auswirkungen zu schärfen. Vorurteilen und möglichen Diskriminierungen gegenüber von Armutsrisiken und Ausgrenzungen betroffenen Menschen soll begegnet werden.[77] In Deutschland stand das Europäische Jahr unter dem Motto „Mit neuem Mut“, organisiert wurde es vom Bundesministerium für Arbeit und Soziales (BMAS). Das Europäische Jahr gegen Armut und soziale Ausgrenzung sei der „Anfang eines neuen Blicks auf Armut und Ausgrenzung, indem das sozialstaatliche Grundverständnis des Umverteilens einen Paradigmenwechsel erfährt. Jenen nämlich, dass mit bloßer Umverteilung der Armut niemals beizukommen ist und dass die Entfaltungs- und Bildungsmöglichkeiten der Kinder und Jugendlichen zum Ausgangspunkt sozialpolitischer Überlegungen werden müssen, um Armutskarrieren zu durchbrechen. Das ist nichts anderes als Hilfe zur Selbsthilfe und Empowerment.“[78]

---

[77] Aus dem vom Bundesministerium für Arbeit und Soziales (BMAS) herausgegebenen Infoblatt zum Europäischen Jahr (www.bmas.de).

[78] Aus einem Artikel von *Inge Klopfer* in dem vom Bundesministerium für Arbeit und Soziales (BMAS) herausgegebenen Infoblatt zum Europäischen Jahr (www.bmas.de).
Eine dieser Maßnahmen ist das **Bildungspaket**, mit dem Kinder und Jugendliche aus Familien mit geringem Einkommen seit dem seit 1. Januar 2011 unterstützt und gefördert werden (www.bildungspaket.bmas.de).

Die *Nationale Armutskonferenz*[79] zieht eine eher skeptische Bilanz: „Für uns stellt sich die Frage, weshalb die politischen Akteure in einem solch zentralen Jahr nicht aktiv an der Umsetzung der Ziele beteiligt wurden um den politischen Willen der Armutsbekämpfung deutlich zu signalisieren.

Im Hinblick auf die Zielsetzung, Armut und Ausgrenzung durch nachhaltige Maßnahmen zu bekämpfen ... fällt das Urteil ungenügend aus. Weder die Umsetzung des Bundesverfassungsgerichtsurteils noch die Gesundheitsreform oder die Sparbeschlüsse lassen Anstrengungen erkennen, Armut und soziale Ausgrenzung tatsächlich zu bekämpfen."[80]

Damit ist der Sozialstaat gefordert, zu dessen Kernaufgabe es gehört, den inneren Zusammenhalt der Gesellschaft zu sichern (Döring 2007, 258). Die Analyse der BertelsmannStiftung zur sozialen Gerechtigkeit in der OECD empfiehlt die nordeuropäischen Länder als Erfolgsbeispiele: „Auch wenn diese Länder nicht bei jedem der hier berücksichtigten Indikatoren durchweg an der Spitze stehen, so sind die ‚universalistischen Wohlfahrtsstaaten' Nordeuropas doch offenbar insgesamt am besten in der Lage, für gleiche Verwirklichungschancen innerhalb ihrer Gesellschaften zu sorgen. Freilich heißt dies nicht, dass Politikmuster, die in einem Land erfolgreich sind, zwangsläufig auch im Rahmen eines anderen politischen Systems genauso funktionieren ... Doch sollte dies nicht davon abhalten, sich bei der Suche nach adäquaten Problemlösungsansätzen von erfolgreichen Maßnahmen und Prioritätensetzungen in anderen Ländern inspirieren zu lassen" (2010, 31).

Wenn durch soziale Prävention Einkommens-, Bildungs- und Integrationsarmut abgebaut werden sollen, dann müssen auf jeden Fall die Städte und Gemeinden in den Mittelpunkt rücken und hinsichtlich der Kosten unterstützt werden. Denn zum einen sind die regionalen Disparitäten erheblich und zwar bei allen Gerechtigkeitsdimensionen, weshalb eine wirkungsvolle Prävention „maßgeschneidert" auf den Ort vor Ort erfolgen muss[81] – wer Chancengleichheit zum Ziel hat, muss Geld ungleich verteilen

---

[79] Die Nationale Armutskonferenz (nak) ist ein Netzwerk, zu dessen Mitgliedern die Verbände der Freien Wohlfahrtspflege, die Kirchen, der DGB sowie diverse Selbst- und Fremdhilfeorganisationen zählen. Sie wurde 1991 als deutsche Sektion des Europäischen Armutsnetzwerks gegründet und agiert als Lobbyorganisation für Betroffene.
Die *Pressemitteilung der Nationalen Armutskonferenz* zur Eröffnung des Europäischen Jahres gegen Armut und soziale Ausgrenzung vom 25. Februar 2010 hat den Titel „Soziale Hilfen sind keine Gnade" und fordert: „Bestandsschutz der sozialen Infrastruktur – effektive Strategie zur Armutsbekämpfung ... Dringend notwendig sind dafür ein armutsfester und bedarfsgerechter Regelsatz, eine Schule für alle, ein gesetzlicher Mindestlohn, der Abbau von Niedriglohnarbeit und eine Mindestrente."
(www.nationale-armutskonferenz.de; die Homepage ist ausgesprochen informativ zu Aktivitäten und Aktionen der Armutsbekämpfung).
Anregungen sind beispielsweise auch dem Ideenworkshop „Gemeinsam gegen Armut und Ausgrenzung von Kindern" zu entnehmen, der am 26. Mai 2010 in Hannover stattfand (www.aktionen-kinderarmut.de).

[80] Schreiben der Nationalen Armutskonferenz vom 17.12.2010 an die Bundesministerin für Arbeit und Soziales.

[81] Ein Beispiel dafür ist das bereits genannte Modellprojekt der Bertelsmann-Stiftung *„KECK – Kommunale*

- , zum andern werden die Haushalte der Städte immer mehr von den Sozialausgaben erdrückt.

Im Mai 2010 veröffentlichte der Deutsche Städtetag eine Broschüre „Sozialleistungen der Städte in Not. Zahlen und Fakten zur Entwicklung kommunaler Sozialausgaben“ in deren Vorwort es heißt: „Seit Jahren steigen die Ausgaben der Kommunen für Sozialleistungen ... Die Städte müssen die ihnen von Bund und Ländern übertragenen Sozialleistungsverpflichtungen erfüllen. Sie müssen Rechtsansprüche gewährleisten. Gestaltungsspielräume haben sie dabei nicht. Je mehr sich diese Pflichtausgaben erhöhen, desto weniger können die Städte vorsorgend und fördernd tätig werden ... Nötig sind bessere Kostenfolgenschätzungen,[82] wirksame Regeln zur Einhaltung des Konnexitätsprinzips, eine neue Aufteilung der Kosten zwischen Bund und Ländern auf der einen und den Kommunen auf der andern Seite. Nötig sind wirksamere soziale Hilfen und die Vermeidung von sozialpolitischen Fehlanreizen. Vor allem dürfen die finanziellen Lasten der Sozialpolitik präventive Hilfen, etwa zur Jugendarbeit und zur Integration, nicht unmöglich machen.[83] Wenn Maßnahmen, die die Menschen vor der Abhängigkeit von Sozialleistungen schützen und Hilfe zur

Entwicklung – Chancen für Kinder“, mit Hilfe dessen die Lage und die Entwicklung von Vorschulkindern auf der Ebene von Wohnquartieren beschrieben werden kann. Mit dem Beobachtungsverfahren „KOMPIK – Kompetenzen und Interessen von Kindern“ können detaillierte Entwicklungsdaten von Kindern durch Erzieher/innen erhoben werden. Die Städte Heilbronn und Jena nehmen als Modellkommunen an dem Projekt teil (www.keck-atlas.de).
Ein weiteres Beispiel ist das „*Programm Soziale Stadt*“: Das Städtebauförderungsprogramm „Stadtteile mit besonderem Entwicklungsbedarf – Soziale Stadt“ des Bundesministeriums für Verkehr, Bau und Stadtentwicklung (BMVBS) und der Länder wurde mit dem Ziel gestartet, die „Abwärtsspirale“ in benachteiligten Stadtteilen aufzuhalten und die Lebensbedingungen vor Ort umfassend zu verbessern. Das Programm startete 1999 mit 161 Stadtteilen in 124 Gemeinden; mit Stand 2010 sind es bereits 603 Gebiete in 375 Gemeinden. Die Möglichkeit, innerhalb des Programms auch Projekte und Maßnahmen im nicht-baulichen Bereich zu finanzieren, hat das BMVBS von 2006 bis 2010 im Rahmen von Modellvorhaben angeboten. Dazu heißt es in der Verwaltungsvereinbarung 2010 Die Länder können ... Mittel auch für Modellvorhaben in Gebieten des Programms Soziale Stadt einsetzen, und dann auch für Zwecke wie Spracherwerb, Verbesserung von Schul- und Bildungsabschlüssen, Betreuung von Jugendlichen in der Freizeit sowie im Bereich der lokalen Ökonomie wie Gründerzentren. Bis zum Jahr 2009 wurden in 311 Programmgebieten Modellvorhaben durchgeführt. Gemäß Beschluss des Bundestages zum Bundeshaushalt 2011 wurden die Modellvorhaben im Rahmen der Sozialen Stadt gestrichen. Letztmalig konnten Modellvorhaben im Programmjahr 2010 gefördert werden (www.sozialestadt.de).

82 Ein „trauriges Beispiel dafür, wie die Kostenfolgen unterschätzt wurden, obwohl die Städte frühzeitig gewarnt hatten“ sei das Kinderförderungsgesetz. Von 1998 bis 2008 seien die Bruttoausgaben für die Kinderbetreuung von rund 10 Milliarden Euro auf rund 14,5 Milliarden Euro angewachsen. Den größten Teil davon tragen die Kommunen. Eine riesige Herausforderung stelle der Rechtsanspruch auf Betreuungsplätze für unter Dreijährige dar, der ab 2013 gelten soll. „Die Städte legen sich für den Ausbau der Kinderbetreuung mächtig ins Zeug ... Uns geht es nicht darum, den Rechtsanspruch ab 2013 in Frage zu stellen, aber es fehlen noch Milliardenbeträge, um ihn zu verwirklichen ... Leidtragende (sind) die Eltern, die sich auf den Rechtsanspruch für ihre Kinder verlassen, ihn aber nicht erfüllt bekommen können“ (www.staedtetag.de; Abfragedatum: 2[illegible].01.2012).

83 Im Februar 2011 legte die *Prognos AG* ein im Auftrag der Staatskanzlei des Landes Nordrhein-Westfalen erstelltes Gutachten „Soziale Prävention. Bilanzierung der sozialen Folgekosten in Nordrhein-Westfalen“ vor mit dem Ziel, die jährlichen Kosten zu bilanzieren, die durch eine frühe und wirksame Intervention im Kindes- und Jugendbereich zum Teil vermieden werden können. Nämlich dann, wenn die Vermeidung des Leistungsanlasses im Vordergrund der Sozialpolitik stehen würde und nicht die – meist aufwändige – Linderung der sozialen Folgen.

Selbsthilfe stärken, wegen der sozialen Pflichtausgaben nicht mehr bezahlbar sind, bewegt sich die Politik in die falsche Richtung" (Deutscher Städtetag 2010, 3).

Das **Bürgerschaftliche Engagement** ist ein weiterer – unverzichtbarer – Bestandteil der sozialen Prävention. Zum einen – darauf wurde schon in den Ausführungen zum Sozialstaat hingewiesen (Kapitel 2.1.1), weil der „aktivierende Sozialstaat" Bürgerinnen und Bürger braucht, die mit ihrem Engagement gemeinwohldienlich wirken und sich sozialer Aufgaben annehmen. Durch die Aktivierung bürgerschaftlichen Engagements lassen sich sozialstaatliche Aufgaben zivilgesellschaftlich umverteilen – oder, mit den Worten der Enquête-Kommission „Zukunft des Bürgerschaftlichen Engagements": „Bürgerschaftliches Engagement ist die lebendige Seite des Sozialstaats. Bürgerinnen und Bürger erscheinen als kooperative Mitgestalterinnen und Mitgestalter sozialstaatlicher Leistungen. In dieser Konzeption ist der Sozialstaat nicht mehr umfassender Versorgungsstaat, sondern kooperativer Partner im Rahmen eines ‚Wohlfahrtspluralismus'" (Enquête-Kommission 2002, 47).[84]

Allerdings, darauf hat schon das Gutachten zum Schwerpunktthema des 13. Deutschen Präventionstages 2008 „Engagierte Bürger – sichere Gesellschaft" hingewiesen, sind Entwicklungen kritisch zu sehen, die auf einen Missbrauch, eine Ausnutzung des bürgerschaftlichen Engagement hindeuten: Wenn ehrenamtliche Arbeit bezahlte Arbeit bei wichtigen Aufgaben ersetzt, die eigentlich der Staat zu finanzieren hätte oder wenn unbezahlte Arbeit einige der vom Staat nicht mehr finanzierten Aufgaben übernimmt, übernehmen muss, damit diese Aufgaben überhaupt noch wahrgenommen werden.

Beim Rückzug des Staates und der Überantwortung von Aufgaben an bürgerschaftliche Akteure darf es nicht dazu kommen, dass sich die öffentliche Hand ihrer sozialen Verantwortung vollends entzieht und bürgerschaftliches Engagement zur „Ersatzkasse" für nicht mehr finanzierbare staatliche Leistungen wird. Zumal es einen deutlichen Zusammenhang zu geben scheint zwischen der Bereitschaft des Staates, seinen Teil an sozialer Verantwortung und Wohlfahrtspolitik zu übernehmen und der Bereitschaft der Bürger, sich zu engagieren. Zieht der Staat sich (zu sehr) aus seiner sozialen Verantwortung zurück, dann sinkt die Bereitschaft, sich bürgerschaftlich zu engagieren. Ist der Staat dagegen sozial aktiv, dann korrelieren damit auch hohe Werte an bürgerschaftlichem Engagement.[85] (Steffen 2009, 35 f).

---

[84] Dazu, dass mit dem Wandel des Sozialstaats Prävention zunehmend als Aufgabe für alle und nicht mehr als staatliche Aufgabe definiert wird, auch *Holthusen* e.a. 2011, 24.

[85] Steffen 2009, 35 f; hier finden sich auch die Literaturangaben. Kritisch zur „Regulation von Armut in der aktivierten Bürgergesellschaft" auch das Editorial zu Heft 119/120 2011 der Zeitschrift Widersprüche.

Zum andern ist bürgerschaftliches Engagement nicht nur ein Bestandteil des **Sozialkapitals**, weil es die Bindekräfte einer Gesellschaft stärkt und ein Ausdruck von Solidarität sowie der Bereitschaft zur Übernahme gesellschaftlicher Verantwortung ist. Bürgerschaftliches Engagement schafft auch Sozialkapital und gesellschaftlichen Zusammenhalt und ermöglicht Teilhabe (Steffen 2009, 34) – und ist deshalb unverzichtbar zur Herstellung sozialer Gerechtigkeit und Solidarität.

In Deutschland gibt es eine große Bereitschaft, sich freiwillig zu engagieren. Darauf hat schon das Gutachten für den 13. Deutschen Präventionstag hingewiesen und die Lage des bürgerschaftlichen Engagements ist in der Zwischenzeit nicht schlechter, sondern eher noch besser geworden. Der aktuelle *Freiwilligensurvey* zeigt, dass 2009 71% der Bevölkerung in Vereinen, Organisationen, Gruppen oder öffentlichen Einrichtungen teilnehmend aktiv waren (nach 66% im Jahr 1999). Etwa die Hälfte von ihnen, 36% sind in dem Sinne freiwillig engagiert, dass sie bestimmte Aufgaben, Arbeiten oder Funktionen in der Zivilgesellschaft übernommen haben (BMFSFJ 2010). Und im *Bundesfreiwilligendienst*, in dem sich seit dem 1. Juli 2011 jeder engagieren kann (Regeldauer: 12 Monate), gibt es kaum noch freie Plätze (für das erste Jahr wurden Mittel für insgesamt 35.000 Plätze zur Verfügung gestellt.[86]

3 Zivile Sicherheit, Kriminalität und Kriminalprävention

3.1 Zivile Sicherheit

„Zivile Sicherheit ist gegenwärtig ein zentraler Topos sicherheitspolitischer Programme und innenpolitischer Strategien ... Zivile Sicherheit in den sicherheitspolitischen Kern zu rücken, basiert auf einer Rationalität, aus der heraus Gefährdungen, Bedrohungen und Risiken heterogener Herkunft in einen gleichen Gefährdungskontext überführt werden. Gleich ob man terroristische oder kriminelle Bedrohungen, großtechnische Unfälle oder durch Naturereignisse hervorgerufene Katastrophen adressiert: im Zeichen ziviler Sicherheit werden all diese Gefährdungen auf ein grundlegendes Problem zurückgeführt – nämlich auf die Verwundbarkeit des modernen Lebens." (Haverkamp u.a. 2011, 9).

So, wie „Sicherheit" mehr ist als äußere oder innere Sicherheit, ist auch „zivile Sicherheit" mehr als der Schutz vor Kriminalität.[87]

---

[86] www.bundesfreiwilligendienst.de; siehe dazu auch die vom BMFSFJ 2011 herausgegebene Broschüre „Zeit, das Richtige zu tun" und zum zivilgesellschaftlichen Engagement insgesamt den Datenreport 2011, 358 ff.

[87] Dass aber auch in diesem Zusammenhang ein eher enges, nur auf Kriminalität bezogenes Verständnis üblich ist, zeigt beispielsweise die Recherche mit dem Begriff „Sicherheit" auf den Webseiten des Bundesministeriums des Inneren (www.bmi.bund.de) oder des Bayerischen Staatsministeriums des Inneren (www.stmi.bayern.de), auf denen zwar von einem umfassenden Sicherheitsbegriff ausgegangen wird, im Schwerpunkt dann aber doch „Kriminalität" das Thema ist.

Das wird beispielsweise am neuen Rahmenprogramm der Bundesregierung „Forschung für die zivile Sicherheit 2012-2017“[88] deutlich, in dem Kriminalität nur eines von vielen Forschungsthemen ist und keineswegs das wichtigste:

„Im Mittelpunkt stehen Lösungen, die den Schutz der Bevölkerung und der kritischen Infrastrukturen vor Bedrohungen durch Terrorismus, Sabotage, organisierte Kriminalität, Piraterie, aber auch vor den Folgen von Naturkatastrophen und Großunfällen gewährleisten und einen Schutz unseres freiheitlichen Lebensstils leisten“ (BMBF 2012, 3).[89]

Kriminalitätsbezogene Forschungsfragen werden vor allem unter dem Titel „Urbane Sicherheit“ gestellt (BMBF 2012, 11 ff): Schutz vor Kriminalität mit Untersuchungen zu den Ursachen von „Angsträumen“; zum Einfluss gesellschaftlicher Trends, beispielsweise des demographischen Wandels auf Kriminalitätsentwicklungen in urbanen Lebensräumen; zur Entwicklung von verbesserten Kooperationsformen zwischen den verschiedenen Sicherheitsakteuren, insbesondere in öffentlich-privaten Sicherheitspartnerschaften; Sicherheit in öffentlichen Einrichtungen; Sicherheit im Wohnumfeld; Sicherheit im öffentlichen Personennahverkehr. Zur „urbanen Sicherheit“ gehören aber auch die über Kriminalität weit hinausgehenden Katastrophen-und-Krisenfall-Themen „Die resiliente Stadt“ und „Sicherheit der Versorgung der Bevölkerung“.

Übergreifendes Forschungsthema der zivilen Sicherheitsforschung ist die Analyse gesellschaftlicher und ethischer Aspekte ziviler Sicherheit: „Zivile Sicher-

Auch der *Datenreport 2011* geht im Kapitel 10 „Öffentliche Sicherheit und Strafverfolgung“ nur auf Kriminalität und Kriminalitätsfurcht ein.

[88] Beschlossen vom Bundeskabinett am 25. Januar 2012. Mit dem neuen Rahmenprogramm setzt die Bundesregierung des bisherige, im Jahr 2011 ausgelaufene Sicherheitsforschungsprogramm fort.
Vom 17.-19. April 2012 wird dazu in Berlin ein BMBF-Innovationsforum „Zivile Sicherheit“ stattfinden sowie am 18./19. April 2012 mehrere Workshops zum Thema „Sicherheit 2025“, darunter auch ein Workshop zur „Urbanen Sicherheit“ veranstaltet durch das Forschungsforum Öffentliche Sicherheit – ebenfalls ein Projekt aus der Bekanntmachung „Gesellschaftliche Dimensionen der Sicherheitsforschung“ des BMBF –auf der Grundlage von Expertisen und Ergebnissen der Workshops von 2010 bis 2012.
Innerhalb des 7. Forschungsrahmenprogramms werden von der EU für die Forschungsförderung im Themenbereich „Sicherheit“ von 2007 bis 2013 1,4 Milliarden Euro bereitgestellt. Die Bundesregierung wird rund 55 Millionen Euro pro Jahr bereitstellen.

[89] Zu „Naturereignissen und Sozialkatastrophen“ veranstaltete das Forschungsforum Öffentliche Sicherheit am 14./15. November 2011 einen Workshop (www.sicherheit-forschung.de), auf dem u.a. *Felgentreff* und *Kuhlicke* die vom Forschungsforum in Auftrag gegebene Expertise „Naturereignisse und Sozialkatastrophen“ vorstellten. Die Autoren verstehen Katastrophen als soziale Ereignisse, „denn stets bemisst sich das Katastrophale einer Begebenheit am Grad gesellschaftlicher Betroffenheit“ und thematisieren Aspekte des Managements von Katastrophen. Hier sprechen sie sich dafür aus, Sicherheitsversprechen in ihrer Begrenztheit zu kommunizieren und zu reflektieren. Während die Bevölkerung weiterhin „den Staat“ als Garanten von Sicherheit und Ordnung betrachte, verschiebe sich dessen Verständnis von Sicherheit hin zu einem von allen Beteiligten zu erbringenden Gesamtsystem. Das jedoch müsse klar kommuniziert und finanziert werden (Felgentreff /Kuhlicke/Westholt 2012, 75).
Zu den „vielen Gesichtern des Bevölkerungsschutzes“ siehe auch den *Jahresbericht des Bundesamtes für Bevölkerungsschutz und Katastrophenhilfe 2010*.

heit ist grundlegend für das individuelle und soziale Leben aller Bürgerinnen und Bürger. Sie ist nicht zuletzt angesichts der Verwundbarkeit des modernen Lebens zu einem zentralen Wertbegriff der Gegenwartsgesellschaft geworden und ein wichtiger Faktor des wirtschaftlichen Wohlstands in Deutschland ... Wie stellen wir uns eine sichere Gesellschaft in Zukunft vor? Wie müssen Sicherheitsmaßnahmen gestaltet werden, damit sie die grundrechtliche Freiheitssphäre der Bürgerinnen und Bürger wahren und Bedrohungen verringern? Sind wir bereit, Unsicherheiten zu ertragen?" (BMBF 2012, 8).[90]

3.1.1 BaSiD – Barometer Sicherheit in Deutschland[91]

Im Rahmen der Bekanntmachung „Gesellschaftliche Dimensionen der Sicherheitsforschung" vom BMBF bewilligt und gefördert wird auch das Projekt „Barometer Sicherheit in Deutschland – BaSiD". Dieses Projekt mit dem genauen Titel „Sicherheiten, Wahrnehmungen, Bedingungen und Erwartungen – ein Monitoring zum Thema Sicherheit in Deutschland (BaSiD)" läuft vom Juni 2010 bis zum Mai 2013. Das Konsortialprojekt unter Führung des Max-Planck-Instituts für ausländisches und internationales Strafrecht hat sechs Partner aus den gesellschaftswissenschaftlichen Disziplinen Kriminologie, Medien- und Kommunikationswissenschaften, (Sozial) Psychologie, Soziologie und Ethik.

Das Forschungsprojekt bezweckt die Erstellung eines *Barometers zu objektivierten und subjektiven Sicherheiten in einem interdisziplinären Verbund.* Es fokussiert sich auf Wahrnehmungen, Erwartungen und Gefühle zu Sicherheit in den Phänomenbereichen Kriminalität, Terrorismus, Naturkatastrophen und technische Großunglücke. Da die Wahrnehmung von Sicherheit in die soziale Sicherheit eingebettet ist, ergibt sich eine theoretische und empirische Abhängigkeit von einem allgemeinen Sicherheitskonzept sowie vom Vertrauen in die eigene und gesellschaftliche Fähigkeit zur Bewältigung von Krisen. BaSiD möchte verschiedene Dimensionen von Sicherheit erfassen und ein Monitoring zu objektivierten und subjektiven Sicherheiten in Deutschland erstellen.

Acht Module – theoretische Voruntersuchung zum Sicherheitsbegriff (IZEW Tübingen), systematische Zusammenstellung objektivierbarer Daten über Schadensereignisse in Deutschland (Bundeskriminalamt und die Katastrophenforschungsstelle Kiel/ Berlin), subjektive Wahrnehmungen und Einschätzungen zu (Un-)Sicherheiten (In-

---

[90] „In der Sicherheitsforschung gilt es, über technologische Machbarkeit hinaus, ethisch verantwortbare Lösungen zu entwickeln. Daher ist die Beantwortung gesellschaftlicher Fragen über den gesamten Forschungsprozess mit der Entwicklung von Technologien verzahnt und integraler Bestandteil der einzelnen Forschungsvorhaben" (www.bmbf.de/de/12654.php; Abfragedatum: 21.02.2012).
Inzwischen (Stand: 25. Januar 2012) wurden aus der Bekanntmachung „Gesellschaftliche Dimensionen der Sicherheitsforschung" 12 Projekte bewilligt und gefördert. Darunter auch „Dynamische Arrangements städtischer Sicherheitskultur (DynASS)" und „Kooperative Sicherheitspolitik in der Stadt (KoSiPol)".

[91] Informationen zum Barometer Sicherheit in Deutschland unter http://basid.mpicc.de/basid/de/pub/projekt/ziele.html; Abfragedatum: 06.11.2011.

stitut für Soziologie Freiburg), Dunkelfeldforschung zu Viktimisierung und Kriminalitätsfurcht (Bundeskriminalamt), Untersuchung von Gefährlichkeitsattributierungen an Räume (Katastrophenforschungsstelle Kiel/Berlin), Technikgenese und (Un-) Sicherheits-erwartungen hinsichtlich in der Entwicklung befindlicher Technologie (Institut für Soziologie Freiburg und das Fraunhofer Institut für System- und Innovationsforschung in Karlsruhe), Medienmonitoring (Kommunikations- und Medienwissenschaften der Universität Düsseldorf), ethische Begleitforschung und normative Technikfolgenabschätzung (IZEW Tübingen) – führen zum Modul 9, zur Erstellung eines Sicherheitsbarometers (MPI für Strafrecht).

Das **Sicherheitsbarometer** soll nicht nur eine Übersicht über das aktuelle Sicherheitsempfinden in Deutschland geben, sondern auch eine umfassende Beurteilung aktueller und zukünftiger Trends in Bezug auf die Wirkung von Maßnahmen zur Erhöhung der Sicherheit ermöglichen – „Was führt dazu, dass wir uns sicher fühlen?“[92]

3.1.2 Sicherheitsberichte: Welche Sicherheit braucht eine Stadt?

Auch die Sicherheit von Städten und Gemeinden umfasst weitaus mehr als Kriminalität und sie verändert sich laufend. Um die Verantwortlichen mit den erforderlichen Planungs- und Entscheidungsgrundlagen zu versorgen, hat die Stadt Luzern 2010 schon zum zweiten Mal (nach 2007) einen „Sicherheitsbericht für die Stadt Luzern“ vorgelegt. Diese Berichte legen den Sicherheitsbegriff so breit aus und analysieren die Sicherheitslage so detailliert, dass sie nicht nur für die Schweiz beispielhaft sind, sondern, soweit ersichtlich, auch für Deutschland. Beispielhaft ist auch, dass die Berichte alle drei Jahre aktualisiert werden sollen, alle sechs Jahre soll eine umfassende Analyse der Sicherheitslage stattfinden, analog zu 2006/2007 (Illi/Schulze 2011, 42).

Die Berichte wurden im Auftrag der Sicherheitsdirektion der Stadt Luzern von der Ernst Basler & Partner AG in enger Zusammenarbeit mit einer Arbeitsgruppe erstellt, in der Fachexperten der Stadt Luzern aus dem Sicherheitsbereich und der Kantonspolizei vertreten waren. Durch die Arbeitsgruppe 2006/2007 wurden acht Gefährdungsfelder[93] identifiziert, die für die Stadt Luzern eine besonders große Relevanz haben. Eine Risikoanalyse zeigte auf, bei welchen Gefährdungen Handlungsbedarf besteht. Die Ergebnisse wurden mit denen einer Bevölkerungsbefragung zum Thema „Subjektive Sicherheit in der Stadt Luzern“ verglichen. Mittels einer Nutzwertanalyse wurden

---

92 Aus der Projektbeschreibung „Forschungsprojekte im Überblick“ (www.bmbf.de/de/12654.php; Abrufdatum: 21.02.2012).

93 Verstösse und Störungen im öffentlichen Raum; kriminelle Handlungen; Ereignisse im Verkehr; Ereignisse bei Großveranstaltungen; Ereignisse durch technische Gefahren; Krankheiten und Seuchen bei Tier und Mensch; Ereignisse durch Naturgefahren; Gewalt und Terror. Für den Bericht 2010 wurden darüberhinaus erfasst: Amoklauf an Schulen; Gewalt bei Sportveranstaltungen; Kombination Alkohol und „weiche“ Drogen; außerdem Themen, die selbst keine direkte Gefährdung darstellen, aber bei den Sicherheitsplanungen berücksichtigt werden sollten: Bodenkontamination; Städtebauliche Kriminalprävention; Seerettung (Sicherheitsbericht 2010, III).

die Maßnahmen bestimmt, welche der Stadt zur Umsetzung empfohlen wurden. Eine Stelle für Sicherheitsmanagement wurde mit der Koordination und Umsetzung der Maßnahmen des Sicherheitsberichts beauftragt (Sicherheitsbericht 2007).

Der Sicherheitsbericht 2010 kann feststellen: „Die Stadt und andere Stellen haben die meisten der im Sicherheitsbericht 2007 vorgeschlagenen Massnahmen in der Zwischenzeit umgesetzt. Teilweise sind sie heute Daueraufgaben und in die tägliche Arbeit integriert. Dies ist unter anderem der Verdienst der Stelle für Sicherheitsmanagement, die seit November 2007 mit der Koordination und Umsetzung der Massnahmen des Sicherheitsberichts beauftragt ist.

Der Bericht und die Umsetzung der darin vorgeschlagenen Massnahmen hatten eine positive Auswirkung auf die Sicherheit der Stadt Luzern. Die Luzerner Bevölkerung fühlt sich weiterhin in hohem Mass sicher. Zudem hat die Sensibilisierung der für Sicherheit Verantwortlichen für die gesamte Breite sicherheitsrelevanter Themen deutlich zugenommen“ (Sicherheitsbericht 2010, Vorwort).

„In Luzern war seit dem ersten Bericht eine Sicherheitskultur entstanden. Die wichtigsten städtischen Sicherheitsakteure kannten sich und die verschiedenen Bedürfnisse. Eine wichtige Voraussetzung. Nicht nur bei der Bewältigung von Ereignissen, sondern auch, um diese zu verhindern“ (Illi/Schulze 2011, 43).

3.2 Kriminalität – ein Modernisierungsrisiko?

Kriminalität ist der Aspekt von Sicherheit, auf den sich die Debatte gerne fokussiert, obwohl, wie gezeigt, Sicherheit weit mehr ist. Gleichwohl sind Kriminalität und innere Sicherheit zentrale gesellschaftspolitische Themen in einem demokratischen Staat – und das Bedürfnis nach innerer oder auch öffentlicher Sicherheit gehört zu den wenigen Grundbedürfnissen, über die es einen allgemeinen Konsens gibt: „Kriminalität verursacht hohe volkswirtschaftliche Schäden und bedroht die freiheitlich-demokratische Grundordnung in ihren elementaren Regeln für ein friedliches Zusammenleben ... Die Gewährleistung der öffentlichen Sicherheit durch Polizei und Justiz ist daher zentral für die Legitimation des Rechtsstaats bei seinen Bürgern“ (Datenreport 2011, 287 und 297).[94]

Kriminalität gilt aber auch als **Modernisierungsrisiko** – und das ist der Aspekt, der im Zusammenhang mit dem Thema „Sicherheit als Grundbedürfnis der Menschen und staatliche Aufgabe“ im Folgenden vor allem interessiert. Denn soziale Sicherheit und innere Sicherheit hängen zusammen: Einerseits ist die Wahrnehmung von Sicher-

---

[94] In Rechtsstaaten besitzt der Staat das Gewaltmonopol und verpflichtet sich im Gegenzug gegenüber seinen Bürgern, sie vor Straftaten zu schützen bzw. dann, wenn er die Straftaten nicht verhindern kann, die Opfer oder deren Angehörige zumindest zu entschädigen und die Täter zu finden, zu bestrafen und ... von weiteren schweren Straftaten abzuhalten (www.ulrich-wilmes.de/gewaltmonopol.html).

heit in die soziale Sicherheit eingebettet (BaSiD 2011), andererseits kann die zunehmende soziale Ungleichheit, die fehlende soziale Gerechtigkeit, die „erodierende Gesellschaftsintegration" zu einem Anstieg des gesellschaftlichen Kriminalitätsniveaus, insbesondere des Gewaltniveaus führen (Münkler/Wassermann 2008, 3).

3.2.1 Kriminalität in Deutschland: Befunde zur Sicherheitslage

Schon auf der Basis des Gutachtens für den 14. Deutschen Präventionstag konnte jedoch festgestellt werden, dass dieser Anstieg des gesellschaftlichen Kriminalitätsniveaus bislang nicht erfolgt ist:

„Kriminalität als Folge und Risiko von gesellschaftlicher Modernisierung und prekären Lebenslagen: Noch ist die Lage erstaunlich günstig ...

Erstaunlicherweise zeigen .. weder die Längsschnittauswertungen der Polizeilichen Kriminalstatistik für die Bundesrepublik Deutschland, noch die Ergebnisse von Dunkelfelduntersuchungen – jeweils mit dem Schwerpunkt auf der Jugendgewaltkriminalität – dass sich die Zunahme sozialer Desintegrationserscheinungen (auch) in Richtung einer Zunahme der Jugendgewaltkriminalität auswirkt. Zumindest nicht im Sinne von unilinearen, eindeutigen Zusammenhängen."
(aus der Hannoveraner Erklärung des 14. Deutschen Präventionstages 2009)

Diese Lage hat sich seit 2007 – für dieses Jahr lagen zum Zeitpunkt der Abfassung des Gutachtens für den 14. Deutschen Präventionstag 2009 PKS-Daten vor, die Daten für das Dunkelfeld bezogen sich auf das Jahr 2008 (Steffen 2011 a, 86 ff) – nicht verschlechtert, im Gegenteil:[95] Die Zahl der **insgesamt registrierten Straftaten** geht seit 2005 kontinuierlich zurück und liegt 2010 mit 5,93 Millionen polizeilich registrierten Straftaten erstmals nicht nur wieder unter 6 Millionen, sondern auch unter dem Wert von 1993 (6,75 Millionen).[96] Da die Bevölkerungszahl nur leicht zurückgeht, aber auch 2010 noch über der Zahl von 1993 liegt, gehen auch die Häufigkeitszahlen (HZ)[97] seit 2005 zurück. 2010 liegt die HZ bei 7.253 (2004: 8.037; 1993: 8.337).

---

[95] Quellen: Polizeiliche Kriminalstatistik (PKS) 2010 Bundesrepublik Deutschland und Baier e.a. 2011, 12 ff.

[96] Wegen erheblicher Anlaufschwierigkeiten beziehen sich die Daten erst ab dem Berichtsjahr 1993 auf das Bundesgebiet insgesamt (PKS Bund 2010, 30).

[97] HZ = Zahl der Straftaten pro 100.000 der Bevölkerung

Auch die **Delikte der Gewaltkriminalität**,[98] die oft besondere (mediale) Aufmerksamkeit erhalten, gehen seit ihrem „Höhepunkt" im Jahr 2007 (217.923 Fälle) kontinuierlich zurück, auf 201.243 registrierte Fälle im Jahr 2010. Die gefährlichen und schweren Körperverletzungen, die den weitaus größten Anteil an der Gewaltkriminalität haben, werden ebenfalls seit 2007 (154.849 Fälle) weniger häufig erfasst; 2010 wurden noch 142.903 gefährliche und schwere Körperverletzungen registriert.

Rückläufig sind in den letzten Jahren auch die **Tatverdächtigenbelastungszahlen** (TVBZ)[99] für alle Altersgruppen. Bei Straftaten insgesamt wie auch bei den gefährlichen und schweren Körperverletzungen gehen die TVBZ für Kinder (unter 14 Jahren), Jugendliche (14 bis unter 18 Jahren), Heranwachsende (18 bis unter 21 Jahre), Jungerwachsene (21 bis unter 25 Jahren), Erwachsene (25 bis unter 30 Jahren) und Erwachsene ab 30 Jahren nach deutlichen Anstiegen in den letzten Jahren zurück. Die höchsten Belastungszahlen weisen – wie immer - jeweils die Heranwachsenden und die Jugendlichen auf; sie sind aber auch für diese beiden Altersgruppen niedriger geworden.

Befunde zum **Dunkelfeld**[100] liegen für die Bevölkerung Deutschlands nicht vor. Für Jugendliche der 9. Jahrgangsstufe hat das Kriminologische Forschungsinstitut Niedersachsen (KFN) mehrere für Deutschland repräsentative Befragungen durchgeführt[101], deren Ergebnisse bereits ausführlich Eingang in das Gutachten zum 14. Deutschen Präventionstag gefunden haben (Steffen 2011 a, 90 ff). Deshalb hier nur die Quintessenz: Der Vergleich der Studien ergibt überwiegend positive Trends, die Quote der Jugendlichen, die nach eigenen Angaben in den zwölf Monaten vor der Befragung mindestens eine Gewalttat begangen hatten, ist nirgends gestiegen, sondern überwiegend sogar beträchtlich gesunken. Die Akzeptanz von Gewalt zur Durchsetzung von Interessen hat deutlich abgenommen, auch im Umfeld der Jugendlichen. Gestiegen ist die Bereitschaft, selbst erlebte Gewaltdelikte zur Anzeige zu bringen, allerdings in einem regional unterschiedlichen Ausmaß. Insgesamt haben präventiv wirkende Faktoren zugenommen, während gewaltfördernde Lebensbedingungen gesunken sind. So mussten beispielsweise weniger Jugendliche elterliche Gewalt erleben.

---

98 Der Summenschlüssel „892000" Gewaltkriminalität umfasst folgende Straftaten: Mord, Totschlag und Tötung auf Verlangen, Vergewaltigung und sexuelle Nötigung, Raub, räuberische Erpressung und räuberischer Angriff auf Kraftfahrer, Körperverletzung mit Todesfolge, gefährliche und schwere Körperverletzung (macht ca. 70% der Gewaltkriminalität aus), erpresserischer Menschenraub, Geiselnahme, Angriff auf den Luft- und Seeverkehr.

99 TVBZ = Tatverdächtige pro 100.000 der jeweiligen Bevölkerungsgruppe. TVBZ sind bei der Analyse der PKS-Entwicklung nach Täteralter aussagekräftiger als die absoluten Zahlen, da eventuelle Bevölkerungsveränderungen schon berücksichtigt sind. Angaben bei Baier e.a. 2011, 14, 19.

100 Also zu den Straftaten, die zwar verübt, aber nicht bei der Polizei angezeigt worden sind.

101 Zuletzt 2008 in acht Städten und sieben Bundesländern (Baier e.a. 2009). Die günstige Entwicklung im Dunkelfeld steht im Widerspruch zur Entwicklung im Hellfeld: Hier wurden zum Zeitpunkt der Befragung noch deutliche Zunahmen der Jugendgewalt polizeistatistisch registriert.

Vor dem Hintergrund dieser Daten zur Kriminalitätsentwicklung in Deutschland kann die Feststellung von 2009 wiederholt werden: Offensichtlich haben die zunehmende soziale Ungleichheit und die fehlende soziale Gerechtigkeit in Deutschland in den letzten Jahren nicht zu einer Erhöhung der polizeilich registrierten Kriminalität geführt. Selbst für die Gewaltkriminalität, die in den Jahren bis 2007 zunehmend häufiger registriert worden war, sind seither rückläufige Zahlen festzustellen. [102]

Diese für **Deutschland festzustellende günstige Insgesamtentwicklung** schließt natürlich nicht aus, dass sich – im Hell- wie im Dunkelfeld - auf regionaler, kommunaler oder Stadtviertelebene auch ungünstigere, problematischere Entwicklungen zeigen können und zeigen.[103] Dennoch ist – auch vor dem Hintergrund von Prognosen, etwa zur Entwicklung der Jugendkriminalität[104] – zumindest Gelassenheit angesagt, wenn nicht sogar vorsichtiger Optimismus.

Von den Erklärungen, die das KFN für den Rückgang der meisten Straftaten anbietet, [105] ist die These „Kultur des Gewaltverzichts setzt sich weiter durch" in dem hier diskutierten Zusammenhang beachtenswert, auch und insbesondere vor den oben (Kapitel 2.2.5) zitierten Aussagen *Heitmeyers*: „Eine häufig zu hörende Klage ist, dass der soziale Zusammenhalt unter den Menschen zurückgeht; demgegenüber würde die rücksichtslose Selbstdurchsetzung zunehmen ... Empirisch ist diese Diagnose zum Verhalten der Jugendlichen falsch ... Auch die Klage einer gesamtgesellschaftlich zunehmenden Rücksichtslosigkeit ist in Frage zu stellen ... Eine Kultur des Gewaltverzichts und des Hinschauens setzt sich immer weiter durch; dies könnte zugleich ein Hinweis darauf sein, dass zivile Umgangsformen eine immer weitere Verbreitung finden. Festgestellt werden kann ..., dass in der Kindererziehung mittlerweile seltener zu Gewalt gegriffen wird, dass Eltern, Lehrer oder andere Personen im näheren sozi-

---

[102] Einige Delikte der Gewaltkriminalität wurden schon vorher seltener registriert. Etwa Fälle des vollendeten Mordes, die schon seit 1993 zurückgehen (von 666 Fällen 1993 auf 293 Fälle 2010). Auch Raubdelikte werden (seit 1998) nahezu kontinuierlich von Jahr zu Jahr weniger erfasst (2010 noch 48.166 Fälle).

[103] So auch die *„Hannoveraner Erklärung"* zum 14. Deutschen Präventionstag 2009 (Marks/Steffen 2011, 10).

[104] Die *Deutsche Hochschule der Polizei* hat 2010 für die Ständige Konferenz der Innenminister und –senatoren der Länder eine Prognose zu „Möglichen Entwicklungen der Jugend(gewalt)kriminalität" vorgelegt, die insgesamt günstig ausfällt: Jugendkriminalität wird weiterhin weit verbreitete Delinquenz geringer Schwere und überwiegend episodischen Charakter sein und sich in den meisten Fällen nicht zu kriminellen Karrieren verfestigen; die gesellschaftliche Akzeptanz von Gewalt wird weiter abnehmen und die Anzeigebereitschaft zunehmen; durch die wachsende soziale Ungleichheit, zurückgehende Finanzmittel der öffentlichen Haushalte und abnehmenden privaten Wohlstand könnte sich die Gefahr von Tendenzen zu einer sozialräumlichen und ethnischen Segregation vor allem in Großstädten verstärken; der technologische Wandel, insbesondere die Nutzung neuer Kommunikationsmedien, wird das Erscheinungsbild der Jugenddelinquenz weiterhin beeinflussen (Görgen e.a. 2010, 3 f).

[105] Das KFN bietet für den Rückgang der meisten Straftaten als Erklärungen an: Deutschland altert – und ältere Menschen begehen generell weniger Straftaten; die Immigration geht zurück – und Migranten zeigen in einigen Kriminalitätsbereichen eine höhere Kriminalitätsbereitschaft; die höhere Aufklärungsquote schreckt ab; technische Vorkehrungen verhindern Kriminalität; die Kultur des Gewaltverzichts setzt sich weiter durch (Baier e.a. 2011, 20 ff).

alen Umfeld von Jugendlichen den Gewalteinsatz zunehmend missbilligen und dass sich auch die Jugendlichen selbst vom Gewalteinsatz häufig distanzieren ... Diese (kulturellen) Veränderungen führen zu einem höheren Maß an informeller Sozialkontrolle; der Druck, sich normenkonform zu verhalten, wächst. Gleichwohl gibt es auch Hinweise darauf, dass dieser Prozess nicht alle Bevölkerungsgruppen gleichermaßen erfasst. In einigen sozialen Milieus wird die Gewalt im Speziellen, die Kriminalität im Allgemeinen u.a. aufgrund mangelnder Verhaltensalternativen weiterhin ausgeführt. Gesellschaftliche Polarisierungstendenzen z.B. zwischen armen und reichen Familien oder Migranten und Nicht-Migranten könnten diese Milieus weiter stabilisieren. Hier bleibt abzuwarten, ob es in Zukunft gelingt, den Polarisierungstendenzen gesamtgesellschaftlich entgegen zu wirken bzw. diese Milieus noch stärker als bisher in kriminalpräventive Maßnehmen einzubeziehen" (Baier e.a. 2011, 22 f).

3.2.2 Sicher leben in Stadt und Land: Die räumliche Verteilung der Kriminalität

„Regionale Disparitäten" (s.o. Kapitel 2.2) gibt es auch hinsichtlich der räumlichen Verteilung der Kriminalität, der Belastung von Städten und Gemeinden mit Straftaten. Einen ersten Eindruck davon gibt die Differenzierung in der PKS nach Gemeindegrößenklassen.[106]

2010 verteilten sich die Gesamtbevölkerung und die registrierten Straftaten auf die vier Gemeindegrößenklassen wie folgt:

2010 verteilten sich die Gesamtbevölkerung und die registrierten Straftaten auf die vier Gemeindegrößenklassen wie folgt:

Gemeindegrößenklasse (Einwohner)	Einwohner am 01.01.2010 Anzahl	in %	registrierte Fälle 2010 Anzahl	in %	HZ
Großstädte ab 500.000	13.171.039	16,1	1.663.501	28,0	12.630
100.000 b.u. 500.000	12.211.328	14,9	1.153.538	19,4	9.446
20.000 b.u. 100.000	22.331.010	27,3	1.642.905	27,7	7.357
unter 20.000	34.088.880	41,7	1.418.463	23.9	4.161

Die Differenzierung nach einzelnen Straftaten(gruppen) zeigt, dass die Häufigkeit der registrierten Fälle – bezogen auf jeweils 100.000 Einwohner – bei der Mehrzahl der Straftaten mit der Einwohnerzahl der Gemeindegrößenklasse wächst. Das gilt insbesondere für Aggressions-, Diebstahls- und Vermögensdelikte (PKS 2010, 59).

[106] Die Zuordnung von Gemeinden zu diesen Größenklassen orientiert sich ausschließlich an der Einwohnerzahl. Sozioökonomische Aspekte oder die geographische Lage bleiben unberücksichtigt. So werden auch der Einwohnerzahl nach zwar kleine, aber urbanisierte Gemeinden aus industriellen Ballungsräumen oder aus dem Umkreis von Großstädten zur Gruppe der kleinsten Gemeinden gezählt, obwohl sie ihrer Struktur nach zum großstädtischen Einzugsbereich gehören (PKS 2010, 57).
Eine tiefer gehende Unterteilung - nach Siedlungsstruktur und Bevölkerungsdichte -, die für Deutschland Agglomerationsräume, verstädterte Räume und ländliche Räume, jeweils noch mit weiteren Untergliederungen ausweist, nimmt das Bundesinstitut für Bau-, Stadt- und Raumforschung (BBSR) vor (Datenreport 2011, 320 ff).

Diese unterschiedlich hohe Belastung von Gemeinden, Gebieten und Regionen ist eine seit langem[107] bekannte Tatsache und hat, als Wissenschaft von der **Kriminalgeographie**, ebenfalls „schon sehr frühzeitig zu dem Bemühen geführt, Unterschiede in der Kriminalitätsbelastung mit Unterschieden in den sozialen und wirtschaftlichen Bedingungen der jeweiligen Räume in Beziehung zu setzen, letztlich mit dem Ziel, die Ursachen von Kriminalität zu erkennen" (Oberwittler/Gerstner 2011, 1). Während die räumliche Analyse von Kriminalitätsdaten international ein sehr lebendiges und methodisch innovatives Forschungsfeld darstellt - das regelmäßig zeigen konnte, dass das Ausmaß der Kriminalität sehr eng mit Indikatoren sozialer Benachteiligung verbunden ist – blieb das Erkenntnispotenzial derartiger Analysen nach einigen wichtigen Studien in den 1970er Jahren in Deutschland weitgehend ungenutzt (Gerstner/ Oberwittler 2011, 150).108

Aktuell haben *Oberwittler/Gerstner* (2011) eine Studie zur „Kriminalgeographie Baden-Württembergs (2003-2007)" vorgelegt. Auf der Basis der Daten der Polizeilichen Kriminalstatistik konnten sie das „bekannte Bild" bestätigen, dass die Kriminalitätsbelastung zwar mit der Gemeindegröße ansteigt, allerdings mit erheblichen Schwankungen innerhalb der Gebietskategorien, „die nur durch weitere strukturelle Bedingungen erklärt werden können" (2011, 125).

Ein wichtiger Aspekt des Stadt-Land-Gefälles ist die **Tätermobilität**: Potenzielle Täter werden von den Tatgelegenheiten in den „Städten angezogen oder halten sich im Zuge ihrer normalen Alltagsroutinen sowieso in ihrer Nähe auf. Daher haben Städte mit Zentrumsfunktion für das Umland eine hohe ‚Import'-Quote auswärtiger Tatverdächtiger ... Angesichts dieser Mobilitätsmuster führt die offizielle Definition der TVBZ als Rate der Tatverdächtigen, gemessen am Tatort, jedoch bezogen auf die Wohnbevölkerung, zu einer Überschätzung der bevölkerungsbezogenen Tatverdächtigenraten in größeren Städten und zu einer Unterschätzung dieser Raten in den stadtnahen ländlichen Gemeinden bzw. Restlandkreisen. Daher macht es ... Sinn, die TVBZ nicht am Tatort, sondern am Wohnort der Tatverdächtigen zu berechnen. Die Stadt-Land-Unterschiede fallen dann weitaus geringer aus (2011, 126).

Weiter wurden nach drei Faktoren – Urbanität/soziale Probleme vs. ländlicher Raum, bürgerlicher Wohlstand vs. Armut, Universitätsstädte vs. Familienorte - **sozio-ökonomische Raumstrukturen** gebildet und die Zusammenhänge zwischen diesen Raumstrukturen und der Kriminalität analysiert. Als wesentliches Ergebnis dieser Zusammenhangsanalysen nennen *Oberwittler/Gerstner*, dass „die räumliche Verteilung

---

[107] Als erste haben sich „Moralstatistiker" wie Guerry und Quetelet Ende des 19. Jahrhunderts mit der kartographischen Darstellung der Kriminalitätsverteilung befasst. Siehe dazu und zu „Raumstruktur und Kriminalität (Kriminalgeographie)" insgesamt Schwind 2011, § 15.

[108] Wieder an Bedeutung gewonnen haben kriminalgeographische Analysen in Form der Kriminologischen Regionalanalyse in Zusammenhang mit der Kommunalen Kriminalprävention, für die sie eine Grundlage sein sollten, da sie die Ortsgebundenheit von Kriminalität betonen und berücksichtigen (Steffen 1993, 55 ff).

(oder Varianz) der Kriminalitätsbelastung in Baden-Württemberg weitgehend durch die in den Modellen vertretenen sozio-ökonomischen und geographischen Einflussfaktoren erklärt werden kann: 87% der Varianz der Gesamt-HZ und zwischen 70% und 80% der Varianz einzelner Deliktsbereiche" (2011, 128). „Treffen soziale Probleme, wie sie in Großstädten üblicherweise konzentriert sind, mit den Gelegenheitsstrukturen zusammen, die attraktive Dienstleistungszentren zu bieten haben, führt dies im Zusammenspiel zu noch höheren Kriminalitätsbelastungen."[109]

Diese Befunde bedeuten auch, dass die in der PKS ausgewiesene „Räumliche Verteilung der Kriminalität" wenig aussagekräftig und im Kern ungerecht ist – worauf die „Anmerkung zur Vergleichbarkeit der Städtedaten" (PKS 2010, 63) zum Teil auch aufmerksam macht. Was aber weder die Politik noch die Medien daran hindert „Hitlisten" aufzustellen und entsprechende Wertungen abzugeben.[110] Die Daten der PKS können deshalb nur – und sollten aber auch – der Anlass sein, um etwa im Rahmen von Kriminologischen Regionalanalysen die Ursachen für hohe oder auch niedrige Belastungen zu klären, wie es *Oberwittler/Gerstner* für die Gemeinden und Regionen Baden-Württembergs getan haben.

3.2.3
Kriminalitätsfurcht in Deutschland: Befunde zum Sicherheitsgefühl

Nicht nur die Kriminalität, auch die Kriminalitätsfurcht gilt als Modernisierungsrisiko: Allgemeine gesellschaftliche Verun-sicherung, soziale Unsicherheit, kann die Furcht vor Kriminalität erhöhen ohne dass sich an der Kriminalitätslage selbst etwas geändert hat.

Dass die subjektive Kriminalitätsfurcht wenig mit dem objektiven Kriminalitätsrisiko zu tun hat, gehört zum kriminologischen Standardwissen: Objektive und subjektive Sicherheit, Sicherheitslage und Sicherheitsgefühl, fallen oft auseinander.

Als **Kriminalitätsfurcht-Paradox** wird der immer wieder erhaltene Befund bezeichnet, dass das Sicherheitsgefühl der Bevölkerung bzw. einzelner Bevölkerungsgruppen nur zu einem mehr oder weniger großen/kleinen Teil von ihrer jeweiligen Sicherheitslage, ihrem Viktimisierungsrisiko abhängt. So fürchten sich beispielsweise Frauen und alte Menschen beiderlei Geschlechts mehr als andere, werden aber eher seltener zu Opfern von Straftaten als etwa junge Männer. Differenzierte Analysen zeigen allerdings, dass dieser Befund maßgeblich durch das verwendete Erhebungsinstrument bewirkt wird: durch die Standardfrage „Wie sicher fühlen Sie sich oder würden Sie sich fühlen, wenn Sie hier in Ihrer Wohngegend nachts draußen alleine sind bzw. alleine wären?" Dazu kommen noch Faktoren wie Copingfähigkeit – die Wahrnehmung

---

[109] Die Autoren in einem Artikel der Badischen Zeitung über ihre Studie (www.badische-zeitung.de/suedwest-1/straftaeter-zieht-es-in-die-grossstadt; Abfragedatum: 06.10.2011).

[110] „Straftäter zieht es in die Großstadt – Freiburg leidet ... die Stadt ist in der baden-württembergischen Kriminalstatistik seit Jahre peinlich-einsame Spitze" (Artikel vom 4. Oktober 2011 in der Badischen Zeitung; (www.badische-zeitung.de/suedwest-1/straftaeter-zieht-es-in-die-grossstadt; Abfragedatum: 06.10.2011).

der eigenen Kompetenzen und Ressourcen, mit einer Bedrohung umgehen bzw. diese bewältigen zu können - oder auch die jeweilige Risikobereitschaft.[111]

Bei der Erklärung von Kriminalitätsfurcht werden vor allem drei Modelle unterschieden, deren Erklärungswert jedoch begrenzt ist (Egg 2011, 132 ff; Reuband 2009; Ziegleder e.a. 2011):[112]

- Die Viktimisierungsperspektive: Kriminalitätsfurcht wurde lange Zeit primär als Folge einer individuellen Opferwerdung betrachtet. Untersuchungen erbrachten jedoch einen allenfalls recht schwachen oder auch gar keinen Zusammenhang.
- Die Soziale Kontroll-Perspektive: Die Bedeutung von physischen und sozialen Verfallserscheinungen (Desorganisation) im Wohnviertel sowie die damit verbundenen Auswirkungen auf soziale Integration und informelle soziale Kontrolle für die Kriminalitätsfurcht sind nur zum Teil empirisch bestätigt worden.
- Die Soziale Problem-Perspektive: Dieser Ansatz meint vor allem den Einfluss der Medien auf die Entstehung von Kriminalitätsfurcht. Diese These ist populär, ihre empirische Bestätigung fällt jedoch schwer.[113]

Als weitere Einflussfaktoren auf die Kriminalitätsfurcht gelten **allgemeine Verunsicherung** und Anomie: Kriminalität ist bei diesem Ansatz eine Metapher für all das, was mit gesellschaftlichen Veränderungen an negativen Erfahrungen und Befürchtungen verbunden ist (Reuband 2009, 242). Kriminalitätsbezogene Unsicherheitsempfindungen sind mit sozioökonomischen Zukunfts- und Abstiegsängsten verbunden, Verbrechensangst markiert eine Projektionsfläche für eine tiefgreifende soziale Verunsicherung und die in Surveys erhobene „Furcht vor Kriminalität" bildet immer auch breitere Ängste ab (Hirtenlehner/Hummelsheim 2011, 180). Wenn das zutrifft, dann müsste mit gesellschaftlich verursachter steigender oder sinkender Verunsicherung die Kriminalitätsfurcht in der Bevölkerung zu- oder abnehmen (Reuband 2009, 242).

---

[111] Siehe dazu etwa Reuband 2009; Egg 2011; Ziegleder e.a. 2011; Albrecht 2011. Albrecht (2011, 118 f) weist auch auf die Kluft zwischen Sicherheitslage und Sicherheitsgefühlen im Ländervergleich (European Crime Survey 2005) hin: Die höchsten Ausprägungen von Kriminalitätsfurcht fänden sich gerade in den Ländern mit den niedrigsten Viktimisierungsquoten.

[112] Siehe zu den methodischen Problemen der Erfassung von Kriminalitätsfurcht auch Reuband 2009.

[113] Welche Rolle die **Medien** bei der Entstehung von Kriminalitätsfurcht spielen, ist nicht eindeutig geklärt. Einerseits wird Kriminalität nur von einem kleinen Teil der Bevölkerung direkt erlebt – als Opfer oder Zeuge einer Straftat. Die meisten „Kriminalitätserfahrungen" sind sekundärer Natur, vermittelt über die (Massen)Medien. Kriminalitätsberichterstattung nimmt in den Medien einen breiten Raum ein, ist aber gegenüber der sozialen Realität erheblich verzerrt: Schwere Delikte wie Mord, Totschlag und andere Formen der Gewalt sind überrepräsentiert. Andererseits sind die Bürger diesen Medienberichten nicht „hilflos ausgeliefert. Ob Medieninhalte rezipiert werden und mit welchen Effekten, dürfte auch von dem Vertrauen in die Wahrhaftigkeit der Berichterstattung und dem Bedürfnis nach Lektüre derartiger Meldungen abhängen. Änderungen im Ausmaß der Kriminalitätsmeldungen können sich angesichts dessen auf das Furchtniveau auswirken, sie müssen es aber nicht" (Reuband 2009, 241). Außerdem: Art und Umfang der Medienberichterstattung allein könne nicht die Gesamtentwicklung der Kriminalitätsfurcht mit ihren Auf- und Abwärtsbewegungen erklären (Reuband 2009, 245).

Das ist jedoch den vorliegenden Daten zufolge für Deutschland nicht der Fall: Trotz der „Allgegenwärtigkeit von Bedrohungen der Sicherheit" (Groenemeyer 2010, 11) ist es **nicht zu einer höheren Kriminalitätsfurcht** gekommen. Im Gegenteil: Die vorliegenden empirischen Studien zeigen, „dass das Risiko, Opfer einer Straftat zu werden, im Vergleich zu anderen Sorgen und Ängsten, bei den Menschen offenbar nicht jenen hohen Stellenwert einnimmt, der vielfach durch die Berichterstattung in den Medien vermittelt wird. Zusätzlich ist festzustellen, dass die Kriminalitätsfurcht – wiederum entgegen einem medial vermittelten Vorurteil – nicht ständig wächst, sondern zumindest seit Mitte der 1990er Jahre in Deutschland (Ost und West) abnimmt" (Egg 2011, 132).[114]

Zu diesem Ergebnis kommt auch der *Datenreport 2011* (auf der Basis der SOEP-Daten 1994-2009): Im Vergleich zu Mitte der 1990er Jahre sei die Furcht vor Kriminalität und die Einschätzung, Opfer einer Straftat zu werden, zurückgegangen. Auch werde Kriminalität weniger als gesellschaftliches Problem wahrgenommen. Auch die früher beachtlichen Unterschiede zwischen Ost- und Westdeutschen seien deutlich geringer geworden. Gegenwärtig (2009) sorgten sich 33% der West- und 37% der Ostdeutschen über die Kriminalitätsentwicklung im eigenen Land. Das sei das niedrigste Niveau seit 1994; damals lag das Besorgnisniveau der Ostdeutschen bei 73% und der Westdeutschen bei 53% (2011, 297 f).

Im **europäischen Vergleich** ist die Kriminalitätsfurcht[115] in Westdeutschland etwas geringer, in Ostdeutschland etwas größer als der europäische Durchschnitt. Auch mit der öffentlichen Sicherheit, die der Staat durch die Kriminalitätsbekämpfung gewährleistet, ist die Mehrheit der Deutschen zufrieden. Die Arbeit der Polizei wird in Deutschland sogar wesentlich positiver bewertet als in den meisten EU-Mitgliedsstaaten (Datenreport 2011, 299 ff).

Auch die seit 1991 jährlich (zuletzt 2011) durchgeführten Umfragen der *R + V-Versicherung*[116] zu den „Ängsten der Deutschen" kommen zu positiven Aussagen. Nicht nur dazu, dass die Sorgen insgesamt zurückgegangen sind und die Deutschen so optimistisch sind wie seit zehn Jahren nicht mehr, sondern auch dazu, dass die Kriminalitätsfurcht im Vergleich zu anderen Ängsten eine eher untergeordnete Rolle spielt. Über die Jahre hinweg stehen bei den „Ängsten der Deutschen" soziale und wirtschaftliche Sorgen im Vordergrund während die Angst vor Straftaten relativ selten genannt wird - und seit 1991 in ihrer Bedeutung noch erheblich abgenommen

114 Was das Messen von Kriminalitätsfurcht angeht gibt *Egg* (2011, 130) zu bedenken: „Erkenntnistheoretisch betrachtet ist Kriminalitätsfurcht keine feste Variable, kein eindeutig definiertes Merkmal von Personen, sondern ein Konstrukt, das unterschiedliche Facetten aufweist und daher – je nach Definition und Erfassung – auch zu unterschiedlichen Ergebnissen führt und führen muss."

115 Gemessen mit der Standardfrage „Wie sicher fühlen Sie sich ..." s.o.

116 Befragt werden ca. 2.400 repräsentativ ausgewählte Bürger/innen ab 14 Jahren zu 16 Lebensrisiken mittels einer Skala von 1 (gar keine Angst) bis 7 (sehr große Angst).

hat. Unter 16 erfragten Ängsten lag 1991, im ersten Jahr dieser Umfrage, die Angst vor Straftaten auf dem zweiten Platz, 2011 nur mehr auf dem vorletzten Platz (Info. Center 2011).

Bestätigt wird der Rückgang der Kriminalitätsfurcht auch durch die Ergebnisse von bevölkerungsrepräsentativen Befragungen aus den Jahren 2004, 2006 und 2010 durch das *Kriminologische Forschungsinstitut Niedersachsen* (Baier e.a. 2011). Danach ist die personale (kognitiv/affektive) Kriminalitätsfurcht[117] Opfer von verschiedenen Übergriffen zu werden, mit einer Ausnahme – „dass ich geschlagen und verletzt werde", hier liegt der Wert für 2010 über dem von 2006, aber noch leicht unter dem von 2004 – zurückgegangen, zum Teil sogar deutlich. Der Rückgang ist bei Männern wie bei Frauen zu beobachten; Ost-West-Unterschiede sind nicht festzustellen. Auch das Vermeidungsverhalten (konative Kriminalitätsfurcht) hat sich positiv entwickelt: Mit einer Ausnahme – „Ich vermeide es, abends öffentliche Verkehrsmittel zu benutzen" – ist bei den anderen (sieben) Items das Vermeidungsverhalten seltener geworden (Baier e.a. 2011, 45 ff).

Zusammenfassend lässt sich feststellen, dass bislang die Befürchtungen hinsichtlich der Auswirkungen der zunehmenden sozialen Ungleichheit auf die Sicherheitslage und das Sicherheitsgefühl nicht eingetreten sind: Die polizeilich registrierte Kriminalität hat nicht zugenommen und es gibt keine Hinweise darauf, dass es im Dunkelfeld der nicht registrierten Kriminalität anders aussieht. Und auch das Sicherheitsgefühl hat sich nicht verschlechtert– im Gegenteil: Kriminalitätsfurcht und Viktimisierungsängste sind eher geringer geworden.[118]

3.2.4
Kriminalpolitik statt Sozialpolitik – Auf dem Weg in die Sicherheitsgesellschaft und den Präventionsstaat?

Die Befunde zum Rückgang der Kriminalitätsfurcht sind für die Diskussion darüber, ob sich Deutschland auf dem Weg in eine Sicherheitsgesellschaft befindet – oder sogar schon eine ist - von nicht unerheblicher Bedeutung. In diesem Zusammenhang

---

117 Die *kognitive Kriminalitätsfurcht* beinhaltet die Einschätzung, als wie wahrscheinlich es eine Person erachtet, innerhalb eines bestimmten Zeitraums Opfer verschiedener Straftaten zu werden; die *affektive Kriminalitätsfurcht* bezieht sich auf die Häufigkeit von Befürchtungen, diese Straftaten erleben zu müssen; die *konative Kriminalitätsfurcht* bzw. das Vermeidungsverhalten umfasst spezifische Verhaltensweisen, die unternommen werden können, um einer möglichen Viktimisierung zu entgehen (Baier e.a. 2011, 46),

118 *Groenemeyer* weist allerdings darauf hin, dass Bedrohungen durch Kriminalität nicht unbedingt als Angst wahrgenommen werden müssen, um Auswirkungen auf das Alltagsleben zu haben. „Vielmehr scheint es plausibel, davon auszugehen, dass die Möglichkeit, Opfer von Kriminalität zu werden, in das Routinehandeln im Alltagsleben integriert wird, ohne dass dabei Gefühle von Furcht relevant werden müssen." Diese Routinisierung von Sicherheit erkläre auch, warum „die Kriminalitätsfurchtstudien keineswegs einen linearen Anstieg von *fear of crime* messen, der doch eigentlich erwartet werden müsste, wenn man davon ausgeht, dass insgesamt Bedrohungsszenarien und die Thematisierung von Kriminalität ständig zugenommen haben. Die Allgegenwärtigkeit von Kriminalität und ihre Konstruktion als Bedrohung von Sicherheit sind allerdings nicht denkbar ohne ihre mediale Aufbereitung" (2010, 11).

vor allem wegen der Annahme, dass es sich „bei Kriminalitätsfurcht nicht um eine spezifische Reaktion auf Kriminalitätsrisiken handelt, sondern um eine Projektion sozialer, ökonomischer und existentieller Ängste, die aus gesellschaftlichen Transformationsprozessen gespeist werden. Kriminalität dient dabei als Metapher, um anders gelagerte Unsicherheitslagen artikulierbar zu machen“ (Hirtenlehner/Hummelsheim 2011, 178).[119]

Daraus folgt zum einen „die Überlegung, dass eine wohlfahrtsstaatliche Absicherung der verschiedenen sozialen Risiken helfen kann, dem Wachstum kriminalitätsassoziierter Unsicherheitsbefindlichkeiten Einhalt zu gebieten“ (Hirtenlehner/Hummelsheim 2011, 178). Zum andern folgt daraus die in der Fachdiskussion verbreitete „These eines Zusammenhangs zwischen ökonomisch und gesellschaftspolitisch bedingter Unsicherheit einerseits und ihrer politischen Bearbeitung als Kriminalitätsfurcht andererseits“ (Scherr 2010, 213). Also der Befürchtung, die auch durch den Abbau des Sozialstaats ausgelösten sozialen Ungleichheiten, Unsicherheiten und Ängste könnten in Richtung auf eine **Sicherheitsgesellschaft** „umgeleitet“ werden – mit der Entwicklung neuer Kontrollkulturen und –strukturen, in denen sowohl die staatliche Kontrolle abweichenden Verhaltens als auch die soziale Kontrolle im Alltag neue Formen annehmen - und Kriminalpolitik zum Ersatz für fehlende oder brüchig werdende Sozialleistungen wird (Groenemeyer 2010, 8,14).[120]

Vertreten wird diese These beispielweise von *Sack*, der im Anschluss an die von David Garland[121] für die USA vertretene These einer radikalen kriminalpolitischen Wende, der These vom ‚punitive turn',[122] fragt, ob diese Wende auch für Deutschland gilt: „Es gibt

119 *Hirtenlehner/Hummelsheim* konnten durch ihre Auswertung von Daten des European Social Survey 2006/2007 für 23 EU-Staaten zeigen, dass sich wohlfahrtsstaatliche Sicherungspolitik auf das kriminalitätsbezogene Sicherheitsbefinden auswirkt: Unabhängig von Bevölkerungsstruktur und Viktimisierungsbelastung werden in hoch entwickelten Sozialstaaten weniger kriminalitätsbezogene Sicherheitsbedenken geäußert (2011, 178).

120 Für die **Sicherheitsgesellschaft** sind nach *Groenemeyer* sechs Entwicklungslinien kennzeichnend: Allgegenwärtigkeit von Bedrohungen der Sicherheit – nicht denkbar ohne ihre mediale Aufbereitung; Politisierung und Entprofessionalisierung von Sicherheitspolitiken – „governing through crime“; Neufiguration öffentlicher Räume durch Privatisierung (private Sicherheitsdienste, gated communities) und Technisierung sozialer Kontrolle; grundlegender Wandel der Logik politischer und staatlicher Sicherheitsproduktion (statt Mechanismen der Integration und Pädagogisierung die Idee des Gesellschaftsschutzes mit dem Ansteigen exkludierender Maßnahmen); Entwicklung einer Kontrollkultur der gleichzeitigen Moralisierung und Entmoralisierung abweichenden Verhaltens (zunehmende Sensibilisierung gegenüber allen Formen, die als gewalttätig interpretiert werden können bei größerer Toleranz gegenüber anderen Formen abweichenden Verhaltens); Ablösung der Konstruktion der Sicherheitsbedrohungen von Kriminalität (Unsicherheiten, wie etwa die Bedrohung durch Islamismus und Terrorismus können nicht mehr nur unter dem Blickwinkel von Devianz und Kriminalität betrachtet werden) (2010, 11 ff).

121 David Garland (2001): The Culture of Control. Crime and Social Order in Contemporary Societies. Oxford; deutsche Fassung (2008): Kultur der Kontrolle. Verbrechensbekämpfung und soziale Ordnung in der Gegenwart. Frankfurt am Main.
Siehe zum „Irrweg“ der USA auch *Walter* 2011.

122 **Indikatoren des ‚punitive turn'** sind u.a.: Niedergang des Prinzips der Resozialisierung, dem Herzstück des wohlfahrtsstaatlichen Strafrechts, ‚Populismus' in der Kriminalpolitik, zunehmende Opferorientierung im Strafrecht, Renaissance des Gefängnisses, Ausbau der Kriminalprävention, Tendenzen der Privatisierung und

m.E. keinen Zweifel, dass die Kriminal- und Sicherheitspolitik in der Bundesrepublik einen deutlichen Schwenk und ‚turn' gemacht hat. Und dies nicht erst kürzlich, nicht auch erst seit ‚nine-eleven', wie manche Beobachter es haben wollen. Statt empirischer Belege im Einzelnen – auf die angestiegenen Gefangenenraten habe ich bereits hingewiesen[123] - möchte ich einige wenige kompetente Zeugen und einfache Beobachtungen zu Wort kommen lassen ... Sie reichen hin, um auch die Bundesrepublik im Sog der punitiven Wende zu verorten" (Sack 2010, 236, 238).

Auch *Singelnstein/Stolle* sehen – ebenfalls im Anschluss an die Arbeiten von David Garland – als Folge der tief greifenden ökonomischen, politischen und soziokulturellen Transformationsprozesse eine Ausweitung und Vorverlagerung der sozialen Kontrolle im Bestreben, „jede Form von Risiko auszumachen und auszuschalten". Das Ziel sei „die Herstellung von umfassender sozialer Ordnung .. Die Ermöglichung einer allgegenwärtigen Kontrolle der Gesellschaft durch ihre Mitglieder unter der Prämisse der Risikoverwaltung. Dieses tägliche Streben nach mehr Sicherheit ist nicht nur Aufgabenfeld staatlicher Institutionen, sondern begegnet uns zunehmend in staatlich-privater Aufteilung und Verschränkung sowie als Aufgabe aller Gesellschaftsmitglieder. Sicherheit wird somit zum Bestandteil alltäglicher Handlungsmodi, zu einem Regime des täglichen Lebens ... Angesichts dieser zentralen Bedeutung von Sicherheit scheint es uns angemessen, von der Herausbildung einer Sicherheitsgesellschaft zu sprechen, deren zentraler Mechanismus – die Verwaltung des empirisch Normalen - auf die umfassende Herstellung sozialer Ordnung als solcher gerichtet ist" (Singelnstein/Stolle 2012, 122 f).

Für *Groenemeyer* überwiegt zwar „die Vorstellung, dass wir seit einiger Zeit Zeugen grundlegender gesellschaftlicher Transformationen werden, in denen auf verschiedenen Ebenen der Konstruktion und Regulierung von Sicherheit und Unsicherheit ein zentraler Platz zukommt ... Neben die nach wie vor propagierte und über zentrale Institutionen abgesicherte normative Integration treten Systeme der Regulierung von Risiken und Situationen, die mit Mechanismen der Inklusion und Exklusion arbei-

---

Kommerzialisierung in diesem Bereich, bis hin zu theoretischen Tendenzen in der Kriminologie in Richtung Rational Choice-Positionen (Sack 2010, 231 f).

[123] Allerdings lässt sich dieser einzige „Beleg", den *Sack* anführt, empirisch nicht nachweisen: Zwar stieg die **Gefängnisbelegung** im Gefolge der Wiedervereinigung und der allgemeinen gesamtgesellschaftlichen Veränderungen, einschließlich Migrationsproblemen, auf eine Rate von nahezu 100 (pro 100.000 der Bevölkerung). Seit Ende der 1990er Jahre ist die Gesamtbelegung des Strafvollzugs allerdings stabil und seit 2005 erneut rückläufig. 2009 lag die Gefangenenrate für Gesamtdeutschland bei knapp 90, in den neuen Bundesländern bei 84,7 und in den alten Bundesländern bei 90,7. Erhebliche Unterschiede gibt es schon seit Jahren zwischen den Bundesländern: Die Gefangenenraten schwanken in den Flächenländern zwischen 52 in Schleswig-Holstein und 97 in Bayern bzw. 99 in Nordrhein-Westfalen (Dünkel 2010, 8 ff). „Angesichts der relativ vergleichbaren *Kriminalitätsbelastung* beispielsweise in Mecklenburg-Vorpommern im Vergleich mit Schleswig-Holstein, die ihrerseits bedeutend über denjenigen in Bayern oder Baden-Württemberg liegen, wird deutlich, dass *Gefangenenraten nicht Schicksal*, sondern in erster Linie *Ergebnis kriminalpolitischer Orientierungen und der justiziellen Entscheidungspraxis* sind" (Dünkel 2010, 11).

ten. Allerdings muss man derartige Analysen durchaus auch kritisch betrachten und danach fragen, ob es denn *die vorgelegten Analysen eines Transformationsprozesses tatsächlich rechtfertigen, von einem grundlegenden Epochenbruch und damit von einem neuen Etikett Sicherheitsgesellschaft zu sprechen.*[124] So ist anzumerken, dass bei vielen Diagnosen in diesem Kontext nicht immer klar genug herausgearbeitet wird, was denn das wirklich Neue an den konstatierten Entwicklungen ist ... Möglicherweise waren die Mechanismen der Exklusion und der Repression in früheren Zeiten sogar deutlich stärker als heute" (Groenemeyer 2010, 17).

Noch kritischer steht *Scherr* der Annahme eines Zusammenhangs zwischen ökonomisch und gesellschaftspolitisch bedingter Unsicherheit einerseits und ihrer politischen Bearbeitung als Kriminalitätsfurcht andererseits – „vom Sozialstaat zum Strafstaat" – für Deutschland gegenüber. Eine solche Tendenz der Verschiebung von einer sozialpolitischen zu einer kriminalpolitischen Bearbeitung von Unsicherheit, Armut und Ausgrenzung sei zwar für die USA inzwischen recht umfassend dokumentiert und analysiert, die Annahme einer analogen Entwicklung für die Bundesrepublik sei jedoch problematisch. Es gebe zwar durchaus ähnliche Tendenzen, aber auch erhebliche Unterschiede (2010, 213 ff):

- Ein Abbau sozialstaatlicher Leistungen habe zwar durchaus stattgefunden, aber keineswegs bis auf das US-amerikanische Niveau hinunter und auch nicht verbunden mit einer endemischen Kriminalität und einer weitreichenden Politik der Kriminalisierung von Armut.
- Kriminalpolitik sei zwar auch in der Bundesrepublik eine Form der Thematisierung und Bearbeitung gesellschaftlicher Ängste, aber zumindest gegenwärtig nicht die zentral bedeutsame. Vielmehr sei im politischen Diskurs inzwischen eher eine entdramatisierende Thematisierung gewöhnlicher Kriminalität zu beobachten. In der politischen Kommentierung der Kriminalitätsberichterstattung werde aktuell gerade nicht die Gefährdung durch wachsende Kriminalität behauptet, sondern Deutschland als „eines der sichersten Länder der Welt" dargestellt.
- „Staatlich politische Bedrohungsszenarien und Sicherheitsversprechen fokussieren stattdessen .. stärker die Bekämpfung der imaginierten Bedrohungen durch islamischen Terrorismus einerseits, die unerwünschte Einwanderung andererseits und entwickeln darauf bezogene Instrumente einer expansiven Sicherheitspolitik." Der Gefahrenabwehrdiskurs verschränke sich im Hinblick auf die nach Deutschland eingewanderten Muslime mit einem Verständnis von
- Integrationsmaßnahmen als Terrorismusprävention.
- Durch Arbeitslosigkeit, Armut, Prekarisierung und die Einschränkung sozialstaatlicher Leistungen bedingte soziale Ängste würden in der Bundesrepublik

[124] Kursiv von mir WS

politisch thematisiert und eigenständig artikuliert; eine Verschiebung der Wahrnehmung in Richtung auf wachsende Kriminalitätsfurcht sei nicht zu erkennen. Im Gegenteil deuteten die vorliegenden Befragungsdaten darauf hin, dass es zwar eine zunehmende Wahrnehmung sozialer Unsicherheit gibt, sich diese aber als solche sowie als Feindseligkeit gegen Einwanderer und Minderheiten artikuliere,[125] jedoch nicht primär oder gar exklusiv als Kriminalitätsfurcht.

Scherr wirft nicht nur dem politischen und medialen Diskurs , sondern auch dem wissenschaftlichen Diskurs vor, bei der Konstruktion von Bedrohungsszenarien einer „Logik des Verdachts“ zu folgen und damit zur Legitimitätsbeschaffung punitiver Strategien beizutragen. So setze etwa der bekannte Topos, dass Sozialpolitik die beste Kriminalpolitik sei, die Annahme einer Verknüpfung von sozialer Lage und Kriminalität voraus; dann liege es geradezu nahe, den Ausbau sicherheitsstaatlicher Instrumente als eine notwendige Ergänzung des neoliberal als erforderlich erachteten Abbaus des Sozialstaats zu begreifen: „Sozialätiologisch ausgerichtete Kriminalitätstheorien, die darauf zielen, Sozialpolitik als kriminalpräventive Politik einzufordern, müssen entsprechend damit rechnen, dass sie unter neoliberalen Vorzeichen als Legitimationstheorien für Kontroll- und Sanktionskonzepte interpretiert werden“ (2010, 222).[126]

Es ist *Scherr* zuzustimmen, dass sich soziale Ungleichheit und Ausgrenzung, soziale Desintegrationsprozesse und Unsicherheiten keineswegs direkt in zunehmende Kriminalisierung, Kriminalität, Kriminalitätsfurcht und Punitivität transformieren, sondern dass es dazu eines eigenständigen politischen und medialen Diskurses bedarf. „Dass in der politischen Kommunikation wiederkehrend versucht wird, einen solchen Dis-

---

125 Siehe dazu auch *Heitmeyer* 2012.
In der *Befragung der R+V Versicherung* zu den „Ängsten der Deutschen“ liegt unter 16 Ängsten die „Angst vor Terrorismus“ auf dem 5., die „Angst vor Spannungen durch den Zuzug von Ausländern“ auf dem 8. und die „Angst vor Straftaten“ auf dem vorletzten Platz. Zu Beginn der 1990er Jahre, als die Zahlen der Asylbewerber einen Höhepunkt erreichten, Asylbewerberheime und Asylbewerber tätlich angegriffen wurden und das Asylrecht (1993) massiv eingeschränkt wurde, lag die „Angst vor Spannungen durch den Zuzug von Ausländern“ auf dem 1. (1991), dem 3. (1992) und dem 5. (1993) Platz; in den Jahren 1997 bis 2000 findet sich diese Angst noch unter den ersten sieben Plätzen (Info.Center 2011).
Einstellungen zu Ausländer diskriminierenden Forderungen werden seit 1980 auch in der *Allgemeinen Bevölkerungsumfrage der Sozialwissenschaften* (ALLBUS) erfasst. Den Ergebnissen „sind zwar keine Hinweise auf ein generell ausländerfeindliches Meinungsklima in Deutschland zu entnehmen, denn die Zustimmungsquoten zu den diskriminierenden Forderungen sind nicht allzu hoch und es ist auch keine Tendenz hin zu einer größeren Befürwortung solcher Forderungen zu erkennen. Gleichzeitig wird der Ruf der Deutschen nach mehr Assimilationsbereitschaft der hier lebenden Ausländer jedoch unverkennbar lauter – wenn auch 2010 nicht mehr in dem Maße wie 2006“ (Datenreport 2011, 200 ff; die entsprechende Forderung lautet „Die in Deutschland lebenden Ausländer sollten ihren Lebensstil ein bisschen besser an die Deutschen anpassen“).

126 Auch aus diesem Grunde folgen alle bisherigen und auch dieses Gutachten zu den Schwerpunktthemen der Deutschen Präventionstage einem engen Verständnis von Kriminalprävention. Als „kriminalpräventiv“ werden nur die selektiv und indiziert ausgerichteten Konzepte und Maßnahmen verstanden, nicht jedoch solche der universellen bzw. sozialen oder auch primären Prävention (Steffen 2011 a, 102 f; siehe dazu auch Arbeitsstelle 2007; Lüders 2011; Holthusen/Hoops 2011,). Dass auch **Prävention auf der Logik des Verdachts basiert**, was der Unschuldsvermutung widerspricht und aus pädagogischer Perspektive defizit- und nicht ressourcenorientiert ist, darauf weisen explizit Holthusen e.a. 2011, 24 hin.

kurs zu inszenieren, ist soziologisch erklärbar. Verwunderlich wäre es eher, wenn politisch darauf verzichtet würde, mit der Beschwörung der durch Kriminalität und Terrorismus drohenden Gefahren eine Realitätswahrnehmung herbeizuführen, die es ihr erlaubt, sich als notwendiger und mächtiger Akteur zu inszenieren“ (Scherr 2010, 223).

Bislang ist der politische Diskurs[127] dabei zurückhaltender als der mediale[128] gewesen - und auch als mancher wissenschaftliche Diskurs.[129] Auch deshalb ist es bislang nicht zu der Verschiebung von einer sozialpolitischen zu einer kriminalpolitischen Bearbeitung von Unsicherheit, Armut und Ausgrenzung gekommen, zur Herausbildung einer Sicherheitsgesellschaft, in der die Idee des Gesellschaftsschutzes mit der Zunahme exkludierender Maßnahmen einhergeht. Zumindest nicht in dem Ausmaß, wie es für den „punitive turn“ in den USA und auch England belegt ist: Die (erfragte) Kriminalitätsfurcht wird eher geringer (s.o.) und die Indikatoren für einen „punitive turn“, die Gefangenenraten (s.o.), die Straf-Lust der Strafjustiz[130] oder das Strafverlangen der Bürger[131] nehmen in den letzten Jahren nicht zu.

Auf einem anderen Weg ist Deutschland allerdings und das schon seit etlichen Jahren: Auf dem Weg in den **Präventionsstaat**. Auf diesen Weg bezieht sich auch

---

127 Als Beispiel für einen solchen – dann nicht erfolgreichen – Versuch, durch die Thematisierung einer vermeintlich hoch problematischen Kriminalität ausländischer Jugendlicher Wählerstimmen zu gewinnen, gilt der hessische Landtagswahlkampf 2007 (Scherr 2010, 221).

128 Siehe dazu m.w.N. Steffen 2008, 233 f; Kersten 2009.

129 Siehe dazu etwa Heitmeyer 2012 und die Interviews mit Heitmeyer in ZEIT ONLINE vom 12.12. 2011 (www.zeit.de/politik/deutschland/2011-12/studie-deutschland-vorurteile/komplettansicht; Abfragedatum: 17.12.2011) und in taz.de vom 28.02.2012 (www.taz.de/Konfliktforscher-Wilhelm-Heitmeyer/!88520/; Abfragedatum: 29.02.2012) oder auch Sack 2010 und Gössner 2010.

130 *Heinz* kommt bei seiner sorgfältigen und umfassenden Analyse von Daten der Strafrechtspflege (bis 2008) zu diesen Ergebnissen: Die „These von der ‚neuen Lust am Strafen' (kann) für die deutsche Sanktionierungspraxis aufgrund der Aggregatdaten der Strafrechtspflegestatistiken empirisch nicht bestätigt werden .. Nach den vorliegenden Daten handelt es sich bei der These von zunehmender Punitivität der deutschen Sanktionierungspraxis um einen zwar dem Zeitgeist entsprechenden, empirisch aber nicht hinreichend belegten Mythos. Richtig ist, dass es eine auf bestimmte, in quantitativer Hinsicht insgesamt sehr kleine Straftäter- und Deliktsgruppe beschränkte Tendenz zu mehr Punitivität gibt, die freilich sogar wieder rückläufig zu sein scheint. Es handelt sich einerseits um die Gruppe der als besonders ‚gefährlich' eingestuften Täter sowie um Täter der Gewaltkriminalität. Für die weit überwiegende Mehrheit der informell oder formell Sanktionierten lassen sich jedoch keine wesentlichen Änderungen feststellen.“ Dass die deutsche Justiz dem punitiven Trend weitestgehend nicht erlegen sei, liege am Rechtssystem selbst: „Wo Richter und Staatsanwälte gewählt werden, wo der Einfluss der Laienrichter groß ist, ist der Einfluss der öffentlichen Meinung größer als in einem System mit professionellen, verbeamteten unabhängigen Entscheidungsträgern ...“ (2011, 27).

131 *Reuband* kommt bei seiner Bestandsaufnahme bundesweiter Umfragen zur Frage steigender Punitivität in der Bevölkerung insgesamt zu der Aussage: „Zusammengenommen sprechen die empirischen Befunde bislang gegen einen punitiven Trend“. Nach wie vor werde in der Erziehung und Resozialisierung eine wichtige Funktion der Strafe gesehen. Trotz der Vorstellung, es würde nicht hart genug mit Kriminellen umgegangen, gibt es keine Verschiebungen zu einem Plädoyer für härteres Durchgreifen. Im Gegenteil: die Forderung, man brauche strengere Gesetze, hat unter den Bundesbürgern in der Zeit zwischen 1998 und 2006 an Popularität verloren. Bei der Einstellung zur Todesstrafe hat sich das Ausmaß der Befürwortung im Laufe der Jahre erheblich reduziert, inzwischen überwiegen die Gegner (2010, 143 ff).

die Aussage, Kriminalprävention sei zum herrschenden Paradigma unserer Zeit und der Kriminalpolitik geworden: Auf die Prävention durch Repression. Dieser Aspekt erfreut sich in Deutschland traditioneller Wertschätzung: Zahlreiche neue Straftatbestände, reduzierte Strafbarkeitsvoraussetzungen, erhöhte Strafrahmen, repressiv orientierte Regelungen in den Gefahrenabwehr- und Polizeirechten der Länder (Steffen 2006, 1150). [132]

Um dem Sicherheitsdenken im Präventionsstaat gerecht zu werden, scheint es nicht mehr auszureichen, wenn Polizei und die anderen Instanzen der Strafverfolgung nur eine verlässliche Grundsicherung vor kriminellen Gefahren gewährleisten. Inzwischen ist es zur öffentlichen Aufgabe geworden, schon Bedrohungen wahrzunehmen und zu beschwichtigen, bereits die Kriminalitätsfurcht zu besänftigen und das Sicherheitsgefühl zu stärken – und nicht mehr nur Kriminalität zu verhindern bzw. zu verfolgen. Damit besteht die Gefahr der Herausbildung eines Präventionsstaates: Eines Staates, der seine Bürger, um Sicherheitsrisiken zu minimieren, (massiven) Misstrauens- und Überwachungsmaßnahmen aussetzt, die auf keinem konkreten Verdacht beruhen. In einem solchen Präventionsstaat ist jeder Bürger nicht nur potenziell gefährlich – und muss sich entsprechende Überprüfungen gefallen lassen, durch die dann festgestellt wird, dass er doch nicht gefährlich ist -, sondern auch gefährdet – und damit Ziel und Objekt der Gefahrenvorsorge durch prinzipiell unbegrenzte und unbestimmte Präventionsmaßnahmen. Eine solche Entwicklung ist aber weder im Sinne des Rechtsstaates[133] noch im Sinne einer Reduzierung von Kriminalitätsfurcht und

[132] „Der Staat baut sein Sicherheitssystem nunmehr vor allem jenseits des Strafrechts aus ... Es geht .. darum, ein Frühwarnsystem zu errichten, um Risiken krimineller und terroristischer Art schon im Vorfeld ihrer Realisierung zu erkennen und zu bekämpfen. Dabei werden, und das ist der Preis dieses Frühwarnsystems, Mittel und Methoden angewendet, die im Strafrecht nur gegen Verdächtige möglich waren: Abhören, Belauschen, Durchsuchen ... Die Erfassungsnetze werden dichter, die beobachtungsfreien Zonen kleiner. Aus dem freiheitlichen Rechtsstaat wird ein fürsorglicher Präventionsstaat, der seine Bürger nicht mehr als unverdächtig, sondern als potentiell verdächtig, als ‚noch' nicht verdächtig betrachtet. Jeder Einzelne gilt als Risikofaktor, jeder muss es sich daher gefallen lassen, dass er, ohne einen konkreten Anlass dafür geliefert zu haben, ‚zur Sicherheit' überwacht wird ... Der Präventionsstaat muss, das liegt in seiner Logik, dem Bürger immer mehr Freiheit nehmen, um ihm dafür Sicherheit zu geben; das trägt den Zug zur Maßlosigkeit in sich, weil es nie genug Sicherheit gibt" (Prantl 2007). *Heribert Prantl* ist einer der prominentesten Warner vor dem Umbau des Rechtstaats in einen Präventionsstaat, immer wieder und mit großem – journalistischen – Nachdruck und Engagement. Siehe dazu beispielsweise seinen Artikel in der Süddeutschen Zeitung vom 21.04.2007 „Der große Rüssel" (http://www.sueddeutsche.de/politik/vom-umbau-des-rechtsstaats-in-einen-praeventionsstaat-der-grosse-ruessel-1.884547; Abrufdatum: 29.02.12).

[133] Eine „Politik, die auf Risiken fokussiert und vom Abwehr- zum Präventionsparadigma übergeht, erfordert neue politische und rechtliche Rahmenbedingungen, mit denen traditionelle Rechte außer Kraft gesetzt werden. Innenpolitische Rechte sind zunächst als Freiheits- und Abwehrrechte gegenüber dem Staat konzipiert. Mit dem Übergang zum Präventionsparadigma ... werden diese Grundrechte jedoch zur Rechtfertigung für das vorbeugende und vorsorgliche Eingreifen auch in bürgerliche Freiheitsrechte. Damit werden Grundfreiheiten und Abwehrrechte gegenüber dem Staat in primäre Schutzpflichten des Staates und damit in Eingriffsermächtigungen umgedeutet" (Daase 2010, 15). Es gilt, „die feine, beinahe unsichtbare Grenze zu erkennen, an welcher der Rechtsstaat in den Präventionsstaat übergeht. Beide gehorchen den Regeln jeweils spezifischer Funktionslogiken, jener denen der Freiheit und der Autonomie, dieser denen der Sicherheitsmaximierung und der instrumentellen Effizienz. Es geht allerdings nicht um ein schroffes Entweder-Oder, sondern ... die Aufgabe (besteht) darin, die ideale Kombination der beiden Zielsetzungen in der Weise zu finden, dass das maximale Maß an Freiheit durch eine optimale Gewährleistung von Si-

Stärkung des Sicherheitsgefühls. Eher im Gegenteil: Wenn überall der Kriminalität vorgebeugt werden muss – selbst einer vermeintlichen Bedrohung -, dann kann das für den Einzelnen eben auch bedeuten, dass er überall mit Kriminalität rechnen muss und Nirgends vor Niemandem mehr sicher ist (Steffen 2006, 1150).

3.2.5
Folgerungen für die Kriminalprävention

„Der Deutsche Präventionstag appelliert an die Verantwortlichen in der Politik und in den Medien sowie in zivilgesellschaftlichen Gruppierungen auf kommunaler, Landes- und Bundesebene:

- *Den Beitrag der Kriminalprävention zu sozialer Teilhabe, Integration und Solidarität wahrzunehmen, zu würdigen und diesen bewährten Weg der Verdeutlichung gesellschaftlich verbindlicher Normen und Werte zu unterstützen und auszubauen."*
  (Hannoveraner Erklärung des 14. Deutschen Präventionstages 2009)

Dieses Zitat aus der Hannoveraner Erklärung des 14. Deutschen Präventionstages 2009 kann auch 2012 für die Folgerungen stehen, die sich aus den Befunden zur Kriminalität wie zur Kriminalitätsfurcht für die Kriminalprävention ergeben.

Denn in Deutschland hat die Kriminalprävention einen nicht unerheblichen Anteil daran, dass es hier bislang nicht zum „punitive turn" und zur Herausbildung einer Sicherheitsgesellschaft nach amerikanischem „Vorbild" gekommen ist. Nicht nur wird nach wie vor in der Erziehung und Resozialisierung eine wichtige Funktion der Strafe gesehen,[134] ist die Politik innerer Sicherheit also im Grundsatz bei den Mechanismen der Integration und Pädagogisierung des Sozial- und Wohlfahrtsstaates geblieben, um Bedrohungen von Sicherheit und Ordnung zu begegnen,[135] sondern der Prävention wird auch der Vorrang vor der Repression gegeben – und das keineswegs nur bei der oben genannten „Prävention durch Repression".[136]

Einmal abgesehen davon, ob die Kriminalprävention nicht nur auf dem Papier, sondern auch in der praktischen Umsetzung tatsächlich diese Bedeutung hat – und nicht

cherheit erhalten wird" (Denninger 2002, 23).

134 So die Ergebnisse der Bestandsaufnahme bundesweiter Umfragen zur Frage steigender Punitivität durch *Reuband* 2010 (s.o., Fn 131).

135 Zu diesen Mechanismen und dem von ihm angenommenen „grundlegenden Wandel der Logik politischer und staatlicher Sicherheitsproduktion" mit der Idee des Gesellschaftsschutzes und dem Ansteigen exkludierender Maßnahmen anstelle der Reintegration und Resozialisierung von Tätern *Groenemeyer* 2010, 14.

136 Der hohe Stellenwert der Kriminalprävention ergibt sich auch aus der Erkenntnis, dass es sinnvoller ist, Straftaten gar nicht erst entstehen zu lassen, als sie später mit mehr oder minder großem Aufwand verfolgen zu müssen. Außerdem kann auch eine noch so erfolgreiche Strafverfolgung die entstandenen materiellen und immateriellen Schäden nicht wieder gut machen. Im Vergleich zur Repression ist Prävention folglich inhaltlich vorrangig und zeitlich vorgängig (Leitlinien Polizeiliche Kriminalprävention 1998).

doch die Repression zumindest bei den Instanzen der strafrechtlichen Sozialkontrolle, Polizei und Justiz, in der Alltagsarbeit dominiert,[137] gibt es auch **riskante Aspekte der Prävention**[138], riskant auch in der Hinsicht, dass sie die Herausbildung des Präventionsstaates befördern können:

- Prävention baut auf der Annahme auf, zukünftige Gefährdungen erkennen und ihnen durch Handeln in der Gegenwart zuvorkommen zu können. Zukunft ist aber kontingent, die Wissensbasis mithin ungesichert - und Prävention in dieser Hinsicht **Handeln auf Verdacht**. Mit der Gefahr, der Gegenwart Fesseln anzulegen aus der Befürchtung heraus, dass sich die Dinge maximal negativ entwickeln (Ohder 2010, 16 f).
- Prävention neigt zu **Entgrenzung und Vorverlagerung** des präventiven Tuns: Im Fall eines Scheiterns kam Prävention eben zu spät, man hätte frühzeitiger und ggf. intensiver handeln müssen (Holthusen e.a. 2011, 23).
- Nicht nur repressive Maßnahmen, auch präventive Maßnahmen sind stets **Intervention**, können stigmatisierend wirken und bedürfen deshalb bestimmter Voraussetzungen sowie einer Prüfung hinsichtlich negativer Nebenwirkungen und Folgen (Ohder 2010, 17).
- Wenn ganz normale Projekte, etwa solche der Jugendarbeit, mit dem Ziel „Kriminalprävention“ durchgeführt werden – auch deshalb, um sie finanziert zu bekommen -, dann können nicht nur zivile Sachverhalte in kriminalitätsbezogene Sachverhalte umgedeutet und eine ganze Generation, nämlich die der Heranwachsenden, als (potentiell) „kriminell“ oder „gewalttätig“ stigmatisiert werden (Steffen 2006),[139] sondern dann kann es auch zur oben diskutierten Kriminalisierung der Sozialpolitik kommen, zur kriminalpolitischen Bearbeitung sozialpolitischer Probleme.
- Prävention basiert auf der **Logik des Verdachts** – dies widerspricht der Unschuldsvermutung und ist aus pädagogischer Perspektive defizit- und nicht ressourcenorientiert. Außerdem besteht mit dieser Verdachtslogik wieder das erhebliche Risiko, Personen zu stigmatisieren (Holthusen e.a. 2011, 24).
- Prävention hat dort ihren Platz, wo etwas verhindert werden soll, das ohne entsprechende Maßnahmen mit einiger Wahrscheinlichkeit eintreten würde und mit einem erheblichen Schaden verbunden wäre. Gegenüber Prävention ist Skepsis am Platz, wo es um **Prozesse und Entwicklungen geht, die es zu gestalten gilt,**

---

[137] Belege dafür finden sich bei Steffen 2006.

[138] Diese riskanten Aspekte gibt es schon für die Prävention – und allemal für die Kriminalprävention.

[139] Gutes Beispiel dafür sind die inzwischen zahlreichen Projekte und Programme mit dem Ziel der Förderung von Lebens- und Verhaltenskompetenz, mit denen ganze Schulklassen „zwangsbeglückt“ werden - womit sie dann völlig unabhängig von ihrem tatsächlichen Verhalten unter den Verdacht gestellt werden, sie seien kriminalitäts- und gewaltgeneigt. Aktuelles Beispiel dafür: Das Programm „fairplayer.manual/ fairplayer.sport“ zur Förderung soziomoralischer Kompetenzen und zur Prävention von Gewalt und Mobbing/Bullying unter Kindern und Jugendlichen (forum kriminalprävention 1/2012, 4).

wo nicht unterlassene Verhinderung, sondern unzureichende Förderung zu einem nachteiligen Ergebnis führen könnte (Ohder 2010). Durch die Verwendung des Präventionsbegriffs wird den betroffenen Personen per se eine mögliche negative Entwicklung unterstellt. Besser wären die Bezeichnungen „Förderung" oder „Hilfe", insbesondere dann, wenn diese Konzepte – entsprechend der Tendenz zur Vorverlagerung – sehr früh eingesetzt werden (Holthusen e.a. 2011, 23).

„Prävention stellt ein höchst voraussetzungsvolles und ambivalentes Unternehmen dar" (Holthusen e.a. 2011, 25) – und Kriminalprävention allemal. Wenn Kriminalprävention nicht zur (weiteren) Herausbildung eines Präventionsstaates beitragen soll, sondern zum Abbau sozialer Unsicherheit und zu mehr sozialer Teilhabe, Integration und Solidarität, also zu mehr Inklusion und weniger Exklusion, dann muss auf jedem Fall dem Trend zur Entgrenzung und Vorverlagerung des präventiven Tuns „vorgebeugt" und Kriminalprävention eng verstanden werden:

Es sollten nur die Strategien, Programme, Maßnahmen bzw. Projekte als kriminalpräventiv verstanden werden, die direkt oder indirekt die Verhinderung bzw. Verminderung von Kriminalität zu Ziel haben und von denen erwartet werden darf, dass sie in einem begründbaren und nachvollziehbaren Zusammenhang darauf gerichtet sind, Kriminalität zu verhindern bzw. zu vermindern – entweder auf der Basis überzeugender empirischer Belege oder an Hand von plausiblen theoretischen Annahmen (Steffen 2011 a, 102).[140]

Außerdem sollten möglichst keine standardisierten Programme ohne Prüfung auf ihre Notwendigkeit und Eignung übernommen werden.[141] Vielmehr sollten die kriminalpräventiven Programme, Projekte und Maßnahmen die lokalen, sozialen und kulturellen Bedingungen und Kontexte von Kriminalität in Betracht ziehen, auf einer sorgfältigen Problem- und Ursachenanalyse vor Ort beruhen[142] und natürlich auf ihre Wirksamkeit hin evaluiert werden

140 Diesem engen Verständnis von Kriminalprävention sind auch alle bisherigen Gutachten zu den Schwerpunkthemen der Deutschen Präventionstage gefolgt. Siehe dazu auch Steffen 2008 und Arbeitsstelle 2007.

141 Auch *Holthusen* und *Hoops* kritisieren den Trend zur Übernahme von standardisierten Programmen ebenso wie den zur Vorverlagerung und Entgrenzung präventiven Tuns (2011, 14).

142 Die Forderung nach einem „lokalen Ansatz" der Kriminalprävention entspricht der Forderung, die an die soziale Prävention gestellt wurde: Nämlich die regionalen Disparitäten zu berücksichtigen und die präventiven Programme und Maßnahmen „maßgeschneidert" auf den Ort vor Ort umzusetzen (s.o. Kapitel 2.2.6). Die **Kommunale Kriminalprävention** ist die wohl prominenteste, wenn auch nicht unumstrittene Möglichkeit, den Gedanken der gesamtgesellschaftlichen Kriminalprävention auf örtlicher Ebene umzusetzen (siehe dazu etwa Steffen 2004; Schreiber 2011). Ein Beispiel dafür, wie Kriminalprävention in der Kommune zielgenau und wirksam gesteuert werden kann, ist das Konzept „Communities that Care – CTC": „Weniger ein Programm als vielmehr eine ausgearbeitete Rahmenstrategie, um auf der kommunalen Ebene eine wirksame Verhinderung von Kriminalität, Gewalt, Sucht, Schulversagen und anderen Verhaltensproblemen bei Kindern und Jugendlichen entlang des Ansatzes der entwicklungsorientierten Prävention zu organisieren" (Landespräventionsrat Niedersachsen 2011).

Wenn Kriminalprävention so verstanden und eingesetzt wird, dann kann sie vor allem wegen der im Folgenden aufgeführten Eigenschaften und Strukturmerkmale, die den jeweiligen Maßnahmen und Programmen zugrunde liegen, ihren Beitrag zum Abbau sozialer Unsicherheit und Exklusion leisten und zur Förderung von sozialer Teilhabe, Integration und Solidarität:[143]

- Kriminalprävention ist eine **gesamtgesellschaftliche Aufgabe** für die alle Politikbereiche, andere staatliche und nichtstaatliche Stellen, die Wirtschaft, die Medien sowie die Bevölkerung selbst Verantwortung tragen und ihre spezifischen Beiträge hierzu leisten müssen. Dies erfordert zwingend übergreifende Gesamtkonzepte auf den jeweiligen Ebenen der Präventionsarbeit (Bund, Länder, Kommunen, Stadtviertel), also Kooperation, Zusammenarbeit, Abstimmung, Solidarität.
- Kriminalprävention ist ein **intermediäres System**, das bei verschiedenen Handlungsbereichen verortet ist und folglich auch mit verschiedenen Mechanismen „arbeitet" (etwa mit pädagogischen Vorgehensweisen, die Lerneffekte erreichen wollen oder mit polizeilichen, auf Brennpunkte und Tatgelegenheiten gerichteten Maßnahmen), das aber, wenn es erfolgreich sein will, abgestimmt vorgehen, Netzwerke errichten, die Vielfalt der modernen Gesellschaft koordinieren muss – also auf Integration und Partizipation nicht nur angewiesen ist, sondern diese auch schafft.
- Wie oben ausgeführt, ist Prävention gegenüber der Repression inhaltlich vorrangig und zeitlich vorgängig. Systemisch ist sie <u>vor</u> dem Strafrechtssystem verortet: Kriminalprävention leistet einen Beitrag zur Anerkennung von Regeln, Werten und Normen, <u>bevor</u> diese gebrochen werden – und das hat nicht zu unterschätzende Effekte auf die Integration unserer Gesellschaft und ihren solidarischen Zusammenhalt.
- Strafen, Maßnahmen der **Kriminalrepression** dagegen, wirken grundsätzlich ausschließend, auch wenn natürlich ihre jeweilige desintegrierende Wirkung von ihrer Intention und Gestaltung abhängt. So bedeutet etwa die kriminalpolitische Strategie in den USA - „three strikes and you are out" - ohne Zweifel Exklusion. Und auch der Strafvollzug, das Ein- und Wegsperren ist eine maximale Form der Exklusion ganz unabhängig davon, welche – etwa resozialisierende - Wirkung diese Exklusion hat.
- Kriminalprävention **verdeutlicht die gesellschaftlich verbindlichen Normen und Werte** und trägt dadurch zu deren Geltung bei. Dadurch wieder zu Verhaltenssicherheit, insbesondere zu Rechtssicherheit und zur „Würdigung" und Anerkennung des Rechtssystem.
- Kriminalprävention zielt darauf ab, persönliche und soziale Defizite als mögliche Kriminalitätsursachen zu beseitigen bzw. Schutzfaktoren aufzubauen und **sig-**

[143] So schon das Gutachten für den 14. Deutschen Präventionstag, siehe dazu Steffen 2011 a, 104 ff.

nalisiert damit gefährdeten Personen, aber auch solchen, die bereits Täter oder Opfer geworden sind, dass sich **die Gesellschaft um sie kümmert**, dass sie nicht aufgegeben, nicht ausgeschlossen werden, sondern dass sie dazu gehören, integriert und inkludiert sind bzw. dass alles getan wird, um dies zu erreichen

- Diese Ziele werden auch dadurch erreicht, dass Kriminalprävention überwiegend mit **pädagogischen Strategien** arbeitet und damit signalisiert, dass (Gewalt-) Kriminalität (insbesondere im Kindes- und Jugendalter) vorrangig durch Erziehung, Lernen und Kompetenzerwerb bewältigt werden kann. Diese erzieherische – inkludierende - Grundhaltung der Kriminalprävention hat dazu beigetragen, dass (Gewalt-)Kriminalität in unserer Gesellschaft bislang keine dramatische Verschärfung erfahren hat.
- Kriminalprävention zielt darauf ab, Tatgelegenheiten zu verringern und das Entdeckungsrisiko zu erhöhen und **sichert** damit für alle, auch und gerade für die nicht am Kriminalitätsgeschehen Beteiligten, den **öffentlichen Raum**, beseitigt Unsicherheit, verbessert das **Sicherheitsgefühl** und schafft damit Voraussetzungen für Integration und Solidarität.
- Wenn Kriminalprävention in diesem Sinne auf Inklusion, soziale Teilhabe und Partizipation gerichtet ist, den öffentlichen Raum sichert und das Sicherheitsgefühl verbessert, dann ist sie soziales Kapital und schafft **soziales Kapital**: Eine Atmosphäre der Solidarität, der Zugehörigkeit und des gegenseitigen Vertrauens, der Verlässlichkeit der gemeinsam geteilten Regeln, Normen und Werte und nicht zuletzt des Vertrauens in die Institutionen des Staates.

Literatur

Albrecht, Hans-Jörg (2011): Neue Bedrohungen? Wandel von Sicherheit und Sicherheitserwartungen. In: Zoche e.a. (Hrsg.), S. 111-129.

Albrecht, Peter-Alexis (2010): Der Weg in die Sicherheitsgesellschaft. Auf der Suche nach staatskritischen Absolutheitsregeln. Berlin.

Arbeitsstelle Kinder- und Jugendkriminalitätsprävention (Hrsg.)(2007): Strategien der Gewaltprävention im Kindes- und Jugendalter. Eine Zwischenbilanz in sechs Handlungsfeldern. München.

Armutsbericht (2008): Lebenslagen in Deutschland – Dritter Armuts- und Reichtumsbericht. Deutscher Bundestag. Drucksache 16/9915 vom 30.06.2008.

Autorengruppe Bildungsberichterstattung (2010): Bildung in Deutschland 2010. Bielefeld.

Baier, Dirk e.a. (2011): Kriminalitätsfurcht, Strafbedürfnisse und wahrgenommene Kriminalitätsentwicklung. Ergebnisse von bevölkerungsrepräsentativen Befragungen aus den Jahren 2004, 2006 und 2010. KFN Forschungsbericht Nr. 117. Hannover.

Baier, Dirk e.a. (2009): Jugendliche in Deutschland als Opfer und Täter von Gewalt. Erster Forschungsbericht zum gemeinsamen Forschungsprojekt des Bundesministeriums des Innern und des KFN. KFN Forschungsbericht Nr. 100. Hannover.

Berger, Peter L./Luckmann, Thomas (1969): Die gesellschaftliche Konstruktion der Wirklichkeit. Frankfurt am Main.

BertelsmannStiftung (Hrsg.)(2011): Deutscher Lernatlas. Ergebnisbericht 2011.

BertelsmannStiftung (2010): Soziale Gerechtigkeit in der OECD – Wo steht Deutschland? Sustainable Governance Indicators 2011. Gütersloh.

BaSiD: Barometer Sicherheit in Deutschland. (http://basid.mpicc.de/basid/de/pub/basid_home.htm Abrufdatum: 06.11.2011)

Berlin-Institut für Bevölkerung und Entwicklung (2009): Ungenutzte Potenziale. Zur Lage der Integration in Deutschland. Berlin.

Bertram, Hans/Kohl, Steffen/Rösler, Wiebke (2011): Zur Lage der Kinder in Deutschland 2011/2012: Starke Eltern – starke Kinder. Kindliches Wohlbefinden und gesellschaftliche Teilhabe. Deutsches Komitee für UNICEF.

BMAS – Bundesministerium für Arbeit und Soziales (Hrsg.)(2011): Soziale Sicherung im Überblick. Bonn.

Dass. (Hrsg.)(2009): Sozialbericht 2009. Bonn.

BMBF – Bundesministerium für Bildung und Forschung (2012): Forschung für die zivile Sicherheit 2012-2017. Rahmenprogramm der Bundesregierung (www.bmbf.de)

BMFSFJ – Bundesministerium für Familie, Senioren, Frauen und Jugend (Hrsg.)(2011): Zeit, das Richtige zu tun. Berlin.

Dass. (Hrsg.)(2010): Hauptbericht des Freiwilligensurveys 2009. Berlin.

Dass. (Hrsg.)(2009 a): Wissenschaftliche Bestandsaufnahme der Forschung zu „Wohlbefinden von Eltern und Kindern". Berlin.

Dass. (Hrsg.)(2009 b): Bericht zur Lage und zu den Perspektiven des bürgerschaftlichen Engagements in Deutschland. Berlin.

Bonß, Wolfgang (2011): (Un-)Sicherheit in der Moderne. In: Zoche e.a. (Hrsg.), S. 43-69.

Bundesamt für Bevölkerungsschutz und Katastrophenhilfe (2010): Bevölkerungsschutz hat viele Gesichter. Jahresbericht des Bundesamtes für Bevölkerungsschutz und Katastrophenhilfe.

Butterwege, Christoph (2005): Krise und Zukunft des Sozialstaates. Wiesbaden.

Chassé, Karl August (2010): Kinderarmut in Deutschland. APuZ 51-52/2010, S. 16-29.

Daase, Christopher (2011): Der Wandel der Sicherheitskultur – Ursachen und Folgen des erweiterten Sicherheitsbegriffs. In: Zoche e.a. (Hrsg.), S. 139-158.

Ders. (2010 a): Wandel der Sicherheitskultur. APuZ 50/2010, S. 9-16.

Ders. (2010 b): Der erweiterte Sicherheitsbegriff. Projekt Sicherheitskultur im Wandel. Working Paper 1/2010. S. 1-23.

Datenreport 2011. Ein Sozialbericht für die Bundesrepublik Deutschland. Bundeszentrale für politische Bildung. Bonn.

Denninger, Erhard (2011): Freiheit durch Sicherheit? Anmerkungen zum Terrorismusbekämpfungsgesetz. APuZ 10-11/2011, S. 22-30.

Der Paritätische Gesamtverband (Hrsg.)(2011): Von Verhärtungen und neuen Trends. Bericht zur regionalen Armutsentwicklung in Deutschland 2011. Berlin (www.der-paritaetische.de/armutsbericht2011)

Deutsche Telekom/T-Systems (Hrsg.)(2011): Sicherheitsreport 2011. Eine repräsentative Studie zum Thema Sicherheit in Deutschland im Auftrag von T-Systems.

Deutscher Bundestag Drucksache 17/3853 vom 23.11.2010: Antrag Einsetzung einer Enquête-Kommission „Wachstum, Wohlstand, Lebensqualität – Wege zu nachhaltigem Wirtschaften und gesellschaftlichem Fortschritt in der Sozialen Marktwirtschaft".

Deutscher Bundestag Drucksache 14/8900 vom 03.06.2002: Bericht der Enquête-Kommission „Zukunft des Bürgerschaftlichen Engagement". Bürgerschaftliches Engagement: auf dem Weg in eine zukunftsfähige Bürgergesellschaft.

Deutscher Städtetag (2010): Sozialleistungen der Städte in Not. Berlin und Köln.

Die Beauftragte der Bundesregierung für Migration, Flüchtlinge und Integration (Hrsg.)(2011 a): Zweiter Integrationsindikatorenbericht. Köln/Berlin 2011.

Die Beauftragte der Bundesregierung für Migration, Flüchtlinge und Integration (Hrsg.)(2011 b): Nationaler Aktionsplan Integration. Zusammenhalt stärken – Teilhabe verwirklichen. Berlin.

Dittmann, Jörg (2009): Unsicherheit in Zeiten gesellschaftlicher Transformation. Zur Entwicklung und Dynamik von Sorgen in der Bevölkerung in Deutschland.

SOEPpapers 243. Berlin.

DJI Thema 2011/06 Betreuungsatlas 2010: Mehr Platz für kleine Kinder (www.dji.de/cgi-bin/projekte/output.php?projekt=1099).

Döring, Diether (2007): Gerechtigkeitsprofile unterschiedlicher Sozialstaatsstrategien – Ergebnisse und Implikationen eines Neunländervergleich. In: Empter/Vehrkamp (Hrsg.), S. 258-279.

Dünkel, Frieder (2010): Strafvollzug in Deutschland – rechtstatsächliche Befunde. APuZ 7/2010, S. 7-14.

Egg, Rudolf (2011): Kriminalität: Furcht und Realität. In: Zoche e.a. (Hrsg.), S. 129-138.

Empter, Stefan/Vehrkamp, Robert B. (Hrsg.)(2007): Soziale Gerechtigkeit – eine Bestandsaufnahme. Gütersloh.

Enquêtekommission (2010) „Wachstum, Wohlstand, Lebensqualität – Wege zu nachhaltigem Wirtschaften und gesellschaftlichem Fortschritt in der Sozialen Marktwirtschaft“ siehe Deutscher Bundestag und das Faltblatt vom November 2011 (www.bundestag.de/bundestag/ausschuesse17/gremien/enquete/wachstum/index.jsp.

Enquête-Kommission (2002) „Zukunft des Bürgerschaftlichen Engagements“ siehe Deutscher Bundestag

Felgentreff, Carsten/Kuhlicke, Christian/Westholt, Frank (2012): Naturereignisse und Sozialkatastrophen. Schriftenreihe Forschungsforum Öffentliche Sicherheit Nr. 8. Berlin

Gerhold, Lars (2010): Sicherheit in Zukunft. Eine Explorationsstudie zu zukünftigen Anforderungen an die Sicherheitsforschung (www.schriftenreihe-sicherheit.de).

Gerstner, Dominik/Oberwittler, Dietrich (2011): Soziale Desorganisation und Gelegenheitsstrukturen. Differenzielle Wirkungen struktureller Bedingungen auf tatort- und wohnortbezogene Kriminalitätsbelastungen in den baden-württembergischen Gemeinden. MschKrim 94. Jahrgang - Heft 3 – 2011. S. 149-177.

Glaeßner, Gert-Joachim (2002): Sicherheit und Freiheit. APuZ 10-11/2002, S. 3-13.

Görgen, Thomas e.a. (2010): JuKrim 2020. Mögliche Entwicklungen der Jugend(gewalt)kriminalität in Deutschland. Szenarien, Trends, Prognosen 2010-2020. Abschlussbericht zur Herbstkonferenz 2010 der Ständigen Konferenz der Innenminister und –senatoren der Länder. Deutsche Hochschule der Polizei. Münster.

Gössner, Rolf (2010): Staatlicher Antiterrorkampf – im Namen der Sicherheit und auf Kosten der Bürgerrechte? In: Soeffner (Hrsg.), S. 877-882.

Grimm, Jordis (2006): Ergebnisse der Glücksforschung als Leitfaden für politisches Handeln? Universität Flensburg. Internationales Institut für Management. Discussion Paper Nr. 4.

Groenemeyer, Axel (Hrsg.) (2010): Wege der Sicherheitsgesellschaft. Gesellschaft-

liche Transformationen der Konstruktion und Regulierung innerer Unsicherheiten. Wiesbaden.
Ders. (2010): Wege der Sicherheitsgesellschaft. Transformationen der Konstruktion und Regulierung von Unsicherheiten. In: Groenemeyer (2010), S. 7-19.
Groh-Samberg, Olaf (2010): Armut verfestigt sich – ein missachteter Trend. APuZ 51-52/2010, S. 9-15.
Gusy, Christoph (2011): Resiliente Gesellschaft. Zur Wahrnehmung und Bewältigung von Kriminalität in der Bevölkerung. Neue Kriminalitätsformen – neues Präventionsrecht? Forschungsforum Öffentliche Sicherheit, Workshop III. Kriminalität – alte und neue Herausforderungen für die Sicherheit. FU Berlin 15./16. März 2011.
Häussermann, Hartmut (2010): Armutsbekämpfung durch Stadtplanung? APuZ 51-52/2010, S. 23-29.
Haverkamp, Rita/Kaufmann, Stefan/Zoche, Peter (2011): Einführung in den Band. In: Zoche e.a. (Hrsg.), S. 9-18.
Hayek, André (2011): Lebenszufriedenheit und Einkommensreichtum: Eine empirische Analyse mit dem SOEP. SOEPpapers 362. Berlin.
Heinz, Wolfgang (2011): Neue Straflust der Justiz – Realität oder Mythos? NK 1/2011, S. 14-27.
Heitmeyer, Wilhelm (Hrsg.)(2012): Deutsche Zustände. Folge 10. Berlin.
Ders. (2012): Gruppenbezogene Menschenfeindlichkeit (GMF) in einem entsicherten Jahrzehnt. In: Heitmeyer (Hrsg.), S. 15-41.
Ders. (Hrsg.)(1997): Bundesrepublik Deutschland: Auf dem Weg von der Konsens- zur Konfliktgesellschaft. Band 2: Was hält die Gesellschaft zusammen? Frankfurt am Main.
Hilgendorf, Eric (2010): Punitivität und Rechtsgutlehre. NK 4/2010, S. 125-131.
Hirtenlehner, Helmut/Hummelsheim, Dina (2011): Schützt soziale Sicherheit vor Kriminalitätsfurcht? MschrKrim 94. Jahrgang – Heft 3 – 2011, S. 178-198.
Holthusen, Bernd/Hoops, Sabrina (2011): Zwischen Mogelpackung und Erfolgsmodell. DJI Impuse 2.2011, S. 12- 14.
Holthusen, Bernd/Hoops, Sabrina/Lüders, Christian/Ziegleder, Diana (2011): Über die Notwendigkeit einer fachgerechten und reflektierten Prävention. DJI Impulse 2.2011, S. 22-25.
Illi, Maurice/Schulze, Tillmann (2011): Welche Sicherheit braucht eine Stadt? Sicherheitsberichte der Stadt Luzern – Ein Beispiel aus der Schweiz. forum kriminalprävention 3/2011, S. 40-43.
Info.Center der R+V Versicherung (2011): Die Ängste der Deutschen 2011 (http://www.infocenter.ruv.de).
Integrationsindikatorenbericht (2011) – siehe Die Beauftragte der Bundesregierung für Migration, Flüchtlinge und Integration (2011 a)
IZEW - Internationales Zentrum für Ethik in den Wissenschaften o.J.: Bemerkungen zum Sicherheitsbegriff. Tübingen.

Kersten, Joachim (2009): Medien und Innere Sicherheit. In: Lange/Ohly/Reichertz (Hrsg.), S. 293-305.

Köcher, Renate/Raffelhüschen, Bernd (2011): Glücksatlas Deutschland 2011. Bonn und München.

KOMDAT. Kommentierte Daten der Kinder und Jugendhilfe. Heft Nr. 3/2011 (www.akjstat.tu-dortmund.de).

Keuschnigg, Marc/Negele, Eva/Wolbring, Tobias (2010): Münchener Studie zur Lebenszufriedenheit. Arbeitspapier des Instituts für Soziologie der Ludwig-Maximilians-Universität München. Nr. 4. Juni 2010

Landespräventionsrat Niedersachsen (Hrsg.)(2011): Communities That Care – CTC. Prävention in der Kommune zielgenau und wirksam steuern. 2., überarbeitete Auflage. Hannover.

Lange, Hans-Jürgen/Ohly, Hans P./Reichertz, Jo (Hrsg.)(2009): Auf der Suche nach neuer Sicherheit. Fakten, Theorien und Folgen. 2. Auflage. Wiesbaden.

Leisering, Lutz (2007): Gerechtigkeitsdiskurse im Umbau des deutschen Sozialstaats. In: Empter/Vehrkamp (Hrsg.) S. 77-108.

Lessenich, Stephan/Möhring-Hesse, Matthias (2004): Ein neues Leitbild für den Sozialstaat. Eine Expertise im Auftrag der Otto Brenner Stiftung und auf Initiative ihres wissenschaftlichen Gesprächskreises. Berlin.

Lüders, Christian (2011): Von der scheinbaren Selbstverständlichkeit präventiven Denkens. DJI Impulse 2.2011, S. 4-6.

Luff, Johannes (2004): Kriminologische Regionalanalysen: Zu Moden und Methoden, Notwendigkeit und Nutzen. In: Kerner, H.-J.; Marks, E. (Hrsg.): Internetdokumentation Deutscher Präventionstag Hannover.

Marks, Erich/Steffen, Wiebke (Hrsg.)(2011): Solidarität leben – Vielfalt sichern. Ausgewählte Beiträge des 14. Deutschen Präventionstages 2009. Godesberg 2011.

Marks, Erich/Steffen, Wiebke (Hrsg.)(2009): Engagierte Bürger – sichere Gesellschaft. Ausgewählte Beiträge des 13. Deutschen Präventionstages 2008. Mönchengladbach.

Marks, Erich/Steffen, Wiebke (Hrsg.)(2008): Starke Jugend – starke Zukunft. Ausgewählte Beiträge des 12. Deutschen Präventionstages 2007. Mönchengladbach.

Mau, Steffen/Burckhardt, Christoph (2010): Zuwanderung und die Ressourcen wohlfahrtsstaatlicher Solidarität. In: Soeffner (Hrsg.), S. 141-155.

Münkler, Herfried/Wassermann, Felix (2008): Was hält eine Gesellschaft zusammen? Sozialmoralische Ressourcen der Demokratie. In: Bundesministerium des Innern (Hrsg.)(2008): Theorie und Praxis gesellschaftlichen Zusammenhalts. Aktuelle Aspekte der Präventionsdiskussion um Gewalt und Extremismus. Berlin, S. 3-22.

Nassehi, Armin (1997): Inklusion, Exklusion, Integration, Desintegration. Die Theorie funktionaler Differenzierung und die Desintegrationsthese. In: Heitmeyer

(Hrsg.), S. 113-148.

Nationaler Aktionsplan Integration (2011) – siehe Die Beauftragte der Bundesregierung für Migration, Flüchtlinge und Integration (2011 b).

Nationaler Integrationsplan. Erster Fortschrittsbericht (2008). Hrsg.: Presse-und Informationsamt der Bundesregierung. Berlin.

Nullmeier, Frank (2003): Sozialstaat. In: Handwörterbuch des politischen Systems der Bundesrepublik Deutschland (www.bpb.de/wissen).

Oberwittler, Dietrich/Gerstner, Dominik (2011): Kriminalgeographie Baden-Württembergs (2003-2007). Sozioökonomische und räumliche Determinanten der registrierten Kriminalität. Schriftenreihe des Max-Planck-Instituts für ausländisches und internationales Strafrecht. Reihe A: Arbeitsberichte. Band A 6 1/2011. Freiburg.

OECD (2011 a): Bildung auf einen Blick 2011. OECD-Indikatoren. Bielefeld.

OECD (2011 b): Society at a Glance 2011. OECD Social Indicators. OECD Publishing. (http://dx.doi.org/10.1787/soc_glance-2011-en)

OECD (2009): Gesellschaft auf einen Blick 2009. OECD-Sozialindikatoren.

Ohder, Claudius (2010): Ein Blick zurück nach vorn. In: Evaluation und Qualitätsentwicklung in der Gewalt- und Kriminalitätsprävention. Dokumentation des 10. Berliner Präventionstages 2009. Berlin, S. 14-20.

Penz, Reinhard/Priddat, Birger P. (2007): Ideen und Konzepte neuer Gerechtigkeit und ihre Bedeutung für die neueren Entwicklungen im deutschen Sozialstaat. In: Empter/Vehrkamp (Hrsg.), S. 51-76.

PKS – Polizeiliche Kriminalstatistik Bundesrepublik Deutschland. Berichtsjahr 2010. Hrsg. vom Bundeskriminalamt (2011). Wiesbaden.

Pollak, Reinhard (2012): Soziale Mobilität in Deutschland. Eine Expertise im Auftrag der Vodafone Stiftung Deutschland. Berlin (www.vodafone-stiftung.de).

Prantl, Heribert (2007): Der große Rüssel. Vom Umbau des Rechtsstaats in einen Präventionsstaat. Artikel in der Süddeutschen Zeitung vom 21.04.2007 (http://www.sueddeutsche.de/politik/vom-umbau-des-rechtsstaats-in-einen-praeventionsstaat-der-grosse-ruessel-1.884547; Abrufdatum: 29.02.12).

Prognos AG (2011): Gutachten Soziale Prävention. Bilanzierung der sozialen Folgekosten in Nordrhein-Westfalen. Basel.

Reichertz, Jo (2010): Mediatisierung der Sicherheitspolitik oder: Die Medien als selbständige Akteure in der Debatte um (mehr) Sicherheit. In: Groenemeyer (Hrsg.), S. 40-60.

Reuband, Karl-Heinz (2010): Dimensionen der Punitivität und sozialer Wandel. NK 4/2010, S. 143-148.

Ders. (2009): Kriminalitätsfurcht. Erscheinungsformen, Trends und soziale Determinanten. In: Lange/Ohly/Reichertz (Hrsg.), S. 233-251.

Sack, Fritz (2010): Der weltweite ‚punitive turn': Ist die Bundesrepublik dagegen gefeit? In: Soeffner (Hrsg.), S. 229-244.

Scherr, Albert (2010): Innere Sicherheit und soziale Unsicherheit. Sicherheitsdiskurse als projektive Bearbeitung gesellschaftsstrukturell bedingter Ängste? In: Soeffner (Hrsg.), S. 213-227.

Schöneck, Nadine M./Mau, Steffen/Schupp, Jürgen (2011): Gefühlte Unsicherheit – Deprivationsängste und Abstiegssorgen der Bevölkerung in Deutschland. SOEPpapers 428. Berlin.

Schreiber, Verena (2011): Kommunale Kriminalprävention: Zwischen Mythos, Fürsorge und neoliberaler Steuerung. forum kriminalprävention 4/2011, S. 38-44.

Schwind, Hand-Dieter (2011): Kriminologie. Eine praxisorientierte Einführung mit Beispielen. 21., neubearbeitete und erweiterte Auflage. Heidelberg e.a.

Sicherheitsberichte für die Stadt Luzern 2007 und 2010. Direktion Umwelt, Verkehr und Sicherheit. Luzern.

Singelnstein, Tobias/Stolle, Peer (2012): Die Sicherheitsgesellschaft. Soziale Kontrolle im 21. Jahrhundert. 3., vollständig überarbeitete Auflage. Wiesbaden.

Soeffner, Hans-Georg (Hrsg.)(2010): Unsichere Zeiten. Herausforderungen gesellschaftlicher Transformationen. Verhandlungen des 34. Kongresses der Deutschen Gesellschaft für Soziologie in Jena 2008. 2 Bände. Wiesbaden.

Statistisches Bundesamt (Hrsg.)(2011): Justiz auf einen Blick. Ausgabe 2011. Wiesbaden.

Steffen, Wiebke (2011 a): Moderne Gesellschaften und Kriminalität. Der Beitrag der Kriminalprävention zu Integration und Solidarität. In: Marks/Steffen (Hrsg.) (2011), S. 45-116.

Dies. (2011 b): Artikel „Kriminalität“. In: Wirth (Hrsg.), S. 349 f.

Dies. (2010): Lern- und Lebensräume von Kindern und Jugendlichen als Orte von Bildung und Gewaltprävention. Gutachten für den 15. Deutschen Präventionstag 10. & 11. Mai 2010 in Berlin (www.praeventionstag.de).

Dies. (2009): Engagierte Bürger – sichere Gesellschaft. Bürgerschaftliches Engagement in der Kriminalprävention. In: Marks/Steffen (Hrsg.)(2009), S. 25-72.

Dies. (2008): Jugendkriminalität und ihre Verhinderung zwischen Wahrnehmung und empirischen Befunden. In: Marks/Steffen (Hrsg.)(2008), S. 233-272.

Dies. (2006): Kriminalprävention in Deutschland: Eine Erfolgsgeschichte? Erzählt an den Beispielen „Kommunale Kriminalprävention“ und „Polizeiliche Kriminalprävention“. In: T. Feltes/C. Pfeiffer/G. Steinhilper (Hrsg.): Kriminalpolitik und ihre wissenschaftlichen Grundlagen. Festschrift für Professor Dr. Hans-Dieter Schwind zum 70. Geburtstag. Heidelberg, S. 1141-1154.

Dies. (2004): Kommunale Kriminalprävention in Deutschland – Eine Erfolgsstory? forum kriminalprävention 4/2004, S. 18-21.

Dies. (1993): Kriminalitätsanalyse I: Dunkelfeldforschung und Kriminologische Regionalanalysen. Lehr- und Studienbriefe Kriminologie Nr. 4. Hilden.

Stelle für interkulturelle Arbeit der Landeshauptstadt München (Hrsg.)(2011): Interkultureller Integrationsbericht. München lebt Vielfalt. München.

Stiftung für Zukunftsfragen (2009 a): Forschung aktuell. Newsletter Ausgabe 213.

30. Jahrg. 02. April 2009 (www.bat.de).

Dies. (2009 b): Forschung aktuell. Newsletter Ausgabe 219. 30. Jahrg. 30. September 2009 (www.bat.de).

Van Suntum, Ulrich/Prinz, Aloys/Uhde, Nicole (2010): Lebenszufriedenheit und Wohlbefinden in Deutschland: Studie zur Konstruktion eines Lebenszufriedenheitsindikators. SOEPpapers 259. Berlin.

Vogel, Berthold (2010): Wohlstandskonflikte und Unsicherheitsverschärfung. Die Mitte der Gesellschaft gerät unter Druck. In: Soeffner (Hrsg.), S. 157-168.

Waller, Irvin (2011): Mehr Recht und Ordnung! – oder doch lieber weniger Kriminalität? Herausgegeben im Auftrag des Deutschen Präventionstages von Burkhard Hasenpusch und Erich Marks. Mönchengladbach.

Widersprüche (2011): Editorial zu „Hinten anstellen! Zur Regulation von Armut in der aktivierten Bürgergesellschaft". Heft 119/120.

Wilkinson, Richard/Pickett, Kate (2010): Gleichheit ist Glück. 3. erweiterte Auflage. Berlin.

Wirth, Ingo (Hrsg.)(2011): Kriminalistik-Lexikon. Heidelberg e.a., 4. völlig neu bearbeitete und erweiterte Auflage.

Ziegleder, Diana/Fischer, Thomas A. (2011): Sicherheit aus kriminologischer Perspektive. Zur Wahrnehmung und Definition von Sicherheit durch die Bevölkerung. Forschungsforum Öffentliche Sicherheit. Erkenntnisse und Konsequenzen aus der kriminologisch-sozialwissenschaftlichen Forschung. Workshop III. Kriminalität – Alte und neue Herausforderungen für die Sicherheit. FU Berlin 15./15. März 2011.

Ziegleder, Diana/Kudlacec , Dominic/Fischer, Thomas A. (2011): Zur Wahrnehmung und Definition von Sicherheit durch die Bevölkerung. Erkenntnisse und Konsequenzen aus der kriminologisch-sozialwissenschaftlichen Forschung. Schriftenreihe Forschungsforum Öffentliche Sicherheit. Schriftenreihe Sicherheit Nr. 5. Berlin.

Zoche, Peter/Kaufmann, Stefan/ Haverkamp, Rita (Hrsg.)(2011): Zivile Sicherheit. Gesellschaftliche Dimensionen gegenwärtiger Sicherheitspolitiken. Bielefeld.

Joachim Herrmann

Grußwort des Bayerischen Staatsministers des Innern

Sehr geehrter Herr Marks, vielen Dank für die freundliche Begrüßung!

Guten Morgen und Grüß Gott!

Sehr geehrte Kolleginnen und Kollegen aus dem Bundestag und aus den Landesparlamenten, sehr geehrter Herr Generalbundesanwalt, sehr geehrter Herr BKA-Präsident, meine sehr geehrten Damen und Herren!

Einleitende Worte

Im Namen der Bayerischen Staatsregierung heiße ich Sie alle zum **17. Deutschen Präventionstag** hier in München **aufs Herzlichste willkommen**. Das Messezentrum ist eine gemeinsame Einrichtung von Landeshauptstadt München und Freistaat Bayern. Gemeinsam sind wir auch Mitveranstalter.

Vom **Schirmherrn** des diesjährigen Präventionstags, Herrn **Ministerpräsident Horst Seehofer**, den ich heute vertrete, soll ich Sie besonders grüßen. Er ist heute in Rom und überbringt **Papst Benedikt XVI.** die **Glückwünsche** der Bayerischen Staatsregierung anlässlich seines 85.Geburtstages.

Deutscher Präventionstag erneut in Bayern

Ich **freue mich** außerordentlich, dass der **Deutsche Präventionstag** heuer nach 2006 das **zweite Mal in Bayern** und das **erste Mal** hier in der **Landeshauptstadt München** stattfindet. Denn diese Veranstaltung liefert seit vielen Jahren **wertvolle Impulse** für das Arbeitsgebiet der **Kriminalprävention** sowie angrenzender Präventionsbereiche.

Schwerpunktthema „Sicher leben in Stadt und Land“

Mit seinem diesjährigen **Schwerpunktthema „Sicher leben in Stadt und Land“** bietet der Kongress uns allen eine ausgezeichnete Plattform für einen **breitgefächerten Dialog** und **Erfahrungsaustausch**.

Sicherheit als Grundbedürfnis

Meine Damen und Herren, **Sicherheit** zählt zu den **Grundbedürfnissen** eines jeden Menschen. Sicherheit ist **Voraussetzung** für ein **Leben** in **Freiheit und Wohlstand**. Sicherheit schafft Frieden und Zuversicht. Und: Sicherheit ist für die Wirtschaft ein **wichtiger Standortfaktor**.

Sicherheit ist ein **Bürgerrecht**. Freiheit kann sich nur da entfalten, wo die Menschen sich sicher fühlen. Dass unsere Bürgerinnen und **Bürger sowohl in der Stadt als auch auf dem Land in Sicherheit leben können**, das hat sich die **Bayerische Staatsregierung** bereits seit vielen Jahren zur ständigen **Aufgabe gemacht**. Ein wichtiger

Baustein unseres Sicherheitskonzepts ist es auch, dass wir uns klar zur polizeilichen **Präsenz in der Fläche** bekennen. Mit mir wird es keinen Rückzug der Polizei aus der Fläche geben.

Bayern Spitzenreiter der Inneren Sicherheit

Eine **niedrige Kriminalitätsbelastung** und gleichzeitig **hohe Aufklärungsquote** sind die **maßgeblichen Indikatoren**, die uns in Bayern regelmäßig als **Spitzenreiter** der **Inneren Sicherheit** in Deutschland ausweisen.

PKS 2011

Auch **2011** konnten wir im Freistaat wieder ein hervorragendes Resultat erreichen. Die **Kriminalitätsbelastung** ist erneut **unter der 5.000-Marke** geblieben. Kein anderes Bundesland hat solch einen niedrigen Wert erreicht!

Mit einer **Aufklärungsquote** von **64,0%** gelang es uns im vergangenen Jahr einmal mehr, für fast **zwei Drittel** aller **registrierten Straftaten Tatverdächtige** zu **ermitteln**. Im Bundesdurchschnitt gilt dies regelmäßig nur für rund die Hälfte aller Delikte. Auf diese Ergebnisse dürfen wir durchaus **stolz** sein.

Die **hohe Aufklärungsquote** haben wir ganz entscheidend der **hervorragenden Arbeit unserer Polizei** zu verdanken. Bei der **niedrigen Kriminalität** spielen auch unsere umfassenden **präventiven Maßnahmen** eine wichtige Rolle. Gleichzeitig zahlt sich hier die bundesweit günstigste Arbeitslosenquote aus.

Sicherheit im ÖPNV

Meine Damen und Herren, ich weiß nicht, wer von Ihnen heute mit U-Bahn, S-Bahn oder Bus hierhergekommen ist. In jedem Fall hat die **Sicherheit im Öffentlichen Personennahverkehr** für mich hohe Priorität. Die Verkehrsunternehmen registrieren jährlich steigende Fahrgastzahlen. Dabei erwarten die Nutzer nicht nur pünktliche An- und Abfahrtzeiten. Sie erwarten auch ein **hohes Maß an Sicherheit** in den öffentlichen Verkehrsmitteln.

Delikte, die in Bussen, Bahnen und Zügen oder an Haltestellen und Bahnhöfen begangen werden, sind in den vergangenen Jahren **kontinuierlich zurückgegangen**. Trotzdem erschüttern uns einzelne **Gewaltexzesse,** wie im Fall **Dominik Brunner**. Sie **verunsichern** unsere **Bevölkerung** und beeinträchtigen sie in ihrem subjektiven Sicherheitsgefühl.

IMK-Beschluss

Nicht zuletzt vor diesem Hintergrund hat die **IMK** auf mein Bestreben hin den Deutschen Präventionstag in diesem Jahr gebeten, die Thematik **„Sicher im Öffentlichen Personen- und Nahverkehr“** in sein Programm aufzunehmen. Ich freue mich daher besonders, dass die hiermit zusammenhängenden Fragen in den kommenden beiden Tagen im Rahmen einer **Sonderveranstaltung** unter Beteiligung aller Verantwortlicher beleuchtet werden.

Mehr Polizeipräsenz

Um die Sicherheit im ÖPNV weiter zu stärken, hat die Bayerische Polizei an alle Uniformierten den Grundsatzauftrag gerichtet, **mehr Streifen** in die öffentlichen **Personennahverkehrseinrichtungen** zu **entsenden**.

Zusätzlich sind in den **Zügen der DB** und der **S-Bahn** die **primär zuständigen** Kräfte der **Bundespolizei** und der **DB-Sicherheit** unterwegs.

Ausbau Videoüberwachung

Sehr **bewährt** hat sich die **Videoüberwachung** im ÖPNV. In vielen Fällen konnten wir Gewalttäter nur mit Hilfe von Videoaufzeichnungen ermitteln; ein deutlicher Beleg dafür, dass **meine Forderung**, eine **flächendeckende Videoüberwachung** in **U- und S-Bahnhöfen** und -zügen einzurichten, **richtig** ist.

Haltung Piratenpartei

Die **Piratenpartei** hat vor kurzem die **Videoüberwachung** öffentlicher Bereiche, insbesondere des ÖPNV, **in Frage gestellt**. So eine Forderung nach Abschaffung **kann nur jemand erheben**, der **keine Ahnung von innerer Sicherheit** hat und dem das Sicherheitsbedürfnis unserer Bürger schlichtweg egal ist.

Sicherheit als gesamtgesellschaftliche Aufgabe

Meine sehr geehrten Damen und Herren, eines ist uns allen klar: Eine gute Sicherheitslage ist nur zu erreichen, wenn sich **alle gesellschaftlichen Kräfte** dafür **engagieren**. Eine Gesellschaft, die sicher leben will, braucht Gemeinsinn. **Sicherheit braucht Verantwortungsbewusstsein** jedes Einzelnen und Engagement für die Gemeinschaft.

Denn staatliche Maßnahmen allein reichen dazu nicht aus. Wir sind auf das **aktive Mitwirken** unserer **Bürgerinnen und Bürger**, auf das aktive Mitwirken von Verbänden, Vereinen und allen gesellschaftlichen Gruppierungen angewiesen. Daher ist die Stärkung der **Zivilcourage** ein ganz **wesentliches Element der Präventionsarbeit** der Bayerischen Polizei.

Projekt „Coolrider"

Ein solches Präventionsprojekt, das ganz zentral auf Zivilcourage im ÖPNV abzielt, ist beispielsweise das Projekt **„Coolrider"**. Die Erfolgsgeschichte der Coolrider geht bereits auf das Jahr 2002 zurück. Damals rief die **Verkehrs-AG Nürnberg** (VAG) zusammen mit der **Polizei** und den **Nürnberger Schulen** dieses Vorzeigeprojekt ins Leben.

Dabei wird durch den **freiwilligen Einsatz** von jugendlichen Fahrzeugbegleitern, den **Coolridern**, die **Sicherheit im Personennahverkehr verbessert**. Es werden Konfliktsituationen vermieden und **Sachbeschädigungen** an Fahrzeugen und Einrichtungen **verringert**. **Coolrider** als **Ansprechpartner** für mitfahrende Schülerinnen und Schüler erzeugen durch erkennbares Aufzeigen von Situationen, bei denen sich jemand in Gefahr oder Schwierigkeiten befindet, eine Art „**Hinschaumentalität**“ und erfüllen damit eine wichtige **Vorbildfunktion**.

Beim **Start** haben sich zunächst **acht Schülerinnen und Schüler** als Coolrider ausbilden lassen. Bis heute sind es schon **über 2.000 jugendliche Fahrzeugbegleiter aus rund 50 Schulen**.

Da mir als **Schirmherr** das Projekt „Coolrider“ besonders am Herzen liegt, **freue ich mich** sehr, dass das **Projekt** derzeit im **Großraum Nürnberg flächendeckend eingeführt** und nun auch mit der **großen Unterstützung der Versicherungskammer-Stiftung** nach Möglichkeit auf ganz Bayern ausgeweitet wird.

Präventive Wirkung des Strafrechts

Meine Damen und Herren, neben solchen neuen Präventionsprojekten sollte man allerdings auch im 21. Jahrhundert die **präventive Wirkung** des **Strafrechts** nicht vernachlässigen. Das gilt sowohl aus generalpräventiver wie aus spezialpräventiver Sicht.

Hafturlaub für Schwerverbrecher

Die **jüngsten Vorschläge** aus einigen Bundesländern, **Schwerverbrecher** schon **nach fünf Jahren** einen **Hafturlaub** zuzubilligen, sind hier in jeder Hinsicht **kontraproduktiv**. Das wäre nach meiner Überzeugung ein ebenso **hochgefährliches** wie **absurdes Vorhaben**.

Das **bayerische Strafvollzugsgesetz** ermöglicht einen **Hafturlaub** für Täter, die zu **lebenslanger Freiheitsstrafe** verurteilt wurden, **frühestens nach 12 Jahren.** Und das ist auch richtig so. Es macht einen **Unterschied**, ob jemand schon über **ein Jahrzehnt „abgesessen** hat“ und auf ein **Haftende** nach drei Jahren hoffen kann, oder gerade **erst fünf Jahre hinter sich** hat. Da ist der **Anreiz** naturgemäß sehr **groß**, die **restlichen zehn Jahre** zu **vermeiden**, indem man untertaucht – mit allen **Risiken neuer schwerster Straftaten**! Nach fünf Jahren Haft braucht ohnehin noch niemand auf die Freiheit vorbereitet werden.

Meine Damen und Herren, bei **solchen Experimenten** zulasten der Sicherheit unserer Bevölkerung **macht Bayern auf keinen Fall mit**. Bei uns gilt weiterhin die Devise: **Opferschutz vor Täterschutz!**

Dank, Wünsche, Schlussworte

Meine Damen und Herren, ich **danke** dem **Deutschen Präventionstag und seinen Organisatoren** sehr herzlich für ihr großes **Engagement**, mit dem sie diesen Kongress jedes Jahr so selbstverständlich vorbereiten und durchführen. Sie tragen mit ihrem Idealismus und ihrem Einsatz seit vielen Jahren dazu bei, dass diese **hochkarätige und international herausragende Veranstaltung** so erfolgreich ist. Auch in diesem Jahr ist es ihnen wieder **vortrefflich gelungen**, ein umfassendes und hoch **interessantes Programm** zum Thema „Prävention" **zusammenzustellen**.

Ich **bin mir sicher**, dass der **zweitägige Kongress** mit seinem großen Angebot an Ausstellungen, offenen Foren und Diskussionsveranstaltungen allen interessierten Besuchern **neue Inhalte** und **Lösungsansätze präsentieren** wird.

Meine Damen und Herren, ich **wünsche** Ihnen und uns allen **beim 17. Präventionstag inspirierende Eindrücke** für unsere tägliche Arbeit auf dem Gebiet der Prävention.

Alles Gute und einen angenehmen, sicheren Aufenthalt in der bayerischen Landeshauptstadt!

Christian Ude

Grußwort des Oberbürgermeisters der Landeshauptstadt München

Ob es um den Ausbruch von Jugendgewalt, um Zahngesundheit oder die Ausbreitung von Aids geht – immer geht es auch darum, über die Stärkung schützender Maßnahmen und die Reduzierung gefährdender Einflüsse zukünftigen Problemen vorzubeugen. Es geht also um Prävention, um vorausschauendes Handeln, damit das Kind erst gar nicht in den Brunnen fällt. „Vorbeugen ist besser als heilen" sagt schon der Volksmund und zeigt dabei zweierlei: dass Prävention ursprünglich eng mit Gesundheitsvorsorge verknüpft war und dass Prävention eine lange Tradition besitzt. So propagierten bereits die alten Griechen mit der „Diätetik" eine umfassende Handlungsanleitung, die dem Einzelnen helfen sollte, eine ausgewogene Mischung seiner Säfte und damit Gesundheit zu erreichen und zu erhalten. Die zentralen Aspekte waren dabei Ernährung und Bewegung, nicht anders als heute.

Im Mittelalter und frühen christlichen Weltverständnis dominierte dann eher die „seelische Gesundheitsvorsorge", bevor mit der Aufklärung erneut die persönliche Gesundheitsförderung und darüber hinaus erste Ansätze einer staatlichen Gesundheitspolitik in den Vordergrund traten. Die Lebensreformer um 1900 erhoben die gesundheitsförderliche Lebensweise schließlich zum zentralen Prinzip und schlossen dabei alle Lebensbereiche mit ein. Gerade auch in und um München haben wir mit Karl Wilhelm Diefenbach, Hugo Höppener alias Fidus und Gusto Gräser einige der Hauptprotagonisten jener Bewegung zeitweise beherbergt.

Gusto Gräser zeichnete sich neben seinen naturphilosophischen Ansichten übrigens auch durch eine radikal-pazifistische Haltung aus, für die er obendrein noch intensiv öffentlich geworben hat. Das war den bayerischen Machthabern nach der blutigen Zerschlagung der Räterepublik und auf dem Weg zur konservativen bayerischen „Ordnungszelle" dann doch zu viel und so wurde der „Kohlrabi-Apostel" gleich mehrfach wegen Staatsgefährdung aus Bayern ausgewiesen – „präventiv ausgewiesen", wie man heute sagen würde.

Das Beispiel zeigt: Die Präventionspraxis hat längst Einzug gehalten in eine Vielzahl gesellschaftlicher Bereiche. Das reicht von der Krankheitsprävention und der Konflikt-prävention über die Kriminalitätsprävention und die Suchtprävention bis hin zur Gewalt-, zur Schulden- und zur Verkehrsprävention. Nicht alles, aber doch eine ganze Menge davon deckt der 17. Deutsche Präventionstag ab, der heuer zum ersten Mal in München stattfindet und unter dem Motto steht: „Sicher leben in Stadt und Land".

Welche Bedeutung die Stadt München dem zweitägigen Kongress beimisst, sehen Sie daran, dass wir gemeinsam mit dem Freistaat (Polizeipräsidium und KVR) als Mitveranstalter auftreten, die Hälfte der Kosten für den Veranstaltungsort und den abendlichen Empfang tragen (ca. 200.000 €) sowie zahlreiche freiwillige Helfer (Auszubildende der Landeshauptstadt München) als Ansprechpartner zur Verfügung stellen. Außerdem wird eine ganze Reihe von Vorträgen der Tagung von Vertreterinnen und Vertretern der Stadt München bestritten. Mit der Sonderreihe „Sicher im Öffentlichen Personen-Nahverkehr" wird überdies eines unserer zentralen Anliegen, gerade auch was zivilcouragiertes Verhalten anbelangt, zum Thema gemacht. Und schließlich lädt die Stadt die Münchner Schülerinnen und Schüler ein, im Rahmen der begleitenden „DPT-Schüleruni" die eigens auf sie zugeschnittenen Vorträge und Bühnenpräsentationen wahrzunehmen.

Aber natürlich erschöpft sich unser Engagement in Sachen Prävention nicht in der Unterstützung des Präventionstages. Vielmehr schafft München Tag für Tag die Voraussetzungen dafür, dass der Kongress wohl in keiner anderen Großstadt so gut aufgehoben ist wie hier, sofern man das diesjährige Motto auch als Prädikat für den Veranstaltungsort versteht. Schließlich ist München nicht nur deutscher Spitzenreiter bei Lebensqualität und wirtschaftlicher Entwicklung, sondern seit Jahr und Tag auch die sicherste Metropole des Landes.

Das zumindest bestätigen uns regelmäßig die deutschlandweiten Städterankings ebenso wie das subjektive Sicherheitsempfinden vor Ort. Neben der wirtschaftlichen Prosperität der bayerischen Landeshauptstadt trägt dazu vor allem auch ein ganzes Bündel städtischer Maßnahmen bei, das im Vorfeld potenzieller Konflikte ansetzt und damit versucht, Spannungssituationen erst gar nicht entstehen zu lassen. Das schließt die kommunale Sicherheitspolitik ebenso mit ein wie die Sozial-, die Wohnungs- und die Wirtschaftspolitik, aber auch die Bildungs- und die Kulturpolitik.

Die Weichen dafür haben wir bereits im Jahr 2000 gestellt mit einem umfassenden Konzept unter dem Titel „Leitlinie Sicherung des inneren Friedens durch kommunale Sicherheits-, Sozial-, Bildungs-und Kulturpolitik". Darin ist ausdrücklich festgehalten, dass der innere Friede in erster Linie durch präventive Maßnahmen herzustellen und zu erhalten ist. Sollte es trotz intensiver Präventionsarbeit dennoch zu Belastungen im gemeinschaftlichen Miteinander bis hin zu Störungen der öffentlichen Sicherheit und Ordnung kommen, setzen wir gemäß dieser Leitlinie zunächst auf Hilfsangebote. Erst wenn auch diese nicht fruchten, greifen wir zu repressiven Mitteln, die dann allerdings entschlossen und konsequent angewandt werden. Das Ergebnis bestätigt unsere Strategie.

Zur fortlaufenden Dokumentation insbesondere mit Blick auf die Wirksamkeit der Einzelmaßnahmen hat der Münchner Stadtrat außerdem beschlossen, jährlich einen „Sicherheits- und Präventionsbericht" erarbeiten zu lassen. Im gegenwärtig entstehenden allerersten Bericht dieser Art werden die städtischen Bemühungen zunächst einmal als solche dargestellt, bevor in Zukunft vermehrt Zahlenmaterial und Statistiken zum Einsatz kommen sollen.

Sehr bewährt haben sich danach im Sicherheitsbereich beispielsweise die enge Zusammenarbeit von Polizei und Stadt im sog. „Sicherheits- und Aktionsbündnis Münchner Institutionen“ (S.A.M.I.), genauso wie der „Münchner Ausschuss Sport und Sicherheit“ (MASS) mit Vertretern von Stadt, Polizei und Vereinen für alles rund um den Fußball, des Weiteren die Einberufung von lokalen „Runden Tischen“ zur Problemlösung vor Ort gemeinsam mit den Bezirksausschüssen und allen direkt Betroffenen und nicht zuletzt Initiativen für mehr Zivilcourage wie das Bündnis „Münchner Courage“, das 2009 ins Leben gerufen wurde anlässlich des Todes von Dominik Brunner, der sich schützend vor bedrängte Jugendliche gestellt hatte und deshalb am S-Bahnhof Solln von anderen Jugendlichen brutal erschlagen worden war.

Gewaltprävention und Aufklärung betreiben wir auch mit der unmittelbar bei mir als Oberbürgermeister angesiedelten „Fachstelle gegen Rechtsextremismus“, die seit 2010 besteht und u.a. die überaus erfolgreiche Kampagne „Laut gegen Brauntöne“ koordiniert.

Im Rahmen der Sozialpolitik wiederum machen wir sehr gute Erfahrungen mit der „Stelle für Gemeinwesenmediation“, die als Vermittler auftritt bei Konflikten in den Bereichen Nachbarschaft, Wohnumfeld, Kindertageseinrichtungen, Schule und Ausbildung. Bewährt hat sich auch die Regionalisierung der sozialen städtischen Dienste in Form von Sozialbürgerhäusern, die sich als leicht erreichbare und verlässliche Ansprechpartner für die Bürgerinnen und Bürger in den Stadtteilen etabliert haben.

Als wichtigen Eckpfeiler zur Verhinderung sozialer Spannungen sehen wir schließlich auch die Errichtung von preisgünstigem Wohnraum an. München verfügt dazu über das größte Bauprogramm für sozial geförderten Wohnraum in ganz Deutschland und will in Zukunft pro Jahr 1.800 neue Sozialwohnungen errichten.

Maßstäbe setzen wir auch beim Kinder- und Jugendschutz, etwa mit umfangreichen Kontrollen bei Konzerten und anderen Veranstaltungen, oder auch mit dem im vergangenen Jahr aufgelegten „Münchner Programm zur Prävention des Missbrauchs von Alkohol und anderen Suchtmitteln bei Kindern und Jugendlichen“, das auch unter dem Titel „Rauschfrei durch München“ bekannt ist und auf das Erlernen eines verantwortungsvollen Umgangs mit Suchtmitteln abzielt. Breiten Raum geben wir daneben aber auch der Schulsozialarbeit und der Streetwork, die in München im kommenden Jahr bereits ihren 40. Geburtstag feiern kann.

Im Schul- und Bildungsbereich wiederum setzen wir uns vehement für gleiche Chancen für alle ein und nutzen unseren Gestaltungsspielraum, um eine Vielzahl großstadtgerechter Bildungsangebote zu machen. Immerhin verfügt München mit derzeit 120 städtischen Schulen über das größte und traditionsreichste kommunale Schulwesen in ganz Deutschland. Etliche Einrichtungen engagieren sich obendrein selbst in vielfältiger Form auf den unterschiedlichsten Präventionsfeldern. So haben sich allein rund 10

Münchner Schulen für das europaweite Netzwerk „Schule ohne Rassismus – Schule mit Courage“ qualifiziert.

Ferner haben viele Schulen ganz eigene Konzepte zur Gewaltprävention, zur Mediation, aber auch zur Müllvermeidung entwickelt, darunter so klangvolle Projekte wie „Streithansel“, „Giraffensprache statt Wolfsbisse“ oder „Meister Proper“. Und schließlich gehören zur vorausschauenden Münchner Schulpolitik auch noch die Schwerpunktsetzungen in den Bereichen Inklusion, interkulturelle Bildung und Sportförderung.

Mit der Förderung von Sportvereinen, der Öffnung von Schulhöfen und der Bereitstellung von Turnhallen für Projekte wie „Nightball“ leisten wir natürlich auch einen wichtigen Beitrag zur Gesundheitsvorsorge, einem weiteren zentralen Feld der Münchner Präventionsanstrengungen. Und auch da fangen wir so früh wie möglich an.

Das reicht von der frühkindlichen Gesundheitsförderung über die Initiative „Bio für Kinder“ zur flächendeckenden Versorgung von Krippen, Kindergärten, Horten und Schulen mit Bio-Lebensmitteln bis hin zum Münchner Karies-Prophylaxe-Programm und zur derzeitigen Erweiterung des schulärztlichen Angebots in den Münchner Mittel- und Förderschulen um emotionale, soziale und psychomotorische Komponenten.

Zu guter Letzt will ich noch auf den Schutz der Umwelt hinweisen, der in München ebenfalls höchste Priorität genießt. Dafür stehen unsere ehrgeizigen Klimaschutzziele, die wir im sog. „Integrierten Handlungsprogramm Klimaschutz für München“ 2010 festgelegt haben, ebenso wie die gesamtstädtische Umstellung auf Ökostrom bis 2025 oder die im vergangenen Jahr abgeschlossene Isar-Renaturierung. Aus dem Flussschlauch, der jahrzehntelang in ein enges Beton-Korsett gezwängt war, ist so wieder ein naturnaher Wildfluss geworden, der eine Vielzahl unterschiedlicher Lebensräume für Tiere und Pflanzen bietet. Aber nicht alles, was da munter wächst, ist uns willkommen. Gelegentlich sind auch hier präventive Eingriffe vonnöten, etwa bei der Beseitigung vom Riesenbärenklau oder der Ambrosien – beide giftig bzw. hochallergen.

All das zeigt: München ist die Stadt der Prävention schlechthin, und so ist der 17. Deutsche Präventionstag, wie gesagt, hier bestens aufgehoben.

Rainer Strobl, Christoph Schüle und Olaf Lobermeier

Evaluation des 17. Deutschen Präventionstages am 16. und 17. April 2012 in München

Hannover, September 2012

Inhalt

1. Einleitung

Der 17. Deutsche Präventionstag fand am 16. und 17. April 2012 unter dem Schwerpunktthema „Sicher leben in Stadt und Land“ in München statt. Der Leitgedanke dieses Kongresses knüpfte hierbei an ein tiefverwurzeltes Grundbedürfnis des Menschen an, das gerade in Zeiten der Verunsicherung immer stärker in das Bewusstsein der Öffentlichkeit tritt. Es geht jedoch im Rahmen einer solchen Debatte nicht mehr ausschließlich um die Belange der inneren und äußeren Sicherheit. Vielmehr hat sich in den letzten Jahren die Bandbreite dieses Themas auch auf die Bereiche der sozialen und wirtschaftlichen Sicherheit mitsamt der Verlässlichkeit und Planbarkeit des eigenen Lebens erweitert.1 Insbesondere stehen dabei Fragen der sozialen Ungleichheit und Gerechtigkeit im Fokus des Interesses. Das Gutachten zum 17. Deutschen Präventionstag gibt hierbei einen umfassenden Überblick über die Bedeutung sozialer Gerechtigkeit und Gleichheit für die Sicherheit und das Sicherheitsgefühl des Menschen und diskutiert die Zusammenhänge zwischen Sozial- und Kommunalpolitik, insbesondere vor dem Hintergrund möglicher problematischer Entwicklungen.2 Während des gesamten Präventionstages wurden unterschiedliche Aspekte dieses Schwerpunktthemas in zahlreichen Vorträgen analysiert und intensiv diskutiert. Darüber hinaus konnten sich die Besucher während der beiden Kongresstage natürlich auch wieder zu verschiedenen Facetten der Präventionsarbeit informieren. Hierzu gab es ein breites Angebot an Vorträgen, Filmen, Theater- und Musikdarbietungen sowie eine kongressbegleitende Ausstellung mit Informationsständen, Infomobilen, Sonderausstellungen und Posterpräsentationen. Traditionell nimmt die Kriminalprävention in diesem Zusammenhang den größten Raum ein. Dies gilt auch für den 17. Deutschen Präventionstag. Ein weiterer wichtiger Aspekt der Präventionstage ist der fachliche Austausch mit Experten sowie der Aufbau und die Pflege von Kontakten.

Die Evaluation des diesjährigen Kongresses wurde mit einem ähnlichen Instrument wie in den letzten Jahren durchgeführt, so dass vielfältige Vergleiche möglich sind. Wie in den Vorjahren ist die Qualitätssicherung und Optimierung des Deutschen Präventionstages das wichtigste Ziel der Evaluation. Es ist daher Aufgabe der Evaluation zu bewerten, inwieweit der Kongress seine Ziele erreicht und die Erwartungen erfüllt hat. Die Frage nach Wirkungen im Sinne von Veränderungen bei den Zielgruppen ist allerdings in diesem Zusammenhang höchstens ansatzweise zu beantworten. Die Evaluation konzentriert sich deshalb vor allem auf die Leistungen des Kongresses. Hierzu zählen insbesondere folgende Punkte:[3]

---

[1] Vgl. hierzu das Gutachten von Dr. Wiebke Steffen im Kongresskatalog. Hannover 2012, S. 40-120.

[2] Ebenda.

[3] Vgl. hierzu auch das proVal Handbuch für die praktische Projektarbeit. Hannover 2007, S. 69 (Online im Internet unter http://www.proval-services.net/download/proval-handbuch.pdf) sowie Beywl, Wolfgang/ Schepp-Winter, Ellen: Zielfindung und Zielklärung – ein Leitfaden – (QS21). Bonn: BMFSFJ 1999, S. 76.

- Zahl und Art der angebotenen Veranstaltungen
- Zufriedenheit der Besucherinnen und Besucher mit den Veranstaltungen und mit dem Veranstaltungsangebot sowie
- Zielgruppenerreichung und Art der Teilnahme.

Darüber hinaus dienen die im Leitbild des Deutschen Präventionstages implizit und explizit angesprochenen Ziele als Richtschnur für die Evaluation.[4] Demnach soll der Kongress

1. Kriminalprävention ressortübergreifend, interdisziplinär und in einem breiten gesellschaftlichen Rahmen darstellen und stärken,
2. die Präsentation weiterer Präventionsfelder (z.B. Sucht- und Verkehrsprävention) ermöglichen,
3. Verantwortungsträger der Prävention aus unterschiedlichen gesellschaftlichen Bereichen ansprechen,
4. aktuelle und grundsätzliche Fragen der verschiedenen Arbeitsfelder der Prävention und ihrer Wirksamkeit thematisieren,
5. Partner in der Prävention zusammenführen,
6. Forum für die Praxis sein und den Informations- und Erfahrungsaustausch ermöglichen,
7. internationale Verbindungen knüpfen und den Informationsaustausch unterstützen,
8. Umsetzungsstrategien diskutieren sowie
9. Empfehlungen an Praxis, Politik, Verwaltung und Wissenschaft erarbeiten und aussprechen.

Wie in den zurückliegenden Jahren basiert die Evaluation auf einem standardisierten Online- Fragebogen. Lob, Kritik und Anregungen konnten auch unstandardisiert als Freitext mitgeteilt werden. Hiervon machten die Befragten regen Gebrauch, so dass der Evaluation Kommentare im Umfang von insgesamt 61 Textseiten zur Verfügung stehen.

Den Besucherinnen und Besuchern des Kongresses wurde zwei Tage nach dessen Ende und dann abermals knapp eine Woche später eine E-Mail mit der Bitte um die Beantwortung des Fragebogens zugesandt. Die E-Mails enthielten jeweils einen Link, mit dem der Fragebogen unmittelbar aufgerufen werden konnte. Insgesamt wurden 1777 E-Mails an einzelne Personen verschickt. Zusätzlich wurden 24 Sammelanmelder mit der Bitte angeschrieben, die Nachricht an die zugehörigen Teilnehmerinnen und Teilnehmer weiterzuleiten. Von den angeschriebenen Personen haben 679 den

[4] Vgl. das Leitbild des Deutschen Präventionstages auf S. 32 des Kongresskatalogs 2012.

Fragebogen beantwortet. Die Zahl der Rückmeldungen liegt damit höher als beim letztjährigen Präventionstag (16. DPT: 651 ausgefüllte Fragebögen), verfehlt allerdings den Spitzenwert des Jahres 2010 (15. DPT: 738 ausgefüllte Fragebögen). Dennoch bleibt festzuhalten, dass die von proVal durchgeführte Form der Kongressevaluation nach wie vor gut angenommen wird. Allerdings ist darauf hinzuweisen, das von den 2333 angemeldeten Kongressbesuchern lediglich 1777 (76,2%) direkt angeschrieben werden konnten, da aufgrund von Sammelbestellungen, Fax- und Brieanmeldungen sowie Anmeldungen an der Tageskasse nicht von allen Teilnehmerinnen und Teilnehmer E-Mailaddressen vorlagen. Diesbezüglich hat rundgerechnet nur jeder dritte registrierte Besucher eine Rückmeldung abgegeben (29,1%). Insofern können Verzerrungen trotz des guten Rücklaufes nicht grundsätzlich ausgeschlossen werden. Im Vergleich zu den vergangenen Präventionstagen zeigt sich jedoch eine große Stabilität der zentralen Befunde, so dass davon ausgegangen werden kann, dass die Ergebnisse der Befragung die Eindrücke und Meinungen der Besucherinnen und Besucher des 17. Deutschen Präventionstag insgesamt gut widerspiegeln.

2. Plenumsveranstaltungen

Die Plenen bestimmen maßgeblich den Charakter eines Präventionstages. Nachdem im Vorjahr ein zusätzliches Vormittags- und Nachmittagsplenum am jeweils ersten bzw. zweiten Kongresstag angeboten wurde, haben sich die Veranstalter in diesem Jahr auf das traditionelle Eröffnungs- und Abschlussplenum beschränkt. Ein weiteres wichtiges Element des Präventionstages ist die Abendveranstaltung, die im Unterschied zum letzten Jahr wieder als klassischer Abendempfang angekündigt wurde. Die eben aufgeführten Veranstaltungen tragen insbesondere dazu bei, dass neben der reinen Informationsvermittlung auch das Interesse und die Motivation für ein Engagement in der Präventionsarbeit entstehen oder bestärkt werden.

2.1 Eröffnungsplenum

Dem Eröffnungsplenum kommt eine besondere Bedeutung zu, da hier der Rahmen für den Präventionstag gesetzt wird. Auf einer Skala von 1 (sehr gut) bis 5 (sehr schlecht) erreichte die Eröffnungsveranstaltung mit 2,0 einen guten Durchschnittswert und verbesserte sich leicht gegenüber der Vorjahresveranstaltung. Dennoch blieb die durchschnittliche Bewertung der Veranstaltung hinter den Werten anderer Präventionstage zurück (16. DPT: 2,1; 15. DPT: 1,5; 14. DPT: 1,8; 13. DPT: 1,6).

Die Kritikpunkte in den Kommentaren lassen dabei erkennen, dass es den Rednern zum Teil nicht ausreichend gelungen ist, das Kongressthema in den Fokus zu rücken und einen klaren Rahmen für den Präventionstag zu setzen. Die Grußworte des Münchener Oberbürgermeisters Christian Ude und des bayerischen Innenministers Joachim Herrmann wurden von vielen Kommentatoren als zu lang empfunden. In diesem Zusammenhang wurde auch das Fehlen inhaltlicher Impulse für den Präventionstag kritisiert. Beklagt wurde darüber hinaus, dass zu wenig Zeit für den Fachvortrag von

Irvin Waller blieb. Dieser wurde überwiegend positiv kommentiert, zum Teil ist von „großartig“ oder sogar „überirdisch“ die Rede. Die Kritik bezog sich hauptsächlich darauf, dass der Vortrag in englischer Sprache gehalten wurde. Dies habe dazu geführt, dass die Teilnehmerinnen und Teilnehmer – trotz der im Vorfeld an alle Plenumsbesucher ausgegebenen deutschen Übersetzung – „den Ausführungen Wallers nicht gänzlich folgen konnten“.

Einhellig gelobt wurde wieder die Moderation durch Erich Marks. Wie in den vorangegangenen Jahren erlebten ihn die Besucherinnen und Besucher „gut in Form“.

Abbildung 1: Wie hat Ihnen das Eröffnungsplenum gefallen? (Angaben in Prozent)[5]

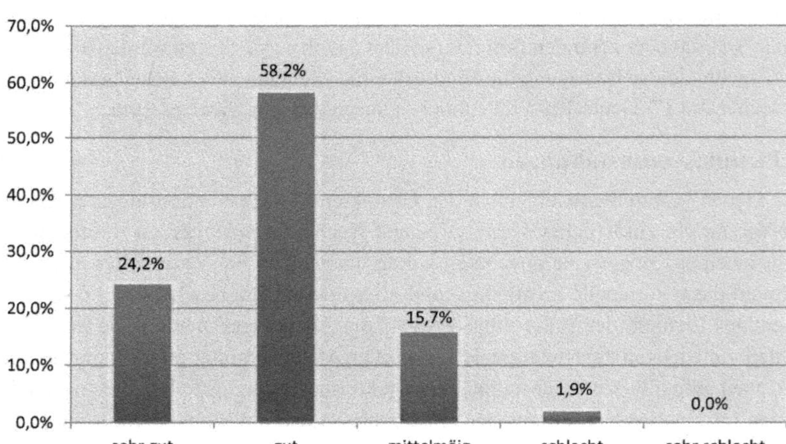

2.2 Abendveranstaltung

Die Abendveranstaltung wurde in diesem Jahr wieder unter der Bezeichnung „Abendempfang“ ausgerichtet. Mit einer Durchschnittsnote von 1,5 konnte fast der Spitzenwert vom Präventionstag in Leipzig erreicht werden; hier zeigt sich also eine deutliche Verbesserung gegenüber den Vorjahren (16. DPT: 3,0; 15. DPT: 2,1; 14. DPT: 3,0; 13. DPT: 1,2). Insgesamt 93,4% der Besucherinnen und Besucher gefiel der Abendempfang gut oder sehr gut.

[5] Die Prozentangaben beziehen sich auf die Zahl der gültigen Antworten (n=414). 255 Befragte gaben an, das Eröffnungsplenum nicht besucht zu haben.

Abbildung 2: Wie hat Ihnen der Abendempfang gefallen? (Angaben in Prozent)[6]

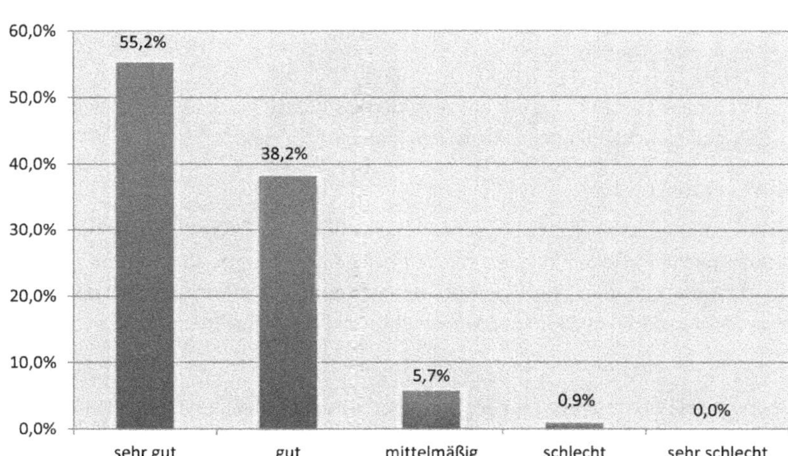

Die sehr gute Bewertung dieser Veranstaltung wird auch in den Kommentaren deutlich. Besonders die Bewirtung und Dekoration wurde von den Teilnehmerinnen und Teilnehmer positiv hervorgehoben:

> „Beim Abendempfang war das Catering besonders zu loben. Das angebotene Essen schmeckte ausgezeichnet."

> „Das Essen war sehr gut. Wenn man (wie ich) das Glück hatte, interessante Gesprächspartner zu finden, war es ein toller Abend."

> „Dazu war die Verpflegung sehr gut und sehr reichlich, was nach einem vollen Ausstellertag fast ohne essen und trinken sehr schön war."

> „Sehr nett gemacht, schöne Deko, gutes Essen und Trinken."

Leichte Kritik findet sich in den Kommentaren zur musikalischen Umrahmung des Empfanges:

> „The life music could have been a bit more modern/interesting."

> „Ich finde, dass die musikalische Untermalung durch das Brass-Ensemble der Polizei sehr unspektakulär war!"

[6] Die Prozentangaben beziehen sich auf die Zahl der gültigen Antworten (n=453). 214 Befragte gaben an, den Abendempfang nicht besucht zu haben.

> „Eine längere musikalische Untermalung des Abendempfangs, ggf. auch nur von „Band" wäre schön gewesen."

Vereinzelt wurden die fehlenden Sitzmöglichkeiten und die ausschließliche Verwendung von Stehtischen moniert:

> „Leider aber konnte man nur an Bistrotischen stehen. Nach einem ganzen Tag auf den Beinen, hätte ich beim Abendempfang gerne gesessen."

2.3 Abschlussplenum

Das Abschlussplenum litt wie in den Vorjahren unter der frühzeitigen Abreise vieler Besucherinnen und Besucher. So gaben 67,2% der Befragten an, das Abschlussplenum nicht besucht zu haben. In den Kommentaren wurde hierzu angemerkt, dass die Veranstaltung für weitgereiste Teilnehmerinnen und Teilnehmer zu spät angesetzt worden sei.

Insgesamt urteilte die Mehrzahl der befragten Besucherinnen und Besucher dennoch positiv über das Abschlussplenum (s. Abbildung 3), das mit einem Durchschnittswert von 2,3 auf einer Skala von 1 (sehr gut) bis 5 (sehr schlecht) noch respektabel, aber doch deutlich schlechter als vergangene Abschlussplenen abschnitt (16. DPT: 1,8; 15. DPT: 1,7: 14. DPT: 2,2; 13. DPT: 1,8).

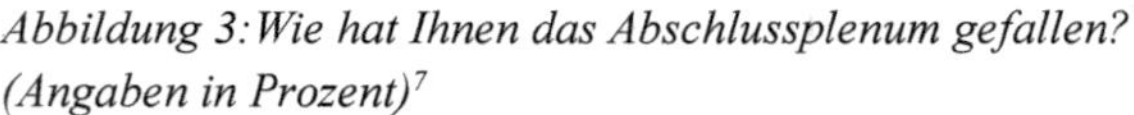
Abbildung 3: Wie hat Ihnen das Abschlussplenum gefallen? (Angaben in Prozent)[7]

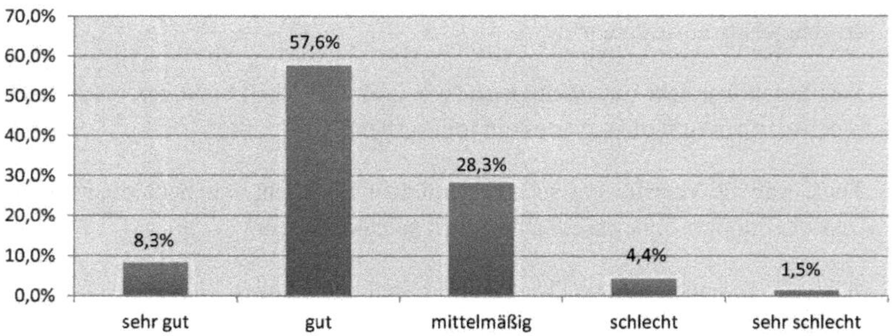

Über den Vortrag von Axel Grönemeyer zum Thema „Wege der Sicherheitsgesellschaft" gingen die Meinungen in den Kommentaren auseinander. Dabei wurde seine inhaltliche Botschaft durchaus gewürdigt. Kritisiert wurde vor allem der Vortragsstil.

---

[7] Die Prozentangaben beziehen sich auf die Zahl der gültigen Antworten (n=205). 456 Befragte gaben an, den Abschlussplenum nicht besucht zu haben.

„Wir sind einfach verwöhnt. Die Vorträge der vergangenen Jahre waren rhetorisch besser vorgetragen. Prof. Grönemeyer hat nur abgelesen. Inhaltlich war es aber dennoch gut."

„Die wissenschaftliche Vorlesung von Herrn Grönemeyer war sehr interessant und gut, aber für das Abschlussplenum nicht geeignet. Schöner wäre ein kurzer knackiger Blick in die Zukunft gewesen."

„Das Abschlussreferat des Soziologen, Prof. Grönemeyer, war hochinteressant, aber zu wissenschaftlich und zu lang, so dass ich den Faden verloren habe. Die Zusammenhänge waren mir dann nicht mehr klar."

„Die Qualität einer Veranstaltung sollte sich, etwas salopp formuliert, nicht an der Unverständlichkeit der abgelesenen Vorträge orientieren, sondern an dem Wesensgehalt des vermittelten Wissens."

3. Vorträge

3.1 Schwerpunktthema und Offenes Forum

Die in den einzelnen Zeitsträngen parallel gehaltenen Vorträge wurden wie auch bei den letztjährigen Präventionstagen als interessant und vielfältig bezeichnet. Die 58 Vorträge, zu denen jeweils mindestens 10 Rückmeldungen vorliegen und die daher in eine systematische Bewertung einbezogen werden konnten, erhielten eine überwiegend positive Resonanz. Auf einer Skala von 1 (sehr gut) bis 5 (sehr schlecht) erzielten sie einen Durchschnittswert von 1,9 (16. DPT: 2,0; 15. DPT: 2,0; 14. DPT: 2,0; 13. DPT: 2,1). Im Hinblick auf die Nützlichkeit der besuchten Veranstaltungen für die praktische Präventionsarbeit fiel die Bewertung mit einem Durchschnittswert von 2,2 (16. DPT: 2,5; 15. DPT: 2,2) besser als im letzten Jahr aus.

Natürlich gab es auch wieder Vorträge, die besonders herausragten. Die 10 besten Vorträge sind in Tabelle 1 aufgeführt. Dabei wurde für die Bestimmung der Rangfolge sowohl die allgemeine Bewertung als auch die Bewertung der Nützlichkeit für die praktische Präventionsarbeit berücksichtigt.

Tabelle 1: Die 10 besten Vorträge der Parallelveranstaltungen

	Wie hat Ihnen diese Veranstaltung gefallen?				Wie beurteilen Sie die Nützlichkeit dieser Veranstaltung für die praktische Präventionsarbeit?			
Rang	Fachvortrag	N	Durchschnitt	Standardabweichung	N	Durchschnitt	Standardabweichung	Gesamtdurchschnitt
1	Holitschke: Bekämpfung der Taschen- und Handgepäckdiebstahls	29	1,31	0,47	28	1,43	0,57	1,37
2	Staufer: Was macht mein Kind im Internet - Aktuelle Entwicklungen-Gefährdungen-Medienempfehlungen	61	1,34	0,54	60	1,63	0,76	1,49
3	Stämmer-Horst: Sicherheitsmanagement im öffentlichen Grund: Luzern auf dem Weg- ein Werkstattbericht	18	1,39	0,61	19	1,63	0,60	1,51
4	Helfrich: MUM - Münchner Unterstützungsmodell gegen häuslich Gewalt	17	1,53	0,62	17	1,59	0,62	1,56
5	Bitter: Wir schützen uns vor Schmutz im Netz / Jahn: Die dunkle Seite des Netzes. Leicht verdientes Geld?!	31	1,48	0,57	30	1,67	0,66	1,58
6	Waller: Sustaining and Mainstreaming Pre-crime Prevention: Glasgow, Bogotà and Alberta	21	1,33	0,66	20	1,85	0,59	1,59
7	Duscherer/Paulos/Kraus: Prävention und Gesundheitsförderung in der Partyszene: Mut oder Zumutung?	14	1,43	0,51	14	1,79	0,70	1,61
8	Butchart: Preventing violence: an overview	17	1,47	0,51	17	1,82	0,53	1,65
9	Fiedler/Schmidtke: Sind nationale Suizidpräventionsprogramme effektiv?	11	1,55	0,82	11	1,82	0,98	1,69
10	Davey/Wootton: Engaging young people in designing against crime	16	1,44	0,51	16	1,94	1,06	1,69

3.2 Weitere Vorträge und Workshops

3.2.1 Projektspots

Die Projektspots haben sich mittlerweile auf dem Deutschen Präventionstag fest etabliert und erfreuen sich nach wie vor großer Beliebtheit. Auf einer Skala von 1 (sehr gut) bis 5 (sehr schlecht) erreichen sie eine Durchschnittsnote von 1,8. Beinahe 90% der Befragten gefielen die Spots gut oder sehr gut. Lediglich 0,3% empfanden sie als schlecht.

Abbildung 4: Wie haben Ihnen die Projektspots gefallen? (Angaben in Prozent)[8]

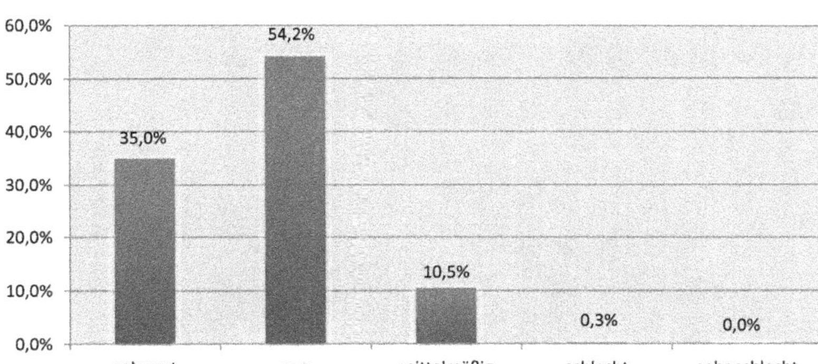

Folgt man den Anmerkungen, dann bieten die Projektspots einen sehr guten Einblick in die Arbeit und Wirksamkeit unterschiedlicher Präventionsprojekte. Dennoch gab es auch einige kritische Anmerkungen zur Organisation und zum Ablauf der Projektspots:

> „Räume waren überfüllt und das Zeitfenster war zu klein; Zeit für Rückfragen sollte eingeplant werden."

> „Je nach Interesse waren die Raumverhältnisse nicht optimal. Kursteilnehmer die verspätet eintraten und vorzeitig wieder den Raum verlassen haben. Mehr Disziplin seitens Kursteilnehmer wäre angebracht."

> „Nicht gefallen hat die Art und Weise des Veranstaltungsendes; dass 5 Minuten vor Schluss die Türen geöffnet werden und einige Besucher des nächsten Spots schon einfach reinkommen fand ich sehr unhöflich den Vortragenden gegenüber."

[8] Die Prozentangaben beziehen sich auf die Zahl der gültigen Antworten (n=391).

Auch die Eigenwerbung von Seiten einiger Vortragender wurde in den Kommentaren eher kritisch gesehen.

3.2.2 DPT- Universität

Im Rahmen der DPT- Universität wurden in diesem Jahr drei spezielle Vorlesungen zum Kongressthema „Sicher leben in Stadt und Land“ für Schülerinnen und Schüler sowie für Lehrerinnen und Lehrer angeboten. Die DPT-Universität wurde allerdings von nur 12,2% der Befragten besucht. Bei diesen ist sie aber gut angekommen und erzielt auf der bekannten Skala von 1 (sehr gut) bis 5 (sehr schlecht) eine Durchschnittsnote von 2,1. An dieser Stelle muss jedoch ergänzend darauf hingewiesen werden, dass junge Menschen aus der jeweiligen Stadt die eigentliche Zielgruppe der DPT-Universität sind. Diese wurden auch besonders eingeladen

Abbildung 5: Wie gut hat Ihnen die DPT- Universität gefallen? (Angaben in Prozent)[9]

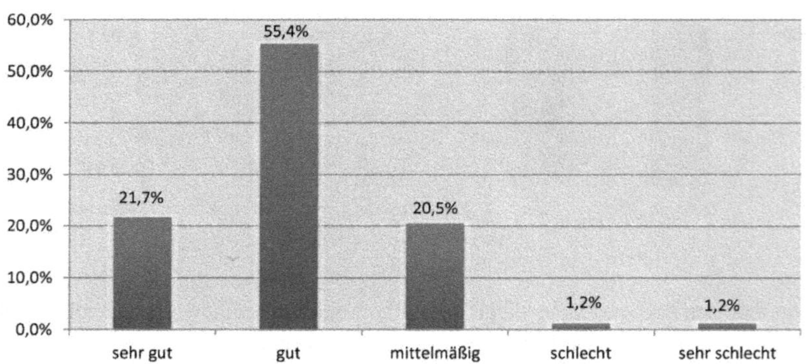

3.3 Offene Sonderveranstaltung: „Sicher im öffentlichen Personen- und Nahverkehr“

Die offene Sonderveranstaltung „Sicher im öffentlichen Personen- und Nahverkehr“, wurde lediglich von 31,2% der Befragten besucht. Diese bewerteten die in diesem Rahmen gehaltenen Vorträge jedoch überwiegend als gut oder sehr gut, was auch in der guten Durchschnittsnote von 1,9 zum Ausdruck kommt.

[9] Die Prozentangaben beziehen sich auf die Zahl der gültigen Antworten (n=83).

Abbildung 6: Wie hat Ihnen die offene Sonderveranstaltung „Sicher im öffentlichen Personen und Nahverkehr" gefallen? (Angaben in Prozent)[10]

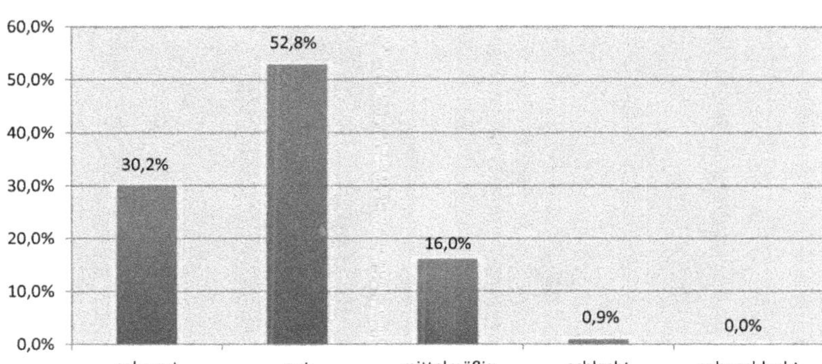

4. Ausstellung und Werkstatt

Die Ausstellung umfasst neben den zahlreichen Infoständen der verschiedenen Institutionen auch sechs Infomobile, acht Sonderausstellungen zu verschiedenen Themen und die Posterpräsentation. Unter dem Oberbegriff „Werkstatt" werden die Begleitveranstaltungen, die Bühne und das Filmforum zusammengefasst.

4.1 Infostände

Die Infostände gefielen fast 94% der Befragten gut oder sehr gut und erreichten auf unserer Skala mit 1,7 einen sehr guten Durchschnittswert (s. Abbildung 6). Besonders die Themenvielfalt und die Fülle an Informationen wurden in den Anmerkungen immer wieder gelobt:

> „Die Infostände machen die Vielfältigkeit und auch den länderspezifischen, unterschiedlichen Präventionsansatz deutlich. Ein sehr guter Blick über den Tellerrand."

> „Sehr schöne Mischung von unterschiedlichen Infoständen der verschiedenen Träger in justiznahen Diensten. Weiterhin ein sehr gutes Angebot durch verschiedene Träger, die nicht klassisch zu den justiznahen Diensten gehören."

[10] Die Prozentangaben beziehen sich auf die Zahl der gültigen Antworten (n=212).

Abbildung 7: Wie haben Ihnen die Infostände gefallen? (Angaben in Prozent)[11]

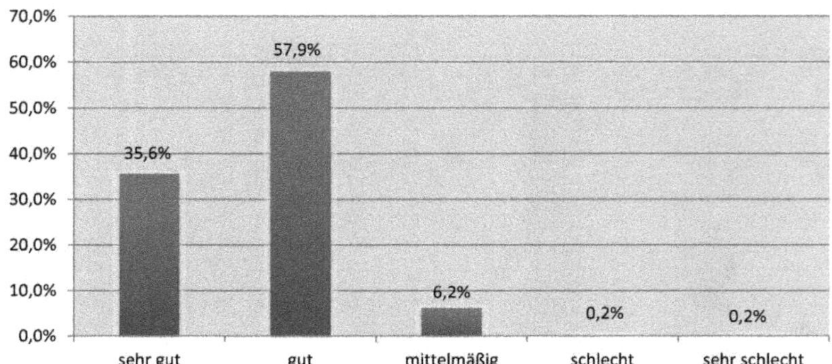

In den Kommentaren wurden die „klare Aufteilung der Ausstellung" die „großzügige Gestaltung der Ausstellungsfläche" und die „Variation der Ausstellungsthemen" gelobt. Die Menge der angebotenen Informationen hat einige Besucherinnen und Besucher aber offenbar auch etwas „erschlagen". In einigen Kommentaren wurde ferner die starke Präsenz der Polizei in der Ausstellung kritisiert. Einige Befragte bemängelten auch eine zu geringe Übersichtlichkeit der Ausstellung.

4.2 Infomobile

91% der Befragten schätzten die Infomobile als gut oder sehr gut ein. Damit erreichten die Infomobile auf der bekannten Skala von 1 (sehr gut) bis 5 (sehr schlecht) eine Durchschnittsnote von 1,8.

[11] Die Prozentangaben beziehen sich auf die Zahl der gültigen Antworten (n=665).

Abbildung 8: Wie haben Ihnen die Infomobile gefallen? (Angaben in Prozent)[12]

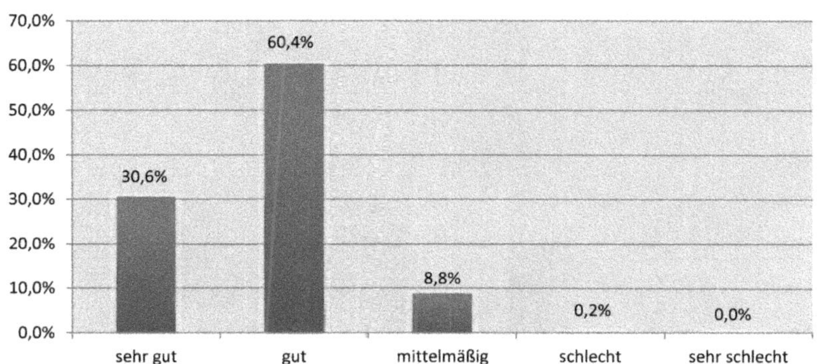

4.3 Sonderausstellungen

Die Sonderausstellungen erhielten auf unserer fünfstufigen Skala einen Durchschnittswert von 1,9 und gefielen 89% der Befragten gut oder sogar sehr gut.

Abbildung 9: Wie haben Ihnen die Sonderausstellungen gefallen? (Angaben in Prozent)[13]

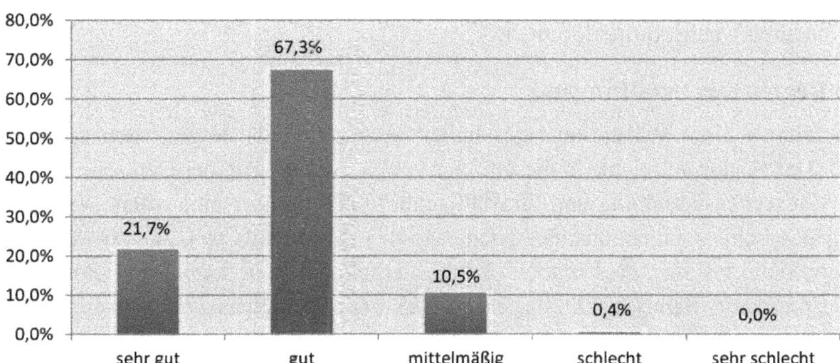

4.4 Posterpräsentationen

Zum Bereich der Ausstellung gehören auch Posterpräsentationen. Diese wurden von 76,1% der Befragten besucht und erhielten wie in den vergangenen Jahren eine Durchschnittsnote von 2,2.

---

[12] Die Prozentangaben beziehen sich auf die Zahl der gültigen Antworten (n=467). 185 Befragte gaben an, die Infomobile nicht besucht zu haben.

[13] Die Prozentangaben beziehen sich auf die Zahl der gültigen Antworten (n=447). 188 Befragte gaben an, die Sonderausstellungen nicht besucht zu haben.

Abbildung 10: Wie haben Ihnen die Posterpräsentationen gefallen (Angaben in Prozent)[14]

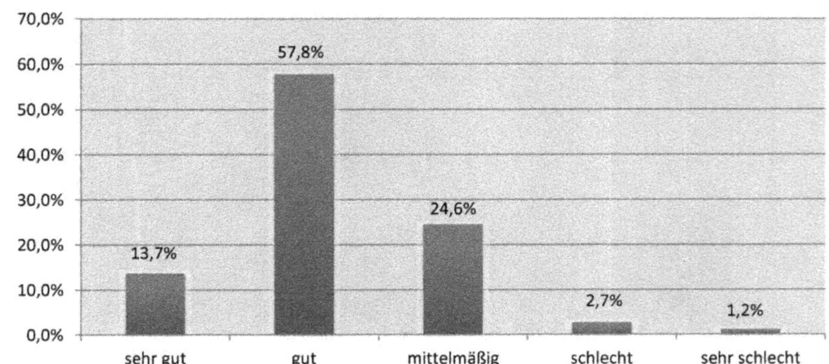

Die offenen Anmerkungen deuten an dieser Stelle darauf hin, dass die Posterbeiträge in diesem Jahr vielleicht etwas ungünstig platziert waren:

> „Die Poster gingen neben den Infoständen leider etwas unter und waren zu dicht beisammen gestellt."

> „Die Poster waren etwas gedrängt in der hintersten Ecke der Halle und bekamen dadurch wenig Aufmerksamkeit."

4.5 Begleitveranstaltungen

Im Rahmen eines Präventionstages finden auch zahlreiche Begleitveranstaltungen statt. Das Spektrum reichte in diesem Jahr vom 9. Stiftungstag der Deutsche Stiftung für Verbrechensverhütung und Straffälligenhilfe (DVS) über eine offene Veranstaltung des Landespräventionsrates Niedersachsen für zukünftige CTC- Anwender in Deutschland bis zur „Presentation of the International Report on Crime Prevention and Community Safety 2012". Insgesamt 50,5% der Befragten nahmen an mindestens einer dieser Veranstaltungen teil und fanden diese zu über 90% sehr gut oder gut, so dass die Begleitveranstaltungen insgesamt die Durchschnittsnote 1,9 erzielten.

---

[14] Die Prozentangaben beziehen sich auf die Zahl der gültigen Antworten (n=517). 122 Befragte gaben an, die Posterpräsentationen nicht besucht zu haben.

Abbildung 11: Wie haben Ihnen die Begleitveranstaltungen gefallen (Angaben in Prozent)[15]

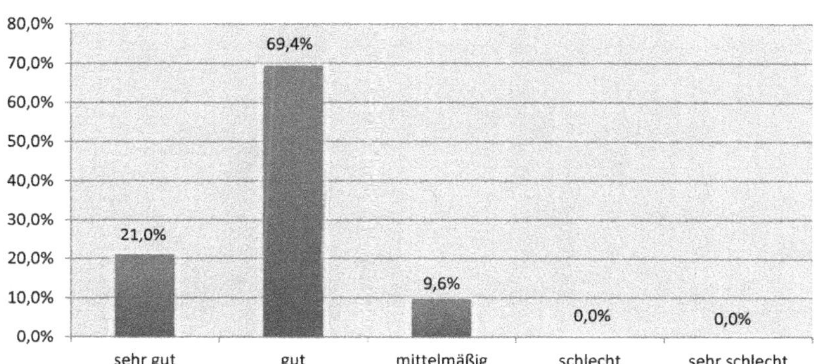

4.6 Die Bühne

Die Bühne wurde in diesem Jahr von lediglich 35,9% der Befragten besucht. Ein möglicher Grund für die geringe Teilnehmerzahl aus den Reihen der Kongressbesucher findet sich in einer Anmerkung. Demzufolge war „das Angebot fast zu dicht, so dass viele Begleitveranstaltungen (für mich) völlig auf der Strecke geblieben sind." Dennoch erzielten die Bühnenveranstaltungen einen Durchschnittswert von 1,9 und schnitten damit etwas besser als im letzten Jahr ab (16. DPT: 2,1; 15. DPT: 1,9). An dieser Stelle muss aber ergänzend darauf hingewiesen werden, dass Gruppen aus Kindergärten und Schulklassen sowie Eltern und Seniorengruppen aus der jeweiligen Stadt die eigentlichen Zielgruppen der Bühnendarbietungen sind. Für diese Gruppen wurde ein spezielles Programm gedruckt, und diese Gruppen wurden auch besonders eingeladen. Insgesamt nahmen den Veranstaltern zufolge 1.357 eingeladene Besucher an den Bühnenveranstaltungen und an der DPT-Uni teil.

[15] Die Prozentangaben beziehen sich auf die Zahl der gültigen Antworten (n=343). 284 Befragte gaben an, die Begleitveranstaltungen nicht besucht zu haben.

Abbildung 12: Wie hat Ihnen die Bühne gefallen? (Angaben in Prozent)[16]

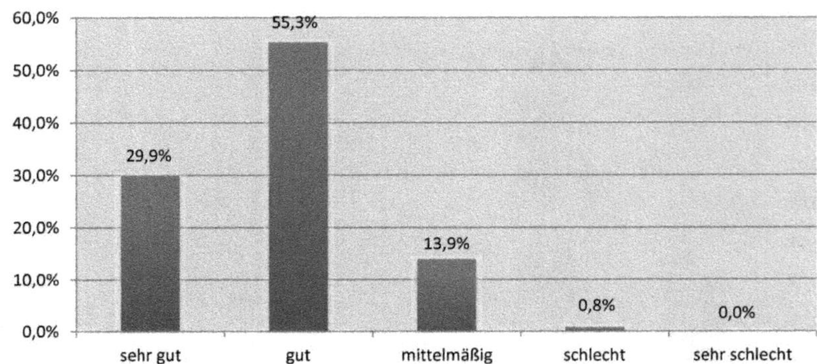

4.7 Das Filmforum

Das Filmforum wurde von nur 23,1% der Befragten besucht und fand damit eine geringere Resonanz als auf dem 16. Präventionstag. Die Durchschnittsnote verbesserte sich allerdings leicht von 2,2 (16. DPT) auf 2,0.

Abbildung 13: Wie hat Ihnen das Filmforum gefallen? (Angaben in Prozent)[17]

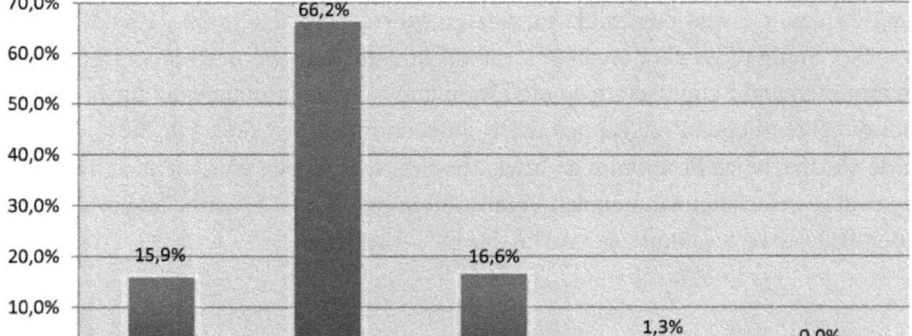

[16] Die Prozentangaben beziehen sich auf die Zahl der gültigen Antworten (n=244). 398 Befragte gaben an, die Bühnenveranstaltungen nicht besucht zu haben.

[17] Die Prozentangaben beziehen sich auf die Zahl der gültigen Antworten (n=157). 482 Befragte gaben an, die Filmforum nicht besucht zu haben.

5. Internetseiten und neue Medien

Auch in diesem Jahr wurden die Befragten wieder um eine Bewertung der Internetseiten des Deutschen Präventionstages gebeten. Zusätzlich wurde auch eine Beurteilung des Online Angebotes in die Evaluationsbefragung aufgenommen, die von der Bewertung der Präventions- Suchmaschine dpt-map über die Einschätzung der täglichen Präventions-News und der App des Deutschen Präventionsstages bis hin zur Einstufung der Möglichkeit von Vortragsmitschnitten der Eröffnungs- und Schlussveranstaltung reicht.

5.1 Die Internetseite des Deutschen Präventionstages

Im Vergleich zu den letzten beiden Jahren hat die kongressunabhängige Nutzung der Internetseite wieder zugenommen. So gaben insgesamt 50,3% der Befragten an, die Internetseite des Deutschen Präventionstages häufig bzw. eher selten – aber auch unabhängig von einem Kongress – zu nutzen (16. DPT: 42,5%; 15. DPT: 44%; 14. DPT: 52,4%). Der Anteil derjenigen, die die Internetseite überhaupt nicht besuchen, hat sich gegenüber dem Vorjahr von knapp 10% auf rund 5% halbiert.

Abbildung 14: Wie häufig nutzen Sie die Internetseite des Deutschen Präventionstages? (Angaben in Prozent)[18]

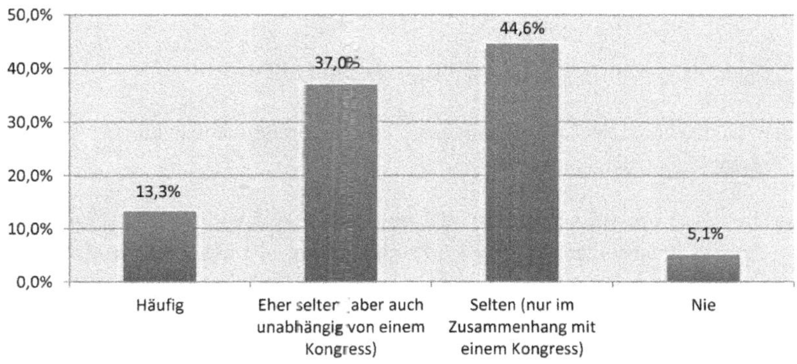

Auch der Anteil derjenigen, die die Struktur und die Gestaltung der Internetseite gut oder sehr gut finden, ist auf nunmehr 84,4% gestiegen (16. DPT: 78,3%). Insofern erreichte die Bewertung der Internetseite auf der bekannten Skala von 1 (sehr gut) bis 5 (sehr schlecht) mit 2,0 eine gute Durchschnittsnote.

[18] Die Prozentangaben beziehen sich auf die Anzahl der gültigen Antworten (n=610). 59 Befragte gaben an, die Internetseite nicht zu kennen.

Abbildung 15: Wie finden Sie die Struktur und Gestaltung der Internetseiten (Angaben in Prozent)[19]

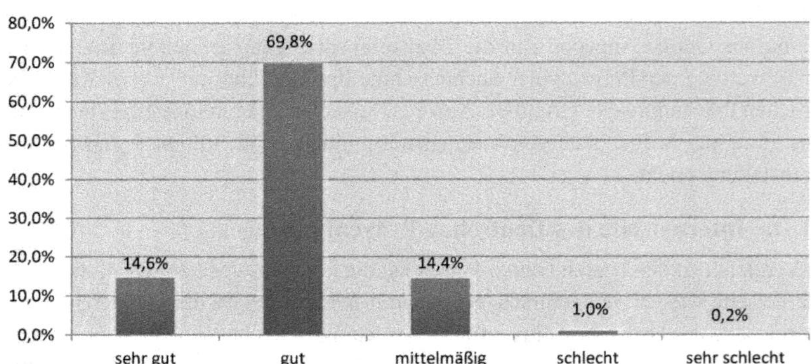

In den offenen Kommentaren wurde vor allem die Unübersichtlichkeit der Homepage beklagt. Zum Teil wurde aber auch die schlechte Bedienbarkeit einzelner Elemente moniert:

> „Der Zugriff ist noch recht unübersichtlich. Um zu meinem Projektspot zu kommen, gibt es viele erhebliche Schwierigkeiten.“

> „Etwas übersichtlicher gestalten, klarer strukturieren.“

Zudem wünschten sich die Befragten eine Erweiterung des Download-Angebotes um die Präsentationen der Vorträge:

> „Ich würde mir wünschen, dass die im Rahmen der Vorträge und Projektspots gezeigten Präsentationen (PowerPoint o.ä.) möglichst umfänglich zum Download angeboten werden.“

5.2 Die Präventionssuchmaschine dpt-map

Immerhin 54,2% der Befragten kannten die Präventionssuchmaschine dpt-map. Von diesen Befragten gaben 35,3% an, die Suchmaschine häufig bzw. eher selten – aber auch unabhängig von einem Kongress – zu nutzen.

[19] Die Prozentangaben beziehen sich auf die Anzahl der gültigen Antworten (n=506).

Abbildung 16: Wie häufig nutzen Sie die Präventionssuchmaschine dpt- map? (Angaben in Prozent)[20]

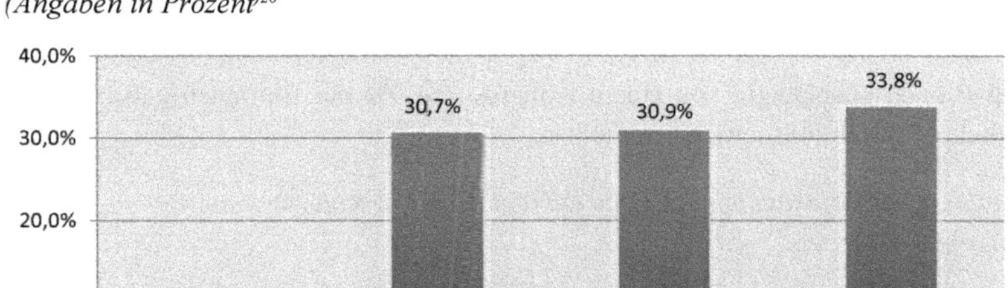

Insgesamt wurde die Präventionssuchmaschine mit einem Durchschnittswert von 2,1 auf unserer Fünferskala als gut bewertet. Der Anteil derjenigen, die dabei die Suchmaschine mit gut oder sehr gut bewerteten lag bei rund 82%.

Abbildung 17: Wie finden Sie die Präventionssuchmaschine dpt- map? (Angaben in Prozent)[21]

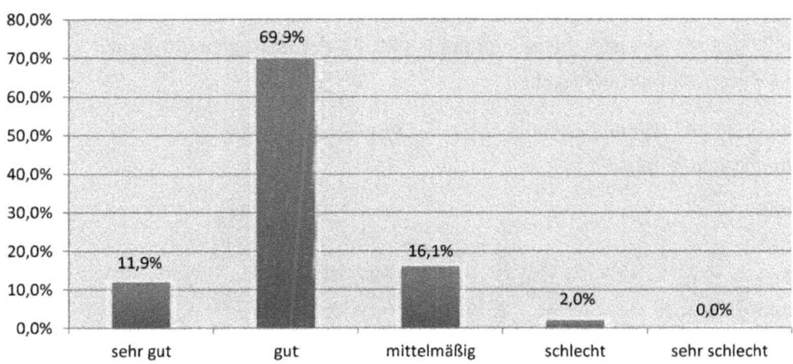

[20] Die Prozentangaben beziehen sich auf die Anzahl der gültigen Antworten (n=349). 311 Befragte gaben an, die Präventionssuchmaschine nicht zu kennen.

[21] Die Prozentangaben beziehen sich auf die Anzahl der gültigen Antworten (n=193).

5.3 Die täglichen Präventions-News

Die täglichen Präventionsnews sind immerhin 65,8% der Befragten bekannt. Von diesen nutzt jedoch weniger als die Hälfte (42%) dieses Angebot häufig bzw. eher selten – aber auch unabhängig von einem Kongress. 31,9% der Befragten gaben an, die täglichen Präventionsnews nie zu nutzen.

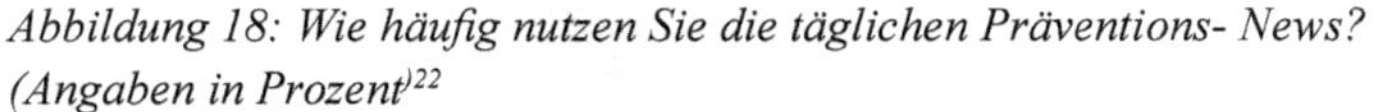

Abbildung 18: Wie häufig nutzen Sie die täglichen Präventions- News? (Angaben in Prozent)[22]

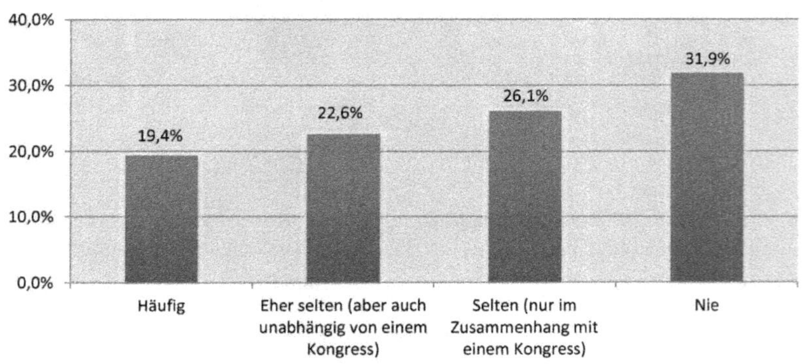

Dennoch wurde das Angebot auf unserer Fünferskala mit einem Durchschnittswert von 2,0 als gut bewertet. Insgesamt fanden 80,7% der Befragten die täglichen Präventions-News sehr gut oder gut.

Abbildung 19: Wie finden Sie die tägliche Präventions- News (Angaben in Prozent)[23]

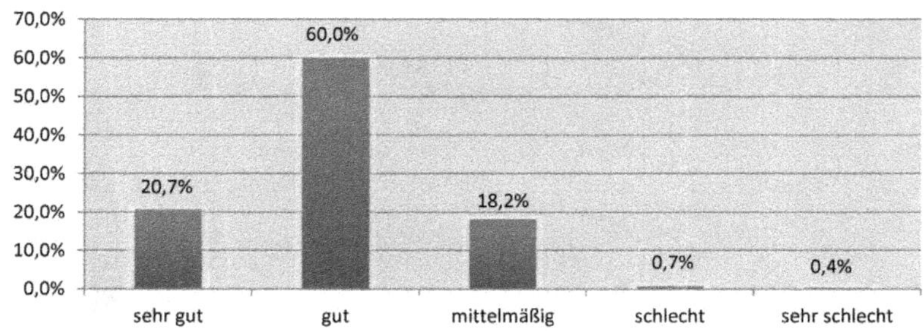

[22] Die Prozentangaben beziehen sich auf die Anzahl der gültigen Antworten (n=433). 232 Befragte gaben an, die Präventions-News nicht zu kennen.

[23] Die Prozentangaben beziehen sich auf die Anzahl der gültigen Antworten (n=275).

5.4 Die neue App des Deutschen Präventionstages

Die neue App des Deutschen Präventionstages ist bisher bei weniger als der Hälfte der Befragten bekannt (48,2%). Von diesen Personen nutzen lediglich 14,6% die Möglichkeit des Angebotes häufig bzw. eher selten – aber auch unabhängig von einem Kongress. 71,1% der Befragten gaben hingegen an, die neue App des Deutschen Präventionstages nie zu nutzen.

Abbildung 20: Wie häufig nutzen Sie die neue App des Deutschen Präventionstages (Angaben in Prozent)[24]

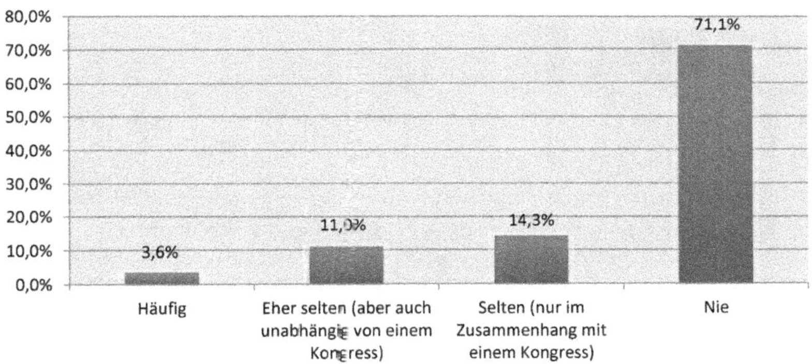

Auf unserer Skala von 1 (sehr gut) bis 5 (sehr schlecht) erreichte die neue App des Deutschen Präventionstages einen Durchschnittswert von 2,2. 78% der Befragten fanden die App des Deutschen Präventionstages gut oder sehr gut. Lediglich 5,5% fanden das Angebot schlecht oder sehr schlecht.

[24] Die Prozentangaben beziehen sich auf die Anzahl der gültigen Antworten (n=308). 352 Befragte gaben an, die App nicht zu kennen.

Abbildung 21: Wie finden Sie die neue App des Deutschen Präventionstages (Angaben in Prozent)[25]

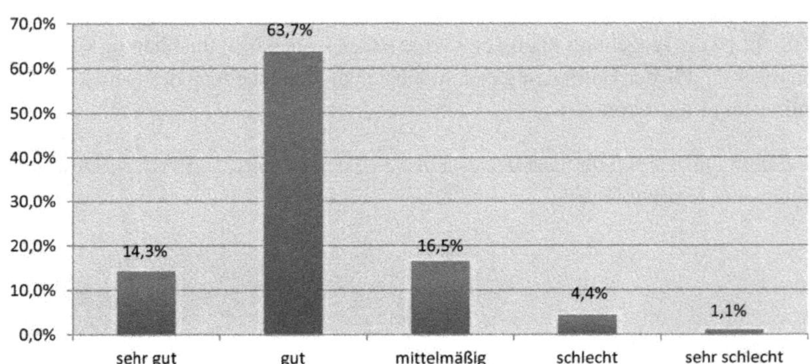

In zwei Kommentaren wurde darauf hingewiesen, dass die Kompatibilität der App mit unterschiedlichen Smartphone-Betriebssystemen überprüft werden sollte:

> „Die App des Deutschen Präventionstages sollte auf dem Blackberry lauffähig sein."

> „Es sollte künftig unbedingt eine Android-Version der App zur Verfügung stehen."

5.5 Die Vortragsmittschnitte der Eröffnungs- und Schlussveranstaltung auf der Internetseite des Deutschen Präventionstages

Die Möglichkeit, die Vortragsmitschnitte der Eröffnungs- und Schlussveranstaltungen auf der Internetseite des Deutschen Präventionstages anzusehen bzw. live zu verfolgen, kannten gut $^2/_3$ (67,3%) der Befragten. Von diesen nutzen aber nur 22,1% diese Möglichkeit häufig bzw. eher selten – aber auch unabhängig von einem Kongress. 43,0% gaben an, dieses Angebot noch nie genutzt zu haben.

[25] Die Prozentangaben beziehen sich auf die Anzahl der gültigen Antworten (n=91).

Abbildung 22: Wie häufig nutzen Sie die Vortragsmitschnitte der Eröffnungs-und Schlussveranstaltungen auf der Internetseite des Deutschen Präventionstages (Angaben in Prozent)[26]

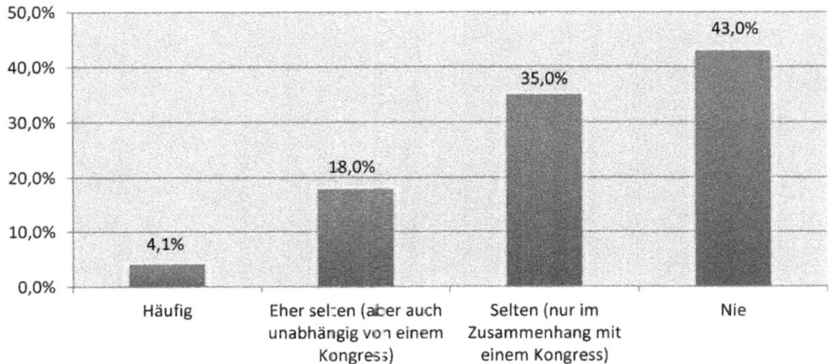

Dennoch erreichten beide Onlineangebote auf unserer Fünferskala jeweils einen Durchschnittswert von 1,9. Insgesamt beurteilten 88,6% der Befragten die Möglichkeit, Vortragsmitschnitte der Eröffnungs- und Schlussveranstaltung auf der Internetseite anschauen zu können, als gut oder sehr gut. Der Anteil derjenigen, die die Möglichkeit des Livestreaming der Eröffnungs- und Schlussveranstaltung als gut oder sehr gut empfanden, beträgt 85,1%.

[26] Die Prozentangaben beziehen sich auf die Anzahl der gültigen Antworten (n=440). 222 Befragte gaben an, die Vortragsmitschnitte nicht zu kennen.

Abbildung 23: Wie finden Sie, die Möglichkeit, die Eröffnungs- und Schlussveranstaltung auf der Internetseite anzusehen bzw. live zu verfolgen? (Angaben in Prozent)[27]

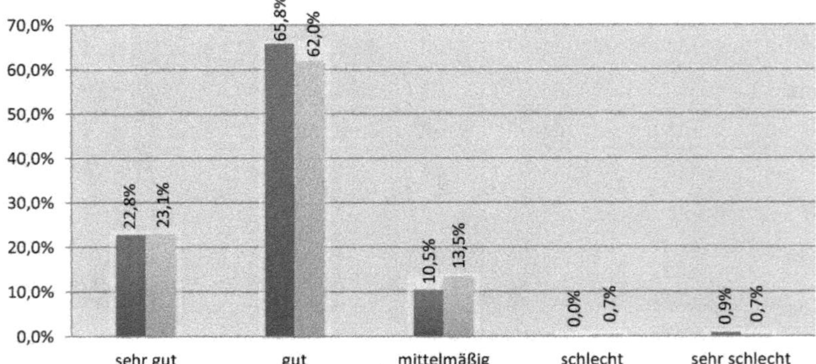

5.6 Nutzungswahrscheinlichkeit der im Aufbau befindlichen Präsenzen des Deutschen Präventionstages

Nur ein relativ geringer Anteil der Befragten konnte sich eine kongressunabhängige Nutzung der im Aufbau befindlichen Onlineressourcen bei Facebook oder Twitter vorstellen. In diesem Zusammenhang gaben gerade einmal 15,9% der Befragten an, den Facebook- Account des Deutschen Präventionstages häufig bzw. eher selten – aber auch unabhängig von einem Kongress – nutzen zu wollen. 65,8% schlossen die Nutzung einer Facebook-Präsenz des Deutschen Präventionstages komplett aus. Mit 82% liegt der Anteil der Befragten, die eine Twitter-Präsenz nie besuchen würden, sogar noch höher. Lediglich 7% der Befragten konnten sich eine häufige bzw. eine seltene, aber auch kongressunabhängige Nutzung von Twitter-Einträgen des Deutschen Präventionstages vorstellen.

[27] Die Prozentangaben beziehen sich auf die Anzahl der gültigen Antworten: Die Möglichkeit, Vortragsmitschnitte der Eröffnungs- und Schlussveranstaltung auf der Internetseite anzusehen (n=325); die Möglichkeit, die Eröffnungs- und Schlussveranstaltung auf der Internetseite live zu verfolgen (n=303).

Abbildung 24: Wie häufig werden Sie die noch im Aufbau befindlichen Präsenzen des Deutschen Präventionstages bei Facebook und Twitter voraussichtlich nutzen? (Angaben in Prozent)[28]

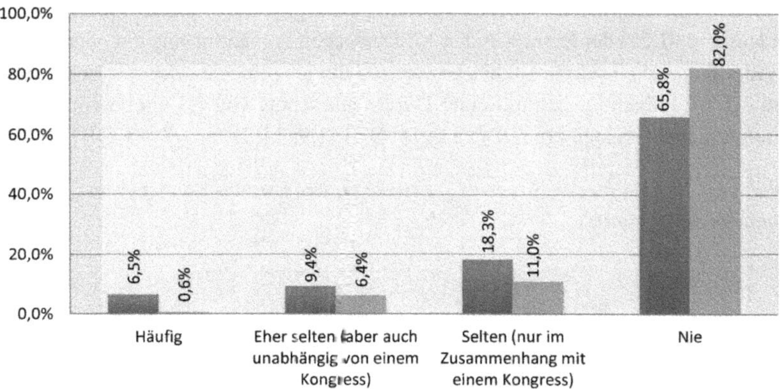

6. Gesamteindruck

Das Eröffnungsplenum wurde in diesem Jahr geringfügig besser bewertet als im Vorjahr, konnte aber die Spitzenwerte vergangener Jahre nicht erreichen. Trotzdem erhielt es eine immer noch gute Durchschnittsnote. Das Abschlussplenum schnitt im Vergleich zu den vorangegangenen Jahren zwar deutlich schlechter ab, erreichte aber dennoch einen Durchschnittswert von 2,3. Über die Vorträge, die Ausstellung und die Werkstatt äußerten sich die Befragten im Großen und Ganzen sehr positiv. Als besonders gelungen ist der Abendempfang hervorzuheben.

Insgesamt erhielt der 17. Deutsche Präventionstag viel Lob:

> „Die Vielfalt, von hochwissenschaftlich bis hin zum Theater für Schüler; es gibt immer ein Schwerpunktthema je DPT; Lob an die OrganisatorInnen. Hat alles prima geklappt."

> „Die Zusammenarbeit und die Teamfähigkeit; die Atmosphäre insgesamt; gesprächsbereite Menschen; viele Kontakte; über den Zaun schauen; Anregungen mitnehmen."

> „Ein schöner DPT. Mit vielen neuen Bekanntschaften und vielen neuen Ideen. Eine rundherum gut gelungene Veranstaltung."

[28] Die Prozentangaben beziehen sich auf die Anzahl der gültigen Antworten: Facebook (n=657); Twitter (n=656).

> „Mir hat die Atmosphäre insgesamt gefallen. Die Teilnehmer, Mitarbeiter und Organisatoren waren sehr aufgeschlossen und jederzeit für ein Gespräch zugänglich. Der Abendempfang war eine gelungene Sache."

Die lobenden Kommentare decken sich mit den Ergebnissen unserer Befragung. So fanden rund 91,2% der Befragten den 17. Deutschen Präventionstag gut oder sehr gut (s. Abbildung 25). Lediglich 0,8% bewerteten ihn als schlecht oder sehr schlecht, so dass der 17. Präventionstag mit einer Durchschnittsnote von 1,7 ein hervorragendes Gesamtergebnis erzielte (16. DPT: 2,0; 15. DPT: 1,9; 14. DPT: 1,9; 13: DPT: 1,7).

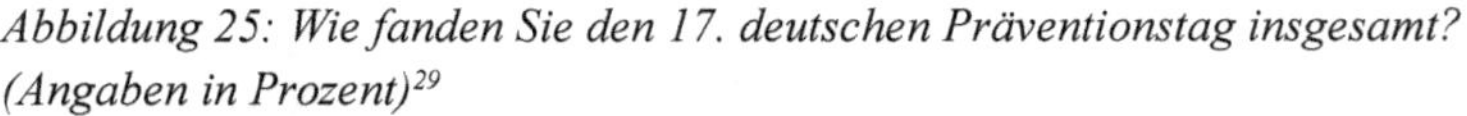

Abbildung 25: Wie fanden Sie den 17. deutschen Präventionstag insgesamt? (Angaben in Prozent)[29]

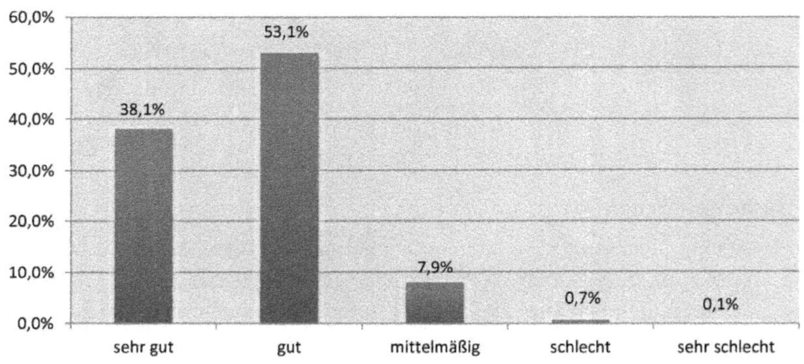

Insgesamt gaben 90,6% der Befragten an, dass ihre Erwartungen an den Präventionstag voll und ganz oder überwiegend erfüllt wurden. Gegenüber dem Vorjahr ist dies ein Zuwachs um rund 7 Prozentpunkte (16. DPT: 84%; 15. DPT: 91%; 14. DPT: 89,1%; 13. DPT: 89,3%). Entsprechend ist die Zahl derjenigen, die ihre Erwartungen eher nicht oder gar nicht erfüllt sahen auf 9,4% gesunken (16. DPT: 16,1%; 15. DPT: 9%; 14. DPT: 10,9%; 13. DPT: 10,7%).

[29] Die Prozentangaben beziehen sich auf die Anzahl der gültigen Antworten (n=667).

Abbildung 26: Meine Erwartungen an den Präventionstag haben sich erfüllt. (Angaben in Prozent)[30]

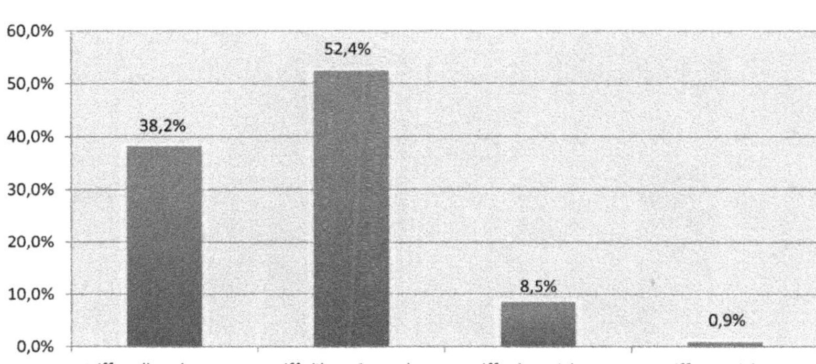

Rund 80% der Befragten meinten, dass von dem Kongress Impulse für die Präventionsarbeit in Deutschland ausgehen werden (16. DPT: 80,8%; 15. DPT: 80,5%; 14. DPT: 84,1%; 13. DPT: 82,5%).

Abbildung 27: Von dem Kongress werden Impulse für die Präventionsarbeit in Deutschland ausgehen. (Angaben in Prozent)[31]

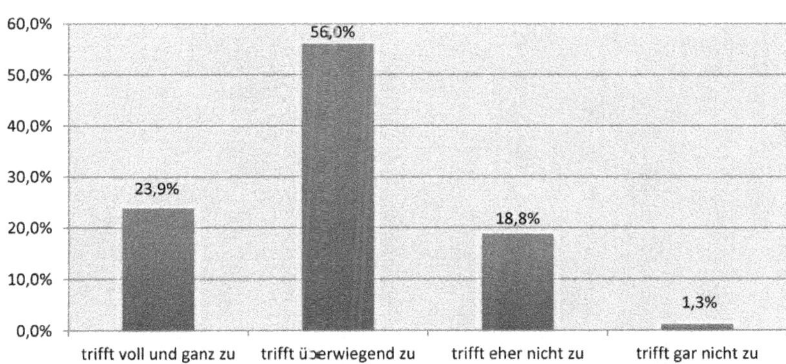

Positiv fiel auch das Urteil hinsichtlich des Anregungsgehaltes der Tagung für die Präventionspraxis aus. So gaben rund 87% der Befragten an, Anregungen für die Präventionspraxis bekommen zu haben (16. DPT: 82%; 15. DPT: 85,5%; 14. DPT: 88,8%; 13. DPT: 86,4%).

[30] Die Prozentangaben beziehen sich auf die Anzahl der gültigen Antworten (n=662).

[31] Die Prozentangaben beziehen sich auf die Anzahl der gültigen Antworten (n=637).

Abbildung 28: Ich habe viele Anregungen für die Präventionspraxis bekommen. (Angaben in Prozent)[32]

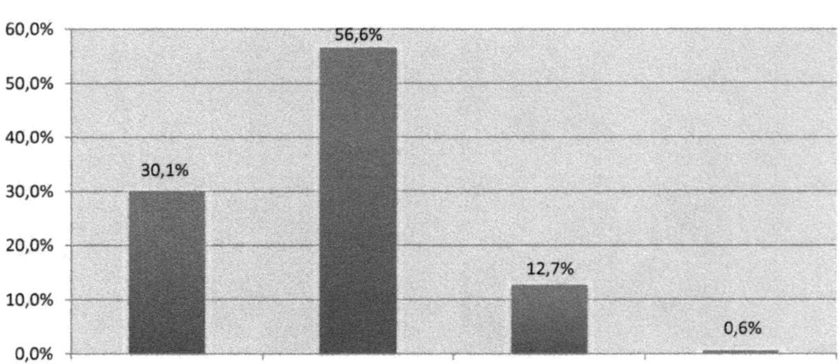

95,2% der befragten Teilnehmerinnen und Teilnehmer fiel es zudem mehr oder weniger leicht, Kontakte zu knüpfen und Informationen auszutauschen (16. DPT: 88,7%; 15. DPT: 91,8%; 14. DPT: 91,2%; 13. DPT: 92,8%). Im Vergleich zu den Vorjahren erreicht die Zufriedenheit mit dem Informations- und Erfahrungsaustausch damit einen neuen Spitzenwert.

Abbildung 29: Es fiel mir leicht, Kontakte zu knüpfen und Informationen auszutauschen. (Angaben in Prozent)[33]

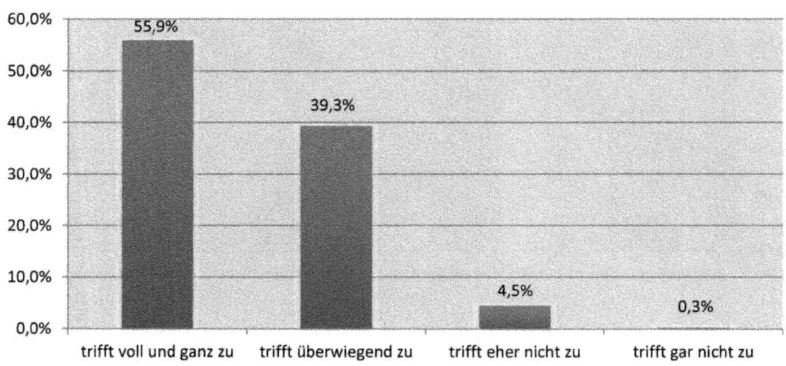

[32] Die Prozentangaben beziehen sich auf die Anzahl der gültigen Antworten (n=668).

[33] Die Prozentangaben beziehen sich auf die Anzahl der gültigen Antworten (n=671).

Auch in Bezug auf die Gelegenheiten, um mit Praktikern über Fragen der Prävention diskutieren zu können, zeichnet sich der 17. Deutsche Präventionstag durch einen neuen Höchstwert in der Zufriedenheit aus. Demgemäß konnten rund 93% der Befragten dieser Aussage voll und ganz oder überwiegend zustimmen (16. DPT: 85,2%; 15. DPT: 87,6%; 14. DPT: 90,6%; 13. DPT: 91,0%).

Abbildung 30: Es gab genügend Gelegenheiten, um mit Praktikern über Fragen der Prävention zu diskutieren. (Angaben in Prozent)[34]

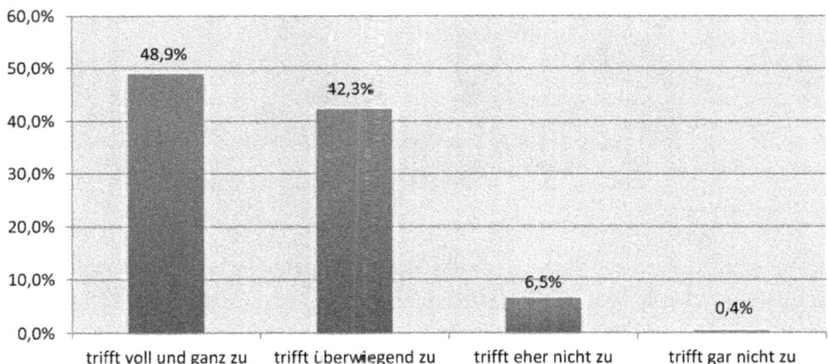

Positiv ist auch die Entwicklung bei den Gelegenheiten für den fachlichen Austausch mit den auf der Tagung vertretenen Wissenschaftlerinnen und Wissenschaftlern. In dieser Facette stieg die Zufriedenheit um 11,4 Prozentpunkte von 55,0% im letzten auf 66,4 % in diesem Jahr.

[34] Die Prozentangaben beziehen sich auf die Anzahl der gültigen Antworten (n=666).

Abbildung 31: Es gab genügend Gelegenheit für den fachlichen Austausch mit Wissenschaftlern. (Angaben in Prozent)[35]

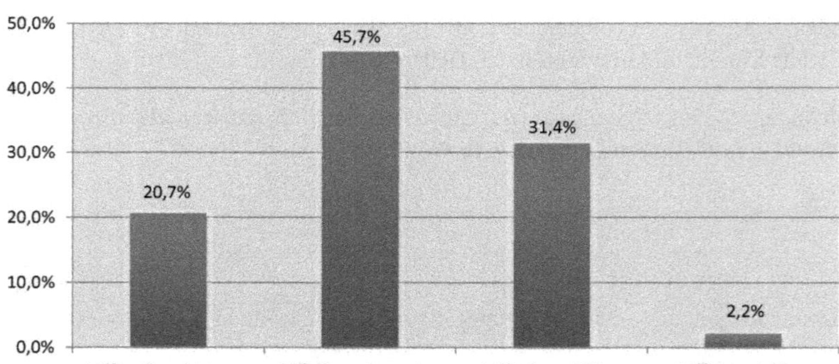

Obwohl sich Aufbau und Gestaltung des Kongresskataloges im Vergleich zum Vorjahr nicht geändert haben, wurde der Kongresskatalog in diesem Jahr deutlich besser bewertet. Auf unserer von 1 (sehr gut) bis 5 (sehr schlecht) reichenden Skala schneidet er mit einem Durchschnittswert von 1,7 ab (16. DPT: 2,1; 15. DPT: 2,0; 14. DPT: 1,9; 13. DPT: 1,6). Dieser Effekt ist wahrscheinlich damit zu erklären, dass die Befragten zwischen dem Kongresskatalog und dem Programmflyer nicht klar unterschieden haben. Die neue, sehr übersichtliche Gestaltung des Programmflyers wurde jedenfalls sehr gelobt:

> „Der Übersichtsplan, in dem alle Veranstaltungen aufgelistet waren – sehr übersichtlich, sehr nützlich, bitte unbedingt beibehalten!“

> „Sehr übersichtlicher Programmflyer.“

[35] Die Prozentangaben beziehen sich auf die Anzahl der gültigen Antworten (n=643).

Abbildung 32: Wie fanden Sie den Kongresskatalog? (Angaben in Prozent)[36]

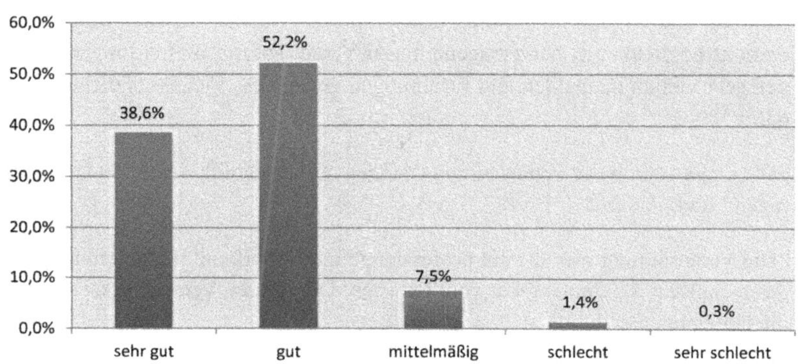

Viel Lob erhielt auch die Kongressorganisation. Mit 1,6 wurde der beste Durchschnittswert der letzten Kongressjahre erreicht (16. DPT: 1,9; 15. DPT: 2,0; 14. DPT: 1,9; 13. DPT: 1,5).

Abbildung 33: Wie fanden Sie die Kongressorganisation insgesamt? (Angaben in Prozent)[37]

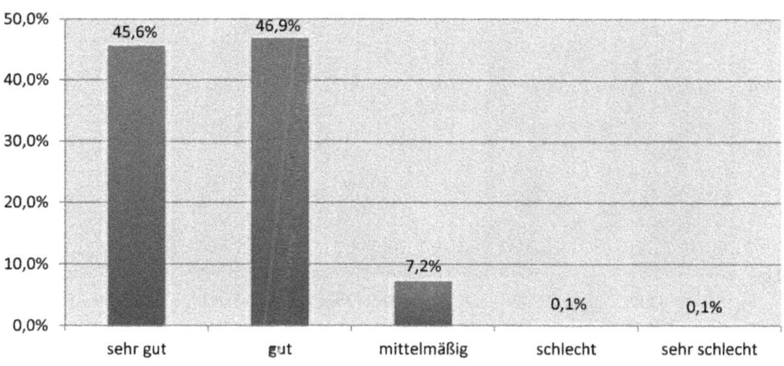

Dieses positive Ergebnis wird durch die Kommentare der Befragten illustriert:

> „Als Referentin eines Projektspots ist mir v.a. die hervorragende technische Betreuung aufgefallen. Die Möglichkeit, die Präsentationen vorher zentral hochzuladen, ist eine gute Idee. Es ist sehr angenehm, wenn man in den Vortragsraum

[36] Die Prozentangaben beziehen sich auf die Anzahl der gültigen Antworten (n=663).

[37] Die Prozentangaben beziehen sich auf die Anzahl der gültigen Antworten (n=667).

kommt und die Präsentation bereits abgespielt vorliegt. Großes Lob dafür."

„Aufbau und Organisation waren hervorragend, geladene Aussteller und Informationsmöglichkeiten hervorragend, unser Verein hat mit diesen Präventionstagen sehr viel an Kontakten und Erfahrungen gewonnen. Vielen herzlichen Dank dafür."

„Die Organisation der Veranstaltung erschien mir ausgereift und hat m.E. hervorragend funktioniert."

„Die Veranstaltung war absolut professionell organisiert und durchgeführt. Auch das technische Equipment war vom Feinsten. Der ganzen Veranstaltung sah man die jahrelange Erfahrung an."

Auch in diesem Jahr wurden wieder verschiedene Einzelaspekte der Kongressorganisation erhoben. Die Informationen zur Tagung bewerteten dabei 84,4% der befragten Besucherinnen und Besucher als gut oder sehr gut (16. DPT: 83,4; 15. DPT: 72,4%).

Abbildung 34: Wie fanden Sie die Informationen zur Tagung (Anfahrtsskizze, Ausschilderung etc.)? (Angaben in Prozent)[38]

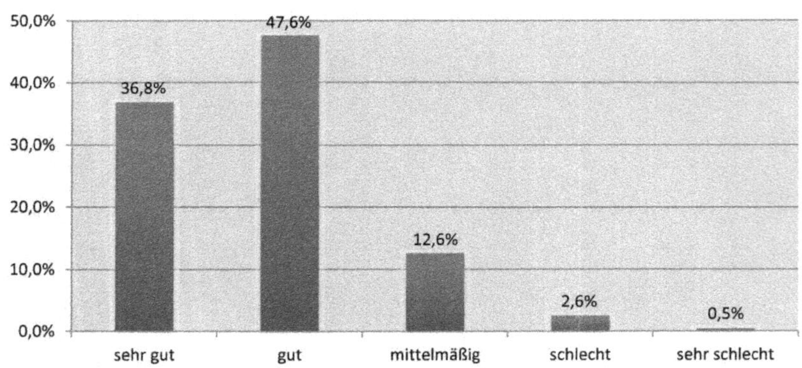

Den Service und die Betreuung durch die Organisatoren fanden 89,7% der Befragten gut oder sehr gut (16. DPT: 88,8%; 15. DPT: 76,7%).

[38] Die Prozentangaben beziehen sich auf die Anzahl der gültigen Antworten (n=666).

Abbildung 35: Wie fanden Sie den Service/ die Betreuung durch die Organisatoren? (Angaben in Prozent)[39]

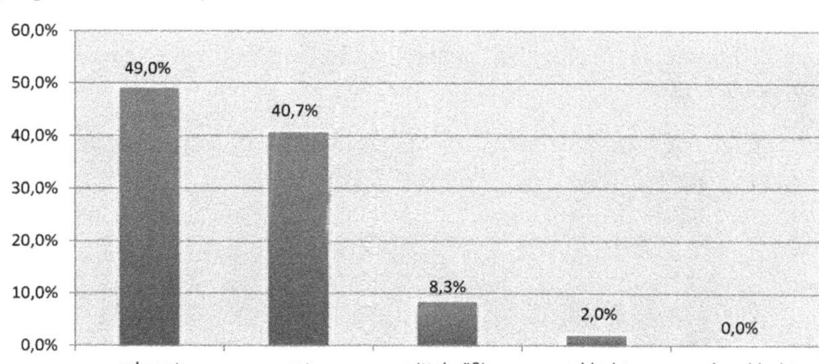

Erfreulich ist, dass auch das Catering in diesem Jahr besser als in den vergangenen Jahren abschnitt. So stieg der Anteil der Befragten, die das Catering gut oder sogar sehr gut fanden, auf 63,9% (15. DPT: 37,1%; 15: DPT 29,8%).

Abbildung 36: Wie fanden Sie das Catering? (Angaben in Prozent)[40]

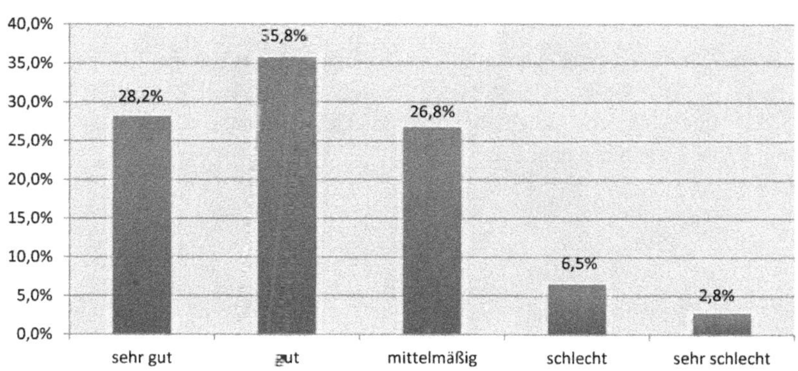

Kritik gab es – wie in den Vorjahren – aber wieder an den hohen Preisen. In den Kommentaren wurde ferner moniert, dass zu wenige Ausgabestellen für das Essen vorhanden gewesen seien. Einige Befragte wünschten sich auch ein vielfältigeres Angebot an Speisen.

---

[39] Die Prozentangaben beziehen sich auf die Anzahl der gültigen Antworten (n=661).

[40] Die Prozentangaben beziehen sich auf die Anzahl der gültigen Antworten (n=646).

Das Internationale Congress Center München fand bei der Mehrzahl der befragten Besucherinnen und Besucher ein sehr positives Echo. Insgesamt 92,1% der Befragten beurteilten den Veranstaltungsort als gut oder als sehr gut. In den Kommentaren wurden die Helligkeit, die Belüftung/Klimatisierung sowie Akustik des Veranstaltungsortes besonders gelobt.

Abbildung 37: Wie fanden Sie das Internationale Congress Center München (ICM) als Veranstaltungsort? (Angaben in Prozent)[41]

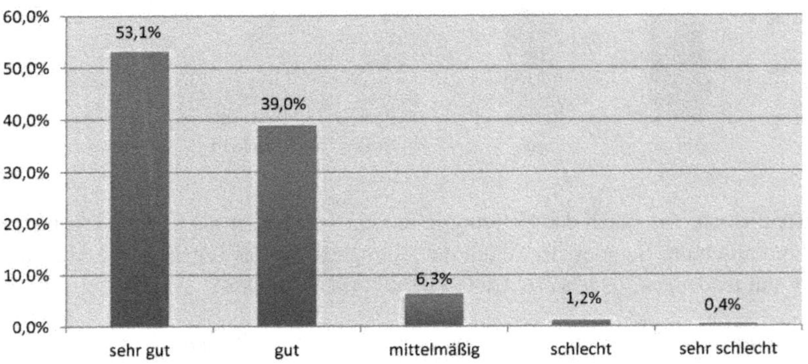

Auch die Räumlichkeiten wurden hinsichtlich der Ausstattung und der Technik von mehr als 92% der Befragten als gut oder sehr gut bewertet (16. DPT: 80,1%; 15. DPT: 65,2%). Den Kommentaren zufolge beeindruckte vor allem die technische Ausstattung der Veranstaltungsräume.

[41] Die Prozentangaben beziehen sich auf die Anzahl der gültigen Antworten (n=670).

Abbildung 38: Wie fanden Sie die Räumlichkeiten (Ausstattung, Technik etc.) (Angaben in Prozent)[42]

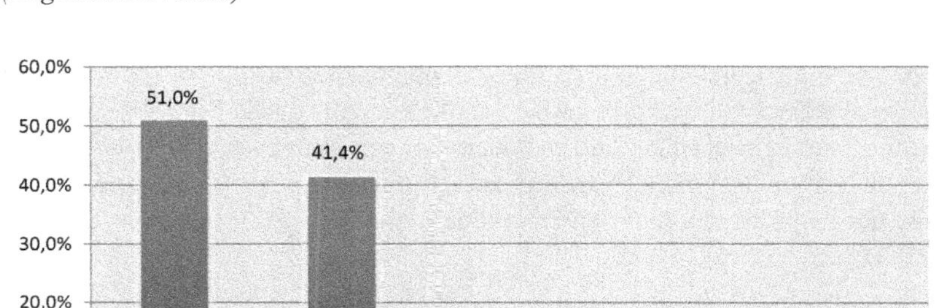

Allerdings deuten die Anmerkungen darauf hin, dass die Räumlichkeiten teilweise schlecht ausgeschildert waren. Mehrere Kommentare bezeichnen die Räumlichkeiten in diesem Zusammenhang als unübersichtlich.

Vor dem Hintergrund der positiven Eindrücke äußerten 84,3% der Befragten die Absicht, auch an zukünftigen Kongressen des Deutschen Präventionstages teilnehmen zu wollen (16. DPT: 80,9%; 15. DPT: 87,1%; 14. DPT: 91,4%; 13. DPT: 86,7%).

Abbildung 39: Ich werde vermutlich an zukünftigen Veranstaltungen des Deutschen Präventionstages teilnehmen. (Angaben in Prozent)[43]

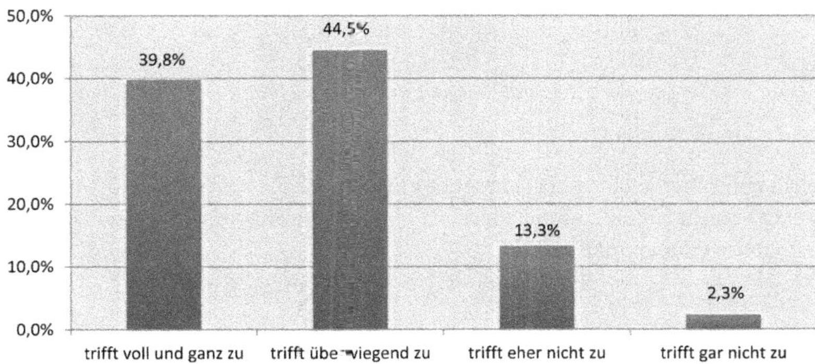

[42] Die Prozentangaben beziehen sich auf die Anzahl der gültigen Antworten (n=667).

[43] Die Prozentangaben beziehen sich auf die Anzahl der gültigen Antworten (n=660).

7. Wirkungen der Präventionstage

In diesem Jahr wurde erstmals auch nach Wirkungen der Präventionstage gefragt. Konkret wurde nach neuem Wissen, neuen Informationen und neuen Kontakten gefragt, die für die Durchführung von Präventionsaufgaben wichtig sind. Diese Fragen wurden allerdings nur Personen gestellt, die bereits einmal oder bereits mehrfach an einem Präventionstag teilgenommen hatten. Bei den Antworten handelt es sich um eine subjektive Selbsteinschätzung der Befragten, die aber dennoch interessante Hinweise auf Bereiche gibt, in denen Präventionstage positive Veränderungen anstoßen können.

Rund 88% der Befragten, die schon mindestens einmal einen Präventionstag besucht hatten, gaben an, Wissen für eine bessere Ausführung ihrer Präventionsaufgaben erworben zu haben. Lediglich 0,9% erklärten, dass die entsprechende Aussage gar nicht zutrifft.

Abbildung 40: Ich habe Wissen erworben, mit dem ich meine Präventionsaufgaben besser durchführen kann. (Angaben in Prozent)[44]

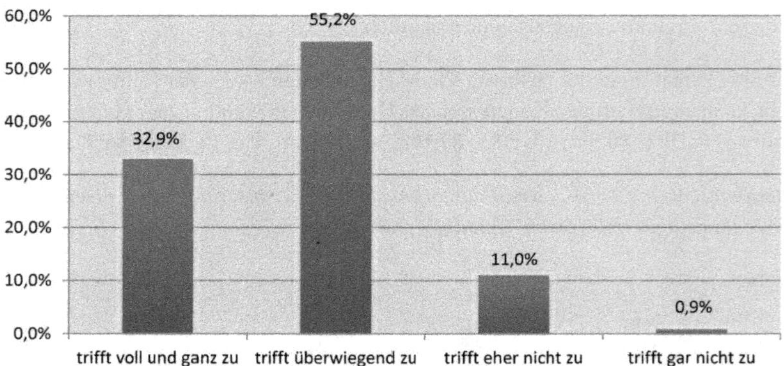

Zudem erklärten rund 90% der Befragten, die schon mindestens einmal einen Präventionstag besucht hatten, Informationen für eine bessere Durchführung ihrer Präventionsaufgaben erhalten zu haben.

[44] Die Prozentangaben beziehen sich auf die Anzahl der gültigen Antworten (n=328).

Abbildung 41: Ich habe Informationen erhalten, durch die ich meine Präventionsaufgabe besser durchführen konnte. (Angaben in Prozent)[45]

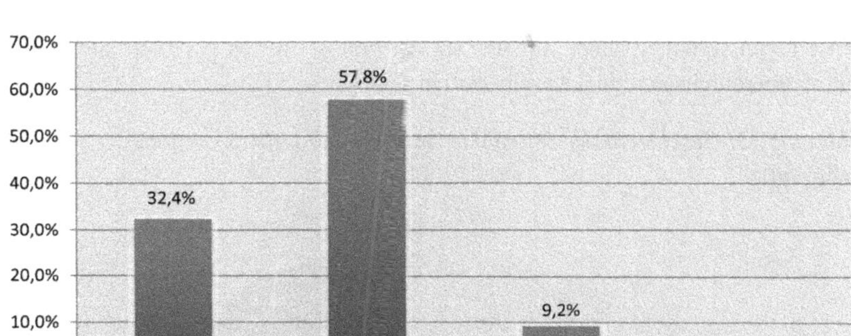

Rund 84% der Befragten erklärten, dass sie Kontakte knüpfen konnten, durch die sie ihre Präventionsaufgaben besser durchführen konnten.

Abbildung 42: Ich konnte Kontakte knüpfen, durch die ich meine Präventionsaufgaben besser durchführen konnte. (Angaben in Prozent)[46]

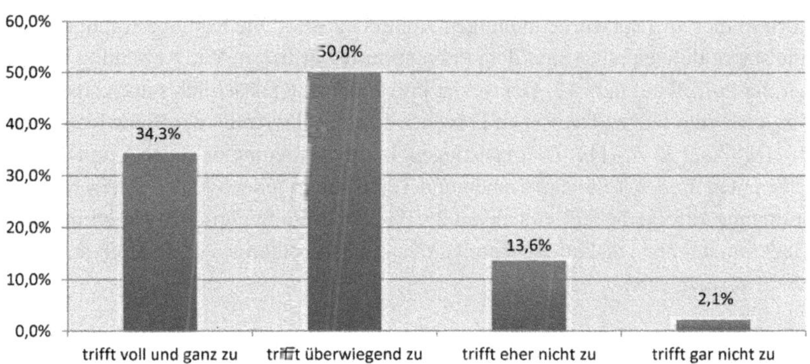

8. Teilnehmerinnen und Teilnehmer des 17. Deutschen Präventionstages

Nach den Ergebnissen der Befragung war der Frauenanteil mit 43,5% in diesem Jahr geringer als in den letzten Jahren. Dieses Ergebnis wird auch durch die Teilnehmerstatistik bestätigt, wonach er bei 38,9% lag (16. DPT: 45,4%; 15. DPT: 45,3%; 14. DPT: 40,1%; 13. DPT: 40,2%). Diesbezüglich wird von der Stichprobe der Frauenanteil um

[45] Die Prozentangaben beziehen sich auf die Anzahl der gültigen Antworten (n=327).

[46] Die Prozentangaben beziehen sich auf die Anzahl der gültigen Antworten (n=332).

4,6 Prozentpunkte überschätzt. Ein Grund könnten die 24 Sammelanmeldungen sein, die vor allem aus dem Bereich der Polizei kommen. Es ist zu vermuten, dass viele der auf diese Weise angemeldeten Teilnehmerinnen und Teilnehmer keine Einladung zu der Befragung erhalten haben. Im Bereich der Polizei dürften vor allem die Männer hiervon überdurchschnittlich stark betroffen sein.

Abbildung 43: Geschlecht der Teilnehmer/innen (nach Teilnehmerstatistik, Angaben in Prozent)[47]

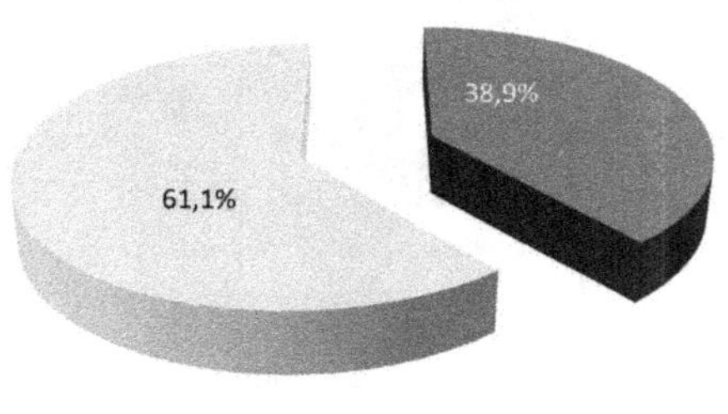

Auch in diesem Jahr wurde in einigen Kommentaren – wie bereits erwähnt – wieder eine starke Polizeipräsenz auf dem Präventionstag kritisiert. Wie Abbildung 44 zeigt, war die Polizei auf dem 17. Deutschen Präventionstag tatsächlich stark vertreten. Im Vergleich zum letzten Deutschen Präventionstag ist der Anteil der Polizei von 24,9% (16. DPT) auf 33,5% (17. DPT) gestiegen. In der Befragung wird der Anteil der Polizeibeamten an den Teilnehmerinnen und Teilnehmern jedoch leicht unterschätzt; der Befragung zufolge beläuft er sich auf 29,1%. Für diese Stichprobenverzerrung dürfte wiederum der oben diskutierte Anteil an Sammelanmeldungen im Bereich der Polizei verantwortlich sein.

[47] Die Prozentangaben beziehen sich auf alle registrierten Kongressteilnehmer (n=2333).

Abbildung 44: Kongressteilnehmer/innen nach Teilnehmerstatistik[48]

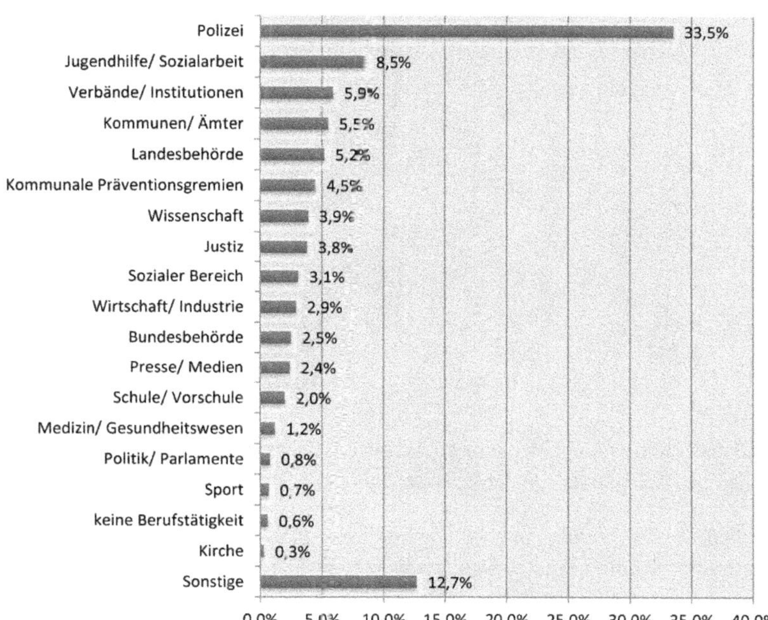

Wie Abbildung 45 zeigt, waren die meisten befragten Besucherinnen und Besucher des 17. Deutschen Präventionstages hauptamtlich in der Präventionsarbeit tätig. In dieser Hinsicht gab es keine großen Veränderungen zu den Vorjahren.

[48] Die Prozentangaben beziehen sich auf alle registrierten Kongressteilnehmer (n=2333).

Abbildung 45: In welcher Form sind Sie in der Präventionsarbeit beschäftigt? (Angaben in Prozent)[49]

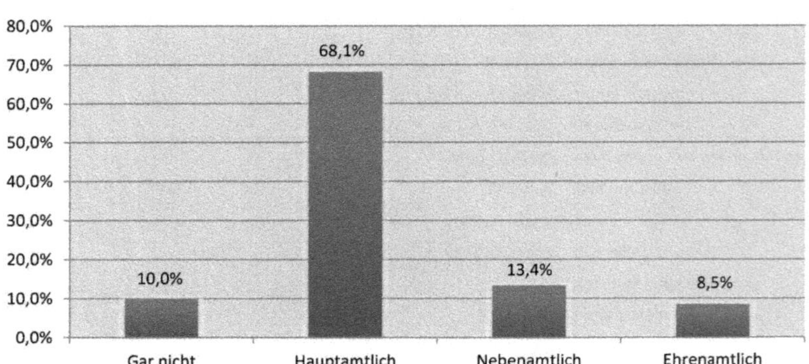

Weitgehend stabil ist auch der erfreuliche Befund, dass sich rund 52% der Teilnehmerinnen und Teilnehmer mit der praktischen Präventionsarbeit beschäftigen.

Abbildung 46: Mit welchen Aufgaben beschäftigen Sie sich im Rahmen ihrer Präventionsarbeit hauptsächlich? (Angaben in Prozent)[50]

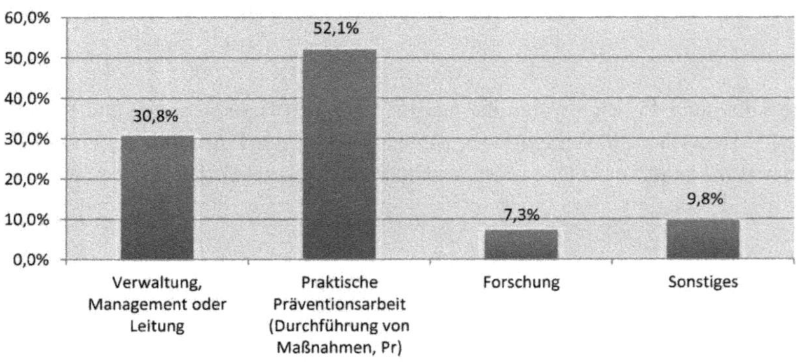

Die Tätigkeitsfelder der Kriminal- und Gewaltprävention waren bei den Befragten am stärksten vertreten. Die in den letzten Jahren zu beobachtende Tendenz einer Verschiebung von der allgemeinen Kriminalprävention hin zur Gewaltprävention setzte sich in diesem Jahr nicht fort. Vielmehr stieg der Anteil der Teilnehmerinnen und Teilnehmern aus dem Bereich der Kriminalprävention wieder an. Das Tätigkeitsfeld

[49] Die Prozentangaben beziehen sich auf die Anzahl der gültigen Antworten (n=659).

[50] Die Prozentangaben beziehen sich auf die Anzahl der gültigen Antworten (n=656).

der Verkehrserziehung/Unfallverhütung war in diesem Jahr stärker als in den Vorjahren vertreten, was nicht zuletzt auf das Kongressthema zurückzuführen sein dürfte.

In der Kategorie „Sonstiges" finden sich darüber hinaus zahlreiche weitere Tätigkeitsfelder, die von der Prävention von Cybercrime über die Konfliktprävention im öffentlichen Raum bis zur Suizidprävention reichen.

Abbildung 47: In welchem Präventionsbereich engagieren Sie sich hauptsächlich? (Angaben in Prozent)[51]

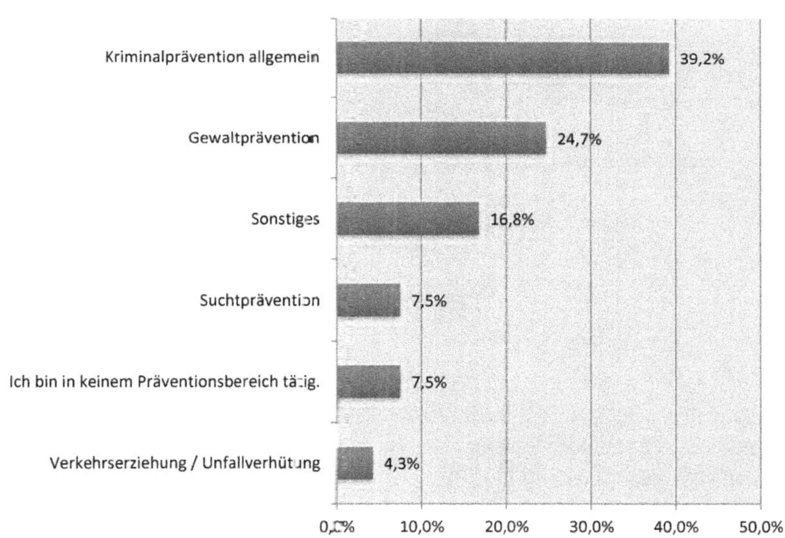

Bei der Frage nach den Gründen für die Anmeldung waren Mehrfachnennungen zugelassen. Abbildung 48 zeigt die Rangfolge der Gründe, die mit Ausnahme des Wunsches nach fachlichem Austausch weitgehend stabil ist. Der fachliche Austausch wurde von den befragten Teilnehmerinnen und Teilnehmer in diesem Jahr am häufigsten genannt und verzeichnet eine Steigerung von 3,2 Prozentpunkten. Zweitwichtigster Grund war der Wunsch, Informationen zu erhalten, gefolgt vom Bedürfnis, neue Projekte kennenzulernen. Das Schwerpunktthema war für die meisten Befragten – wie bei den vorangegangenen Kongressen – nicht entscheidend für die Teilnahme.

[51] Die Prozentangaben beziehen sich auf die Anzahl der gültigen Antworten (n=655).

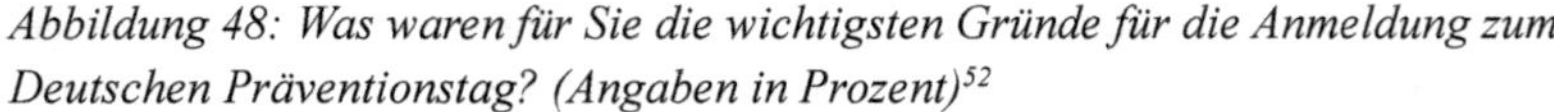

Abbildung 48: Was waren für Sie die wichtigsten Gründe für die Anmeldung zum Deutschen Präventionstag? (Angaben in Prozent)[52]

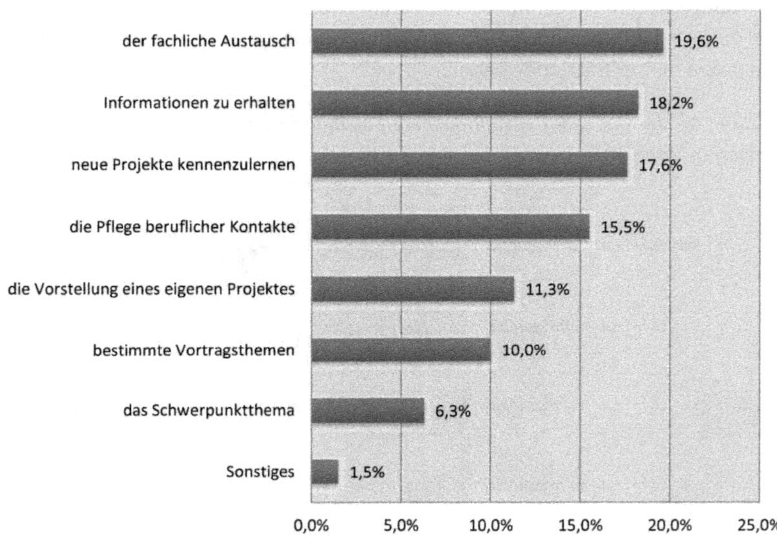

In diesem Jahr beteiligte sich mehr als die Hälfte der befragten Personen aktiv am Präventionstag. Besonders hoch ist dabei der Anteil an Personen, die mit einer Präsentation (Infostand, Poster, Film, Bühne usw.) auf dem Kongress vertreten waren. Lediglich 48,3% sahen sich ausschließlich als Besucherinnen und Besucher (16. DPT: 51,4%; 15. DPT: 51,9%; 14. DPT: 62,5%; 13. DPT: 59,7%).

[52] Die Prozentangaben beziehen sich auf die Anzahl aller Nennungen (n=2224).

Abbildung 49: Wie haben Sie sich an dem Präventionstag beteiligt? (Angaben in Prozent)[53]

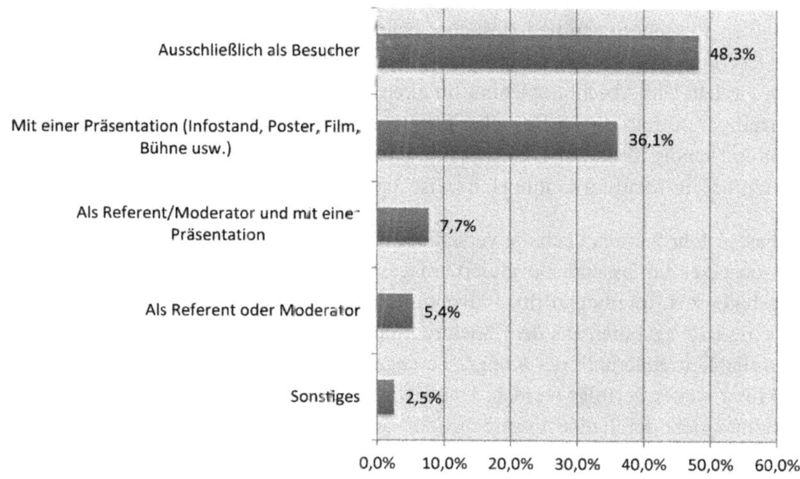

Ein relativ großer Teil der Besucherinnen und Besucher hatte zum ersten Mal den Präventionstag besucht. Mehr als die Hälfte hatte allerdings bereits an einem oder mehreren Präventionstagen teilgenommen.

Abbildung 50: Haben Sie schon früher an Kongressen des Deutschen Präventionstages teilgenommen? (Angaben in Prozent)[54]

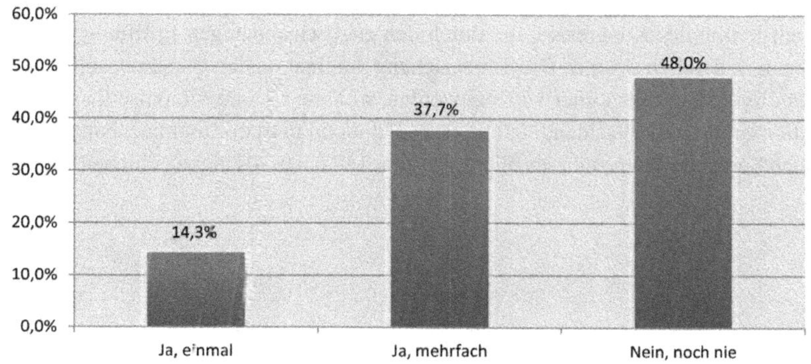

[53] Die Prozentangaben beziehen sich auf die Anzahl der gültigen Antworten (n=671).

[54] Die Prozentangaben beziehen sich auf die Anzahl der gültigen Antworten (n=671).

9. Resümee

Betrachtet man die gesamten Evaluationsergebnisse, so kann der 17. Deutsche Präventionstag als eine sehr gelungene Veranstaltung gewertet werden. Rund 91% der befragten Besucherinnen und Besucher gefiel der 17. Deutsche Präventionstag sehr gut oder gut. Fast 92% der Befragten gaben zudem an, dass ihre Erwartungen erfüllt wurden. Das Abschlussplenum litt allerdings – wie in den Vorjahren – unter der frühzeitigen Abreise vieler Besucherinnen und Besucher. Dieses Problem ist letztlich nicht vollständig lösbar, da Besucher mit einem weiten Anreiseweg am letzten Konferenztag bereits relativ früh ihre Heimreise antreten müssen.

In diesem Jahr wurden auch die verschiedenen Online-Angebote des Deutschen Präventionstages umfassender evaluiert. Insgesamt erfreuen sich die eher klassischen Angebote (z.B. Internetauftritt, Präventionssuchmaschine) einer großen Beliebtheit. Bei einigen Angeboten aus dem Spektrum der Neuen Medien ist die Nutzungswahrscheinlichkeit außerhalb der Kongresse dagegen relativ gering. Hier sollte die Entwicklung weiter verfolgt werden. Unter Umständen ist der Aufwand für bestimmte Angebote nicht durch eine entsprechende Nachfrage gerechtfertigt.

Erstmals wurden die Besucher in diesem Jahr auch um eine subjektive Einschätzung der Wirkungen einer Teilnahme am Deutschen Präventionstag gebeten. Die Ergebnisse zeigen, dass eine Teilnahme aus der Sicht der Befragten dazu beiträgt, Präventionsaufgaben besser durchzuführen, indem neues Wissen erworben, neue Informationen aufgenommen und neue Kontakte geknüpft werden.

Auch in diesem Jahr wurde der Schwerpunkt „Kriminalprävention“ entsprechend dem Leitbild des Deutschen Präventionstages ressortübergreifend und interdisziplinär dargestellt. Hervorzuheben ist in diesem Zusammenhang eine zunehmende Internationalisierung des Kongresses, die durch den englischsprachigen Eröffnungsvortrag besonders deutlich wurde. Die Einbeziehung internationaler Experten sollte auch zukünftig konsequent weiter verfolgt werden, weil sie wichtige Impulse für die Präventionsarbeit in Deutschland liefern kann. Für die in diesem Zusammenhang auftretenden Sprachprobleme müssen allerdings zum Teil noch Lösungen gefunden werden.

Axel Groenemeyer

Wege der Sicherheitsgesellschaft.

Über den Zusammenhang von gesellschaftlicher Entwicklung, Politik und Sicherheitsmentalitäten im Alltag

Kriminalität und Prävention als Alltagserfahrung

Vor einigen Wochen habe ich im Fernsehen ein interessantes Experiment verfolgt. Die Redakteure einer Sendung, in der es um die Sicherung von Notebooks gegen Diebstahl ging, hatten im Vorraum der Toilette in einer Kneipe ein teures handliches Notebook deutlich sichtbar und unbeaufsichtigt neben dem Waschbecken platziert und eine versteckte Kamera installiert. Nun wurde ein Studiogast gefragt, was er wohl annehmen würde, wie viele der etwa 70 Gäste beiderlei Geschlechts, die in Laufe der Zeit die Toilette aufsuchten, das Notebook mitnehmen würden. Der Studiogast schätzte die Zahl spontan auf etwa 25.

Sie können sich selbst fragen, welche Zahl Sie wohl angegeben hätten. Tatsächlich waren aber die Redakteure der Sendung über den Ausgang des Experiments offensichtlich sehr überrascht, denn die meisten waren desinteressiert, einige nahmen das Notebook mit und gaben es dann als Fundsache an der Theke ab, gestohlen hatte das Notebook keiner der 70 Personen.

Eine andere Geschichte spielt während der Fußball-Weltmeisterschaft in Deutschland 2006. In Stuttgart wurden am Fernsehturm ein Koffer und eine Reisetasche gefunden. Passanten nahmen sich der Sachen an und suchten den Eigentümer. Schließlich fand sich ein Spanier, der auf den Fernsehturm gefahren war, um die Aussicht zu genießen. Auf die Frage, ob es denn nicht sehr leichtsinnig sei, seine Sachen einfach so unbewacht abzustellen, antwortete er: „Ich habe gedacht, dass Deutschland ein sicheres Land ist, in dem es kaum Kriminalität gibt.“ Immerhin entsprach dies der Imagekampagne des Innenministeriums, die mit Blick auf die Weltmeisterschaft seit 2005 bei der jährlichen Vorstellung der Polizeilichen Kriminalstatistik häufiger verkündet, dass Deutschland eines sichersten Länder Europas, wahlweise auch der Welt sei.

Die meisten von uns fänden höchstwahrscheinlich ziemlich dumm, sein Fahrrad, seine Wohnung oder sein Auto in der Stadt nicht abzuschließen oder in einem Café sein Handy oder sein Portemonnaie auf dem Tisch liegen zu lassen, wenn man zur Toilette geht. Mein neues Autoschließt automatisch die Zentralverriegelung beim Anfahren, so dass niemand bei einem Halt ungefragt von außen die Türen öffnen kann.

Wir rechnen mit Kriminalität, dies ist eine Selbstverständlichkeit, ein Automatismus, über den wir nicht mehr nachdenken. Im Gegenteil, wenn jemand einen Schaden hat, wird als erstes gefragt (oder es wird zumindest daran gedacht), ob er oder sie denn genügend getan hat, um den Schaden zu verhindern. In diesem Sinne hat bei einer Tagung auch mein holländischer Kollege, als es darum ging, ob der Tagungsraum in der Pause abgeschlossen würde, auf die Frage, ob er denn Furcht vor Kriminalität habe, geantwortet: „No, I don't have fear of crime, but I'm not stupid".

Kriminalität ist in das Alltagsleben eingedrungen und bestimmt sowohl das Verhalten in öffentlichen Räumen als auch soziale Beziehungen, manchmal verbunden mit gefühlter Furcht und Unsicherheit, viel häufiger aber als eine unhinterfragte Lebenstatsache. Die Möglichkeit Opfer von Kriminalität zu werden und Prävention sind mittlerweile zu einer selbstverständlichen Routine geworden, die zumeist im Alltag gar nicht mehr als solche wahrgenommen wird, und die häufig erst sichtbar wird, wenn, wie in den beiden Geschichten zu Beginn, der Erwartung widersprochen wird.

Kriminalität und die mit ihr verbundene Idee von Prävention strukturieren und regulieren das Alltagsleben, die soziale Ordnung, Politik und Kultur. Kriminalität ist zu einem bedeutsamen Aspekt der Produktion individueller Orientierungen, von Kultur, Handeln und sozialen Beziehungen geworden, und dies scheint durchaus etwas Neues zu sein. Vielfach ist sogar von einem Epochenbruch die Rede, mit dem Risiken und Sicherheit zum alles beherrschenden Orientierungspunkt der Gestaltung individueller Lebensläufe und sozialer Ordnung geworden sind. Es wird von veränderten Sicherheitsmentalitäten ausgegangen, die aber nicht nur die Erfahrungen im Alltag prägen, sondern auch die Politik.

Diese Veralltäglichung und Routinisierung von Sicherheitsbelangen, von Kriminalität und Unsicherheit beschreibt eine zentrale Dimension dessen, was ich mit Sicherheitsgesellschaft bezeichnen möchte. Sicherheitsgesellschaft beschreibt aber nicht nur die Bedeutung von Sicherheitsbelangen für soziale Beziehungen und soziale Ordnung im Alltagsleben, sondern bezieht sich auch auf Entwicklungen von Politiken, die Unsicherheit und Sicherheit als Bezugspunkt haben, d.h. bei denen davon ausgegangen wird, dass sie als Folge (angenommener) Unsicherheitserfahrungen entstehen bzw. mit der Idee konzipiert werden, Sicherheiten zu schaffen. Dabei spielen Entwicklungen der Kriminalpolitik selbstverständlich eine zentrale Rolle und in Diskussionen um Sicherheitspolitik werden Entwicklungen der Kriminalpolitik sehr häufig als Indikatoren für die Entwicklung einer Sicherheitsgesellschaft genannt. Dabei werden zumeist folgende Dimensionen hervorgehoben (Übersicht 1).

Übersicht 1: Dimensionen und Indikatoren des Wandels von Sicherheitsmentalitäten und Prinzipien der Organisierung sozialer Ordnung

- Allgegenwärtigkeit von Bedrohungen der Sicherheit
- Politisierung und Entprofessionalisierung von Sicherheitspolitiken
- Neufiguration öffentlicher Räume durch Privatisierung und Technisierung sozialer Kontrolle
- Wandel der Logik politischer und staatlicher Sicherheitsproduktion
- Entwicklung einer Kontrollkultur der gleichzeitigen Moralisierung und Entmoralisierung abweichenden Verhaltens
- Ablösung der Konstruktion der Sicherheitsbedrohungen von Kriminalität[1]

In den Diskussionen innerhalb der Kriminologie hat sich in den letzten Jahren zudem eine Kontroverse darüber entwickelt, ob die Kriminalpolitik u.a. als Folge dieser Entwicklungen durch eine Zunahme von Repression, Exklusion und Punitivität zu kennzeichnen sei. Dabei wird zumeist auf Entwicklungen in den USA hingewiesen, die dann als Vorboten ähnlicher Entwicklungen auch in Deutschland und anderen Ländern Europas interpretiert werden. So heißt es z.B. bei Fritz Sack (2010): *„Es gibt m. E. keinen Zweifel, dass die Kriminal- und Sicherheitspolitik in der Bundesrepublik einen deutlichen Schwenk und ‚turn' gemacht hat. Und dies nicht erst kürzlich, nicht auch erst seit „nineeleven", wie manche Beobachter es haben wollen. ... „Während 1975 noch Forderungen nach Entkriminalisierung vorherrschten, hat sich der Zeitgeist heute in Richtung auf immer mehr und immer schärfere Kriminalisierung gedreht".*[2]

Das Reden von Sicherheitsgesellschaft thematisiert also einen Zusammenhang zwischen Alltagserfahrungen (von Unsicherheit und Kriminalität), gesellschaftlichen Entwicklungen (Modernisierung) und der Formulierung, Ausrichtung und Implementation von Politiken. Im Folgenden schauen wir uns die dominanten Diskurse zu diesen Entwicklungen etwas genauer an und liefern einige grobe empirische Hinweise, die möglicherweise etwas zur Verunsicherung gegenüber einfachen Interpretationen beitragen.

Gesellschaftliche Krisendiagnosen und Epochenbrüche

Die soziologischen Gesellschaftsdiagnosen der letzten zwei Jahrzehnte, die z.T. sogar Eingang in das Feuilleton gefunden haben, gleichen sich an diesem Punkt in erstaunlicher Weise, auch wenn jeweils unterschiedliche Ursachen und Bedingungen

---

1 Siehe auch: Groenemeyer, Axel (Hrsg.), Wege der Sicherheitsgesellschaft. Gesellschaftliche Transformationen der Konstruktion und Regulierung innerer Unsicherheiten. Wiesbaden: VS – Verlag für Sozialwissenschaften. S. 11 ff.

2 Sack, Fritz, 2010: Der weltweite „punitive Turn": Ist die Bundesrepublik dagegen gefeit? S. 180 f. in: Groenemeyer, Axel (Hrsg.), Wege der Sicherheitsgesellschaft. Gesellschaftliche Transformationen der Konstruktion und Regulierung innerer Unsicherheiten. Wiesbaden: VS – Verlag für Sozialwissenschaften.

für die gesellschaftliche Entwicklung formuliert werden: Die Gesellschaft ist immer unsicherer geworden, traditionelle soziale Bindungen werden instabil, Arbeit und Lebensläufe werden unberechenbarer, mögliche Lebensstile und kulturelle Orientierungen vervielfältigen sich, womit auch verbindliche Werte und allgemein akzeptierte Normen an Bedeutung verlieren. Die Risiken individueller Lebensgestaltung nehmen zu, die soziale Ordnung und letztlich auch die Demokratie werden bedroht. Der diagnostizierte Epochenbruch ist seit Ende der 1980er Jahre mit den Schlagworten der Risikogesellschaft und der Individualisierung zu einer dominanten gesellschaftlichen Krisendiagnose der Desintegration und Anomie moderner oder spätmoderner Gesellschaften geworden.

Als Beispiel für diese Argumentation habe ich die Anomiediagnose von Wilhelm Heitmeyer ausgewählt, die direkt an die Analysen zur Entwicklung einer Risikogesellschaft anschließt (Übersicht 2).

Ausgehend von gesellschaftlicher Entwicklung als Modernisierung wird eine zunehmende Differenzierung und damit Spezialisierung gesellschaftlicher Sphären und Systeme diagnostiziert, die nach jeweils spezifischen Eigenlogiken und Rationalitätskriterien operieren. Damit verbunden ist ein zunehmendes Risiko, dass die einzelnen Bereiche (z.B. Wirtschaft, Politik, Erziehung etc.) in ihren wechselseitigen Austausch von Leistungen nicht mehr mit einander verbunden sind bzw. wechselseitig Kosten und negative Effekte bei der Verfolgung ihrer jeweils speziellen Logiken auf andere Bereiche oder Systeme abwälzen. Dies ist z.B. dann der Fall, wenn das Wirtschaftssystem negative Auswirkungen auf die Ökologie produziert, deren Kosten aber nicht innerhalb des Wirtschaftssystems anfallen, oder wenn das Erziehungssystem Arbeitskräfte hervorbringt, die innerhalb des Wirtschaftssystems keine Verwendung finden können, oder wenn die Organisation des Wirtschaftssystems dazu führt, dass bestimmte Personengruppen in Folge des Konkurrenzdrucks von Unternehmen und der Notwendigkeit zur Rationalisierung systematisch ausgeschlossen werden. Die Folgen sind dann eine Zunahme sozialer Ungleichheit und sozialer Spaltung, Ausgrenzung sowie auf Seiten der Betroffenen eine Zunahme von Verunsicherung, Machtlosigkeit und Fatalismus.

Übersicht 2: Risikogesellschaft und soziale Desintegration[3]

Dimensionen der Modernisierung	Problembereich	Krisenphänomene	Problematische gesellschaftliche Folgen	Individuelle/ kollektive Betroffenheit
Differenzierung (System)	*soziale Positionierung, Existenzsicherung*	*Strukturkrise*	*Ausgrenzung, steigende soziale Ungleichheit*	*Ohnmacht, Machtlosigkeit, Gleichgültigkeit*
Pluralisierung (Werte/ Normen/ Kultur)	*Verständigung, Sinn*	*Regulationskrise*	*Delegitimierung von Normen, Kontingenz von Werten*	*Absenkung der Gewaltschwellen*
Individualisierung (Lebenswelt)	*Anerkennung, Bindungen, Zugehörigkeit*	*Kohäsionskrise*	*Vereinzelung und (Re-)Aktivierung von Abgrenzungen*	*(Selbst-) Ethnisierung*

Auf der Ebene der Kultur wird eine zunehmende Pluralisierung diagnostiziert, was bedeutet, dass allgemeine, für alle verbindliche Wertorientierungen und auch Normen im Zuge der gesellschaftlichen Entwicklung an Bedeutung verlieren, zugunsten von Orientierungen an Gruppen und Sub- oder Teilkulturen. Eine Folge hiervon ist die Schwächung verbindlicher Normen, die das Handeln der Individuen reguliert: der gesellschaftliche Zusammenhalt wird brüchig und die Verpflichtungen zur Konformität werden schwächer.

Schließlich wird auf der Ebene des Individuums bzw. der Entwicklung von Identitäten eine zunehmende Individualisierung diagnostiziert, was bedeutet, dass die Einbindung in stabile soziale Netzwerke und Beziehungen unsicherer wird, da diese weniger durch Traditionen (traditionelle Milieus, Ehe und Familienbande, religiöse Gemeinschaften u.ä.) abgesichert sind und soziale Zugehörigkeiten Ergebnis individueller, und damit prinzipiell revidierbarer Entscheidungen werden. Damit werden soziale Bindungen im Alltag und auch die Quellen persönlicher Anerkennung unsicherer, was einerseits zu Isolation, Verunsicherung und Vereinsamung führen kann, andererseits aber auch das Risiko erhöht, in Bewältigung dieser Verunsicherung auf vermeintlich stabile Identitätsanker zurückzugreifen. Heitmeyer entwickelt hier die Idee, dass Tendenzen der Entwicklung fundamentalistischer, nationalistischer und rassistischer Einstellungen nicht die Mobilisierung von Traditionsbeständen darstellt, sondern das Ergebnis individueller Bewältigungsversuchen von Unsicherheitserfahrungen in modernen Gesellschaften darstellt.

Die einzelnen Dimensionen hängen durchaus zusammen und verstärken sich gegenseitig. Dies bringt Heitmeyer prägnant auf den Punkt: „– *Je mehr Freiheit, desto weniger Gleichheit; – je weniger Gleichheit, desto mehr Konkurrenz; – je mehr Konkurrenz, desto weniger Solidarität; – je weniger Solidarität, desto mehr Vereinzelung;*

[3] Heitmeyer, Wilhelm (Hrsg.), 1997: Was treibt die Gesellschaft auseinander? Bundesrepublik Deutschland: Auf dem Weg von der Konsensgesellschaft zur Konfliktgesellschaft, Band 1. Frankfurt/M: Suhrkamp, S. 633

– je mehr Vereinzelung, desto weniger soziale Einbindung; – je weniger soziale Einbindung, desto mehr rücksichtslose Durchsetzung.“[4] Diese Diagnose wird auch durch die empirischen Untersuchungen im Rahmen des Projekts zur Entwicklung „gruppenbezogener Menschenfeindlichkeit“ in den letzten zehn Jahren in Deutschland bekräftigt.[5] Die Diagnose der gesellschaftlichen Entwicklung in Deutschland wird hier für das letzte Jahrzehnt als eine Entwicklung von „Entsicherung, Richtungslosigkeit und Instabilität“ auf verschiedenen Ebenen zusammengefasst.

Selbstverständlich stelle ich diese und ähnliche Perspektiven hier fahrlässig sehr grob vereinfacht dar, und der Ansatz von Heitmeyer hat sich durchaus empirisch bewährt, um z.B. Gewalteinstellungen, Rassismus und ethnische Konflikte zu erklären. Es geht mir also keineswegs darum, die Plausibilität der Interpretation infrage zu stellen. Worauf es mir bei der Darstellung des Beispiels für soziologische Gesellschaftsdiagnosen hier ankommt, ist zunächst folgendes:

Desintegration und Anomie werden hier insbesondere herangezogen zur Erklärung steigender Gewaltbereitschaft und dem Anwachsen von Konflikten. Individualisierung, Pluralisierung, Flexibilisierung und Beschleunigung als zentrale Konzepte verschiedener Ansätze und Perspektiven bedeuten, dass Individuen in spätmodernen Gesellschaften neuen und gesteigerten Anforderungen ausgesetzt sind. Verstanden als Entwicklungs- und Modernisierungsprozess spätmoderner Gesellschaften laufen diese Diagnosen auf eine **grundsätzliche und quasi automatische Zunahme von Verunsicherung** hinaus, und damit unterscheidet sich der dargestellte Ansatz nicht von vergleichbaren Ansätzen.

Diese klassische Idee der allgemeinen Verunsicherung kann durchaus in einem doppelten Sinne verstanden werden: Einerseits als Zunahme von Bedrohungen, von Instabilitäten der Teilhabe und der sozialen Integration, von der natürlich die verschiedenen Gruppen, Schichten und Bevölkerungskategorien in unterschiedlichem Ausmaß betroffen sind. Andererseits bedeutet Verunsicherung aber auch die Zunahme von Sensibilitäten und Empfindlichkeiten für mögliche Bedrohungen und Risiken der Lebensgestaltung und des Alltags. Es steigt eben auch das Bewusstsein für mögliche Risiken und damit die Möglichkeit, normale und außergewöhnliche Allsituationen, Konflikte und Störungen als Bedrohung zu interpretieren. Und es steigt die Möglichkeit, diese Bedrohungen als kollektive Betroffenheit zu skandalisieren. Sicherheit und Unsicherheit werden so zu zentralen Orientierungspunkten und Prävention wird zur Zentralfigur, die untrennbar mit dieser Diagnose verbunden ist. Kriminalität und Unsicherheitserfahrungen und Kriminalitätsfurcht werden so also als automatische Folge von Modernisierungsprozessen verstanden.

---

[4] Heitmeyer, Wilhelm (Hrsg.), 1994: Das Gewalt-Dilemma. Gesellschaftliche Reaktionen auf fremdenfeindliche Gewalt und Rechtsextremismus. Frankfurt/M: Suhrkamp, S. 46

[5] Heitmeyer, Wilhelm (Hrsg.), 2011: Deutsche Zustände. Folge 10. Frankfurt/M.: Suhrkamp, S. 33 ff.

Die Empirie der Verunsicherung

Nun könnte man leicht einwenden, dass dies alles nun nicht besonders neu sein kann, wo soll denn hierbei der Epochenbruch sein hin zu einer Risiko- oder Sicherheitsgesellschaft?

In der Tat waren die tatsächlichen Bedrohungen in nahezu allen Bereichen wohl in früheren Epochen deutlicher ausgeprägter und weitaus größer. Über die Bedrohung durch Kriminalität wurde in früheren Jahrhunderten ebenfalls diskutiert, das Risiko von Arbeitslosigkeit und Verarmung ist ganz bestimmt keine Erfindung der ausgehenden 20. Jahrhunderts und ein breit angelegtes soziales Sicherungssystem hat sich in bedeutendem Ausmaß für alle erst nach dem Zweiten Weltkrieg entwickelt. Der Bezugspunkt ist aber tatsächlich nicht das 19. Jahrhundert, sondern sind die 1960er und 1970er Jahre, und für diesem Zeitraum haben wir es mit der Zeit des Wirtschaftswunders, der Vollbeschäftigung, des Ausbaus öffentlicher sozialer Sicherungssysteme, sozialer Dienste und des Bildungssystems zu tun, gleichzeitig aber eben auch mit steigenden Kriminalitätszahlen und mit der Auflösung traditioneller Milieus der Industrialisierung, um nur einige der immer wieder genannten Entwicklungslinien zu nennen.

Tatsächlich scheinen die 1990er Jahre im Rückblick als ein sehr spezielles Krisenjahrzehnt, in dem viele sicherheitsrelvante Aspekte kulminierten und das öffentliche Bewusstsein, die Kultur und die Politik in besonderer Weise geprägt haben. Die öffentlichen Diskurse kreisten um steigende Arbeitslosigkeit, wobei zum ersten Male Jugendarbeitslosigkeit und die Situation auf dem Ausbildungsmarkt deutlich sichtbar wurden. Darüber hinaus wurde die bedrohte Wettbewerbslage der deutschen Wirtschaft im Prozess der Globalisierung thematisiert und die Finanzierbarkeit des Sozialstaats öffentlich problematisiert und dramatisiert sowie restriktivere Reformen der sozialen Sicherungssysteme auf den Weg gebracht. Straßenkriminalität sowie insbesondere Drogenkriminalität und öffentliche Drogenszenen in den Städten wurden zu einem beherrschenden Thema öffentlicher Problematisierung.

Diese Krisenindikatoren bildeten sich empirisch u.a. ab in steigenden Raten von Kriminalitätsfurcht. Die Kriminalitätsfurcht war seit Mitte der 1970er Jahre rückläufig, stieg aber gegen Ende der 1980er Jahre deutlich an und wurde zudem zu einem neuen und wichtigen Orientierungspunkt kommunaler und nationaler Politik. Es ist also durchaus kein Zufall, dass sich Kriminalprävention in den 1990er Jahren zu einem zentralen Politikziel und Instrument entwickelte und sich in allen größeren Städten kommunale Präventionsräte etablierten. Ähnliche Entwicklungen zeigten sich auch in nahezu allen anderen modernen westlichen Ländern, allerdings bereits in den 1970er und 1980er. Deutschland war im Hinblick auf diese Entwicklung eher ein später Nachzügler.

Die Argumentation der meisten gesellschaftlichen Krisendiagnosen geht davon aus, dass sich die Strukturentwicklung spätmoderner Gesellschaften in einer Ausbreitung allgemeiner Verunsicherung niederschlägt. Dies betrifft direkt auch die Entwicklung von Kriminalitätsfurcht, insofern die allgemeine soziale Verunsicherung der gesellschaftlichen Modernisierung über die mediale und politische Konstruktion von Sündenböcken, wie z.B. Drogenabhängige, Pädophile und Migranten, auf das Kriminalitätsthema umgelenkt wird. Die öffentliche, mediale und politische Problematisierung von Kriminalität und die Konstruktion von Kriminalitätsbedrohungen werden also demnach als eine Umlenkung allgemeiner Verunsicherung verstanden. Kriminalitätsfurcht bzw. Kriminalitätssorgen werden also als Metapher für soziale Unsicherheit interpretiert. Auch wenn sie ein sehr grober Indikator ist, dessen Aussagekraft schon häufig kritisiert wurde, so geben Entwicklungen der Kriminalitätsfurcht bzw. der Kriminalitätssorgen doch in diesem Sinne immerhin einen Anhaltpunkt für die tatsächliche Entwicklung subjektiver Unsicherheitserfahrungen (bezogen auf den Bereich der Kriminalität) wider.

In der sozialwissenschaftlichen Forschung hat sich mittlerweile, empirisch immer wieder nachgewiesen und als selbstverständliche Evidenz etabliert, dass in der Tat das Ausmaß der Kriminalitätsfurcht bzw. Kriminalitätssorgen und die Wahrnehmung von Kriminalitätsbedrohungen so gut wie nichts mit der Entwicklung von kriminellen Delikten zu tun hat, also auch nicht mit dem Ausmaß der Kriminalität erklärt werden kann.

Allerdings stellt die empirische Entwicklung der Kriminalitätsfurcht die gesellschaftlichen Krisendiagnosen vor Probleme, insofern als sich die Hypothese steigender Kriminalitätsfurcht empirisch eben nicht nachweisen lässt, denn seit Anfang der 2000er Jahre sinkt die Kriminalitätsfurcht in allen Umfragen in Deutschland z.T. deutlich (Schaubild 1)

Schaubild 1: Entwicklung von Sorgen und Kriminalität in Deutschland[6]

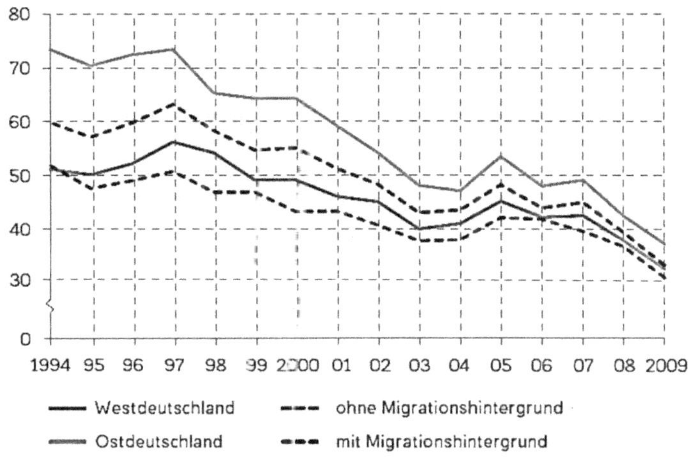

Antwortkategorien: große Sorgen, einige Sorgen, keine Sorgen. Migrationshintergrund schließt eigene und elterliche Migrationserfahrung mit ein.
Datenbasis: SOEP 1994-2009.

Und damit komme ich wieder zurück zu meinem spanischen Fußballfan in Stuttgart. Spätestens seit der Weltmeisterschaft 2006, wenn auch vermutlich nicht wegen ihr, zeigt die Entwicklung der Kriminalitätsfurcht in Deutschland einen deutlichen Rückgang und dies entspricht durchaus auch der politischen Präsentation, die seit 2006 immer wieder darauf hinweist, dass Deutschland zu den „sichersten Ländern Europas“ (manchmal auch der Welt) gehört. Und diese Botschaft ist offenbar bei dem spanischen Fußballfan durchaus angekommen.

Kriminalität und Kriminalitätsbedrohung gehört in Deutschland nicht mehr zu den großen Problemen, um die sich die Bevölkerung Sorgen macht. In diesem Sinne kann also kaum von einer allgemeinen Zunahme der gesellschaftlichen Verunsicherung gesprochen werden. Die Zusammenhänge zwischen sozialer und allgemeiner Verunsicherung auf der einen und die Wahrnehmung von Kriminalitätsbedrohungen auf der anderen Seite scheinen durchaus komplexer zu sein. Eigentlich müsste man auf der Grundlage von Krisendiagnosen der Desintegration erwarten, dass mit fortschreitender Modernisierung Individualisierung und damit die Risiken der Desintegration steigen, und damit auch das Niveau von Gewalt, wie es das gezeigte Zitat von Heitmeyer ja auch ausdrückt. Dies ist nun aber zumindest für Deutschland, aber auch selbst für

6 Quelle: Dittmann, Jörg, 2011: Wahrnehmung und Bewertung der öffentlichen Sicherheit. S. 297-301 in: Statistisches Bundesamt (Destatis), Wissenschaftszentrum Berlin für Sozialforschung (WZB), Deutsches Institut für Wirtschaftsforschung (DIW) (Hrsg.), Datenreport 2011. Bonn: Bundeszentrale für politische Bildung. S. 297.

die USA nicht der Fall. Ganz im Gegenteil, seit einigen Jahren geht Gewalt, z.T. sehr deutlich zurück. Die Hypothese, dass mit Modernisierung automatisch Desintegration und damit auch Kriminalität und Kriminalitätsfurcht steigt, ist offenbar mit der Empirie nicht so einfach in Einklang zu bringen.

Im europäischen Vergleich verkompliziert sich der Sachverhalt weiter. Während also in Deutschland die Kriminalitätsfurcht abgenommen hat, ist demgegenüber in den letzten Jahren z.B. in Frankreich, Belgien, den Niederlanden, Großbritannien und Spanien die Kriminalitätsfurcht z.T. sogar deutlich angestiegen.

Hier kommt die Politik in Spiel.

Die Politik der Sicherheitsgesellschaft

Im internationalen Vergleich deuten die Entwicklungen in Frankreich, den Niederlanden und Portugal hierzu auf interessante Aspekte hin: Sowohl in Frankreich als auch in den Niederlanden sind politische Konstellationen entstanden, in den rechte bzw. rechtsextreme Parteien ein sehr großes politisches Gewicht haben, die gerade auch Parteienmehrheiten in der politischen Mitte bedrohen. Auch aus diesem Grund haben nahezu alle politischen Parteien dort innere Sicherheit zu einem expliziten politischen Projekt gemacht und in Regierungshandeln umgesetzt. Die Folge war in beiden Staaten in den letzten Jahren eine deutliche Ausweitung repressiver Maßnahmen der Strafverfolgung und der Verurteilungspraxis, die aber keineswegs zu einer Reduzierung der Wahrnehmung von Kriminalitätsbedrohungen führte, sondern Kriminalitätsfurcht deutlich steigen ließ.

Auf der anderen Seite ganz anders Portugal, das noch Mitte der 1990er Jahre die höchste Gefangenenrate in Westeuropa hatte. Mit einer radikalen Entkriminalisierung des Drogenkonsums und einer Liberalisierung der Verurteilungspraxis hat sich die Gefangenrate seit 2002 um ein Drittel auf das Level von Deutschland reduziert. Parallel dazu ist die Kriminalitätsfurcht aber eher gleich geblieben.

Der Zusammenhang zwischen der Bedeutung von Kriminalität und Kriminalitätsfurcht in der Bevölkerung und der politischen Entwicklung wird allerdings in der Kriminologie zumeist andersherum interpretiert. So soll nicht eine bestimmte Politik die Kriminalitätsfurcht verändern, sondern die Ausbreitung von Kriminalitätsfurcht soll die Politik beeinflussen, indem die politischen Parteien und die Regierung in demokratischen Prozessen die Bedürfnisse der Bürger und Bürgerinnen aufnehmen und in politische Maßnahmen überführt.

So wurde z.B. von David Garland am Beispiel der USA und Großbritannien die These entwickelt, dass mit dem Anstieg der Kriminalität in den 1960er Jahren die Kriminalitätsbedrohungen nun auch für mittlere Schichten erfahrbar und zum Thema wurden. Gerade diese Schichten, die lange als Trägergruppen von Ideen der Rehabilitation von Straffälligen und professioneller Behandlungsformen auftraten, forderten nun eine repressivere Politik. Parallel dazu sollen auch sozialpolitische Sicherungssystem an Legitimität und Akzeptanz eingebüßt haben. Die Folge hiervon war der Beginn eines „Krieges gegen die Drogen“ und eines „Krieges gegen Kriminalität“, in dessen Verlauf punitive und repressive Maßnahmen in einem bisher nicht bekannten Ausmaß zunahmen und der Zugang zu sozialpolitischen Leistungen deutlich erschwert wurde. Vereinfacht lautet die Argumentation also: steigende Kriminalität führt zu steigender Kriminalitätsbedrohung und wachsender Kriminalitätsfurcht, die dann zu einer Ausbreitung punitiver Einstellungen, zu einem Legitimationsverlust sozialpolitischer Sicherungssysteme und letztlich zu repressiver und punitiver Kriminalpolitik führt (These 1).

These 1 : Die Kultur der Kontrolle[7]

Steigerung der Kriminalitätsraten

- ⇨ Ausweitung von Kriminalitätsbedrohungen und Kriminalitätsfurcht
- ⇨ Anwachsen punitiver Einstellung und Legitimationsverlust von Sozialpolitik (insbesondere bei den Eliten der Mittel- und Oberschicht)
- ⇨ Repressive und punitive Kriminalpolitik

Eine alternative Hypothese geht davon aus, dass Kriminalitätsbedrohungen und Kriminalitätsfurcht durch die Politik produziert wird, um sie strategisch für Wahlkämpfe zu instrumentalisieren. Mit der Professionalisierung politischer Kampagnen auf der Grundlage von Meinungsumfragen in den USA der 1960er Jahre wurde innere Sicherheit zu einem Wahlkampfthema. Während vorher Kriminalpolitik als Thema für professionelle Debatten galt, die von Juristen und eventuell noch von Professionen der sozialen Dienste dominiert wurde, wird sie seitdem popularisiert und Gegenstand öffentlicher Debatten. Dadurch setzt eine Thematisierungsspirale ein, da sich andere Parteien dieser Strategie nicht widersetzen können und die Parteien sich in der Konkurrenz um Stimmen und Legitimation gegenseitig darin zu überbieten suchen, wer sich „tougher on crime“ präsentieren kann (These 2).

---

[7] Garland, David, 2008: Kultur der Kontrolle. Verbrechensbekämpfung und soziale Ordnung in der Gegenwart. Frankfurt/M.: Campus [am. org. 2001: The Culture of Control. Crime and Social Order in Contemporary Society. Chicago, Oxford: University of Chicago Press].

These 2 : Governing through Fear and Crime[8]

Parteienkonkurrenz, Finanzierungsprobleme für Staatsausgaben und Verlust nationalstaatliche Steuerungsfähigkeit infolge der Globalisierung

- ⇨ strategische Nutzung von Kriminalitätsbedrohungen in Wahlkämpfen
- ⇨ Anwachsen von Kriminalitätsfurcht und Kriminalitätsbedrohungen
- ⇨ Repressive Kriminalpolitik und Allgegenwärtigkeit von Prävention und Kontrolle

Diese politische Strategie wurde in den 1990er Jahren dann über Großbritannien auch nach Europa importiert. Wer erinnert sich nicht an die Schill-Partei, die bei der Bürgerschaftswahl 2001 fast 20 Prozent der Stimmen errang. Allerdings scheint dies zumindest in Deutschland kein Automatismus zu sein, denn Roland Koch verlor z.B. mit einer ähnlichen Wahlkampfstrategie 2008 die Mehrheit in Hessen. Zudem sind die institutionellen Voraussetzungen in Europa deutlich anders als in den USA, wo auch Staatsanwälte, Richter und Polizeichefs gewählt werden und Laienrichter eine sehr große Bedeutung haben, während die Unabhängigkeit einer professionellen Justiz offenbar durchaus eine Begrenzung für einen ausufernden kriminalpolitischen Populismus darstellen kann.

Schließlich gibt es noch eine dritte Hypothese zur Erklärung des Zusammenhangs zwischen Kriminalitätsbedrohungen und Politik. Die Grundidee geht davon aus, dass sich seit den 1970er Jahren die Bedingungen des ökonomischen Konkurrenzkampfes auf dem Weltmarkt radikal verändert haben. Die Globalisierung und die damit verbunden Möglichkeiten der Abwanderung von Produktion und Kapital führen zu internationalen Standortkonkurrenzen, in denen Kostengesichtspunkte, insbesondere Arbeitsschutzrechte sowie Steuer- und Sozialabgaben zu zentralen Orientierungspunkten der Wirtschaftspolitik geworden sind. Die damit verknüpfte Durchsetzung neoliberaler Strategien führt zur Privatisierung von Staatsaufgaben und sozialen Risiken sowie zur Übertragung von Sozialbeiträgen von den Unternehmen auf die Arbeitnehmer und Arbeitnehmerinnen. Da dies mit einer steigenden sozialen Ungleichheit einhergeht, wird repressive Kriminalpolitik und Kontrolle zu einem Ersatz für öffentliche und staatliche soziale Sicherung und zum zentralen Bezugspunkt der Herstellung sozialer Ordnung und Sicherheit (These 3).

---

8 Simon, Jonathan, 2007: Governing Through Crime. How the War on Crime Formed American Democracy and Created a Culture of Fear. Oxford: Oxford University Press.

These 3 : Neoliberale Regierung sozialer Unsicherheiten[9]

Finanzierungsprobleme für Staatsausgaben und Verlust nationalstaatliche Steuerungsfähigkeit infolge der Globalisierung

- ⇨ Neoliberale Orientierungen in Wirtschaft und Politik
- ⇨ Privatisierung von Staatsaufgaben, Reduzierung von Steuerbeiträgen
- ⇨ Repressive und punitive Kriminalpolitik ersetzt Sozialpolitik zur Herstellung sozialer Ordnung und Kontrolle der Armen

Alle diese Perspektiven haben durchaus eine gewisse Plausibilität. Tatsächlich zeigt sich doch, dass Gewalt und Kriminalität sich häufig in marginalisierten Stadtteilen konzentriert, und je schwerer die Kriminalität, desto häufiger sind Täter aus unteren Schichten beteiligt. Eine defizitäre soziale Sicherung und soziale Ungleichheit haben also durchaus etwas mit Kriminalität zu tun, auch wenn die empirische Forschung zu diesem Zusammenhang überwiegend zu dem Ergebnis kommt, dass kein **linearer** Zusammenhang zwischen der Armut, Schichtzugehörigkeit oder dem Einkommen und Kriminalität besteht. Vielmehr ist es die räumliche Konzentration von Armut und das Ausmaß sozialer Ungleichheit, die als Ursache für Kriminalität und Gewalt bedeutsam werden. Und die kann durchaus Gegenstand von Politik sein.

Allerdings sinkt ja die Kriminalität, auch in den USA, trotz wachsender sozialer Ungleichheit und trotz eines Rückzugs aus der – wenn auch im Vergleich zu Europa geringfügigen – sozialstaatlichen Sicherung der Armen. Und dieser Rückgang der Kriminalität setzte sich auch trotz der Verbreitung neoliberaler Ideologie durch. Folglich gibt auch der empirische Forschungsstand für einen **direkten ursächlichen** Zusammenhang zwischen öffentlicher und staatlicher sozialer Sicherung und Kriminalitätsentwicklung nicht viel her. Die Zusammenhänge zwischen sozialer Sicherung und Kriminalitätsfurcht oder Kriminalitätssorgen scheinen durchaus komplizierter als es in der These von Wacquant angenommen wird.

Damit soll nicht bestritten werden, dass Sozialpolitik auch etwas mit Kriminalität und mit Kriminalitätsfurcht zu tun hat. Tatsächlich geht nämlich im internationalen Vergleich eine wohlfahrtsstaatliche Orientierung der Politik durchaus einher mit geringerer Kriminalitätsfurcht und einem hohen Vertrauen in die Institutionen des politischen Systems. Die gilt vor allen in Bezug auf Skandinavien, wo sich bislang ein hohes Ausmaß staatlicher sozialer Sicherung mit niedriger Kriminalitätsbedrohung trifft und die Gefangenraten, durchaus trotz veränderter politischer Rhetorik, erstaunlich stabil und niedrig geblieben sind. Allerdings haben Sozialpolitik und Soziale Sicherung eigene

---

9 Wacquant, Loïc, 2009: Bestrafen der Armen: Zur neoliberalen Regierung der sozialen Unsicherheit. Opladen: Barbara Budrich [am. org. 2009: Punishing the Poor: The Neoliberal Government of Social Insecurity. Durham: Duke University Press].

Zielsetzungen und Effekte, insbesondere auf auch soziale Verunsicherung und Gerechtigkeit, die einen eigenen Wert haben und weder einer Instrumentalisierung durch Kriminalprävention bedürfen noch über eine Indienstnahme durch Kriminalpolitik entwertet werden sollten. Darauf hat ja bereits auch das Gutachten zum Präventionstag von Wiebke Steffen hingewiesen.[10]

Gegen die u.a. von Garland vorgetragene These eines Bedeutungsverlustes von rehabilitativen und resozialisierenden Maßnahmen und dem Ansteigen punitiver Einstellungen infolge wachsender Kriminalitätsbedrohungen kann für Deutschland vorgebracht werden, dass insgesamt weder sozialpolitische Sicherungssysteme an öffentliche Legitimation eingebüßt haben noch eine Zunahmen punitiver Einstellungen gegenüber Straffälligen festgestellt werden kann. So kommt z.B. Reuband zu dem Ergebnis, dass die Auffassungen über Strafzwecke in der Bevölkerung als „Mischung von repressiven und rehabilitativen Strafprinzipien“ zwischen 1970 und 2003 erstaunlich stabil geblieben sind, z.T. rehabilitative Orientierung in letzter Zeit sogar zunehmen.[11]

Auch scheint sich eine neoliberale Orientierung zumindest in der Bevölkerung Europas keineswegs so flächendeckend durchgesetzt zu haben, wie es im Rahmen der dritten These zu erwarten wäre. Auch wenn es vielleicht nicht der beste Indikator für neoliberale Orientierungen ist, so kann die Auffassung, dass Armut eine Folge individuellen Versagens ist, doch zumindest annährungsweise eine zentrale Dimension der Privatisierung von Verantwortlichkeit abbilden. Allerdings nimmt zwischen 1977 und 2009 z.B. der Anteil derer, die davon ausgehen, dass Armut von den Armen selbst verantwortet wird, in Europa offenbar deutlich ab (Tabelle 1). Ausnahmen stellen die Niederlande und Dänemark dar, die allerdings in den letzten Jahren einen durchaus radikalen Wandel grundlegender politischer Orientierungen durchgemacht haben.

[10] Steffen, Wiebke, 2012: Sicher leben in Stadt und Land. Sicherheit als Grundbedürfnis der Menschen und staatliche Aufgabe (Gutachten für den 17. Deutschen Präventionstag 16. & 17. April 2012 in München). München.

[11] Reuband, Karl-Heinz, 2010: Steigende Punitivität oder stabile Sanktionsorientierungen der Bundesbürger? Das Strafverlangen auf der Deliktebene im Zeitvergleich. Soziale Probleme Soziale Probleme 21/1: 98-116.

Tabelle 1: Wahrgenommene Ursachen von Armut in Europa 1977-2009 (% Antworten: Armut ist eine Folge von Faulheit und mangelndem Willen)

Land	1977	2007	2009
Deutschland	23	18	15
Frankreich	16	14	11
Italien	20	19	10
Vereinigtes Königreich	43	26	26
Dänemark	11	15	13
Niederlande	12	13	13
Belgien	22	18	14

Datenquellen: Eurobarometer 1977: 72; Eurobarometer 2007: 34, Eurobarometer 2009, Anhang. Tabelle übernommen aus: Albrecht, Hans-Jörg, 2011: Bestrafung der Armen? Zu Zusammenhängen zwischen Armut, Kriminalität und Strafrechtsstaat. S. 111-129 in: Dollinger, B./Schmidt-Semisch, H. (Hrsg.), Gerechte Ausgrenzung? Wohlfahrtsproduktion und die neue Lust am Strafen. Wiesbaden: VS – Verlag für Sozialwissenschaften, S. 120.

Kriminalitätsbedrohungen und Kriminalitätsfurcht sind offenbar heutzutage sehr viel weniger, und schon gar nicht automatische eine Metapher für allgemeine und soziale Unsicherheiten. Vielmehr deuten die Umfrageergebnisse darauf hin, dass soziale Verunsicherungen und Fragen sozialer Gerechtigkeit durchaus auch direkt als solche, und ohne Bezug zu Kriminalitätsbedrohungen, problematisiert werden können. Wenn es in den Umfragen um Sorgen und Probleme geht, so liegen Fragen sozialer Sicherung und Gerechtigkeit seit einigen Jahren immer auf den vordersten Plätzen. Demgegenüber liegen Kriminalitätsbedrohungen, aber auch Sorgen um Migration, trotz des Eindrucks, der vielfach über die Medien verbreitet wird, entweder auf den hinteren Plätzen oder diese Themen werden fast gar nicht genannt.

Der Alltag der Prävention und die Kriminalität im Alltag

Unabhängig davon, mit welchen Schlüsselbegriffen argumentiert wird, bekommen Gesellschaftsdiagnosen, die als Krisendiagnosen von einem Automatismus der Produktion von Unsicherheit ausgehen, Probleme mit der Empirie, wenn sowohl Kriminalität als auch Kriminalitätsfurcht zurückgehen. Insbesondere die mit diesen Diagnosen verbundene Hilfskonstruktion der (medialen und/oder politischen) Umlenkung sozialer Verunsicherung auf Kriminalitätsbedrohungen funktioniert nur unter bestimmten institutionellen und politischen Bedingungen.

Individualisierung, Risiken der Desintegration und der Verunsicherung von Inklusionen stellen neue Anforderungen an die Individuen, die allerdings offenbar von vielen durchaus bewältigt werden, die aber auch nicht alle in gleichem Maße betreffen. Allerdings, und damit komme ich zurück zu meinem Anfang, haben wir es durchaus mit gesellschaftlichen Veränderungen oder gar Transformationen zu tun, die sich aber nur z.T. in der Politik der Sicherheit niederschlagen und die sich eben auch nur z.T. in veränderten bzw. steigenden Bedrohungsgefühlen und Kriminalitätsfurcht übersetzt. Verunsicherung und Kriminalitätsbedrohung sind keine automatische Folge gesellschaftlicher Entwicklung, sondern auch und in erster Linie das Ergebnis von Politik.

Die Transformationen, die ich hier betonen möchte, und für die es bislang nur Ansätze der Analyse gibt, beziehen sich auf eine Veränderung sozialer Beziehungen zwischen Fremden, auf die Orientierungen in öffentlichen Räumen und auf die routinisierte Alltagspraxis. Wir haben gelernt, mit Kriminalitätsbedrohungen umzugehen, wir erwarten sie und haben Prävention verinnerlicht. Es hat sich eine Sensibilität für Bedrohungen entwickelt, die sich als Sicherheits- und Präventionsmentalität nicht unbedingt in Furcht, Sorgen und Bedrohungsgefühle übersetzen muss.

Wenn ich also den Begriff der Sicherheitsgesellschaft durchaus für sinnvoll zur Beschreibung von Veränderungen halte, dann ist damit nicht gemeint, dass Sicherheit der alles dominierende Bezugspunkt von Politik geworden sei und alle Bedrohungen automatisch als Kriminalitäts- und Kontrollproblem gedeutet werden. Dieser Aspekt ist als Fragestellung durchaus wichtig, aber genauso wichtig ist die Frage, wie sich Sicherheitsmentalitäten entwickeln und auf die Organisation des Alltags niederschlagen.

Aber auch hierbei ist die Politik von zentraler Bedeutung. Denn wenn die Gesellschaftsdiagnosen in dem Punkt plausibel sind, dass die Anforderungen an die Individuen in Laufe der Individualisierung und Pluralisierung gewachsen sind, so gibt es doch viele, die an diesen Anforderungen scheitern, indem sie nicht die notwendige Toleranz für Abweichungen aufbringen können, indem sie keine routinisierten Mechanismen der Verarbeitung von Unsicherheiten aufbringen können oder weil diese Verunsicherungen in der Tat ein Ausmaß annehmen, dass die soziale Existenz in Frage gestellt wird. Dies hat sehr viel mit sozialer Sicherung, sozialer Gerechtigkeit und sozialer Politik zu tun. Kriminalprävention ist allerdings ebenfalls an der Produktion von Sicherheitsmentalitäten beteiligt, wenn sie die Illusion verbreitet, dass über entsprechende Vorsorge und entsprechendes Verhalten Kriminalität tatsächlich verhindert werden könnte und über „Sicherheitswarnungen“ Sensibilitäten für vermeintlich sicherheitsrelevante Situationen produziert werden, und in der Folge jedwede Interaktion mit Fremden in der Öffentlichkeit zunächst unter Aspekten einer möglichen Kriminalitätsbedrohung gescheckt werden. Die Folge hiervon kann dann tatsächlich sein, dass Sicherheitsmentalitäten in das münden, was Heitmeyer unter „gruppenbezogener Menschenfeindlichkeit“ versteht: Nicht jeder Fremde, der nach dem Weg fragt, ist ein potentieller Taschendieb und sollten spezielle Routinisierungen von bestimmten Verhaltensweisen zur Folge haben. Es bleibt zu hoffen, dass Kriminalprävention hierbei erfolglos bleibt.

Wenn in dem Gutachten zu diesem Präventionstag für eine Stärkung sozialer Prävention plädiert wird, so hat dies absolut seine Berechtigung, nur sollte man eben soziale Gerechtigkeit und soziale Sicherung auch losgelöst von Kriminalität begreifen können. Es handelt sich um eigene Werte, deren Verknüpfung mit Kriminalität und Kriminalitätsbedrohungen durchaus riskant ist. Sozialpolitik und soziale Gerechtigkeit brauchen nicht der Begründung durch Kriminalitätsbedrohungen.

Norbert Seitz

„Facetten des Bevölkerungsschutzes – nicht-polizeiliche Sicherheitsinteressen von Bürgerinnen und Bürgern“

Das Thema des 17. Deutschen Präventionstages „Sicher leben in Stadt und Land“ öffnet den Blick für Sicherheitsaspekte, die im städtischen, kommunalen Kontext über Belange der Kriminalprävention hinausreichen. Sicher leben in Stadt und Land legt die Frage nach Sicherheitsinteressen auch im Zusammenhang mit Naturereignissen nahe, mit von Menschen verantworteten Katastrophen, mit Unglücksfällen nuklearer, biologischer oder chemischer Natur, mit Feuer und Hochwasser oder anderen dem Katastrophenbild von Bürgerinnen und Bürgern nächstliegenden Geschehen.

Vorbeugung und Reaktion auf solche Gefahren sind Gegenstand des Bevölkerungsschutzes. Verschiedene Facetten dieses Bereiches möchte ich in meinem Vortrag für Sie beleuchten. Ich werde Ihnen einen kurzen Überblick über unser integriertes Notfallvorsorgesystem geben und anschließend über aktuelle Herausforderungen und Entwicklungsperspektiven sprechen. Als ein zentrales Element werde ich Rolle und Bedeutung der Eigenverantwortung von Bürgerinnen und Bürgern im Bevölkerungsschutz aufgreifen und Voraussetzungen für die Befähigung zur Selbsthilfe und aktiven Mitwirkung darstellen. Zum Abschluss werde ich Ihnen vortragen, worin ich ein zentrales gemeinsames Erfordernis von Bevölkerungsschutz und Kriminalprävention sehe.

[II. Integriertes Notfallvorsorgesystem]

[1. Aufwuchs von unten nach oben]

Bevölkerungsschutzrelevante Geschehen betreffen Verantwortungsbereiche nicht-polizeilicher Gefahrenabwehr als staatliche Pflichtaufgabe und damit insbesondere auch Kommunen, Städte und Landkreise. Diese sind eingebunden in ein integriertes Notfallvorsorgesystem, in dem Bund, Länder und Kommunen im Verbund mit den Feuerwehren und den großen Hilfsorganisationen eng zusammenarbeiten. Je nach Ereignisfall kann das System schnell und flexibel von unten bis ganz oben aufwachsen.

Die Erstverantwortung für die alltägliche Gefahrenabwehr liegt dezentral bei Kommunen und Landkreisen. Sie kennen die Verhältnisse vor Ort und können im Ereignisfall am besten schnell und effektiv reagieren.

Die Länder verstärken und unterstützen die kommunalen Einrichtungen und Einheiten bei der Vorsorge vor und der Abwehr von Gefahren. Bei ihnen liegt die Grundzuständigkeit für den Katstrophenschutz. Dementsprechend treffen sie Vorsorge für die erforderlichen Ressourcen. Bei großflächigeren Schadenlagen übernehmen sie die Koordinierung und das Krisenmanagement – und zwar auch bei solchen Katastrophen und Unglücksfällen, die das Gebiet mehr als eines Landes betreffen.

Der Bund hat nur eine enge, thematisch begrenzte eigene Zuständigkeit für den Schutz der Bevölkerung in militärischen Lagen, wir sprechen hier vom Zivilschutz. In der Praxis bedeutsamer ist heute auf Seiten des Bundes die Unterstützung der Länder im Wege der Katastrophenhilfe.

[2. „Neue Strategie" und neue Instrumente]

Nach den Terroranschlägen 2001 und den Sommerhochwassern 2002 vereinbarten Bund und Länder eine gemeinsame „Neue Strategie für einen modernen Bevölkerungsschutz". Im Zuge ihrer Umsetzung wurden verschiedene neue Instrumente in der Bund-Länder-Zusammenarbeit geschaffen: Das Gemeinsame Lagezentrum von Bund und Ländern, kurz GMLZ, die Datenbank deNIS für das Informations- und Ressourcenmanagement und das satellitengestützte Warnsystem des Bundes wurden aufgebaut. Die Akademie für Krisenmanagement, Notfallplanung und Zivilschutz wurde neu aufgestellt. Organisatorischer Schwerpunkt der Neuausrichtung auf Bundesebene war die Errichtung des Bundesamtes für Bevölkerungsschutz und Katastrophenhilfe, kurz BBK. Letzter Meilenstein und Abschluss war das neue Gesetz über den Zivilschutz und die Katastrophenhilfe des Bundes im Jahr 2009. Neu geschaffen wurde darin insbesondere erstmalig die Möglichkeit für den Bund, auf Anforderung der Länder bei Großschadenslagen Koordinierungsaufgaben zu übernehmen.

Auf vielfältige Weise, mit viel Kompetenz, aber auch mit viel Geld, so allein mit rund 50 Mio. € jährlich für ergänzende Fahrzeugausstattung, ist der Bund der politischen Forderung der Länder nach einer stärkeren Verantwortung des Bundes zur Unterstützung der Länder bei der Vorbereitung auf und der Bewältigung von Großschadenslagen nachgekommen.

[3. Doppelnutzen der Ressourcen]

Die errichteten Einrichtungen und Instrumente stehen heute sowohl dem Bund zur Erfüllung seiner eigenen Aufgaben als auch den Ländern im Wege der Katastrophenhilfe zur Verfügung. Dieser „Doppelnutzen" zeichnet unser integriertes Notfallvorsorgesystem insgesamt aus: Alle im jeweiligen Zuständigkeitsbereich bereit gestellten Ressourcen stehen in vollem Umfang sowohl für die alltägliche Gefahrenabwehr, den friedensmäßigen Katastrophenschutz und den Schutz der Bevölkerung in militärischen Lagen zur Verfügung.

Bei aller föderalen Ausdifferenzierung und Zuständigkeitsabgrenzung zwischen friedensmäßigem Katastrophenschutz als Aufgabe der Länder und Schutz der Zivilbevölkerung in militärischen Lagen als Aufgabe des Bundes gibt es in der Praxis keine zwei unverbunden nebeneinander stehenden Systeme, keine Parallel- und Doppelstrukturen. Im Verteidigungsfall stützt sich der Bund auf die Ressourcen der Länder, die er für diesen Fall verstärkt und ergänzt, insbesondere durch zusätzliche Fahrzeugausstattung, aber etwa auch durch personelle und materielle Ressourcen der Bundesanstalt Technisches Hilfswerk. Umgekehrt nutzen die Länder die bundesseitigen Ergänzungen bei friedensmäßigen Katastrophen und Unglücksfällen. Zivilschutz und Katastrophenschutz sind in der Sache verzahnt, bauen aufeinander auf, bedingen und ergänzen einander, bilden gemeinsam ein integratives Ganzes.

[4. Bevölkerungsschutz auf ehrenamtlicher Basis]

Anders als die klassische polizeiliche ist die nicht-polizeiliche Gefahrenabwehr in Deutschland vor allem ehrenamtlich organisiert. Unser Bevölkerungsschutz verdankt seine Stärke und Schlagkraft den rund 1,8 Millionen ehrenamtlichen Helferinnen und Helfern in Feuerwehren, Hilfsorganisationen, Regieeinheiten und beim Technischen Hilfswerk. Von ihrer Bereitschaft, mitzuwirken und Verantwortung für den Schutz ihrer Mitmenschen zu übernehmen, lebt unser System. Bei Unglücksfällen und Katastrophen jeglicher Art stehen sie mit ihrer Qualifikation und Hilfsbereitschaft zur Verfügung. Durch ihre Präsenz in der Fläche garantieren sie für eine schnelle und effektive Hilfe vor Ort.

Diese Struktur zu erhalten, ist angesichts einer Vielzahl geänderter Rahmenbedingungen heute <u>die</u> zentrale Herausforderung für unseren nationalen Bevölkerungsschutz.

[III. Aktuelle Herausforderungen]

Im letzten Jahr beschäftigte viele von uns die Frage, wie sich die Wehrstrukturreform auf die Helferzahlen im Bevölkerungsschutz auswirken werde. Denn mit Aussetzung der Wehrpflicht fielen auch die ca. 60.000 für den Dienst im Zivil- und Katastrophenschutz freigestellten Wehrpflichtigen weg. Zugleich ging ein wichtiges Instrument der Nachwuchsgewinnung verloren. Hiervon sind nicht alle Organisationen in gleicher Weise betroffen. Bei den Feuerwehren mit insgesamt rund 1,1 Millionen freiwilligen Helfern fällt das weniger ins Gewicht als beispielsweise im Bereich der Bundesanstalt THW mit rund 80.000 Freiwilligen.

Viel stärkere Auswirkungen auf die Zahl der Helfer in allen Organisationen wird auf Dauer die demographische Entwicklung haben. Wir werden weniger, älter und bunter. Zugleich verdichten sich Arbeitswelt, Schul-, Hochschul- und Ausbildungswesen. Damit einher gehen veränderte Lebensentwürfe, Bildungs- und Freizeitorientierungen. Diese Entwicklung ist nicht rückgängig zu machen. Wir müssen uns mit ihr auseinander setzen und neue Gestaltungsmöglichkeiten finden, um unser System zukunftsfähig zu machen.

Der Bund hat einen gesetzlichen Auftrag zur Förderung des Ehrenamtes als Basis des Zivil- und Katastrophenschutzes. Außerdem trägt er die organisatorische Verantwortung für die Bundesanstalt Technisches Hilfswerk. Wir halten unsere traditionelle ehrenamtliche Struktur für richtig und sinnvoll und bekennen uns zum Ehrenamt als unverzichtbarer Basis des Bevölkerungsschutzes.

[IV. Entwicklungsperspektiven]

[1. Aktuelle Maßnahmen zur Förderung des Ehrenamtes]

Das Bundesministerium des Innern unterstützt die ehrenamtlichen Strukturen vor Ort bereits durch eine Vielzahl von Initiativen und Projekten. Diese Maßnahmen müssen wir konsequent umsetzen und weiterentwickeln, so etwa im Bereich des THW

- das Mentorinnenprojekt zur Förderung von Frauen,
- das Projekt Interkulturelle Öffnung zur Kontaktaufnahme mit Migranten,
- die Zusammenarbeit mit Schulen,
- die Zertifizierung von Ausbildungsabschlüssen und
- die in 2011 gestartete und bis 2014 laufende Kampagne „Raus aus dem Alltag – Rein ins THW".

Weitere Bausteine zur Förderung des Engagements im Bevölkerungsschutz sind das Aus- und Fortbildungsangebot für leitende Einsatzkräfte und Entscheidungsträger an unserer Akademie für Krisenmanagement, Notfallplanung und Zivilschutz und die ergänzende Ausstattung des Bundes für den Katastrophenschutz der Länder. Die moderne technische Ausstattung soll die Reaktionsfähigkeit des Katastrophenschutzes in chemischen, biologischen, radiologischen oder nuklearen Lagen und in Schadenslagen mit einem Massenanfall von Verletzten erhöhen und gleichzeitig zur Motivation der Helfer beitragen.

Wichtig ist auch die Wertschätzung und Anerkennung des Engagements. Hierzu haben wir vor vier Jahren den Wettbewerb um den Förderpreis „Helfende Hand" ins Leben gerufen. Mit der Preisverleihung werden herausragende Projekte für das Ehrenamt im Bevölkerungsschutz öffentlich gewürdigt. Gleichzeitig bilden die auf der Homepage der Helfenden Hand vorgestellten Projekte einen Ideenpool für andere, die nach Lösungen und bewährten Praxisbeispielen für ihre Arbeit vor Ort suchen.

Vor Ort – das ist die entscheidende Ebene im Bevölkerungsschutz. Das gilt für die schnelle und effektive Reaktion im Ereignisfall genauso wie für eine effektive Helferbindung und Helferwerbung. Bund und Länder können hier am Ende nur unterstützen, vernetzen und Ideen geben. Das eigentliche Engagement findet in den Kommunen statt und wird in den Ortsverbänden gelebt. Dort ist man unmittelbar mit den aktuellen Herausforderungen der sich wandelnden Gesellschaft konfrontiert. Dort muss man pragmatische Lösungen finden.

[2. Forschungsprojekt]

Solche Praxisbeispiele stehen im Fokus eines laufenden umfassenden Forschungsprojektes, das Ende 2011 vom Bundesministerium des Innern initiiert wurde. Länder, Hilfsorganisationen und der Deutsche Feuerwehrverband waren an der Konzeption beteiligt. Ein Ziel ist die Auswertung von Praxisbeispielen im Zusammenhang mit

Motivation und Lebenssituation. Daraus soll eine Art Baukasten von Best-practice-Modellen entstehen und zugleich ein Überblick über noch unbearbeitete Felder. Aus den Ergebnissen sollen dann bis Ende 2013 neue Projekte und strategische Maßnahmen für die Helfergewinnung und Helferbindung entwickelt werden. Daneben sollen Ansätze zur Optimierung des Systems durch Selbstschutz, Technik und neue Organisationsstrukturen aufgezeigt werden.

[3. Neue Strukturen]

Denn eins ist sicher: Um die Handlungsfähigkeit der Organisationen im Bevölkerungsschutz langfristig zu sichern und zukunftsfähig zu gestalten, müssen ihre Strukturen unserer Lebenswirklichkeit gerecht werden. Wenn hierfür neue Formate wie befristete oder projektbezogene Engagements oder eine stärkere Unterstützung durch hauptamtliche Kräfte benötigt werden, müssen wir diese Strukturen schaffen.

Bei allen strategischen Überlegungen zum Erhalt eines schlagkräftigen Bevölkerungsschutzes auf bewährt ehrenamtlicher Basis gilt es zu berücksichtigen, dass es keine direkte Korrelation zwischen der Größe der Bevölkerung und der Zahl der Einsätze gibt. Weniger Bevölkerung führt nicht zwingend auch zu weniger Einsätzen. Der Eintritt von Großschadenslagen ist vielmehr stark von äußeren Faktoren abhängig. Klimatische Bedingungen, technisches Versagen, Unfälle, kriminelle oder terroristische Handlungen können Auslöser für Katastrophen sein. Im Ereignisfall sind vielleicht weniger Menschen betroffen, darunter aber mehr ältere oder sehr alte Menschen, die nicht mobil sind und sich nicht selbst helfen und in Sicherheit bringen können. Das kann den einzelnen Einsatz aufwändiger und personalintensiver machen. Neue technische Hilfsmittel wiederum können Erleichterungen für Einsatzkräfte bringen. Vor diesem Hintergrund ist schwer abzuschätzen, welche Auswirkungen der demographische Wandel auf die Anzahl der für einen schlagkräftigen Bevölkerungsschutz erforderlichen Helfer tatsächlich haben wird. Ziel muss es jedenfalls sein, Strukturen und Rahmenbedingungen jetzt und perspektivisch so zu gestalten, dass die vorhandenen Kräfte so effektiv wie irgend möglich zum Einsatz kommen.

Ergänzend sollten wir Strukturen schaffen, die eine bessere Einbindung spontaner Helfer zulassen, die nicht in unserem Hilfeleistungssystem organisiert sind.

Die Hilfsbereitschaft in der Bevölkerung ist groß, davon bin ich überzeugt. Viele Menschen nehmen bei einem Hochwasser spontan den Sandsack in die Hand. Diese Hilfsbereitschaft fügt sich nur nicht immer in die bestehenden Strukturen unserer Feuerwehren und Hilfsorganisationen ein. Vielleicht müssen wir hier Raum für ein wenig mehr „Unordnung“ und Spontanität schaffen und Wege finden, auch solche Ressourcen sinnvoll mit einzubinden.

[4. Modell Team Österreich]

Bedenkenswert erscheinen auch Modelle, um ereignisbezogen planbare qualifizierte Helfer aus den unterschiedlichsten Bevölkerungsgruppen hinzuzuziehen. Unser Nachbarland Österreich könnte hier ein Vorbild sein. Wer im Notfall mit anpacken möchte, ohne sich hierfür an eine Organisation fest zu binden, kann sich online beim „Team Österreich" registrieren. Im Ernstfall werden die registrierten Helfer per SMS, Telefon oder E-Mail verständigt. Wer Zeit hat und helfen möchte, meldet sich beim angegebenen Kontakt und erfährt in einer kurzen Erstinformation alles Wesentliche. Bei der Anmeldung werden zahlreiche Fähigkeiten wie Sprachkenntnisse, Erste-Hilfe-Ausbildung und Beruf abgefragt und in eine Datenbank eingepflegt. Um tatsächlich für Einsätze alarmiert zu werden, muss man lediglich eine vierstündige Einweisung besuchen.

In Deutschland gibt es inzwischen nach dem österreichischen Modell ein „Team Mecklenburg-Vorpommern", das nach ersten Erfahrungen ein zentraler Bestandteil im komplexen Hilfeleistungssystem des Deutschen Roten Kreuzes in Mecklenburg-Vorpommern bleiben soll.

[V. Eigenverantwortung der Bevölkerung]

[1. Weg von der „Vollkasko-Mentalität"!]

Wichtig als Ergänzung unserer ehrenamtlichen Strukturen und zugleich ein Schlüssel für mehr Sicherheit und mehr „gefühlte" Sicherheit in der Bevölkerung liegt in der Fähigkeit zu Selbstschutz und Selbsthilfe. Hier steckt noch viel ungenutztes Potential. In anderen EU-Staaten ist Selbstschutz längst Standardinhalt in den Lehrplänen der Schulen. Bei uns haben viele Menschen die erste Berührung mit dem Thema erst, wenn sie ihren Führerschein machen und den obligatorischen Erste-Hilfe-Kurs besuchen.

Jeder Einzelne kann einen Beitrag zur Risikominimierung und Schadensbewältigung leisten. Bürgerinnen und Bürger sind gefordert, Sicherheit im Sinne von Bevölkerungsschutz mitzugestalten und aktiv dazu beizutragen, Katastrophen und Unglücksereignisse möglichst zu verhindern. Dies kann präventiv geschehen oder dadurch, im Ereignis- bzw. Schadensfalle alles zu tun, um das Schadensausmaß zu begrenzen und Opfern möglichst schnell wie wirkungsvoll zu helfen.

Trotz intensiver Berichterstattung der Medien über Katastrophen in aller Welt ist Risikobewusstsein in Deutschland wenig ausgeprägt. Wir leben in einem katastrophenarmen Land. Gerade deshalb ist es wichtig, die relevanten Risiken zu kennen. Sonst wird man im Ereignisfall vom Geschehen überrascht und schnell auch überfordert.

„Der Zufall begünstigt den, der vorbereitet ist", sagte einmal Louis Pasteur. Das beschreibt kurz und prägnant die Aufgabe des Bevölkerungsschutzes: Vorsorge zu treffen für Ereignisse, von denen wir nicht wissen, ob und wann sie passieren und wie sie konkret aussehen. Das liegt in der Verantwortung des Staates – hier sind Bund, Länder, Kreise, Städte und Kommunen gefordert. Das liegt in der Verantwortung der ehrenamtlichen Helfer – hier sind Feuerwehren und Hilfsorganisationen gefordert. Das liegt aber auch in der Eigenverantwortung jeder und jedes Einzelnen. Es gibt kein „Rundum-Sorglos-Paket" vom Staat.

[2. Risikokommunikation nach dem Vorbild der Warnung]

Voraussetzung, um Eigenverantwortung sinnvoll auszuüben, ist ein ausreichendes Wissen um die relevanten Risiken und den Umgang mit ihnen. Nur so kann die Bevölkerung geeignete Vorsorgemaßnahmen treffen. Nur so kann die oder der Einzelne bei einem Schadenseintritt geeignete Schutz- und Rettungsmaßnahmen ergreifen.

Der Schlüssel zur Erhöhung des Selbsthilfepotentials der Bevölkerung ist also Wissensvermittlung, in diesem Fall konkret Risikokommunikation. Bei der Suche nach geeigneten Modellen können wir unsere Erfahrungen aus dem Bereich der Warnung der Bevölkerung einbringen:

Der Bund unterhält zur Warnung der Bevölkerung ein satellitengestütztes Warnsystem. Damit können die Lagezentren von Bund und Ländern binnen Sekunden Gefahrendurchsagen über 140 angeschlossene Medienbetreiber steuern. Dies sind überwiegend Radio und Fernsehen, vereinzelt auch Internet und Paging. Dieses System wird jetzt als gemeinsames Projekt von Bund und Ländern zu einem modularen Warnsystem ausgebaut.

Mit dem künftigen System soll einschließlich der Ebene Leitstelle jeder in seinem Verantwortungsbereich unmittelbar und ohne Medienbruch alle vorhandenen Alarmierungs- und Warnsysteme auslösen können. Diverse zusätzliche Warnmittel können angeschlossen werden – darunter Sirenen, Rauchwarnmelder oder Mobiltelefone. Neu und wichtig ist der dadurch ermöglichte „Weckeffekt".

Anders als noch vor 10 Jahren – damals waren Radio und Fernsehen die zentralen Medien, um den Großteil der Bevölkerung zu erreichen – gibt es heute kein einheitliches Medium mehr, mit dem wir alle erreichen können. Die „Generation 2.0", mit Computern und Smartphones groß geworden, wird im Zweifel diese Medien als erste Informationsquelle in Notfällen zu Rate ziehen. Ältere Menschen hingegen sind über moderne Medien und Kommunikationsmittel wie Mobiltelefone teilweise gar nicht erreichbar oder allenfalls dann, wenn die Einrichtung der Warnfunktion nicht zu kompliziert ist.

Um im Ereignisfall die gesamte betroffene Bevölkerung zu erreichen, müssen wir heute die unterschiedlichsten Warnmittel einsetzen. Das gilt umso mehr, wenn wir einen <u>frühen</u> Weckeffekt erzielen und hierfür nicht auf Lautsprecherdurchsagen aus Polizeiwagen warten möchten. Im Zweifel werden diese im Ereignisfall an anderer Stelle dringender benötigt.

Das Modulare Warnsystem ist der richtige Weg, um die unterschiedlichsten Bevölkerungsgruppen mit ihren je eigenen Medien zu erreichen. Einen vergleichbaren Weg müssen wir auch bei der Risikokommunikation beschreiten.

Wir müssen davon ausgehen, dass wir nicht über einen Informationskanal alle erreichen können. Um Informationen „unters Volk" zu bringen, müssen wir verschiedene Maßnahmen kombinieren.

[3. Aktuelle Beispiele für zielgruppenspezifische Information]

Hierfür gibt es bereits Ansätze. Um Kinder vom Vorschulalter bis zu Jugendlichen im Alter von ca. 16 Jahren für Bevölkerungsschutzthemen zu sensibilisieren, arbeitet der Bund zielgruppenspezifisch mit vier verschiedenen Angeboten:

- Für Drei- bis Sechsjährige arbeiten wir an einem Projekt mit der Augsburger Puppenkiste, das in Kindergärten umgesetzt werden soll.
- Für Kindergarten- und Grundschulkinder wurde das Pixi-Buch „Die Helfer vom THW" aufgelegt.
- Für Sieben- bis Zwölfjährige ist das BBK-Kinderinternet mit dem Computer-Spiel „Wo ist Max?" eingerichtet.
- Für Zwölf- bis Sechzehnjährige übernimmt der Bund voraussichtlich das von der Johanniter-Unfall-Hilfe entwickelte Online-Spiel „Quest City".

Diese Angebote sollen spielerisch Wissen zu Selbstschutz und Bevölkerungsschutz vermitteln und dabei zugleich Interesse an einem weitergehenden Engagement im Bevölkerungsschutz wecken. So werden Wissensvermittlung und Helferwerbung kombiniert.

[4. Beitrag der Risikoanalyse]

Eine gezieltere Risikokommunikation sollen künftig auch die Ergebnisse einer bundesweiten Risikoanalyse ermöglichen. Mit diesem Instrument werden verschiedene Risiken systematisch und strukturiert nach Eintrittswahrscheinlichkeiten und Schadensausmaß analysiert und vergleichbar gemacht.

Im letzten Jahr haben das Bundesministerium des Innern und das Bundesamt für Bevölkerungsschutz und Katastrophenhilfe die methodischen und strukturellen Vorarbeiten zum Abschluss gebracht, so dass in diesem Jahr die eigentliche Risikoanalyse beginnen kann. Im Herbst sollen Ergebnisse zu ersten Szenarien, insbesondere Hochwasser vorliegen.

Die Ergebnisse der Risikoanalyse sollen die Planung geeigneter Präventionsmaßnahmen und bedarfsgerechter Reaktionskapazitäten erleichtern.

Auf Grundlage der Risikoanalyse kann eine Risikobewertung vorgenommen werden. Dazu werden festgelegte Schutzziele den festgestellten Risiken gegenüber gestellt. Besteht dazwischen eine Lücke, ist zu entscheiden, welche Maßnahmen ergriffen werden sollen. Das schließt die bewusste Entscheidung ein, keine Maßnahmen zu treffen und das Risiko zu tragen. Stehen Präventionsmaßnahmen und Reaktionsmaßnahmen bzw. die Vorbereitung und Vorhaltung entsprechender Reaktionskapazitäten zur Auswahl, ist eine Aufwand-Nutzen-Abwägung zu treffen.

[5. Prävention vor Reaktion]

In der Regel ist Vorbeugung der Schlüssel zu einem effektiven Bevölkerungsschutz: Der Bedarf an Reaktionskapazitäten steht in direkter Relation zu Umfang und Effektivität der getroffenen Präventionsmaßnahmen. Wenn es gelingt, durch vorbeugende Maßnahmen den Eintritt von Schadensereignissen zu verhindern, ihre Häufigkeit zu verringern oder ihre Auswirkungen einzudämmen, liegt darin ein weitaus größerer Sicherheitsgewinn als wir ihn durch Reaktionskapazitäten je erreichen können. Im Übrigen liegen die Kosten für Präventionsmaßnahmen regelmäßig um ein Vielfaches niedriger als die Kosten von Reaktion und Wiederaufbau nach einem Schadensereignis.

Gerade im Bereich der Vorbeugung ist auch die Eigenverantwortung der Bevölkerung gefragt. Vorbeugende Maßnahmen wie Rauchwarnmelder und Feuerlöscher in Wohngebäuden und Betriebsstätten oder Helme und sonstige Schutzbekleidung im Straßenverkehr, um nur zwei ganz alltägliche Beispiele zu nennen, können vom Staat verordnet werden, müssen jedoch von Bürgerinnen und Bürgern im eigenen Interesse im Alltag umgesetzt werden. Erste-Hilfe-Fähigkeiten, einmal für den Führerschein erworben, nützen wenig, wenn sie danach brachliegen und nie wieder aufgefrischt werden. Die Fähigkeit, sich und anderen helfen zu können, muss immer wieder aktiv erworben werden. Es kommt auf die Erkenntnis und Bereitschaft an, helfen zu wollen und Verantwortung in der Gesellschaft zu übernehmen. Das ist es, was uns alle antreibt, die sich im Bevölkerungsschutz engagieren – sei es ehrenamtlich in einer Organisationsstruktur oder auch spontan im Ereignisfall.

[VI. Abschluss]

Bürgerverantwortung und Bereitschaft zur aktiven Mitgestaltung unseres demokratischen Gemeinwesens ist unverzichtbare Voraussetzung für einen schlagkräftigen Bevölkerungsschutz, aber auch – und hier kommen polizeiliche und nicht-polizeiliche Gefahrenabwehr wieder zueinander – für eine gelingende Kriminalprävention, für sicheres Leben in Stadt und Land.

Ich danke für Ihre Aufmerksamkeit!

Rita Haverkamp

Gefühlte Sicherheiten und Sicherheitsgefährdungen – Barometer Sicherheit in Deutschland (BaSiD)

1. Einleitung[1]

Sicherheit ist ein vielschichtiges, emotional und normativ aufgeladenes Konstrukt.[2] Die hieraus resultierenden komplexen Fragestellungen werden im interdisziplinären Forschungsverbund BaSiD untersucht. BaSiD hat als ein Ziel, erstmals ein Monitoring zu objektivierten[3] und subjektiven Sicherheiten in Deutschland zu erstellen, indem Wahrnehmungen, Lagebilder, Bedingungen und Erwartungen ermittelt und analysiert werden. An dem Verbund mit sieben Partnern sind die gesellschaftswissenschaftlichen Disziplinen Kriminologie, Ethik, Medien- und Kommunikationswissenschaften, (Sozial-)Psychologie, Soziologie und Rechtswissenschaft beteiligt.[4]

2. Kriminologischer Ausgangspunkt

Aus kriminologischer Perspektive sind mehrere Sicherheitsparadoxa[5] zu konstatieren:

1. Die Nachfrage nach Sicherheit ist unbegrenzt, da Risikoreduktion das Bestehen von weiteren Gefahren und Bedrohungen impliziert.
2. Der Privatisierungstendenz im Bereich der Sicherheit ist ein unternehmerisches Kalkül inhärent, dem eine risikoaverse Sicherheitskultur entgegenkommt, um das wirtschaftliche Wachstum durch Konsolidierung und Erschließung von Absatzmärkten für Sicherheitsprodukte voranzutreiben.
3. Zunehmende (technische) Sicherheit bedeutet nicht zugleich eine Erhöhung der gefühlten Sicherheit in der Bevölkerung, sondern kann umgekehrt ein gesteigertes Bedürfnis nach Sicherheit zur Folge haben, dem vielfältige Ursachen zugrundeliegen.
4. Bezogen auf das spezifische Phänomen Kriminalität bedeutet diese Erkenntnis, dass Kriminalität unabhängig von ihrem Aufkommen als gesellschaftliches Risiko betrachtet wird.[6]

---

[1] Vgl. hierzu auch die Homepage von BaSiD: http://basid.mpicc.de/basid/de/pub/startseite.htm.

[2] So bereits 1970 Kaufmann, F.-X., Sicherheit als soziologisches und sozialpolitisches Problem, Stuttgart 1970, S. 58.

[3] Mit der Begriffswahl "objektiviert" soll verdeutlicht werden, dass tatsächliche Sicherheiten sozialen Konstruktionsprozessen unterliegen, die in der Wahrnehmung zu Über- und Unterschätzungen führen können; vgl. nur Berger, P. L./Luckmann, T., Die gesellschaftliche Konstruktion der Wirklichkeit, Frankfurt a. M. 1969.

[4] Das Bundesministerium für Bildung und Forschung (BMBF) fördert das Konsortialprojekt finanziell.

[5] Zedner, L. (Security, Abingdon/United Kingdom 2009, S. 144-151) führt neun Sicherheitsparadoxa an, von denen im Folgenden vier berücksichtigt werden.

[6] „Es wird immer zu viel Kriminalität geben", vgl. zu den Sicherheitsparadoxa den Impulsvortrag „Sicherheitswahrnehmungen und Sicherheitskulturen" von Prof. Dr. Dr. h.c. Hans-Jörg Albrecht am 1.12.2010 auf der Auftaktveranstaltung der Innovationsplattform „Gesellschaftliche Dimensionen der zivilen Sicher-

5. Soziale Exklusion ist ein Kennzeichen gegenwärtiger Sicherheitsbestrebungen, weil die Herstellung von Sicherheit auf Techniken der Identifizierung, Klassifizierung und des Managements aggregierter Populationen von Verdächtigen beruht.

3. Fragestellungen und Ziele des Projektes

3.1 Fragestellungen[7]

Objektivierte und subjektive Sicherheiten werden im Rahmen einer interdisziplinären Zusammenarbeit erfasst. Neben der Anwendungsorientierung erfolgt Grundlagenforschung in der Kriminologie, den Medien- und Kommunikationswissenschaften, der (Sozial-)Psychologie, Soziologie sowie Ethik. Dabei lauten die zentralen gemeinsamen Fragestellungen wie folgt:

- Was ist mit subjektiven Sicherheiten in der kognitiven, affektiven und verhaltensbezogenen Dimension gemeint?
- Wie und durch wen werden Risiken bewältigt und objektivierte Sicherheiten hergestellt?
- Wie kommt es zu einem Auseinanderfallen von objektivierten und subjektiven Sicherheiten?
- Wie können objektivierte und subjektive Sicherheiten als sozial hergestellte Wirklichkeiten gemessen werden?

3.2 Ziele[8]

Das Forschungsprojekt möchte ein *Barometer zu objektivierten und subjektiven Sicherheiten in einem interdisziplinären Verbund* erstellen. Das intendierte Sicherheitsbarometer fokussiert sich auf Wahrnehmungen, Erwartungen und Gefühle zu Sicherheit vor allem in den Phänomenbereichen Kriminalität, Terrorismus, Naturkatastrophen und technische Großunglücke. Zudem werden wirtschaftliche und soziale Dimensionen der Sicherheit berücksichtigt. Dabei erfordern Interpretationen von theoretischen und empirischen Abhängigkeiten ein allgemeines Sicherheitskonzept. In diesem Rahmen spielt das Vertrauen in die individuelle und gesellschaftliche Fähigkeit zur Bewältigung von Risiken und Gefahren (Resilienz) eine Rolle.

Die exemplarische Studie basiert auf der Kombination von grundlegender Datenerhebung, Methodenentwicklung und anwendungsorientierter Auswertung in einem gesellschaftswissenschaftlichen Verbund. Hieraus erschließt sich das wissenschaftliche Potenzial der Studie, eine Theorie der (Un-)Sicherheit zu entwickeln. Langfristig

heitsforschung“, zuletzt abgerufen am 4.8.2011 http://www.bmbf.de/pubRD/Impuls_Sicherheitswahrnehmungen_Albrecht_Auftakt_IPF_GesDim.pdf.

7 Vgl. auch die Homepage von BaSiD: http://basid.mpicc.de/basid/de/pub/startseite.htm.

8 Aus Forschungsbericht des MPI für ausländisches und internationales Strafrecht 2010-2011, S. 96; vgl. auch die Homepage von BaSiD: http://basid.mpicc.de/basid/de/pub/startseite.htm.

ermöglicht das neue Forschungsdesign in Kombination mit den erprobten innovativen Forschungsmethoden die Erhebung von Entwicklungsverläufen (z.B. durch Follow-up-Studien). Im europäischen Vergleich könnte das Sicherheitsbarometer ein Prototyp für die Realisierung von Längsschnittuntersuchungen sein, dessen Funktion sich nicht in der Anschlussfähigkeit an die europäische Forschung erschöpfen wird. Für die Zukunft könnte das Sicherheitsbarometer ein Instrument für ein Sicherheitsmonitoring darstellen, um langfristig Trends zu ermitteln und um eine kriminalpolitische Entscheidungshilfe zu bilden.

4. Entwicklungslinien[9]

4.1 Viktimologie

Auf eine lange Tradition blickt die Forschung zur Kriminalitätsfurcht zurück. Die ersten großen Opferbefragungen fanden während der 1960er Jahre in Nordamerika statt, um Wahrnehmungen zu Kriminalität, der eigenen Opferwerdung und dem individuellen Täterverhalten zu erfassen.[10] In Deutschland wurde mit der Stuttgarter Opferbefragung in den 1970er Jahren die erste Dunkelfeldstudie durchgeführt.[11] Viktimierungsstudien gelten als wichtige Methode zur Erforschung der empfundenen Sicherheit im sozialen Nahfeld.

4.2 Lebensqualitätsforschung

In den 1970er und 1980er Jahre wurde Sicherheit im Rahmen von Lebensqualität vielfach untersucht.[12] Die Lebensqualitätsforschung erkennt in subjektiver Sicherheit eine essentielle Dimension von Lebensqualität und Wirklichkeit. Repräsentative Bevölkerungsbefragungen enthalten daher auch Fragen zum Sicherheitsempfinden. Die Befunde legen eine enge Wechselbeziehung zwischen Lebensqualität und gefühlter Sicherheit nahe.[13]

---

9 Vgl. hierzu auch Haverkamp, R., BaSiD: Barometer Sicherheit in Deutschland, in: Frevel/Schulze (Hrsg,), Schwerpunkte, Trends, Perspektiven. Ergebnisse der Meilensteinkonferenz Juli 2011, Münster 2011, S. 85-87, unter http://miami.uni-muenster.de/servlets/DerivateServlet/Derivate-6400/wp6_Frevel_2011.pdf.

10 Schwarzenegger, C., Die Einstellungen der Bevölkerung zur Kriminalität und Verbrechenskontrolle, Freiburg i. Br. 1992, S. 82.

11 Stephan, E., Die Stuttgarter Opferbefragung, Wiesbaden 1976 am Max-Planck-Institut für ausländisches und internationales Strafrecht; seither liegt dort ein Schwerpunkt auf der Opferforschung und Kriminalitätswahrnehmungen.

12 Z.B. Zapf, W., Individualisierung und Sicherheit. Untersuchungen zur Lebensqualität in der Bundesrepublik Deutschland, München 1987.

13 Arnold, H., Kriminalität, Viktimisierung, (Un-)Sicherheitsgefühl und Wohnzufriedenheit. Effekte objektiver und subjektiver Kriminlitätsindikatoren in der Bewertung von Nachbarschaft und Gemeinde, in: Kaiser/Kury (Hrsg.), Kriminologische Forschung in den 90er Jahren. 2. Halbband, Freiburg i. Br. 1993; Sterbling, A., Entwicklungen der subjektiven Sicherheit und Lebensqualität, Rothenburg/Oberlausitz 2009.

Ende der 1980er Jahre entwickelt sich das Konzept des „Community Policing" in den USA.[14] Bürgernahe Polizeiarbeit bedeutet, sich an den Bedürfnissen der Bürgerinnen und Bürger in der jeweiligen Stadt auszurichten, um die subjektive Lebensqualität zu gewährleisten und zu erhöhen. Diesbezügliche Studien erforschen die Wahrnehmung von Problemen in der Stadt und in der Polizeiarbeit sowie Opfererfahrungen und das Sicherheitsgefühl.[15]

4.3 Kommerzialisierung von Sicherheit

Ein Paradigmenwechsel vollzog sich im Strafsystem der USA in den 1970er Jahren: der Behandlungsgedanke wurde zu Lasten einer auf Abschreckung und Prävention setzenden Verbrechensbekämpfung (z.B. „three-strikes-doctrine") zurückgedrängt.[16] Im Windschatten dieses Wandels ging dort eine Privatisierung von Sicherheit vonstatten, die heutzutage Sicherheit als Ware versteht und einem Kosten-Nutzen-Kalkül unterwirft. Private Sicherheitsdienste oder Nachbarschaftsinitiativen übernehmen nicht selten Aufgaben der primären und sekundären Prävention. Im Rahmen der tertiären Prävention wird die konkrete Ausgestaltung von Strafen oder die Betreibung von Gefängnissen oft Privaten überlassen. Hierzulande sind Privatisierungstendenzen in deutlich geringerem Ausmaß zu beobachten (z.B. Private Public Partnership, Januar 2007 Privatisierung der Bewährungshilfe in Baden-Württemberg).[17]

4.4 Kultur der Kontrolle

In der medialen Inszenierung charakterisieren den Beginn des 21. Jahrhunderts Terrorismusanschläge (World Trade Center am 11.09.2001), Katastrophen (Tsunami am 26.12.2004 und 11.03.2011) und Großunglücke (Fukushima ab 11.03.2011). Prävention gerät zur Leitmaxime hochindustrialisierter Gesellschaften, in der sich hoheitliches Handeln in einer Spirale von Risikoantizipation und Sicherheit verfängt. Diese Entwicklung deutet auf einen grundlegenden Paradigmenwechsel in der Gesellschaft hin, nach der die Disziplinargesellschaft allmählich durch eine Kontroll-, Überwachungs- oder Sicherheitsgesellschaft abgelöst wird.[18] Im Unterschied zur Disziplinargesellschaft orientiert sich die technisierte Sicherheitsgesellschaft am empirisch Normalen und dessen Verwaltung.[19] Die „Verwaltung des empirisch Normalen" kenn-

---

14 Vgl. Eisner, M., Lebensqualität und Sicherheit im Wohnquartier, Zürich 2000.

15 Z.B. Lukas, T., Kriminalprävention in Großsiedlungen, Berlin 2010; Obergfell-Fuchs, J., Ansätze und Strategien Kommunaler Kriminalprävention, Freiburg i. Br. 2001.

16 Vgl. hierzu Garland, D., Kultur der Kontrolle, Frankfurt a. M. 2008.

17 Der Thematik widmen sich u.a. die Arbeiten von Gollan, L., Private Sicherheitsdienste in der Risikogesellschaft, Freiburg i. Br. 1999 und von Obergfell-Fuchs, J., Möglichkeiten der Privatisierung von Aufgabenfeldern der Polizei mit Auswirkungen auf das Sicherheitsgefühl der Bevölkerung, in: Bundeskriminalamt (Hrsg.): Forum 1999. Wiesbaden 1999, S. 27-40 und ders., Ansätze und Strategien kommunaler Kriminalprävention, Freiburg i. Br. 2001.

18 Für Sicherheitsgesellschaft Singelnstein/Stolle, Die Sicherheitsgesellschaft. Soziale Kontrolle im 21. Jahrhundert, 3. Aufl., Wiesbaden, 2012, S. 121.

19 Lemke, Gouvernementalität, in: Kleiner (Hrsg.), Michel Foucault. Eine Einführung in sein Denken,

zeichnet ein Toleranzrahmen, innerhalb dessen das Individuum über verschiedene Verhaltensmöglichkeiten verfügt. Außerhalb dieser Toleranzgrenzen der verwalteten und berechenbaren Realität wird der Betroffene zum „Fremden", zum „gefährlichen Anderen", wenn nicht gar zum „Feind der Gesellschaft".[20] Dichotomien stellen das zentrale Unterscheidungsmerkmal der Normalität dar: „Anpassung und Abweichung, Gut und Böse, Inklusion und Exklusion". Diese scheinbar klare Abgrenzung erzeugt wiederum Unsicherheit, da die flexiblen Trennungslinien situationsbezogene Anpassungen zulassen und somit keine Verlässlichkeit bieten.[21]

5. Der Begriff „Sicherheit"

Vor dem Hintergrund eines Gefahrenszenarios wird der Begriff „Sicherheit" meist nicht hinterfragt, so dass Unklarheit über dessen Inhalt und Konturen besteht.[22] Der Begriff beinhaltet insbesondere eine zukunftsorientierte Dimension, die durch Ungewissheit charakterisiert ist und die die Unerreichbarkeit eines Zustands frei von Risiken und Gefahren signalisiert.[23] Sicherheit speist sich aus Angstfreiheit, Geborgenheit und Vertrauen. Sicherheit wurzelt in dem Vertrauen, dass sich Risiken nicht verwirklichen werden oder dass die Gesellschaft bzw. das Individuum Folgeschäden aus Risiken bewältigen können[24]. Hieraus ergibt sich, dass Sicherheit sowohl ein elementares menschliches Grundbedürfnis als auch eine komplexe gesellschaftliche Leitidee darstellt.[25]

Frankfurt a. M. 2001, S. 112; Singelnstein/Stolle, Die Sicherheitsgesellschaft. Soziale Kontrolle im 21. Jahrhundert, 2. Aufl., Wiesbaden, 2008, S. 59.

20 Bukow, Kriminalisierung als gouvernementales Instrument von Einwanderungspolitik, in: Sessar (Hrsg.), Herrschaft und Verbrechen. Kontrolle der Gesellschaft durch Kriminalisierung und Exklusion. Berlin 2008, S. 172; in ihrer schlimmsten Zuspitzung erlaubt die Markierung als „Feind" sogar den Einsatz menschenunwürdiger Vernehmungsmethoden (waterboarding) und die menschenunwürdige Unterbringung in Lagern (Guantanamo).

21 Baudrillard, J, Der Geist des Terrorismus, Wien 2002, S. 88 f. mit einer pessimistischen Sicht: „In der Entfremdung gibt es dagegen keinen Anderen, kein Anderes mehr. … Keinen Anderen, kein Anderes mehr zu haben, wie in der Entfremdung, sich nur mit sich selbst zu identifizieren, das ist, denke ich, unsere Situation, das ist die Situation unserer Kultur. Diese Situation ist nicht mehr dialektisch und führt daher nicht mehr zur Synthese."

22 Ruhne, R., Sicherheit' ist nicht die Abwesenheit von ‚Unsicherheit' – Die soziale Konstruktion geschlechtsspezifischer (Un)Sicherheiten im öffentlichen Raum, in: Gestring, N. et. al., Jahrbuch Stadt/Region 2002, Opladen 2003, S. 61.

23 Dessen Bedeutung erschöpft sich nicht in einer bloßen Negativbestimmung, d.h. der ‚Abwesenheit von Gefahren'. Ruhne, R., Sicherheit' ist nicht die Abwesenheit von ‚Unsicherheit' – Die soziale Konstruktion geschlechtsspezifischer (Un)Sicherheiten im öffentlichen Raum, in: Gestring, N. et. al., Jahrbuch Stadt/Region 2002, Opladen 2003, S. 61.

24 Albrecht, H.-J., Sicherheitswahrnehmungen im 21. Jahrhundert, Vortrag 30.10.2009 Freiburg http://www.mpicc.de/shared/data/pdf/workshop_sicherheit09_albrecht.pdf.

25 Vgl. das grundlegende Werk von Kaufmann, F.-X., Sicherheit als soziologisches und sozialpolitisches Problem, Stuttgart 1970.

Gemeinsamer Ausgangspunkt im Verbund BaSiD ist die konstruktivistische Grundlegung des Sicherheitsbegriffs, die in der Wortwahl „objektiviert“ zum Ausdruck kommt. Die Bezeichnung „objektiviert“ bedeutet, dass reale Sicherheiten so objektiv wie möglich erfasst werden, aber eine absolute Objektivität nicht erreicht werden kann. Die Gewichtung und Prioritätensetzung von Risiken und Gefahren auf Makroebene variieren entsprechend dem Zeitgeist und unterliegen der Zuschreibungsmacht gesellschaftlicher Institutionen – Behörden, aber auch nichtstaatlicher Organisationen – abhängig von der öffentlichkeitswirksamen Vermittlung der Medien. Da Katastrophen, technische Großunglücke, Terrorismus und Kriminalität einen hohen Nachrichtenwert haben, sind diese Ereignisse im Vergleich zu alltäglichen Geschehnissen deutlich überrepräsentiert und richten den gesellschaftlichen Fokus auf Unsicherheiten. Die Objektivität der Sicherheitslage erscheint somit als menschliches Konstrukt aus Wahrnehmung und Inszenierung von antizipierten Risiken. Die Quantifizierbarkeit von Phänomenen wie Naturkatastrophen, technischen Großunglücken, Terrorismus und Kriminalität suggerieren vordergründig eine Objektivität, die sich unter dem Eindruck der konstruktivistischen Perspektive relativiert.

Die angeführten Risiken und Gefahren zeugen von einer Selektivität, die nur einen Ausschnitt objektivierter Sicherheiten berührt. Sicherheiten konstituieren ebenfalls u.a. Gesundheit, Unfälle im Verkehr und stabile wirtschaftliche Verhältnisse. Da BaSiD als Prototyp für die Messung von Sicherheiten zu verstehen ist, spielen weitere Bedeutungsebenen vor allem bei den explorativen und experimentellen Zugängen im Verbundprojekt bezüglich subjektiver Sicherheiten eine Rolle.

6. Konzeption des Projektes[26]

Das Max-Planck-Institut für ausländisches und internationales Strafrecht ist Konsortialführer mit folgenden Konsortialpartnern: Kriminalistisch-Kriminologische Forschung und Beratung (KKFB) des Bundeskriminalamts (BKA), Fraunhofer-Institut für System- und Innovationsforschung (ISI) in Karlsruhe, Institut für Soziologie (IfS) der Albert-Ludwigs-Universität Freiburg, Internationales Zentrum für Ethik in den Wissenschaften (IZEW) der Eberhard Karls Universität Tübingen, Katastrophenforschungsstelle (KFS) der Freien Universität Berlin, Kommunikations- und Medienwissenschaft (KMW) der Heinrich-Heine-Universität Düsseldorf.

Im Verbundprojekt werden Sicherheiten auf drei Ebenen erfasst: 1. individuelle Wahrnehmung, Einstellung und Verhaltensweisen (Individuum), 2. objektivierbare Daten und institutionelle Regeln für Großaggregate (Bund, Länder, Kreise [Strukturen]) und 3. gesellschaftliche Sicherheitskommunikationen (Kommunikation). Abbildung 1 veranschaulicht die Konzeption und die Vernetzung der neun Module sowie die Zuordnung zu den drei soeben erwähnten Ebenen.

---

[26] S. im Folgenden auch die Homepage von BaSiD: http://basid.mpicc.de/basid/de/pub/startseite.htm.

Modul 1 enthält eine theoretische Auseinandersetzung mit dem Begriff „Sicherheit“ (Bearbeitung IZEW). Die Beschaffenheit von Sicherheitslagen thematisiert Modul 2, indem systematisch objektivierte Daten über Schadensereignisse zu den Phänomenen Naturkatastrophen, Terrorismus und Kriminalität in Deutschland zusammengestellt werden (Bearbeitung BKA und KFS). Modul 3 ermittelt und untersucht subjektive Wahrnehmungen und Einschätzungen in zwei Schritten: eine explorative Studie mit weitgehend offenen Methoden (Bearbeitung IFS) und eine repräsentative Bevölkerungsbefragung zu Sicherheitsempfinden und Lebensqualität (Bearbeitung MPI). Eine weitere repräsentative Bevölkerungsumfrage wird in Modul 4 zu Viktimisierungserfahrungen (Dunkelfeldstudie) durchgeführt (Bearbeitung BKA und MPI). In Modul 5 werden in einem natürlichen Experiment Gefährlichkeitsattribuierungen bei der Aneignung von Räumen untersucht (Bearbeitung KFS). Die reziproke Dynamik von Technikgenese und (Un-)Sicherheitserwartungen beschäftigt Modul 6 bezüglich in der Entwicklung befindlicher (Sicherheits-)Technologien (Bearbeitung IFS und ISI). Ein Medienmonitoring zu publizistischen Wahrnehmungen von Gefährdungen und Sicherheiten in Deutschland wird in Modul 7 erstellt (Bearbeitung KMW). Modul 8 beinhaltet eine ethische Begleitforschung des Verbunds mit einer normativen Technikfolgenabschätzung. Schließlich wird in Modul 9 ein Sicherheitsbarometer zu objektivierten und subjektiven Sicherheiten entwickelt (Bearbeitung MPI).

Abb. 1: Konzeption des interdisziplinären Gesamtprojektes

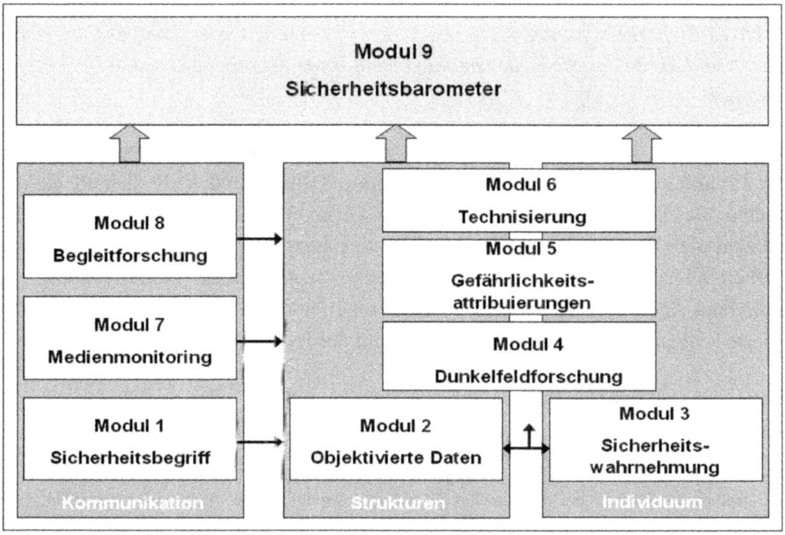

Modul 9
Sicherheitsbarometer
Modul 8
Begleitforschung
Modul 7
Medienmonitoring
Modul 1
Sicherheitsbegriff
Kommunikation
Modul 6
Technisierung
Modul 5
Gefährlichkeits-
attribuierungen
Modul 4
Dunkelfeldforschung
Modul 2
Objektivierte Daten
Strukturen
Modul 3
Sicherheits-
wahrnehmung
Individuum

7. Räumliche Sicherheit

Sicherheit im Wohnumfeld bzw. im Nahraum wird in verschiedenen (Teil-)Studien des Verbundprojekts thematisiert: Modul 3 explorative Studie und repräsentative Bevölkerungsbefragung, Modul 4 Dunkelfeldstudie, Modul 5 Experiment zu Gefährlichkeitsattribuierungen und Modul 7 Medienmonitoring mit Lokalfokus in Leipzig. In der qualitativen und quantitativen Befragung zu subjektiven Wahrnehmungen und Einschätzungen zu (Un-) Sicherheiten geht es beispielsweise um die Sicherheit am Wohnort und um Anzeichen für Verunsicherung (Disorder/Incivilities). In der Dunkelfeldstudie wird neben allgemeiner Kriminalitätsfurcht (mittels sog. Standarditem[27]) wie auch deliktspezifischer Kriminalitätsfurcht und Viktimisierung die Wohngegend und Disorder/Incivilities untersucht. Im Experiment um Gefährlichkeitsattribuierungen begehen Laien und Experten der institutionalisierten Gefahrenabwehr (z.B. Feuerwehr, Polizei) ausgewählte Stadtteile in Hamburg und Kiel. Die Betroffenen halten mit Fotokameras unsichere Räume fest. Anschließend werden ihre Eindrücke individuell erfragt und in Workshops analysiert.

Auf die qualitative Studie „Subjektive Wahrnehmungen von (Un-)Sicherheit und ihr Wandel im Zuge von Technisierungsprozessen" **wird im Folgenden näher eingegangen.**[28] Die Untersuchung basiert auf einem expliziten Sicherheitsbegriff: *„Sicherheit soll heißen, die geringe Wahrscheinlichkeit für das Auftreten bedrohlicher bzw. mit Schaden verbundener Ereignisse bzw. Bedingungen und/oder eine hohe Wahrscheinlichkeit dafür, dass schädigende Folgen solcher Ereignisse (Bedingungen) durch ein effektives Sicherheitsmanagement weitgehend vermieden oder kompensiert werden können und durch das Sicherheitsmanagement keine negativ bewerteten Nebenfolgen entstehen."*

Im Sommer 2011 wurden 405 Interviews in Mannheim und Leipzig sowie in ländlicher Umgebung der beiden Städte durchgeführt.[29] Dabei handelte es sich um ein multimethodales Vorgehen anhand eines aus drei Teilen bestehenden Leitfadeninterviews. Die zentrale Unterscheidungstrias im Erhebungsinstrument sind die Kategorien „Sicherheit in Deutschland", „persönliche Sicherheit" und „Sicherheit am Wohnort". Teil A zeichnet sich durch weitgehend offene Fragen aus und Teil B durch halbstandardisierte Fragen mit Themenvorgabe. Während der Interviews wurde bei den Teilen A

---

[27] Frage: „Wie sicher fühlen Sie sich oder würden Sie sich fühlen, wenn Sie hier in Ihrer Wohngegend nachts draußen alleine sind bzw. alleine wären?" Antwort: „Ich fühle mich sehr sicher, ziemlich sicher, etwas unsicher, sehr unsicher."; vgl. R. Egg, Kriminalität: Furcht und Realität. Vortrag auf dem Kongress: „... mit Sicherheit: für Freiheit" in Berlin am 6.11.2008, zuletzt abgerufen am 30.07.2012 www.bmbf.de/pubRD/Egg.pdf.

[28] Ich danke den Herren Professoren Baldo Blinkert und Hans Hoch sehr herzlich für die überlassenen Materialien und für die Möglichkeit einer ersten Kurzdarstellung ihres Projekts.

[29] Zum Projektteam unter Leitung von Baldo Blinkert und Hans Hoch gehören Diana Cichecki, Judith Eckert, Jürgen Spiegel, Marina Otosa.; Kooperation zwischen Institut für Soziologie der Universität Freiburg und Freiburger Institut für angewandte Sozialwissenschaft e. V. (FIFAS).

und B die „Struktur-Lege-Technik" verwendet, mit welcher die Befragten eine Rangfolge von thematisierten Risiken und Gefahren bilden konnten. Während im offenen Teil A ohne Vorgaben Unsicherheitsbefindlichkeiten der Befragten sehr differenziert geschildert und ein breites Spektrum an Risiken und Gefahren genannt werden konnte, fanden in Teil B nachstehende Sicherheitsthemen Berücksichtigung: Naturkatastrophen, Terrorismus, Kriminalität, technische Großunglücke, wirtschaftliche Krisen, gesundheitliche Probleme, zwischenmenschliche Beziehungen und Unfälle. Technisierung zur Herstellung von Sicherheit wurde ebenfalls im Allgemeinen und auf drei Sicherheitstechniken bezogen (Videoüberwachung, Körperscanner, biometrische Merkmale) thematisiert. Der abschließende Teil C besteht aus standardisierten Fragestellungen, um Kontextmerkmale und erklärende Variablen zu berücksichtigen.

Die Auswertung der qualitativen Studie ist noch nicht abgeschlossen, so dass bislang keine Forschungsergebnisse präsentiert werden können. Die Interviewdaten sind in einer Sequenz-Matrix und einer Personen-Matrix erfasst. Während die Sequenz-Matrix „bedrohliche Ereignisse" und ihre Attribute (Vorstellungen über Akteure, Bedrohlichkeit, Sicherheitsmanagement) enthält, bezieht sich die Personen-Matrix auf die Interviewten und ihre Attribute wie Alter, Geschlecht, Bildung und Dispositionen. Für die Analyse können die beiden Matrizen miteinander verknüpft werden.

Erste Auswertungen bestätigen die Wichtigkeit einer Differenzierung in drei Kontexte von Sicherheit (gesellschaftlich, persönlich, am Wohnort), aus denen „Profile der subjektiven Sicherheit" bezogen auf Unsicherheitskategorien generiert werden können. Dabei wird angenommen, dass eine nicht genannte Bedrohung nur wenig Relevanz für das Sicherheitsempfinden aufweist.[30] Bei einem Profil „Sicherheit in Deutschland" erzeugen tendenziell u.a. Phänomene wie Terrorismus, Kriminalität, technische Großunglücke (insbesondere Atomkraftwerke), Natur- und Umweltkatastrophen Unsicherheiten. Im Unterschied hierzu scheinen die Profile „persönliche Sicherheit" und „Sicherheit am Wohnort" andere Unsicherheitsbereiche zu akzentuieren. Es lässt sich eine Tendenz erkennen, dass die Befragten ihre persönliche Sicherheit am ehesten von Krankheiten, Unfällen, wirtschaftlichen Problemen und Kriminalität sowie ihre Sicherheit am Wohnort am ehesten von Incivilities und Kriminalität gefährdet sehen. Hieraus mag als erster Eindruck abgeleitet werden, dass das Sicherheitsempfinden in den drei angeführten Kontexten von Sicherheit variiert und die Interviewten sich überwiegend hierzulande, persönlich und am Wohnort sicher fühlen.

30 Blinkert betont, dass diese Interpretation für Einzelne aufgrund von Vergesslichkeit während des Interviews nicht zutreffen könnte, aber für eine Vielzahl von Personen plausibel erscheint.

8. Fazit[31]

Das Sicherheitsbarometer dient als Chiffre für ein dynamisches und sich entwickelndes Instrument. Der Prototyp wird aus einer Zusammenführung von Daten unterschiedlicher Quellen und methodischer Zugänge entwickelt (Sekundär- und Primärdaten, qualitative und quantitative Primärdaten). Die Entwicklung der Methodik hat zwei Ansatzpunkte: erstens sollen allgemeingültige Standards gewonnen werden und zweitens erfolgt die Erarbeitung einer Methodik bezogen auf die einzelnen Module.

Im ersten Schritt geht es um die deskriptive Darstellung von (Un)Sicherheiten, um den Besonderheiten der verschiedenen Untersuchungsmethoden in BaSiD Rechnung zu tragen. Demgegenüber ist es im zweiten Schritt möglich, Sicherheitsskalen zur Indikatorenbildung zu verwenden. So lässt sich hinsichtlich subjektiver Sicherheiten eine Rangordnung von Sicherheitsthemen nach Sorgen- und Bedrohungsniveau sowie eine Rangordnung von Sicherheitsthemen nach Wichtigkeit entwickeln. Hieraus können sich dann subjektive Indikatoren für das Barometer ergeben. Das Sicherheitsbarometer könnte somit als sozialer Sensor dienen und damit eine soziale und gesellschaftliche Diagnosefunktion erfüllen.

[31] Aus Forschungsbericht des MPI für ausländisches und internationales Strafrecht 2010-2011, S. 96.

Bernhard Frevel / Christian Miesner

Das Forschungsprojekt *Kooperative Sicherheitspolitik in der Stadt* - KoSiPol

Die Inhalte, Prozesse und Strukturen lokaler Sicherheitsproduktion unterliegen seit den 1990er Jahren einem erheblichen Wandel. Die bis dahin zu Anwendung gekommenen Konzepte, die sich an der Zuständigkeit öffentlicher Träger orientierten, wurden im Bereich der Kriminalprävention abgelöst durch Kooperationen wie z.B. Kriminalpräventive Räte, im Bereich des interinstitutionellen Polizierens mit Ordnungspartnerschaften und Sicherheitsnetzen sowie von *Public-Private-Partnerships* durch Zusammenarbeit mit privaten Sicherheitsdiensten oder auch mit bürgerschaftlicher Beteiligung an (i.w.S.) polizeilichen Aufgaben. Hintergrund der neuen Konzepte bei der Produktion von Sicherheit und Ordnung in der Stadt sind einerseits veränderte Kriminalitätslagen und Ordnungsprobleme, gewandelte Ansprüche und Bewertungen des Sicherheitsempfindens der Bevölkerung, modifizierte Selbstverständnisse der an der Sicherheitsproduktion beteiligten Institutionen sowie neue Konzepte von Staatlichkeit und Verwaltung, wie sie in den Begriffen der „Bürgerkommune", der „bürgernahen Polizeiarbeit" und des „aktivierenden Staates" zum Ausdruck kommen.

Während Verbreitung, Grundstrukturen und Handlungsfelder von Gremien der auf kommunaler Ebene verankerten Kriminalprävention durch unterschiedliche Studien mittlerweile weitgehend bekannt sind, ist deren interne Gestaltung bisher wenig untersucht worden. An dieser Stelle setzt das Forschungsprojekt[1] „Kooperative Sicherheitspolitik in der Stadt" (Akronym: KoSiPol) seinen Arbeitsschwerpunkt. Im Zentrum des Projektes stehen Fragen nach den internen Strukturen, Netzwerkformationen sowie Willensbildungs- und Entscheidungsprozessen. Untersucht wurde, wie aus sicherheitspolitischer Problemwahrnehmung Handlungsweisen entwickelt und wie diese Ansätze in kooperativen Formen umgesetzt werden. Überdies wurde betrachtet, wie sich die Kooperationen organisieren, kommunizieren, sich koordinieren und/oder kooperieren, ob und wie die Maßnahmen evaluiert werden und wie das Handeln an die Bürgerschaft rückgekoppelt und so die Sicherheitswahrnehmung beeinflusst wird. Darüber hinaus verfolgte das Projekt Fragen, wie sich das kriminalpräventive Akteursfeld von staatlichen und privaten Sicherheits- und Ordnungskräften darstellt und wie diese hinsichtlich ihrer Wirkungen, ihrer Übereinstimmung mit den Sicherheitsbedürfnissen und ihrer bürgerschaftlichen Akzeptanz zu bewerten sind. Schließlich geht KoSiPol folgenden Fragen nach: inwiefern angelsächsische Policing-Konzepte auf die hiesige Kriminalprävention übertragbar sind; ob und wie sich kooperative Sicherheitspolitik auf politische Steuerung und das Verständnis von Staatlichkeit auswirkt.

1 Siehe dazu auch: *Bernhard Frevel (Hrsg.)*, 2012: Handlungsfelder lokaler Sicherheitspolitik. Netzwerke, Politikgestaltung und Perspektiven.

Mit diesen Fragestellungen wurde das Projekt im Rahmen des Programms der Bundesregierung „Forschung für die zivile Sicherheit“ vom Bundesministerium für Bildung und Forschung in der Programmlinie „Gesellschaftliche Dimensionen der Sicherheitsforschung“ von Mai 2010 bis September 2012 gefördert. KoSiPol war als Verbundforschungsprojekt angelegt, bei dem zwei Institutionen als Partner zuständig waren, drei Hochschulen als Auftragnehmer eingebunden waren und zwei Akteure als Praxispartner fungierten. Das Konsortium bestand aus vier Hochschulen, einem freien Beratungs- und Forschungsinstitut sowie einem Landespräventionsrat und der Stiftung Deutsches Forum Kriminalprävention, die auf der Bundes- und Landesebene für konzeptionelle Fragen, politische Beratung und die Förderung des Diskurses im Bereich der Inneren Sicherheit mitverantwortlich sind. Die beteiligten Institutionen waren:

- Die Westfälische Wilhelms-Universität Münster (WWU) – Institut für Politikwissenschaft, Lehrstuhl Deutsche Politik und Politik-feldanalyse.
- Das Europäische Zentrum für Kriminalprävention
- Fachhochschule für öffentliche Verwaltung NRW
- Hessische Hochschule für Polizei und Verwaltung
- Die Ernst-Moritz-Arndt-Universität Greifswald – Lehrstuhl Sozialpsychologie
- Der Landespräventionsrat NRW
- Das Deutsche Forum für Kriminalprävention

Abbildung: Zusammenstellung Arbeitsraten und Verantwortliche Institutionen KoSiPol

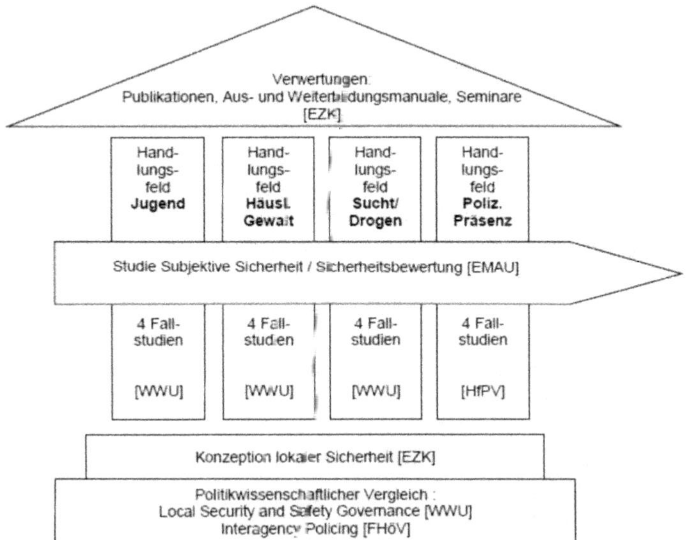

Die Grafik fasst Aufbau, Arbeitsraten und Partner des Forschungsprojektes zusammen. Wie ihr zu entnehmen ist, bildeten empirische Fallstudien zu kriminalpräventiven Kooperationen in 16 deutschen Kommunen den Kern des Forschungsprojektes.

Dabei konzentrierten sich die Fallstudien auf vier spezifische Handlungsfelder, die ausweislich verschiedener Untersuchungen zur lokalen Sicherheitsarbeit eine besondere Bedeutung haben und besonders häufig Gegenstand kooperativer Handlungen sind (Häusliche Gewalt, Jugendliche als Täter und Opfer, Drogen und Sucht sowie Polizierende Präsenz). Zu jedem dieser Handlungsfelder wurden vier Städtestudien erstellt und untereinander verglichen. Mit dem Vergleich der Fallstudien in dem jeweiligen Handlungsfeld sowie einer handlungsfeldübergreifenden Analyse konnten die Faktoren der Gestaltung von präventiven lokalen Sicherheitsarchitekturen bestimmt werden. Dabei wurden im Rahmen der Fallstudien verschiedene Instrumente der qualitativen und quantitativen Sozialforschung angewandt: leitfadengestützte Experteninterviews, quantitative Netzwerkanalyse, Dokumentenanalysen sowie teilnehmende Beobachtungen wurden zu einem Methoden-Mix zusammengeführt. Nach der Erhebung relevanter Rahmendaten für jede Untersuchungsstadt wurden mit einer standardisierten schriftlichen Befragung die bürgerschaftliche Bewertung der Sicherheitslage, das persönliche Sicherheitsempfinden und die Beurteilung des örtlichen Projektthemas erfasst. Schließlich wurde die deutsche kriminalpräventive Aus- und Fortbildungslandschaft einer Stärken- und Schwachstellenanalyse unterzogen. Darauf aufbauend wurden Hinweise auf notwendige Ergänzungen identifiziert und unter Berücksichtigung der zentralen Ergebnisse der anderen Projektteile in Handreichungen umgesetzt. Diese wurden in der Ausbildungspraxis auf ihre Tauglichkeit getestet. Die empirischen und praxisorientierten Untersuchungen wurden durch theoretische Analysen flankiert, welche die Grundlagen, Rahmenbedingungen und Auswirkungen kooperativen Handelns im Politikfeld Innere Sicherheit aufarbeiten.

Zu den zentralen Ergebnissen des Projekts: Der Grad der Institutionalisierung von kriminalpräventiven Kooperationen ist sehr unterschiedlich und die Akteurszusammensetzungen gestalten sich sehr heterogen. Die Gründungs-Akteure bestimmen mit ihren spezifischen Sichtweisen und Problemdeutungen die gemeinsame Arbeit und suchen sich passende Mitstreiter. So entsteht eine Grundstimmung für Kooperation, aber auch eine jeweils sehr spezifische Prägung, die sich dann in den Organisationsformen und Inhalten spiegelt. Entsprechend sind es vor allem die Gründungsmitglieder, die für „ihr" Gremium arbeiten, „ihr" Projekt verfolgen, „ihre" Partner finden und gemeinsam agieren. Die Gremien leben vom Engagement ihrer Mitglieder: in den meisten untersuchten Kooperationen ist dieses sehr hoch. Die Identifikation ist stark und die Kraft Einzelner ist der Motor der Gremien. Allerdings entsteht in einer solchen Situation auch ein Dilemma: Je stärker die Gremien von den engagierten Individuen geprägt werden, desto gravierender wirkt sich ein Ausstieg dieser Personen aus. Dieser gefährdet die gremieninterne Zusammenarbeit und kann mitunter die gesamte Kooperation beenden.

Obwohl die Öffentlichkeitsarbeit ein dezidiertes Ziel der Gremien darstellt, werden darin deutliche Defizite erkannt. Durch eher unsystematisches und sporadisches Vorgehen sind ein Erreichen der Bürgerschaft und eine breite Aufklärung über das Thema schwer möglich. Eine intensivere und extensivere Darstellung der Gremienaktivitäten würde die Prävention unterstützen, könnte den Gremien zusätzliche Legitimation verschaffen und wäre in der Lage, das Sicherheitsempfinden positiv zu beeinflussen.

Die Gremien führen in der Regel keine wissenschaftlich fundierten Evaluationen durch, sondern agieren aufgrund unsystematisch aufbereiteter Rückmeldungen sowie subjektiver Eindrücke. So entstehen jedoch mitunter willkürliche Handlungen. Dies macht eine konsistente Programmarbeit schwierig und erlaubt auch kaum einen Transfer der entwickelten Konzepte a) in andere Kommunen oder b) auf verwandte Themenfelder.

Defizite existieren bei der Objektivierung und theoretischen Aufbereitung von Problemursachen und –wirkungen sowie der Zielsetzung. In der Kooperationspraxis zeigen sich an Einzelfragen und Details Differenzen und Abstimmungsbedarfe, Wissensdefizite, fachliche und/oder juristische Restriktionen sowie unterschiedliche Handlungslogiken. In Verbindung mit dem Konzept der freiwilligen Kooperation, der Gleichrangigkeit der Partner und dem Ziel des Konsenses entsteht so eine Zusammenarbeit, die vielfach auf der Phänomen-Ebene verbleibt, aber Grundfragen zum Problem, zur Kooperation und zum Ziel unbeantwortet lässt. Erschwerend kommt hinzu, dass die eigentlich vorhandene und recht gut entwickelte Systematik der Kriminalprävention selten rezipiert und vorbildhafte Ansätze nicht systematisch genutzt werden.

Neben Problematiken in der gremienspezifischen Gestaltung, wie z.B. asymmetrischen Akteurskonstellationen oder unsystematischen Ziel- und Themenfindungsprozessen, weisen die Studien verschiedentlich auf bestehende Wissens- und Qualifikationsdefizite der Akteure hin. Zum einen gibt es nach wie vor Defizite in der Grundausbildung zur Kriminalprävention in den typischerweise involvierten Berufsgruppen. Zum anderen fehlen immer noch Angebote einer ressort- und fächerübergreifenden Aus- und Fortbildung, die auch geeignet wären, bestehende Barrieren zwischen den einzelnen Professionen in der Kriminalprävention abzubauen. Wie praktische Erfahrungen in verschiedenen Handlungsfeldern belegen, gilt es demnach nicht selten, zunächst tradierte wechselseitige Vorurteile zu überwinden sowie die Handlungslogiken, Leitbilder und Restriktionen der Beteiligten abzuklären und zu vermitteln. Bemerkenswert erscheint vor diesem Hintergrund, dass in den letzten Jahren zumindest die Diskussion vorhandener Qualifizierungsbedarfe zunehmend professionsübergreifend geführt wird.

Die Praxis kooperativer Sicherheitspolitik bietet, trotz ihrer langjährigen Existenz und stetigen Weiterentwicklung, also durchaus noch viel Optimierungspotenzial. Aus steuerungs-, staats- und damit demokratietheoretischer Perspektive ist dabei stets auf eine Ausgewogenheit von Freiheit und Sicherheit sowie demokratischer Legitimität und Effektivität zu achten.

Dirk Behrmann / Anke Schröder

Kriminalprävention in der Stadtentwicklung – ein Blick in vier Europäische Länder

Planning urban Security – Planen urbaner Sicherheit ist ein Thema, das aufgrund demografischer und gesellschaftlicher Veränderungsprozessen zu dynamischen Entwicklungen vor allem in Groß- und Mittelstädten Europas führt. Das Interesse für den Zusammenhang zwischen städtebaulichen Strukturen und Kriminalität ist die Folge einer Entwicklung zu interdisziplinären, gesamtgesellschaftlichen Lösungsansätzen und der Zusammenführung der lange Zeit getrennt gedachten Politikfelder Städtebau, Kriminal- und Sozialpolitik. Das Sicherheitsgefühl der Wohnbevölkerung zu stärken bedeutet Impulse für mehr Lebensqualität zu setzen.

In den Jahren 2009-2012 war das LKA verantwortlich für die Durchführung eines von der EU geförderten Forschungsprojektes "Planning urban Security – PluS"[1].

Ziel des Projektes war, bisherige Strategien und Ansätze zur Kriminalprävention im Städtebau in den Partnerländern Deutschland, Großbritannien, Österreich und Polen zu eruieren und die Möglichkeiten einer gemeinsamen Strategie zur Implementierung kriminalpräventiver Maßnahmen in den einzelnen Ländern auszuloten. Darüber hinaus wurden Möglichkeiten zur Einführung kriminalpräventiver Maßnahmen in strategische Planungsprozesse ausgearbeitet, so dass neben den Projektpartnern weitere Länder der Europäischen Union von dem Projekt profitieren können.

Der Fokus der Untersuchung lag auf innerstädtischen Quartieren und dem Sicherheitsempfinden der Wohnbevölkerung. Nach der baulich-räumlichen Beschreibung der ausgewählten Quartiere sowie der soziodemografischen Darstellung der Bevölkerungsstruktur wurde anhand der Fallbeispiele in Manchester, Hannover, Wien und Szczecin zum einen das Kriminalitätsaufkommen sowie weitere Delikte unterhalb des bestehenden Strafmaßes aufgezeigt[2]. Zum anderen wurden bereits existierende kriminalpräventive Aktivitäten dargestellt, bei denen es sich entweder um konkrete Projekte als auch um die Einbindung der Thematik in die Organisationsstrukturen des Projektgebietes (Netzwerke, Verantwortungen, Bürgerinnen und Bürgerbeteiligung) handelte.

---

[1] Mit finanzieller Unterstützung aus dem Programm „Prevention of and Fight against Crime (ISEC)" of the European Union, European Commission - Directorate-General Home Affairs und dem Niedersächsischen Ministerium für Inneres und Sport, Landespräsidium für Polizei, Brand- und Katastrophenschutz (LPPBK)

[2] Bei den so genannten „Incivilities" handelt es sich in der Regel um Probleme, die das Zusammenleben in einem Stadtteil beeinträchtigen (z.B. antisoziales Verhalten wie pöbeln, spucken oder auch Müll und Dreck auf den Straßen)

Bevölkerungsbefragung

Um eine international übertragbare Strategie zu entwickeln wurde in einem nächsten Schritt eine Bevölkerungsbefragung[3] durchgeführt. Der Fragebogen basiert auf verschiedenen nationalen und internationalen Studien (z.B. International Crime Victimization Survey (ICVS) und dem Heidelberger Modell) und bezog sich auf sieben Kategorien:

- Angaben zur Wohnsituation und zum Wohnumfeld
- Qualität der Nachbarschaft
- Erfahrungen mit Kriminalität
- Kriminalitätsfurcht bzw. Sicherheitsempfinden
- Mögliche Lösungsansätze
- Persönliche Angaben (Geschlecht, Alter, Herkunft, Bildungsstand, Erwerbstätigkeit)
- Länderspezifische Fragen

Ausgehend von den Hypothesen, dass sich das Sicherheitsempfinden der Wohnbevölkerung erhöht, je länger die Menschen im Stadtteil leben, und eine längere Wohndauer abhängig ist von der sozialen nachbarschaftlichen Einbettung sowie der höheren Wohnqualität, gab es überraschende Ergebnisse. Die Hypothesen ließen sich nicht in allen Ländern bestätigen. Beispielsweise wohnen die überwiegend jungen Menschen in Single- und Paarhaushalten in Manchester (sehr) gerne in ihrem Stadtteil, fühlen sich aber nur geringfügig als Teil desselben[4]. In Szczecin hingegen wohnen vor allem Großhaushalte mit 3 und Mehrpersonen seit 20 Jahren und länger, was auf eine starke soziale Bindung hindeutet. Die Befragten in Szczecin geben jedoch nur teilweise an gerne dort zu wohnen, sich aber stärker als Teil des Stadtteils zu fühlen.

Auch die vertiefenden Fragen nach der Wohnqualität und den sozialen Bindungen ergab ein variables Bild. Auffallend war, dass die Befragten in Wien (ältere Menschen und lange Wohndauer) und Manchester (jüngere Menschen und kurze Wohndauer) zahlreiche Menschen im Stadtteil und auch ihre Nachbarn beim Namen kennen. Sie haben Kontakt zu den Nachbarn, besuchen sich jedoch selten zu Hause. In Hannover und Szczecin hingegen kennen die Befragten zwar deutlich weniger Personen im Stadtteil und auch ihre Nachbarn nicht beim Namen, sie pflegen aber engere Beziehungen, indem sie sich (insbesondere in Szczecin) häufig zu Hause besuchen. Demzufolge scheinen nachbarschaftliche Kontakte zwar wichtig zu sein, die Intensität der Nachbarschaft scheint jedoch keinen Einfluss auf die Wohndauer zu haben.

---

[3] In der repräsentativen Umfrage wurden jeweils 1000 Einwohner und Einwohnerinnen in den Projektstandorten befragt. Der Rücklauf liegt bei 25% aus Manchester bis 41% aus Hannover (siehe LKA Niedersachsen: Interim Report, Hannover 2010).

[4] Der Frage „Ich wohne gerne in meinem Stadtteil" stimmen 80% der Befragten zu, während nur 40% angegeben sich als Teil des Stadtteil zu fühlen.

Welche Auswirkungen sich aus diesen Erkenntnissen auf das Sicherheitsgefühl der Wohnbevölkerung ergeben wurde u.a. mit der Frage operationalisiert: Zu Hause fühle ich mich sicher und geborgen.

Abb. 1 Zu Hause fühle ich mich sicher und geborgen

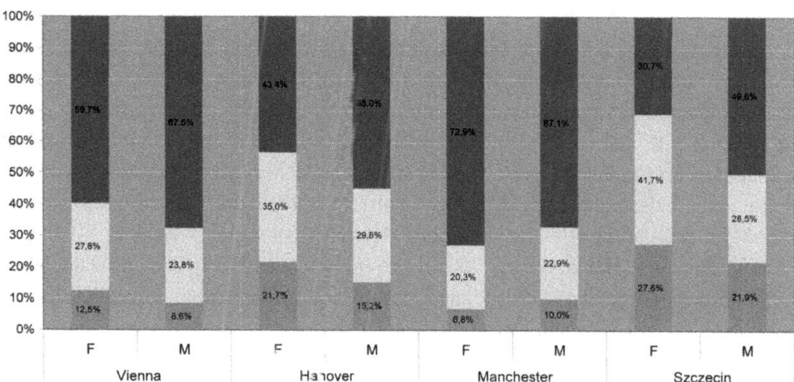

Aus der Befragung ging hervor, dass sich die Befragten in Manchester und Wien am sichersten fühlen. Am unsichersten fühlen sich Frauen in Szczecin und Hannover. Bezug nehmend auf die Hypothese „je höher die Identifikation mit dem Stadtteil – desto größer das Sicherheitsgefühl" stellt sich auch diese Situation lokalspezifisch differenziert dar. Während sich die Situation in Wien (hohe Identifikation und geringes Unsicherheitsgefühl) positiv, in Szczecin (geringe Identifikation – hohes Unsicherheitsgefühl) negativ bestätigt wird, lässt sich die Hypothese in Hannover (hohe Identifikation – höheres Unsicherheitsgefühl im Vergleich) und in Manchester (geringe Identifikation und im Vergleich geringstes Unsicherheitsgefühl) nicht bestätigen.[5]

Aus der quantitativen Befragung ging hervor, dass sich die Situationen in den einzelnen Ländern nicht unmittelbar vergleichen lassen. Die quantitative Befragung bestätigte, dass aus der Vielzahl an kulturellen Unterschieden und individueller Sicherheitswahrnehmung keine standardisierten Lösungen abzuleiten sind. Die Schwierigkeiten einer europäischen Normierung für kriminalpräventive Maßnahmen im Städtebau werden damit unterstrichen. Europäische Normierungen sind nur erfolgversprechend, wenn sie auf jede Situation übertragbar sind.

[5] Vertiefende Erkenntnisse aus der Befragung und weiterführende Informationen sind zu finden unter www.plus-eu.com. Dort stehen die einzelnen Projektberichte zum download bereit.

Expertinnen und Experteninterviews

Der quantitativen Befragung folgten Interviews mit Expertinnen und Experten vor Ort. Dabei ging es vor allem um die Frage, inwieweit die Experten und Expertinnen bereits mit kriminalpräventiven Maßnahmen im Städtebau vertraut sind und welche sich bislang als wirkungsvoll herausgestellt haben. Bei den Experten und Expertinnen handelt es sich um Personen, die beruflich oder ehrenamtlich im Quartier verankert sind und ggf. zusätzlich privat mit dem Projektgebiet verbunden sind (z.B. aus den Bereichen Polizei, Verwaltung, Bildung, Planung). Die Befragten äußerten sich zu Themenfeldern wie Stadtteilmanagement und Kooperationen, Probleme im Stadtteil und mögliche Problemlösungen, Verantwortung / Leitung für kriminalpräventive Maßnahmen im Städtebau. Festzustellen war, dass sich die Experten und Expertinnen mit den lokalspezifischen Problemen in ihren Tätigkeitsbereichen gut auskannten, dass häufig jedoch ein größerer Überblick durchaus wünschenswert wäre. Während in Manchester und Hannover bereits auf ein bestehendes Netzwerk und zahleichen Kooperationen aufgebaut werden kann, ist die Zusammenarbeit interdisziplinärer Kreise in Wien und Szczecin auszubauen. Auch in der qualitativen Befragung zeigen sich deutliche Unterschiede im internationalen Vergleich. Zusammenfassend konnte festgestellt werden, dass Lösungsvorschläge, die in einem Projektgebiet Wirkung zeigen, in einem anderen Gebiet aufgrund lokaler Voraussetzungen und Strukturen völlig nutzlos sein können.

Als Erkenntnis aus den beiden Befragungsrunden ging hervor, dass ein wichtiges Instrument zur Berücksichtigung kriminalpräventiver Maßnahmen im Städtebau die Entwicklung und Umsetzung von Kriterien und Maßnahmen auf der lokalen Planungsebene ist. Wirkungsvolle und nachhaltige Lösungsvorschläge können nur im lokalen Kontext entwickelt werden. Hilfreich dazu sind sicherlich Hilfestellungen und Best-Practice-Beispiele. Auf der Umsetzungsebene sind aber die jeweiligen Verantwortungsträger vor Ort zu lokalisieren und in die Planung und Umsetzung konkreter Projekte zu beteiligen.

Entwicklung eines Qualifizierungsmodells zur Professionalisierung kriminalpräventiver Maßnahmen im Städtebau

Um dem Ziel des EU-Projekts „Planning urban Security – PluS“ nach international übertragbare Instrumente und Maßnahmen für die Kriminalprävention im Städtebau näher zu kommen, wurde der Blickwinkel im nächsten Schritt auf die prozesshafte Projektentwicklung gelegt. Eine Analyse vorhandener Strukturen und Prozesse mit den Fragestellungen, wer an konkreten Umsetzungsprozessen bereits beteiligt ist und wer zukünftig in bestehende Prozesse involviert sein sollte, stand bei der Entwicklung eines Modells im Fokus.

- Welche Voraussetzungen sind erforderlich, um kriminalpräventive Maßnahmen in Planungsprozesse implementieren zu können?

- Welche Maßnahmen müssen getroffen werden, um zur Professionalisierung der Akteure und Akteurinnen beizutragen?
- Wer muss an Prozessen beteiligt werden, um kriminalpräventive Maßnahmen umzusetzen?

Zur Beantwortung dieser Fragen wurde ein Qualifizierungsmodell zur Professionalisierung kriminalpräventiver Maßnahmen in vier Schritten entwickelt. Diese Modellidee entstammt dem Prozessmanagementsystem der Ökonomie. Die Prozessoptimierung ist immanenter Bestanteil, um auf veränderte Rahmenbedingungen mit innovativen und nachhaltigen Lösungen zu reagieren (Hammer 2007) und wurde im Folgenden auf das Themenfeld der Stadtentwicklung transformiert und angepasst.

Die Entwicklung des Qualifizierungsmodells soll dazu dienen, den Fortschritt von Handlungsprozessen eigenständig einschätzen und kritisch bewerten zu können. Ein Vorteil dieser Selbsteinschätzung ist die Messbarkeit von Erfolgsfaktoren innerhalb eines Entwicklungsschritts sowie das Aufzeigen einer Entwicklungsperspektive. Als strategischer Plan ermöglicht es allen an Kriminalprävention Beteiligten (z.B. Städte und Gemeinden, Polizei, Planung und andere Verantwortungsträger), einen Veränderungsprozess anzustreben, neue Ideen und Innovationen zu entwickeln und festgefahrener Strukturen aufzubrechen, um den Blick auf wandelnde Anforderungen und notwendige Erneuerungen zu öffnen.

Bei der Projektentwicklung wurden so genannte „must haves“ und „could haves“ identifiziert, die als Leitlinien dienen sollen.

Abb. 2 Qualifizierungsmodell zur Professionalisierung der Kriminalprävention in der Stadtentwicklung

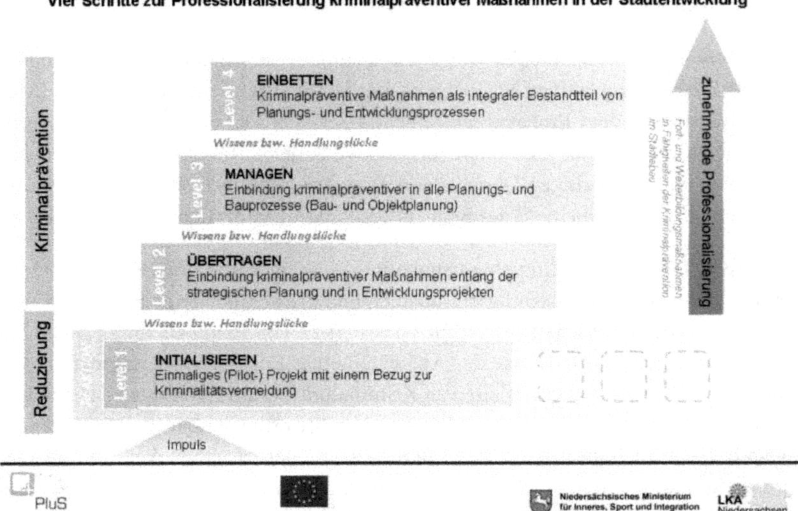

Auf Level 1 setzt die Sensibilisierung ein. Ein (Pilot-)Projekt mit dem Bezug zu bestehenden Unsicherheiten oder zur Kriminalität wird initiiert, bestehende Unruhen, deviantes Verhalten oder Delikte durch bestimmte Maßnahmen sollen verringert werden. Impulse können aus unterschiedlichen Bereichen kommen, z.B. durch Wohnungsmarktanalysen, Bevölkerungsbefragungen oder kriminologischen Regionalanalysen. Experten und Expertinnen können nicht nur auf bestehende Konflikte aufmerksam machen sondern sollen in die Lage versetzt werden, geeignete Vermeidungsstrategien zu entwickeln.

Level1

Must Haves	Could Haves
- Bewusstsein über Kriminalitäts-/Sicherheitsprobleme auf Entscheidungsebene schaffen (z. B. durch kriminologische Regionalanalyse, Wohnungsmarktanalyse, Bevölkerungsbefragung oder kriminalpräventive Projekte) - Beratungsteam mit erforderlichen Autoritäten und Engagement und Kenntnis über Kriminalprävention im Städtebau ausstatten - Zugang zu geeigneten Hilfsmitteln, Kriterien und Best-practice Beispiele herstellen	- Kriminalprävention im Städtebau durch Öffentlichkeitsarbeit und mediale Präsenz befördern - Kriterien der Kriminalprävention im Städtebau in Auswahlverfahren für alle an Planung Beteiligte beachten (z. B. über Expertenlisten – Architekten und Architektinnen sowie Stadtplaner und –planerinnen mit besonderen Fähigkeiten)

Auf Level 2 wird die Übertragung auf ähnliche oder andere Situationen vorgenommen und ist der erste Schritt in Richtung Präventionsmaßnahmen. Hier erfolgt die Einbindung kriminalpräventiver Maßnahmen entlang der strategischen Planung und in Entwicklungsprojekten. Für die Erfüllung der Einbindung kriminalpräventiver Maßnahmen in Stadtentwicklungsprozesse ist der kommunale, politische Wille notwendig. Weiterhin ist die Beteiligung der Polizei, der Planung und anderer Verantwortlicher erforderlich.

Must Haves	Could Haves
- Erklärter (kommunaler) politischer Wille für die Implementierung kriminalpräventiver Maßnahmen in der Stadtentwicklung - Mitwirkung von Entscheidungsträgern einer Organisation bei der Verankerung von Kriminalprävention in der Stadtentwicklung (Polizei, Planung, andere Verantwortliche)	- Anreize über Auslobung und Prämierungen guter Beispiele schaffen

Must Haves

- Anschauungsbeispiele für die Umsetzung kriminalpräventiver Maßnahmen darstellen
- Abgestimmte Vereinbarungen und Kriterien zur Verankerung kriminalpräventiver Maßnahmen in strategischen Stadtentwicklungsprojekten
- Verfügbarkeit von ausgebildeten Experten und Expertinnen für die Vermittlung kriminalpräventiver Maßnahmen in der Stadtentwicklung
- Zugang zu und Unterstützung von Experten und Expertinnen:
- Zugang zu Kriminalitätsdaten und Möglichkeiten zur Interpretation schaffen
- Fähigkeiten erlangen, Beratungen und Beurteilungen anzubieten
- Zugang zu abgestimmten Richtlinien und Good-Practice-Beispielen

Das Managen bzw. Verwalten kriminalpräventiver Maßnahmen in alle Planungs- und Bauprozesse, um Baugenehmigungen kennzeichnen Level 3. Zwingend notwendig sind transparente und korruptionsfreie Planungsprozesse. Eine aktive Rolle nehmen die lokal organisierten Stadt- und Planungsabteilungen ein, die abgestimmte Vereinbarungen und Kriterien zur Verankerung der Kriminalprävention in der Stadtentwicklung in Planungsprozessen voranbringen und unterstützen. Voraussetzung für diesen Professionalisierungsschritt ist eine ausreichende Anzahl an Experten und Expertinnen, um den Beratungs- und Beurteilungsbedarf zu decken.

Must Haves

- Transparente und (korruptionsfreie) Planungsprozesse
- Lokal organisierte Stadt- und Planungsabteilung, mit aktiver Rolle im Prozess
- Abgestimmte Vereinbarungen und Kriterien zur Verankerung der Kriminalprävention in der Stadtentwicklung in Planungsprozessen
- Bestätigung wirksamer Kriterien für die Beurteilung von Entwicklungsprozessen
- Ausreichende Anzahl an Experten und Expertinnen, um den Bedarf zu decken

Could Haves

- Unterstützende Gesetzgebung und Regelwerke auf nationaler, regionaler und lokaler Ebene

Der höchste Professionalisierungsgrad ist auf Level 4 erreicht, wenn die Einbettung kriminalpräventiver Maßnahmen stattgefunden hat und diese integraler Bestandteil von Planungs- und Entwicklungsprozessen geworden sind. Dafür ist es zwingend notwendig, Kriminalprävention und Sicherheitsmaßnahmen im Städtebau in einem frühen Planungs- und Bauprozess einzubinden. Darüber hinaus stehen Experten und Expertinnen nicht nur beratend zur Seite sondern sind fester Bestandteil der Planungsprozesse.

Must Haves

- Einbindung kriminalpräventiver Maßnahmen und Sicherheitsaspekte in einem frühen Planungs- und Bauprozess, Unterstützung durch alle Beteiligten (umfasst Kosten und Qualität); Experten und Expertinnen sind in den Prozessablauf eingebunden und stehen nicht nur beratend zur Seite
- Abgestimmtes Vorgehen zur routinemäßigen Berücksichtigung kriminalpräventiver Maßnahmen in alle Stadtentwicklungsprozesse
- Zugang zu und Förderung von Experten und Expertinnen der Kriminalprävention
- Zugang zu Kriminalitätsstatistiken und Fähigkeit zur Interpretation
- Erwerb und Erhalt von Wissen und Fähigkeiten kriminalpräventiver Maßnahmen

Could Haves

- Gebührenpflichtiger Beratungsservice für das Themenfeld
- Darstellung kleinräumiger Kriminalitätslagebilder und kriminologischen Regionalanalysen als Entscheidungshilfen
- Qualitätsmanagement (Kontrolle über Evaluation)

Bei der Einstufung in die einzelnen Level ist zu berücksichtigen, dass das Ziel des friedlichen Miteinanders, der objektiven sowie der subjektiven Sicherheit nicht erst mit Level 4 erreicht ist. Die Hochstufung ist abhängig von der Kriminalitätsrate bzw. von auftretenden Delikten und antisozialem Verhalten vor Ort.

Einstufung der Projektpartner

Während der Projektlaufzeit wurden alle bekannten Maßnahmen und Projekte der einzelnen Projektpartner in das Modell eingeordnet.

Die polnischen Projektpartner in Szczecin befinden sich auf Level 1 mit der Tendenz zu Level 2. Als Probleme wurden die Innenhöfe im Untersuchungsgebiet identifiziert. Der vernachlässigte bauliche Zustand führt zu einer Ansammlung unerwünschter Gruppen, die durch übermäßigen Alkoholkonsum, Pöbeleien und Aggressivität auffielen. In der Folge führte dies zu einem starken Unsicherheitsgefühl bei der ansässigen Wohnbevölkerung. Auf Anreize der Polizei kam es zu einer Kooperation zwischen Polizei, Eigentümern und Eigentümerinnen mit den Bewohnern und Bewohnerinnen. Die anschließende Aufwertung der Innenhofbereiche führte zu einer Verbesserungen der örtlichen Situation. Diese Erfahrungen fließen seitdem in Neubauprojekte ein.

Der deutsche bzw. niedersächsische Beitrag kann dem Level 2-3 zugeordnet werden. In Niedersachsen bestehen zahlreiche Kooperationen, z.B. in der Sicherheitspartnerschaft im Städtebau in Niedersachsen mit dem Qualitätssiegel Sicheres Wohnen. Zahlreiche Dokumentationen, Leitfäden und Informationsmaterialien zu kriminalpräventiven Maßnahmen stehen zur Verfügung. Erste Fort- und Weiterbildungsmaßnahmen für Praktiker und Praktikerinnen und im Bereich der Polizei haben stattgefunden. Konkrete Kriterien stehen zur Verfügung. Sicherheit wird als Bestandteil für mehr Lebensqualität vermittelt.

Ebenfalls auf Level 2 -3 wird der Beitrag aus Österreich eingruppiert. Insgesamt ist hier eine geringe Kriminalitätsrate auszumachen. Eine formale Kooperation zwischen Polizei und Planung besteht zwar nicht, über die Gender Mainstreaming Strategie fließen aber Sicherheitsaspekte automatisch in Planungsprozesse ein. Ohne Berücksichtigung der Aspekte kann ein Planungsprozess gestoppt werden. Damit ist eine strategische Einbindung der Aspekte gewährleistet.

Die Aktivitäten in Manchester sind auf dem höchsten Level einzustufen. Aufgrund der hohen Kriminalitätsrate in den 1990er Jahren ist der Grad der Professionalisierung vergleichsweise hoch. Im gesamten Land Großbritannien sind Kriminalitätsdaten und Sicherheitsaspekte in einem frühen Stadium von Designprozessen formal verankert. In Manchester sind zahlreiche Einzelmaßnahmen auf konkrete Problemlagen abgestimmt. Langjährige Kooperationen haben sich etabliert und arbeiten in enger Abstimmung. (z.B. Design Against Crime Solution Centre mit der Greater Manchester Police). In Großbritannien zeigt sich jedoch auch, dass aufgrund von Sparmaßnahmen vor allem im sozialen Bereich gute Projekte und Netzwerke nicht im gleichen Umfang weitergeführt werden können. Es bleibt abzuwarten, ob die Kriminalitätsrate aufgrund rückläufiger Unterstützungstendenzen erneut ansteigen wird.

Durch die Einordnung der Aktivitäten aus den Partnerländern ist es gelungen, spezifische Einzelmaßnahmen als auch gesamte Strategieansätze in den Modellansatz einzuordnen. Zukünftig wird es darum gehen, das Modell weiteren Akteuren in der Kriminalprävention im Städtebau zur Verfügung zu stellen und auf die Situation vor Ort anzuwenden.

Holger Floeting

Sicherheit in deutschen Städten – Ergebnisse zweier Kommunalumfragen[1]

Einführung

Sicherheit und Ordnung in Städten und Gemeinden werden – meist bezogen auf aktuelle Anlässe – in der Öffentlichkeit kontrovers diskutiert. Reale Sicherheitslage und öffentliche Wahrnehmung unterscheiden sich oftmals. Das Gefühl von (Un-)Sicherheit in den Städten verändert sich, ebenso die Arbeitsteilung der Sicherheitsakteure.

Das Deutsche Institut für Urbanistik, die Forschungs-, Fortbildungs- und Informationseinrichtung für Städte, Gemeinden, Landkreise, Kommunalverbände und Planungsgemeinschaften, hat im Rahmen des Verbundprojektes „DynASS – Dynamische Arrangements städtischer Sicherheitskultur" zwei Kommunalumfragen in den deutschen Städten mit 50.000 und mehr Einwohnern zum Thema „Sicherheit in deutschen Städten" durchgeführt. Die Befragungen sollen einen systematischen Überblick über das Verständnis von städtischer Sicherheit, über Akteure, kommunale Aktivitäten im Bereich Sicherheit sowie Einschätzungen zu „sicheren" und „unsicheren" Orten in der Stadt ermöglichen.

Das Verbundprojekt befasst sich mit Fragen der (Alltags-)Sicherheit in der Stadt. Es untersucht die Rolle der Wahrnehmung von Sicherheit, ihren Einfluss auf die Entstehung sowie die Bedeutung von Sicherheitsbildern bei städtischen Sicherheitsakteuren. Damit beleuchtet es die Sicherheitsproduktion durch intendierte Sicherheitsmaßnahmen und weitere Handlungen, die mittelbar der Sicherheitsproduktion dienen, sowie deren Rückwirkungen auf die Sicherheitsbilder. Sicherheitsbilder sind komplexe gedankliche Konstruktionen. Sie setzen sich u.a. aus quantitativen wie qualitativen Erhebungen zu Kriminalitätsbelastungen, aus Erfahrungen und Erwartungen in der Sicherheitsarbeit sowie aus der medialen Vermittlung von Angsträumen zusammen. Statistische Erhebungen wie auch verstärkt Visualisierungen durch Kriminalitätskarten dienen der objektiven oder vermeintlich objektiven Darstellung der Lage. Das Projekt DynASS wird als interdisziplinäres Verbundprojekt durch das Bundesministerium für Bildung und Forschung (BMBF) im Rahmen des Programms der Bundesregierung „Forschung für die zivile Sicherheit" gefördert.

Zu den vorrangigen öffentlichen Aufgaben gehört „die Gewährleistung der Sicherheit und Ordnung" (DST 2011: 5). Schutz und Sicherheit der Bürgerinnen und Bürger werden in Deutschland in erster Linie durch die Polizei gewährleistet. Die kommunale Ebene nimmt in diesem Zusammenhang vor allem Aufgaben zur Gewährleistung von Ordnung und zur Prävention von Gewalt und Kriminalität wahr. Die Gewährleistung

[1] Die Textfassung basiert in weiten Teilen auf Floeting/Seidel-Schulze 2012.

von Sicherheit in den Städten ist also eine staatliche Aufgabe, die von Bund und Ländern wahrgenommen wird. Gleichwohl richten sich die Erwartungen der Bürgerinnen und Bürger an die Schaffung und Gewährleistung sicherer Lebensräume gerade an die Städte und Gemeinden: „Die Bürger fragen nicht nach gesetzlichen Zuständigkeiten bei der Kriminalitätsbekämpfung" (DST 2011: 4).

Methodik und Themen der Befragungen

Die Polizei ist der wichtigste Sicherheitsakteur in den Städten. Ihre Aufgaben in Bezug auf die urbane Sicherheit sind eindeutig und vielfach untersucht. Die kommunalen Akteure, die für sichere Städte sorgen, stehen dagegen im Hintergrund. Ihre Aufgabenwahrnehmung wurde bisher weniger thematisiert und untersucht. Im Mittelpunkt der beiden Difu-Befragungen standen deshalb zwei kommunale Akteursgruppen. Im Rahmen des Verbundprojekts wurden als zu befragende Akteure die Ordnungsämter und Stadtplanungsämter festgelegt. Die Erhebungsgrundgesamtheit umfasste alle 188 Städte und Gemeinden mit mehr als 50.000 Einwohnern sowie die Bezirke der Stadtstaaten Berlin und Hamburg (Stand 2010). Die schriftlichen Befragungen der Ordnungsämter und Stadtplanungsämter wurden nacheinander von Februar bis Juni 2011 durchgeführt. Ansprechpartner waren die Leiterinnen und Leiter der Ämter bzw. Fachbereiche. Die Rücklaufquoten der Ordnungsämter und Stadtplanungsämter lagen bei 48 bzw. 44 Prozent. Leichte Unterschiede im Antwortverhalten gab es nach Stadtgröße. Die Ergebnisse wurden im Anschluss an die Befragungsauswertungen mit Fokusgruppen der Ordnungsämter bzw. Stadtplanungsämter diskutiert.

Themen der Befragungen waren allgemeine Angaben zur Dienststelle und zum Verständnis von kommunaler Sicherheit, Informationsgrundlagen zur Einschätzung städtischer Sicherheit, Akteure, Gremien und Kooperationspartner bei der Wahrnehmung der Aufgaben im Rahmen der städtischen Sicherheit, Maßnahmen, Konzepte und Projekte zur Verbesserung der Sicherheit im öffentlichen Raum sowie „sichere" und „unsichere" Orte in der Stadt.[2]

Aufgaben und Selbstverständnis der Befragten

In den Ordnungsämtern ist eine Vielzahl unterschiedlicher Aufgaben angesiedelt. Die Zuständigkeiten für einzelne Aufgaben in Kommunen sind sehr unterschiedlich verteilt und unterscheiden sich, u.a. nach dem Bundesland. Die Aufgabenbereiche der Ordnungsämter haben sich in den letzten Jahren erweitert. Dies ist auch teilweise dadurch begründet, dass immer mehr ehemals polizeiliche Aufgaben von den kommunalen Ordnungsämtern wahrgenommen werden müssen (vgl. DST 2011). Die personelle Ausstattung variiert mit dem unterschiedlichen Aufgabenzuschnitt der Ämter. Einen kommunalen Ordnungsdienst (Mitarbeiterinnen und Mitarbeiter der Ordnungsämter, die Streifendienste verrichten) oder eine Stadtpolizei, die Aufgaben

2 Die Ergebnisse können an dieser Stelle nur in Ausschnitten vorgestellt werden. Eine ausführlichere Darstellung findet sich in Floeting/Seidel-Schulze 2012.

über die Verkehrsüberwachung hinaus wahrnimmt, gibt es in rund drei Viertel der Städte. Mit zunehmender Stadtgröße steigt auch der Anteil der Kommunen mit Ordnungsdiensten. Im Rahmen der Befragungen wurden grundsätzliche Einschätzungen, jedoch keine detaillierten Aussagen dazu erhoben, wie sich die Arbeitsteilung im Bereich von Ordnungsaufgaben zwischen der Polizei und dem jeweiligen Ordnungsamt der Kommune praktisch gestaltet. Dementsprechend lässt sich auch nicht beurteilen, ob die Personalausstattung des jeweiligen Ordnungsamtes ausreicht oder zu knapp bemessen ist. Es fallen jedoch erhebliche Ausstattungsunterschiede auf. Die Selbsteinschätzung der Kommunen macht deutlich, dass durchaus in vielen Kommunen ein Aufstockungsbedarf bei der Personalausstattung der Ordnungsämter bestehen könnte: Nur rund ein Viertel der Ordnungsämter schätzt die eigene personelle Ausstattung für Kontrollen und Vollzug als gut ein.

Obwohl eine Vielzahl von Planungsentscheidungen die Lebensqualität und damit auch das Sicherheitsgefühl in der Stadt beeinflusst, leistet nur ein kleiner Teil der Aufgaben – und dies im Vergleich zu den Ordnungsämtern auch eher indirekt als direkt – im engeren Sinne einen Beitrag zur Sicherheit in der Stadt. In knapp einem Fünftel der Städte gibt es spezielle Konzepte oder Maßnahmen zum Umgang mit Fragen urbaner Sicherheit. In etwa einem Drittel der Städte haben sich Stadtplaner aber auch noch nicht mit dem Thema „Sicherheit in der Stadt“ beschäftigt.

Konzepte und Maßnahmen zur Verbesserung der Sicherheit im öffentlichen Raum

In den Städten wird eine breite Palette von Maßnahmen und Konzepten zur Verbesserung der Sicherheit im öffentlichen Raum eingesetzt. Sie reichen von ordnungsrechtlichen Maßnahmen über personelle und technische Maßnahmen bis hin zu baulich-gestalterischen und sozialräumlichen Maßnahmen. Eine wichtige Rolle spielen auch Maßnahmen der Kommunikation mit dem Bürger und der Information der Öffentlichkeit. Die befragten Ordnungsämter sehen Schwerpunkte bei den ordnungsrechtlichen und den sozialräumlichen Maßnahmen und Konzepten sowie im Bereich Kommunikation und Information der Öffentlichkeit. Von den Stadtplanungsämtern werden vor allem baulich-gestalterische und sozialräumliche Maßnahmen und Konzepte zur Verbesserung der Sicherheit im öffentlichen Raum angeführt.

Integrierte städtische Sicherheitspolitik muss Aussagen zu einer breiten Palette von Maßnahmen und Konzepten treffen, um die unterschiedlichen Adressaten in ihren Handlungsbereichen anzusprechen. Mehr als die Hälfte der Ordnungsämter gibt an, dass sie in ihrer Stadt über integrierte Sicherheitskonzepte verfügen, während weniger als ein Fünftel der Stadtplanungsämter entsprechend antwortet. Dies lässt sich zum Teil aus Rücklaufunterschieden erklären. Auch wird der Begriff „integrierte Konzepte“ unterschiedlich verstanden.

Um die Breite neuer Ansätze zur Verbesserung der urbanen Sicherheit zu erfassen, wurde in der Erhebung nach neuen Ansätzen und Projekten gefragt. Als neue Ansätze wurden von den Befragten solche genannt, die in der jeweiligen Stadt neu sind, also nicht zwangsläufig grundsätzlich besonders innovative Ansätze. Besonders häufig werden von den Ordnungsämtern neue organisatorische Ansätze (besonders Ordnungspartnerschaften), intervenierende Ansätze (besonders die Präsenz im öffentlichen Raum) und Ansätze im Umgang mit Alkoholkonsum in der Öffentlichkeit genannt. Von den Stadtplanungsämtern werden neben neuen stadtplanerischen Ansätzen vor allem das Bestehen von bzw. die Mitwirkung an Präventionsgremien als neuer organisatorischer Ansatz genannt.

Wahrnehmung sicherer und unsicherer gewordener Orte in der Stadt

In jeder Stadt gibt es Orte, die in der öffentlichen Wahrnehmung als eher „sicher" oder eher „unsicher" gelten. Die Gründe, warum Orte von allen oder von einzelnen Bevölkerungsgruppen als „sicher" oder „unsicher" wahrgenommen werden, sind seit langem Gegenstand der (kriminologischen) Stadtforschung zum subjektiven und objektiven Sicherheitsgefühl (vgl. Bott u.a. 2007; Glasauer/Kasper 2001). Ein Ziel der Umfragen bei den Stadtplanungs- und Ordnungsämtern war es, die Orte der Unsicherheit bzw. Sicherheit und deren Veränderungspotenzial genauer zu untersuchen. Dazu hat das Difu die befragten Ordnungsämter und Stadtplanungsämter gebeten, bis zu drei Orte konkret zu benennen und zu charakterisieren, deren wahrgenommene Sicherheitslage sich innerhalb der letzten Jahre spürbar gewandelt hat. Grundsätzlich wurden mehr Angaben zu den sicherer gewordenen als zu den unsicherer gewordenen Orten gemacht. Angaben zu den sicherer gewordenen Orten wurden meist maßnahmenbezogen, zu den unsicherer gewordenen Orten meist delikt- oder störungsbezogen erläutert. Es wurden vor allem innerstädtische Orte genannt. Ordnungsämter und Stadtplanungsämter haben aufgrund ihrer differierenden Wahrnehmung von urbaner Sicherheit zum Teil unterschiedliche Sicherheitsbilder und Problemkulissen. Dies bestätigte sich in der Umfrage bei den Angaben zu den unsichererer bzw. sicherer gewordenen Orten. Neben vielen übereinstimmend genannten Orten gibt es auch Orte, die entweder nur von den Ordnungsämtern oder nur von den Stadtplanungsämtern benannt wurden. „Hotspots" für unsicherer oder sicherer gewordene Orte waren öffentliche Plätze, Bahnhöfe, Grünflächen/Parks, Einkaufsstraßen/-viertel.

Informationen zur Beurteilung der Sicherheitslage

Zur Beurteilung der Sicherheitslagen werden verschiedene Quellen genutzt. An vorderer Stelle werden sowohl von Ordnungsämtern als auch von Stadtplanungsämtern erfahrungsgestützte Informationsquellen (Bürger, Polizei, Mitarbeiterinnen und Mitarbeiter des eigenen Amtes, die politische Ebene und Erfahrungen aus anderen Ämtern) genannt. Erst danach folgen (gemessen an der Häufigkeit der Nennungen) datenbasierte Informationsquellen (polizeistatistische Daten und amtliche Statistiken). Kommunale Bürgerumfragen und wissenschaftliche Studien werden in weniger als einem Viertel der befragten Ordnungsämter genutzt. In den Großstädten werden Medien und kommunale Bürgerumfragen von den Ordnungsämtern signifikant häufiger als verwendete Quelle genannt. Auch die Stadtplanungsämter ziehen nur in 29 Prozent der Fälle kommunale Bürgerumfragen und nur in 15 Prozent der Fälle wissenschaftliche Studien zu Rate.

Standards, Verfahren und Empfehlungen zur städtebaulichen Kriminalprävention

In den vergangenen Jahren wurde eine Reihe von Empfehlungen, Verfahren und Standards im Kontext der städtebaulichen Kriminalprävention in den Bundesländern, von der Wohnungswirtschaft und auf internationaler Ebene entwickelt. Den befragten Stadtplanungsämtern sind unterschiedliche Standards, Verfahren und Empfehlungen zur städtebaulichen Kriminalprävention bekannt. Genannt werden nahezu ausschließlich Standards, Verfahren und Empfehlungen aus Deutschland. Allerdings sind selbst die am stärksten verbreiteten Empfehlungen nur in knapp einem Drittel der Stadtplanungsämter bekannt. Ebenfalls in der Befragung zur Auswahl gestellte internationale Standards und Empfehlungen werden praktisch nicht genutzt und sind auch kaum bekannt. Insgesamt zeigt sich eine deutliche Konzentration der Kommunen auf eigene Standards, Verfahren und Empfehlungen.

Fazit

Sicherheitsproduktion in den Kommunen erfolgt unter dem Einfluss lokal spezifischer Sicherheitskulturen. Urbane Sicherheit ist eine Gemeinschaftsaufgabe vieler Akteure. Es gibt mittlerweile eine Vielzahl von kooperativen Strukturen, was nicht zwangsläufig gleichbedeutend mit kooperativem Handeln ist. Viele Akteure sind sich ihrer Rolle für die urbane Sicherheit bisher kaum bewusst. Positive und negative Einschätzung zur Entwicklung der Sicherheit an konkreten Orten in den Städten bestehen parallel. Eindeutige Tendenzen lassen sich nicht herausarbeiten. Die Wahrnehmung konzentriert sich auf innerstädtische Orte. Tatsächlich integrierte Ansätze gibt es bisher kaum. Integration findet wahlweise hinsichtlich der Akteure, der Handlungsebenen (strategisch, operativ) oder räumlich (gesamtstädtisch, quartiersbezogen) statt. Die Sicherheitswahrnehmung stützt sich häufiger auf Erfahrungen als auf Daten. Die Vielzahl von Empfehlungen und Leitlinien zur städtebaulichen Kriminalprävention ist bisher noch unzureichend bekannt und findet zu wenig Anwendung. Urbane Sicherheit sollte nicht nur als Handlungsfeld für „ad hoc Interventionen“, sondern als kontinuierliche Aufgabe und ein gemeinschaftliches Ziel der Stadtgesellschaft verstanden werden.

Literatur

Bott, Klaus, Marc Coester und Hans-Jürgen Kerner (2007): Die Kriminalitätsfurcht und ihre Auswirkungen, in: der städtetag 60, Heft 2, S. 16–19.

Deutscher Städtetag (DST) (2011): Sicherheit und Ordnung in der Stadt. Positionspapier des Deutschen Städtetages, Köln/Berlin.

Floeting, Holger, und Antje Seidel-Schulze, Sicherheit in der Stadt – eine Gemeinschaftsaufgabe, Ergebnisse aus zwei Kommunalbefragungen. Berlin 2012 (Difu-Paper)

Glasauer, Herbert, und Birgit Kasper (2001): Ist Sicherheit im öffentlichen Raum planbar?, in: Dortmunder Beiträge zur Raumplanung: Blaue Reihe 106, S. 148–153.

Tillmann Schulze / Sybille Oetliker

Sichere Schweizer Städte 2025

Wie steht es um die Sicherheit in Schweizer Städten im Jahr 2025? Welche Gefahren drohen? Wie kann ihnen begegnet werden? Ein Unternehmen, ein Verband und 33 Städte stellen sich den Fragen und suchen in einer gemeinsamen Studie Antworten.

Sicherheit ist für Städte ein Thema von zunehmender Bedeutung. Die Bevölkerung, aber auch Besucherinnen und Besucher wollen sich in den Städten sicher fühlen. Sicherheit wird aber auch immer mehr zu einem zentralen Standortfaktor und Wettbewerbsvorteil für die lokale Wirtschaft. Allerdings ist es in den letzten Jahren deutlich anspruchsvoller geworden, in einer Stadt für ausreichende Sicherheit zu sorgen. Veränderungen wie die zunehmende Nutzung der öffentlichen Raums, ein Trend hin zur 24-Stunden-Gesellschaft, technologische Entwicklungen oder die Folgen klimatischer Veränderungen stellen die Sicherheitsverantwortlichen einer Stadt vor immer neue und komplexer werdende Herausforderungen.

Die letzten Jahre haben gezeigt: Die – mitunter nicht vorbereiteten und zum Teil auch überforderten – Behörden reagieren oft bloß noch auf die Ereignisse und Entwicklungen. Längerfristige, nachhaltige Strategien zum Umgang mit den neuen sicherheitsrelevanten Herausforderungen aber fehlen weitgehend.

Aktive Handlungsstrategien entwickeln, statt auf Ereignisse reagieren

Unter dem Druck der Bevölkerung und der Medienberichterstattung ergriffen die Verantwortlichen immer wieder wenig reflektierte und oft nicht koordinierte Maßnahmen. Für ein Abwägen der richtigen Entscheidungen sowie der Gründe, weshalb es zu einem Ereignis gekommen war, fehlten nicht selten Zeit, Geld oder auch die notwendige Kompetenz.

Letzteres ist vor allem in kleineren Schweizer Städten der Fall, wo die Behörden über wenig Personal verfügen und die politisch Verantwortlichen ihre Aufgabe vielerorts in Teilzeitmandaten ausüben. Grössere Schweizer Städte wie Bern, Zürich oder Luzern haben hingegen in den letzten Jahren damit begonnen, sich intensiver mit Sicherheitsfragen zu befassen; in ihrem Interesse waren meist Teilfragestellungen wie Verkehrssicherheit oder Folgen von Katastrophen und Notlagen. Nur selten wurde hingegen ein umfassender Ansatz gewählt, der Fragen der Alltagskriminalität, gesellschaftliche Entwicklungen bis hin zu Bedrohungen durch Terrorismus oder eine Pandemie untersucht.

Das Ziel des Projekts „Sichere Schweizer Städte 2025“ ist es nun diese Lücke zu füllen. Dabei soll nicht nur die aktuelle Gefährdungslage analysiert, sondern auch künftige Entwicklungen der Sicherheitslage in Städten antizipiert und Handlungsoptionen zur Gestaltung von Sicherheit in Städten aufgezeigt werden. Die Verantwortlichen für Sicherheit in den Städten sollen zum einen dafür sensibilisiert werden, welche

Trends und Entwicklungen in den nächsten zehn bis 20 Jahren für die Sicherheitslage in Städten von Bedeutung sind. Zentrales Anliegen ist jedoch auch das Erarbeiten von Handlungsempfehlungen wie die für Sicherheit Verantwortlichen künftig auf die aufgezeigten sicherheitsrelevanten Veränderungen reagieren können.

Zusammenarbeit von Privatwirtschaft, Verband und Städten

Innovativ an dem Projekt ist für die Schweiz nicht allein die Fragestellung. Das Projekt beruht auch auf der Zusammenarbeit drei unterschiedlicher Akteure. Das fachliche Know-how kommt von Ernst Basler und Partner (EBP), einem Planungs- und Beratungsunternehmen, das seit vielen Jahren Städte in Sicherheitsfragen berät. Die politische Verantwortung liegt beim Schweizerischen Städteverband (SSV). 126 Schweizer Städte gehören dem Verband an; dieser vertritt die Interessen der Schweizer Städte und Agglomerationen gegenüber dem Bund und der Öffentlichkeit. Schliesslich sind 33 „Pilotstädte“ in das Projekt involviert, die mit konkretem fachlichem Wissen zur Studie beitragen. Alle drei Partner leisten einen finanziellen Beitrag zur Erarbeitung der Studie. Die Projektleitung setzt sich gleichberechtigt aus Mitarbeitenden von SSV und EBP zusammen.

Dass insgesamt 33 Städte aus der deutsch- und der französischsprachigen Schweiz an dem Projekt mitarbeiten, zeigt, dass die Studie ein zentrales Bedürfnis vieler Städte aufgreift. Aufgrund der großen Zahl von Pilotstädten und aufgrund deren mitunter recht unterschiedlichen Charakteristika, wurden diese in vier Cluster aufgeteilt: große, mittlere und kleinere Kernstädte, dazu Agglomerationsgemeinden. Diese Einteilung erleichtert die Arbeit in Workshops und das Erarbeiten von Städteprofilen und Handlungsempfehlungen.

Ist-Zustand durch breite Befragung dokumentiert

Wie lassen sich die die unterschiedlichen Fragen, Erwartungen und Voraussetzungen in den Pilotstädten unter einen gemeinsamen Nenner bringen? In einem ersten Schritt galt es zu erfahren, wie die Sicherheitsverantwortlichen die Lage in ihrer Stadt einschätzen. In einem Fragebogen wurden über 100 potenzielle Gefährdungen aufgelistet und die Städte gebeten, deren Relevanz zu beurteilen. Das Projektteam verfolgte dabei bewusst einen Ansatz, der Sicherheit breit und integral versteht. So wurden die Städte beispielsweise danach befragt, wie sie die Situation des Abfalls im öffentlichen Räumen oder Fragen der sozialen Sicherheit einschätzen, wie sie verschiedene Naturgefahren beurteilen, aber auch, wie sie die Gefährdungen sehen, die von Kernkraftwerken, anderen großtechnischen Anlagen oder auch von Terroranschlägen ausgehen, und es wurde natürlich auch nach Drogenhandel, Bettelei, Verbrechen etc. gefragt.

Neue Methode zur Objektivierung der gefühlten Gefährdungen

Diese subjektiven Einschätzungen bildeten jedoch nur eine erste Komponente der Analysen. In einem nächsten Schritt wurden die aufgezählten Gefährdungen in eigentliche «Gefährdungen» (z. B. häusliche Gewalt, Littering, Körperverletzung, Alkohol- und

Drogenmissbrauch, etc.) sowie in «Bedingungen» (z. B. Arbeitslosigkeit, Anonymisierung, schlecht einsehbare „Ecken", Migration, etc.) aufgeteilt. In einem dritten Schritt schliesslich, ging es darum, «Gefährdungen» und «Bedingungen» auf ihre Relevanz zu prüfen und deren Bedeutung zu «objektivieren». Denn die Verantwortlichen in den Städten beurteilen häufig vor allem solche Gefährdungen als bedeutsam, die Bevölkerung oder Medien aufgreifen und damit einen Handlungsdruck auf die Entscheidungsträger ausüben. Ein ausschließlicher Fokus auf solche Themen könnte zur Folge haben, dass andere sicherheitsrelevante Aspekte, die derzeit weniger im Zentrum der Aufmerksamkeit stehen, beispielsweise seltene Ereignisse wie ein Erdbeben oder eine Massenpanik bei einer Großveranstaltung, außer Acht gelassen werden.

Zur „Objektivierung" der Gefährdungen entwickelte EBP ein mehrstufiges Verfahren. Es erlaubt, die von den Städten (subjektiv) genannten Gefahren in einer „objektivierten Sichtweise" zu bewerten. Zunächst schätzte das Projektteam für alle Gefährdungen das Risiko, also die Häufigkeit des Auftretens und die zu erwartenden Schadenwirkungen ab. In einem weiteren Schritt wurde berücksichtigt, welche Verantwortung und welchen Handlungsspielraum die Behörden einer Stadt für eine bestimmte Gefährdung haben und wie die öffentliche Wahrnehmung von Bevölkerung und Medien einzuschätzen ist. Aufgrund dieser Prüfung ließen sich zunächst die wichtigsten «Gefährdungen» und «Bedingungen» für jedes Städtecluster vorläufig bestimmen. Sie waren dann Gegenstand der Diskussion in Workshops mit Vertreterinnen und Vertretern der Städte, das Ergebnis eine abgestimmte Einschätzung der Relevanz pro Städtecluster. Für die weiteren Arbeiten werden nur noch Gefährdungen und Bedingungen ab einer bestimmten Relevanz-Stufe mit einbezogen.

Der überlegte Blick in die Zukunft

Damit ist nun die Grundlage für einen Blick in die Zukunft gelegt. Die Beurteilung der aktuellen Sicherheitslage in den Städten bildet nicht das zentrale Element des Projekts. Vielmehr geht es jetzt darum aufzuzeigen, welche Veränderungen künftig zu erwarten sind. Um dies zu erreichen, gilt es nun nachfolgend zu analysieren, welche Veränderungen von besonderer Bedeutung für die Sicherheitslage in Schweizer Städte sein werden. Dabei ging es zunächst um allgemeine Trends wie z. B. den demografischen Wandel, die sozialräumliche Veränderung in den Städten oder den Wandel des Alltags der städtischen Bevölkerung. Das Projektteam definierte insgesamt sechs sogenannte „Blickwinkel", aus denen die zentralen Entwicklungen für die Sicherheitslage betrachtet wurden. Nach umfassenden Recherchen von bestehenden Trend- und Perspektivenstudien fand anschließend auch eine Reihe von Interviews mit Fachpersonen statt, mit denen das Team die Erkenntnisse absicherte.

Das Ergebnis ist eine Abschätzung der voraussichtlichen Veränderung einer Gefährdung bis zum Jahr 2025 pro Städte-Cluster. Abhängig davon, ob eine Gefährdung zunimmt, gleich bleiben wird oder abnimmt, erhalten die für Sicherheit Verantwortlichen in den Städten wertvolle Hinweise für eigene Planungen. Die Ergebnisse sind Gegenstand einer weiteren Diskussion in den Cluster-Workshops.

Damit die beteiligten Pilotstädte einen möglichst hohen praktischen Nutzen haben, werden schließlich gemeinsam mit den Städtervertreterinnen und -vertretern Handlungsoptionen erarbeitet. Die Städte sollen erkennen, mit welchen Strategien und Maßnahmen sie auf diese oder jene Veränderung reagieren können. Dabei wird es vor allem auch darum gehen, dass die Städte untereinander lernen können und best practices austauschen, die aller Voraussicht nach auch für die Bewältigung künftiger Herausforderungen Erfolg versprechen.

Austausch zwischen politisch Verantwortlichen fördern

Das Lernen der Städte voneinander wird durch Factsheets ergänzt, das jede Pilotstadt zunächst eigenständig für sich selbst erstellt. Dort skizziert sind sie zentralen Charakteristiken der Sicherheitslage der Stadt und das Image bzw. die öffentliche Wahrnehmung des Ortes. Bisherige erfolgreiche und wenig erfolgreiche Maßnahmen sowie besondere Herausforderungen im Bereich des öffentlichen Raums (problematische Unterführungen, Brachen etc.) ergänzen die Factsheets. Diese sind später wiederum Gegenstand der Diskussion in den Clusterworkshops. Ziel soll es sein, dass die Städtevertreterinnen und -vertreter bei vergleichbaren, vielleicht aber auch bei Städten aus anderen Clustern prüfen können, inwiefern dort schon Erfahrungen gemacht wurden, die mit den eigenen Sicherheitsfragen vergleichbar sind. Der regelmäßige persönliche Austausch zwischen Verantwortlichen aus verschiedenen Städten und Landesteilen ist nicht allein methodisch wichtig; die Beteiligten schätzen ihn auch sehr. Bislang fehlten solche Diskussionsforen in der stark föderalistisch und regional geprägten Schweiz.

Das Projekt „Sichere Schweizer Städte 2025" ist kein Blick in die Kristallkugel. Wie genau sich die Sicherheitslage in den Städten verändert, wird dieses Projekt nicht vorhersagen können. Aber es zeigt auf, in welche Richtungen die Entwicklung aller Voraussicht gehen wird und welche Möglichkeiten sich anbieten, um angemessen Einfluss auf die verschiedenen Gefährdungen oder Rahmenbedingungen nehmen zu können. Schließlich zeigt das Projekt eine Methode auf, wie die Situation pragmatisch analysiert und Lösungsansätze entwickelt werden können. Im Zentrum steht das Anliegen, den für Sicherheit Verantwortlichen in den Städten die Möglichkeit zu geben, die Sicherheitslandschaft ihrer Stadt aktiv und vorausschauend zu gestalten, anstatt nur auf Ereignisse kurzfristig zu reagieren.

Die Ergebnisse werden ab dem 18. Juni 2013 – in deutscher und französischer Sprache - öffentlich verfügbar sein.

www.ebp.ch
www.staedteverband.ch

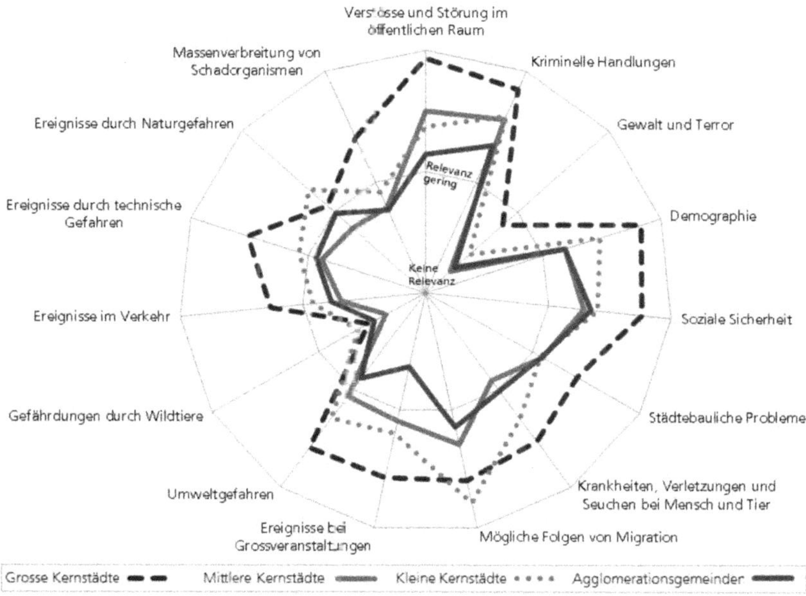

Gefährdungsprofile der Städte-Cluster: viele Gemeinsamkeiten, einige Unterschiede

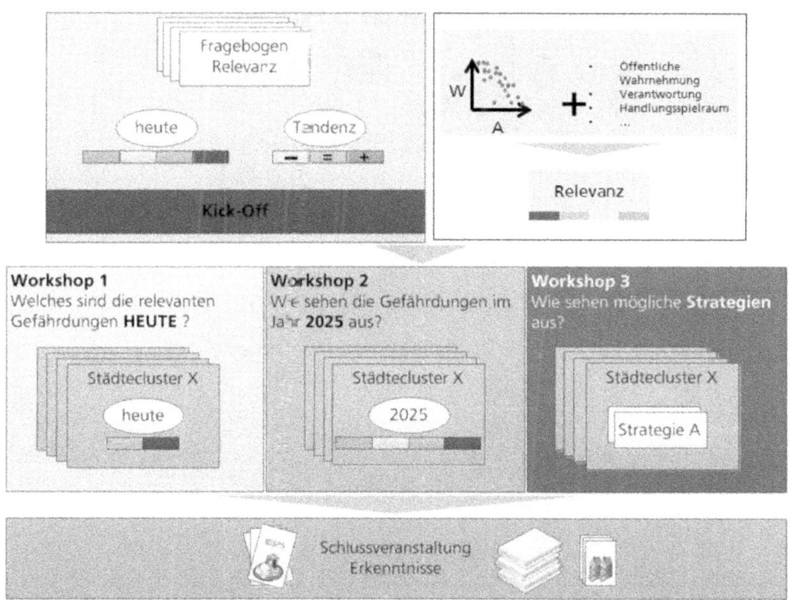

Der Projektablauf: eine grobe Übersicht

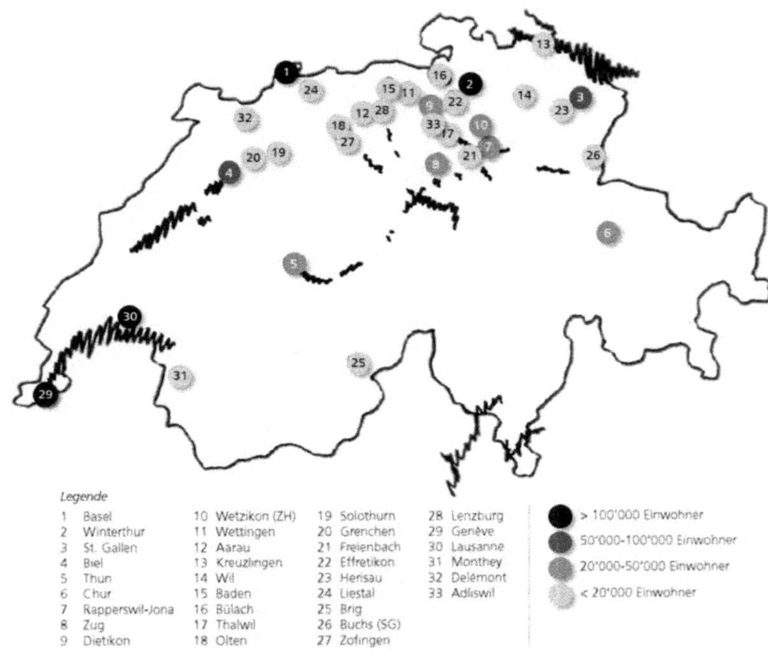

Aus der ganzen Schweiz, klein und gross: die 33 Pilotstädte

Joachim Häfele

Zum Einfluss von abweichendem Verhalten auf das subjektive (Un-)Sicherheitsgefühl und personale Kriminalitätseinstellungen. Eine Mehrebenenanalyse

Die Herstellung bzw. Erhöhung des subjektiven Sicherheitsgefühls in der Bevölkerung bezeichnet eine Praxis, die sich neben der Verhinderung von Kriminalität inzwischen als zentrale kriminalpolitische und polizeiliche Aufgabenstellung etabliert hat (Oberwittler 2008; Feltes 2004). Seit Mitte der 90er-Jahre werden dabei vor allem urbane Disorder-Phänomene (Incivilities) als wesentliche Auslöser von kriminalitätsbezogenen Unsicherheitsgefühlen betrachtet. Häufig unter der Bezeichnung „Soziale-Kontrolle-Ansatz" (Lewis/Salem 1986), konnte sich das Disorder-Modell in der Kriminologie und Kriminalsoziologie in den vergangenen Jahren als eines der wichtigsten theoretischen Modelle zur Erklärung personaler Kriminalitätsfurcht etablieren. Dieser hohe Stellenwert spiegelt sich auch in der inzwischen standardmäßigen Berücksichtigung der subjektiven Perzeption von Incivilities als zentrale unabhängige Variable in der Kriminalitätsfurchtforschung wider.

Auf kriminalpolitischer Ebene kündigten die Annahmen über Incivilities als Verursacher von Kriminalitätsfurcht und Kriminalität eine Wende an, die sich seit den 80er-Jahren ununterbrochen vollzieht. Diese die Prävention von Straftaten betonende Kriminalpolitik setzt an der Herstellung von Ordnung als Grundlage innerer Sicherheit an und richtet den Fokus auf die kriminogene Umwelt, den physisch-materiellen und sozialen Zustand des Raums und die Handlungen seiner Bewohner. Will man dieses Paradigma einer bestimmten kriminalpolitischen Phase in der Bundesrepublik zuordnen, so lässt sich diese am ehesten als „Kriminalprävention auf kommunaler Ebene" (Heinz 1997) und damit als letzte von (grob) vier Phasen der letzten vierzig Jahre in Deutschland (Walter 1999: 756) kennzeichnen (Tabelle 1).

Tab. 1: Hauptströmungen der Kriminalpolitik in der Bundesrepublik Deutschland seit 1960

	Kriminalpolitische Strömung	Theoretisches Paradigma	Schlagworte
1960er- und 70er-Jahre	Spezialpräventive Behandlung und Resozialisierung	psychologische Theorien Sozialtherapie	Resozialisierung statt Strafe
1980er-Jahre	Diversion Vermeidung von Verurteilungen	Labeling-Ansatz	weniger Obrigkeitsstaat Non-Intervention
1985-1995	Täter-Opfer-Ausgleich Wiedergutmachung	Viktimologie	schlichten statt richten
ab 1995	Kriminalprävention auf kommunale Ebene	Broken-Windows Kommunitarismus Sozialkapital	Bürgersinn Eigenverantwortung Zivilgesellschaft

Quelle: ISIP (2003)

Die hohe politische und mediale Popularität des Disorder-Modells ist eng verknüpft mit einem ausgedehnten Diskurs um innere Unsicherheit, der sich längst auch zu einem symbol- und polarisierungsträchtigen Thema der Politik entwickelt hat (Sack 1995b: 445; Sack 2003; Kreissl 2004; Birenheide 2010) und der sich, häufig in direkter Anlehnung an den Broken-Windows-Aufsatz von Wilson und Kelling (1982), seit mehr als zwei Jahrzehnten auch in Deutschland einer ordnungspolitisch geprägten Rhetorik bedient (Wehrheim 2002, Siebel/Wehrheim 2003; Häfele 2003, 2010a; Häfele/Schlepper 2006; Häfele/Sobczak 2002 Nissen 2003; Bauman 2000; Legnaro 1998).

Abb. 1: Das Disorder-Modell

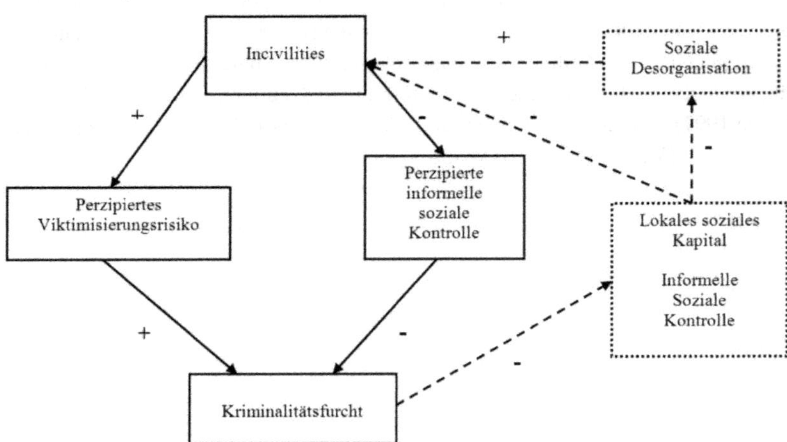

Die Forschungslage zur empirischen Überprüfung des Disorder-Modells ist dagegen dürftig. So liegen für Deutschland und den deutschen Sprachraum bislang nur wenige Studien zum Zusammenhang zwischen Incivilities und Kriminalitätsfurcht bzw.

kriminalitätsbezogenen (subjektiven) Unsicherheitsgefühlen vor (z. B. Oberwittler 2008; Hirtenlehner 2008a, 2008b; Hermann/Laue 2001a, 2001b; Hohage 2004; Kury et al. 2004; Sessar et al. 2004; Lüdemann 2006a)[1]. Die Erklärungskraft dieser Studien ist jedoch vor allem dadurch eingeschränkt, dass, von wenigen Ausnahmen abgesehen (Häfele/Lüdemann 2006, Häfele 2006a; 2013), lediglich subjektiv perzipierte Incivilities als unabhängige Variable berücksichtigt wurden. Bei der subjektiven Wahrnehmung von Incivilities und kriminalitätsbezogenen Unsicherheitsgefühlen handelt es sich jedoch jüngeren Annahmen und empirischen Befunden zufolge um sehr ähnliche soziale Kognitionen, deren (starker) Zusammenhang mit hoher Wahrscheinlichkeit tautologischer Art ist (Oberwittler 2008). Hinzu kommt, dass für den deutschen Sprachraum bisher kaum Ergebnisse zu den Determinanten der subjektiven Wahrnehmung von Incivilities vorliegen, was als weitere gravierende Forschungslücke zu betrachten ist[2].

Diese insgesamt defizitäre Forschungslage verwundert vor allem in Anbetracht der hohen kriminalpolitischen Relevanz des Disorder-Modells. So wurden seit Anfang der 90er-Jahre eine Vielzahl von Maßnahmen und Programmen zur Verhinderung und Sanktionierung von Incivilities in fast allen größeren deutschen Städten implementiert (Häfele/Sobczak 2002; Häfele/Schlepper 2006; Häfele 2010a)[3]. Bei diesen Maßnahmen wird häufig Bezug genommen auf das Zero-Tolerance-Programm der New Yorker Polizei, das sich auf die Grundannahmen des Broken-Windows-Ansatzes stützt (Hess 1999, 2000, 2004; Young 1999, Harcourt 2001; Hess 1999; Hutter 1998; Bowling 1999; Wacquant 2000a, 2000b; zur deutschen Rezeption: Klingst 1998; Kerner 1998 Hecker 1997; Dreher/Feltes 1998; Ortner et al. 1998; Hassemer 1998; Laue 1999; Walter 1999).

Hypothesen

Bezogen auf das Disorder-Modell und in Anlehnung an entsprechende empirische Befunde sowie unter Einbeziehung theoretisch relevanter Kontrollvariablen, ergeben sich folgende Messhypothesen für Mehrebenenmodelle auf der Individualebene (Level 1):

> Das subjektive Unsicherheitsgefühl einer Person ist umso höher,
> je höher die subjektive Problembelastung durch Incivilities,
> je geringer das lokale soziale Kapital,
> je höher die direkte Viktimisierung,

---

1 Im Folgenden werden die Begriffe „Kriminalitätsfurcht", „personale Kriminalitätsfurcht", „subjektives Unsicherheitsgefühl", „nächtliches Unsicherheitsgefühl" und „kriminalitätsbezogenes Unsicherheitsgefühl" synonym verwendet.

2 Ausnahmen sind Lüdemann (2005a, 2005b); Kury et al. (2004); Eifler et al. (2009) und Häfele (2013, 2013b).

3 In den USA sind es Maßnahmen und Programme wie „zero-tolerace-strategy", „war on crime and drugs" oder „three strikes and you are out", die als Grundlage für eine neue Punitivität betrachtet werden können.

je höher die indirekte Viktimisierung,
je geringer die Anzahl perzipierter Polizeistreifen,
je älter die Person ist und wenn es sich um eine Frau handelt.
Für das nächtliche subjektive Unsicherheitsgefühl wird ferner vermutet, dass diese mit zunehmender Risikoperzeption im Stadtteil steigt.

Auf der Kontextebene (Level-2) lauten die entsprechenden Messhypothesen:

Das subjektive Unsicherheitsgefühl einer Person ist umso höher,
je höher die Anzahl systematisch beobachteter Incivilities,
je problematischer die Sozialstruktur,
je höher die Kriminalitätsbelastung,
je höher die Bevölkerungsdichte und
je höher die Fluktuationsrate im Stadtteil ist.

In den folgenden Abschnitten werden ausgewählte Ergebnisse von statistischen Mehrebenenanalysen zur Überprüfung der vorgestellten Hypothesen berechnet[4]. Die verwendeten Daten stammen aus dem DFG-Projekt „Incivilities, Sozialkapital und Kriminalität", das von Ende 2003 bis Anfang 2007 am Hamburger Institut für Sicherheits- und Präventionsforschung (ISIP) mit Beteiligung des Autors durchgeführt wurde.

Stichprobe

Die Hansestadt Hamburg besteht aus acht Bezirken, die in 104 Stadtteile unterteilt sind. Die Einwohnerzahl beträgt insgesamt rund 1,7 Millionen. Zehn der 104 Stadtteile wurden aufgrund ihrer geringen Bevölkerungszahl vom Statistischen Landesamt in Hamburg zusammengelegt. Dabei wurden je zwei benachbarte Stadtteile zu jeweils einem Stadtteil zusammengelegt, was die Anzahl der Stadtteile um fünf reduzierte. Bei diesen Stadtteilen handelt es sich um: Waltershof und Finkenwerder, Altenwerder und Moorburg, Neuland und Gut Moor, Klostertor und Hammerbrook, Kleiner Grasbrook und Steinwerder. Die Insel Neuwerk, die ebenfalls zu Hamburg gehört und strenggenommen als ein eigener Stadtteil von Hamburg in das Auswahl-Sample aufgenommen werden müsste, wurde aufgrund der sehr geringen Bevölkerungszahl (Stand am 31.12.2002: 39 Einwohner) ausgeschlossen. Schließlich standen 98 Stadtteile als Datengrundlage zur Verfügung. Die sozialstatistischen Angaben zu diesen Stadtteilen stammen aus dem Jahr 2002 und lassen sich den Veröffentlichungen des Statistischen Landesamtes in Hamburg (Stadtteilprofile 2003) entnehmen. Da für die Elemente der fünf artifiziellen Stadtteile in der Sozialstatistik der Stadt Hamburg keine separaten Daten vorliegen, wird jeder von ihnen als ein Stadtteil behandelt.

[4] Zur Methode der Mehrebenenanalyse siehe ausführlich bei Häfele (2013).

Zur Klärung der Frage, wie viele Einheiten mindestens auf der Aggregatebene (Stadtteile) sowie auf der Individualebene (zu befragende Personen) auszuwählen sind, findet sich in der Literatur eine 30 × 30-„Daumenregel“, die die Erhebung von mindestens 30 Einheiten auf jeder Ebene fordert (Kreft/de Leeuw 2002: 125; Ditton 1998: 124). Nach Oberwittler (2008) reichen bereits 15 bis 20 Befragte aus, um robuste Schätzungen zu berechnen (s. a. Oberwittler/Wikström 2009). Simulationsstudien (Maas/Hox 2005; Mok 1995) konnten zudem zeigen, dass sich die Qualität der Parameterschätzungen in Mehrebenenmodellen im Hinblick auf ihre Effizienz sowie Erwartungstreue eher durch relativ viele Aggregate mit jeweils wenigen Fällen als durch wenige Aggregate mit jeweils vielen Fällen verbessern lässt. Auf Grundlage dieser Ergebnisse wurde eine geschichtete Zufallsstichprobe von 49 Stadtteilen auf der Grundlage einer PPS-Auswahl (probability proportional to size) gezogen (Diekmann 1995: 335; Schnell et al. 1999: 265 f.). Hierzu wurden zunächst alle 98 Hamburger Stadtteile nach den beiden theoretisch relevanten Dimensionen Sozialstruktur und Kriminalität geschichtet. Folgende Schichtungsvariablen wurden einbezogen: % Sozialhilfeempfänger im Stadtteil, % Arbeitslose im Stadtteil, % Sozialwohnungen im Stadtteil, % ausländische Bewohner im Stadtteil, Diebstahldelikte je 1000 Einwohner im Stadtteil, Gewaltdelikte je 1000 Einwohner im Stadtteil. Die Aggregatdaten beruhen auf der Polizeilichen Kriminalstatistik (PKS) (Landeskriminalamt Hamburg 2003) und den Angaben des Statistischen Landesamts für 2002. In Tabelle 2 sind die Streuungen und Mittelwerte der sechs Schichtungsvariablen für alle 98 Stadtteile aufgeführt.

Tab. 2: Streuung und Mittelwerte der Schichtungsvariablen sowie der Zahl der Einwohner pro km² für alle 98 Stadtteile

Variablen	**Minimum**	**Maximum**	**Mittelwert**	**Standard-abweichung**
% Sozialhilfeempfänger	0,4	16,5	5,88	4,05
% Arbeitslose	2,6	16,0	6,62	2,66
% Sozialwohnungen	0	71,1	13,44	14,50
% Ausländer	1,1	73,7	15,74	12,69
Diebstahlsdelikte je 1000	15	3150	119,66	326,60
Gewaltdelikte je 1000	0	101	6,09	12,82
Einwohner	436	85527	17459,92	15621,46
Einwohner je km²	47	18032	3970,13	4053,13

Auf Grundlage der Schichtungsvariablen wurde eine oblique Faktorenanalyse (Hauptkomponentenanalyse mit Faktorextraktion nach dem Kaiser-Kriterium, Oblimin-Rotation) durchgeführt. Diese ergab eine Zwei-Faktorenlösung mit einer Einfachstruktur. Alle sozialstrukturellen Variablen luden auf dem ersten Faktor „problematische Sozialstruktur“ (Eigenwert: 3,14; erklärte Varianz: 52,37 %) und die Kriminalitätsvariablen luden auf dem zweiten Faktor „Kriminalitätsbelastung“ (Eigenwert: 1,60; erklärte Varianz: 26,69 %). Beide Faktoren lassen sich eindeutig als „Kriminalität“ und „Sozialstruktur“ interpretieren und erklären zusammen 79 % der Varianz der ausgewählten Stadtteilvariablen (die Korrelation beider Faktoren beträgt 0.21). Auf Grundlage dieser Faktoren wurden Faktorscores für alle 98 Stadtteile berechnet und für jeden Faktor fünf Schichten gebildet, sodass eine 5×5-Matrix entstand, aus der 49 Stadtteile entsprechend der PPS-Auswahl gezogen wurden.

Die Personenstichprobe wurde aus dem Einwohnermelderegister per systematische Zufallsauswahl für die 49 Stadtteile gezogen. Im Anschluss an zwei Nachfassaktionen lagen 3612 verwertbare Fragebögen (Ausschöpfungsquote: 39,5 %) vor. Ein Vergleich der eingesetzten Stichprobe mit der realisierten Stichprobe konnte zeigen, dass die eingesetzte Stichprobe durch die realisierte Stichprobe gut abgebildet werden konnte. Frauen sind in der realisierten Stichprobe etwas über- und Männer unterrepräsentiert. Jüngere Personen (≤ 34) sind leicht unter-, die 45- bis 64-Jährigen dagegen leicht überrepräsentiert. Es haben weniger nicht-deutsche als deutsche Personen teilgenommen, was u. a. an der relativ hohen Anzahl nicht mehr aktueller Adressen auf Seiten der Nicht-Deutschen lag. Der Anteil der neutralen Ausfälle liegt bei den Nicht-Deutschen mit 26,5 % um das ca. achtfache höher als bei den Deutschen. Im Vergleich zum Mikrozensus für Hamburg zeigt die realisierte Stichprobe einen für Umfrageforschungen typischen Bildungsbias (Diekmann 1995), d. h. Personen mit mittlerer Reife oder Fach- und Hochschulreife sind überrepräsentiert.

Messung der Individual- und Kontextvariablen

a) Abhängige Variablen

Die Messung des nächtlichen subjektiven Unsicherheitsgefühls und der personalen Kriminalitätseinstellungen orientierte sich an den innerhalb der Forschungsliteratur weit verbreiteten Dimensionen affektiv, kognitiv und konativ (Skogan 1993; Boers 1991; Boers/Kurz 1997; Gabriel/Greve 2003). Die affektive Dimension stellt das nächtliche subjektive Unsicherheitsgefühl (in der Literatur üblicherweise als personale Kriminalitätsfurcht bezeichnet) dar, während sich die kognitive Dimension auf das subjektive Viktimisierungsrisiko bezieht. Die konative Dimension bezieht sich auf unterschiedliche Schutz- und Vermeidungshandlungen um sich vor Kriminalität zu schützen.

Das kriminalitätsbezogene Unsicherheitsgefühl wurde in Anlehnung an das sog. Standarditem durch die Frage gemessen, wie sicher oder unsicher man sich fühlt, wenn man bei Dunkelheit alleine im eignen Stadtteil unterwegs ist (sehr sicher = 4 bis sehr unsicher = 1). [5]

[5] Zur Kritik am Standarditem vgl. ausführlich Häfele (2013: 99f..).

Abb. 2: Histogramm mit Normalverteilungskurve für das nächtliche subjektive Unsicherheitsgefühl

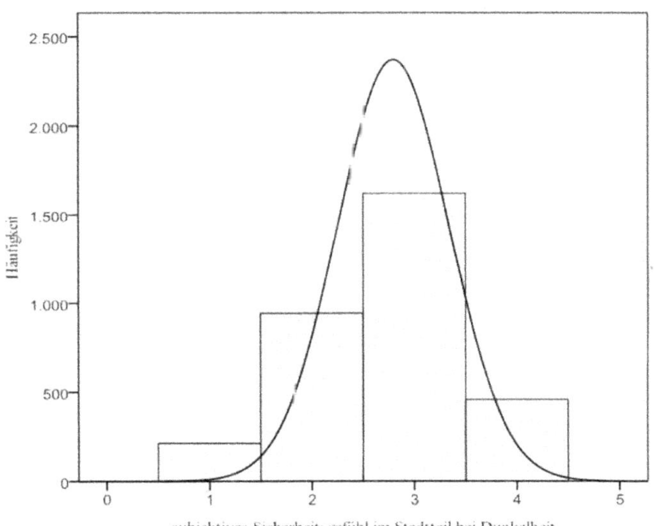

Zur Erfassung der Risikoperzeption wurden die Befragten gebeten, anzugeben, für wie wahrscheinlich sie es halten, innerhalb der nächsten 12 Monate Opfer einer Reihe von 13 vorgegebenen Delikten zu werden (sehr wahrscheinlich = 3 bis sehr unwahrscheinlich = 0). Für die verschiedenen Ereignisse wurde ein additiver Index gebildet.

Tab. 3: Deskriptive Statistik für die Risikoperzeption

	M	SD	TK
Wahrscheinlichkeit einer Beschädigung des Zweirads	1,13	0,787	0,644
...Diebstahl des Zweirads	1,24	0,820	0,637
...Beschädigung des Autos	1,42	0,837	0,671
...Aufbrechen des Autos	1,25	0,752	0,690
...Diebstahl des Autos	0,92	0,692	0,675
...Einbruch in die Wohnung	1,20	0,702	0,539
...Von Hund gebissen zu werden	1,10	0,667	0,481
...Auf der Straße ausgeraubt zu werden	0,98	0,643	0,677
...Geschlagen oder verletzt zu werden	0,92	0,634	0,680
...Durch Verkehrsunfall verletzt zu werden	1,26	0,651	0,494
...Sexuell tätlich angegriffen zu werden	0,66	0,632	0,604
...Auf der Straße sexuell belästigt zu werden	0,76	0,672	0,593
...Auf der Straße angepöbelt zu werden	1,25	0,796	0,610

Cronbachs α = 0.90
M = arithmetisches Mittel
SD = Standardabweichung
TK = Trennschärfekoeffizient

Die konative Dimension der personalen Kriminalitätseinstellungen wurde durch die Frage gemessen, welche der folgenden Maßnahmen die Person in den letzten 12 Monaten ergriffen hat, um sich vor Kriminalität zu schützen (Ja = 1; Nein = 0): (1) ich meide in meinem Stadtteil tagsüber bestimmte Straßen und Plätze; (2) ich meide in meinem Stadtteil bei Dunkelheit bestimmte Straßen und Plätze; (3) ich benutze in meinem Stadtteil bei Dunkelheit lieber Auto, Taxi oder Zweirad, statt zu Fuß zu gehen; (4) ich gehe bei Dunkelheit nur in Begleitung aus dem Haus; (5) ich bleibe bei Dunkelheit lieber zu Hause; (6) ich vermeide bei Dunkelheit die Nutzung öffentlicher Verkehrsmittel; (7) ich weiche in meinem Stadtteil bestimmten Personen oder Gruppen aus; (8) ich nehme etwas mit, womit ich mich wehren könnte (z. B. Tränengas, Pfefferspray, Elektroschocker, Messer), wenn ich ausgehe; (9) ich habe an einem Selbstverteidigungskurs teilgenommen; (10) ich lasse abends Licht in der Wohnung bzw. im Haus brennen (oder verwende eine Zeitschaltuhr), wenn ich nicht da bin; (11) ich habe meine Wohnung bzw. mein Haus zusätzlich gesichert (z. B. durch zusätzliche Türschlösser, abschließbare Fenster, Alarmanlage, Bewegungsmelder, Videokamera). Die deskriptive Statistik zu den Schutz- und Vermeidehandlungen befindet sich in Tabelle 4.

Eine oblique Faktorenanalyse aller 11 Items ergab eine Einfachstruktur mit den drei Faktoren „Vermeidung“, „Schutz der Wohnung“ und „Selbstverteidigung“. Obwohl die zwei Faktoren „Schutz der Wohnung“ (Items 10 und 11) und „Selbstverteidigung“ (Items 8 und 9) nur aus jeweils zwei Items bestanden und Cronbachs α für diese beiden additiven Indizes zu niedrig waren, wurde dennoch ein gemeinsamer additiver Index für alle 11 Maßnahmen gebildet (Cronbachs α = 0.71).

Alle 11 Items korrelieren, ebenso wie die drei extrahierten Faktoren, schwach positiv miteinander. Kompensationsbeziehungen zwischen den verschiedenen Maßnahmen können ausgeschlossen werden, da solche nur vorliegen würden, wenn die Praktizierung einer bestimmten Maßnahme mit dem Verzicht auf eine andere Maßnahme einherginge. Die negative Korrelation zwischen der Teilnahme an einem Selbstverteidigungskurs und der Maßnahme, bei Dunkelheit lieber zu Hause zu bleiben bildet eine Ausnahme. Dieser negative Zusammenhang ist jedoch inhaltlich plausibel und lässt sich damit erklären, dass Alter negativ mit der Teilnahme an einem Selbstverteidigungskurs und positiv mit dem zuhause bleiben korreliert

Tab. 4: Deskriptive Statistik für die Schutz- u. Vermeidehandlungen

… meide tagsüber bestimmte Straßen und Plätze	3588	0,370	0,14	0,344
… weiche bestimmten Personen oder Gruppen aus	3588	0,390	0,70	0,460
… nehme ich etwas mit, womit ich mich wehren könnte	3592	0,239	0,13	0,333
…habe ich an einem Selbstverteidigungskurs teilgenommen	3591	0,040	0,07	0,262
… lasse ich abends Licht in der Wohnung brennen	3598	0,234	0,36	0,481
… habe ich meine Wohnung zusätzlich gesichert	3598	0,276	0,44	0,496
… meide bei Dunkelheit bestimmte Straßen und Plätze	3588	0,512	0,53	0,499
… benutze bei Dunkelheit lieber Auto o. ä. statt zu Fuß zu gehen	3581	0,575	0,45	0,498
… gehe bei Dunkelheit nur in Begleitung aus dem Haus	3571	0,507	0,20	0,403
… bleibe ich bei Dunkelheit lieber zuhause	3571	0,435	0,22	0,415
…vermeide bei Dunkelheit Nutzung öffentlicher Verkehrsmittel	3579	0,437	0,24	0,427

Cronbachs α = 0.71

M = arithmetisches Mittel

SD = Standardabweichung

TK = Trennschärfekoeffizient

b) Unabhängige Variablen

Zur Messung der subjektiven Problembelastung durch Incivilities im Stadtteil sollten die Befragten die perzipierte Häufigkeit sowie die subjektive Schwere für insgesamt 30 Incivilities im Stadtteil angeben. Zunächst wurde danach gefragt, für wie schlimm Befragte eine bestimmte Incivility halten (eher schlimm = 3 bis gar nicht schlimm = 0). Anschließend wurden sie gefragt, wie oft sie diese Incivility in ihrem Stadtteil in den letzten 12 Monaten selbst gesehen haben (sehr oft = 4 bis nie = 0). Für jede Incivility wurde ein Produkt aus Schwere × Häufigkeit gebildet. Anschließend wurden die Produkte summiert, und es ergab sich eine Produktsumme für die subjektive Problembelastung durch physical und social incivilities (Cronbach's α = 0.92). Eine Incivility war für eine Person nicht von subjektiver Bedeutung, wenn das Produkt für diese Incivility den Wert 0 hatte, d. h. wenn diese Incivility als gar nicht schlimm (0) eingeschätzt wurde, wenn sie nie (0) auftrat oder wenn beides der Fall war. Die Rangfolge der Mittelwerte für die subjektive Problembelastung für alle Incivilities findet sich in Tabelle 5.

Tab. 5: Rangfolge der subjektiven Problembelastung durch Incivilities*

	N	M
Hundekot	3592	6,84
zu schnell fahrende Autofahrer	3600	6,72
Abfall	3590	6,24
demolierte Telefonzellen, Briefkästen, Haltestellen	3591	4,88
Graffiti	3588	4,34
unerlaubt parkende Autos	3591	4,30
Betrunkene	3590	3,93
abgestellte Supermarkt-Einkaufswagen	3598	3,91
unerlaubt abgestellter Sperrmüll	3589	3,73
frei laufende Hunde	3590	3,63
Kampfhunde	3577	3,50
Leute, die in der Öffentlichkeit urinieren	3567	3,48
ungepflegte Grünflächen	3587	3,26
Lärm auf der Straße	3586	3,18
kaputte Sitzgelegenheiten	3573	2,92
Drogenabhängige oder Drogendealer	3583	2,77
Gruppen Jugendlicher	3595	2,63
Obdachlose oder Bettler	3587	2,60
irgendwo stehen gelassene, kaputte Fahrräder	3591	2,53
Leute, die Passanten anpöbeln	3587	2,52
kaputte Straßenbeleuchtung	3585	2,50
Radfahrer oder Inlineskater auf dem Gehweg	3589	2,48
leer stehende Läden, Kioske, Gaststätten	3589	2,34
weggeworfene Kondome, Spritzen oder Kanülen	3599	2,33
zur Entsorgung abgestellte Autos	3594	2,25
Aufkleber oder Zettel an Bäumen, Laternen	3584	2,22
Streitereien oder Schlägereien	3587	2,19
verlassene oder verwahrloste Wohngebäude	3588	1,92
psychisch Kranke	3544	1,15
Prostituierte	3592	0,80

**Wertebereich für die Produkte: 0 bis 12.*

Um persönliche Viktimisierungserfahrungen zu messen, wurde den Befragten in Anlehnung an das Standardinventar von Kury und Obergfell-Fuchs (2003) wurde den Befragten zur Messung persönlicher Viktimisierungen eine Liste mit verschiedenen Ereignissen vorgegeben, die einem im Stadtteil passieren können: (1) Beschädigung des Zweirads (Fahrrad, Mofa, Motorrad, Motorroller); (2) Diebstahl des Zweirads (Fahrrad, Mofa, Motorrad, Motorroller); (3) Beschädigung des Autos; (4) Aufbrechen des Autos und Diebstahl aus Auto; (5) Diebstahl des Autos; (6) Einbruch in die Wohnung; (7) von jemandem auf der Straße angepöbelt werden; (8) auf der Straße sexuell belästigt werden; (9) auf der Straße sexuell tätlich angegriffen werden; (10) als Fußgänger oder Radfahrer durch einen Verkehrsunfall verletzt werden; (11) auf der Straße von einem Hund gebissen werden; (12) auf der Straße ausgeraubt werden; (13) von jemand geschlagen oder verletzt werden.

Diese Liste enthielt in Anlehnung an Sessar et al. (2004) auch Ereignisse, die weniger als strafrechtlich relevante, denn als sehr unangenehme bzw. schmerzhafte Ereignisse einzuordnen sind (durch Verkehrsunfall verletzt werden; von einem Hund gebissen werden). Die Person wurde gefragt, ob ihr diese Dinge in ihrem Stadtteil innerhalb der letzten 12 Monate schon selbst passiert sind (Ja = 1; Nein = 0).

Um indirekte Viktimisierungen zu messen wurde gefragt, ob es im Bekanntenkreis Personen gibt, denen diese Dinge im Stadtteil innerhalb der letzten 12 Monate schon passiert sind (Ja = 1; Nein = 0). Für Befragte, die kein Zweirad oder Auto besaßen, waren entsprechende Antwortkategorien vorgesehen („habe kein Zweirad"; „habe kein Auto"). Aufgrund der Antworten wurden ein additiver Index der persönlichen Viktimisierung und ein additiver Index der indirekten Viktimisierung gebildet. Beide Indizes korrelieren positiv (r = 0.50).

Tabelle 6 zeigt, wie sich die Werte der beiden Indizes für persönliche und indirekte Viktimisierungen in der Stichprobe verteilen. 52,5 Prozent aller Befragten wurden innerhalb eines Jahres Opfer von mindestens einem der abgefragten Delikte in ihrem Stadtteil. Die Prävalenzrate für indirekte Viktimisierungen liegt bei 85,5 Prozent. Die Kategorie „weiß nicht" wurde lediglich bei den Fragen nach indirekten Viktimisierungen vorgegeben.

Tab. 6: Verteilungen der Werte der Indizes für persönliche und indirekte Viktimisierungen im Stadtteil in den letzten 12 Monaten

Zahl der Viktimisierungen	Index persönliche Viktimisierungen		Index indirekte Viktimisierungen	
	N	%	N	%
0	1717	47,5	472	14,5
1	971	26,9	589	18,1
2	499	13,8	506	15,6
3	235	6,5	440	13,5
4	95	2,6	352	10,8
5	54	1,5	276	8,5
6	29	0,8	179	5,5
7	6	0,2	145	4,5
8	2	0,1	105	3,2
9	1	0,03	73	2,2
10	2	0,1	57	1,8
11			22	0,7
12			17	0,5
13			17	0,5
Summe	3611	100 %	3250	100 %
„weiß nicht"	1		362	
Summe	3612		3612	

N = Anzahl Befragter

In Tabelle 7 sind die Arten der persönlichen Viktimisierung entsprechend ihrer Verteilung im Sample aufgelistet. Befragte ohne Auto bzw. ohne Zweirad wurden bei den Viktimisierungen, die Auto oder Zweirad betreffen, nicht berücksichtigt. Die Prozentuierungsbasen dieser Viktimisierungen unterscheiden sich daher von denen der restlichen Viktimisierungen. Unterschiede in der jeweiligen Fallzahl (N) spiegeln sich somit nicht generell in entsprechenden Unterschieden der Prozentangaben (Prävalenzraten) wider. Deutlich zu erkennen ist das aus der Opferforschung hinlänglich bekannte Muster, dass Viktimisierungen umso seltener auftreten, je schwerwiegender sie sind.

Tab. 7: Art der persönlichen Viktimisierung im Stadtteil in den letzten 12 Monaten*

Art der persönlichen Viktimisierung	N	%
Beschädigung des Autos	852	32,6
von jemandem auf der Straße angepöbelt werden	880	24,5
Diebstahl des Zweirads (Fahrrad, Mofa, Motorrad, Motorroller)	378	14,9
Beschädigung des Zweirads (Fahrrad, Mofa, Motorrad, Motorroller)	326	12,9
Aufbrechen des Autos und Diebstahl aus Auto	331	12,6
Einbruch in die Wohnung	235	6,5
auf der Straße sexuell belästigt werden	142	3,9
als Fußgänger oder Radfahrer durch Verkehrsunfall verletzt werden	134	3,7
von jemandem geschlagen oder verletzt werden	98	2,7
Diebstahl des Autos	53	2
auf der Straße von einem Hund gebissen werden	66	1,8
auf der Straße ausgeraubt werden	61	1,7
auf der Straße sexuell tätlich angegriffen werden	29	0,8

**Bei Viktimisierungen, die Auto oder Zweirad betreffen, blieben Personen unberücksichtigt, die kein Auto oder kein Zweirad besitzen*
N = Anzahl Befragter

Das lokale soziale Kapital wurde durch die Indikatoren Kontakte zu Nachbarn, soziale Kohäsion, Vertrauen zu Nachbarn (Sampson/Groves 1989, Lowenkamp et al. 2003, Sun et al. 2004) sowie durch die collective efficacy als neuere Dimension des lokalen sozialen Kapitals (Sampson/Raudenbush 1999, 2004; De Keseredy et al. 2003; Oberwittler 2003; Brown et al. 2003; Cancino 2005) gemessen. Zur Messung nachbarschaftlicher Kontakte wurden die Personen gefragt, wie oft sie in den letzten 12 Monaten folgende Dinge mit Nachbarn unternommen hat (sehr oft = 4 bis nie = 0): (1) Sich mit Nachbarn über Ereignisse oder Probleme unterhalten; (2) Gemeinsam mit Nachbarn etwas in der Freizeit unternommen; (3) Nachbarn etwas ausgeliehen. Zur Messung des Vertrauens in Nachbarn wurden die Personen gefragt, wie sehr sie den folgenden Items zustimmen (trifft voll und ganz zu = 4 bis trifft überhaupt nicht zu = 1): (1) Den meisten Nachbarn hier kann man vertrauen; (2) Wenn ich längere Zeit nicht da bin, bitte ich Nachbarn darum, nach meiner Wohnung zu schauen; (3) Wenn es darauf ankommen würde, könnte ich mich auf meine Nachbarn verlassen. Zur Messung der sozialen Kohäsion wurden die Personen gefragt, wie sehr sie den folgenden Items zustimmen (trifft voll und ganz zu = 4 bis trifft überhaupt nicht zu = 1): (1) Die Leute in meiner Nachbarschaft kenne ich größtenteils mit Namen; (2) Die

Leute in meiner Nachbarschaft sind bereit, sich gegenseitig zu helfen und zu unterstützen; (3) Die Leute in meiner Nachbarschaft haben oft Streitigkeiten. Die collective efficacy wurde durch die Frage gemessen, für wie wahrscheinlich es Befragte halten, dass Nachbarn gemeinsam etwas unternehmen, um bestimmte Probleme im Stadtteil zu lösen. Hierzu sollten Befragte davon ausgehen, dass folgende Probleme in ihrem Stadtteil auftreten (sehr wahrscheinlich = 3 bis sehr unwahrscheinlich = 0): (1) Auf einer Grünfläche liegt häufig Sperrmüll herum; (2) Eine Gruppe von Jugendlichen steht abends oft draußen herum und macht Lärm; (3) Wände werden immer wieder mit Graffiti besprüht.

Eine oblique Faktorenanalyse aller Items zur Messung des lokalen Sozialkapitals (Nachbarschaftskontakte, Vertrauen, Kohäsion, collective efficacy) führte zunächst zu einer nicht interpretierbaren Lösung ohne Einfachstruktur. Nach Entfernung des gedrehten Items „Die Leute in meiner Nachbarschaft haben oft Streitigkeiten“ ergab sich jedoch eine gut interpretierbare Einfachstruktur mit drei Faktoren. Auf dem ersten Faktor luden alle Items zur Messung von Vertrauen und die ersten beiden Items zur Messung sozialer Kohäsion. Auf dem zweiten Faktor luden alle Items zur Messung von Nachbarschaftskontakten und auf dem dritten Faktor luden alle Items zur kollektiven Wirksamkeit informeller sozialer Kontrolle. Es wurde daher ein additiver Index Vertrauen aus den drei Items zu Vertrauen und den beiden Items zur Kohäsion (Cronbach‘s stand. $\alpha = 0.84$), ein additiver Index Nachbarschaftskontakte aus den drei Items zu nachbarschaftlichen Kontakten (Cronbach‘s stand. $\alpha = 0.81$) und ein additiver Index kollektive Wirksamkeit informeller sozialer Kontrolle aus den drei efficacy-Items (Cronbach‘s stand. $\alpha = 0.85$) gebildet. Alle drei Faktoren korrelieren positiv miteinander ($r = 0.26; 0.42; 0.53$).

Die perzipierte formelle soziale Kontrolle im Stadtteil wurde mit der Frage gemessen, wie oft Befragte in den letzten 12 Monaten die Polizei (Streifenwagen, Motorradstreifen, Fuß- oder Fahrradstreifen) in ihrem Stadtteil gesehen haben (nie = 0; 1 – 2 mal = 1; 3 - 5 mal = 2; öfter = 3; täglich = 4). Die indirekte soziale Kontrolle im Stadtteil wurde mit der Frage gemessen, wie oft sich Befragte in den letzten 12 Monaten wegen Problemen in ihrem Stadtteil an die Polizei gewendet haben (nie = 0; 1 - 2 mal = 1; 3 - 5 mal = 2; 6 - 10 mal = 3; öfter = 4). Weitere Kontrollvariablen auf der Individualebene waren Alter und Geschlecht.

Die Stadtteilvariablen wurden den Veröffentlichungen des Statistischen Landesamtes und der polizeilichen Kriminalstatistik (PKS) für 2002 entnommen (Landeskriminalamt Hamburg 2003). Eine oblique Faktorenanalyse der folgenden Variablen ergab dabei die gleiche Einfachstruktur wie die Faktorenanalyse, die auf Grundlage der gleichen Variablen zur Schichtung aller 98 Stadtteile für die Ziehung der PPS-Stichprobe durchgeführt wurde: % Arbeitslose, % Sozialhilfeempfänger, % Sozialwohnungen, % Ausländer, Gewaltdelikte pro 1000 Einwohner, Diebstahldelikte pro 1000 Einwohner. Es wurden Faktorscorevariablen für die beiden extrahierten Faktoren "problematische

Sozialstruktur" sowie "Kriminalitätsbelastung im Stadtteil" berechnet. Der Faktor "problematische Sozialstruktur" entspricht hinsichtlich der verwendeten Indikatoren der Variable „concentrated disadvantage“ von Sampson und Raudenbush (1999) und Sampson et al. (1997, 1999). Ähnliche Indikatoren werden von Friedrichs und Blasius (2000) sowie Ross et al. (2001) zur Charakterisierung benachteiligter Wohngebiete oder Nachbarschaften bzw. von Oberwittler (2004) zur Messung der sozialen Benachteiligung in Stadtteilen verwendet.[6] Weitere Variablen auf der Kontextebene sind die Bevölkerungsdichte (Einwohnerzahl pro km²), die Fluktuation der Wohnbevölkerung im Stadtteil = [(bereinigte Zuzüge + bereinigte Wegzüge)/Bevölkerungszahl im Stadtteil] × 1000 sowie die beobachteten Incivilities, auf deren Erhebung im folgenden Kapitel näher eingegangen wird.

Die systematische Beobachtung von Incivilities

Aufgrund erwartbarer Messfehlerkorrelationen zwischen Incivilities und Kriminalitätsfurcht (Oberwittler 2008: 218) liegt der Fokus dieser Analyse auf den systematisch beobachteten Incivilities (SBI) als unabhängige Variable. In Anlehnung an frühere Beobachtungsstudien soll daher die Frage geklärt werden, ob systematisch beobachtete Incivilities (SBI) einen unabhängigen Einfluss auf das nächtliche subjektive Unsicherheitsgefühl und die Risikoperzeption haben. Die Messung der objektiven Verbreitung von Incivilities erfolgte im Rahmen einer verdeckt durchgeführten systematischen Beobachtung in den ausgewählten 49 Stadtteilen. Da eine Begehung der gesamten Fläche aus forschungsökonomischen Gründen nicht realisierbar war, wurden diejenigen Räume bzw. Orte, Straßen und Plätze für die Beobachtung ausgewählt, die für die Befragten subjektiv relevant und daher kognitiv präsent waren. Grundlage dieses Vorgehens (im Gegensatz etwa zu einem random-route-Verfahren) war die Annahme, dass sich Bewohner eines Stadtteils innerhalb ihres alltäglichen Aktionsradius nie flächendeckend in ihrem Stadtteil bewegen, sondern nur ganz bestimmte Wege (zur Arbeit, zum Einkaufen) routinemäßig nutzen. Diese Annahme legt den Schluss nahe, dass die Bewohner bei der Häufigkeits- und Schwereeinschätzung von Incivilities an konkrete Orte im Stadtteil denken, d. h. an Orte, die innerhalb ihres Aktionsradius liegen und die sie daher im Laufe der Zeit auch selbst beobachtet haben (Häfele/Lüdemann 2006). Zur Ermittlung dieser Incivility-Hotspots wurde im Anschluss an die geschlossene Frage zur perzipierten Häufigkeit und Schwereeinschätzung unterschiedlicher Incivilities folgende offene Frage gestellt: Gibt es in Ihrem Stadtteil Straßen oder Plätze, wo besonders störende Dinge oder Verhaltensweisen sehr häufig auftreten? Die Befragten konnten drei Orte im Stadtteil nennen. Über eine Häufigkeitsauszählung konnte der jeweils am häufigsten genannte Hotspot pro Stadtteil ermittelt werden, wodurch sich 49 Beobachtungsgebiete ergaben. Um Vergleichbarkeit zu gewährleisten, wurden alle Incivilities, die in der Bevölkerungsbefragung

6 Auch innerhalb der Theorie sozialer Desorganisation spielen diese Indikatoren eine wichtige kausale Rolle für die Entstehung von Kriminalität innerhalb eines Stadtteils (Samp-son/Groves 1989; Martin 2002; Triplett et al. 2003; Lowenkamp et al. 2003; Kub-rin/Weitzer 2003; Sun et al. 2004).

abgefragt wurden, als Beobachtungskategorien in das hochstrukturierte Beobachtungsschema aufgenommen. Für den Großteil der Incivilities wurde die beobachtete absolute Häufigkeit mit Hilfe von Strichlisten ermittelt. Zur Erhebung der Kategorien „beklebte Objekte" (Bäume, Straßenlaternen, Straßenschilder, Mülltonnen) und „Abfall" (Papier, weggeworfene Flaschen, Getränkedosen, Zigarettenkippen) wurden Ratingskalen mit vier Kategorien (fast nichts = 1; wenig = 2; viel = 3; fast überall verwendet. Einige Incivilities wurden anhand zusammenfassender Beobachtungskategorien wie „Vandalismus" (demolierte Telefonzellen, Briefkästen, Haltestellen, kaputte Sitzgelegenheiten) und „aggressive Personen" (Leute, die Passanten anpöbeln, Streitereien oder Schlägereien) erhoben.

Ziehung der Beobachtungsstichprobe und Datenerhebung

Bisherige Beobachtungsstudien zeigen, dass das Auftreten von social Incivilities von der Tageszeit (Sampson/Raudenbush 1999, 2004), der Jahreszeit (Perkins/Taylor 1996), dem Wochentag und vom Wetter abhängig ist (Perkins/Taylor 1996). Um eine zeitabhängiges Auftreten von social Incivilities zu berücksichtigen, wurden die Beobachtungen eines Hotspots zu vier Zeiten durchgeführt, wobei zwischen verschiedenen Tageszeiten (11.30 bis 15.00; 15.00 bis 18.30; 18.30 bis 22.00; 22.00 bis 24.00) und unterschiedlichen Wochentagen (Werktag vs. Wochenende) differenziert wurde. Drei Hotspots wurden jeweils nur einmal beobachtet, da die Antworten auf die offene Frage ergaben, dass dort nur zu schnell fahrende Auto- und Motorradfahrer störten. Damit ergaben sich insgesamt 187 Beobachtungen. Da sich die Hotspots in ihrer Fläche unterschieden, variierte die Dauer der jeweiligen Beobachtung zwischen 15 und 100 Minuten (Mittelwert: 44,1 Minuten). Für jede Beobachtungsvariable wurde der Mittelwert aus den vier Beobachtungen pro Hotspot berechnet. Die Rangfolge der Mittelwerte der absoluten Häufigkeiten beobachteter Incivilities für alle 187 Beobachtungen in den 49 Hotspots ist in Tabelle 8 dargestellt. Die beiden Beobachtungskategorien „Abfall" und „beklebte Objekte" wurden mit einer vierstufigen Ratingskala (fast nichts = 1; wenig = 2; viel = 3; fast überall = 4) gemessen und tauchen daher nicht in Tabelle 6 auf. Die Mittelwerte für „Abfall" liegen bei 1,98 und für „beklebte Objekte" bei 1,59.

Tab. 8: Rangfolge der Mittelwerte für die absoluten Häufigkeiten beobachteter Incivilities bei 187 Beobachtungen in 49 Hotspots[7]

	M
Graffiti	48,24
Vandalismus	15,39
ungepflegte öffentliche Grünflächen	9,29
Betrunkene	3,56
Hundekot	2,41
herrenlose Fahrräder	1,37
Radfahrer, Inlineskater, Rollschuhfahrer auf dem Gehweg	0,96
leer stehende Gebäude	0,88
herumhängende Jugendliche	0,79
freilaufende Hunde	0,73
irgendwo abgestellte Supermarkteinkaufswagen	0,68
verwahrloste Wohngebäude	0,65
Obdachlose oder Bettler	0,58
unerlaubt abgestellter Sperrmüll	0,57
zu schnell fahrende Autofahrer	0,45
kaputte Straßenbeleuchtung	0,43
unerlaubt parkende Autos	0,40
Lärm auf der Straße	0,37
Drogenabhängige oder Drogendealer	0,23
Prostituierte	0,14
Leute, die urinieren	0,07
zur Entsorgung abgestellte Autos	0,06
Kampfhunde	0,06
psychisch Kranke	0,06
aggressive Personen	0,05
weggeworfene Kondome, Spritzen, Kanülen	0,03

M = arithmetisches Mittel

Um die Interraterreliabilität zu überprüfen, kodierten die Beobachter anhand von Videoaufnahmen die Auftrittshäufigkeiten von 32 unterschiedlichen Incivilities. Die Auswertung ergab eine unjustierte Intraklassen-Korrelation (ICC) für Einzelmaße von 0.85 und damit einen sehr hohen Reliabilitätswert (Wirtz/Caspar 2002: 232). Dieser Wert indiziert, dass die Beobachter bei der unabhängigen Kodierung der einzelnen Kategorien zu sehr ähnlichen Ergebnissen kamen und drückt eine hohe Zuverlässigkeit der Beobachtungen aus.

Ergebnisse der Mehrebenenanalyse

Um festzustellen, ob die abhängigen Variablen nächtliches subjektives Unsicherheitsgefühl (Kriminalitätsfurcht), Risikoperzeption, Schutz- u. Vermeidehandlungen und

[7] Dargestellt sind die Mittelwerte der jeweiligen Incivility bezogen auf alle ausgewählten Stadtteile. Der Wert 48,24 ergibt sich folglich aus der Addition der Einzelsummen (je Stadtteil) von Graffitis dividiert durch 49.

subjektive Perzeption von Incivilities signifikant zwischen den Stadtteilen variieren, wurden für diese abhängigen Variablen zunächst vollständig unkonditionierte Modelle, d. h. Null-Modelle (Oberwittler 2003; Hox 2002: 11 ff.) ohne Prädiktoren berechnet, die nur die Regressionskonstante enthalten. Die Ergebnisse mit den Werten für die Varianzanteile auf Befragten- und Stadtteilebene, die Intraklassen-Korrelationen (ICC) sowie die Werte für die ökologischen Reliabilitäten (Lambda) sind in Tabelle 9, 10 und 11 dargestellt. Die ICC gibt den Anteil der Varianz in der abhängigen Variablen an, der durch Strukturmerkmale des Stadtteils maximal erklärt werden kann. Es zeigt sich, dass signifikante ($p < 0.001$) Varianzanteile der abhängigen Variablen nächtliches Unsicherheitsgefühl: 12 %, Risikoperzeption 9 %, Schutz- u. Vermeidehandlungen: 11 %, perzipierte Incivilities: 18 %) der Aggregatebene zuzurechnen sind, was wiederum bedeutet, dass sozialräumliche Kontexteffekte vorliegen und Mehrebenenanalysen angebracht sind.

Tab. 9: Varianzkomponenten und ökologische Reliabilität (Lambda) der Nullmodelle für das nächtliche Unsicherheitsgefühl und die Risikoperzeption

	Nächtliches Unsicherheitsgefühl bei Dunkelheit	Risikoperzeption
Konstante	2.69	1.10
Varianz Level-1 zwischen Befragten (σ^2)	0.54	0.24
Varianz Level-2 zwischen Stadtteilen (τ_{00})	0.07 $p < 0.001$	0.02 $p < 0.001$
ICC	0.12	0.09
λ Lambda	0.89	0.86
Deviance	7328.57	5187.64

Tab. 10: Varianzkomponenten und ökologische Reliabilität (Lambda) des Null-Modells für die Schutz- u. Vermeidehandlungen

Konstante	1.10
Varianz Level 1 zwischen Befragten (σ^2)	0.0440
Varianz Level 2 zwischen Stadtteilen (τ_{00})	0.0051 $p < 0.001$
ICC	0.11
λ (Lambda)	0.881
Deviance	-784.3736

Tab. 11: Varianzkomponenten und ökologische Reliabilität (Lambda) des Null-Modells für die subjektiv perzipierten Incivilities

	Social Incivilities	Physical Incivilities	Alle Incivilities
Konstante	3.07	3.62	3.36
Varianz Level-1 zwischen Befragten (σ^2)	2.6150	2.7897	2.2919
Varianz Level-2 zwischen Stadtteilen (τ_{00})	0.6151 $p < 0.001$	0.4988 $p < 0.001$	0.5223 $p < 0.001$
ICC	0.18	0.14	0.18
λ (Lambda)	0.936	0.918	0.934
Deviance (2-Log-Likelihood)	12100.5770	12291.9368	11684.0442

Die Werte für die kontextbezogenen Reliabilitäten λ (Lambda) für die Gesamtpopulation bezüglich der personalen Kriminalitätseinstellungen betragen 0.89 (subjektives Unsicherheitsgefühl bei Dunkelheit), 0.86 (Risikoperzeption) und 0.88 (Schutz- u. Vermeidehandlungen), d.h. die Übereinstimmungen der Befragten hinsichtlich dieser (abhängigen) Variablen bezogen auf alle ausgewählten Stadtteile ist sehr hoch, was wiederum bedeutet, dass eine sehr hohe ökologische Reliabilität der Messungen vorliegt.

In den Grafiken 1 bis 3 sind die Ergebnisse der Mehrebenenanalysen dargestellt. Zur Vereinfachung und aus Platzgründen wurde darauf verzichtet, die entsprechenden Koeffizienten als Zahlenwerte in Tabellen darzustellen[8].

[8] Ausführliche Darstellungen finden sich bei Häfele (2013, 2013b).

Grafik 1: Gemeinsame Determinanten von perzipierten Incivilities und Kriminalitätsfurcht im Stadtteil. Ergebnisse der Mehrebenenanalyse (nur signifikante Effekte, p< 5- bzw. 1 %, durchgezogene Linie = positiver Effekt, gestrichelte Linie = negativer Effekt))

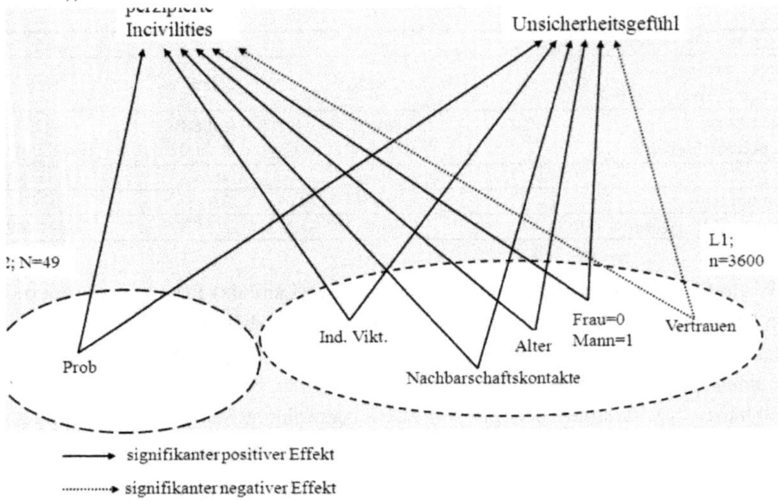

Grafik 2: Determinanten der Risikoperzeption und des nächtlichen Unsicherheitsgefühls auf Stadtteil- und Individualebene. Ergebnisse der Mehrebenenanalyse (nur signifikante Effekte, p<5- bzw. 1 %)

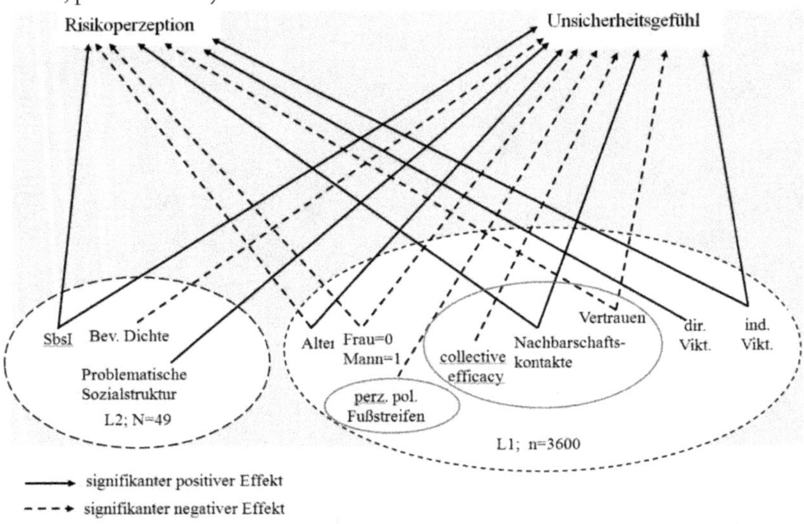

ind. Vikt. = indirekte Viktimisierung; dir. Vikt. = dirtekte Viktimisierung

Grafik 3: Effekte von Incivilities auf Stadtteil- und Individualebene auf personale Kriminalitätseinstellungen. Ergebnisse der Mehrebenenanalyse (nur signifikante Effekte, p<5- bzw. 1 %)

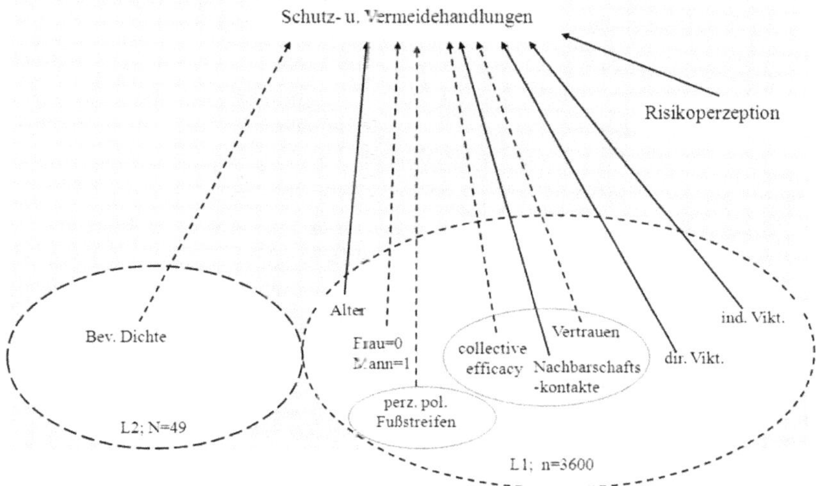

Die Ergebnisse der Mehrebenenanalysen zeigen, dass die objektiv erhobene Häufigkeit von Incivilities in ihrer Gesamtheit weder signifikante Effekte auf das subjektive Unsicherheitsgefühl hat noch auf die Risikoperzeption und die Schutz- und Vermeidehandlungen. Ein signifikanter Effekt in der theoretisch erwarteten Richtung lässt sich jedoch von den systematisch beobachteten social Incivilities (SbsI) auf die Risikoperzeption und das kriminalitätsbezogene Sicherheitsgefühl nachweisen.[9]

[9] Zur Überprüfung der innerhalb des Disorder-Modells postulierten zweiten Ver-bindungslinie zwischen Incivilities und dem nächtlichen Unsicherheitsgefühl und damit der Hypothese einer interaktiven Wirkung von informeller sozialer Kontrolle und Incivilities auf die Kriminalitätsfurcht führte Häfele (2013) alternative Mehrebenenanalysen mit der kollektiven Wirksamkeit informeller sozialer Kontrolle (collective efficacy) als abhängiger Variable durch. Dabei konnte der theoretisch postulierte negative Effekt der systematisch beobachteten Incivilities (und aller perzipierten Incivilities!) auf die collective efficacy nicht bestätigt werden. Auch die Annahme, der zufolge die kollektive Wirksamkeit informeller sozialer Kontrolle mit steigender Belastung durch Incivilities im Stadtteil sinkt, konnte folglich nicht bestätigt werden, wenngleich sich für die collective efficacy der (integrations)theoretisch erwartete negative Effekt auf das subjektive Unischerheitsgefühl nachweisen ließ. Nachdem die systematisch beobachteten Incivilities allerdings separat, d.h. getrennt nach social und physical Incivilities in das Modell aufgenommen wurden, zeigte sich für die systematisch beobachteten social Incivilities ein statistisch negativer Effekt, d.h. je mehr physical Incivilities im Stadtteil vorkommen, desto niedriger fällt die perzipierte kollektive Wirksamkeit informeller sozialer Kontrolle (collective efficacy) aus . Physische Unordnung führte nicht direkt zu einem Anstieg des nächtlichen Unsicherheitsgefühls, aber zu einem Absinken der collective efficacy, was sich wiederum statistisch positiv auf das nächtliche Unsicherheitsgefühl auswirkte. Für die systematisch beobachteten social Incivilities zeigte sich dagegen ein signifikanter positiver Effekt ($p < 0.10$) auf die collective efficacy, d.h. je mehr social Incivilities im Stadtteil auftreten, desto höher wird die collective efficacy im Stadtteil eingeschätzt, was sich mit den Annahmen von Swaroop und Morenoff (2004) und Sampson et al. (2002) deckt, wonach social Incivilities eher die Funktion von Katalysatoren als die von hemmenden Faktoren hinsichtlich einer funktionierenden informellen sozialen Kontrolle im Stadtteil zukommt.

Wie lässt sich dieser Effekt von social Incivilities im Stadtteil erklären? Vier Erklärungsansätze sollen im Folgenden herangezogen werden:

1. Social Incivilities wirken bedrohlicher als physical Incivilities, weil sie direkt mit abweichendem Verhalten assoziiert werden können (Broken-Windows-Ansatz).
2. Politisch-publizistischer Verstärkerkreislauf: Anhaltend hohe und öffentlichkeitswirksame politische und mediale Thematisierung von social Incivilities (ähnlich Soziale-Probleme-Ansatz) mit der Folge einer steigenden Sensibilisierung gegenüber abweichenden Handlungen. Damit einhergehend gelten öffentliche Räume im öffentlichen Diskurs zunehmend als unkontrollierbar.
3. Generalisierungsansatz: Übertragung schwer kommunizierbarer Angst vor globaler Unsicherheit und Ungewissheit auf das Fremde, Abweichende oder abweichende Fremde mit der Folge steigender kriminalitätsbezogener Unsicherheitsgefühle (Zusammenhang zwischen problematischer Sozialstruktur und Kriminalitätsfurcht bzw. der Wahrnehmung von Incivilities). Social Incivilities sind häufig sichtbare Erscheinungsformen von Armut!
4. Subcultural-Diversity-Hypothese: Zusammenleben mit Angehörigen fremder Kulturen erzeugt Unsicherheitsgefühle (Xenophobie) und führt zu stereotypen Wahrnehmungen

Angesichts der vorliegenden Ergebnisse sowie entsprechender theoretischer Interpretationen erscheinen kriminalpolitische Programme zur Verbesserung des kriminalitätsbezogenen Sicherheitsgefühls, die ausschließlich an der Verhinderung und Sanktionierung von „Unordnung“ bzw. Incivilities orientiert sind, in ihrer Wirksamkeit begrenzt. Insbesondere, wenn nicht gleichzeitig sozialpolitische Maß-nahmen gegen die steigende Armut bzw. zur Verbesserung der Lebensbedingungen in den Städten implementiert werden (vgl. dazu auch Sampson/Raudenbush 2004; Sampson 2009; Begall et al. 2006), dürfte eine langfristige Verbesserung des subjektiven Sicherheitsgefühls nicht zu erwarten sein. Programme wie das 1999 vom Bundesministerium für Verkehr, Bau und Stadtentwicklung (BMVBS) und den Ländern gestartete Stadtbauförderungsprogramm mit dem Ziel, die Lebensbedingungen in benachteiligten Quartieren zu verbessern, das Bund-Länder-Programm „Die Soziale Stadt (Deutsches Institut für Urbanistik 2002) oder das jüngst vom Hamburger Senat beschlossene „Rahmenprogramm Integrierte Stadtteilentwicklung“ (RISE) (Bürgerschaft der Freien und Hansestadt 2009) erscheinen vom Ansatz her langfristig wirksamer als das „Bestrafen der Armen“ (Waquant 2009), denn der Verlust an sozialer Stabilität und eine damit einhergehende ökonomische Verunsicherung wird kaum mit repressiven ordnungspolitischen Mitteln gestoppt werden.

Auch die Bestätigung des negativen Effekts des Vertrauens zu Nachbarn auf das subjektive Sicherheitsgefühlund die subjektive Perzeption von Incivilities sowie des negativen Effekts der collective efficacy auf das subjektive Unsicherheitsgefühl (Grafik

2) lässt Maßnahmen zur Mobilisierung lokalen Sozialkapitals wie z. B. Quartiersmanagement (Schu-bert/Spieckermann 2002, 2004) als kriminalpräventiv sinnvoll erscheinen (Schnur 2003, 2005). So lassen sich Förderprogramme zur Mobilisierung und Stärkung lokalen Sozialkapitals wie „Soziale Stadt" (Walther 2002) oder das EU-Netzwerk ENTRUST („Empowering Neighbourhoods Through Recourse of Urban Synergies with Trades") durch die vorliegenden Ergebnisse indirekt bestätigen. Im Übrigen zeigte sich bereits in der klassischen Incivility-Studie von Lewis und Salem (1986), dass Bewohner weit mehr auf die Verbesserung des nachbarschaftlichen Zusammenhalts als auf staatlich intendierte Maßnahmen der kommunalen Kriminalprävention setzen.

Es bleibt festzuhalten, dass Stadtluft nicht nur frei macht, sondern prinzipiell durch die Begegnung mit sozial, kulturell und/oder biographisch Abweichenden auch immer verunsichert oder verärgert und zu Aversion führt (Sennet 1990; Siebel 2000; Siebel/Wehrheim 2003; Wehrheim 2004, 2009). Dies lässt sich als genuin urbane Erfahrung weder verhindern noch erscheinen die zahlreichen ordnungspolitischen Versuche, die in diese Richtung weisen geeignet, das Sicherheitsgefühl der Bürger zu verbessern. Vielmehr dürfte das Sicherheitsgefühl in dem Maße ansteigen, in dem die Toleranz gegenüber Fremdheit und Differenz bzw. der „Nachtseite der Urbanität" (Siebel 2000: 32) wächst. So verweist Bauman (1997) neben den vielerorts beobachtbaren Strategien einer „antierratische(n: JH) Stadtplanung" (Wehrheim 2003: 28) und einer Politik der Null-Toleranz (Ortner et al. 1998) auf eine möglicherweise wesentlich effektivere Strategie zur Reduzierung kriminalitätsbezogener Unsicherheitsgefühle, die er als Strategie des Aushaltens von Abweichung, Fremdheit und multipler Verunsicherung im urbanen Raum bezeichnet. Bauman knüpft damit an die klassischen Hypothesen Simmels und Benjamins an, nämlich der für Stadt und Gesellschaft essenziellen Fähigkeit zu Differenz und Kontingenz; denn eine wachsende Segregation und Politik der Null-Toleranz bewirken vermutlich eher eine Zunahme kriminalitätsbezogener Unsicherheitsgefühle, da durch die wachsende Vorenthaltung an Möglichkeiten, sich mit Differenz und sozialer Heterogenität auseinanderzusetzen, auch die Angst vor der Begegnung mit dem Fremden und damit die Angst vor städtischen Räumen insgesamt wächst.

Literaturverzeichnis

Bauman, Z. (2000): Die Krise der Politik. Fluch und Chance einer neuen Öffentlichkeit. Hamburg.

Bauman, Z. (1997): Flaneure, Spieler und Touristen. Hamburg.

Begall, K./Kiewiet, J./Sapulete, S./Veldhuis, T. (2006): Project Criminaliteit en Veiligjeid. Broken-Windows: The Effect of Disorder on Fear, in: www.ppsw.rug.nl/~veenstra/Supervision/Master/BrokenWindows.pdf (Stand: 14.02.2010).

Birenheide, A. (2010): Private Initiativen für mehr Sicherheit als Form lokaler Vergesellschaftung am Beispiel der Bürgerinitiative „Mehr Sicherheit in Großhansdorf e.V."; Dissertation Universität Hamburg, Fachbereich Sozialwissenschaften.

Boers, K. / Kurz, P. (1997): Kriminalitätseinstellungen, soziale Milieus und sozialer Umbruch, in: Boers, K. / Gutsche, G. / Sessar, K. (Hrsg.): Sozialer Umbruch und Kriminalität in Deutschland. Opladen: 187-253.

Boers, K. (1991): Kriminalitätsfurcht. Über den Entstehungszusammenhang und die Folgen eines sozialen Problems. Pfaffenweiler.Bortz, J. / Döring, N. (2002): Forschungsmethoden und Evaluation für Human- und Sozialwissenschaftler. Heidelberg.

Bowling, B. (1999): The rise and fall of New York murder. Zero tolerance or crack's decline?, in: The British Journal of Criminology, 39: 531-554.

Brown, B. B. / Perkins, D. D. / Brown, G. (2003): Place attachment in a revitalizing neighborhood: Individual and block levels of analysis. Journal of Environmental Psychology, 23: 259-271.

Cancino, J. M. (2005): The utility of social capital and collective efficacy: Social control policy in nonmetropolitan settings. Criminal Justice Policy Review, 16: 287-318.

DeKeseredy, W. S. / Schwartz, M. D. / Alvi, S. / Tomaszewski, E. A. (2003): Perceived collective efficacy and women's victimization in public housing, in: Criminal Justice, 3: 5-27.

Deutsches Institut für Urbanistik (Difu) (2002) (Hrsg.): Die Soziale Stadt. Eine erste Bilanz des Bund-Länder-Programms „Stadtteile mit besonderem Entwicklungsbedarf – die soziale Stadt". Berlin.

Diekmann, A. (1995, 2002): Empirische Sozialforschung. Grundlagen, Methoden, Anwendungen, Reinbek bei Hamburg.

Ditton, H. (1998):. Mehrebenenanalyse. Grundlagen und Anwendungen des Hierarchischen Linearen Modells. Weinheim.

Dreher, G. / Feltes, T. (Hrsg.) (1998): Das Modell New York: Kriminalprävention durch "Zero-Tolerance"? Beiträge zur aktuellen kriminalpolitischen Diskussion, in: Kriminalistik, 10: 85-89.

Eifler, S. / Thume, D. / Schnell, R. (2009): Unterschiede zwischen subjektiven und objektiven Messungen von Zeichen öffentlicher Ordnung, in: Weichbold, M. / Bacher, J. / Wolf, C. (Hrsg.): Umfrageforschung. Herausforderungen und Grenzen (Sonderheft 9 der Österreichischen Zeitschrift für Soziologie). Wiesbaden: 415-441.

Faßnacht, G. (1995): Systematische Verhaltensbeobachtung. München.

Felte, T. (2004): Gemeinschaftliche statt kommunale Kriminalprävention:

Ein neuer Weg?, in: Die Kriminalprävention 1/2004: 14.

Ferguson, K. / Mindel, C. (2007): Modeling fear of crime in Dallas neighborhoods: A test of social capital theory, in: Crime and Delinquency, 53(2): 322-349.

Friedrichs, J. / Blasius, J. (2000): Leben in benachteiligten Wohngebieten. Opladen.

Friedrichs, J. / Oberwittler, D. (2007): Soziales Kapital in Wohngebieten, in: Kölner Zeitschrift für Soziologie und Sozialpsychologie 47: 450– 486.

Gabriel, U. / Greve, W. (2003): The Psychology of Fear of Crime. Conceptual and Methodological Perspectives, in: British Journal of Criminology, 43: 600-614.

Greve, W. / Wentura, D. (1991): Wissenschaftliche Beobachtung. Eine Einführung (2. korr. Aufl. 1997). Weinheim.

Häfele, J. (2013): Die Stadt, das Fremde und die Furcht vor Kriminalität. Wiesbaden

Häfele, J. (2013b): Urbane Disorder-Phänomene, Kriminalitätsfurcht und Risikoperzeption. Eine Mehrebenenanalyse, in: Oberwittler, D. / Rabold, S. / Baier, D. (Hrsg.) (Im Erscheinen): Städtische Armutsquartiere - Kriminelle Lebenswelten? Studien zu sozialräumlichen Kontexteffekten auf Jugendkriminalität und Kriminalitätswahrnehmungen. Wiesbaden, S. 217-238.

Häfele, J. (2011): Kontrollierte Konsumtionslandschaften. Beobachtungen zur sicherheitsgesellschaftlichen Organisation urbaner Räume der Gegenwart. Hamburg.

Häfele, J. (2006b): „Incivilities", Kriminalität und Kriminalpolitik. Aktuelle Tendenzen und Forschungsergebnisse, in: Neue Kriminalpolitik, 18. Jg. Heft 3: 104-109.

Häfele, J. (2006a): „Incivilities" im urbanen Raum. Eine empirische Analyse, in: Schulte-Ostermann, K./Henrich, R.S./Kesoglou, V. (Hrsg.): Praxis, Forschung. Kooperation – Gegenwärtige Tendenzen in der Kriminologie. Frankfurt a. M.: 185-203.

Häfele, J. / Schlepper, C. (2006): Die attraktive Stadt und ihre Feinde. Neue Trends i n der Hamburger Verdrängungspraxis, In: Forum Recht 03, 24. Jg.: 76-77.

Häfele, J. / Lüdemann, C. (2006): „Incivilities" und Kriminalitätsfurcht im urbanen Raum. Eine Untersuchung durch Befragung und Beobachtung, in: Kriminologisches Journal, 38. JG., Heft 4: 273-291.

Häfele, J. (2003): Urbane Räume in der Kontrollgesellschaft, in: Analyse + Kritik, Jg. 33, Ausgabe 475: 15-16.

Häfele, J./Sobczak, O. (2002): Der Bahnhof als Laboratorium der Sicherheitsgesellschaft? Soziale Kontrolle und Ausschließung am Hamburger Hauptbahnhof. In Widersprüche, Zeitschrift für sozialistische Politik im Bildungs-, Gesundheits- und Sozialbereich 86: 71-86.

Harcourt, B. E. (2001): Illusion of order. The false promise of broken windows policing. Cambridge MA.

Hassemer, W. (1998): „Zero Tolerance“ - Ein neues Strafkonzept? S. 793-814 in: H.-J. Albrecht/F. Dünkel/H.-J. Kerner/J. Kürzinger/H. Schöch/K. Sessar/B. Villmow (Hrsg.): Internationale Perspektiven in Kriminologie und Strafrecht. Festschrift für Günther Kaiser. Erster Halbband. Berlin.

Hecker, W. (1997): Vorbild New York? Zur aktuellen Debatte über eine neue Sicherheits- und Kriminalpolitik. Kritische Justiz: 395-410.

Heinz, W. (1997): Kriminalprävention auf kommunaler Ebene - ein Überblick, in: Landesgruppe Baden-Württemberg in der Deutschen Vereinigung für Jugendgerichte und Jugendgerichtshilfen (Hrsg.): Kriminalprävention auf kommunaler Ebene - Eine aussichtsreiche “Reform von unten” in der Kriminalpolitik? INFO 1996, Heidelberg: 11-57.

Hermann, D. / Laue, C. (2001): Ökologie und Lebensstil. Empirische Analysen zum „broken windows“-Paradigma. In: Jehle, Jörg (Hrsg.): Raum und Kriminalität. Sicherheit der Stadt. Migrationsprobleme. Mönchengladbach: 89-120.

Hess, H. (2004): Broken Windows. Zur Diskussion um die Strategie des New York Police Department, in: Zeitschrift für die gesamte Strafrechtswissenschaft 116: 66-110.

Hess, H. (1999): Fixing broken windows and bringing down crime. Die New Yorker Polizeistrategie der neunziger Jahre. Kritische Justiz 32: 32-57.

Hess, H. (2000): Neue Sicherheitspolitik in New York City, in: Dinges, M. / Sack, F. (Hrsg.): Unsichere Großstädte? Vom Mittelalter bis zur Postmoderne. Konstanz: 355-380.

Hirtenlehner, H. (2008a): Disorder, Social Anxieties and Fear of Crime. Exploring the Relationship between Incivilities and Fear of Crime with a Special Focus on Generalized Insecurities.in: Kury, H. (Hrsg.): Fear of Crime – Punitivity. New Developments in Theory and Research. Bochum: 127-158.

Hirtenlehner, H. (2008b): Unwirtlichkeit, Unterstützungserwartungen, Risikoantizipation und Kriminalitätsfurcht. Eine Prüfung der Disorder-Theorie mit österreichischen Befragungsdaten, in: Monatsschrift für Kriminologie und Strafrechtsreform, 91 (2): 112- 130.

Hohage, C. (2004): “Incivilities” und Kriminalitätsfurcht, in: Soziale Probleme, 15: 77-95.

Hox, J. (2002): Multilevel Analysis. Techniques and Applications. Lawrence Erlbaum Assoc Inc: Philadelphia.

Hutter, J. (1998): Wem gehört die Straße? Kritische Anmerkungen zur neuen Ordnungs- und Sicherheitspolitik. Mitglieder-Rundbrief der Deutschen Vereinigung für Jugendgerichte und Jugendgerichtshilfen (DVJJ). Bremer Regionalgruppe, 4. Jg. Nr. 3. Bremen: 1-5.

Kerner, H.-J. (1998): Nachdenken über New York - Vorlauf zum Wahlkampf 1998? Zur ersten Phase der vom „Spiegel" ausgelösten sicherheitspolitischen Debatte in Deutschland. In Ortner, Helmut/Pilgram, Arno/Steinert, Heinz (Hrsg.): Die Null-Lösung. New Yorker „Zero-Tolerance"-Politik - das Ende der urbanen Toleranz? Baden-Baden: 243-258.

Klingst, M. (1998): Sicherheit natürlich! Aber so?. In Ortner, Helmut/Pilgram, Arno/Steinert, Heinz (Hrsg.): Die Null-Lösung. New Yorker „Zero-Tolerance"-Politik - das Ende der urbanen Toleranz? Baden-Baden: 173-176.

Kreft, I. / de Leeuw, J. (2002 [1998]): Introducing multilevel modeling. London: SAGE Publications Ltd.

Kreissl, R. (2004): Von der Entzauberung des Kriminellen zur sich selbst verdächtigen Gesellschaft, in: Widersprüche, 24. Jg., H. 91: 7-16.

Kubrin, C.E. / Weitzer, R. (2003): New Directions in Social Disorganization Theory. Journal of Research in Crime and Delinquency, 40: 374-402.

Kury, H. / Lichtblau, A. / Neumaier, A. / Obergfell-Fuchs, J. (2004): Zur Validität der Erfassung der Kriminalitätsfurcht, in: Soziale Probleme, 15: 139-163.

Kury, H. / Obergfell-Fuchs, J. (2003a): Kriminalitätsfurcht und ihre Ursachen. Ein komplexes und schwierig zu fassendes Phänomen, in: Der Bürger im Staat, 53(1): 9-18.

Kury, H. / Obergfell-Fuchs, J. (2003b): Standardinventar für Bevölkerungsbefragungen zu Kriminalität und Kriminalitätsfurcht - Ergebnisse von Pretests, in: Dölling, D. / Feltes, T. / Heinz, W. / Kury, H. (Hrsg.): Kommunale Kriminalprävention - Analysen und Perspektiven. Holzkirchen: 233-249.

Landeskriminalamt Hamburg (Hrsg.) (2003): Polizeiliche Kriminalstatistik 2002.

Laue, C (1999): Anmerkung zu Broken Windows, in: Monatsschrift für Kriminologie und Strafrechtsreform 82 (4): 277-290

Legnaro, A. (1998): Die Stadt, der Müll und das Fremde - plurale Sicherheit, die Politik des Urbanen und die Steuerung der Subjekte. In Kriminologisches Journal 4: 262-283.

Lewis, D. A. / Salem, G. (1986): Fear of crime: Incivility and the production of a social problem, New Brunswick NJ.

Lowenkamp, C.T. / Cullen, F.T. / Pratt, T.C. (2003): Replicating Sampson and Groves's test of social disorganization theory: Revisiting a criminological classic, in: Journal of Research in Crime and Delinquency, 40: 351-373

Lüdemann, C. (2006a):Kriminalitätsfurcht im urbanen Raum: Eine Mehrebenenanalyse zu individuellen und sozialräumlichen Determinanten verschiedener Dimensionen von Kriminalitätsfurcht, in: Kölner Zeitschrift für Soziologie und Sozialpsychologie, 58 (2): 285-306.

Lüdemann, C. (2005a): Zur Perzeption von 'public bads' in Form von physical und social incivilities im städtischen Raum, in: Soziale Probleme 16, 1: 74-102.

Lüdemann, C. (2005b): Benachteiligte Wohngebiete, lokales Sozialkapital und "Disorder". Eine Mehrebenenanalyse zu den individuellen und sozialräumlichen Determinanten der Perzeption von physical und social incivilities im städtischen Raum, in: Monatsschrift für Kriminologie und Strafrechtsreform 88 (4): 240-256.

Maas, C. J. M. / Hox, J. J. (2005): Sufficient sample sizes for multilevel modeling. Methodology, in: European Journal of Research Methods for the Behavioral and Social Sciences, 1: 85–91.

Nissen, S. (2003) (Hrsg.): Kriminalität und Sicherheitspolitik. Analysen aus London, Paris, Berlin und New York. Opladen.

Oberwittler, D. / Wikström, P.-O. H. (2009): Why Small is Better. Advancing the Study of the Role of Behavioral Contexts in Crime Causation, in: Weisburd D. / Bernasco, W. and Bruinsma, G. (Hrsg.): Putting Crime in its Place. Units of Analysis in Geographic Criminology. New York: 35-58.

Oberwittler, D. (2008): Armut macht Angst. Ansätze einer sozialökologischen Interpretation der Kriminalitätsfurcht. In Groenemeyer, A. / Wieseler, S. (Hrsg.): Soziologie sozialer Probleme und sozialer Kontrolle. Realitäten, Repräsentationen und Politik. Festschrift für Günter Albrecht. Wiesbaden: 215-230.

Oberwittler, D. (2004): A multilevel analysis of neighbourhood contextual effects on serious juvenile offending: The role of subcultural values and social disorganization. European Journal of Criminology 1: 201-235.

Oberwittler, D. (2003): Die Messung und Qualitätskontrolle kontextbezogener Befragungsdaten mithilfe der Mehrebenenanalyse - am Beispiel des Sozialkapitals von Stadtvierteln, in: ZA-Informationen, 53: 11-41.

Oberwittler, D. (2001): Neighborhood cohesion and mistrust – Ecological reliability and structural conditions. Working paper, Max-Planck-Institut für ausländisches und internationales Strafrecht.

Ortner, H. / Pilgram, A. / Steinert, H. (Hrsg.) (1998): New Yorker „Zero-Tolerance"-Politik. Baden-Baden.

Pauwels, L. / Hardyns, W. (2009): Measuring Community (Dis)Organizational Processes through Key Informant Analysis, in: European Journal of Criminology, 6: 401-417.

Perkins, D. D sx. / Taylor, R. B. (1996): Ecological assessments of community disorder: Their relationship to fear of crime and theoretical implications, in: American Journal of Community Psychology 24: 63-107.

Perkins, D. D. / Meeks, J.W. / Taylor, R.B. (1992): The physical environment of street blocks and resident perceptions of crime and disorder: Implications for theory and measurement, in: Journal of Environmental Psychology, 12: 21-34.

Raudenbush, S. W. / Bryk, A. S. / Cheong, Y. F. / Congdon, R. (2004): HLM 6. Hierarchical Linear and Nonlinear Modeling. Lincolnwood IL: Scientific Software.

Raudenbush, S. W. / Sampson, R. J. (1999): Ecometrics: Toward A Science of Assessing Ecological Settings, with Application to the Systematic Social Observation of Neighborhoods. Sociological Methodology, 29: 1-41.

Ross, C. E. / Mirowsky, J. / Pribesh, S. (2001): Powerlessness and the amplification of threat: Neighborhood disadvantage, disorder, and mistrust, in: American Sociological Review, 66: 568-591.

Sack, F. (2003): Von der Nachfrage- zur Angebotspolitik auf dem Feld der Inneren Sicherheit, in: Dahme, H. J. / Otto, H. U. / Trube, A. / Wohlfahrt, N. (Hrsg.): Soziale Arbeit für den aktivierenden Staat, Opladen: 249-276.

Sack, F. (1995) (Hrsg.): Privatisierung staatlicher Kontrolle: Befunde, Konzepte, Tendenzen. Baden Baden.

Sack, F. (1995b): Prävention – Ein alter Gedanke in neuem Gewand, in: Gössner, R. (Hrsg.): Mythos Sicherheit. Der hilflose Schrei nach dem starken Staat. Baden-Baden: 429-456.

Sampson, R. J. (2009): Disparity and diversity in the contemporary city: social (dis) order revisited, in: The British Journal of Sociology Volume 60, Issue 1: 1-31.

Sampson, R. J. / Raudenbush, S. W. (2004): Seeing disorder: Neighborhood stigma and the social construction of broken windows, in: Social Psychology Quarterly, 67 (4): 319-342.

Sampson, R. J. / Raudenbush, S. W. (1999): Systematic Observation of Public Spaces: A New Look at Disorder in Urban Neighborhoods, in: American Journal of Sociology, 105 (3): 603-651.

Sampson, R. J. / Raudenbush, S. W. / Earls, F. J. (1997): Neighborhoods and Violent Crime: A Multilevel Study of Collective Efficacy, in: Science, 277: 918-924.

Sampson, R. J. / Groves, W. B. (1989): Community Structure and Crime: Testing Social Disorganization Theory, in: American Journal of Sociology, 94: 774-802.

Schnell, R. / Hill, P. B. / Esser, E. (1999): Methoden der empirischen Sozialforschung. 6. völlig überarbeitete und erweiterte Auflage. München.

Schubert, H. / Spieckermann, H. (2002): Aufbau von Netzwerken als Kernaufgabe des Quartiersmanagement; in: Walther, U.-J. (Hrsg.): Soziale Stadt – Zwischenbilanzen. Ein Programm auf dem Weg zur Sozialen Stadt? Opladen: 147-162.

Schubert, H. / Spieckermann, H. (2004): Standards des Quartiermanagements. Handlungsgrundlagen für die Steuerung einer integrierten Stadtteilentwicklung. Köln.

Schnur, O. (2003): Lokales Sozialkapital für die soziale Stadt. Politische Geographien sozialer Quartiersentwicklung am Beispiel Berlin-Moabit. Opladen.

Schnur, O. (2005): Exploring social capital as an urban neighbourhood resource: Empirical findings and strategic conclusions of a case study in Berlin-Moabit, in: Tijdschrift voor Economische en Sociale Geografie, 96: 488-505.

Sennett, R. (1990): Verfall und Ende des öffentlichen Lebens. Die Tyrannei der Intimität. Frankfurt a. M.

Sessar, K. / Herrmann, H. / Keller, W. / Weinrich, M. / Breckner, I. (2004): INSEC - Insecurities in European Cities. Crime-Related Fear Within the Context of New Anxieties and Community-Based Crime Prevention. Final Report.

Siebel, W. / Wehrheim, J. (2003): Sicherheit und urbane Öffentlichkeit, in: Deutsche Zeitschrift für Kommunalwissenschaften (DfK), 42. Jg.,1: 11-30.

Siebel, W. (2000): Wesen und Zukunft der europäischen Stadt, in: DSIP, Heft 141: 28-34.

Skogan, W. G. (1993): The Various Meanings of Fear, in: Bilsky, W. / Pfeiffer, C. / Wetzels, P.(Hrsg.): Fear of Crime and Criminal Victimization. Stuttgart.

Sun, I. Y. Triplett, R. / Gainey, R. R. (2004): Neighborhood Characteristics and Crime: A Test of Sampson and Groves' Model of Social Disorganization. Western Criminology Review, 5: 1-16.

Taylor, R. B. (2001): Breaking Away from Broken Windows: Evidence from Baltimore Neighborhoods and the Nationwide Fight Against Crime, Grime, Fear and Decline. New York.

Taylor, R. (1999): Crime, Grime, Fear, and Decline: A Longitudinal Look. National Institute of Justice: Research in Brief.

Triplett, R. A. / Gainey, R. R. / Sun, I. Y. (2003): Institutional strength, social control, and neighborhood crime rates, in: Theoretical Criminology, 7: 439-467.

Wacquant, L. J. D.(2009): Bestrafen der Armen. Zur neoliberalen Regierung der sozialen Ungleichheit. Opladen.

Wacquant, L. J. D. (2000a): Über den US-Export des neuen strafrechtlichen common sense nach Europa, in: Ludwig-Mayerhofer, Wolfgang (Hrsg.): Soziale Ungleichheit, Kriminalität und Kriminalisierung, Opladen: 85-117.

Wacquant, L. J. D. (2000b): Elend hinter Gittern. Konstanz.

Walter, M. (1999): J. Q. Wilsons „broken windows"-Theorie als Grundlage konzeptioneller Änderungen im Jugendkriminalrecht? S. 751-764 in: W. Feuerhelm/ H.-D. Schwind/M. Bock (Hrsg.): Festschrift für Alexander Böhm. Berlin.

Walther, U.-J. (Hrsg.) (2002): Soziale Stadt - Zwischenbilanzen. Ein Programm auf dem Weg zur Sozialen Stadt? Opladen.

Wehrheim, J. (2004): Städte im Blickpunkt Innerer Sicherheit, in: Aus Politik und Zeitgeschichte, B 44. Unter: www.bpb.de/publikationen/VN3CLL.html (9.2.2010).

Wehrheim, J. (2009): Der Fremde und die Ordnung der Räume. Leverkusen-Opladen / Farmington Hills. Wehrheim, J. (2002): Die überwachte Stadt. Sicherheit, Segregation und Ausgrenzung. Opladen.

Wilson, J. Q. / Kelling, G. L. (1982): Broken windows: The police and neighborhood safety, in: Atlantic Monthly March: 29-38.

Wirtz, M. / Caspar, F.(2002): Beurteilerübereinstimmung und Beurteilerreliabilität. Methoden zur Bestimmung und Verbesserung der Zuverlässigkeit von Einschätzungen mittels Kategoriensystemen und Ratingskalen. Göttingen.

Wyant, B. R. (2008): Multilevel Impacts of Perceived Incivilities and Perceptions of Crime Risk on Fear of Crime, in: Journal of Research in Crime and Delinquency, 45 (1): 39-64.

Xu, Y. / Fiedler, M. L. / Flaming, K. H. (2005): Discovering the Impact of Community Policing: The Broken Windows Thesis, Collective Efficacy, and Citizens' Judgment, in: Journal of Research in Crime and Delinquency, 42: 147-186.

Young, J. (1999): The exclusive society. Social exclusion, crime and difference in late modernity. London.

Dieter Hermann

Bedingungen urbaner Sicherheit – Kriminalprävention in der Postmoderne

1. Einleitung

Norbert Elias (1976) charakterisierte den Modernisierungsprozess durch eine Zunahme der Komplexität von Interdependenzketten – die Abhängigkeiten der Menschen untereinander würden größer werden und die Handlungsfolgen weitreichender. Dies gehe einher mit einer Affektreduzierung, einer Verlagerung von externen zu internen Zwängen und wachsender Ablehnung von Gewalt. Émile Durkheim (1992) beschrieb den Übergang von der segmentär zur funktional differenzierten Gesellschaft durch eine Zunahme der Arbeitsteilung und eine Modifikation der Solidaritätsbeziehungen. Mit fortschreitender Modernisierung werde die mechanische durch organische Solidarität ersetzt. Die erstgenannte Form der Solidarität liegt dann vor, wenn die Akteure auf allgemeinverbindliche gemeinsame Überzeugungen zurückgreifen können, während die zuletzt aufgeführte Solidaritätsform auf der Überzeugung basiert, in einem arbeitsteiligen Prozess an einer gemeinsam verpflichtenden Aufgabe mitzuwirken und zu deren Erfüllung einen angemessenen Beitrag zu erbringen (Schmid, 1989). Diese Veränderung bewirke, dass restitutives Recht an Bedeutung gewinne, also interaktive Konfliktlösungen wichtiger und nicht mehr Konfliktlösungen durch staatliche Autoritäten im Vordergrund stehen würden.

Beide Theoretiker beschreiben die Modernisierung als einen Prozess, bei dem auf Grund der komplexen Verflechtung von Personen und Organisationen das Vertrauen in Mitmenschen und Institutionen an Bedeutung gewinnt (Hubig, 2004). Kriminalität und Kriminalitätsfurcht wirken in dieser Hinsicht destruktiv – Vertrauen wird zerstört, und mit zunehmender Komplexität von Interdependenzketten werden die Folgen von Kriminalität und Kriminalitätsfurcht weitreichender. Folglich benötigt die postmoderne Gesellschaft ein hohes Niveau an subjektiver und objektiver Sicherheit. Anders ausgedrückt: Kriminalität und Kriminalitätsfurcht sind ein Modernisierungsrisiko (Steffen, 2012, S. 6f.). Somit ist die Frage nach den Bedingungen urbaner Sicherheit zentral für das Funktionieren von Kommunen in postmodernen Gesellschaften.

In der Postmoderne ist Kriminalprävention ein wichtiger Bestandteil für gesellschaftliche Stabilität geworden. Allerdings hat sich die Gesellschaft verändert, so dass alte Präventionskonzepte überdacht werden müssen, wenn Kriminalprävention effizient sein soll. Die Orientierung an Kollektiven und staatlichen Institutionen hat an Bedeutung verloren, während verstärkt individuelle Lebensphilosophien im Vordergrund stehen; personalisierte tradierte Lebenswelten haben sich zugunsten abstrakter werdender Bezüge der Individuen zu Institutionen und Organisationen aufgelöst (Giddens, 1995, S. 16 f.; Hubig, 2004, S. 3); der Obrigkeitsorientierung ist eine kritische Distanz zu Politik, Wirtschaft und Kirche gewichen, die aber durch bürgerschaftliches Engagement ergänzt wird; aus Gouvernement wurde Governance, aus Repression wurde Prävention und aus einer ambivalenten Haltung gegenüber Kriminalität – sie könne zum Funktionieren des Staates beitragen (Gutsche, 2001) und Korruption beispielsweise trage zum Wirtschaftswachstum bei (Herrmann, 2012) – ist eine ablehnende Position geworden, einhergehend mit einer Pluralisierung des Feldes kriminalpräventiver Akteure (Beck, 1983; Junge, 2002; Schulze, 2005). Zygmunt Bauman (1995) beschreibt zusammenfassend die Postmoderne als den Punkt in der gesellschaftlichen Entwicklung, an dem das Freisetzen aller gebundenen Identität zum Abschluss gekommen ist. Dieser Wandel bedingt eine neue „Sicherheitsarchitektur", bei der Informationen über Bedingungen von Sicherheit eine Schlüsselstellung in der Koordination der Akteure einnehmen. Dies bedeutet, dass Kriminalprävention auf eine rationale und empirische Basis gestellt werden muss, denn die Akzeptanz administrativer Präventionspolitik ist niedrig – es bedarf erstens der Überzeugung, dass kriminalpräventive Maßnahmen effizient sind und die gewünschten Ziele erreichen sowie zweitens eines Qualitätsmanagements, wie es beispielsweise in den Beccaria-Standards formuliert ist, um Effizienz und einen optimalen Ressourceneinsatz zu gewährleisten.

Eine rationale und empirisch fundierte Kriminalprävention ist möglich, wenn auf überregionale Grundlagenforschung zurückgegriffen werden kann und regionale Sicherheitsaudits durchgeführt werden. Zu beiden Punkten sollen die Ergebnisse empirischer Studien vorgestellt werden. Die überregionale Grundlagenforschung soll die Frage nach Bedingungen urbaner Sicherheit beantworten, wobei die subjektive Sicherheit, also die Kriminalitätsfurcht im Vordergrund steht. Dazu wurden mehrere Theorien zur Erklärung der Kriminalitätsfurcht zusammengefasst und empirisch überprüft. Konkret wurden die Beziehungen zwischen Incivilities, Viktimisierungen, Sozialkapital, Wertorientierungen, Unsicherheitsgefühl, Kriminalitätsfurcht und Lebensqualität untersucht. Zudem werden Ergebnisse zu der Evaluation eines Sicherheitsaudits vorgestellt. Es soll gezeigt werden, wie Grundlagenerkenntnisse auf die regionale Ebene übertragen werden können und welche Auswirkungen ein solches Präventionskonzept auf die Entwicklung von Kriminalität und Kriminalitätsfurcht hat.

2. Theoretische Grundlagen

Theorien zur Entstehung von Kriminalitätsfurcht und zur Erklärung der regionalen Kriminalitätsbelastung sind sowohl mikrosoziologisch als auch makrosoziologisch verortet. Hier sollen Merkmale beider Ebenen berücksichtigt werden, wobei die Untersuchung nur auf der Individualebene durchgeführt wird, so dass lediglich mikrosoziologische Wirkungen der Makroebene in die Analyse einfließen (Esser, 1999; Greve, 2008). Die relevanten Theorien sind der Broken Windows-Ansatz, stadtsoziologische Konzepte, die Sozialkapitaltheorie von Putnam (2000), die voluntaristische

Handlungstheorie von Parsons (1967) und die Differenzierung zwischen Kriminalitätsfurcht und generalisierten Ängsten von Hirtenlehner und Farrall (Hirtenlehner, 2006; Hirtenlehner & Farrall, 2012).

Der Broken Windows-Ansatz von Wilson und Kelling (1982) untersucht in erster Linie Bedingungen und Wirkungen von Incivilities. Darunter versteht man (subjektive) Störungen der sozialen und normativen Ordnung. Die Aussagen über Incivilities der Bewohnerinnen und Bewohner eines Stadtbezirks sind Bewertungen seines Zustands. Zu den baulichen Incivilities gehören beispielsweise zerfallene und verlassene Gebäude und verwahrloste Grundstücke. Soziale Incivilities beziehen sich auf andere Menschen und deren Verhalten, z.B. „herumhängende" Jugendliche sowie auf öffentlichen Alkohol- und Drogenkonsum. Es sind „nicht unbedingt gewalttätige oder kriminelle Personen (...), sondern solche mit schlechtem Ruf, lärmender Aufdringlich- oder Unberechenbarkeit: Bettler, Betrunkene, Süchtige, randalierende Jugendliche, Prostituierte, Herumhängende und psychisch Kranke" (Wilson & Kelling, 1996: 129). Das Unsicherheitsgefühl entsteht dadurch, dass das Verhalten dieser Personen als unberechenbar, als belästigend und bedrohlich wahrgenommen wird (Wilson & Kelling 1996; Hermann & Laue, 2003; Hohage, 2004). Incivilities verunsichern die Bevölkerung, reduzieren die Lebensqualität, verursachen Furcht und signalisieren, dass Normen nur bedingt gültig sind. Als Folge davon ziehen sich die Menschen zurück, die soziale Kontrolle nimmt ab und die Kriminalitätsbelastung steigt. Diejenigen, die es sich leisten können, ziehen aus einem solchen Stadtbezirk weg, andere Personen hingegen, die solche Verhältnisse eher positiv bewerten und an sozialer Kontrolle weniger interessiert sind, bevorzugen solche Stadtbezirke als Wohnort. Diese Fluktuation führt zu einer Verschlechterung der Situation des Stadtbezirks und somit zu einer Verschärfung der Problemlage in dem Viertel.

Stadtsoziologische Konzepte postulieren einen Zusammenhang zwischen dem Grad städtebaulicher Integration, Kriminalität, Kriminalitätsfurcht und Lebensqualität, wobei zudem Incivilities von Bedeutung sind (Kasperzak, 2000; Kube, 2003; Rölle & Flade, 2004).

Ein weiterer Theoriepfeiler ist der Sozialkapitalansatz von Putnam (2000). Er versteht unter Sozialkapital ein Bündel von Merkmalen, das geeignet ist, den Zustand von Gesellschaften zu beschreiben. Dazu zählt das Vertrauen in Personen und Institutionen sowie in die Gültigkeit von Normen, die das zwischenmenschliche Zusammenleben regeln. Darüber hinaus ist auch das Ausmaß ehrenamtlichen Engagements Bestandteil des Sozialkapitals einer Gesellschaft. In einer empirischen Studie mit Daten über die Staaten der USA kann Putnam (2000) eine enge Beziehung zwischen der Ausstattung an Sozialkapital und der Kriminalitätsrate belegen. Die Studien von Mosconi & Padovan (2004) und Dölling & Hermann (2006) zeigen, dass ein Mangel an Sozialkapital mit einem hohen Kriminalitätsfurchtniveau korrespondiert.

Nach der Handlungstheorie von Parsons (1967) sind Normen und Werte zentrale Kategorien zur Erklärung menschlichen Handelns. Werte können als zentrale und abstrakte Zielvorstellungen und Lebensprinzipien definiert werden, Normen sind Verhaltensvorschriften und Verhaltenserwartungen. Der Mensch wird als produktiv-realitätsverarbeitendes Subjekt gesehen, das in eine komplexe Umwelt eingebunden ist. Zur Reduzierung der Komplexität, zur Verarbeitung der Informationen und zur Auswahl von subjektiv Wichtigem werden seitens der Akteure Normen und Werte verwendet. Diese 'Filter' beeinflussen das Ergebnis der Informationsverarbeitung sowie die Auswahl von Handlungszielen und von Mitteln zur Zielerreichung. Durch Werte können wichtige von unwichtigen Handlungszielen unterschieden und durch Normen können akzeptierte von nicht akzeptierten Handlungsmitteln abgegrenzt werden. Jede Handlung ist demnach das Ergebnis der Wahrnehmung der Situation sowie der Auswahl von Handlungszielen und Handlungsmitteln, und auf allen Ebenen sind Werte und Normen von Bedeutung. In empirischen Studien (Hermann, 2003; Woll, 2011) haben sich vor allem religiöse und leistungsbezogene sowie idealistische Werte als empirisch relevante kriminoresistente Faktoren erwiesen, während eine Verquickung von materialistischen, hedonistischen und subkulturellen Werten den gegenteiligen Effekt hat. Die erstgenannten Werte stehen mit höherer Normakzeptanz im Zusammenhang, der zuletzt aufgeführte Wertekomplex korrespondiert mit niedrigerer Normakzeptanz. Je höher die Normakzeptanz, desto niedriger ist die Kriminalität. Zudem kann angenommen werden, dass sich Wertorientierungen ebenfalls auf das Sozialkapital einer Person und auf Einstellungen auswirken, also auch auf die Kriminalitätsfurcht und auf Incivilities.

Hirtenlehner (2006) und Hirtenlehner, Farrall (2012) erklären Variationen in der Kriminalitätsfurcht nicht durch spezifische Reaktionen auf Kriminalitätsrisiken, sondern durch soziale und existenzielle Unsicherheitsgefühle, die aus gesellschaftlichen Transformationsprozessen gespeist werden. Diese Beziehung kann durch eine Analyse mit Befragungsdaten aus einer österreichischen Stadt bestätigt werden. Somit kann zwischen Unsicherheitsgefühl und Kriminalitätsfurcht unterschieden werden. Hier wurde zusätzlich zwischen universellem und spezifischem Unsicherheitsgefühl differenziert, die sich insbesondere im Grad der Objektbezogenheit unterscheiden.

In Abbildung 1 ist die Beziehung zwischen den aufgeführten Merkmalen grafisch dargestellt. Die Zahnräder sollen zum Ausdruck bringen, dass die Beziehungen zwischen den Merkmalen sehr komplex sind und sich Veränderungen eines Merkmals auf andere Bereiche auswirken.

Abbildung 1: Hypothetisches Modell

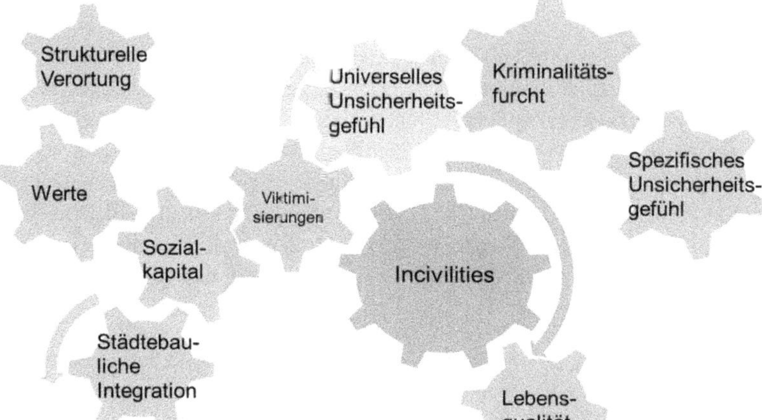

3. Daten

Die Daten zu den hier berichteten Ergebnissen stammen aus mehreren Projekten: (1) Eine Bevölkerungsbefragung in Heidelberg aus dem Jahr 2009. Die Grundgesamtheit bildeten die Bewohnerinnen und Bewohner der Kommune, sofern sie zwischen 14 und 70 Jahre alt waren. Aus diesem Personenkreis wurden zufällig Personen ausgewählt; (2) eine Bevölkerungsbefragung in Leimen aus dem Jahr 2011 und (3) eine Bevölkerungsbefragung in Mannheim aus dem Jahr 2012. In allen Befragungen war die Altersspanne der Grundgesamtheit gleich definiert; in allen Fällen wurde eine Zufallsstichprobe aus dem Einwohnermelderegister gezogen, in Mannheim 6.500 und in den anderen beiden Gemeinden jeweils 5.000 Fälle. Die Rücklaufquoten lagen zwischen 26 und 32 Prozent. Bei allen Befragungen waren Frauen und ältere Bewohnerinnen und Bewohner leicht überrepräsentiert. Die Städte unterscheiden sich erheblich in ihrer Struktur. Heidelberg ist insbesondere durch die Universität geprägt, die Einwohnerzahl liegt bei etwa 145.000. Leimen ist eine Große Kreisstadt in einer Metropolregion; die Gemeinde hat etwa 27.000 Einwohner. Mannheim hat 345.000 Einwohner und ist durch Industrie und Dienstleistungsgewerbe geprägt.

4. Überregionale Bedingungen urbaner Sicherheit – Ergebnisse empirischer Analysen

4.1 Operationalisierungen

Hirtenlehner (2006) und Hirtenlehner, Farrall (2012) unterscheiden zwischen universellen und spezifischen Furchtaspekten. Zu dem letztgenannten Punkt gehört die Kriminalitätsfurcht. Das universelle Unsicherheitsgefühl wurde durch die Frage erfasst:

„Wie sicher fühlen Sie sich in Ihrem Stadtbezirk?".

Neben einem universellen kann auch ein spezifisches Unsicherheitsgefühl berücksichtigt werden. Der Fragentext lautet: „Manche Leute haben viele Gründe, sich unsicher zu fühlen. Bitte kreuzen Sie zu jeder Vorgabe auf dieser Liste an, inwieweit Sie sich zurzeit dadurch beunruhigt fühlen". Die Liste mit Antwortvorgaben enthält Aussagen wie beispielsweise „Durch einen Verkehrsunfall verletzt zu werden", „Von irgendjemand angepöbelt zu werden", „Von irgendjemand geschlagen und verletzt zu werden", „Bestohlen zu werden" und „Vergewaltigt oder sexuell angegriffen zu werden". Aufgrund einer Faktorenanalyse kann zwischen zwei Bereichen unterschieden werden, einem Unsicherheitsgefühl in Bezug auf den Straßenverkehr und in Bezug auf kriminelle Handlungen.

Die Kriminalitätsfurcht wurde in Anlehnung an ein sozialpsychologisches Einstellungskonzept in drei Dimensionen gemessen: die affektive (emotionale), kognitive (verstandesbezogene) und konative (verhaltensbezogene) Komponente (Schwind 2005, § 20 Rn. 18, S. 397). Die affektive Kriminalitätsfurcht wurde durch die Fragen gemessen: „Wie oft denken Sie daran, selbst Opfer einer Straftat zu werden?" und „Wie oft haben Sie nachts draußen alleine in Ihrer Wohngegend Angst, Opfer einer Straftat zu werden?". Die Messung der kognitiven Kriminalitätsfurcht erfolgte durch Fragen nach der subjektiven Risikoeinschätzung für zukünftige Opferwerdungen: „Für wie wahrscheinlich halten Sie es, dass Ihnen persönlich folgende Dinge in Ihrem Stadtbezirk im Laufe der nächsten 12 Monate tatsächlich passieren werden?". Die Antwortvorgaben sind: Von irgendjemand angepöbelt zu werden, von irgendjemand geschlagen und verletzt zu werden, von einem Einbruch betroffen zu werden, überfallen und beraubt zu werden, bestohlen zu werden, vergewaltigt oder sexuell angegriffen zu werden und sexuell belästigt zu werden. Die konative Kriminalitätsfurcht wurde durch Fragen nach Abwehr- und Vermeidemaßnahmen, durch die eine Opferwerdung verhindert werden soll, erfasst: „Bitte versuchen Sie sich an das letzte Mal zu erinnern, als Sie nach Einbruch der Dunkelheit in Ihrem Stadtbezirk unterwegs waren, aus welchen Gründen auch immer. Haben Sie dabei gewisse Straßen oder Örtlichkeiten gemieden, um zu verhindern, dass Ihnen etwas passieren könnte?" und „Haben Sie ganz generell Ihre Freizeitaktivitäten in den letzten 12 Monaten eingeschränkt aus Angst davor, Sie könnten Opfer einer Straftat werden, z.B. indem Sie bestimmte Gegenden nicht mehr aufsuchen oder abends nicht mehr alleine ausgehen?". Für komplexere Analysen wurden alle Indikatoren der Kriminalitätsfurcht zu einer latenten Variable zusammengefasst.

Viktimisierungen wurden durch die Frage „Im Folgenden werden Ihnen einige Fragen zu Straftaten gestellt, die Ihnen oder anderen Mitgliedern Ihres Haushalts während der vergangenen 12 Monate widerfahren sein könnten" erfasst. Einige Beispiele dazu: „Wurde Ihnen oder anderen Mitgliedern Ihres Haushalts während der letzten 12 Monate einer Ihrer Personenwagen, Kombi oder Kleintransporter gestohlen?", „Von

Diebstählen abgesehen, ist irgendein Auto Ihres Haushalts während der letzten 12 Monate absichtlich beschädigt oder demoliert worden?", „Wurde Ihnen persönlich während der letzten 12 Monate absichtlich irgendwann einmal Ihr Eigentum beschädigt oder zerstört?", „Ist es Ihnen persönlich während der letzten 12 Monate einmal passiert, dass man Sie tätlich angegriffen oder in einer Art bedroht hat, dass Sie wirklich Angst hatten, zum Beispiel zu Hause oder in einem Lokal, auf der Straße, in der Schule oder am Arbeitsplatz?" und „Ist es Ihnen persönlich während der letzten 12 Monate einmal passiert, dass Sie jemand in sexueller Absicht auf unverschämte Art gepackt oder betastet hat? Das kann zu Hause oder anderswo vorgekommen sein, etwa in einem Lokal, auf der Straße, in der Schule oder am Arbeitsplatz? Würden Sie diesen Vorfall als eine Vergewaltigung, eine versuchte Vergewaltigung, einen sexuellen Angriff oder lediglich als freches Benehmen bezeichnen?". Für die Analyse wurde ein gewichteter Summenindex gebildet, wobei das Gewicht die Strafschwere repräsentiert.

Zur Messung der Lebensqualität wurde sowohl nach der Einschätzung der Lebensqualität im Stadtbezirk als auch in der Gesamtgemeinde gefragt. Die Bewertung erfolgt auf der Grundlage von Schulnoten; für die Analyse wurde die Skala gedreht, so dass ein hoher Zahlenwert für eine hohe Lebensqualität steht.

Die Messung von Incivilities basiert auf der Arbeit von Skogan (1992). Dieser hat Incivilities als Verfallserscheinungen der materiellen Umwelt oder der sozialen Ordnung gesehen – als „unerwünschte" und verunsichernde Zustände, die baulicher oder sozialer Art sein können. Incivilities spiegeln nur bedingt die Realität wieder (Häfele & Lüdemann, 2006), es sind Stereotype über Regionen und ihre Bewohnerinnen und Bewohner. Incivilities wurden durch die Frage nach Problembereichen erfasst: „In einem Stadtbezirk oder einer Gemeinde können verschiedene Probleme auftauchen. Wie ist das in Ihrem Stadtbezirk? Kreuzen Sie bitte für jeden der hier aufgeführten Punkte an, inwieweit Sie das in Ihrem Stadtbezirk heute als Problem ansehen". Die aufgeführten Punkte wie beispielsweise „Sich langweilende und nichtstuende Jugendliche", „Undiszipliniert fahrende Autofahrer", „Viele Ausländer/Asylbewerber" und „Ausländerfeindlichkeit, Rechtsradikalismus" können durch eine Ratingskala (kein Problem, … , großes Problem) bewertet werden. Faktorenanalytisch kann zwischen Incivilities im Straßenverkehr und Incivilities im sozialen Bereich unterschieden werden.

Das Sozialkapital wurde durch die Frage nach dem Vertrauen in Institutionen und in den Mitmensch erhoben: „Bitte sagen Sie uns für jede der genannten Institutionen oder Personengruppen in Ihrer Region, wie sehr Sie jeder einzelnen davon persönlich vertrauen". Gefragt wurde nach dem Vertrauen in die Polizei, Justiz und Politik sowie zu den meisten Menschen in der Gemeinde.

Als Indikator für die bauliche Integration eines Stadtteils wurde die Anzahl unmittelbar benachbarter Stadtteile verwendet, wobei lediglich unterschieden wurde, ob mehr als ein Stadtteil angrenzt oder nicht.

Die Messung von Wertorientierungen erfolgte mit Hilfe der Skala 'Individuelle reflexive Werte'. Sie besteht aus einer Itemliste, die erstrebenswerte Dinge und Lebenseinstellungen für das Individuum aufzählt, wobei deren Wichtigkeit anhand einer Ratingskala angegeben werden soll. Der Fragentext lautet: „Jeder Mensch hat ja bestimmte Vorstellungen, die sein Leben und Denken bestimmen. Für uns sind Ihre Vorstellungen wichtig. Wenn Sie einmal daran denken, was Sie in Ihrem Leben eigentlich anstreben: Wie wichtig sind Ihnen dann die Dinge und Lebenseinstellungen, die wir hier aufgeschrieben haben?“. Die Itemliste besteht aus 34 Statements wie beispielsweise „Gesetz und Ordnung respektieren“, „Sozial benachteiligten Gruppen helfen“, „An Gott glauben“, „Die guten Dinge des Lebens genießen“, „Am Althergebrachten festhalten“ und „Hart und zäh sein“ (Hermann, 2004 und 2008). Diese Items können faktorenanalytisch in vier Dimensionen aufgeteilt werden: christlich religiöse Werte als Werte 1. Ordnung und nomozentrierte-konservative Leistungsorientierung, idealistische Werte und hedonistisch-materialistische Werte als Werte zweiter Ordnung. Die Items zur Dimension christlich religiöser Werte sind Fragen nach der Wichtigkeit des Glaubens an Gott und der Wichtigkeit der Ausrichtung des Lebens nach christlichen Normen und Werten. Zur nomozentrierten-konservativen Leistungsorientierung gehören Fragen zur Wichtigkeit von Leistung, Normen und einer konservativen Haltung, der idealistischen Wertedimension können Fragen zu altruistischen, ökologischen und sozialintegrativen Orientierungen zugeordnet werden und der Dimension der hedonistisch-materialistischen Wertorientierungen Fragen nach dem Stellenwert von Cleverness, schnell erworbenem Reichtum und Lustmaximierung.

4.2 Erklärung von Kriminalitätsfurcht und Lebensqualität

Für die Erstellung von Modellen, welche die stärksten Beziehungen zwischen den oben aufgeführten Merkmalen abbilden, wurden alle in Abbildung 1 beschriebenen, theoretisch denkbaren Beziehungen in Strukturgleichungsmodellen abgebildet – das ist eine Pfadanalyse mit latenten und manifesten Variablen (Reinecke, 2005). In diesen Modellen wurden alle Effekte eliminiert, die nicht höchst signifikant und dem Betrag nach kleiner als 0,2 sind. Bei der Interpretation ist zu beachten, dass in den Befragungen nicht immer alle oben aufgeführten Variablen erfasst wurden. In der Heidelberger Befragung wurden keine Fragen zum Sozialkapital gestellt und in der Untersuchung in Leimen keine Fragen zu Viktimisierungen und Werten. Lediglich in der Mannheim-Studie wurden alle Fragenkomplexe berücksichtigt.

In den Abbildungen 2 bis 4 sind die Endmodelle der Pfadanalysen dargestellt. Die Effektschätzungen sind standardisierte Werte. Aus Gründen der Übersichtlichkeit wurden die Indikatoren der latenten Variablen nicht aufgeführt.

Abbildung 2: Endmodell für Heidelberg

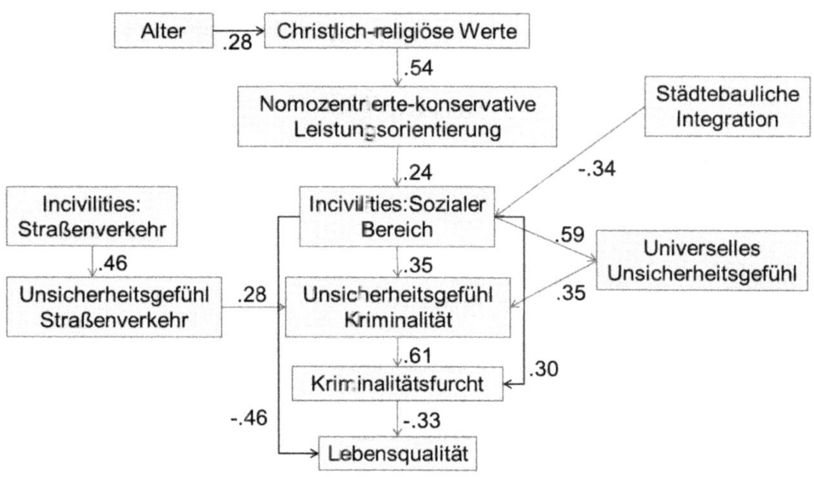

Abbildung 3: Endmodell Leimen

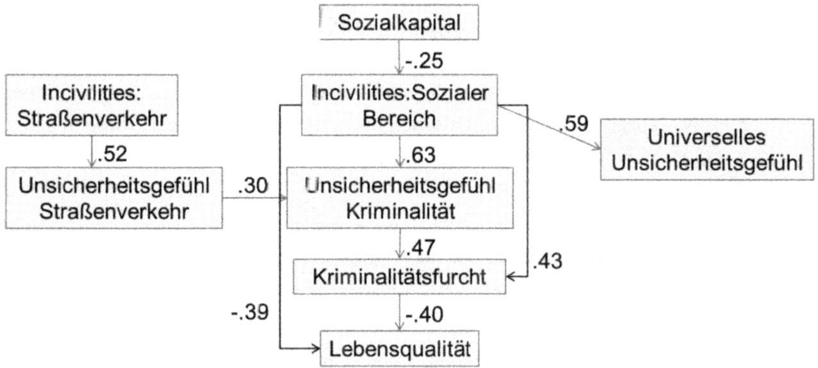

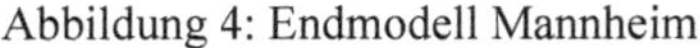
Abbildung 4: Endmodell Mannheim

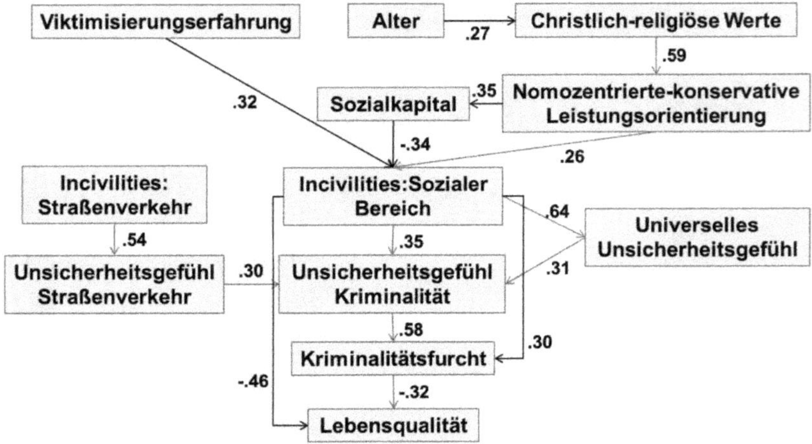

Die Analysen führen somit zu folgenden Ergebnissen:

- Viktimisierungen wirken sich nicht direkt auf die Kriminalitätsfurcht, sondern nur indirekt über den Einfluss auf Incivilities.
- Bewohnerinnen und Bewohner städtischer Randlagen sind sensibler gegenüber Incivilities, ebenso Kriminalitätsopfer und Personen mit nomozentrierten konservativen Werten. Folglich sind Incivilities nicht nur Ausdruck objektiver Bedingungen im Stadtteil, sondern Ergebnis von wertebasierten Interpretationen subjektiv wahrgenommener Situationen und Ergebnis von Vorerfahrungen. Auch der regionale Kontext und die Sozialkapitalausstattung spielen bei der Beurteilung von Incivilities eine Rolle.
- Das Sozialkapital ist ein protektiver Faktor, der den Einfluss von Incivilities auf Unsicherheit, Kriminalitätsfurcht und Lebensqualität abschwächt. Personen mit hohem Sozialkapital bewerten somit dieselbe Situation anders als Personen mit niedrigem Sozialkapital.
- Die Unterscheidung von Hirtenlehner und Farrall in ein universelles Unsicherheitsgefühl und Kriminalitätsfurcht und die zusätzliche Berücksichtigung eines spezifischen Unsicherheitsgefühls hat sich als tragfähig erwiesen. Beide Aspekte des Unsicherheitsgefühls haben einen starken Einfluss auf die Kriminalitätsfurcht.
- Incivilities sind eine zentrale Bedingung für Unsicherheitsgefühl, Kriminalitätsfurcht und Lebensqualität.
    - Incivilities vermitteln ein Unsicherheitsgefühl in Bezug auf Kriminalität

– und dies produziert Kriminalitätsfurcht. Zudem haben Incivilities einen direkten Einfluss auf die Kriminalitätsfurcht, unabhängig vom Unsicherheitsgefühl.

- Die Lebensqualität ist von der Kriminalitätsfurcht und von Incivilities abhängig. Somit erhöhen Maßnahmen zum Abbau von Kriminalitätsfurcht und Incivilities auch die Lebensqualität.

- Die Ergebnisse sind stabil. Die Grundstrukturen der Modelle sind in allen berücksichtigten Gemeinden nahezu identisch.

Die Folgerungen für die Konzeption von rationalen Präventionsmaßnahmen auf kommunaler Ebene sind eindeutig: Der Abbau von Incivilities und der Aufbau von Sozialkapital durch die Schaffung von Vertrauen in staatliche Institutionen und in den Mitmensch sind erfolgversprechende Ansätze zur Reduzierung von Kriminalitätsfurcht und Steigerung der Lebensqualität. Dabei ist es wichtig, Incivilities nicht nur objektiv abzubauen – die Verbesserungen müssen auch das Bewusstsein der Bewohnerinnen und Bewohner erreichen. Folglich ist ein Marketingkonzept sinnvoll, das dies leistet und den Anforderungen der postmodernen Informationsgesellschaft gerecht wird.

5. Regionale Bedingungen urbaner Sicherheit und Evaluation des Heidelberger Auditkonzepts für urbane Sicherheit

Eine Umsetzung der oben beschriebenen Ergebnisse in einer Kommune setzt Erkenntnisse über die regionale und soziale Verteilung von Incivilities und Sozialkapital voraus, wenn die vorhandenen Ressourcen zur Kriminalprävention effizient eingesetzt werden sollen. Dieses Wissen kann durch eine Bevölkerungsbefragung erworben werden. Dabei steht die Ermittlung von Regionen und Personengruppen mit hoher Kriminalitätsfurcht, niedriger Lebensqualität, vielen Incivilities und wenig Sozialkapital im Vordergrund. Zudem ist die Information, welche Incivilities in welchen Regionen und bei welchen Personengruppen einen vergleichsweise großen Einfluss auf Kriminalitätsfurcht und Lebensqualität haben, für die Konzeption von Präventionsmaßnahmen von Bedeutung.

Ein solches Präventionsmodell wird im Heidelberger Audit Konzept für urbane Sicherheit (HAKUS) umgesetzt (Hermann, 2011). HAKUS ist ein ursachenorientierter, theoretisch fundierter und empirisch untermauerter Präventionsansatz für Kommunen. Die primären Ziele von HAKUS sind die Reduzierung der Kriminalitätsfurcht, die Verbesserung der Lebensqualität und der Abbau von Incivilities. Die Verminderung der Kriminalitätsbelastung ist ein sekundäres Ziel. Ein wichtiges Instrument ist die Bevölkerungsbefragung, mit deren Hilfe die einflussstärksten Faktoren für Kriminalitätsfurcht und Lebensqualität sowie die quantitative Bedeutung dieser Faktoren ermittelt werden. Die Wiederholung der Bevölkerungsbefragung in einer Kommune erlaubt eine Einschätzung der Veränderung von Kriminalitätsfurcht und Lebensqualität; die Analyse von Daten der Polizeilichen Kriminalstatistik ermöglicht Aussagen über die Veränderung der Kriminalitätsbelastung. Ein Vergleich der Veränderungen von Kriminalität, Kriminalitätsfurcht und Lebensqualität mit anderen Regionen ermöglicht eine Einschätzung der Wirksamkeit aller Präventionsmaßnahmen der Untersuchungsregion. HAKUS ist nicht nur ein Evaluationsinstrument, sondern auch ein Konzept zur Optimierung kriminalpräventiver Maßnahmen. Dies wird erstens durch die Bestimmung der Einflussstärke und Relevanz von Bedingungen urbaner Sicherheit und zweitens durch eine kriminalpräventive Zielgruppenanalyse erreicht. Durch die Differenzierung der Bevölkerung einer Kommune in soziale Milieus können Gruppierungen mit hoher Kriminalitätsfurcht und geringer Lebensqualität identifiziert werden, so dass Präventionsprojekte zielgerichtet angepasst und vermittelt werden können. Die kriminalpräventive Zielgruppenanalyse ermöglicht die Entwicklung von Marketingkonzepten für die Implementation von Präventionsmaßnahmen. Dadurch wird die Akzeptanz von Präventionsmaßnahmen erhöht (Hermann, 2006).

Dieses Präventionskonzept wird in den Großen Kreisstädten im Rhein-Neckar-Kreis und in Heidelberg seit über 10 Jahren und neuerdings auch in Stuttgart und Mannheim im Rahmen des Deutsch-Europäischen Forums für Urbane Sicherheit e.V. (DEFUS) praktiziert (Hermann, 2009). Die in diesem Zusammenhang durchgeführten Studien ermöglichen eine Evaluation von HAKUS. Die polizeilich registrierte Kriminalitätsbelastung im Rhein-Neckar-Kreis ist in den letzten 10 Jahren gesunken, während sie in Baden-Württemberg gestiegen ist. Diese Trends sind auch für die Entwicklung der Gewaltkriminalität zu erkennen. Der Anteil der Personen mit hoher Kriminalitätsfurcht im Rhein-Neckar-Kreis ist gesunken, in Westdeutschland etwa gleich geblieben und in sonstigen europäischen Ländern gestiegen. Der Rückgang der Kriminalitätsfurcht in den Großen Kreisstädten im Rhein-Neckar-Kreis ist erheblich: Der Anteil der Personen mit hoher Kriminalitätsfurcht hat sich ungefähr halbiert; zudem ist die Lebensqualität gestiegen (Hermann, 2011). Diese Ergebnisse zeigen, dass eine ursachenorientierte, theoretisch fundierte und empirisch untermauerte Kriminalprävention auf kommunaler Ebene erfolgreich ist; die Maßnahmen reduzieren nicht nur die Kriminalitätsfurcht und erhöhen die Lebensqualität, sondern tragen auch zu einem Abbau der Kriminalitätsbelastung bei. Somit ist HAKUS ein Konzept, das in postmodernen Gemeinden sinnvoll anwendbar ist.

Literaturverzeichnis

Bauman, Zygmunt (1995): Postmoderne Ethik. Hamburg: Hamburger Ed.

Beck, Ulrich (1983): Jenseits von Stand und Klasse? Soziale Ungleichheiten, gesellschaftliche Individualisierungsprozesse und die Entstehung neuer sozialer Formationen und Identitäten. In: Kreckel, Reinhard (Hrsg.): Soziale Ungleichheiten. Göttingen: Otto Schwartz & Co (Soziale Welt, Sonderband 2), S. 35-74.

Dölling, Dieter & Hermann, Dieter (2006): Individuelle und gesellschaftliche Bedingungen von Kriminalitätsfurcht. In: Feltes, Thomas; Pfeiffer, Christian & Steinhilper, Gernot (Hrsg.): Kriminalpolitik und ihre wissenschaftlichen Grundlagen. Festschrift für Professor Hans-Dieter Schwind zum 70. Geburtstag. Heidelberg: C.F. Müller, S. 805-823.

Durkheim, Émile (1992): Über soziale Arbeitsteilung. Studie über die Organisation höherer Gesellschaften. Frankfurt am Main: Suhrkamp.

Elias, Norbert (1976): Über den Prozeß der Zivilisation. Soziogenetische und psychogenetische Untersuchungen. 2 Bände. Bern, München: Francke.

Esser, Hartmut (1999): Soziologie. Spezielle Grundlagen. Band 1: Situationslogik und Handeln. Frankfurt am Main u.a.: Campus-Verl.

Giddens, Anthony (1995) Konsequenzen der Moderne, Frankfurt am Main: Suhrkamp.

Greve, Jens (2008): Das Makro-Mikro-Makro-Modell: From reduction to linkage and back again. In: Greve, Jens; Schnabel, Annette & Schützeichel, Rainer (Hrsg.): Das Mikro-Makro-Modell der soziologischen Erklärung. Zur Ontologie, Methodologie und Metatheorie der 'Badewanne'. Wiesbaden: VS Verlag, S. 49-78.

Gutsche, Günter (Hrsg.) (2001): Gesellschaft und Kriminalität im Wandel. Zur Funktionalität des Verbrechens. Mönchengladbach: Forum-Verl. Godesberg.

Häfele, Joachim & Lüdemann, Christian (2006): „Incivilities" und Kriminalitätsfurcht im urbanen Raum – Eine Untersuchung durch Befragung und Beobachtung. In: Kriminologisches Journal 38, S. 273-291.

Hermann, Dieter (2003): Werte und Kriminalität. Konzeption einer allgemeinen Kriminalitätstheorie. Wiesbaden: Westdeutscher Verlag.

Hermann, Dieter (2004): Die Messung individueller reflexiver Werte. In: Glöckner-Rist, Angelika (Hrsg.): ZIS. ZUMA-Informationssystem. Elektronisches Handbuch sozialwissenschaftlicher Erhebungsinstrumente. Version 8.00. Mannheim: Zentrum für Umfragen, Methoden und Analysen.

Hermann, Dieter (2006): Die kriminalpräventive Zielgruppenanalyse. In: Obergfell-Fuchs, Joachim & Brandenstein, Martin (Hrsg.): Festschrift für Helmut Kury zum 65 Geburtstag. Frankfurt am Main: Verlag für Polizeiwissenschaft, S. 295-314.

Hermann, Dieter (2008): Posttraditionale Ethik. Empirische Analysen und theoretische Reflexionen. Merus: Hamburg.

Hermann, Dieter (2009): Kommunale Kriminalprävention in Heidelberg. Evaluationsstudie zur Veränderung der Sicherheitslage in Heidelberg. Schriften zur Stadtentwicklung. Stadt Heidelberg.

Hermann, Dieter (2011): Heidelberger Audit Konzept für urbane Sicherheit (HAKUS). In: Kriminalistik 65, S. 385-387.

Hermann, Dieter & Laue, Christian (2003): Vom „Broken-Windows-Ansatz" zu einer lebensstilorientierten ökologischen Kriminalitätstheorie. In: Soziale Probleme 14, S. 107-136.

Herrmann, Ulrike (2012): Null Toleranz für Schnäppchenjäger. Franz Josef Strauß wär das nicht passiert. In: taz.de vom 17.02.2012. Internetpublikation: http://www.taz.de/!87942/.

Hirtenlehner, Helmut (2006): Kriminalitätsfurcht – Ausdruck generalisierter Ängste und schwindender Gewissheiten? Untersuchung zur empirischen Bewährung der Generalisierungsthese in einer österreichischen Kommune, In: Kölner Zeitschrift für Soziologie und Sozialpsychologie 58, S. 307-331.

Hirtenlehner, Helmut & Farrall, Stephen (2012): Modernisierungsängste, lokale Irritation und Furcht vor Kriminalität. Eine vergleichende Untersuchung zweier Denkmodelle. In: Monatsschrift für Kriminologie und Strafrechtsreform 95, S. 93-114.

Hohage, Christoph (2004): „Incivilities" und Kriminalitätsfurcht. In: Soziale Probleme 15, S. 77-95.

Hubig, Christoph (2004): Benötigen deinstitutionalisierte „postmoderne" Gesellschaften Vertrauen? Vortrag auf dem ersten Hagener Kolloquium der Wirtschaftsphilosophie: Sozialkapital Vertrauen. Christian-Jakob-Kraus-Institut, 6.3.2004. Internetpublikation: http://www.fernuni-hagen.de/PRPH/hubig.pdf; Stand 08/2012.

Junge, Matthias (2002): Individualisierung. Frankfurt, New York: Campus.

Kasperzak, Thomas (2000): Stadtstruktur, Kriminalitätsbelastung und Verbrechensfurcht. Darstellung, Analyse und Kritik verbrechensvorbeugender Maßnahmen im Spannungsfeld kriminalgeographischer Erkenntnisse und bauplanerischer Praxis. Holzkirchen, Obb.: Felix.

Kube, Edwin (2003): Städtebau und Kriminalität. Fördert die Unwirtlichkeit unserer Städte Kriminalität? In: Der Bürger im Staat 52, S. 65-69.

Mosconi, Giuseppe & Padovan, Dario (2004): Social Capital, Insecurity and Fear of Crime. In: Albrecht, Hans-Jörg; Serassis, Telemach & Kania, Harald (Hrsg.): Images of Crime II. Representations of Crime and the Criminal in Politics, Society, the Media, and the Arts. Freiburg im Breisgau: MPI, S. 137-166.

Parsons, Talcott (1967): The Structure of Social Action, 5. Aufl. (1. Aufl. 1937). New York: Free Press.

Putnam, Robert D. (2000): Bowling Alone. New York: Simon & Schuster.

Reinecke, Jost (2005): Strukturgleichungsmodelle in den Sozialwissenschaften. München: Oldenbourg.

Rölle, Daniel & Flade, Antje (2004): Theorien und Modelle zur Erklärung von Unsicherheitsgefühlen im öffentlichen Raum. In: Kriminalistik 58, S. 774-780.

Schmid, Michael (1989): Arbeitsteilung und Solidarität – eine Untersuchung zu Emile Durkheims Theorie der sozialen Arbeitsteilung. In: Kölner Zeitschrift für Soziologie und Sozialpsychologie 41,: S. 619 – 643.

Schulze, Gerhard (2005): Die Erlebnisgesellschaft. Kultursoziologie der Gegenwart, 2. Aufl., Frankfurt am Main: Campus.

Schwind, Hans-Dieter (2005): Kriminologie. Eine praxisorientierte Einführung mit Beispielen, 15. Aufl. Kriminalistik Verl.: Heidelberg.

Skogan, Wesley G. (1992): Disorder and Decline. Crime and the Spiral of Decay in American Neighborhood. University of California Press: Berkeley, Los Angeles.

Steffen, Wiebke (2012): Gutachten für den 17. Deutschen Präventionstag, 16. & 17. April 2012 in München. „Sicher leben in Stadt und Land". Sicherheit als Grundbedürfnis der Menschen und staatliche Aufgabe. Heiligenberg (Baden), München. Internetpublikation: http://www.praeventionstag.de/kriminalpraevention/Module/Media/Medias/17-DPT--Gutachten_185.pdf; Stand 08/2012.

Wilson, James Q. & Kelling, George L. (1982): Broken Windows. The Police and Neighborhood Safety. in: The Atlantic Monthly, S. 29-39. Deutsche Übersetzung: Polizei und Nachbarschaftssicherheit: Zerbrochene Fenster, in: Kriminologisches Journal 28, 1996, S. 121-137.

Woll, Andreas (2011): Kriminalität bei Berufsschülern: Eine Replikation der voluntaristischen Kriminalitätstheorie. Berlin, Münster: Lit-Verlag.

Wilfried Blume-Beyerle / Robert Kopp

S.A.M.I. – ein Gemeinschaftsprojekt aller Behörden und Institutionen in München zur Verbesserung der Sicherheit und Ordnung im öffentlichen Raum

München gehört seit vielen Jahren zu den sichersten Städten Deutschlands und Europas. Mit ausschlaggebend dafür ist die gute und konsequente Arbeit der Sicherheitsbehörden, deren Arbeit sich auf qualitativ hohem Niveau befindet. Dies resultiert auch aus der jahrelangen, hervorragenden Zusammenarbeit und Kooperation zwischen dem Polizeipräsidium München und dem Kreisverwaltungsreferat der Landeshauptstadt München.

Das Polizeipräsidium München und das Kreisverwaltungsreferat treten Störungen der öffentlichen Sicherheit und Ordnung bereits in den Anfängen energisch entgegen, um den Rechtsfrieden in der Stadt, aber auch das subjektive Sicherheitsempfinden der Bürgerinnen und Bürger verlässlich gewährleisten zu können.

Insbesondere aufgrund der kontinuierlich steigenden Einwohnerzahlen kommt es gerade im öffentlichen Raum und auf öffentlichen Plätzen immer wieder zu Problemen:

Durch Drogen- und Alkoholszenen und die damit oftmals einhergehenden „Ausschreitungen“, durch osteuropäische Bettelbanden und störendes Verhalten verschiedener Gruppierungen an bestimmten Örtlichkeiten gerät das normale Gleichgewicht oftmals in eine Schieflage.

Vor-S.A.M.I.

Um hier mit den richtigen Maßnahmen anzusetzen und den richtigen und angemessenen Ausgleich zwischen Hilfsangeboten, präventiver Arbeit, aber auch repressiven Maßnahmen zu finden, haben sich Kreisverwaltungsreferat, Referat für Gesundheit und Umwelt, Sozialreferat und Polizeipräsidium München in der Vergangenheit regelmäßig in „kleinen Arbeitskreisen“, „Runden Tischen“ und einzelfallbezogenen Besprechungen zu neuralgischen Plätzen oder Problemen im öffentlichen Raum getroffen.

Die erforderlichen Maßnahmen wurden am Einzelfall erörtert und soweit möglich auch umgesetzt. Hierbei wurden selbstverständlich auch andere betroffene Dienststellen, Anwohner, Geschäftsleute und Bürgergremien eingebunden.

Letztendlich gab es jedoch für eine Vielzahl von einzelnen Problemstellungen eine Vielzahl an Arbeitskreisen, Runder Tische und Besprechungen mit oftmals ähnlicher Zusammensetzung.

Um hier künftig effizienter vorzugehen, wurde in einem ersten Schritt im Rahmen eines kleinen „Arbeitskreises“ mit Polizei, Kreisverwaltungsreferat, Sozialreferat und Referat für Gesundheit und Umwelt/Streetwork versucht, auf Arbeitsebene und in regelmäßigen Sitzungen alle problematischen Örtlichkeiten und Problemlagen zu erörtern und Maßnahmen festzulegen. Diese regelmäßige Form der Besprechungen hat sich zwar als gutes Instrument erwiesen, allerdings fehlte es an einer gewissen Institutionalisierung dieses Gremiums und die Entscheidungs-Ebene war zu niedrig; Entscheidungen mussten mit den höheren Hierarchien rückgekoppelt werden, so dass letztendlich in diesem Gremium doch keine endgültigen Festlegungen und Entscheidungen getroffen werden konnten.

Da sich diese Form der Zusammenarbeit jedoch grundsätzlich bewährt hat und sich die Problematik im öffentlichen Raum teils durch Verlagerungsbewegungen, teils durch andere Umstände verschärft hatte, wurde zwischen Polizeipräsidium München und Kreisverwaltungsreferat beschlossen, das bestehende Gremium weiter zu optimieren und ihm einen institutionellen Charakter zu geben.

So wurde am 14.01.2009 das gemeinsame „Sicherheits- und Aktionsbündnis Münchner Institutionen“ **(S.A.M.I.)** ins Leben gerufen, um gerade den Konflikten im öffentlichen Raum künftig noch effektiver begegnen zu können und den anerkannt hohen Sicherheitsstandard in München weiter auszubauen.

S.A.M.I.-Ziele

Ziel des Sicherheits- und Aktionsbündnisses ist es, durch gemeinsames und koordiniertes Handeln der jeweils zuständigen Behörden und Institutionen, die bereits in der Vergangenheit sehr gute Zusammenarbeit zwischen Polizei und Landeshauptstadt München noch enger zu gestalten. Durch aktive Präventionsarbeit sollen Probleme in einem ressortübergreifenden Ansatz frühzeitiger erkannt, rascher gelöst und so das Sicherheitsgefühl der Bevölkerung weiter nachhaltig gestärkt werden.

Durch ganzheitliche Betrachtung und ein abgestimmtes Vorgehen aller tangierten Stellen können umfassende und angemessene Lösungsstrategien für Problembereiche – gegebenenfalls auch schon im Vorfeld strafrechtlich relevanter Verhaltensweisen – entwickelt werden.

Die Arbeit des **S.A.M.I.** basiert auf Erkenntnissen der Bündnispartner über die Situation örtlicher Häufungen von Ordnungs- und Sicherheitsstörungen, die geeignet sind, das Sicherheitsempfinden und damit die Lebensqualität zu beeinträchtigen. Im Rahmen eines regelmäßigen Informations- und Erfahrungsaustausches sollen nach Bewertung und Analyse vorliegender Erkenntnisse konkrete Maßnahmen gegen sich abzeichnende oder erkannte Problembereiche vereinbart werden. Die verantwortlichen Stellen führen dann die jeweils vereinbarten Maßnahmen im eigenen Zuständigkeitsbereich durch und berichten bei der nächsten Sitzung über deren Umsetzung.

Hierdurch wird stets ein umfassender Überblick über den aktuellen Sachstand und alle getroffenen Maßnahmen gewährleistet.

Neben regelmäßigen Kontakten zwischen den beteiligten Stellen im täglichen Dienstbetrieb finden vierteljährliche bzw. anlassbezogen terminierte Sitzungen statt, in denen sich alle Beteiligten entsprechend der eigenen Zuständigkeiten und Möglichkeiten an einer schnellen und nachhaltigen Problemlösung in verantwortlicher Weise beteiligen.

S.A.M.I. setzt sich aus einem engen und einem erweiterten Teilnehmerkreis zusammen. Der enge Kreis besteht aus dem Polizeipräsidium München, dem Kreisverwaltungsreferat, dem Sozialreferat, dem Baureferat und dem Referat für Gesundheit und Umwelt der Landeshauptstadt München. Dieser Kreis kann je nach Bedarf einzelfallbezogen um weitere städtische Referate und sonstige Behörden oder Institutionen, wie beispielsweise die Bundespolizei, die Münchner Verkehrsgesellschaft oder die Deutsche Bahn AG, erweitert werden. Die Leitung des Bündnisses teilen sich das Polizeipräsidium München und das Kreisverwaltungsreferat München, vertreten durch Herrn Polizeivizepräsidenten Kopp und Herrn berufsmäßigen Stadtrat Dr. Blume-Beyerle.

Grundlage der S.A.M.I.-Arbeit

Die grundlegenden Informationen für die Arbeit des Aktionsbündnisses liefert die vom Polizeipräsidium München geschaffene Datenbank „LOS-PPM“ (Lagebild Ordnungsstörungen des Polizeipräsidiums München). In dieser EDV-Anwendung erfassen die Polizeiinspektionen alle Örtlichkeiten im Stadtgebiet, an denen es vermehrt zu Sicherheits- und Ordnungsstörungen kommt. In der Datenbank werden neben Erkenntnissen aus einschlägigen Dateien, wie z. B. der polizeilichen Kriminalstatistik oder dem Zentralen Einsatzunterstützungssystem, auch die im Rahmen des täglichen Dienstbetriebes erhaltenen Informationen, die Mitteilungen der Bürger sowie Erkenntnisse aus Bürgerversammlungen und der regionalen Presse berücksichtigt. Auf Grundlage der hier gesammelten Daten wird jeweils im Vorfeld der turnusmäßigen Arbeitssitzungen vom Polizeipräsidium München das „Lagebild Ordnungsstörungen“ erstellt und den Bündnispartnern zugeleitet.

S.A.M.I.-Arbeit

Einer der Schwerpunkte der Arbeit des Aktionsbündnisses ist die Beobachtung von Treffpunkten von Angehörigen sozialer Randgruppen, wenn diese mit szenetypischen Sicherheits- und Ordnungsstörungen einhergehen. In den vergangenen Jahren sind insbesondere drei öffentliche Plätze im Stadtgebiet München als Aufenthaltsörtlichkeiten von Angehörigen der Alkoholiker- bzw. Betäubungsmittelszene in den Fokus der beteiligten Institutionen gerückt. Nachdem an den einzelnen Örtlichkeiten Straftaten und szenetypische Ordnungsstörungen teilweise deutlich gestiegen waren, wurden im Rahmen des Sicherheits- und Aktionsbündnisses die notwendigen Maßnahmen aller beteiligten Behörden abgestimmt, um koordiniert und zielorientiert an der Problemlösung zu arbeiten. So wurden beispielsweise durch das Polizeipräsidium München die polizeilichen Kontrollmaßnahmen intensiviert, regelmäßig Schwerpunktkontrollen durchgeführt und zudem eine Videoüberwachungsanlage installiert. Durch das Kreisverwaltungsreferat wurde begleitend eine Vielzahl von bußgeldbewehrten Aufenthaltsverboten erlassen und seitens des Referates für Gesundheit und Umwelt die Streetworkarbeit personell verstärkt sowie der Kontakt zu den Betreibern der umliegenden Substitutionseinrichtungen und Therapiezentren intensiviert. Darüber hinaus hat das Baureferat durch gestalterische Maßnahmen die sogenannten „Rückzugsräume“ für die Szeneangehörigen in den öffentlich zugänglichen Bereichen verringert.

Durch dieses abgestimmte, umfassende Maßnahmenbündel ist es gelungen, innerhalb kürzester Zeit eine deutliche Entspannung der Sicherheitslage durch rückläufige Straftaten und Ordnungswidrigkeiten am jeweiligen Platz zu erreichen und das Sicherheitsgefühl der Bevölkerung wieder zu stärken.

Mit Beruhigung der Situation an den einzelnen Örtlichkeiten endet jedoch die Arbeit des Sicherheits- und Aktionsbündnisses noch nicht. Im Rahmen eines Controllings werden die behandelten Örtlichkeiten und insbesondere die betroffenen Szeneangehörigen weiterhin genau „beobachtet“, um eine etwaige Rückkehr, beziehungsweise mögliche Verdrängungstendenzen an andere Örtlichkeiten mit neuerlichen Brennpunktbildungen frühzeitig zu erkennen und bereits im Ansatz entsprechend darauf zu reagieren.

Ein weiteres wichtiges Aufgabenfeld des Sicherheits- und Aktionsbündnisses ist es, nach Lösungsmöglichkeiten für „Konflikte“ zu suchen, bei denen die einzelnen Behörden an ihre Grenzen stoßen. Gerade im öffentlichen Raum und auf öffentlichen Plätzen kommt es immer wieder durch störendes Verhalten verschiedenster Gruppierungen zu Konflikten, die mit den üblichen behördlichen Ordnungsinstrumentarien nicht dauerhaft gelöst werden können.

So hat sich beispielsweise in den letzten Jahren ein Platz in der Münchner Innenstadt zu einem exponierten und beliebten Treffpunkt in den Abend- und Nachtstunden bei Einwohnern und Touristen entwickelt.

Die überwiegend jungen Menschen verweilen völlig friedlich an der Örtlichkeit und auch der überwiegende Teil der Gespräche ist für sich betrachtet lärmschutzrechtlich nicht zu beanstanden. Durch die Masse der Unterhaltungen entsteht jedoch eine für die Anwohner insgesamt störende Geräuschkulisse, deren Reduzierung auf ein erträgliches Maß an polizeiliche und sicherheitsrechtliche Grenzen stößt.

Nachdem in der Vergangenheit eine Vielzahl von Maßnahmen der beteiligten Behörden nicht den gewünschten Erfolg erbrachten, wurde im Jahr 2010 von den Bündnispartnern als neuer Lösungsansatz die Idee zur Durchführung einer Mediation geboren und das Sozialreferat der Landeshauptstadt München mit der Umsetzung dieser Maßnahme beauftragt. In mehreren, von externen Mediatoren durchgeführten, Mediationssitzungen ist es zwischenzeitlich gelungen, die Problematik in das Bewusstsein der Nutzer und Anwohner zu rufen. Darüber hinaus haben die beiden Konfliktparteien gemeinsam nach neuen, eigenen Lösungsmöglichkeiten gesucht. Die hier gesammelten Ideen werden nun zum einen von den jeweils zuständigen Referaten auf ihre Durchführbarkeit überprüft und sollen anschließend soweit möglich umgesetzt werden. Darüber hinaus hat sich aus dem Kreis der Mediationsteilnehmer zwischenzeitlich ein Arbeitskreis gebildet, der losgelöst von den behördlichen Maßnahmen versucht, die nicht-behördlichen Lösungsvorschläge umzusetzen.

Schlussbemerkung

Nach nunmehr über 3 Jahren **S.A.M.I.** kann resümiert werden, dass dieses Sicherheitsbündnis die bereits langjährige Kooperation zwischen den jeweiligen Behörden und Institutionen sinnvoll ergänzt und abrundet. Die **S.A.M.I.**-Arbeit leistet einen wichtigen Beitrag zur Aufrechterhaltung der Sicherheit und Ordnung im öffentlichen Raum der Landeshauptstadt München und trägt damit letztlich auch dazu bei, dass München auch in Zukunft eine der sichersten Städte in Deutschland und Europa bleibt.

Martin Schairer

Sicher leben in der Stadt – der zentrale Beitrag der kommunalen Mandatsträger[1]

1. Entwicklung kommunaler Verantwortung

Bevor man sich mit dem heutigen Beitrag kommunaler Mandatsträger befasst, muss man sich die historische Entwicklung dieser Verantwortung bewusst machen.

Die Kommunale Kriminalprävention war bis zu Beginn der 90er Jahre des vorigen Jahrhunderts weitgehend unsystematisch verteilt zwischen der Stadtverwaltung und der Polizei.

Erst Anfang/Mitte der 90er Jahre, beeinflusst durch die Diskussion des US-amerikanischen community policing, das von der dortigen Polizei angestrengt wurde, haben auch in Deutschland die Polizeien reagiert und die Federführung übernommen.

Sie haben eine Organisation aufgebaut, die Kommunale Kriminalprävention systematisiert und die städtischen und staatlichen Stellen gemäß ihrer Zuständigkeit in das System einbaut. Ende der 90 er Jahre, nicht zuletzt auch durch den Siegeszug der Kommunalen Kriminalprävention (KKP), erkannte die Polizei, dass ihre Ressourcen nicht ausreichen, die Kommunale Kriminalprävention weiter federführend zu betreiben.

Auch wurde im Zuge der wissenschaftlichen und pragmatischen Diskussion immer mehr festgestellt, dass eine ursachenorientierte Bekämpfung der Kriminalität sich an den Originärzuständigkeiten orientieren sollte.

Schließlich ist die Polizei nach dem Polizeirecht regelmäßig nur subsidiär zuständig, Ursachen zu bekämpfen und zu beseitigen. Vor allem bei der Sicherheitsvorsorge im Bereich der Jugendkriminalität wurde überdeutlich, dass qualitativ gute Ergebnisse sich nur im Verbund mit staatlichen und städtischen Stellen unter deren Federführung verwirklichen lassen.

Durch Verträge mit den Gemeindeverbänden (so in Baden-Württemberg) oder durch Eigeninitiative erfolgten nach und nach Zuständigkeitsverlagerungen, wenn auch noch lange Zeit die Polizei faktisch die Oberhand behielt.

---

[1] Teilbeitrag aus dem gemeinsamen Vortrag von Sigfried Löprick, Jugendhilfe Göttingen e.V., Guilherme Pinto, European Forum for Urban Security (EFUS) und Martin Schairer, Bürgermeister Landeshauptstadt Stuttgart

2. Stuttgarter Sicherheitspartnerschaft

In Stuttgart wurde bereits 1997 mit dem Amtsantritt von Oberbürgermeister Dr. Wolfgang Schuster die Stuttgarter Sicherheitspartnerschaft begründet, die eine duale Führung von Stadt und Polizei vorsieht.

Die Partnerschaft ruht bis heute auf drei Säulen, der Stadt, der Polizei und der Bürgerschaft in Gestalt von bürgerschaftlichen Organisationen, Stiftungen und Vereinen. Stabstellen bei Stadt und Polizei wurden gegründet, sowie ein Förderverein „Sicheres und Sauberes Stuttgart " zur Spendensammlung. Von nun an war Kommunale Kriminalprävention Chefsache.

Der Oberbürgermeister war gemeinsam mit dem Polizeipräsident der Kopf der „Bewegung", die städtischen Ämter wurden zur Mitwirkung verpflichtet, der Gemeinderat regelmäßig informiert.

Besonders erfolgreich wurde das Stuttgarter Modell der „Sicherheitspartnerschaft", weil die Bezirksvorsteher der 23 Stadtbezirke verpflichtet wurden, Sicherheitsbeiräte zu gründen, in denen regelmäßig ortsbezogene Sicherheitsprobleme analysiert und möglichst gemeinsam im Zusammenwirken mit der örtlichen Polizei und den Bürgervereinen und -organisationen gelöst werden. Stadtverwaltung und Gemeinderat nahmen diese Verantwortung an.

Nach der Polizeilichen Kriminalstatistik (PKS) ist Stuttgart seither eine der sichersten Großstädte der Bundesrepublik. Die Straftaten schwanken zwischen 50 000 und 70 000. Pro 100 000 Einwohner waren in den letzten Jahren stets ca. 8000 bis 9000 Straftaten zu verzeichnen.

3. Beispiele kommunaler Verantwortungsübernahme

Seit 1995 führt die Landeshauptstadt im zweijährigen Rhythmus regelmäßige Bürgerbefragungen – auch zum Thema Sicherheit - nach wissenschaftlichen Grundsätzen durch. Die subjektive Sicherheit, also das Sicherheitsgefühl, wird in Stuttgart für genauso wichtig erachtet, wie die objektive Sicherheit. So wird auch das aus Kriminalitätsfurcht praktizierte Vermeidungsverhalten der Bürgerinnen und Bürger abgefragt.

Immer mehr sollten die Sicherheitsbefragungen in Gestalt eines echten Audits weiterentwickelt werden, um Schlüsse für die Sicherheitsarbeit ziehen zu können. Bemerkenswert ist dabei, dass eher allgemeine Lebensängste und Vorurteile das Sicherheitsgefühl dominieren als echte Sicherheitsdefizite in den Stadtbezirken, eine Erkenntnis, die überall kriminologisch erkannt und diskutiert wird. Auch darauf ist durch die Stadtpolitik zu reagieren!

Mit der Einrichtung einer städtischen Stabsstelle für Kommunale Kriminalprävention, besetzt mit einem Polizeibeamten, der entweder an die Stadt abgeordnet oder übernommen wird, wird in der Stadtverwaltung vollzugspolizeilicher Sachverstand eingespeist. Diese enge Verbindung zwischen Polizei und Stadtverwaltung hat sich sehr bewährt. Der Beamte koordiniert als Querschnittsreferent die Präventionsarbeit der städtischen Behörden, der Polizei und der Bürgervereine.

In einem jährlichen Präventionsbericht werden mit inzwischen über 100 Sicherheitspartnern die Projekte der Kommunalen Kriminalprävention für diejenigen, die Sicherheitsarbeit betreiben, als bench-mark verstanden.

Seit 2010 lobt der Oberbürgermeister einen städtischen Präventionspreis aus. Damit unterstreicht die Stadt ihre kommunale Verantwortung und etabliert eine Anerkennungskultur, um die Kontinuität und Nachhaltigkeit der Präventionsarbeit zu sichern.

Da Kriminalität weit überwiegend vor Ort entsteht und die Bürger die Sicherheitsdefizite besonders sensibel in ihrem Wohnbereich wahrnehmen und erkennen, wurden in allen Stadtbezirken Sicherheitsbeiräte gegründet. Damit wird die Verantwortung für die Beseitigung von Angsträumen und für urbane Sicherheit in die Hände der örtlichen kommunalen Verantwortlichen gelegt.

Vor allem die Bezirksvorsteher, die vom Gemeinderat gewählt werden, sind damit unmittelbar für die Sicherheit in ihrem Stadtbezirk verantwortlich!

Keine Sicherheitsarbeit gelingt langfristig, wenn der Oberbürgermeister die Kriminalprävention nicht zur Chefsache macht.

In Stuttgart hat der Oberbürgermeister persönlich die Initiative ergriffen und Stabsstellen für Integration und für ein „Kinderfreundliches Stuttgart" geschaffen. Die Fachbürgermeister/Beigeordneten sind verantwortlich für Handlungsfelder wie Städtebau und Kriminalprävention (Baubürgermeister) oder für runde Tische zur Straßenprostitution oder der Befriedung von Vergnügungsviertel (Ordnungsbürgermeister).

Der Gemeinderat in Stuttgart hat Verantwortung übernommen, indem er die Mittel des von ihm gegründeten Projektmittelfonds „Zukunft der Jugend" nach kriminalpräventiven Kriterien verteilt.

In der Verantwortung der Bezirksvorsteher stehen Sauberkeitsaktionen, wie das bekannte und häufig belächelte „Lets putz Stuttgart", denn die Sauberkeit ist die kleine Schwester der Sicherheit.

Auch bietet die Stabsstelle Kriminalprävention immer wieder Projekte an, die in eigener Verantwortung der Bezirksvorsteher in den Stadtbezirken durchgeführt werden (z.B. das Sicherheits-Theaterstück „Hallo Oma, ich brauch Geld" - eine Aktion gegen Betrügereien zum Nachteil älterer Menschen).

4. Überregionales und internationales Engagement

Sicherheit hört nicht an den Stadtgrenzen auf. Die Stadt Stuttgart befindet sich im Austausch mit internationalen Sicherheitsorganisationen und ist als erste deutsche Stadt Mitglied im Europäischen Forum für Urbane Sicherheit (EFUS) geworden. EFUS mit 300 europäischen Mitgliedsstädten und mit beratendem Status bei der EU-Kommission ist die Stimme der Städte Europas in Sachen Sicherheit (www. efus.eu.).

Die Stadt Stuttgart hat das Deutsch-Europäische Forum für Urbane Sicherheit (DEFUS – www. defus.org) als deutsches Städtenetzwerk gegründet. Ziel von DEFUS ist, die Stimmen der deutschen Städte zu koordinieren, in europäische Gremien einzubringen und von dort die übertragbaren Anregungen für deutsche Kommunen zu übertragen.

Bisher haben die Städte und Gemeinden im Gegensatz zur Polizei keine gemeinsame kriminalpolitische Plattform zum Austausch und zur gemeinsamen Beantragung von EU-Projekten im Bereich Sicherheit.

5. Kritik/Defizite/Nacharbeiten

Eine Herausforderung für die Kommunale Kriminalprävention ist nach wie vor die nachhaltige Überzeugungsarbeit im Gemeinderat, dass Vorsorgeprojekte im Bereich der Sicherheit sich langfristig auszahlen. Insoweit muss an der Fortbildung der Gemeinderäte, welche Bedeutung eine kontinuierliche und nachhaltige Kommunale Kriminalprävention hat, gearbeitet werden. Politische Aufregungen werden in der Regel durch Katastrophenmeldungen verursacht. Eine gute Sicherheitslage in den Städten wird häufig kaum wahrgenommen und ist schwer messbar. Aber auch bei guter Sicherheitslage sollte die Unterstützung der Gemeinderäte gewährleistet sein; um diese muss ununterbrochen geworben werden.

Ein echtes Problem ist, dass wir nach wie vor wenig über die Wirkungszusammenhänge in der Kommunalen Kriminalprävention wissen.

Welches Projekt wirkt, welches nicht?

Dies ist eine Frage, die die verantwortlichen Städte im Schulterschluss mit Polizei und Wissenschaft klären müssen. Inzwischen gibt es über das amerikanische Programm Communities That Care (CTC) neue Erkenntnisse, die zurzeit im Rahmen des Europäischen Städtenetzwerks EFUS und des deutschen Städtenetzwerks DEFUS ausgewertet werden.

Schließlich ist festzustellen, dass die Polizei aus Gründen ihrer Ressourcenknappheit sich zunehmend aus KKP-Projekten zurückzieht. Dies ist zu bedauern, da die Polizei mit ihrer Fachkompetenz und Autorität einen unverzichtbaren Bestandteil der Kommunalen Kriminalprävention darstellt. Hier bedarf es von Seiten der kommunalen

Verantwortlichen Anstrengungen, je nach Möglichkeit flexibel gemeinsam mit der Polizei auf die Herausforderungen zu reagieren. An einem Ausbau der Kommunalen Kriminalprävention auf den Schultern der kommunalen Verantwortlichen geht aber kein Weg vorbei.

6. Fazit

Für die Zukunft ist festzuhalten. Vor dem Hintergrund der bestehenden Rahmenbedingungen kann die Dynamik der Kommunalen Kriminalprävention dauerhaft nur durch die Kommunen sichergestellt werden.

Dies ist im Hinblick auf ihre Verantwortlichkeit für die Öffentliche Sicherheit auch konsequent.

Die Verantwortung für die urbane Sicherheit ist von den Kommunen erkannt worden und wird von ihnen auch angenommen.

Im Hinblick auf die Globalisierung, der offenen Grenzen in Europa und der wachsenden Bedeutung der Städte in Europa gewinnen internationale Netzwerke mehr an Gewicht.

Auch rückt die innere Sicherheit immer mehr in den Fokus der Verantwortlichen in Europa.

Deshalb ist es notwendig, dass die kommunalen Verantwortungsträger sich an dem internationalen Meinungs- und Erfahrungsaustausch beteiligen. Auf deutscher Ebene ist mit DEFUS ein Anfang gemacht, auf Europäischer Ebene sollte EFUS ausgebaut werden. Dabei wird die Herausforderung darin bestehen, strukturierter und mehr an den Bedürfnissen der verschiedenen Städte orientiert, internationale Sicherheitsarbeit zu betreiben.

Herbert Schubert

Die Sicherheitspartnerschaft im Städtebau und das Qualitätssiegel für sicheres Wohnen in Niedersachsen[1]

1. Wandel des Sicherheitsbegriffs und der Sicherheitsarchitektur

Das Thema „Sicherheit“ hat nach den Terroranschlägen vom 11. September 2001 eine neue Ausrichtung erhalten. Die Sicherheitspolitik wandelte sich sowohl auf nationaler als auch auf europäischer und internationaler Ebene; die einst kategoriale Unterscheidung zwischen kriegs- und kriminalitätsbedingten Bedrohungen löste sich auf. Und in der Sicherheitsarchitektur wurde die Differenz von staatlicher und privater Sicherheitsgewährung sowie von Prävention und Repression zunehmend nivelliert (vgl. Albrecht 2007: 178; Kaufmann 2011: 101). Der „alte“ Sicherheitsbegriff, der auf Inlandereignisse, anerkannte Rechtsgüter und auf Angriffe durch Private fixiert war, wurde obsolet (vgl. Gusy 2012: 71f.). Definiert wird Sicherheit zwar weiterhin als „Abwesenheit von Gefährdung“, aber in einem neuen Verständnis wird betont, dass Sicherheit – ebenso wie Unsicherheit – „aus einem Prozess sozialer Konstruktion“ resultiert, wobei „gesellschaftlich akzeptierte Beschreibungen der Realität“ definieren, welche Güter schützenswert sind und inwiefern ihre Sicherheit bedroht wird (Masala 2012: 60). Diese Sichtweise folgt dem „Securitization-Ansatz“ der Kopenhagener Schule: Die Konstruktion des „Sprechhandelns“ beschreibt nicht nur Personen und Dinge (lokutionärer Ansatz) und zieht nicht nur Handlungen nach sich (illokutionärer Ansatz), sondern entfaltet selbst eine Wirkung (perlokutionärer Ansatz). Den sozialen Deutungsprozess, etwas als sicherheitsrelevant einzuordnen, wird daher mit dem auf einem perlokutionärem Sprechakt basierenden Konzept der „Versicherheitlichung“ beschrieben (vgl. ebd.: S. 58). Der neue Sicherheitsbegriff, der sich nach 2001 rasant verbreitet hat, ist einerseits eher präventiv vorbeugend und schützend als repressiv aufklärend und sanktionierend; andererseits ist er nicht mehr bloß objektiv, sondern erhält auch eine subjektive Komponente, weil es nicht nur um den Schutz vor bestehenden Gefahren geht, sondern auch um das Sicherheitsgefühl der Bürgerinnen und Bürger (vgl. Gusy 2012: S. 74f.).

Die alte Sicherheitsarchitektur war ganz auf die Behördenzuständigkeiten von Polizei, Nachrichtendiensten, Bundeswehr und Katastrophenschutz fokussiert. Das veränderte Sicherheitsverständnis führt zu einer neuen Sicherheitsarchitektur: Sie basiert auf einem ganzheitlichen Sicherheitskonzept und Gefahrenmanagement, das verstärkt von einer präventiven Sicherheitsgewährleistung geprägt wird (vgl. ebd.: S. 91f.).

---

[1] Auf dem 17. Deutschen Präventionstag in München wurde der Vortrag „Die Sicherheitspartnerschaft im Städtebau und das Qualitätssiegel für sicheres Wohnen in Niedersachsen“ von Gabriele Lasius vom Niedersächsischen Ministerium für Soziales, Frauen, Familie, Gesundheit und Integration und Prof. Dr. Herbert Schubert von der Fachhochschule Köln gehalten.

Darüber spielt der Einfluss des New Public Management (Neues Steuerungsmodell der KGST) seit Mitte der 1990er Jahre eine Rolle (vgl. Lange 2012: 118f.). Im Zuge der Verwaltungsreformen (New Public Management) ist ein neues Steuerungsverständnis von innerer Sicherheit entstanden, das einen erweiterten Akteurskreis hervorgebracht hat. Dabei ergibt sich quasi ein Zusammenspiel von Personalkürzungen bei der Polizei und einer verstärkten Förderung von „Community Policing" – wie z.B. die Aktivierung des Selbst- und Nachbarschutzes oder Formen der Ordnungs- und Sicherheitspartnerschaften. Die Initiative ging vielfach von der Polizei als zentralem Akteur im Handlungsfeld der inneren Sicherheit aus. Basierend auf dem Leitgedanken einer Zusammenarbeit von Polizei und Zivilgesellschaft entwickelten sich neue Netzwerk- und Kooperationsstrukturen zur lokalen Sicherheitsarbeit. Daraus erwuchs ein steigender Koordinierungsbedarf mit anderen lokalen Akteuren im Feld der inneren Sicherheit, was zu einem Bedeutungszuwachs sowohl von Partnerschaften und kriminalpräventiven Gremien als auch von Beteiligungsmodellen geführt hat (Wurtzbacher 2008). Sukzessiv findet dabei ein Übergang von einem hierarchischen Steuerungsmodus zu einem kooperativen Netzwerkmodus statt, in dem sich staatliche Instanzen auf Regulierungsaufgaben zurückziehen. Sicherheitspolitik kann nicht mehr als Entscheidung eines singulären Akteurs betrachtet werden, sondern soll – wie es der „Governance"-Begriff unterstreicht – auf der Interaktion der wirkmächtigen Akteure und Akteurinnen beruhen. Denn in der neuen Sicherheitsarchitektur spielt die Kooperation staatlicher und privater Akteure nach definierten Qualitätsstandards eine besondere Rolle. Im Fachdiskurs wird die Weiterentwicklung des staatlichen Aufgabenbereiches der inneren Sicherheit zu nicht-hierarchischen Regelungsformen als „Safety and Security Governance" bezeichnet (vgl. Frevel/Schulze 2012). Die Sicherheitsprävention wird auf das horizontale Zusammenwirken staatlicher und nichtstaatlicher Akteure ausgedehnt.

2. Neues Kontrollparadigma

Der New Yorker Soziologe und Kriminologe David Garland (2008) hatte in ähnlicher Weise darauf aufmerksam gemacht, dass sich das Verhältnis von Freiheit und Kontrolle verschiebt. Am Beispiel der Entwicklungen in den USA und in Großbritannien hat er auf die Abkehr vom wohlfahrtsstaatlichen Resozialisierungsparadigma verwiesen und verdeutlicht, dass diese Tendenz inzwischen auch auf Kontinentaleuropa ausstrahlt. Die Grundsätze des wohlfahrtsstaatlich orientierten Modells der Strafrechtspflege werden zunehmend von neuen Prinzipien des ökonomischen Kalküls von Kriminalität untergraben. Dadurch gewinnt eine neue Theorie der Kontrolle Kontur, in der Kriminalität nicht mehr als Problem der Benachteiligung, sondern als ein Phänomen der fehlenden Selbstkontrolle (Nutzer) und situativen Kontrolle (Umwelt) betrachtet wird. Garland skizziert in diesem Kontext einen Wandel von „high crime societies" zu „high security societies". Eine Folge dieses Perspektivenwechsels ist, dass Angst vor Kriminalität zu einem Thema an sich wird, unabhängig von der tatsächlichen Kriminalitätsbelastung und Viktimisierung. Nach Garland steht die aktuelle Praxis für eine „neue Kultur der Verbrechenskontrolle“ und reproduziert eine neue Art von sozialer Ordnung in der spätmodernen Gesellschaft. Der (neoliberale) Wandel des wohlfahrtsstaatlichen Strafens wird von einer Ökonomisierung geprägt, indem das kostenwirksame Management von Risiken und Ressourcen – beispielsweise durch Konzentration auf Hot Spots und Intensivtäter sowie durch die Auslagerung von Kontrollaufgaben auf Private – und die Kosteneffizienz – etwa durch Kostendruck auf Bewährungshilfe und auf Haftplätze – in den Vordergrund gerückt werden. Die aktuelle Praxis der Prävention, des polizeilichen Vorgehens, der Rechtsprechung, Sanktionierung und Strafrechtsauffassung, der privaten Sicherheit, des Ausbaus der informellen sozialen Kontrolle und der stärkeren Verschränkung mit den formalen Kontrollinstitutionen sowie des veränderten Umgangs mit Opfern muss vor diesem Hintergrund gesehen werden.

In der Folge dehnt sich der Sicherheitsbegriff aus: Daase (2012: 25) betont unter dem Stichwort „Wandel der Sicherheitskultur“, dass nicht mehr nur der Staat als Akteur sozialer Kontrolle eine Rolle spielt, sondern vor allem auch Kontrollleistungen der Gesellschaft und der Individuen in den Blick genommen worden sind. Und Rauer (2012: 87) sieht die Sicherheitskultur auf dem Weg zu „Interferenzen (…) zwischen Menschen und Technologien“. Vor diesem Hintergrund wird eine „neue Spaltung“ konstatiert: Auf der einen Seite verbreiten sich neue Techniken der Prävention, der Sicherheitsproduktion sowie der Schadens- und Angstreduktion durch Sicherheitspartnerschaften auf lokaler und regionaler Ebene. Dieser Präventions- und Sicherheitsapparat vermittelt – neben Polizei und Strafjustiz – als dritter „gouvernementaler Sektor“ (Foucault) zwischen Staat und Zivilgesellschaft. Auf der anderen Seite wird die übergeordnete Verbrechenskontrollpolitik auf neue Formen der Systemüberwachung und Informationstechnologie ausgerichtet. Die technische und soziale Kontrolle rücken enger zusammen – beispielsweise in Überwachungsansätzen, in denen Menschen, Videoapparaturen und Computer als „Akteur-Netzwerk“ in Erscheinung treten (vgl. Rauer 2012: 87). Die Kontrolle in den Städten und Gemeinden verändert sich in diesem Prozess tiefgreifend, weil die Herstellung der sozialen Ordnung als Problem der systemischen Integration verstanden wird: Unter dieser Perspektive müssen nicht die Menschen integriert werden, sondern die sozialen und technischen Arrangements, in denen sie leben, präventiv gestaltet werden. Dies führt zu der neuen Logik der Resilienz, interagierende Systeme wie den Wohnungsbau und die Gestaltung und Überwachung des öffentlichen Raums, die Geschäfte, den öffentlichen Personennahverkehr, die Schulen und Freizeiteinrichtungen mit den Verhaltensweisen der Bewohnerschaft und der Nutzer in präventiven Schutzkonzepten so aufeinander zu beziehen, dass es in Folge einer erhöhten Widerstandskraft und flexiblen Reaktion auf Bedrohungsszenarien weniger Sicherheitslücken gibt (vgl. Barnett/Bai 2007: 10ff.).

3. Niedersächsische Initiative „Sicheres Wohnquartier – Gute Nachbarschaft"

In dieser zeithistorischen Situation eines Wandels des Sicherheitsbegriffs und der Sicherheitsarchitektur nach den Ereignissen vom 11.09.2001 in den USA ist die Initiative „Sicheres Wohnquartier – Gute Nachbarschaft" in Niedersachsen einzuordnen. In den Jahren 2002 bis 2004 suchte die Bauabteilung – zuerst als Teil des Innenministeriums, später wieder als Organisationseinheit des Sozialministeriums – Anschluss an den internationalen Diskurs der sogenannten städtebaulichen Kriminalprävention. Nach diesem Ansatz gilt der Siedlungsraum als zentraler Mittler von Kontrollmechanismen: Raum wird als „relationale (An-) Ordnung sozialer Güter und Menschen (Lebewesen) an Orten" definiert (Löw 2001: 224 ff.). Die Konstituierung des Raumes erfolgt in einem wechselseitigen Zusammenspiel von Handlung und Struktur: Räumliche „Strukturen sind Regeln und Ressourcen, die rekursiv in Institutionen eingelagert sind" (ebd.: 226) und im Handlungsverlauf von Alltagsroutinen konstruiert werden. Besondere materielle Raummuster des Einschlusses und der Ausgrenzung – wie z.B. Zäune, Tore und andere Zugangskontrollen oder wie etwa die Gebäudeanordnung und Gestaltung von Sichtbeziehungen – können als Raummuster aufgefasst werden, in denen Sicherheitsaspekte – durch die Assoziation sozialer und technischer Merkmale – institutionalisiert sind (vgl. Schubert 2008).

Entsprechend dem neuen Kontrollparadigma wird Sicherheit im Raum gestalterisch durch situationsbezogene Bedingungen erzeugt (vgl. Clarke 1992). Bei den baulichen Maßnahmen werden Verbesserungen der städtebaulichen Strukturen durchgeführt, um die Zugänglichkeit, die Überschaubarkeit und das äußere Erscheinungsbild günstiger zu gestalten und um die Verfügungsrechte neu zu ordnen (vgl. Coaffee 2010). Vor allem die physische Handlungsbeeinflussung durch eine entsprechende „abwehrstarke" Gestaltung der Objekte im Raum („target hardening") zielt auf die Kontrolle der Zugänglichkeit zu einer Tatgelegenheit (vgl. Clarke 2003) – beispielsweise über: Zugangssperren, robuste vandalismusresistente Materialien oder schadensverringernde Maßnahmen (wie etwa Graffitischutzgrundierung). Unter dieser Perspektive ist nicht der (potenzielle) Täter, sondern die mangelhafte Gestaltungsqualität des städtischen Raumes als Signal für eine „Tatgelegenheit" von Interesse (vgl. Schubert 2005; Innes/Jones 2006). Ob unerwünschte Ereignisse im Wohnumfeld passieren können oder ob Kriminalitätsfurcht erzeugt wird, hängt danach – neben sozialen Merkmalen – auch von Merkmalen der räumlich-technischen Gestaltung ab. Oskar Newman rückte die territoriale Anordnung und die bauliche Gestaltung räumlich-architektonischer Strukturen als Faktoren der inneren Sicherheit eines Wohngebiets in den Blickpunkt (vgl. Newman 1972: 18 f.). Durch die Gestaltung soll eine natürliche Überwachung – im Sinne informeller sozialer Kontrolle – durch Bewohner ausgelöst werden, die mit Zeichen der Raumaneignung verteidigte und verteidigungsfähige Räume symbolhaft anzeigen, so genannte „Defensible Spaces" (vgl. Newman 1980).

Im Jahr 2002 fand in Niedersachsen eine intensive Auseinandersetzung mit dem CPTED-Ansatz der städtebaulichen Kriminalprävention statt (CPTED/Crime Prevention Through Environmental Design; vgl. Crowe 2000) und der zugrundeliegenden Orientierung an Territorium und Gestaltung (sogenannter CPTED-Ansatz der ersten Generation). Als Ergebnis veröffentlichte die Bauabteilung des Niedersächsischen Innenministeriums die Handreichung „Sicheres Wohnquartier – Gute Nachbarschaft" zur Förderung der Kriminalprävention im Städtebau und in der Wohnungsbewirtschaftung (Download unter URL http://www.sicherheit-staedtebau.de/downloads/Sicheres%20Wohnquartier-gute%20Nachbarschaft.pdf). Sie wurde im Rahmen einer Fachtagung vorgestellt, die das Niedersächsische Innenministerium und der Verband der Wohnungs- und Immobilienwirtschaft in Niedersachsen und Bremen (vdw) am 14. November 2002 im Schloss Celle veranstaltete, um unter den verschiedenen gesellschaftlichen Gruppen, deren Aktivitäten die Kriminalprävention in den Stadtquartieren befördern können, einen Diskurs anzuregen. Es war der Auftakt zu einer interdisziplinären Auseinandersetzung mit Fragen der städtebaulichen Kriminalprävention; eingeladen waren Unternehmen und Genossenschaften der Wohnungswirtschaft, der Mieterbund, die Architektenkammer, Berufsverbände der Architektur, des Städtebaus und der Landschaftsarchitektur, Verkehrsunternehmen, Fakultäten für Architektur und Landschaft der Hochschulen und Universitäten, Akademien des Bereichs Städtebau und Planung, zivilgesellschaftliche Aktivisten der Präventionsarbeit vor Ort, die verschiedenen Fachämter der Städte, Gemeinden und Landkreise, deren Entscheidungen Einfluss haben, und die verschiedenen Institutionen der Polizei.

In der Handreichung werden vier Ebenen einer präventiven Sicherheitsgewährleistung im Raum herausgestellt: (1) Die erste Handlungsebene umfasst soziale Infrastrukturangebote für verschiedene Bewohnergruppen. Im Blickpunkt stehen dabei (sozial-) pädagogische Interventionen zur Stärkung sozialer Schutzfaktoren und zur Verminderung sozialer Risikofaktoren im Sozialraum des Gemeinwesens. (2) Auf der zweiten Handlungsebene spielt das Sozialmanagement von wohnungswirtschaftlichen Akteuren wie die Wohnungsgesellschaften, Wohnungseigentümer oder Eigentümergemeinschaften eine Rolle (vgl. Schubert/Veil 2011a, Jäger et al. 2010). Das Sozialmanagement der Wohnungswirtschaft ist – insbesondere in der Zusammenarbeit mit anderen privaten und öffentlichen Akteuren – ein wichtiger präventiver Kontrollfaktor, der in den öffentlichen Raum des Wohnquartiers ausstrahlt. (3) Bauliche und materielle Aspekte sind auf der dritten Ebene von Architektur und Städtebau im gesamten Siedlungsraum zu finden (vgl. Schubert et al. 2009). Designer, Architekten, Freiraumplaner und Sicherheitsingenieure gestalten den städtischen Raum so, dass Tatgelegenheiten minimiert und Angst erzeugende Bereiche planerisch ausgeschlossen werden. Das Design von Wohngebiet und Architektur inkorporiert quasi Funktionen sozialer Kontrolle – zum Beispiel durch eine verbesserte Sichtbarkeit der Ereignisse im öffentlichen Raum. So stellen die architektonischen, städtebaulichen und technischen Maßnahmen effektive Impulse zur Verhinderung eines Kollapses der öffentlichen Ordnung und zur Konsolidierung der sozialen Kohäsion dar (vgl. Lukas 2010). (4) Auf der vierten Ebene repräsentieren die Bewohnerinnen und Bewohner die handelnden Akteure. Es ist die Handlungsebene der lokalen Selbstorganisation, Sicherheit durch Kontrolle im informellen Zusammenspiel der Nachbarn zu erwirken (vgl. Sampson 2012, Schubert/Veil 2011b).

Die Auseinandersetzung mit der städtebaulichen Kriminalprävention fing in Niedersachsen nicht beim Punkt Null an, sondern schloss an Entwicklungen an, die bis in die Dekade davor zurückreichen. Denn im Laufe der 1990er Jahre hatte das Thema „Sicherheit in der Stadt" durch die gewachsene Mobilität und heterogene Struktur der Zuwanderung nach Öffnung der osteuropäischen Grenzen bereits vermehrt Beachtung gefunden (vgl. Flade et al. 1997). Besonders zu nennen sind in diesem Zusammenhang Aktivitäten der Gleichstellungsbeauftragten in den Städten und Gemeinden zu Beginn der 1990er Jahre. Sie betonten die Notwendigkeit, sogenannte Angsträume im Wohnumfeld zu identifizieren, und kritisierten die unzureichende Berücksichtigung von Frauenbelangen im Alltag der kommunalen Stadtplanung. In diesem Kontext ist das Ressortforschungsprojekt zur Erarbeitung von Planungskriterien und Umsetzungsstrategien für eine „Frauengerechte Stadtplanung" einzuordnen, das vom Bundesministerium für Raumforschung, Bauwesen und Städtebau gefördert wurde (vgl. Baumgart/von Seggern 1994). Besondere Beachtung fand auch der Planungsleitfaden für mehr Sicherheit im öffentlichen Raum, den das Ministeriums für Stadtentwicklung, Kultur und Sport des Landes Nordrhein-Westfalen ausarbeiten ließ (vgl. Preis/Pohlmann-Rohr 1995). Der Verband der Wohnungs- und Immobilienwirtschaft in Niedersachsen und Bremen (vdw) griff die Thematik im Jahr 1998 explizit im Rahmen der Tagung „Kriminalprävention und Sicherheit in Wohnanlagen" in Bremen auf. In den Beiträgen vom Bremer Innensenator Borttscheller und vom niedersächsischen Innenminister Bartling wurden bereits Bezüge zu der Problematik hergestellt, die nach den Ereignissen vom 11. September 2001 in Niedersachsen zu der Initiative „Sicheres Wohnquartier – Gute Nachbarschaft" führten.

4. Unsichere Stadträume

Beim angesprochenen Wandel des Sicherheitsbegriffs zu Beginn des Jahrzehnts wird die persönlich erlebte „Angst vor Kriminalität" besonders betont. Auch im niedersächsischen Diskurs über „Sicheres Wohnquartier – Gute Nachbarschaft" wurde zwischen objektiver – definiert als tatsächliche Kriminalitätsbelastung – und subjektiver Sicherheit – definiert als „Gefühl" unabhängig von einer realen Viktimisierung – unterschieden; unter dem Aspekt der Selbstwahrnehmung rücken Stadtgebiete ins Blickfeld, die ein starkes Unsicherheitsgefühl erzeugen. In einer Studie des Gesamtverbandes der Wohnungswirtschaft wurden solche Stadträume als „überforderte Nachbarschaften" bezeichnet (GdW 1998): Sie weisen eine räumliche Konzentration benachteiligter Bevölkerungsgruppen auf. Die großen Probleme dieser Stadtgebiete sind einerseits die Armutsentwicklung auf Grund von Arbeitslosigkeit sowie Einwanderung und andererseits

Desintegrationsgefahren auf Grund der Randständigkeit und Zivilisationsdefizite spezifischer Bewohnergruppen. Vielen Kindern und Jugendlichen in diesen Stadtgebieten mangelt es an Perspektiven. Die Chancenlosigkeit schulmüder und kulturell desorientierter Jugendlicher auf dem Arbeitsmarkt schlägt sich beispielsweise in einem zunehmenden Vandalismus und in wachsender Kleinkriminalität nieder. Die Nachbarschaften sind insofern „überfordert", als sich die Menschen in der Folge in ihre Wohnungen zurückziehen, die Regeln eines geordneten Miteinanders preisgeben und die Hauseingänge sowie Freiflächen der Verwahrlosung und Verschmutzung überlassen.

Starke Unsicherheitsimpulse erzeugen vor allem zwei Gebietstypen: (1) vernachlässigte innerstädtische oder innenstadtnahe Altbauquartiere und (2) große Wohnsiedlungen aus der Nachkriegszeit an peripheren Standorten. Die problematischen innerstädtischen oder innenstadtnahen (oft gründerzeitlichen) Quartiere weisen in der Regel den Mangel auf, dass die Bausubstanz über viele Jahrzehnte nicht modernisiert worden ist und einen heruntergekommenen Eindruck macht. Ökonomisch aufstrebende jüngere Haushalte wandern deshalb aus diesen Quartieren ab, und es rücken Haushalte mit sehr begrenzter ökonomischer Leistungsfähigkeit sowie mit geringem Integrationsvermögen nach. Solche Quartier sind durch Zuzüge aus dem Ausland geprägt, und Straßenprostitution, Alkohol- und Drogenkonsum sind keine Seltenheit. Oft werden die Quartiere auch durch sogenannte Problemhäuser stark belastet. Die hoch verdichtete Bausubstanz ist schlecht, die Materialien sind nicht robust genug, um beispielsweise Einbruchsversuchen widerstehen zu können. Die Wohnqualität wird oft zusätzlich durch Verkehrslärm beeinträchtigt. Insgesamt machen die Quartiere keinen Vertrauen erweckenden Eindruck und werden von der Bevölkerung anderer Stadtteile gemieden. Daneben gehören auch Großwohnsiedlungen am Stadtrand zu den Gebieten, die in hohem Maße Unsicherheitsgefühle auslösen. Besonders signifikant tritt das bei Großwohnanlagen der 60er und 70er Jahre zu Tage, deren Standorte überwiegend in der urbanen Peripherie liegen: Ihre eintönige, wenig individuelle Architektur, die hochgeschossige Bauweise und die geringe Qualität des öffentlichen Raumes behindern die Identifikation der Bewohner und die Herausbildung Schutz bietender Nachbarschaftsnetzwerke – in den Hochhäusern von Großwohnsiedlungen wird tendenziell anonym gewohnt in. Es handelt sich meistens um Siedlungen mit hohen Anteilen von öffentlich geförderten Wohnungen, die einseitig belegt wurden und in denen sich deshalb Haushalte sozial benachteiligter Bewohnergruppen mit Unterstützungsbedarf konzentrieren. Die fehlende Nutzungsmischung bzw. die monofunktionale Beschränkung auf das Wohnen lässt den öffentlichen Raum fast den ganzen Tag über leer und unbelebt erscheinen. Da viele Großwohnsiedlungen zudem mit Gemeinbedarfseinrichtungen sowie mit sozialer Infrastruktur unzureichend ausgestattet worden sind, gibt es kaum Orte, die orientierungslose Jugendliche und junge Menschen auffangen können. Sie nehmen im Alltag Nischen im öffentlichen Raum in Besitz und verunsichern Nachbarn und Passanten mit exzessivem Alkoholkonsum, unsachgemäßem Verhalten, Verunreinigungen und Aggressivität.

In der einschlägigen Literatur gilt Pruitt-Igoe als Archetyp der unsicheren Großwohnsiedlung (vgl. Newman 1996). Die 33 elfstöckigen Bauten der Großwohnsiedlung (mit 2.870 Wohnungen) wurden ab 1951 vom Architekten Minoru Yamasaki (später Architekt des World Trade Centers) auf einem Areal am Nordrand von St. Louis/ Missouri geplant und errichtet, aber 1972 schon wieder abgerissen. Die Siedlung repräsentiert exemplarisch die Fehler im sozialen Wohnungsbau und in der Architektur der Moderne. Der Komplex Pruitt wurde nach dem afroamerikanischen Kampfpiloten des Zweiten Weltkriegs Wendell O. Pruitt benannt und sollte afroamerikanische Haushalte beheimaten; der Komplex Igoe hatte seinen Namen von William L. Igoe, einem ehemaligen Kongressabgeordneten, und wurde für eine weiße Einwohnerschaft gebaut. Nachdem die Rassentrennungspolitik in den USA im Jahr 1954 für illegal erklärt worden war, zogen die weißen Einwohner innerhalb weniger Jahren aus Pruitt-Igoe weg (vgl. Rainwater 1970). Danach häufte sich Vandalismus in der Siedlung; sukzessiv wurde das Gebiet zerstört und zu großen Teilen unbewohnbar. Der Architekt Charles Jencks bezeichnete den konsequenten Abriss am 16. März 1972 als „The day Modern Architecture died" (Jencks 2000). Wegen dieser Ereignisse gilt die Siedlung als Musterbeispiel für die Broken-Windows-Theorie, die den Zyklus des Niedergangs eines Stadtquartiers beschreibt (vgl. Wilson/Kelling 1996). Der allmähliche Verfall von Gebäuden und Wohnumgebung zieht in Folge mangelnder Identifikation der Bevölkerung Unordnung und Verwahrlosung nach sich. Die Kontrolle des Verhaltens im Quartier findet kaum noch statt. Die verminderte Kontrolle erleichtert die Begehung von Straftaten. Häufig kommt es zu Diebstahls- und Aggressionsdelikten wie etwa Körperverletzung und Sachbeschädigung; in der Folge befürchten Teile der Bewohnerschaft – insbesondere Frauen und ältere Menschen – sowie Besucher, im öffentlichen Raum des Quartiers Opfer von Kriminalität oder mit unzivilisiertem Verhalten konfrontiert zu werden.

Mit Strategien der sozialen Stadterneuerung wird versucht, die Nachbarschaften in solchen Stadträumen zu stärken, damit sich unter der Bevölkerung wieder gemeinsam akzeptierte Regeln und deren sozial breit verankerte Beachtung herausbilden können. Angefangen hatte das Land Nordrhein-Westfalen 1993 mit dem Förderprogramm "Stadtteile mit besonderem Erneuerungsbedarf". Im Jahr 1999 folgte die Bund-Länder-Gemeinschaftsinitiative „Förderung von Stadtteilen mit besonderem Entwicklungsbedarf – die soziale Stadt" (Programm „Soziale Stadt"). Dieses Programm verfolgt das Ziel, die Lebenssituation der betroffenen Menschen in den überforderten Stadtquartieren durch eine aktive und integrativ wirkende Stadtentwicklung nachhaltig zu verbessern. Dabei ist es jedoch nicht immer gelungen, die objektive Sicherheit und vor allem das subjektive Sicherheitsgefühl unter der Bewohnerschaft zu verbessern. In einer aktuellen Übersicht über Gebiete der Sozialen Stadt wurde erhoben, dass das Thema in zwei Dritteln (ca. 68 Prozent) der Gebiete eine Rolle spielt und in der Hälfte (50 Prozent) der Gebiete eine formelle Zusammenarbeit der Akteure zu diesem Thema stattfindet (BBSR 2012). Obwohl öffentliche und private Finanzmittel auf der Stadtteilebene gebündelt wurden und das Handeln in integrierten Programmen frühzeitig abgestimmt wurde, bleiben kriminalpräventive Effekte oft aus, wenn der lokale Aktionsplan unter kriminalpräventiver Perspektive nicht tiefenscharf genug ist. Einige dieser Stadtteile haben somit den Charakter, Unsicherheitsgefühle bei der Bewohnerschaft und unter Passanten auszulösen, behalten.

Für die Herausbildung subjektiver Unsicherheitsgefühle ist die Ebene der visuellen Kommunikation von besonderer Bedeutung, wie der SCP-Forschungsansatz (Signal Crimes Perspective) gezeigt hat. Die SCP-Logik richtet die Aufmerksamkeit auf die Wahrnehmung bestimmter Phänomene, die einerseits Unsicherheit gegenüber Personen, Orten und Ereignissen und andererseits Abwehrbereitschaft und Verantwortung erzeugen können: Dabei fällt der Blick entweder auf Risikozeichen oder auf Schutzsignale. Risikozeichen muss wirkungsvoll begegnet werden, damit sie nicht das Sicherheitsgefühl im öffentlichen Stadtraum beeinträchtigen (vgl. Innes / Jones 2006: vi). Solche Signale verändern das Denken und das Verhalten der Nutzer, indem sie so interpretiert werden, dass man sich gehen lassen könne (vgl. ebd.: 50). Schutzsignale befähigen die Nutzer und den Standort, den Risiken und Bedrohungen zu widerstehen. Das Zusammenwirken der lokalen Akteure und verhaltensbezogene sowie umgebungsbezogene Kontrollsignale (control signals) sind wichtige Faktoren, um positive Veränderungsprozesse in Richtung einer Stärkung des Sicherheitsgefühls zu initiieren (vgl. ebd.: 51). Verhaltensbezogene Kontrollsignale geben beispielsweise Akteure, die am Standort eine formale soziale Kontrolle ausüben, um die alltäglichen Routinen der Bewohnerschaft und der Stadtraumnutzer positiv zu beeinflussen. Umgebungsbezogene Kontrollsignale können schriftliche Hinweise oder der Einsatz einer Videoüberwachung sein. Durch solche äußeren Kontrollen wird die Fähigkeit der Nutzer zur informellen sozialen Kontrolle erhöht. Diese Verbindung von formaler und informeller sozialer Kontrolle kann als relevant eingestuft werden.

5. Vom Orientierungsrahmen zur Umsetzung

Die Debatte über Möglichkeiten des Städtebaus, zur Erhöhung der Sicherheit in der Stadt beizutragen, führte in Niedersachsen in den Jahren 2003 und 2004 zwangsläufig auch zu Fragen der Umsetzung. Dabei fand eine Auseinandersetzung mit dem CPTED-Ansatz der zweiten Generation statt (2nd Generation CPTED), nach dem die baulichen Strukturen nicht isoliert betrachtet werden dürfen, weil auch die sozialkulturelle Struktur des Wohnumfeldes und die Organisationskultur der Wohnungswirtschaft für die Konstruktion von Sicherheit bedeutsam sind. Vor diesem Hintergrund reicht ein eng geführtes, rein räumlich-materiell ausgerichtetes Präventionsverständnis nicht aus; es muss auch das netzwerkartige Zusammenwirken von lokalen Akteuren und das Bündeln von Maßnahmen in den Blick genommen werden. Im Gegensatz zur ersten Generation der städtebaulichen Kriminalprävention, die allein auf stadtplanerische, architektonische und bauliche Gestaltungsmaßnahmen setzt, werden in einem erweiterten Verständnis die sozialkulturellen Potenziale und die gebaute Umwelt in einen Zusammenhang gebracht (vgl. Sarkassian / Dunstan 2003). Es schälte sich die Einsicht heraus, dass Stadtplanung interdisziplinär mit weiteren Fachgruppen und zivilgesellschaftlichen Vereinigungen kooperieren muss. Sicherheit im Wohnumfeld wird danach sowohl durch die baulich-präventive Gestaltung des Quartiers als auch durch die Stärkung der Interaktionen und Beziehungen unter den „Stakeholders" gefördert. Dieses Verständnis der zweiten CPTED-Generation verknüpft Kriterien des kriminalpräventiven Städtebaus mit Strategien einer Förderung der Stadtteilkultur, einer Stärkung des nachbarschaftlichen Zusammenhalts und eines Netzwerkaufbaus zwischen den verschiedenen Professionellen- und Bewohnergruppen (vgl. Brassard 2003).

Am 11. Februar 2004 veranstaltete das Niedersächsischen Ministerium für Soziales, Frauen, Familie und Gesundheit – wieder gemeinsam mit dem Verband der Wohnungswirtschaft in Niedersachsen und Bremen (vdw) – in Hannover das Werkstattgespräch „Sicherheit planen und gestalten: Realisierung der städtebaulichen und wohnungswirtschaftlichen Kriminalprävention durch Leitbilder und Verfahren" (Download der Werkstattdokumentation unter URL http://www.sicherheit-staedtebau.de/downloads/Sicherheit%20planen%20und%20gestalten.pdf). Die Veranstaltung thematisierte einerseits die Notwendigkeit, die Leitbilder der städtebaulichen Kriminalprävention an dem breiten Ansatz der „2nd Generation CPTED" auszurichten. Andererseits wurde die Leitfrage betont, wie die Kriterien der Kriminalprävention im Wohnquartier realisiert werden können, wie sie also in der Wohnungsbewirtschaftung und in der Stadtentwicklung umgesetzt werden können. Intensiv diskutiert wurden „Verfahren zur sicheren Gestaltung der Stadt": Die Teilnehmerinnen und Teilnehmer aus den verschiedenen Handlungsfeldern in Niedersachsen machten sich damit vertraut, wie Prüfverfahren aussehen, mit denen die Erfüllung von Prinzipien einer sicheren Wohnumwelt in Planungs-, Erneuerungs- und Bauvorhaben erreicht werden kann. Betrachtet wurden der damalige Entwurfsstand der Europäischen Richtlinie ENV 14383 (später zurückgestuft zum „Technical Report" CEN/TR 14383 Prevention of crime – Urban planning and building design), Checklisten zur Überprüfung von Sicherheitsbelangen in der Bauleitplanung und das Modell einer „Verträglichkeitsprüfung" in der Stadtplanung zur Schaffung sicherer Wohngebiete.

Bei der Betrachtung der verschiedenen Verfahren und interdisziplinären Leitbilder der städtebaulichen Kriminalprävention wurden auch Fragen aufgeworfen, in welcher Form die verschiedenen Institutionen und Verbände sowie Professionskreise und lokalen Handlungsgruppen bei der Umsetzung zusammenarbeiten können. Denn das anspruchsvolle Ziel, die Sicherheit in Stadtquartieren zu fördern, lässt sich nur im Rahmen interdisziplinärer Netzwerke erreichen, die sowohl auf lokaler als auch auf multiprofessioneller Kooperation beruhen. Vor diesem Hintergrund hielten Schlüsselpersonen aus den verschiedenen fachlichen Bereichen die Bildung eines Kooperationszusammenhangs auf der Landesebene für notwendig. In der Folge hat das Niedersächsische Ministerium für Soziales, Frauen, Familie und Gesundheit das Netzwerk der „Sicherheitspartnerschaft im Städtebau in Niedersachsen" initiiert, um ein Forum zu bieten, in dem sich eine Vielzahl der am Prozess der Stadt- und Wohnbauplanung Beteiligten zu Fragen der städtebaulichen Kriminalprävention engagieren können.

6. Interdisziplinäres Netzwerk der Sicherheitspartnerschaft im Städtebau in Niedersachsen

Die „Sicherheitspartnerschaft im Städtebau in Niedersachsen" wurde am 29.06.2005 konstituiert. Unter der Federführung von Staatssekretär Hoofe vom Niedersächsischen Ministerium für Soziales, Frauen, Familie und Gesundheit vereinbarten Repräsentanten der Wohnungswirtschaft, von Berufsverbänden der Architektur und des Städtebaus, der Planungs- und Raumwissenschaften, der Zivilgesellschaft und der Polizei in einer gemeinsamen Erklärung Prinzipien und Ziele, die bei der Planung und Entwicklung städtebaulicher sowie wohnungswirtschaftlicher Vorhaben unter Sicherheitsgesichtspunkten verstärkt beachtet werden sollen. Damit soll die Sicherheit im Wohnumfeld und im öffentlichen Raum erhöht und langfristig zur Verbesserung der Lebensqualität aller Bürgerinnen und Bürger beigetragen werden. Es handelt sich um eine Selbstverpflichtung der beteiligten Verbände, Institutionen, Organisationen und Forschungseinrichtungen, in dem Aufgabengebiet entsprechend tätig zu werden; so heißt es in der Vereinbarung:

> *„...Jeder in der Sicherheitspartnerschaft im Städtebau hat sich mit der Unterzeichnung der Vereinbarung dazu verpflichtet, Ideen zur sicherheitsorientierten Gestaltung im Städtebau, in der Architektur und in der Freiraumplanung zu verankern und dafür zu sorgen, dem Thema der städtebaulichen Sicherheit mehr Aufmerksamkeit in der Öffentlichkeit zu schaffen..."*

Die gemeinsame Vereinbarung der „Sicherheitspartnerschaft im Städtebau in Niedersachsen" (Download im Internet unter URL http://www.sicherheit-staedtebau.de/downloads/Flyer-Sicherheitspartnerschaft.pdf) lenkt die Aufmerksamkeit auf die Sicherheit fördernde Gestaltung öffentlicher Räume und auf die Beseitigung so genannter Angsträume; denn Sicherheit gewinne für die Zukunftsfähigkeit der Städte und Gemeinden zunehmend an Bedeutung. Die Mitglieder der Sicherheitspartnerschaft setzen darin als Orientierungs- und Handlungsrahmen, durch gestalterische Maßnahmen negative Entwicklungsprozesse in Stadtgebieten aufzuhalten, indem nachbarschaftliche Begegnungen und informelle soziale Kontrolle erleichtert sowie mögliche Gelegenheitsstrukturen zur Tatbegehung reduziert werden. Die Mitglieder wollen daher auf eine Gestaltung achten, die unter der Bewohnerschaft die Aneignung des Wohngebäudes und des Wohnumfeldes erleichtert und somit die lokale Identifikation fördert, da dies eine wesentliche Voraussetzung für die Entwicklung gemeinschaftlicher und persönlicher Verantwortungsübernahme darstellt.

Die Akteure der „Sicherheitspartnerschaft im Städtebau in Niedersachsen“ erklären in der Vereinbarung (im Sinne eines Leitbildes), dass zur Verbesserung der Sicherheit durch die Planung und Entwicklung im Bestand und beim Neubau elf Prinzipien Beachtung finden sollen:

(1) Sicherheit im öffentlichen Raum durch offene, helle und die Kommunikation fördernde Strukturen, die zu jeder Zeit – auch unter ungünstigen Lichtverhältnissen – gut einsehbar sind, durch eine klare, übersichtliche Führung der Verkehrswege sowie die direkte Zuordnung der Hauseingänge zum öffentlichen Raum – Häuser und Gebäude sollen sich mit ihren Fenstern und Türen den öffentlichen Räumen zu- und nicht abwenden.

(2) Nutzungsmischung der Funktionen Wohnen, Arbeiten, Verkehr, Versorgung und Freizeit zur Vermeidung einseitig und zeitlich begrenzt genutzter Räume – dazu gehört auch eine Mischung von Wohnformen und Eigentumsverhältnissen.

(3) Benutzungssicherheit auf den Wegeverbindungen innerhalb und zwischen den Quartieren, damit sie von jeder Altersgruppe zu Fuß, mit dem Fahrrad oder mit öffentlichen Verkehrsmitteln sicher zu bewältigen sind.

(4) Förderung der Nachbarschaft durch das Sozialmanagement der Wohnungsunternehmen und die sozialen Dienstleistungen der Kommunen so auszurichten, um aus dem oft verunsichernden Nebeneinander fremder Menschen und Kulturen vertrauensvolle Nachbarschaften entstehen zu lassen.

(5) Beteiligung der Bürgerinnen und Bürger an Planungen und Entwicklungen einbezogen werden, um lokales Engagement und Verantwortungsübernahme zu wecken.

(6) Kooperation und Informationsaustausch zwischen Investoren der Wohnungs- und Immobilienwirtschaft, kommunalen Planungsbehörden, freien Architektinnen und Architekten, Planerinnen und Planern (der Stadtplanung, Freiraumplanung und Sozialplanung) und der Polizei; frühzeitiger Austausch von Informationen über problembelastete Orte und Gegenden einerseits und über planerische Absichten der Behörden andererseits.

(7) Erprobung neuer Verfahren durch Stadtplanung, Wohnungswirtschaft und Polizei, mit denen die Prinzipien einer sicheren Wohnumwelt sowohl in der Planung als auch in der Realisierung Anwendung finden können.

(8) Pflege eines Netzwerks von Multiplikatoren und Ansprechpartnern für das Thema und seine praktische Umsetzung, um spezifisches Fachwissen frühzeitig und gezielt in städtebauliche Entwicklungen und Planungen einzubringen.

(9) Erzeugung von mehr Aufmerksamkeit in der Öffentlichkeit für das Thema der städtebaulichen Sicherheit und Prävention (Öffentlichkeitsarbeit).

(10) Forschung und Evaluation zur Wirksamkeit einer „präventiven Siedlungsgestaltung“, damit Erkenntnisse in Form praktischer Empfehlungen in die Handlungs-

felder der Raum- und Stadtplanung, der Architektur, der Freiraumplanung, der Verkehrsplanung und der Wohnungswirtschaft zurückfließen können.

(11) Realisierung geeigneter Angebote in der Fort- und Ausbildung von Stadtplanung, Architektur, Freiraumplanung, Verkehrsplanung und Wohnungswirtschaft.

In der niedersächsischen Sicherheitspartnerschaft im Städtebau arbeiten alle Institutionen und Verbände der Stadtplanung und Stadtentwicklung zusammen, die einen Beitrag leisten können, dass ländliche Gemeinden und Stadtgebiete in Niedersachsen sicherer werden können. Bei städtebaulichen Planungen und Gemeindeentwicklungen soll ein frühzeitiges und vernetztes Handeln aller verantwortlichen Akteure der kommunalen Stadtplanung, der Architekten, der Polizei, der Bauwirtschaft, der Wohnungsunternehmen erreicht werden. Kriminalität reduzierende Faktoren können damit bereits in der Planungsphase angemessen berücksichtigt werden, um dadurch die Lebensqualität und Attraktivität der niedersächsischen Städte und Gemeinden zu steigern.

Zu Beginn – im Jahr 2005 – gehörten der „Sicherheitspartnerschaft im Städtebau in Niedersachsen" 12 Akteure der Wohnungswirtschaft, der Verbände und Institutionen der Planungsprofessionen sowie der Polizei an. Bis zum Jahr 2012 hatte sich die Zahl der Netzwerkmitglieder auf 20 erhöht (siehe Abbildung 1); es handelt sich um:

- das Ministerium für Soziales, Frauen, Familie, Gesundheit und Integration als federführende und koordinierende Institution,
- unterstützt von der Investitions- und Förderbank Niedersachsen (NBank).

Aus dem Kreis der Kommunalen Spitzenverbände gehören dazu:

- der Niedersächsische Städtetag und
- der Niedersächsische Landkreistag.

Aus der Wohnungswirtschaft sind sowohl die Vermieter- als auch die Mieterseite beteiligt:

- vdw e.V. Verband der Wohnungswirtschaft in Niedersachsen und Bremen
- BFW Landesverband Freier Immobilien- und Wohnungsunternehmen Niedersachsen / Bremen e.V.
- Verband Wohneigentum Niedersachsen e.V.
- Haus & Grund Niedersachsen e.V.
- Deutscher Mieterbund Niedersachsen Bremen e.V.

Architektur und Städtebau werden vertreten durch:

- Architektenkammer Niedersachsen
- SRL Vereinigung für Stadt-, Regional- und Landesplanung e.V.

- BDLA Bund Deutscher Landschaftsarchitekten LG Niedersachsen Bremen
- VDV Verband Deutscher Verkehrsunternehmen LG Nds. / Bremen

Die Planungs- und Raumwissenschaften werden repräsentiert von:

- Leibniz Universität Hannover Fakultät für Architektur und Landschaft
- Akademie für Raumforschung und Landesplanung
- Deutsche Akademie für Städtebau und Landesplanung LG Niedersachsen / Bremen

Als Vertretungen der Zivilgesellschaft wirken mit:

- Landespräventionsrat Niedersachsen
- LAG Soziale Brennpunkte
- Deutscher Kinderschutzbund LV Niedersachsen

Die Polizei wird vertreten vom:

- Landeskriminalamt

Die wissenschaftliche Begleitung und Unterstützung des Prozesses leistet der Forschungsschwerpunkt „Sozial | Raum| Management" der Fachhochschule Köln.

Die multiprofessionelle Zusammenarbeit in der Sicherheitspartnerschaft prägte auch das Thema der Fachtagung „ Die Sichere Stadt als interdisziplinäre Aufgabe: deutsche und europäische Perspektiven", die am 13./14.12.2006 im Ludwig-Windthorst-Haus in Lingen (Ems) stattfand (siehe Dokumentation im Internet unter URL http://www.sicherheit-staedtebau.de/downloads/Die_Sichere_Stadt_als_interdisziplinaere_Aufgabe.pdf). Nach der Eröffnung durch die Staatssekretärin Dr. Hawighorst vom Niedersächsischen Ministerium für Soziales, Frauen, Familie und Gesundheit und fachlichen Vorträgen lag das Augenmerk auf drei Foren, in denen (1) die Rolle der Polizei, (2) die möglichen Beiträge freier Planungsbüros und kommunaler Stadtplanung und (3) die Rolle der Wohnungswirtschaft in der interdisziplinären Kooperation für die sichere Stadt thematisiert wurden. Am Rande der Tagung vereinbarten die Stadt Lingen (Ems) und die Polizeiinspektion Emsland / Grafschaft Bentheim eine lokale Sicherheitspartnerschaft im Städtebau, die sich am Leitbild der Sicherheitspartnerschaft auf Landesebene orientiert.

In den Jahren 2007 und 2008 kristallisierte sich in den Treffen der niedersächsischen Sicherheitspartnerschaft im Städtebau die Notwendigkeit heraus, die interdisziplinäre Kooperation weiterzuentwickeln und ein gemeinsames Produkt für die Planungspraxis in der Stadtplanung und Wohnungswirtschaft zu erarbeiten. In der Folgezeit wurde das „Niedersächsische Qualitätssiegel für sicheres Wohnen" mit dem Ziel konzipiert, Wohnobjekte in Städten und Gemeinden, die Kriterien der städtebaulichen Kriminalprävention entsprechen und deshalb eine hohe Lebensqualität sowie ein aktives soziales Umfeld aufweisen, mit einem Zertifikat auszeichnen zu können.

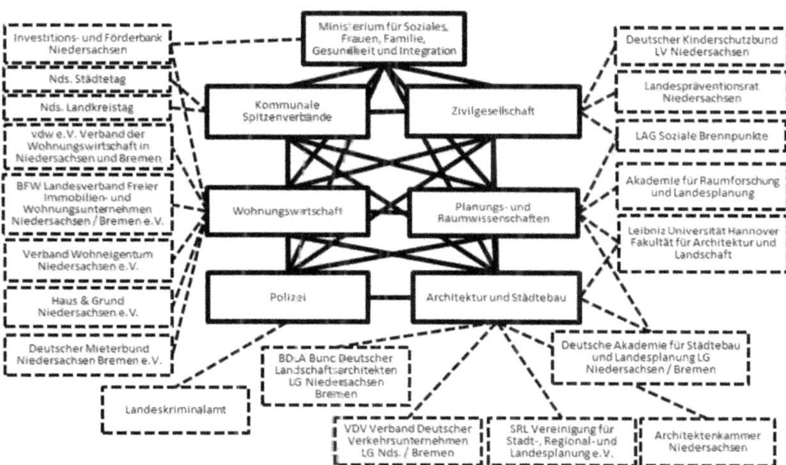

Abbildung 1: Netzwerk der Sicherheitspartnerschaft im Städtebau in Niedersachsen im Jahr 2012

7. Niedersächsisches Qualitätssiegel für sicheres Wohnen

Das „Niedersächsische Qualitätssiegel für sicheres Wohnen" wurde im Zeitraum von 2008 bis 2009 im Rahmen von neun Workshops unter aktiver Beteiligung der Partner entwickelt. Während der Jahrestagung der Sicherheitspartnerschaft im Jahr 2009 wurde die Implementierung des „Niedersächsischen Qualitätssiegels für sicheres Wohnen" beschlossen. Die zentralen Zielgruppen des Qualitätssiegels sind Wohnungsunternehmen, Wohnungsgenossenschaften und Eigentümergemeinschaften. Das zugrundeliegende Audit-Instrument wurde nach der Entwicklungsphase im Jahr 2010 in Pretests an ausgewählten Objekten im Raum Hannover überprüft. Die Auditorinnen und Auditoren wurden für die Bewertung der Bewerbungen vor Ort qualifiziert; die Schulungen fanden in Kooperation der Architektenkammer Niedersachsen und der Niedersächsischen Polizeiakademie statt. Neben Mitgliedern der Sicherheitspartnerschaft wurden freiberufliche Architektinnen und Architekten sowie Präventionsfachkräfte der Polizei für die Audits geschult. Die Audits werden nach einem Tandemmodell durchgeführt, indem die Objekte immer durch ein interdisziplinäres Team von einer Fachkraft aus dem Feld der Planung / Architektur auf der einen Seite und von einer Fachkraft der Polizei auf der anderen Seite bewertet werden. Dadurch sollen die Qualitäten des interdisziplinären Ansatzes der Sicherheitspartnerschaft sichergestellt werden.

Seit dem Sommer 2010 wird das Verfahren des Niedersächsischen Qualitätssiegels von einer Geschäftsstelle bei der NBank organisiert. Es umfasst fünf Verfahrensschritte: Bewerbung, Vorprüfung, Audit, Entscheidung und Vergabe. Nach der Bewertung der Objekte durch die Tandems der Auditoren/innen entscheidet eine Jury, der Mitglieder der Sicherheitspartnerschaft im Städtebau in Niedersachsen angehören, über die Vergabe des Siegels. Dabei wird eine der drei Zertifikatsstufen zugewiesen: (1) ausgezeichnete Qualität, (2) hohe Qualität und (3) gute Qualität. Die erstmalige Verleihung erfolgte am 22.02.2011: Staatssekretär Pott vom Niedersächsischen Ministerium für Soziales, Frauen, Familie und Gesundheit verlieh das „Niedersächsische Qualitätssiegel für sicheres Wohnen“ neun Objekten von Wohnungsunternehmen, Wohnungsgenossenschaften und Eigentümergemeinschaften in Hannover, Nienburg, Osnabrück und Wolfsburg.

Bei der Bewertung von Bewerbungen werden neben technischen, objektiven Vorkehrungen des sicheren Wohnens auch Aspekte einbezogen, die die subjektive, gefühlte Sicherheitslage betreffen. Dabei handelt es sich zum Beispiel um die Förderung von funktionierenden Nachbarschaften, die Gestaltung und Sauberkeit von Innen- und Außenanlagen und die Einbindung und Erreichbarkeit von Versorgungseinrichtungen und Nahverkehrsmitteln. Das niedersächsische Qualitätssiegel ist Ausdruck dafür, dass die Sicherheitspartnerschaft im Städtebau die fachliche Expertise von Architektur, Stadtplanung, Wohnungswirtschaft, Sozialplanung und Polizei interdisziplinär wirkungsvoll integriert hat. Das Siegel folgt den CPTED-Kriterien und schließt an das britische Label „Secured By Design“ sowie das niederländische Label „Veilig Wonen“ an, weist aber über deren Konzentration auf die Einbruchsprävention hinaus und stellt die gesamte Sicherheitswahrnehmung sowie die sozialräumliche Integration im Wohnumfeld als relevanten Bewertungsfaktor in den Mittelpunkt. Die Initiative der niedersächsischen Sicherheitspartnerschaft im Städtebau repräsentiert inzwischen den Referenzrahmen für die städtebauliche Kriminalprävention in Deutschland und soll dazu beitragen, dass sich der zugrundeliegende Qualitätsstandard des sicheren Wohnens flächendeckend in den wohnungswirtschaftlichen Strategien der Bestandsentwicklung genauso verbreiten kann wie in den Leitlinien der kommunalen Stadt- und Sozialplanung.

Das Niedersächsische Qualitätssiegel für sicheres Wohnen wird mit einem Zertifikat vergeben, in den das Jahr der Prüfung eingedruckt ist. Die Bewerbung durchläuft nach Eingang eine formale und fachliche Vorprüfung. Anschließend findet das Audit statt; jedes Objekt wird von einem fachlich kompetenten Auditorenteam vor Ort besichtigt und bewertet. Die Bewertung ist gegliedert nach folgenden zehn Prüfungsbereichen: (1) räumliche Anordnung der Gebäude, (2) sicherheitsorientierte Gestaltung, (3) Sicherheit fördernde Wegeführung, (4) Beleuchtung, (5) Ausstattung mit technischen Sicherheitsstandards, (6) Sauberkeit und Instandhaltung, (7) sichere Park- und Abstellmöglichkeiten, (8) Verantwortung und Nachbarschaft, (9) Beteiligung und Aktivierung der Bewohnerschaft, (10) interinstitutionelle Kooperation (Download der Instrumente im Internet unter URL: http://www.sicherheit-staedtebau.de/web/downloads.html).

Das Niedersächsische Qualitätssiegel für sicheres Wohnen soll Impulse für Lebensqualität setzen. Sicherheit, die in der Wohnung und im Wohnumfeld als alltägliches Gefühl entsteht und wahrgenommen wird, bildet eine bedeutende Grundlage für Lebensqualität. Sowohl das soziale Miteinander als auch die individuelle Identität können sich nur dann entwickeln, wenn die grundlegenden Sicherheitsbedürfnisse als Voraussetzung erfüllt sind. Menschen können sich nur selbst verwirklichen, wenn sie sich im Alltag und in ihrer Umgebung sicher fühlen. Nach der allgemein anerkannten Bedürfnishierarchie von Abraham Maslow (vgl. 1954) besitzt das Überleben auf der ersten Stufe der physiologischen Grundbedürfnisse absolute Priorität. Die Bedürfnisse dieser Stufe sind beispielsweise Nahrung, Kleidung und Behausung. Bereits auf der zweiten Stufe folgt das Sicherheitsbedürfnis. Wenn die physiologischen Bedürfnisse befriedigt sind, wird das Ziel verfolgt, die persönliche Existenz abzusichern. Schutz vor Schmerz, Angst und äußerer Bedrohung haben einen zentralen Stellenwert; erst im modernen sozialstaatlichen Verständnis wird dazu auch die finanzielle Absicherung gerechnet. Soziale Bedürfnisse, der Wunsch nach Anerkennung und der Wille zu Selbstverwirklichung sind demgegenüber nachgeordnet, d.h. sie können nur verwirklicht werden, wenn die physiologischen Grundbedürfnisse befriedigt und die Lebensverhältnisse sicher sind. Die Wohnung, das Wohnumfeld und das Wohnquartier repräsentieren den Ort, an dem das notwendige Sicherheitsgefühl vermittelt und erlebt wird. In der Regel fühlen sich Menschen in der Wohnsiedlung sicher, wenn keine persönlichen Bedrohungen zu fürchten sind und das Vertrauen besteht, dass Körper und Eigentum unversehrt bleiben.

Auf das Zusammenwirken von drei Schutzstrategien kommt es an, wenn das Sicherheitsgefühl in Nachbarschaft und Wohnquartier gestärkt werden soll: Erstens müssen störende Personengruppen (zur Vermeidung potenzieller Taten) präventiv angesprochen werden; zweitens beugen technische und bauliche Maßnahmen an den Gebäuden und im öffentlichen Raum vor, so dass keine Gelegenheiten für unerwünschtes Verhalten bestehen, und drittens bietet es Schutz, wenn Eigentümer, Bewohner/innen und Institutionen Verantwortung für die Belange im Siedlungs- und Verkehrsraum übernehmen.

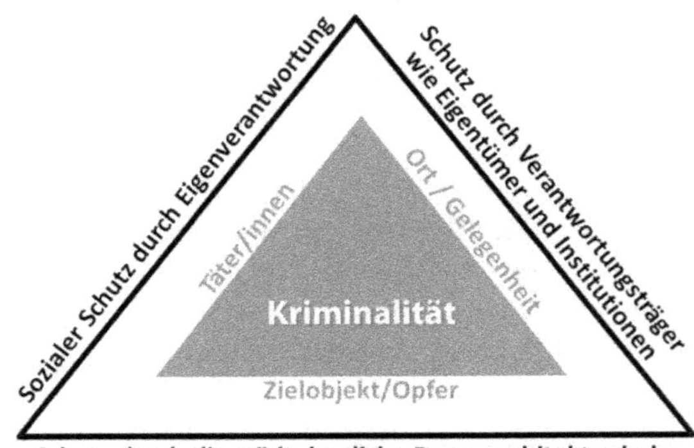

Abbildung 2: Schutzdimensionen im Wohnbereich nach dem Kriminalitätsdreieck (verändert nach Clarke/Eck 2003: 35)

Zur Entwicklung des Audit- und Prüfkonzepts wurde auf das „Kriminalitätsdreieck" der Routine-Activity Theory (Crime Triangle) Bezug genommen (Clarke/Eck 2003: 33ff.). Die Wahrscheinlichkeit krimineller Ereignisse nimmt danach zu, wenn ein/e potenzieller Täter/in und ein geeignetes Ziel zeitlich und räumlich zusammentreffen, ohne dass ein Schutz bietender Akteur anwesend ist (vgl. Abbildung 2). Nach dieser Logik des Kriminalitätsdreiecks wurde die Prüfung des Niedersächsischen Qualitätssiegels nach drei Schutzdimensionen für den Wohnbereich strukturiert (vgl. Abbildung 3):

(1) Technisch-gestalterische Perspektive („Hardware"): Schutz durch städtebauliche, architektonische Gestaltung und technische Ausstattung (kurz: Schutz durch Gestaltung und technische Ausstattung)

(2) Institutionelle Verantwortungsperspektive („Software 1"): Schutz durch Verantwortungsträger wie Eigentümer und Institutionen (kurz: Schutz durch Management)

(3) Perspektive der verantwortlich gelebten Nutzung („Software 2"): Schutz durch Eigenverantwortung der Bewohnerschaft und Nutzer (kurz: Schutz durch Nutzerverantwortung).

Das „Niedersächsische Qualitätssiegel für sicheres Wohnen" bewertet auf dieser Grundlage, ob Wohnanlagen und Wohngebiete über nachweisliche Qualitäten in den drei Schutzdimensionen verfügen und dadurch sicheres Wohnen ermöglichen. Die Qualitäten werden über 13 Kriterien definiert:

Dimension „Schutz durch Gestaltung und technische Ausstattung"

- Zugangsbedingungen & technische Sicherung

- Beleuchtung
- Orientierung und Sichtbarkeit
- Sichere Abstellmöglichkeiten
- Räumliche An- und Zuordnung
- Infrastrukturelle Anbindung

Dimension „Schutz durch Management"

- Regelwerk der Vermietung bzw. Nutzung
- Förderung der Hausgemeinschaft durch Vermieter / Eigentümer
- Sauberkeit und Instandhaltung
- Kooperation der vermietenden Agentur bzw. des Eigentümers mit anderen Institutionen

Dimension „Schutz durch Nutzerverantwortung"

- Beteiligung und Aktivierung der Bewohnerschaft
- Übernahme nachbarschaftlicher Verantwortung
- Belebung des Quartiers

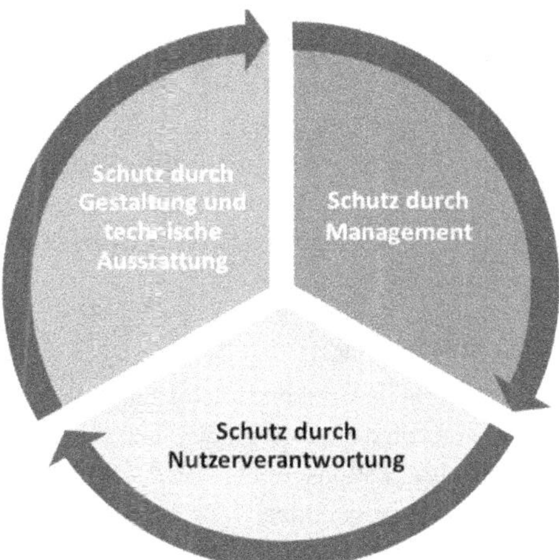

Abbildung 3: Schutzdimensionen der Auditprüfung des „Niedersächsischen Qualitätssiegels für sicheres Wohnen"

Anhand einer Checkliste (mit Leitfragen) wird veranschaulicht, worauf es bei der Bewertung eines Siedlungsbestands nach diesen Kriterien ankommt. Interessierte am Qualitätssiegel können anhand der Checkliste selbst überprüfen, ob ihr Wohnobjekt die Anforderungen für das sichere Wohnen weitgehend erfüllt (Download der Instrumente im Internet unter URL: http://www.sicherheit-staedtebau.de/downloads/SIPA_Checkliste.pdf). Die Checkliste der Fragen soll aber auch vor der Planung neuer Vorhaben genutzt werden, um die Qualitätsmerkmale strategisch in städtebaulichen und architektonischen Entwürfen zu berücksichtigen.

Im Jahr 2010 wurden die niedersächsische Sicherheitspartnerschaft im Städtebau und das „Niedersächsische Qualitätssiegel für sicheres Wohnen" vom Bundesinnenministerium als deutscher Beitrag für den European Crime Prevention Award (Europäischer Präventionspreis) nominiert. Das Niedersächsische Ministerium für Soziales, Frauen, Familie und Gesundheit präsentierte die Sicherheitspartnerschaft und ihr Produkt auf der Best Practice Conference des Europäischen Netzwerkes für Kriminalprävention (EUPCN) am 1./2. Dezember 2010 in Brüssel.

Aus heutiger Sicht muss der „transdisziplinäre" Charakter der Sicherheitspartnerschaft und des Qualitätssiegels besonders hervorgehoben werden. Transdisziplinarität weist über die Interdisziplinarität hinaus, weil die verschiedenen Disziplinen in einem neuen gemeinsamen terminologischen Sprachkontext und in einen systematischen Handlungskontext – nicht mehr durch disziplinäre Grenzen eingeschränkt – integriert werden (vgl. Hanschitz et al. 2009). Bei der Sicherheitspartnerschaft erfolgte der Transfer in einem partizipativen Prozess, in dem eine gemeinsame Sprache und Praxis bei der Entwicklung des Qualitätssiegels geschaffen wurde. Ausschlaggebend war der frühe Einbezug aller Akteure, die auf Belange der städtebaulichen Kriminalprävention Einfluss haben, in die Netzwerk- und Kooperationsbildung. Im kontinuierlichen Austauschprozess wurde gezielt angestrebt, dass die Kooperation die verschiedenen Fachgrenzen überschreitet. Es wurde nicht ein neues Wissen im Sinne „harter Wissenschaften" generiert, sondern ein innovatives nicht-wissenschaftliches, „robustes" Wissen – aus dem impliziten Erfahrungswissen der beteiligten unterschiedlichen Disziplinen und Professionen synthetisiert.

8. Ausblick und Zusammenfassung

Seit 2011 betreibt die Sicherheitspartnerschaft im Städtebau in Niedersachsen den Wissenstransfer in die verschiedenen Regionen des Landes. Vom strategischen Landesnetzwerk sollen Multiplikationseffekte auf die kommunalen und regionalen Planungs- und Handlungsnetze ausstrahlen. Dazu wurden bereits bestehende städtebaubezogene Sicherheitspartnerschaften und kommunale Präventionsräte in niedersächsischen Städten und Regionen, die sich mit Fragen der städtebaulichen Kriminalprävention beschäftigen, befragt. Auf dieser Grundlage wurde ein Workshop zur Befähigung lokaler und regionaler Akteure am 08.11.2011 in Delmenhorst durchgeführt (siehe Dokumentation im Internet unter URL http://www.sicherheit-staedtebau.de/web/aktuelles.html).

Als erste Aufgabe wurde herausgearbeitet, dass das Verhältnis zwischen den Präventionskräften der Polizei und den Fachkräften der örtlichen Stadtplanung weiter zu entwickeln ist. Die Gestaltung dieser Schnittstelle ist für den Erfolg der städtebaulichen Kriminalprävention von ausschlaggebender Bedeutung. Über diese bilateralen Blickwinkel hinaus müssen weitere Akteursgruppen einbezogen werden – wie zum Beispiel die örtliche Wohnungswirtschaft, der Mieterbund und andere Organisationen, Institutionen und Freiberufler, die mit ihrer Praxis zur Qualität der Wohnquartiere beitragen.

Als zweites wurde vor Ort der Bedarf einer kriminalpräventiven Handreichung für die Gestaltung der Schnittstellen zwischen großen Infrastrukturen, den Wohnarealen und dem öffentlichen Raum artikuliert. Beispielhaft wurde auf sicherheitssensiblen Gestaltungs- und Organisationsdefiziten von Bahnhöfen, Haltestellen des ÖPNV, Schulen, öffentlichen Plätzen, Abstellplätzen für Fahrräder usw. verwiesen. Die Sicherheitspartnerschaft hat sich daher für die Jahre 2012/2013 vorgenommen, die Kriterien und Qualitätsmerkmale der städtebaulichen Kriminalprävention für solche kommunalen Orte in einem interdisziplinären Dialog zu konkretisieren und in der Checkliste „Sichere wohnbezogene Infrastrukturen in der Kommune" zusammenzufassen.

Zusammenfassend lässt sich der skizzierte Prozess in Niedersachsen als Entwicklungsmodell darstellen (vgl. Abbildung 4). In den Jahren 2002 bis 2004 überwiegt eine fachliche Orientierung; denn zu Fragen der städtebaulichen Kriminalprävention musste zuerst eine inhaltliche Positionierung vorgenommen werden. Die Ergebnisse wurden in Broschüren zur Informationsvermittlung publiziert. Der darauf folgende Zeitabschnitt von 2005 bis 2010 wird von Handlungsorientierung geprägt. Es bildet sich das Netzwerk der Sicherheitspartnerschaft im Städtebau heraus. Nach der Formulierung eines gemeinsamen Leitbildes finden die verschiedenen beteiligten Disziplinen und Professionen eine gemeinsame Sprache und entwickeln das Niedersächsische Qualitätssiegel für sicheres Wohnen als transdisziplinäres anwendungsorientiertes Instrument der städtebaulichen Kriminalprävention. Gegenwärtig befindet sich der Prozess in der dritten Entwicklungsstufe (2011 – 2015), in der eine Flächen- und Systemorientierung zu konstatieren ist. Das entwickelte CPTED-Handlungsmodell wird auf die lokale und regionale Ebene des Flächenlandes Niedersachsens ausgedehnt. Die Instrumente der städtebaulichen Kriminalprävention werden auf die Bedarfe vor Ort weiterentwickelt. Die Anschlussfähigkeit an die Systembereiche der kommunalen Stadtplanung und an die strategischen Bestandsentwicklung der Wohnungswirtschaft wird verstärkt.

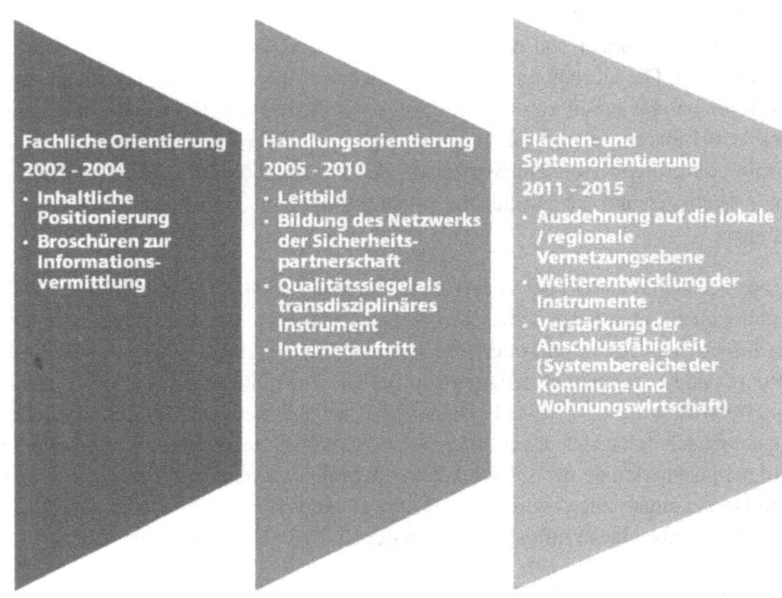

Abbildung 4: Entwicklungsstufen zur Etablierung der städtebaulichen Kriminalprävention in Niedersachsen

Literatur

Albrecht, H.-J. (2007): Perspektiven kriminologischer Forschung. Der Wandel im Konzept der Sicherheit und neue Aufgabenfelder der Kriminologie. In: Liebl, K. (Hrsg.), Kriminologie im 21. Jahrhundert. Wiesbaden: VS Verlag, S. 177-201.

Barnett, G./Bai, X. (2007): A Research Prospectus for Urban Resilience. A Resilience Alliance Initiative for Transitioning Urban Systems towards Sustainable Futures. Canberra: CSIRO.

Baumgart, S. / von Seggern, H. (1994): Frauengerechte Stadtplanung. Ein Beitrag zur „gender sensitive"-Planung der Stadt. Schriftenreihe Forschung des Bundesministeriums für Raumordnung, Bauwesen und Städtebau, Heft 498, Bonn: Eigenverlag.

BBSR (2012): Gewalt- und Kriminalprävention in der sozialen Stadt. URL http://www.bbsr.bund.de/nn_21890/BBSR/DE/FP/ExWoSt/Studien/2010/Gewalt-Kriminalpraevention/01__Start.html (10.06.2012)

Brassard, Anna (2003): Integrating the Planning Process and Second-Generation CPTED. In: The CPTED-Journal, 2. Jg./Heft 1, S. 46-53.

Clarke, R. (1992): Situational Crime Prevention: Successful Case Studies. Albany/NY: Harrow and Heston.

Clarke, R. (2003): Situational crime prevention: Theory and practice. In: Hughes, G. et al. (Hrsg.), Criminological Perspectives. Essential Readings. London: Sage, S. 357-368 (2. Aufl.).

Clarke, R. / Eck, J. (2003): Become a Problem-Solving Crime Analyst. In 55 small steps. Jill Dando Institute of Crime Science, University College London. (deutsche Übersetzung: Landespräventionsrat Niedersachsen (Hrsg.): Der Weg zur Problemlösung durch Kriminalitätsanalyse. In 55 kleinen Schritten, Hannover, 2007)

Coaffee, J. (2010): Protecting vulnerable cities: the UK's resilience response to defending everyday urban infrastructure. In: International Affairs Vol, 86, Heft 4, S. 939–954, URL http://onlinelibrary.wiley.com/doi/10.1111/j.1468-2346.2010.00921.x/pdf (Zugriff: 20.10.2011)

Crowe, T. (2000): Crime Prevention Through Environmental Design. Stoneham/MA: Butterworth.

Daase, C. (2012): Sicherheitskultur als interdisziplinäres Forschungsprogramm. In: Daase, C./Offermann, P./Rauer, V. (Hrsg.), Sicherheitskultur. Soziale und politische Praktiken der Gefahrenabwehr. Frankfurt/M.: Campus, S. 23-44.

Flade, A., et al. (1997): Die sichere Stadt. 2. Auflage, Darmstadt: Institut Wohnen und Umwelt.

Frevel B./Schulze, V. (2012): Kooperative Sicherheitspolitik – Safety und Security Governance in Zeiten sich wandelnder Sicherheitskultur. In: Daase, C./Offermann, P./Rauer, V. (Hrsg.), Sicherheitskultur. Soziale und politische

Praktiken der Gefahrenabwehr. Frankfurt/M., S. 205-228

Garland, D. (2008): Kultur der Kontrolle. Frankfurt/New York: Campus.

GdW / Gesamtverband der Wohnungswirtschaft (Hrsg.) (1998): Überforderte Nachbarschaften. Zwei sozialwissenschaftliche Studien über Wohnquartiere in den alten und den neuen Bundesländern. GdW Schriften 48, Selbstverlag: Köln, Berlin.

Gusy, C. (2012): Vom „neuen Sicherheitsbegriff" zur „Neuen Sicherheitsarchitektur". In: Würtenberger, T. / Gusy, C. / Lange, H.-J. (Hrsg.): Innere Sicherheit im europäischen Vergleich. Sicherheitsdenken, Sicherheitskonzepte und Sicherheitsarchitektur im Wandel. Berlin, S. 71-106

Hanschitz, R.-C. / Schmidt, E. / Schwarz, G. (2009): Transdisziplinarität in Forschung und Praxis. Chancen und Risiken partizipativer Prozesse. Wiesbaden: VS-Verlag.

Innes, M./Jones, V. (2006): Neighbourhood security and urban change. Risk, resilience and recovery. Joseph Rowntree Foundation, University of Surrey: York.

Jäger, D./Kaiser, A./Schubert, H./Veil, K. Spieckermann, H. (2010): Wirkungen sozialräumlicher Kriminalprävention. Erfolgsfaktoren von ‚New Governance' in Stadtteilen mit Erneuerungsbedarf. Zwei deutsche Fallbeispiele, Band 2, Köln: SRM Verlag.

Jencks, C. (2000): Le Corbusier and the continual revolution in architecture. New York : Monacelli Press.

Kaufmann, S. (2011): Zivile Sicherheit. Vom Aufstieg eines Topos. In: Hempel, L./ Krasmann, S./Bröckling, U. (Hrsg.): Sichtbarkeitsregime. Überwachung, Sicherheit und Privatheit im 21. Jahrhundert. Leviathan Sonderheft 25/2010. Wiesbaden: VS Verlag, S. 101-123.

Lange, H.-J. (2012): Der Wandel des föderalen Sicherheitsverbundes in Deutschland. In: Würtenberger, T. / Gusy, C. / Lange, H.-J. (Hrsg.): Innere Sicherheit im europäischen Vergleich. Sicherheitsdenken, Sicherheitskonzepte und Sicherheitsarchitektur im Wandel. Berlin, S. 139-148

Löw, M. (2001): Raumsoziologie. Frankfurt/M.: Suhrkamp.

Lukas, T. (2010): Kriminalprävention in Großsiedlungen. Wirkungen baulicher und sozialer Maßnahmen am Beispiel der randstädtischen Neubaugebiete Marzahn Nord und Gropiusstadt, Berlin: Duncker & Humblot.

Masala, C. (2012): Innere Sicherheit im europäischen Vergleich. Die Perspektive der Europäischen Union. In: Würtenberger, T. / Gusy, C. / Lange, H.-J. (Hrsg.): Innere Sicherheit im europäischen Vergleich. Sicherheitsdenken, Sicherheitskonzepte und Sicherheitsarchitektur im Wandel. Berlin, S. 57-67.

Maslow, Abraham H. (1954): Motivation and Personality. New York: Harper & Row.

Newman, O. (1972): Defensible Space. New York/NY: Macmillan Publishing.

Newman, O. (1996): Creating Defensible Space. Hgg. v. U.S. Department of Housing and Urban Development, Office of Policy Development and Research, Center for Urban Policy Research, Rutgers University, URL http://www.huduser.org/publications/pdf/def.pdf (10.08.2012)

Preis, U. / Pohlmann-Rohr, B. (1995): Für eine Stadt ohne Angsträume. Planungsleitfaden für mehr Sicherheit im öffentlichen Raum. Hgg. v. Institut für Landes- und Stadtentwicklungsforschung des Landes Nordrhein-Westfalen, Dortmund: Eigenverlag.

Rainwater, L. (1970): Behind Ghetto Walls: Black Families in a Federal Slum. TZransaction Publishers: Chicago.

Rauer, V. (2012): Interobjektivität – Sicherheitskultur aus Sicht der Akteur-Netzwerk-Theorie. In: Daase, C./Offermann, P./Rauer, V. (Hrsg.), Sicherheitskultur. Soziale und politische Praktiken der Gefahrenabwehr. Frankfurt/M.: Campus, S. 69-92.

Sampson, R. J. (2012): Great American City: Chicago and the Enduring Neighborhood Effect. Chicago.

Sarkassian, Wendy / Dunstan, Graeme (2003): Stories In A Park – Second-Generation CPTED In Practice: Reducing Crime And Stigma Through Community Storytelling. In: The CPTED-Journal, 2. Jg./Heft 1, S. 34-45.

Schubert, H. (2008): Raum und Architektur der Inneren Sicherheit. In: Lange, H. P. et al. (Hrsg.), Auf der Suche nach neuer Sicherheit. Wiesbaden: VS Verlag, S. 281-292.

Schubert, H. (Hrsg.) (2005): Sicherheit durch Stadtgestaltung. Städtebauliche und wohnungswirtschaftliche Kriminalprävention: Konzepte und Verfahren, Grundlagen und Anwendungen. Köln: Verlag Sozial • Raum • Management.

Schubert, H./Veil, K. (2011a): Kriminalprävention im Sozialraum: Explorative Validierung des ISAN-Präventionsmodells. In: Monatsschrift für Kriminologie und Strafrechtsreform, 94(2), S. 83-101.

Schubert, H./Veil, K. (2011b): Nachbarlichkeit – Solidarität als Faktor der sozialräumlichen Kriminalprävention. In: Marks, E. / Steffen, W. (Hrsg.): Solidarität leben – Vielfalt sichern. Ausgewählte Beiträge des 14. Deutschen Präventionstages 2009. Mönchengladbach: Forum Verlag Godesberg, S. 229-245.

Schubert, H. / Veil, K./ Spieckermann, H./ Kaiser, A./ Jäger, D. (2009): Wirkungen sozialräumlicher Kriminalprävention. Evaluation von städtebaulichen und wohnungswirtschaftlichen Maßnahmen in zwei deutschen Großsiedlungen, Band 1, Köln: SRM Verlag

Wilson, J. W./Kelling, G. L. (1996): Polizei und Nachbarschaft. Zerbrochene Fenster. In: Kriminologisches Journal, 28, 121-137.

Wurtzbacher, J. (2008): Urbane Sicherheit und Partizipation. Funktion und Stellenwert bürgerschaftlicher Beteiligung an lokalen Sicherheitspolitiken. Wiesbaden: VS

Frederick Groeger-Roth / Herbert Schubert

„Das kommt aus Amerika, das geht hier nicht…“ Erfahrungen mit „Communities That Care – CTC“ in Niedersachsen.

Einleitung

Die Fragen, inwiefern (kriminal-)präventive Maßnahmen und Programme wirksam sind und welche Möglichkeiten der Wirksamkeitsüberprüfung bestehen, sind seit vielen Jahren auf der politischen Agenda (vgl. Periodischer Sicherheitsbericht BMI/ BMJ 2006). Knappe Ressourcen der öffentlichen Hände und steigende Kosten in der „Nachsorge“ von Fällen, in denen eine frühzeitige Prävention zwar möglich wäre, aber offenbar (noch) nicht gegriffen hat (vgl. Prognos 2011), befördern die Debatte immer wieder neu. Daneben stehen die vielfältigen und „bunten“ Bemühungen in der kommunalen Prävention (vgl. Schreiber 2007), auch wenn in den letzten Jahren immer wieder Zweifel an der Effektivität der Tätigkeit der kommunalen Präventionsgremien geäußert werden (vgl. Steffen 2005).

Der internationale Diskurs über wissenschaftlich überprüfte wirksame Präventionsansätze und deren Verbreitung ist allerdings stark angelsächsisch geprägt. Ein Meilenstein war sicher die Veröffentlichung des „Sherman-Reports“ (Sherman et al. 1997) in den USA, mit seiner Übersicht über den Stand der Wirkungsforschung in der Prävention. Auch heute ist es noch so, dass deutschsprachige Übersichtsarbeiten v.a. Forschungsergebnisse aus den USA zitieren (müssen, vgl. Scheithauer et. al. 2012). Dieser Umstand führt dazu, dass Zweifel an der Übertragbarkeit der bisherigen Forschungsergebnisse nach Deutschland möglich sind – schließlich bestehen erhebliche kulturelle und politische Unterschiede zwischen den Ländern.

Auch der Landespräventionsrat Niedersachsen (LPR) war mit diesen Fragen konfrontiert, als er begann, sich mit dem in den USA entwickelten Präventionskonzept „Communities That Care“, kurz CTC, auseinandersetzen. Das CTC-Konzept versprach innovative Lösungen für Fragen, die sich in der kommunalen Prävention immer wieder stellen, wie z.B.: Wie lässt sich der Bedarf für präventive Maßnahmen zuverlässig ermitteln? Wie können die lokalen Akteure das Nebeneinander von verschiedenen Projekten überwinden und zu einer gemeinsamen, übergreifenden Strategie bündeln? Welche Programme und Maßnahmen sind, auch langfristig, erfolgversprechend? Wie können die Wirkungen der jeweiligen lokalen Präventionsstrategie eingeschätzt werden?

Im Rahmen eines Modellversuches („SPIN – Sozialräumliche Prävention in Netzwerken“, Laufzeit 12/2008 – 12/2012) hat der LPR einen ersten Anlauf unternommen, den CTC-Ansatz nach Deutschland zu übertragen. Für die Evaluation des Modellversuchs wurde der Forschungsschwerpunkt Sozial Raum Management der Fachhochschule Köln beauftragt. Die Autoren sind in den Modellversuch mit den Funktionen der Projektleitung beim LPR (Groeger-Roth) und der Verantwortung für die Evaluation (Schubert) involviert.

Wir beschreiben im Folgenden die Grundzüge des CTC-Ansatzes, die Anlage des Modellversuchs in Niedersachsen sowie die Konzeption und Zwischenergebnisse der Evaluation des Modellversuchs. Zum Schluss zeigen wir Perspektiven für eine Weiterentwicklung des CTC-Ansatzes auf.

1. Grundzüge des Ansatzes von „Communities That Care" – CTC

CTC wird von seinen Entwicklern an der Universität Washington in Seattle gerne als „operating system", also als „Betriebssystem" bezeichnet (vgl. Hawkins / Catalano 2005). Mit dieser Assoziation soll verdeutlicht werden, dass es bei CTC darum geht, die Art und Weise, wie vor Ort bestehende und zukünftig einzuführende Programme miteinander arbeiten, zu strukturieren. Mit anderen Worten gesagt, kann man CTC als eine „Arbeitsmethode" beschreiben und weniger als ein neues Programm, das in Konkurrenz zu bestehenden Aktivitäten steht.

Das Ziel von CTC besteht darin, Kommunen dabei zu unterstützen, ihre Präventionsaktivitäten im Bereich der Verringerung von Problemverhaltensweisen von Jugendlichen wirkungsorientiert und ressourcenschonend zu planen.

Der Ansatz von CTC ist der „entwicklungsorientierten Prävention" zuzuordnen – d.h.: es wird davon ausgegangen, dass Problemverhaltensweisen im Jugendalter, wie Kriminalität, Gewalt, Substanzmittelmissbrauch, vorzeitiger Schulabbruch, Teenagerschwangerschaften, aber auch Depressionen und Ängste, eine Vorgeschichte im sozialen Entwicklungsverlauf von Kindern und Jugendlichen haben. Prävention versucht in diesem Zusammenhang, negative Sozialisationsumstände („Risikofaktoren") zu verringern und diesen Risikofaktoren entgegenwirkende oder sie abmildernde „Schutzfaktoren" zu stärken. Die Entwickler von Communities That Care haben weltweit Studien ausgewertet, die als Längsschnitt angelegt sind und Kinder und Jugendliche über viele Jahre beobachten (vgl. Hawkins et al. 1998). Die große Übereinstimmung der Ergebnisse dieser Studien hat es ermöglicht, eine Übersicht der für die kommunale Prävention relevanten Risikofaktoren und ein theoretisches Modell der Wirkung von Schutzfaktoren zu erarbeiten, das die wissenschaftliche Basis für CTC abgibt (mehr Informationen unter URL www.ctc-info.de). Weiterhin wurden von den CTC-Entwicklern die verfügbaren Studien über evaluierte und wirksame Präventionsprogramme ausgewertet (vgl. Hawkins / Catalano 2004).

Auf dieser Basis wurden Instrumente und Methoden erarbeitet, die es Kommunen erleichtern sollen, diese Ergebnisse der Präventionsforschung praktisch anzuwenden:

Dazu gehört zuerst ein Instrument, mit dem gemessen werden kann, in welchem Ausmaß Kinder und Jugendliche in ihren „Sozialräumen" („communities" – Nachbarschaften, Stadtteile, Gemeinden etc.) Risiko- und Schutzfaktoren ausgesetzt sind: Der *CTC-Schülersurvey* ist als eine repräsentative, anonyme Befragung von Jugendlichen angelegt, um sozialräumliche Profile der Risiko- und Schutzfaktoren zu erhalten (vgl. Arthur et al. 2002, 2007). Kommunale Akteure sollen so in die Lage versetzt werden, eine Auswahl der jeweils vor Ort relevantesten Faktoren vorzunehmen (bestehende lokale Daten und eigene Erfahrungen werden einbezogen) – und diese Entscheidung gemeinsam zu fällen, um eine Grundlage für eine darauf aufbauende strategische Planung zu schaffen.

Ein zweites Instrument ist das *Menü der evaluierten wirksamen Präventionsprogramme* (vgl. Hawkins / Catalano 2004): In dieser Übersicht wird dargestellt, welche Risikofaktoren die wirkungsüberprüften Programme jeweils senken oder welche Schutzfaktoren diese stärken können, so dass eine bedarfsgerechte Auswahl von Programmen aufbauend auf der Analyse der Daten der Schülerbefragung erfolgen kann.

Als ein drittes Element soll hier noch genannt werden, dass CTC mit einem ausgearbeiteten *Implementationsplan* arbeitet. Dieser Plan beschreibt einen sinnvollen, aufeinander aufbauenden Ablauf von Phasen, Zielen und Zwischenschritten in der Einführung von CTC in einer Kommune. Der Implementationsprozess beinhaltet u.a. den Aufbau von Handlungsstrukturen (steuernde „Lenkungsgruppe“ der lokalen Entscheider, operatives „Gebietsteam“ der lokalen Akteure) und begleitende Trainings für die beteiligten Akteure.

Die einzelnen CTC - Phasen und ihre jeweiligen Ziele können im Überblick so beschrieben werden:

DIE CTC - PHASEN UND DIE DAZUGEHÖRIGEN ZIELE

Phase 1: CTC vorbereiten

- die Einbindung einer begrenzten Anzahl von Personen / Organisationen in CTC
- die Definition von Rahmenbedingungen für eine gut verlaufende Einführung von CTC
- der Überblick über die Faktoren des jeweiligen Gebietes, die den CTC-Prozess beeinflussen können
- die Vorbereitung der CTC-Schülerumfrage

Phase 2: CTC einführen und Rückhalt für CTC schaffen

- die Durchführung der CTC-Schülerumfrage
- die Zusammensetzung und Gründung einer CTC-Lenkungsgruppe
- die Zusammensetzung und Gründung eines CTC-Gebietsteams
- die Information und Einbindung des betreffenden Gebietes in den CTC-Prozess

Phase 3: CTC-Gebietsprofil erstellen

- das Sammeln und Analysieren von Daten über Problemverhalten, Risikofaktoren und Schutzfaktoren im Gebiet
- das Priorisieren der Risikofaktoren und der Schutzfaktoren
- die Beschreibung und Analyse der bestehenden präventiven Programme und Aktivitäten in dem Gebiet
- die Erstellung eines CTC-Gebietsprofils

Phase 4: CTC-Aktionsplan erstellen

- das Formulieren der Ziele, welche die CTC-Strategie im Hinblick auf Problemverhalten, Risikofaktoren und Schutzfaktoren langfristig erreichen will
- die Erstellung eines Planes, in dem Akteure und Einrichtungen in dem Gebiet ein integriertes Angebot bereitstellen, um die Risikofaktoren abzuschwächen und die Schutzfaktoren zu verstärken
- Rückhalt für den CTC-Präventionsplan schaffen

Phase 5: CTC-Aktionsplan einführen

- die Schaffung einer Organisationsstruktur für den CTC-Prozess, welche die Einführung des CTC-Aktionsplans unterstützt
- die Durchführung von Evaluationen und die Nachbesserung des CTC-Aktionsplans
- die langfristige Sicherung des Rückhalts für den CTC-Prozess an dem Standort

Die Umsetzbarkeit und die Wirkungen von Communities That Care wurden in den USA und anderen Ländern (z.B. Großbritannien, Niederlande, Australien) untersucht. CTC wird derzeit in den USA in einem aufwendigen „randomisierten Kontrollgruppenversuch" auf seine Wirkungen hin evaluiert. 24 Kommunen in 7 verschiedenen Staaten der USA wurden für die Untersuchung ausgewählt, je 12 wurden nach dem Zufallsprinzip einer Interventions- und einer Kontrollgruppe zugewiesen. In den Kommunen wurden regelmäßig dieselben Jugendlichen, beginnend mit der 5. Klasse, jedes Jahr erneut befragt. Die Ergebnisse sind eindeutig und positiv: So zeigten die Jugendlichen als Achtklässler in den CTC-Kommunen z.B. 31 % weniger delinquente Handlungen und 37 % weniger „Binge-Drinking" („Rausch-Trinken") als in den Kontrollkommunen (vgl. Hawkins et al. 2009). Die Evaluation zeigt, dass Kommunen unter Verwendung der CTC-Strategie effektiv und wirksam jugendliches Problemverhalten verringern können.

2. Überprüfung der Übertragbarkeit von CTC im Rahmen des Modellversuchs SPIN

Das Ziel des Modellversuches SPIN besteht darin herauszufinden, ob CTC unter den Bedingungen in Deutschland und Niedersachsen praktisch umzusetzen ist. Für den LPR und seinen Partner in der Umsetzung des Modellversuchs, die Landesarbeitsgemeinschaft (LAG) Soziale Brennpunkte Niedersachsen e.V., standen dabei die Fragen nach den notwendigen Anpassungen der CTC-Instrumente (Schülerbefragung, Menü der evaluierten Präventionsprogramme, das CTC-Implementationsmodell) im Vordergrund und die Frage, ob Kommunen und kommunale Akteure bereit sind, diese Instrumente auch praktisch anzuwenden.

Ausgangpunkt der Überlegungen war, dass bei der Anpassung der Methode sorgfältig darauf zu achten ist, die Kernelemente beizubehalten, die sich schließlich in bisherigen Evaluationen als entscheidend herausgestellt hatten (vgl. Jonkman et al. 2008). Im Rahmen von SPIN soll CTC also weiterhin:

(a) ein Ansatz zur Aktivierung kommunaler Schlüsselakteure bleiben,

(b) epidemiologische Daten aus Befragungen von Jugendlichen zu Grunde legen,

(c) den Einsatz von wirkungsüberprüften Programmen empfehlen und

(d) als andauernder Prozess der (Nach-) Steuerung der Präventionsaktivitäten auf der Basis messbarer Ergebnisse verstanden werden.

Konzeptionelle Unterschiede zu den USA wurden hauptsächlich bei der Akteursstruktur vor Ort gesehen: So dominiert in den USA die ehrenamtliche Form der Beteiligung in den „community boards“ (Gebietsteams) – natürlich auch aufgrund der kaum vorhandenen professionellen Strukturen in der Prävention. Ebenso wie in den Niederlanden (vgl. Jonkman et al. 2005) bestehen in Deutschland in diesem Feld komplexe professionelle Strukturen – diesen Unterschieden musste Rechnung getragen werden. Auswirkungen haben diese Unterschiede z.B. in der Konzeption der begleitenden Schulungen / CTC-Trainings, die für diese Zielgruppe angepasst werden müssen. Die zentrale Frage, die sich im Rahmen des Modellversuchs gestellt hat, ist aber, ob dieser Unterschied zu einem Hemmschuh für die Umsetzung werden würde – oder ob hier nicht auch Potentiale für eine bessere Umsetzbarkeit liegen, wenn sich das CTC-Verfahren als anschlussfähig an die rechtlichen Grundlagen, professionellen Einstellungen und Handlungsroutinen erweisen sollte. Auf diesen Punkt der Passungsfähigkeit in deutsche Strukturen wollen wir im vierten Kapitel besonderen Wert legen. Andere Elemente, die der Anpassung bedurften, wie z.B. einzelne Fragen im Schülerfragebogen oder die Bewertungskriterien für Programme im Menü der evaluierten Präventionsprogramme, sollen hier nicht Gegenstand der Betrachtung sein (siehe dazu URL: www.grüne-liste-praevention.de; vgl. auch Groeger-Roth / Hasenpusch 2011).

Der Modellversuch SPIN wurde von der Europäischen Union (Programm ISEC – „Prevention of and Fight against Crime"), dem Niedersächsischen Justiz- und Sozialministerium und der Klosterkammer Hannover finanziert. Die Niedersächsischen Ministerien für Inneres, Kultur, Soziales und Justiz, der LPR und die LAG Soziale Brennpunkte, sowie die Arbeitsgemeinschaft der kommunalen Spitzenverbände bilden den Lenkungskreis auf Landesebene für das Projekt, um eine möglichst breite Verankerung des Vorhabens zu erreichen. Der Forschungsschwerpunkt Sozial Raum Management der Fachhochschule Köln wurde mit der Evaluation beauftragt, das arpos institut aus Hannover mit der Umsetzung der CTC-Schülerbefragung. Die Trainings für die prozessbegleitenden CTC-Schulungen wurden aufgrund der langjährigen Erfahrung mit CTC in den Niederlanden von Trainern des Niederländischen Jugendinstituts durchgeführt.

Die ausgewählten Modellkommunen sollten möglichst unterschiedliche Rahmenbedingungen repräsentieren, damit überprüft werden kann, ob CTC auch diesen verschiedenen Kontexten Rechnung tragen kann. Als SPIN-Modellstandorte wurden ausgewählt: die Landeshauptstadt Hannover mit dem Stadtteil Mühlenberg, die Stadt Göttingen mit dem Stadtteil Weststadt und der Landkreis Emsland mit den Samtgemeinden Freren, Sögel, Werlte und Spelle.

3. Konzept der Evaluation des Modellversuchs

Ganz allgemein wird unter dem Begriff Evaluation die Bewertung einer Sache oder eines Prozesses verstanden, die auf dem Erreichen von vorher gesetzten Zielen in einer vorher festgelegten Zeitspanne basiert. Jedem Ziel sind bewertbare Erfolgskriterien bzw. Indikatoren sowie eine Methode der Erfassung zuzuordnen.

Der Evaluationsansatz, der bei der Einführung von CTC in den drei Modellkommunen von 2009 bis 2012 zur Anwendung kommt, orientiert sich an dem so genannten *KIPP-Modell* (Stufflebeam/Madaus/Kellaghan 2000). Dabei wird zwischen Kontext, Input, Prozess und Produkt unterschieden. Diesen Kategorien lassen sich die verschiedenen Qualitäten der Evaluation zuordnen. Die SPIN-Evaluation betont besonders die *Prozessevaluation*, zugleich wird das SPIN-Projekt aber auch hinsichtlich seines Kontextes, der Inputs und der Ergebnisse betrachtet:

Kontextqualitäten: Der „Kontext" umfasst die allgemeinen Rahmenbedingungen, die zu Beginn der Evaluation vorliegen. Im Rahmen des CTC-Prozesses erfassen die Akteure dazu die Strukturdaten in ihren Gebieten und erstellen auf dieser Grundlage einen Handlungsplan. Kontextfaktoren, die darüber hinaus in der Evaluation erfasst werden, sind das Zusammenwirken verschiedener administrativer Ressorts, die dabei entwickelten Kooperationsstrukturen, die Handlungsbereitschaft der beteiligten Akteure in Bezug auf die CTC-Programmziele und die Unterstützung des Projekts durch die Gebietskörperschaft als Ganzes.

Inputqualitäten: Die Evaluation des „Inputs“ betrachtet die Qualitäten der CTC-Arbeitshilfen, die im Rahmen des CTC-Prozesses bereitgestellt werden. Dies bezieht sich vor allem auf die Handbücher, die Ergebnisse des Schülersurveys und die Schulungen. Besondere Beachtung finden auch die lokalen Inputqualitäten, dies sind die gebildeten Arbeitsstrukturen der Akteure und die im SPIN-Projekt eingesetzten Ressourcen. Die Evaluation der lokalen Inputs bezieht sich auf die Ressourcen, die zur Umsetzung SPIN-Projekts in den Modellstandorten eingesetzt werden. Dies sind vor allem die Arbeitsgremien, deren Organisations- und Potenzialstruktur und die Aktivitäten von Lenkungsgruppe, Gebietsteam und Begleitgremien.

Prozessqualitäten: Die Prozessevaluation beschreibt die konkrete Umsetzung der vorgesehenen Arbeitsschritte sowie die sich daraus ergebenden Erfahrungen. Dabei werden die Zeitverläufe und die konkrete Umsetzung der einzelnen Arbeitsschritte in den SPIN-Projektstandorten phasenweise dokumentiert. Weitergehend werden die Schwierigkeiten und Herausforderungen der Prozesse erfasst.

Die Prozesse in den ersten beiden Projektphasen werden im CTC - Handbuch beschrieben (Einbindung einer begrenzten Zahl von Personen und Organisationen; Definition von Rahmenbedingungen; Verschaffen eines Überblicks über Einflussfaktoren; Schaffen von Strukturen; Vorbereitung der Schülerumfrage). Sie wurden in Bezug auf die Vollständigkeit und auf Schwierigkeiten nach Projektstandorten untergliedert und bewertet.

Produktqualitäten: Die Ergebnisevaluation soll als Erfolgskontrolle dienen. Im Rahmen der Projektlaufzeit sind wahrscheinlich noch keine messbaren Ergebnisse auf der primären Zielebene „Reduktion von Problemverhalten“ zu erwarten. Produkte, auf die die Evaluation ihr Hauptaugenmerk richtet, betreffen deshalb Ergebnisse auf der sekundären Zielebene wie der Aufbau nachhaltiger Strukturen, die Passung in die bestehenden Organisationsstrukturen und die Verbesserung der Rahmenbedingungen für Präventionsarbeit.

Methodische Bausteine: Das Untersuchungskonzept der Evaluation gliedert sich in: das Sammeln von Materialen aus den SPIN/CTC-Modellkommunen, teilnehmende Beobachtungen und Befragungen von Schlüsselpersonen durch leitfadengestützte Interviews. Soweit möglich wurden auch Strukturdaten über die Sozialräume gesammelt.

4. Zwischenergebnisse der Evaluation

In der Gesamtbetrachtung der CTC-Phasen 1 bis 3 stellt sich die Frage, was bei einem Transfer von CTC in andere Stadtteile und Standorte zu berücksichtigen ist, welche Erfolgsfaktoren entscheidend sind und welche Passungsprobleme auftreten können. Aus den Erfahrungen in den drei niedersächsischen Modellkommunen können – auch vor Ablauf der Modellphase im Dezember 2012 – erste Hinweise über die Transferfähigkeit des Programms gewonnen werden, beispielsweise wie die Balance zwischen Setzungen „top-down“ – als programmstrategische Vorgaben – und Potenzialen „bottom-up“ – als den praxisnahen Traditionen und Wünschen – gelingen kann. Die hier zusammengefassten Zwischenergebnisse aus der Evaluation beziehen sich auf die Phasen 1 bis 3 des CTC-Programms und setzen den inhaltlichen Schwerpunkt auf die Prozessevaluation.

4.1 Kompatibilität mit den Strukturen der Sozial- und Jugendhilfeverwaltung

CTC repräsentiert ein Steuerungsprogramm, das in die bestehenden lokalen Strukturen integriert werden soll und keine neue, zusätzliche Organisation erfordert. Deshalb werden vom Land Niedersachsen im Modellprozess personelle Ressourcen und Dienstleistungen wie Trainings und Beratungen, aber keine finanziellen Mittel zur Verfügung gestellt. Obwohl die Akteure auf der Stadtteilebene häufig das Fehlen zusätzlicher Ressourcen thematisiert haben, wurde der Umsetzungsprozess davon aber nicht nachhaltig beeinträchtigt. Weder bei der Priorisierung der Risiko- und Schutzfaktoren noch bei der Stärkenanalyse ergaben sich Konflikte unter den beteiligten Akteuren, die auf eine defizitäre Ressourcenausstattung zurückgeführt werden können. Dies lässt die vorläufige Schlussfolgerung zu, dass sich CTC als Steuerungsprogramm vor Ort gut initiieren lässt, wenn die lokal verfügbaren Ressourcen – im Rahmen einer entsprechenden Prioritätensetzung – darauf ausgerichtet werden. Dieses Fazit ist insofern vorläufig, da die Aktionspläne sich zum Zeitpunkt des 17. Deutschen Präventionstages noch nicht in der Umsetzung befinden.

Im Bereich der Sozial- und Jugendhilfeverwaltung verfügen die Kommunen über entwickelte administrative Strukturen, die sich für die Anwendung von CTC eignen. Mit der Einführung des Kinder- und Jugendhilfegesetzes (SGB VIII) zu Beginn der 1990er Jahre wurde in besonderer Weise die präventive Perspektive gestärkt. So heißt es im § 1 SGB VIII, dass die Jugendhilfe junge Menschen in ihrer individuellen und sozialen Entwicklung fördern soll und dazu beitragen soll, Benachteiligungen zu vermeiden oder abzubauen, Kinder und Jugendliche vor Gefahren für ihr Wohl zu schützen, positive Lebensbedingungen für junge Menschen sowie eine kinder- und familienfreundliche Umwelt zu schaffen. In diesem Kontext wurden administrative Strukturen aufgebaut, die mit der CTC-Logik kompatibel sind.

Zum Beispiel wurde die lokale Projektkoordination in Hannover dem Jugendbildungskoordinator im Fachbereich Jugend und Familie, Abteilung Kinder- und Jugendarbeit zugeordnet. Aufgaben dieser Funktion sind, die vorhandenen Bildungsangebote sowie Bedarfe im Stadtteile zu erfassen und neue Angebote zu entwickeln. Aus diesem Aufgabengebiet ergeben sich viele Überschneidungen mit der Koordinationsfunktion im Rahmen von CTC.

Im Emsland wird die Koordination auf Kreisebene auf mehreren Ebenen realisiert: Als Hauptansprechpartner fungiert der Fachbereich Jugend des Landkreises Emsland, da dort die Präventionsarbeit angesiedelt ist. Der Fachbereich Jugend des Landkreises hat den Kreisjugendpfleger mit der Koordination beauftragt. Unterstützt wird der Kreisjugendpfleger durch das Präventionsteam der Polizeiinspektion, in der verschiedene Mitarbeiter/innen tätig sind. Die lokale Koordination in den Samtgemeinden übernehmen Teilnehmer/innen des Schulungsteams wie die Leitung eines Familienzentrums, die Leitung des Ordnungsamts einer der Samtgemeinden, ein Dienstleister und ein Jugendpfleger.

So betrachtet kann CTC an kompetente Strukturen in den Modellkommunen Anschluss finden, die allerdings im Rahmen normativ-kommunalpolitischer und strategisch-planerischer Prioritätensetzungen für den Einsatz des CTC-Instrumentariums verfügbar gemacht werden müssen. Dass dies möglich ist, hat die Praxis in den Modellstandorten in den ersten drei Phasen verdeutlicht.

Zur Umsetzung von CTC werden vor Ort zwei Handlungseinheiten gebildet: ein strategisches Gremium (Lenkungsgruppe) und ein operatives Gremium (Gebietsteam). Teilweise können auch diese an bestehende Organisationseinheiten der Kommunalverwaltung oder lokale Arbeitskreise angegliedert werden. In allen Modellkommunen wurden die Gebietsteams aus bereits bestehenden Gremien rekrutiert beziehungsweise an sie angelagert, so dass die vorhandenen Kooperationsstrukturen und Kooperationskulturen genutzt werden konnten. Dies führt zur Vermeidung von doppelten Gremienstrukturen und zusätzlichen Sitzungsterminen.

Die beteiligten Akteure verfügen über Erfahrungen in der interdisziplinären Kooperation und zeigen die notwendige Handlungsbereitschaft. Die kommunalen Kooperationsformen entsprechen einem Steuerungsverständnis, der mit dem Begriff der „Governance“ bezeichnet wird. Darunter werden die Abnahme der Bedeutung hierarchischer Strukturen, die Zunahme dezentraler Verantwortung, die Kooperation staatlicher, privater und gesellschaftlicher Akteure sowie ein sektoren-, ressort-, und organisationenübergreifendes Arbeiten verstanden (vgl. Schubert 2008). Dies entspricht einem Steuerungsverständnis, das hierarchische Planung zunehmend durch die horizontale Koordination von Prozessen ersetzt (vgl. Drilling/Schnur 2009). Die bestehenden lokalen Governanceformen von interdisziplinärer Fachplanung und partizipationsorientierter Sozialraumorientierung weisen eine hohe Passung mit den CTC-Strukturen auf.

4.2 Übereinstimmung mit der Professionalisierungs- und Qualitätsorientierung

Seit einigen Jahren findet das Thema des Qualitätsmanagement in der öffentlichen Verwaltung große Resonanz. Als Orientierungsrahmen gilt in der Regel der „Common Assessment Framework“ als praxisnahes, leicht einzuführendes Instrument der internen Qualitätsbewertung (vgl. CAF 2006). Von den Fachverwaltungen wird zwar anerkannt, dass dieses ziel- und ergebnisorientierte Managementkonzept die Möglichkeit biete, die unterschiedlichen Modernisierungsansätze und -aktivitäten unter einer Gesamtstrategie zu bündeln, aber es wird teilweise auch das Fehlen anschlussfähiger fachlicher Instrumente bemängelt. Die verschiedenen CTC-Instrumente kompensieren dieses Defizit und tragen zur Qualitätssicherung von Jugendhilfeinstrumenten sowie zur fachlichen Professionalisierung der Fachkräfte in der kommunalen Jugendhilfe sowie ihrer Zusammenarbeit bei.

Als Ressource und Input werden vom Landespräventionsrat regelmäßige Trainings für die lokalen Projektkoordinatoren und Mitglieder des Gebietsteam veranstaltet. Die Trainings beziehen sich auf die jeweilige CTC-Phase und erklären das jeweilige Vorgehen. Die Schulungen sind ein wichtiger Bestandteil von CTC. Dies zeigen bereits frühe Erfahrungen aus den USA (vgl. Greenberg/Feinberg 2002). Die Schulung erhöht nicht nur das technische Wissen zur Umsetzung von CTC; es stärkt auch den Zusammenhalt der Handlungskoalitionen und ermöglicht die aktive Teilnahme nichtprofessioneller Kräfte. Auch in Schottland, wo CTC erfolgreich in drei Pilotprojekten umgesetzt wurde, nahm jeweils die gesamte, aktive Handlungskoalition an der Schulung teil (vgl. Bannister/Dillane 2004).

Den Fachkräften in den Fachverwaltungen und in den Sozialräumen ist die CTC-Logik grundsätzlich nicht fremd: Es werden bereits benutzte Handlungsinstrumente sowie Verfahren aufgegriffen und zu differenzierteren Arbeitsformen weiterentwickelt. Die Akteure weisen ein hohes Kompetenzniveau auf, so dass die CTC-Anforderungen schnell und differenziert aufgenommen und vor Ort umgesetzt werden können. Insofern koppelt sich CTC an die vorhandenen Kompetenzen an und bringt sie in einen neuen logischen operationalen Zusammenhang.

Um in den CTC-Schulungen mehr Praxisrelevanz zu vermitteln, können Anwendungsbeispiele aus den Modellstandorten ausgewählt und während der CTC-Schulung exemplarisch analysiert werden. Es ist erforderlich, die Gruppenarbeiten zu intensiveren, um eine Beschränkung auf theoretische Inhalte – z.B. die Erläuterung der Programmlogik und deren Meilensteine – zugunsten einer thematischen Auseinandersetzung mit den Inhalten zu vermeiden. Damit eine Weitergabe des Trainingswissens an weitere Akteure in den Stadtteilen stattfinden und der Wissenstransfer im intendierten Maße realisiert werden kann, ist die die Teilnahme weiterer lokaler Akteure an den Trainings und Prozessen zu empfehlen.

Im Vorfeld der Phase 3 hat der Landespräventionsrat Niedersachsen die so genannte „*Grüne Liste*" entwickelt (s.o.), ein Internetportal, auf dem evaluierte Programme mit den tangierten Risiko- und Schutzfaktoren dokumentiert sind. Die Liste dient der Auswahl der für den jeweiligen Stadtteil relevanten Programme, um die priorisierten Risikofaktoren zu minimieren. Diese Hilfestellung bzw. das Vorhandenseins dieses „Programm-Pools" hat sich bei der Aufstellung des Aktionsplanes in Phase 3 als elementar erwiesen und ist eine zwingende Voraussetzung, um die Aktionspläne aufstellen zu können. Als nachteilig kann die (bisher noch) begrenzte Anzahl der begutachteten Programme der Grünen Liste von den Akteuren bewertet werden.

Damit greift das CTC-Programm aktuelle Entwicklungen in der Professionalisierung der Sozialen Arbeit auf, indem es praxeologisch Hinweise für das fachliche Handeln gibt. Nach dem Prinzip der modernen Benchmarking-Logik werden gute Praxisbeispiele (best practices) vermittelt. Da sie darüber hinaus evidenzbasiert sind, findet die Grüne Liste eine hohe Akzeptanz bei den Praktikerinnen und Praktikern vor Ort. Seit den 1990er Jahren ist die „inkrementale Orientierung“ verbreitet, die sozialen Verhältnisse über Programme und Projekte zu entwickeln. Für die Auswahl konkreter Programme fehlten bisher verlässliche Anhaltspunkte. Die „Grüne Liste“ entlastet die Fachkräfte vor Ort, weil rationale und plausible Kriterien zu Grunde liegen. Darauf wartet die Fachwelt seit längerem, da traditionell nur auf eher intuitives, nicht validiertes Erfahrungswissen zurückgegriffen werden konnte.

4.3 Bedeutung der Koordination

Die Koordination trägt den CTC-Prozess und ist für seine Kontinuität verantwortlich. Daher ist auch die Sicherstellung der Kontinuität der Koordination eine zentrale Frage für den CTC-Prozess. In Schottland wurden die CTC-Koordinatoren immer wieder als Erfolgsfaktoren genannt, ebenso in den englischen Beispielen (vgl. Bannister/ Dillane 2004). In den niedersächsischen Modellstandorten stehen unterschiedliche Zeitressourcen und Zeitbudgets der lokalen Projektkoordinatoren und Gebietsteammitglieder für das Projekt zur Verfügung.

Als Erfolgsfaktor lässt sich ein CTC-projektbezogenes Zeitbudget insbesondere für die lokalen Projektkoordinatoren festhalten. Diese benötigen für die Koordinationsaufgaben in der Arbeitsplatzbeschreibung einen fest definierten Stellenanteil mit einer Wochenarbeitszeit von ca. 20 Stunden. Gleiches gilt mit einem reduzierten Stundenvolumen für die Akteure im Stadtteil, die das CTC-Projekt im Sozialraum mittragen. Die Sicherstellung der notwendigen Zeitressourcen gehört mit in die normativ-kommunalpolitische (Stadtrat, Ratsausschuss) und strategisch-planerische Prioritätensetzung (Dezernat, Fachbereich), die vor der Einführung der CTC-Prozesse getroffen werden muss. Wichtig ist auch eine Stellvertretungsregelung, da die CTC Projekte in hohem Maße vom Wissen sowie der Arbeitsleistung der Koordinatoren abhängen.

Wenn der CTC-Prozess in den Modellstandorten programmgemäß von den lokalen Koordinatoren geplant und gestaltet wird, birgt das die Gefahr, dass die lokale Koordinationskraft die Diskussionen inhaltlich und organisatorisch dominiert, um den Prozess zügig und zeitplangerecht voranzubringen. Dieses Vorgehen kann zu Lasten der Akzeptanz der gemeinsamen Ergebnisse und zu einem nachlassenden Engagement der Gebietsteammitglieder führen. Um dem vorzubeugen, wird empfohlen, dass sich das Gebietsteam – oder eine Kerngruppe aus den Gebietsteams – häufiger bzw. regelmäßig zwischen den regulären Sitzungsterminen trifft und so stärker in den Prozess eingebunden wird. Von solchen Rahmenbedingungen ist es abhängig, ob die Logik von CTC bei den im Stadtteil handelnden Akteuren dauerhaft Akzeptanz findet.

4.4 Partizipation und Akzeptanz des CTC-Ansatzes

Seitens der lokalen Koordination und der Trainingsteilnehmer/innen des Gebietsteams ist eine hohe Akzeptanz und Identifikation mit dem CTC-Ansatz zu beobachten. Dies ist einerseits auf die Einbindung und Information über die Trainings und die gemeinsamen Treffen zurückzuführen. Andererseits liefert das systematische und strukturierte CTC-Verfahren klare Handlungsanweisungen und Praxishilfen, deren Bearbeitung als eine zweckmäßige Unterstützungsleistung für die lokale Praxis wahrgenommen wird.

Der Rückhalt und die Unterstützung durch die lokale Politik und Führungskräfte in der Kommunalverwaltung sind wichtige Erfolgsfaktoren für das CTC-Programm. Es ist daher erforderlich, eine gemeinsame Netzwerkstrategie für die Einbindung der politischen Akteure und für die kontinuierliche Kommunikation zwischen der operativen, strategischen und normativen Ebene zu initiieren. Denkbar sind Strategien wie Anhörungen oder Fachgespräche, an denen sowohl einschlägig orientierte Schlüsselpersonen der Kommunalpolitik als auch Leitungskräfte der zuständigen Kommunalverwaltung als auch Fachkräfte der praktischen Arbeit vor Ort mitwirken.

Die Aktivierung und Beteiligung der Bewohnerschaft, der Schülerschaft, der Eltern und Nachbarschaften ist ein wichtiger Bestandteil von CTC. In Schottland ist es durch die Bemühungen der Koordination immer wieder gelungen, dies zu ermöglichen (vgl. Bannister/Dillane 2004). Allerdings kann der CTC-Prozess auch überfordert werden, wenn die Beteiligung über CTC hinaus die Kommune aktivieren soll wie in einem der englischen Beispiele (vgl. Crow, France et al. 2004). Es zeigte sich dabei, dass die Gemeinde vor allem als „Wissensgeber“ wichtig ist, weniger in der Umsetzung der Aktionspläne, da diese vor allem in den Händen der professionellen Fachkräfte liegen soll. In den Niederlanden wurde die Bürgerbeteiligung deshalb geringer gewichtet, zumal auch dort in der Jugendhilfe ein hoher Professionalisierungsrad vorherrscht (vgl. Jonkman et al. 2008). In den niedersächsischen Standorten kann allerdings nicht so verfahren werden, weil im SGB VIII der Beteiligung von Kindern, Jugendlichen und ihren Eltern sowie der Einbezug wichtiger Institutionen in der Kommune ein hoher Stellenwert eingeräumt wird. Daher soll die Bürgerbeteiligung nach der Verabschiedung des Gebietsprofils in Phase 4 mit Nachdruck initiiert werden.

Aus der Implementationsforschung ist bekannt, dass allein die Professionellen nicht zum Erfolg solcher Programme beitragen können. Unter einer Netzwerkperspektive bedarf es einer „Geschlossenheit“ der Beziehungen mit allen Stakeholdergruppen. Der Familie als Adressat ist dabei besondere Aufmerksamkeit zu widmen. Dazu können allerdings zurzeit noch keine Evaluationserkenntnisse vorgelegt werden, weil Familien erst nach Phase 4 umfassend beteiligt werden sollen.

4.5 Schulen als Schlüsselpartner

Es ist wichtig, die relevanten lokalen Akteure frühzeitig mit einzubeziehen. Denn es erweist sich als schwierig, Projekte in Bereichen umzusetzen, die nicht frühzeitig in die CTC-Handlungskoalition involviert waren. Dies betrifft vor allem den Schulbereich, der einen wichtigen Ansatzpunkt der Prävention darstellt. In Großbritannien wurde deswegen gefordert, mindestens einen Schulleiter in die Handlungskoalition aufzunehmen (vgl. Crow, France et al. 2004: 69). Wenn es in einem Handlungsbereich keine Teilnahmebereitschaft gibt, ist die Umsetzung von Projekten dort in späteren Phasen nicht möglich und der CTC Prozess kann nicht umgesetzt werden (vgl. Crow, France et al. 2004). Es gelang bisher kaum, Akteure verspätet in die Handlungskoalition einzubinden.

In den niedersächsischen Modellstandorten besteht teilweise das Problem, die Schulen für die Mitarbeit in den Gebietsteams zu gewinnen. Dies ist spätestens mit der Umsetzung des Aktionsplans in Phase 4 und der Entwicklung von schulbezogenen Projekten notwendig. Vor diesem Hintergrund scheint es sinnvoll, die Implementierung von CTC frühzeitig mit den vielerorts stattfindenden Bestrebungen zu verbinden, so genannte Bildungslandschaften aufzubauen (vgl. Bleckmann/Schmidt 2011). Typische Charaktermerkmale einer „lokalen Bildungslandschaft“ sind die Kooperation formaler und non-formaler Bildungs- sowie Betreuungseinrichtungen im kleinräumigen Kontext von Gemeinde oder Stadtteil, zugleich aber auch das abgestimmte professionelle Handeln unter den beteiligten Fachleuten dieser Institutionen in einer präventiven, nachhaltig wirksamen Perspektive. Es geht einerseits um die Vernetzung lokaler Akteure und Ressourcen (Systemebene der Verknüpfung von sekundären Unterstützungsprozessen) und andererseits um die bessere individuelle Lernwegbegleitung von Kindern und Jugendlichen entlang ihrer Biographie (operative Ebene der Integration des primären Bildungsprozesses).

Bei der Schülerbefragung erwies sich die selbstorganisierte Durchführung der Befragung durch die Schulen als nicht durchgehend erfolgreich. Die Organisation der Feldphase ist ohne eine professionelle Koordination nicht realisierbar. Dies kann auch auf die mangelnde Einbindung der Schulakteure in das lokale Netzwerk zurückzuführen sein oder auf die Tatsache, dass die Anreizangebote zur Teilnahme – z.B. Bereitstellung von schulbezogenen Auswertungen der Befragung – nicht ausreichend attraktiv sind. Grundsätzlich ist zu überlegen, welche Anreizstrukturen für Schulen entwickelt werden können, um sie stärker in den CTC-Prozess einzubinden.

5. Schlussbemerkung

Insgesamt spricht vieles für die These, dass CTC besser in die bestehenden Verwaltungs- und Sozialraumstrukturen Deutschlands passt als in die – eher ehrenamtlich basierten – sozialräumlichen Strukturen der USA. Die jugendhilfe- sowie sozialrechtlichen Rahmenbedingungen und die etablierten Organisationssysteme der Kommune ermöglichen eine sehr gute Anschlussfähigkeit – vorausgesetzt die verantwortlichen Führungskräfte und Schlüsselpersonen der Kommunalpolitik tragen die zugrundeliegende professionelle Orientierung engagiert mit. Das differenzierte Instrumentarium von CTC erhöht zugleich die analytische Tiefenschärfe der fachlichen Kommunikationen der Interaktionssysteme von Fachkräften in der Jugendhilfe und der Zusammenarbeit mit anderen Professionellen im Sozialraum.

Allerdings muss verstärkt die Entwicklung des schulischen Systems zur „Ganztagsschule" berücksichtigt werden. Gegenläufig zu Tendenzen der Sozialraumorientierung verlagern sich gegenwärtig zahlreiche Aktivitäten der Jugendhilfe in großem Umfang an die schulische Primarstufe (Grundschule) sowie an die Sekundarstufen I und II. Die Sozialraumorientierung wird auf die frühen Hilfen im vorschulischen und frühpädagogischen Bereich konzentriert. Durch die gleichzeitige Betonung des Rechts auf Wahlfreiheit der Eltern bei der Schulwahl verteilen sich die Schüler/innen zunehmend dispers über Milieu- und Profilschulen in der gesamten Gebietskörperschaft. In der Folge besuchen beispielsweise nicht mehr alle Kinder der jeweiligen Kohorten die Grundschule im Sozialraum. Durch die zentralisierten Standorte der Schulen mit Sekundarstufen verschärft sich diese Situation mit zunehmendem Alter der Schülerinnen und Schüler. In der Folge des reformpädagogischen Modells des Ganztags wird Prävention vermehrt im schulischen Kontext geleistet. In der Zusammenarbeit von Jugendhilfe und Schulpädagogik entstehen präventive Projekte, die gezielt auf Problemprofile in der Schule reagieren. Darin steckt die Tendenz, dass die neue Kategorie des „schulischen Sozialraums" an Bedeutung gewinnt, der vom Stadtteil relativ unabhängig ist. Vor diesem Hintergrund kann darüber nachgedacht werden, ob CTC unter strategisch-nachhaltiger Perspektive für beide Sozialraumdimensionen weiterentwickelt werden kann.

Literatur

Arthur, M.W. / Hawkins, J.D. / Pollard, J.A. / Catalano, R.F. / A. J. Baglioni Jr. (2002) Measuring risk and protective factors for substance use, delinquency, and other adolescent problem behaviors: The Communities That Care Youth Survey. Evaluation Review., 26: 575-601.

Arthur, M. W. / Briney, J.S. / Hawkins, J.D. / Abbott, R.D. / Brooke-Weiss, B.L. / R. F. Catalano (2007) Measuring risk and protection in communities using the Communities That Care Youth Survey. Evaluation and Program Planning, 30: 197-211.

Bannister, J. / Dillane, J. (2005) Communities that Care. An Evaluation of the Scottish Pilot Program. Edinburgh: Scottish Executive.

Bleckmann, P. / Schmidt, V. (Hrsg.) (2011) Bildungslandschaften. Mehr Chancen für alle. Wiesbaden: Verlag für Sozialwissenschaften.

Bundesministerium des Inneren / Bundesministerium der Justiz (Hrsg.) (2006) 2. Periodischer Sicherheitsbericht der Bundesregierung, Berlin

CAF (2006) Common Assessment Framework. Verbesserung der Organisation durch interne Qualitätsbewertung. Hrsg. v. Bundesverwaltungsamt und Deutsches CAF-Zentrum, URL http://www.caf-netzwerk.de/cln_227/nn_2143534/SharedDocs/Publikationen/CAF/CAF__Broschuere__2006,templateId=raw, property=publicationFile.pdf/CAF_Broschuere_2006.pdf (12.03.2012)

Crow, I. / France, A. / Hacking, S. / Hart, M. (2004) Does Communities that Care work? An evaluation of a community-based risk prevention program in three neighbourhoods. Joseph Rowntree Foundation.

Drilling, M. / Schnur, O. (2009) Governance der Quartiersentwicklung. Theoretische und praktische Zugänge zu neuen Steuerungsformen. Wiesbaden: Verlag für Sozialwissenschaften.

Greenberg, M. / Feinberg, M. (2002) An Evaluation of PCCD's Communities that Care Delinquency Prevention Initiative. Final Report. Pennsylvania State University.

Groeger-Roth, F. / Hasenpusch, B. (2011) Die „Grüne Liste Prävention“ – effektive und erfolgversprechende Präventionsprogramme im Blick. forum kriminalprävention, H.4: 52-58

Hawkins, J.D. / Herrenkohl, T. / Farrington, D.P. / Brewer, D. / Catalano, R.F. / T. W. Harachi (1998) A review of predictors of youth violence. In: Loeber, R. / Farrington, D. P. (Hrsg.): Serious and violent juvenile offenders. Risk factors and successful interventions. Thousand Oaks, CA: Sage; S. 106-146.

Hawkins, J.D. / Catalano, R.F. (2004) Communities That Care Prevention Strategies Guide. South Deerfield, MA: Channing Bete.

Hawkins, J.D. / Catalano, R.F. (2005): Investing in Your Community's Youth: An Introduction to the Communities That Care System, South Deerfield; M.A.: Channing Bete.

Hawkins, J.D. / Oesterle, S. / Brown, E.C. / Arthur, M.W. / Abbott, R.D. / Fagan, A.A. / Catalano, R.F. (2009) Results of a type 2 translational research trial to prevent adolescent drug use and delinquency: A test of Communities That Care. Archives of Pediatrics and Adolescent Medicine, 163: 789-798.

Jonkman, H. / Junger-Tas, J. / van Dyk., B. (2005): From Behind Dikes and Dunes: Communities that Care in the Netherlands. Children & Society, 19: 105-116.

Jonkman, H. / Haggerty, K. P. / Steketee, M. / Fagan, A. / Hanson, K. / Hawkins, J. D. (2008) Communities That Care. Core Elements and Context: Research of Implementation in Two Countries. Social Development Issues, 30 (3): 42–57.

Prognos AG (2011) Gutachten Soziale Prävention. Bilanzierung der sozialen Folgekosten in Nordrhein-Westfalen. Im Auftrag der Staatskanzlei des Landes Nordrhein-Westfalen, Basel.

Scheithauer, H. / Rosenbach, C. / Niebank, K. (2012) Gelingensbedingungen für die Prävention von interpersonaler Gewalt im Kindes- und Jugendalter. Hrsg.: Stiftung Deutsches Forum für Kriminalprävention, 3. Auflage, Bonn.

Schreiber, V. (2007) Lokale Präventionsgremien in Deutschland. Frankfurt am Main.

Schubert, H. (2008) Netzwerkkooperation – Organisation und Koordination von professionellen Vernetzungen. In: Schubert, H. (Hrsg.) Netzwerkmanagement: Koordination von professionellen Vernetzungen. Grundlagen und Praxisbeispiele. Wiesbaden: Verlag für Sozialwissenschaften.

Sherman, L.W. / Gottfredson, D. / MacKenzie, D. / Eck, J. / Reuter, P. / S. Bushway (1997) Preventing Crime: What Works, What Doesn't, What's Promising. A Report to The United States Congress, Prepared for the National Institute of Justice.

Steffen, W. (2005) Gremien Kommunaler Kriminalprävention – Bestandsaufnahme und Perspektive. In: Bannenberg, B. / Coester, M. / Marks, E. (2005): Kommunale Kriminalprävention. Ausgewählte Beiträge des 9. Deutschen Präventionstages, Mönchengladbach, S. 155 – 168.

Stufflebeam, D. L. / Madaus G. F. / Kellaghan T. (Hrsg.) (2000) Evaluation models – viewpoints on educational and human services evaluation. Boston: Kluwer Academic Publisher Group.

Christiane Sadeler

Trotz alledem: die Geschichte der Kriminalprävention in Kanada am Beispiel einer Gemeinde

Vor fast 20 Jahren gründete die Kanadische Regierung eine Kommission, die Vorschläge erarbeiten sollte, wie die steigenden Kosten von Justiz und Polizei gesenkt werden können. Die Motivation für diese Frage kam zumindest teilweise aus der Erkenntnis, dass die USA mit ihrer Politik der über-Inhaftierung an finanzielle Grenzen stießen, ohne dass sie durch diese Maßnahmen eine Verbesserung der öffentlichen Sicherheit aufzeigen konnten. Mit dem Ziel ähnliche finanzielle Probleme zu verhindern, machte die Kommission zwei Empfehlungen, die für das Thema kommunal basierter Kriminalprävention weiterhin wichtig sind: Erstens, dass der kommunalen Kriminalprävention (obwohl diese derzeit noch in den Kinderschuhen steckte und auch nicht gut definiert war) eine Chance gegeben werden sollte sich zu beweisen und zweitens, dass alle Ebenen der Regierung eine Rolle bei der Entwicklung und Umsetzung von Strategien zur Kriminalprävention spielen müssen.

Mit diesen Empfehlungen wurde die Idee der kommunalen Kriminalprävention in Kanada geboren. Bis dahin hatte man die Kriminalprävention als Aufgabe des Bundes (in der Verabschiedung von Gesetzen) und der Landesregierungen (zur Umsetzung dieser Gesetze in Justizvollzugsanstalten, bei der Polizei etc.) gesehen. Bis zum heutigen Tag gibt es im ganzen Land erhebliche regionale Unterschiede in der Anwendung und den entsprechenden Erfolgen der kommunalen Kriminalprävention. Dabei sind die Ansätze auf lokaler Ebene etwas konstanter in ihren Prinzipien und ihrer Ausdauer. Mit einer Bevölkerung von knapp über 30 Millionen Menschen und einer Geschichte der Kolonisation, die die Urbevölkerung zum sozialen und wirtschaftlichen Rand der Gesellschaft brachte, bleibt ein konsequentes Engagement für Kriminalprävention weiterhin ein wichtiges aber nur schwer erreichbares Ziel in Kanada.

Trotz diesem Hintergrund haben immer mehr Gemeinden und Stadträte in Kanada die Herausforderungen aufgenommen ihre öffentlichen Institutionen, sozialen Agenturen und auch Bürger und Bürgerinnen bei der Planung für eine sichere Zukunft einzubinden. Die Region Waterloo - eine Gemeinde mit einer Bevölkerung von knapp über 500.000 Einwohnern und die in Ontario in der Nähe von Toronto liegt - ist ein Beispiel dieses Engagements.

Im Jahr 1994 gründete die Region Waterloo einen Kriminalpräventionsrat. Dieser Rat bringt monatlich alle wichtigen Akteure in der Gemeinde, die sinnvoll zu einer präventiven Agenda beitragen können, zur Planung und Aktualisierung von gemeinsamen Projekten zusammen. Acht Angestellte sind durch die lokale Regierung eingesetzt, um die Entwicklung von Strategien und Programmen, die an die Wurzel von Kriminalität, Viktimisierung und Kriminalitätsfurcht gehen, voranzutreiben. Der

Ansatz für diese Arbeit basiert auf der Überzeugung, dass Probleme der Menschheit nur gemeinsam gelöst werden können. In diesem Sinne sind die vorgeschlagenen Lösungen immer gemeinschaftsbasiert und beruhen auf einer langfristigen Perspektive des sozialen Wandels. In ihrer täglichen Arbeit folgt der Präventionsrat den Standards der Weltgesundheitsorganisation, die zeigen, dass Prävention nur dann möglich ist wenn sie:

- auf sozialwissenschaftlichen Beweisen beruht;
- auf mehreren Ebenen und in der Kommune ansetzt;
- so früh wie möglich im Leben von Personen und Gruppen beginnt;
- intensiv und nie ad hoc ist;
- großen Wert auf Kinder legt;
- Bürgeremanzipation fördert;
- die Zukunft fokussiert.

Projekte und Aktivitäten sind auf den Webseiten www.preventioncrime.ca oder www.smartoncrime.ca zu finden und schließen sowohl soziale Gruppenprojekte, wie das Straßenbanden-Präventionsprogramm, als auch Strategieprogramme mit ein. Von Bedeutung ist hier, dass diese Arbeit trotz unterschiedlicher politischer Prioritäten auf anderen Regierungsebenen, mit einer weiten Vernetzung einhergeht.

Mit dieser Strategie haben viele kommunalen Projekte zu einer festen Basis für positive Veränderungen in der Gemeinde geführt. Die Beziehung zwischen der lokalen Regierung und ihren Bürgern, die am Ende die Präventionsarbeit leisten, ist von entscheidender Bedeutung in diesen Zusammenhang. Kriminalprävention kann sich nur dann durchsetzen, wenn öffentliche Institutionen strategisch re-demokratisiert werden. Dann sind lokale Gremien oft besser im Erschaffen neuer Möglichkeiten, innovativer und ausdauernder als Landes- und Bundesregierungen.

Marie-Luis Wallraven-Lindl

Städtebauliche Kriminalprävention

1. Vorbemerkung

Städtebauliche Kriminalprävention ist ein Baustein im Bündel aller möglichen Präventionsmaßnahmen, jedoch für die Lebensqualität und das Sozialleben in Stadt und Land ein ganz wesentlicher. Die Sicherheit gilt als ein Qualitätsmerkmal des Städtebaus im 21. Jahrhundert, obwohl sie von den Frauen der Frauenbewegung bereits ab Ende der 70er Jahre[1] des letzten Jahrhunderts vehement eingefordert wurde und Bestandteil eines jeden Kriterienkatalogs für frauenspezifische Belange in der Stadtplanung[2] war. Inzwischen ist das Thema „Sicherheit“ sowohl als „öffentliche Sicherheit und Ordnung“ als auch als „subjektives Sicherheitsempfinden“ in der Planung angekommen und ist Allgemeingut geworden, das sich in einer Europäischen Vornorm ENN 14383-2 „prevention of crime – urban planing and design“ vom April 2004 manifestiert, einer - wenn auch nicht verpflichtenden - technischen Richtlinie. Dass dem städtebaulichen Umfeld, der Anlage des öffentlichen Raums sowie der des unmittelbaren Wohnumfeldes für die subjektive und objektive Sicherheit der Menschen eine besondere Rolle zukommt, wird nunmehr auch im Hinblick auf die Balance zwischen Sicherheit und Freiheit diskutiert[3].

Mehrere Staaten[4] und Bundesländer[5] haben Regularien oder Kriterienkataloge erlassen, einige Städte[6] besondere Initiativen ergriffen, alle in der berechtigen Annahme, dass Architektur und Städtebau eine verhaltensrelevante Größe darstellen und somit Menschen im sozialen Nahraum steuern.
Einigkeit besteht auch, dass die Kriminalprävention nur wirksam ist, wenn sie in jeder Planungsphase beachtet wird. Sie muss bereits sehr frühzeitig als ein Baustein des städ-

---

1 Kerstin Dörhöfer/J. Naumann, Zur Lage der Frau in städtischen Wohngebieten, in: Marielouise Janssen-Jurreit (Hg.), Frauenprogramm – gegen Diskriminierung, Reinbeck bei Hamburg, 1979; zum Thema Angst: Bauwelt Nr. 6, 1989; Friedl Schreyögg, Tatorte in: Bauwelt 1989, 196; Marie-Luis Wallraven-Lindl/Ingrid Beller-Schmidt, Frauenbelange in der verbindlichen Bauleitplanung, BauR 1992, 549 m.w.Nw.

2 z.B. Kriterienkatalog der Stadt Minden, Beschl. v. Planungs- Umweltausschuss v. 28.06.1995; Magistrat der Stadt Frankfurt, Frauenreferat (Hg.) Uta Bauer/Stefanie Klinkhart, 1996.

3 Karen Sievers, Sicherheit planen und gestalten – grundsätzliche Überlegungen aus sozialwissenschaftlicher und stadtplanerischer Perspektive, Redemanuskript: Stadt und (Un-) Sicherheit, Fachtagung ISW, 22.03.2010.

4 z.B. Großbritannien, „crime and disorder act (1998)“, der Grundlage für die Verpflichtung der Gemeinden ist, jede Planung auf kriminalpräventive Aspekte hin zu überprüfen und woraus sich das Projekt „secured by design“ entwickelte; Niederlande, die überwiegend objektbezogene Sicherheits-Verträglichkeits-Prüfung (SVP), die der Europ. Norm ähnelt.

5 so hat z.B. B-W eine Checkliste entwickelt (2000), Niedersachsen 2002 die Broschüre „Sicheres Wohnquartier – gute Nachbarschaft“ herausgegeben.

6 z.B. hat Augsburg einen „Kriminalpräventiven Rat“ installiert, der Planungen begutachtet und eine Stellungnahme ins Verfahren einbringt; München, Stand der städtebaulichen Kriminalprävention in München; Beschluss des Ausschusses für Stadtplanung und Bauordnung vom 12.10.2011.

tebaulichen Wettbewerbs[7] begriffen werden, dann ihren Niederschlag in der konkreten Bauleitplanung und ggf. im diese begleitenden städtebaulichen Vertrag finden[8], sowie ihrer Bedeutung insbesondere in den Details der Ausführungsplanung bekommen. Dies alleine aber reicht nicht. Die Planung in Form des Flächennutzungsplanes verteilt bereits Chancen, trifft Standortsentscheidungen und ist Grundlage für städtebauliche Satzungen wie z.B. die Abgrenzungssatzung (§ 34 Abs. 4 BauGB) und die wohl wichtigste, den Bebauungsplan (§ 8 BauGB), der als Satzung eine untergesetzliche Norm ist. Hier gelten die rechtlichen Bindungen des BauGB und inwieweit diese die städtebauliche Kriminalprävention fordern, fördern oder ermöglichen, soll im Folgenden erläutert werden.

2. Baugesetzbuch

Die Kriminalprävention im Städtebau ist im Baugesetzbuch (BauGB) in ihrer konkreten Ausformung gesetzlich nicht festgelegt, in den allgemeinen Planungszielen § 1 Abs. 5 BauGB und den Planungsleitlinien nach § 1 Abs. 6 BauGB findet sich aber ihre Verankerung.

Die generellen Planungsziele legt § 1 Abs. 5 BauGB fest. Danach sollen die Bauleitpläne u.a. eine nachhaltige städtebauliche Entwicklung gewährleisten, die die sozialen, wirtschaftlichen und umweltschützenden Anforderungen auch in Verantwortung gegenüber künftigen Generationen miteinander in Einklang bringt. Zudem soll eine dem Wohl der Allgemeinheit dienende sozialgerechte Bodenordnung gewährleistet und neben anderem mehr eine menschenwürdige Umwelt gesichert werden.

Die städtebauliche Kriminalprävention ist zweifellos ein Bestandteil der **„Nachhaltigkeit“** und dient der **„Sicherung einer menschenwürdigen Umwelt“**. Diese beiden Begriffe werden in der juristischen Kommentarliteratur[9] häufig zu Unrecht auf die Themen Umwelt- und Klimaschutz reduziert. Letztlich soll das Nachhaltigkeitsprinzip als Ordnungsprinzip soziale und wirtschaftliche Ansprüche an einen Raum mit den ökologischen Funktionen dauerhaft in Einklang bringen.

Wenn Städte und Dörfer den menschlichen Bedürfnissen entsprechend geschaffen, entwickelt und erhalten werden sollen[10], muss das Thema Sicherheit vor Kriminalität - ein existentielles menschliches Bedürfnis[11] - Bestandteil der bauleitplanerischen

---

7 zur Bedeutung: Ingrid Beller-Schmidt, Wettbewerbsverfahren und -inhalte aus Frauensicht in: PlanerIn 1996, S. 32; Gisela Humpert, Gender Mainstreaming für Planungswettbewerbe, Arbeitshilfe für die Auslobung und Teilnahme, Zentrum Frauen in Beruf und Technik, Castrop-Rauxel, 2006.

8 Sozialgerechte Bodennutzung – der Münchner Weg, 2009, LH München, 3. Auflage.

9 vgl. W. Schrödter in: Schrödter, BauGB, § 1 Rn. 87 – 91;
Krumb in: Rixner/Biedermann/Steger, PK-BauGB/BauNVO, § 1 Rn. 43-44.

10 Söfker in: Ernst/Zinkahn/Bielenberg/Krautzberger, BauGB, § 1 Rn. 106.

11 B. Zibell/A. Schröder, Frauen mischen mit, Beiträge zur Planungs- und Architektursoziologie, Bd. 5, Frankfurt 2007, S. 242 f.

Ordnung sein und diese für mindestens zwei, wenn nicht für mehrere Generationen sichern.

Die **sozialgerechte Bodennutzung** muss soziale Segregation verhindern, bezahlbaren Wohnraum gewährleisten und für breite Kreise der Bevölkerung die Möglichkeit zur Eigentumsbildung schaffen.[12]

Aber auch die in § 1 Abs. 6 BauGB nicht abschließend aufgezählten Belange, die vielfach als Planungsleitlinien bezeichnet werden, umfassen die Vorsorge vor Kriminalität. So finden sich die folgenden Regelungen und allgemeine Hinweise auf kriminalpräventive Aspekte im Städtebau:

Ziffer 1 die allgemeinen Anforderungen an gesunde Wohn- und Arbeitsverhältnisse und die Sicherheit der Wohn- und Arbeitsbevölkerung,

Ziffer 2 die Wohnbedürfnisse der Bevölkerung, die Schaffung und Erhaltung sozial stabiler Bewohnerstrukturen … und

Ziffer 3 die sozialen … Bedürfnisse der Bevölkerung, insbesondere die Bedürfnisse der Familien, der jungen, alten und behinderten Menschen, unterschiedliche Auswirkungen auf Frauen und Männer …

Der in § 1 Abs. 6 Ziffer 1 BauGB aufgeführte Planungsgrundsatz „**Sicherheit der Wohn- und Arbeitsbevölkerung**" stellt nach h.M.[13] nicht unmittelbar auf Maßnahmen der Kriminalprävention ab, sondern wird vielmehr dahingehend verstanden, dass das BauGB hier vor allem solche Konstellationen planerisch ausgeschlossen wissen will, die latent zu Unfällen neigen. So werden als Beispiele fehlende Rettungswege für Notfallfahrzeuge, die Anordnung von Schulen und Altenheimen an viel befahrenen Straßen mit schmalen Bürgersteigen, auf engstem Raum kollidierende Nutzungen und unfallanfällige Straßenführungen angeführt. Dies mag seine Berechtigung als Belang haben, schließt aber die Sicherheit vor Übergriffen anderer und die Vermeidung von Angsträume nicht aus, auch wenn diese Belange noch nicht in den Fokus der juristischen Kommentatoren gerückt sind. Alle allgemeinen Anforderungen des BauGB werden von den jeweiligen Anschauungen und Bedürfnissen bestimmt und diese sind im Laufe der Zeit dem Wandel unterworfen, was – und das dürfte auch in der juristischen Literatur anerkannt sein – für die Zwecke der Planung eine lebenswerte Umwelt zu gewährleisten, unschädlich ist.

Mit den in Ziffer 2 aufgegriffenen Belangen „**Wohnbedürfnisse der Bevölkerung**" und „**Schaffung und Erhaltung sozial stabiler Bewohnerstrukturen**" soll die Stadtplanung angehalten werden, durch städtebauliche Maßnahmen Segregationser-

---

12 Söfker in: Ernst/Zinkahn/Bielenberg/Krautzberger, BauGB, § 1 Rn. 104; Krautzberger in: Battis/Krautzberger/Löhr, BauGB § 1 Rn. 52.

13 Söfker, a.a.O., § 1 Rn. 119.

scheinungen entgegen zu wirken, wie sie sich zwischen verschiedenen Altersgruppen oder sozial stärkeren oder schwächeren Gruppen ergeben könnten. Die weitaus h.M. versteht unter den Wohnbedürfnissen der Bevölkerung lediglich die Ausweisung von ausreichenden Wohnbauflächen, auch für Eigenheime[14].

Auch dies ist wiederum zu eng interpretiert, denn angesichts der Stärkung der Innenentwicklung und Nachverdichtung durch das BauGB, wird zunehmend erkannt, dass zu den Wohnbedürfnissen nicht nur die Versorgung mit Wohnraum für verschiedene Bedarfe (Alte/Familie) gehören, sondern die Befriedigung der privaten Wohninteressen, die in der Schaffung von ausreichender Privatheit und Intimität[15] und der Gestaltung des Wohnumfeldes zu sehen sind.
Der „Schaffung und Erhaltung sozial stabiler Bewohnerstrukturen" sind im Rahmen der Festsetzungsmöglichkeiten in konkreten Bauleitplänen Grenzen gesetzt, in Städtebaulichen Verträgen können diese Belange jedoch ihren Niederschlag finden, sei es durch die Ermöglichung von sog. Einheimischenmodellen[16] oder die Verpflichtung zur Schaffung eines Anteils geförderter Wohnungen[17] oder Wohnungen mit Mietpreisbindung[18]. Damit werden soziale Schichten gemischt und Ghettobildung verhindert.

Der in Ziffer 3 genannte Begriff der **„sozialen Bedürfnisse der Bevölkerung"**[19] ist nach h.M. weit gefasst. Er kann sich in vielfältiger Weise auf die Bauleitplanung auswirken. Unmittelbar für die Erfüllung dieser Bedürfnisse kommt z.B. die Ausweisung von Flächen für Einrichtungen und Anlagen zur Versorgung mit Gütern und Dienstleistungen des öffentlichen und privaten Bereichs, des Gemeinbedarfs und für Versorgungsanlagen in Betracht. Die **„Bedürfnisse der Familien"** beziehen sich ebenso wie die **„Bedürfnisse der jungen, alten und behinderten Menschen"** über die speziellen Wohnbedürfnisse hinaus auf spezifische Anforderungen dieser Personengruppen wie z.B. kurze überschaubare Wege zu Infrastruktureinrichtungen wie Schulen und Kindergärten, Altenbegegnungsstätten und Anlagen und Einrichtungen zur ärztlichen Versorgung. Dazu gehört auch eine bestimmte Verkehrsinfrastruktur nicht zuletzt die Bedienung mit öffentlichen Verkehrsmitteln, aber auch die Sicherheit im Verkehr, besonders für Kinder.
Nach dem der öffentliche Belang der geschlechterdifferenzierten Planung, die gem. § 1 Abs. 6 Nr. 3 BauGB zu berücksichtigenden **„unterschiedliche Auswirkungen auf Frauen und Männer"**, ausdrücklich Eingang ins BauGB und damit in die Bau-

---

14 Krautzberger in: Battis/Krautzberger/Löhr, a.a.O., W. Schrödter, a.a.O., § 1 Rn. 55.

15 D. Fink, Im Vorort wird am meisten gestritten, in: SZ, Nr. 77 v. 31.03./01.04.2012, Seite 11; Söfker in: Ernst/Zinkahn/Bielenberg/Krautzberger, a.a.O., § 1 Rn. 121.

16 vgl. Bunzel/Coulmas/Schmidt-Eichstaedt, Städtebauliche Verträge, Difu, Berlin 2007, S. 126 ff.

17 Sozialgerechte Bodennutzung – der Münchner Weg, a.a.O., S. 27, Punkt 2.2 Verfahrensgrundsätze zur Sozialgerechten Bodennutzung in der Fassung v. 26.07.2006.

18 Bunzel u.a., a.a.O., S. 118 f.

19 Söfker, a.a.O., § 1 Rn. 121,122.

leitplanung gefunden haben, muss die städtebauliche Kriminalprävention in die Abwägung aller Belange eingestellt werden.[20]

Schließen also die im BauGB verwendeten Begriffe „**Sicherheit**" und „**soziale Bedürfnisse**" sowie auch die Verpflichtung zur Geschlechtergerechtigkeit der Planung kriminalpräventive Aspekte in der Bauleitplanung ein, dann sind sie Gegenstand der sachgerechten Abwägung.

Zu einem funktionierenden Gemeinwesen, in dem sich die Bürgerinnen und Bürger wohl fühlen und mit der Stadt identifizieren, gehört auch städtische Lebensqualität. Das Gefühl von Sicherheit ist dabei ein zentrales Element. Es ist entscheidend für das ganz persönliche Wohlempfinden am Lebensort. Insofern ist die Stadtplanung nicht nur legitimiert, sondern geradezu verpflichtet, im Rahmen der Aufstellung von Bebauungsplänen die kriminalpräventiv wirkenden Aspekte zu beachten, diese in die Abwägung nach § 1 Abs. 7 BauGB einzustellen und somit für einen tragbaren Rahmen für die kriminalpräventive Gestaltung der räumlichen Umwelt zu sorgen.

3. Die vorgenannten Ziele und Leitlinien in der Stadtentwicklungsplanung - PERSPEKTIVE MÜNCHEN

Den städtebaulichen Planungen in der Landeshauptstadt München liegt grundsätzlich die Vorstellung eines sozialintegrierten Städtebaus (Münchner Mischung) zu Grunde, der geprägt ist von einer Überlagerung von städtebaulicher Dichte, vielfältigen Nutzungen und Funktionen, Infrastrukturen und sozialer Milieus und sich in den großen Siedlungsgebieten zeigt. Die Ermöglichung der Entfaltung der eigenen Persönlichkeit auf der einen und ein notwendiges Maß an sozialer Kontrolle auf der anderen Seite werden dabei als wesentliche Voraussetzung angesehen, um Kriminalität und subjektives Unsicherheitsempfinden zu minimieren. Neben der Mischung von Nutzungsformen sind dabei auch konkrete Anforderungen an die Gestaltung und Benutzbarkeit des öffentlichen Raums zu beachten. Diese reichen von Orientierungsmöglichkeiten, Übersichtlichkeit, Einsehbarkeit, Beleuchtung und Belichtung bis zur Zugänglichkeit und zum **Gegensteuern** der fortschreitenden Privatisierung öffentlicher Räume. Ziel ist letztlich, städtische Räume zu erhalten und zu schaffen, die den Interessen der unterschiedlichen Bewohnerinnen- und Bewohnergruppen entgegen kommen und die diese sich aneignen können. Dies ist eine wesentliche Voraussetzung zur Vermeidung der verschiedenen Formen abweichenden Verhaltens, insbesondere von Vandalismus und Gewaltkriminalität durch soziale Kontrolle.

Dieses Grundverständnis liegt dem Stadtentwicklungskonzept „PERSPEKTIVE MÜNCHEN" zugrunde, und gilt für mehrere Leitlinien, z.B „Stadtteile durch Stadt-

---

[20] Uta Bauer, Stephanie Bock, Ulrike Meyer und Heike Wohltmann: Gender Mainstreaming in der Bauleitplanung – Eine Handreichung mit Checklisten, Berlin 2007 – Difu-Paper, die alle grundsätzliche Elemente zur städtebaulichen Kriminalprävention enthält.

teilentwicklung stärken“, „Zukunftsfähige Siedlungsstrukturen durch qualifizierte Innenentwicklung - kompakt, urban, grün“ und „Sozialen Frieden durch soziale Kommunalpolitik sichern“. Zu den bekannten und bewährten Prinzipien und Instrumenten der sozialen Stadtentwicklung zählen neben der „Münchner Mischung“, dem München-Modell für Miete und Eigentum und den Regelungen für die „Sozialgerechte Bodennutzung (SoBoN)“ auch die Einhaltung von Versorgungsstandards bezüglich der sozialen Infrastruktur, Grün-, Spiel- und Freiflächen. Zudem wird bei allen städtebaulichen Planungen versucht, die geschlechtsspezifischen Anforderungen der unterschiedlichen Gruppierungen zu berücksichtigen: nach Alter, Nationalität, sozialem Status.

In der am 06.10.2005 von der Vollversammlung des Stadtrates beschlossenen Leitlinie „Sicherung des inneren Friedens durch kommunale Sicherheits-, Sozial-, Bildungs- und Kulturpolitik“ ist ein noch weiter gefasstes und integriertes Verständnis von Maßnahmen zur Kriminalprävention formuliert worden. Der innere Frieden (solidarische Stadtgesellschaft, soziale Gerechtigkeit, Solidarität miteinander, Vielfalt untereinander, gleichberechtigte Teilhabe am sozialen, kulturellen und gesellschaftlichen Leben) wird in erster Linie durch präventive Maßnahmen herzustellen sein. Eine besondere Bedeutung kommt dabei der kommunalen Sozial-, Bildungs- und Kulturpolitik zu, die sensibel auf die Bedürfnisse der verschiedenen Bevölkerungsgruppen, seien es Kinder, Jugendliche, Migrantinnen und Migranten, Männer, Frauen, Seniorinnen und Senioren oder andere Gruppen eingehen kann.

Zu den wichtigsten Handlungsfeldern gehören:

- die frühzeitige und aktive Vorbeugung von sozialen Problemlagen, wie Armut oder Wohnungslosigkeit,
- die Gewährleistung des Zugangs zu Bildung und Ausbildung und damit der Chancengleichheit auf dem Arbeitsmarkt,
- die Förderung kultureller Projekte, die den verschiedenen Bevölkerungsgruppen Raum schaffen, ihre eigene Identität zu bewahren und gleichzeitig zur Vermittlung der Kultur Anderer beitragen,
- die Vorbeugung vor Männergewalt gegen Frauen und Kinder,
- das Angebot integrationsfördernder Maßnahmen für Migrantinnen und Migranten (vgl. Interkulturelles Integrationskonzept) und
- die Verhinderung von Segregation und Ghettobildung.

Wenn trotz der genannten Maßnahmen Störungen der öffentlichen Sicherheit und Ordnung auftreten, müssen auch in München repressive Mittel unter Wahrung rechtsstaatlicher Grundsätze zur Anwendung kommen.

Ein besonderes Augenmerk wird auf die Verhinderung einer offenen Drogenszene, die Bekämpfung von Verwahrlosungstendenzen (Stichwort: „Broken-Windows“)[21], die Eindämmung von Vandalismus, die Unterbindung von Pöbeleien und Tätlichkeiten und den Schutz vor Begleiterscheinungen der Prostitution gelegt.

4. Weiterführung der Ziele in der Bauleitplanung

In der Bauleitplanung, vor allem im Bebauungsplan werden folgende mögliche Tätigkeitsfelder für kriminalpräventive Maßnahmen gesehen und bearbeitet:

a) das Wohnumfeld und seine Gestaltung, die Art und das Maß der baulichen Nutzung,

b) die Gebäudestellung und die Freiflächengestaltung und

c) die Gestaltung des öffentlichen Raums.

Im Folgenden werden einige dieser Punkte näher erläutert und in der Städtebaulichen Entwicklungsmaßnahme „Nordhaide“ nachgewiesen, die seit 1993 konsequent auch unter Berücksichtigung von Frauenbelangen - von der Wettbewerbsauslobung bis hin zum Kaufvertrag - entwickelt wurde[22].

zu a) Wohnumfeld und seine Gestaltung, die Art und das Maß der baulichen Nutzung

Planungsziel zu diesem Themenkomplex ist die Schaffung von Sicherheit durch Nutzungsvielfalt und -qualität des Wohnquartiers. Dies kann erreicht werden durch

- eine Nutzungsmischung bei der räumlichen Verteilung verschiedener Nutzungen wie Wohnen, Arbeiten, Versorgung und Erholung,
- eine Verdichtung, die die Vitalität und Vielfalt eines Quartiers sicherstellt,
- ein ausgewogenes öffentliches Verkehrsnetz,
- die Gestaltung von Wohngebieten, so dass sie den Anforderungen an das Wohnen der verschiedenen Nutzungsgruppen Rechnung tragen,
- Begegnungs- und Aufenthaltsmöglichkeiten im öffentlichen Raum, wodurch Kontakte und soziale Kontrolle ermöglicht werden.

Mögliche Maßnahmen hierfür sind:

- Bevorzugung vor allem allgemeiner Wohngebiete (WA), seltener Mischgebiete (MI) gegenüber monostrukturierten Nutzungen. Die Nutzungsmischung führt zu einer Belebung des Gebietes zu den unterschiedlichsten Tageszeiten und fördert daher die subjektive und objektive Sicherheit.

---

21 Auch hier können Gemeinden reagieren, sie können Instandsetzungs- und Modernisierungs- oder Rückbaugebote erlassen (§§ 175 – 179 BauGB), näher vgl. Bunzel (Hrsg.) Wallraven-Lindl/Strunz, Städtebauliche Gebote nach dem Baugesetzbuch, Difu-Arbeitshilfe, Berlin 2010.

22 vgl. Details hierzu unter http://www.muenchen.de/rathaus/Stadtverwaltung/Referat-fuer-Stadtplanung-und-Bauordnung/Projekte/Nordhaide.html

- Bei den Standorten für Kinderspielplätze:
  Orientierung an den Kriterien der Sichtnähe zu Wohnungen, der Einsehbarkeit und der gefahrlosen Erreichbarkeit.
- Kommunikationsbereiche / multifunktional nutzbare Freiflächen in der Nähe von Wohngebäuden.
- Übersichtliche Anordnung öffentlicher Räume, Herstellung von Transparenz und Blickbeziehungen.
- Bevorzugung kleiner Plätze, Bündelung von Aktivitäten bei der Neuplanung von Wohngebieten.

zu b) Gebäudestellung, Stellplätze/Tiefgaragen und die Freiflächengestaltung

Planungsziel in diesem Tätigkeitsfeld ist die Schaffung von Sicherheit durch überschaubare Größen der Bauräume, aufeinander abgestimmte Stellung der Gebäude und Gestaltung der Freiräume. Dies kann erreicht werden durch

- eine Vermeidung von Angsträumen, indem die Bauräume so angeordnet werden, dass durch die Ausbildung von Baufluchten zum öffentlichen Raum keine uneinsehbaren Bereiche geschaffen werden,
- Gewährleistung der sozialen Kontrolle, indem durch Stellung, Ausrichtung, Gestaltung und Größe der Gebäude belebende Nutzungen gefördert werden und der öffentliche Raum von den Wohnungen einsehbar ist,
- eine Gestaltung von Stellplätzen und Tiefgaragen in der Art und Weise, dass ein hohes Maß an objektiver und subjektiver Sicherheit gewährleistet wird und
- eine entsprechende Freiflächengestaltung, die durch strategische Baum- und Strauchpflanzungen Übersichtlichkeit und Einsehbarkeit schafft.

Mögliche Maßnahmen hierfür sind:

- Bevorzugung einer raumbildenden Bebauung, Sichtkontakt zum öffentlichen Bereich.
  Nicht definiert gestaltete Bereiche sind unter Sicherheitsaspekten problematisch. Bereiche, die nicht eindeutig privat sind, werden von den Bewohnerinnen/Bewohnern nicht kontrolliert (in positivem Sinne). Gebiete, die nicht eindeutig öffentlich sind, werden von Passantinnen/Passanten nicht genutzt.
- Übersichtliche Anlage von Zugängen und Zufahrten, gute Zuordnung der Stellplätze zum Haus, Erschließung der Tiefgarage auf kurzem Weg von der Straße aus.
- Vermeidung langer, hoher Mauern bzw. Hecken als Einfriedung.

zu c) die Gestaltung des öffentlichen Raums

Planungsziel ist hier die Schaffung von Sicherheit durch eine entsprechende Gestaltung des öffentlichen Raums (Verkehrsflächen, Plätze, Grünanlagen). Dies kann erreicht werden durch

- eine Gestaltung von Straßenräumen, Rad- und Gehwegverbindungen, Wege zu Haltestellen für den ÖPNV, öffentlichen Stellplätzen und Garagenanlagen (Tiefgaragen, Parkhäuser) in der Art und Weise, dass ein hohes Maß an objektiver und subjektiver Sicherheit gewährleistet wird durch Förderung der sozialen Kontrolle, Beleuchtung und übersichtliche Gestaltung und
- die Gestaltung von Straßen dergestalt, dass ein hohes Maß an Verkehrssicherheit erreicht wird.

Mögliche Maßnahmen hierfür sind:

- Freihaltung von Sichtflächen.
- Anordnung der Erschließung für Pkw, Fußgängerinnen und Fußgänger, Radfahrerinnen und Radfahrer (Fahrbahn, Bürgersteig, Radweg) in einem gemeinsamen Straßenraum.
- Erschließung von Wohngebieten möglichst über Stichstraßen.
- Festsetzung von verkehrsberuhigten Verkehrsflächen.
- Öffentlicher Verkehrsraum als Treffpunkt und Aufenthaltsraum von Anwohnerinnen und Anwohnern, Kommunikation als Gemeingebrauch der Straße.
- Frühzeitige ÖPNV-Anbindung (bereits bei Beginn der Baumaßnahme), Positionierung der Haltestellen in Hör- und Sichtweite der Bebauung.

  Im Bebauungsplan/Grünordnungsplan:
- Festsetzung von niedrig wachsenden Pflanzen als Straßenbegleitgrün, insbesondere an Kreuzungspunkten und in der unmittelbaren Umgebung von Haltestellen.
- Ausreichend Abstand zwischen Baumbepflanzungen und Beleuchtungskörper.
- Vermeidung von Unterführungen.

5. Einbringung der Kriminalpräventive in das Verfahren der Bauleitplanung

Es geht nicht nur darum, die Ziele zu kennen, sondern sie zum selbstverständlichen Thema in der Bauleitplanung zu machen. Auch hierzu bietet das Recht die zwingenden Voraussetzungen. Jedem Bauleitplan im Regelverfahren ist ein Umweltbericht als gesonderter Teil der Begründung beizugeben (§ 2a BauGB). In diesem sind die Belange des Umweltschutzes, die einer Umweltprüfung unterzogen werden, darzulegen (§§ 1 Abs. 6 Nr. 7 und 1a BauGB).
Bei der Aufstellung der Bauleitpläne sind danach insbesondere zu berücksichtigen: die Belange des Umweltschutzes einschließlich Naturschutz und Landschaftspflege und u.a. die umweltbezogenen Auswirkungen auf den Menschen und seine Gesundheit.

Niemand wird die physischen und psychischen Auswirkungen krimineller Handlungen auf die Gesundheit der Menschen anzweifeln. Aus diesem Grund sollte es – nicht nur in München – eine Selbstverständlichkeit sein zu überprüfen, ob die gebaute Umwelt alles vermeidet, was zu Gesundheitsproblemen durch mangelnde objektive oder subjektive Sicherheit führen kann. Wenn die Gemeinde gem. § 1 Abs. 4 S. 2 BauGB für jeden Bauleitplan festlegt, in welchem Umfang und Detaillierungsgrad die Ermittlung der Belange für die Abwägung erforderlich ist[23], wird sie beim Thema Sicherheit Prüfungen zum Thema Angsträume so selbstverständlich vorsehen, wie zum Thema Verkehrssicherheit[24].

Damit aber nicht genug. Im Umweltbericht wird dann - so die Münchner Praxis - auch festzulegen sein, wie die Gemeinde die erheblichen Umweltauswirkungen überwachen soll, die aufgrund der Durchführung der Bauleitpläne eintreten können, um ggfs. nachjustieren zu können. Dieses, in § 4c BauGB vorgesehene, sog. „Monitoring" soll der Gemeinde die Möglichkeit geben, insbesondere unvorhergesehene nachteilige Auswirkungen frühzeitig zu ermitteln und geeignete Abhilfe zu schaffen. Wird z.B. in einer bestimmten Situation ein Fußweg von einer Wohnbaufläche zur U-Bahn nur entlang eines großen Naturschutzgebietes möglich sein, liegt es auf der Hand, dass nach Umsetzung des die Wohnbaufläche und den Weg festsetzenden Bebauungsplans eine genau definierte Überprüfung stattfinden muss. Dies kann eine Befragung der Benutzer/-innen sein, ein Bericht der Kreisbehörden über Beschwerden und natürlich ein Kontakt mit den zuständigen Polizeidienststellen. Im Umweltbericht ist dies genau festzulegen. Liegen Beschwerden vor, können mögliche Abhilfemaßnahmen eine bessere Beleuchtung, ein bis zum Ende der Fahrzeit betriebener Kiosk oder gar in den „dunklen" Stunden die Einrichtung eines Shuttlebusses.

Allerdings ist der guten Ordnung halber zu erwähnen: eine Pflicht der Gemeinde, Abhilfe zu schaffen, besteht nicht; u.U. reicht aber auch der Erkenntnisgewinn für zukünftige Planungen.

Auch in Verfahren, die keiner Umweltprüfung bedürfen, verlangt das Gesetz, § 2 Abs. 3 BauGB, alle Belange, die von Bedeutung sind und dies sind die kriminalpräventiven Belange, als Abwägungsmerkmal zu ermitteln und zu bewerten und letztlich in die Abwägung entsprechend einzustellen.

6. Städtebauliche Verträge

Die Differenzen des gesellschaftlichen Lebens haben sich nicht zuletzt in den Städten verschärft; eine deutliche Kluft ist entstanden zwischen den Lebensverhältnissen der „B-Bevölkerung" (Besitzende, Begüterte, besser Ausgebildete) und denen der „A-Bevölkerung" (Ausländer/-innen, Alte, Alleinerziehende, Arbeitslose, Auszubildende). Es gibt einen hohen Anteil und Anstieg der Kinderarmut und Altersarmut. Die Obdachlosigkeit, insbesondere auch für Frauen und Familien nimmt zu, die Unterbringung in Pensionen für Familien mit Kindern ist oft von längerer oder langer Dauer.

---

23 sog. „Scoping".

24 vgl. Checkliste zur Umweltprüfung, Anhang 3 in: Wallraven-Lindl/Strunz/Geiß, Das Bebauungplanverfahren nach dem BauGB 2007, 2. A., Difu-Arbeitshilfe, Berlin 2011.

Gleichzeitig ist die Gesellschaft konfrontiert mit den leeren Kassen der öffentlichen Hand, insbesondere der Kommunen.

München versucht, dem Problem nicht zuletzt auch mit den Regularien der „Sozialgerechten Bodennutzung" zu begegnen, dem städtebaulichen Vertrag nach § 11 BauGB. In München, so hat es der Stadtrat festgelegt, werden Verfahren zur Aufstellung von Bauleitplänen und anderen städtebaulichen Satzungen, die planungsbedingt Lasten bei der Stadt auslösen und die zu einer Bodenwertsteigerung in nicht unerheblichem Umfang führen, nur eingeleitet, wenn sich die Planungsbegünstigten an den ursächlichen Kosten und Lasten der Planung angemessen beteiligen.
Es sind danach die Flächen der ursächlichen sozialen Einrichtungen kostenfrei und unentgeltlich abzutreten und für Kinder bis zu 10 Jahren sind die Herstellungskosten der notwendigen Einrichtungen in der Regel anteilig zu übernehmen. Die Errichtung durch die Stadt erfolgt zeitnah zur Errichtung der Wohnungen, so dass frühzeitig die Einrichtungen angeboten werden, die den Familien die Möglichkeit für die (Teil-) Erwerbstätigkeit beider Elternteile geben.

Zu den Lasten der „Sozialgerechten Bodennutzung" gehören insbesondere die Verpflichtung, 30 % des neu geschaffenen Wohnbaurechts für den geförderten Wohnungsbau zu binden. Dabei sind 20 % hier für den Mietwohnungsbau, 10 % für Eigenwohnraum vorzusehen. Mit der Quote von 30 % geförderte Wohnungen wird ungefähr die Münchner Einkommensstruktur auch in den jeweiligen Neubaugebieten erreicht. Städtische Grundstücke, die ansonsten den privaten gleichstehen, müssen 50 % Förderquote erbringen.
Mit dieser Förderquote, die im jeweiligen Baugebiet nachzuweisen ist, hat München die sog. Münchner Mischung erreicht, d.h. eine breite Streuung von Einkommensgruppen und entsprechende Wohnungsangeboten in allen Neubaugebieten.

Diese Münchner Regelung beugt einer Segregation nach Einkommen vor und unterstützt damit die Maßnahmen der Kriminalprävention, die die Mischung verschiedener Wohn- und Eigentumsformen fordert, um die soziale Integration verschiedener Alters- und Einkommensgruppen zu fördern.[25]

Auch die unterschiedlichen Wohnungstypen, nicht nur Kleinwohnungen für Einzelhaushalte sondern große Wohnungen für Familien mit Kindern, sorgen dafür, dass die Häuser in den Neubaugebieten auch tagsüber „belebt" sind.

Neben den aufgezeigten städtebaulichen Grundlagen und Verfahren gibt es natürlich viele weitere Aktionen der Stadt München, die direkt und indirekt die subjektive und objektive Sicherheit fördern und die städtebauliche Kriminalprävention unterstützen.

---

[25] zum Thema: umfassend „Wohnen in München V", Beschluss des Stadtrates vom 01.02.2012 mit Hinweisen auf weitere Maßnahmen zum Thema „Wohnungslosigkeit und Abhilfemaßnahmen".

Fazit

Es bedarf vieler und unterschiedlicher Maßnahmen und Schritte, eine Großstadt wie München zu einer sicheren Stadt zu machen. Die Stadtplanung hat die Möglichkeiten, das Sicherheitsgefühl der Stadtbewohnerinnen und Stadtbewohner positiv zu beeinflussen und Angsträume zu vermeiden. Die Folgen von Angst sind Einschränkungen der Lebensqualität, des Soziallebens und der Nutzung des öffentlichen Raums. Für die stadtplanerische Auseinandersetzung mit Kriminalitätsfurcht ist die Multidimensionalität der Entstehung und Wirkung bedeutsam. Alle planerischen Entscheidungen können Einfluss auf das Angstempfinden der Bürgerinnen und Bürger haben - im positiven wie im negativen Sinn. Kriminalitätsangst besteht nicht, sie entsteht. Sie ist wandel- und beeinflussbar und damit von unmittelbarer Bedeutung für das planerische Handeln.

Es bedarf allerdings nach Auffassung der einschlägigen Literatur nicht zwangsläufig neuer rechtlicher Regelungen, neuer Beauftragten oder neuer Methoden. Die Optionen der Stadtplanung müssten nicht erweitert werden. Es genügt, durchgängig und konsequent die anerkannten und bewährten Maßnahmen zur Kriminalprävention anzuwenden. Dies schafft die Voraussetzung für eine gute und sichere Umsetzung der Planung und sichert das dauerhafte „Funktionieren“ von guten Nachbarschaften und damit von sicheren Baugebieten über Generationen. Gleichwohl können Phänomene der Kriminalität nicht vorrangig durch Städtebau und Gebäudeplanung gelöst werden. Städtebauliche Kriminalprävention ist nur ein Baustein eines Bündels möglicher Präventionsmaßnahmen. Auch wenn München eine sichere Stadt ist, eine Stadt und auch eine Landeshauptstadt München ohne Kriminalität und Furcht wird es nicht geben. Es gilt deshalb, Unsicherheit zu minimieren, ohne Urbanität zu verlieren. Dies erfordert das Zusammenwirken aller Beteiligten, d.h. der öffentlichen Hand und der Privatpersonen, wobei darunter nicht nur die Investorinnen und Investoren zu verstehen sind, sondern auch die couragierten Bewohnerinnen und Bewohner, die rechtzeitig hinschauen und/oder eingreifen. Die städtische Praxis und das Handeln des Referates für Stadtplanung und Bauordnung ist für diese Aufgaben gut aufgestellt[26].

---

26 vgl. Beschl. des Ausschusses für Stadtplanung und Bauordnung, Stand der städtebaulichen Kriminalprävention in München v. 12.10.2011.

Detlev Schürmann

Sicherheitsaudit zur Städtebaulichen Kriminalprävention

Autoknacker haben keine Chance mehr[1]

Generalanzeiger Bonn - Artikel vom 04.06.2009 von Ayla Jacob

Weil der Parkplatz der Waldorfschule nicht mehr sicher war, arbeiten Schule, Polizei und Weißer Ring Hand in Hand

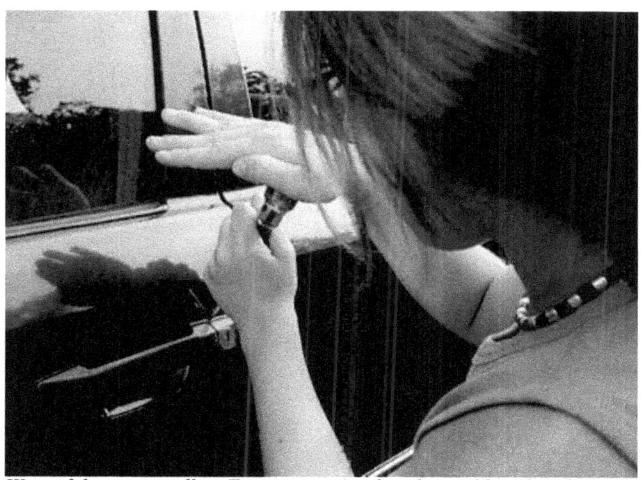

Wie auf diesem gestellten Foto gingen Autoknacker wohl auch auf dem Parkplatz der Waldorfschule vor. Foto: dpa

Tannenbusch. *Lange Zeit hatten Eltern, Besucher und Lehrer kein gutes Gefühl, wenn sie ihr Auto auf dem Parkplatz an der Waldorfschule abstellten. Der Grund: Auf dem Gelände an der Stettiner Straße waren regelmäßig Autoknacker am Werk. Und das nicht nur nachts, sondern auch tagsüber. Um den Tätern das Handwerk zu legen, „haben wir uns an die Polizei gewendet", sagt Lehrer Thomas Suchier.*

Mit Erfolg: Seit Schule und Kripo zusammen arbeiten, sind die Autos auf dem Parkplatz (so gut wie) sicher. Damit das auch so bleibt, zieren demnächst drei Schilder „Stopp dem Diebstahl" das Areal an der Stettiner Straße. Mit den Plakaten, die die Opferschutzorganisation „Weißer Ring" zur Verfügung gestellt hat, sollen Besucher und Eltern darauf aufmerksam gemacht werden, ihr Auto auszuräumen, bevor es die Diebe tun.

---

1 http://www.general-anzeiger-bonn.de/lokales/bonn/Autoknacker-haben-keine-Chance-mehr-article202523.html

Kurz vor Weihnachten 2007 ging es los. „Zuerst wurde wöchentlich ein Auto aufgebrochen, das steigerte sich auf bis zu fünf Aufbrüche pro Woche", erinnert sich Hausmeister Christian Mensing. Grund genug für die Verantwortlichen, tätig zu werden. Nach einem gemeinsamen Brainstorming - „wir hatten aber keine guten Ideen", sagt Suchier - holte die Schule im Herbst vergangenen Jahres die Polizei ins Boot.

Die Beamten machten sich ein Bild vor Ort, einmal am Tag, einmal in der Nacht. „Außerdem gab es Ortsbegehungen und Gespräche", sagt Suchier. Das Ergebnis kam prompt: Kurze Zeit nach dem ersten Kontakt im November hatte die Waldorfschule allgemeine und auf sie zugeschnittene Erkenntnisse der städtebaulichen Kriminalprävention vorliegen.

„Gravierend war, dass der Parkplatz von außen nicht einsehbar war", sagt Detlev Schürmann vom Kriminalkommissariat Vorbeugung. Bäume und Sträucher verhinderten nicht nur, dass Autoknacker weder von der Schule noch von den Nachbarhäusern aus gesehen werden konnten. Man hörte auch nichts. Das ist mittlerweile anders, Bäume und Sträucher wurden zurückgeschnitten.

Auch auf dem Schulgelände, das durch die Anordnung der Gebäude sehr verwinkelt ist, hat sich einiges getan. Seit zehn Strahler, die mit Bewegungsmeldern ausgestattet sind, an der Aula und der Rückseite des Altbaus angebracht wurden, „werden sämtliche Ecken hell ausgeleuchtet", sagt Mensing.

Fremde, die das Schulgelände betreten, werden sofort angesprochen. Das hat für beide Seiten Vorteile: Die Lehrer wissen, wer sich auf dem für jeden frei zugänglichen Areal aufhält. Und den Spaziergängern wird geholfen, wenn sie sich auf dem Schulgelände nicht zurecht finden.

Doch obwohl die Zahl der Autoaufbrüche „schlagartig zurückgegangen ist" legen die Verantwortlichen die Hände nicht in den Schoß, sagt Suchier. Bäume und Sträucher müssen regelmäßig zurückgeschnitten, durch Spielgeräte sollen (Groß-)Eltern mit Kindern angezogen werden, um das Areal auch außerhalb der Unterrichtszeit zu beleben. Außerdem soll durch Mitarbeit in der Stadtteiljugendpflegschaft die Netzwerkarbeit ausgeweitet werden.

Eltern, Besucher und Lehrer sind auf jeden Fall froh, dass sie sich auf dem Gelände der Waldorfschule wieder sicher fühlen. „Der Parkplatz ist wieder deutlich voller geworden", sagt Suchier zufrieden.

Sicherheitspartnerschaften im Städtebau – Prävention und Netzwerkarbeit

Von der Trägerbeteilung zur Netzwerkarbeit in Bonn und dem Rhein-Sieg Kreis

1. Entwicklung

Zu Jahresbeginn 2005 wurde der Fachbereich „Städtebauliche Kriminalprävention" beim PP Bonn neu eingerichtet. Die Kreispolizeibehörde Bonn deckt ein Gebiet von ungefähr 600 Quadratkilometern ab, in dem mehr als 540 000 Menschen leben. Die Zuständigkeit umfasst die Bundesstadt Bonn, sowie den kompletten linksrheinischen und Teile des rechtsrheinischen Rhein-Sieg-Kreises mit den Städten Bornheim, Rheinbach, Meckenheim, Königswinter und Bad Honnef sowie den Gemeinden Swisttal, Alfter und Wachtberg.

Das Innenministerium des Landes Nordrhein-Westfalen veranstaltete im Herbst 2005 in Kooperation mit dem Landespräventionsrat NRW den Workshop „Städtebauliche Kriminalprävention – Kooperation zwischen Polizei und kommunalen Ämtern". Die Veranstaltung richtete sich an Verantwortliche und Experten in den Kommunen, in der Polizei und der Wohnungs- und Immobilienwirtschaft. Neben einer Sachstandsdarstellung der exemplarisch ausgewählten Städte Bochum, Bonn, Essen und Wuppertal / Remscheid ging es um die strategische Entwicklung kriminalpräventiver Projekte im Städtebau.

Im Frühjahr 2007 sagte NRW-Innenminister Dr. Ingo Wolf im Rahmen eines Informationsbesuches in Bonn den Polizeibehörden des Landes beim Aufbau von Ordnungspartnerschaften und Netzwerken zur städtebaulichen Kriminalprävention mit den Kommunen die Unterstützung des LKA/NRW zu. Eingeladen waren neben Vertretern des Städtebauministeriums die Bürgermeister[2], technischen Beigeordneten sowie Leiter der Stadtplanungsämter der betreffenden neun Kommunen. Vorgestellt wurden Projekte zur kriminalpolizeilichen Deliktauswertung und Analyse, der Überplanung eines Wohngebietes im Rahmen des NRW-Förderprogramms „Soziale Stadt" und die Planung eines Neubaugebietes.[3]

2. Tätigkeitsbereiche

Nach anfänglicher ausschließlicher Beteiligung als Träger öffentlicher Belange in der Bauleitplanung umfasst das Leistungsspektrum aktuell die Planung, Begleitung und Moderation kriminalpräventiver Projekte im Städtebau – im Einzelnen:

- Stellungnahmeverfahren für Träger öffentlicher Belange (TöB)
- Beratung kriminalpräventiver Gremien/sonstiger Planungs- und Bauvorhaben unter Berücksichtigung von Geschlechtergerechtigkeit, Demographie, Integrati-

2 Aufgrund der besseren Lesbarkeit wurde auf die zusätzliche Nennung des weiblichen Geschlechts bei Personen verzichtet und nur die (vermeintlich) maskuline Form verwendet. Selbstverständlich richten sich die Inhalte auch an alle Personen weiblichen Geschlechts.

3 http://www.polizei-nrw.de/artikel__124.html

on und eskalierenden Schadensereignissen

- Verkehrsinfrastrukturmaßnahmen einschl. ÖPNV
- Integrierte Handlungskonzepte/Soziale Stadt
- Sicherheitsaudits zur Ermittlung und Reduzierung von Tatgelegenheiten und Angsträumen
- Vorträge für Hochschulen, Kammern, Behörden etc.

Im Jahresdurchschnitt wurden seit 2005 ca. 30 Verfahren im Rahmen der Trägerbeteiligung und seit Erweiterung des Leistungsspektrums 2008 ca. 10 sog. Umfeldberatungen als besondere Verfahren durchgeführt. Für letztere seien hier exemplarisch genannt:

- Wettbewerbsverfahren zur Umgestaltung des Bonner Hauptbahnhofes
- Umgestaltung der Situation zur Straßenprostitution in Bonn
- Verlagerung von Teilen der Trinkerszenen nach Inkrafttreten des Alkoholkonsum-verbotes im Bereich des Bonner Hauptbahnhofes
- Treffpunkte von Jugendgruppen an Haltestellen des öffentlichen Personennahverkehrs
- Umfeld- und Einsatzkonzeption von Großraumdiskotheken zur Bewältigung von Einsätzen im täglichen Dienst, bei Großschadensereignissen und eskalierenden Großlagen
- Umfeldgestaltung im Rahmen der Regionalen 2010, dem sog grünen „C" einem Landschaftsraum im Spannungsfeld zwischen Siedlungserweiterung, Ortsrandentwicklung, wirtschaftlichem Wachstum, Agrarnutzung, Naherholung und Natur- und Landschaftsschutz.[4]

3. Arbeitsweisen

Mit Aufnahme der Arbeit im Fachbereich wurden bei allen neun Kommunen die Bürgermeister bzw. Leiter der Stadtplanungsämter über das neue Leistungsangebot informiert. Zusätzlich wurden der Leitfaden „Städtebau und Kriminalprävention – eine Broschüre für die planerische Praxis[5] sowie die Ergebnisse der Bürgerbefragung 2003/04 zu den Freitextfeldern „Kriminalitätsfurcht" übergeben.

---

4 http://www.regionale2010.de/de/projekte/gruen/projekte_gruen/gruenes_c/index.html

5 http://www.polizei-beratung.de/medienangebot/details/form/7/37.html

Zunächst beschränkten sich die Aktivitäten auf die Fertigung von Stellungnahmen im Rahmen der Beteiligung von Behörden als Träger öffentlicher Belange in Form eines mehrseitigen Freitextes. Rückfragen ergaben hier, dass die Stellungnahmen zur Kenntnis genommen wurden. Ein Feedback seitens der Kommunen gab es bislang nicht.

Anders bei der Gleichstellungsstelle der Stadt Bonn. Hier ergaben sich Schnittmengen mit der sog. „Familienfreundlichkeitsprüfung", die verwaltungsintern bei Bauleitplanverfahren vorgenommen wurde. Es zeigte sich, dass die Empfehlungen der Polizei weitgehend mit den frauenpolitischen Ansätzen und den Genderansätzen des Planungsamtes übereinstimmten.[6]

Auf Grund der grundsätzlich unbefriedigenden Situation hier im Rahmen einer Stellungnahme auf Empfehlungen des o. a. Leitfaden zu verweisen, suchte ich nach Alternativen. Hier bot sich als unterstützende Maßnahme die sog. „Detmolder Checkliste an – eine Berücksichtigung von Sicherheitsbelangen für Neubaugebiete im ländlichen Raum"[7]. Da seinerzeit alle Kommunalverwaltungen und die Polizei mit einem einheitlichen Textverarbeitungsprogramm ausgestattet waren, wurde die „Detmolder Checkliste" nach Rücksprache mit den Herausgebern ergänzt. Die Begründungen zu den angeführten Maßnahmen wurden aus dem Text herausgenommen und ein eine zweite Ebene als Kommentar eingefügt und um Bilder ergänzt. Zugleich wurde dem papierlosen Büro Rechnung getragen und die Postwege fielen weg, zumal die Beteiligung von Behörden als Träger öffentlicher Belange regelmäßig Terminsachen sind. Jetzt konnte der kriminalpolizeiliche Fachberater die vorgelegten Bebauungsplanverfahren an Hand dieser Checkliste bewerten und eine Stellungnahmen fertigen. Außerdem war nun der Stadtplaner in der Lage, auf Grund der mitversandten Checkliste die Empfehlungen der Polizei stichpunktartig zu erfassen. Bei weitergehendem Informationsbedarf konnte er nun jederzeit die Erläuterungen in der Kommentarebene öffnen. Nach einer persönlichen Einweisung der kommunalen Mitarbeiter an deren Arbeitsplatz war dieses Verfahren institutionalisiert. Für Vorlagen im Rat der Stadt kann die Checkliste einschließlich der Kommentare ausgedruckt werden. Derzeit sind Checklisten zur Beurteilung von Wohn-, Verwaltungs- und Gewerbegebiete verfügbar und wurden 2008 vom LKA/NRW als Arbeitshilfen für die Sachbearbeitung zum Download bereitgestellt.

---

6 http://www.bonn.de/familie_gesellschaft_bildung_soziales/frauen/planung/index.html?lang=de

7 http://www.veilig-ontwerp-beheer.nl/publicaties/checkliste-fur-neubaugebiede-im-landlichtem-raum/

Sicherheitsaudit[8] als standardisiertes Verfahren zur Beurteilung und Reduzierung von Tatgelegenheiten und Angsträumen

Nachdem der beschriebene Sachstand erreicht war, suchte ich nach einer Vorgehensweise, die ein standardisiertes Verfahren zur Beurteilung und Reduzierung von Tatgelegenheiten und Angsträumen entwickeln lässt. Bis dahin wurden die Stellungnahmen in Anlehnung an die Handlungsempfehlungen der seinerzeitigen Europäischen Vornorm zur vorbeugenden Kriminalitätsbekämpfung in der Stadt- und Gebäudeplanung[9] und anhand der Checklisten gefertigt.

Das Verfahren „Integrative Prävention durch Audits zur Verkehrsraumgestaltung“, das die Deutschen Hochschule der Polizei Münster in Zusammenarbeit mit einem Aachener Planungsbüro Baier / Schäfer 2003)[10] entwickelte, bot eine weitere Basis.

„Das Verfahren bezieht sich auf drei relevante Auditebenen:

- die Planungsebene der Raumstrukturen und Verkehrsnetze in Bebauungs- und Rahmenplänen;
- die Entwurfsebene der Vorplanung des öffentlichen Raums (z.B. Straßen, Plätze, Grünanlagen, Parkierungsanlagen);
- die Ebene der Bestandsentwicklung im Rahmen von (Um-) Gestaltungen des öffentlichen (Verkehrs-) Raums.

Die Auditierung von Planungsunterlagen und Erläuterungsberichten soll nach drei Kategorien der Raumsituation vorgenommen werden. Zur Anwendung kommen Checklisten mit Leitfragen, nach denen beurteilt wird:

- die Raumstruktur,
- die Raumnutzung und
- die Benutzung aus der Perspektive verschiedener Rollen (‚virtuell' aus Opfer-, Täter-, Helfer- / Beschützersicht).

---

8 „Sicherheitsaudits für Straßen – 10 Fragen und Antworten“ Hrsg. Verkehrstechnisches Institut der Deutschen Versicherer - Juni 2004 http://archiv.dstgb.de/homepage/kommunalreport/archiv2004/news item00942/942_2_7087.pdf „Sicherheit im Straßenraum – Raumgestaltung und Kriminalprävention“ Hrsg. Verkehrstechnisches Institut der Deutschen Versicherer - April 2004 http://archiv.dstgb.de/home page/kommunalreport/archiv2004/news item00948/index.html „Städtebau und Kriminalprävention – Ein Leitfaden für die planerische Praxis“ 2006Hrsg. Zentrale Geschäftsstelle Polizeiliche Kriminalprävention der Länder und des Bundes (ProPK) http://www.polizei-beratung.de/medienangebot/details/form/7/37. html „Städtebauliche Kriminalprävention – Was verbirgt sich hinter diesem abstrakten Begriff?“ Schürmann 2008 in: Polizei, Verkehr und Technik – Ausgabe Jan./Feb.

9 DIN V ENV 14383-2, April 2004. Vorbeugende Kriminalitätsbekämpfung - Stadt- und Gebäudeplanung - Teil 2: Stadtplanung; Deutsche Fassung ENV 14383-2:2003

10 http://archiv.dstgb.de/homepage/kommunalreport/archiv2004/newsitem00948/index.html

Die Checklisten bauen auf Kriterien der räumlichen Sicherheit auf; z.B. Orientierung, Transparenz, Übersichtlichkeit, Durchlässigkeit, klare Gliederung, Begünstigung informeller sozialer Kontrolle, Erzeugung von Randnutzungen durch Nutzungsmischung, Sicht- und Rufnähe zu Gebäuden / Verkehrsachsen, nächtliche Beleuchtung."[11]

Bei dem vorgestellten Auditverfahren sind die Ebenen Planung und Entwurf zusammengefasst. Die Checklisten wurden entsprechend der CPTED-Empfehlungen[12] und eigener Erfahrungen ergänzt.

Vorgehensweise/Arbeitsschritte:

1. Voranalysen des bebauten Siedlungs- und Sozialraums
2. Sichtung der Daten, Pläne und Planungsunterlagen
3. Begehung der Anlage mit Vertretern der Schule und Fotodokumentation
4. Auswertung der erhobenen Daten
5. Begehung der Anlage und Fotodokumentation bei Dunkelheit
6. Auswertung der erhobenen Daten, der Voranalysen und Begehungsprotokolle
7. Erarbeitung von Handlungsempfehlungen für die Freiraum- und Umfeldgestaltung

Weitere denkbare Schritte zum städtebaulichen Sicherheitsaudit:

8. Gemeinsame Erörterung und Abstimmung kriminalpräventiver Handlungsempfehlungen durch die Eigentümergemeinschaft
9. Umsetzung und Konkretisierung der Handlungsempfehlungen durch zuständige Akteure
10. Umsetzungsphase
11. Nachuntersuchung

5. Empfehlungen der Polizei

Kriminalpräventive Empfehlungen im Städtebau basieren auch auf Erfahrungen, die der amerikanische Architekten Oscar Newman aus Untersuchungen zur Kriminalitätsbelastung ausgewählter Wohnformen gewann. Er entwickelte die Theorie der Kriminalität abwehrenden Architektur[13]. Diese basiert auf dem Territorialverhalten von Menschen und der damit verbundenen, auf Identifikation beruhenden Verantwortung

[11] Sicherheit planen und gestalten – Dokumentation eines Werkstattgespräches am 11.02.2004, Hrsg. Niedersächsisches Ministerium für Soziales, Familien, Frauen und Gesundheit, im Internet: http://www.sicherheit-staedtebau.de/downloads/Sicherheit%20planen%20und%20gestalten.pdf

[12] Crime Prevention Through Environmental Design (Kriminalprävention durch Umfeldgestaltung); im Internet: http://www.irks.at/downloads/irks-stumvoll.pdf

[13] Newman, Oscar (1996) Creating Defensible Space by Oscar Newman, U.S. Department of Housing an Urban Development, Office of Policy Development and Research; im Internet: http://www.defensiblespace.com/book.htm

(Verpflichtung zur Verteidigung). In die bebaute Umgebung übertragen ergibt sich daraus ein „verteidigungsfähiger Raum". Mit zunehmender Entfernung von der eigentlichen Wohnung (Privatheit) nimmt die Verantwortungsbereitschaft für den öffentlichen Raum ab. Während auf der Zuwegung zum Haus oder dem Flur vor der Wohnung noch Verschmutzungen und Beschädigungen von den Bewohnern beseitigt werden, fällt auf, dass diese Bereitschaft auf öffentlichen Wegen und Plätzen kaum zu beobachten ist.

Deshalb beziehen sich die Empfehlungen der Polizei verstärkt auf die Bereiche:

a) Erreichbarkeit und Zugang der Wohnanlage

… haben Einfluss auf das Entdeckungsrisiko, die Anreise- und Fluchtmöglichkeiten, das Angriffsziel, sowie die Beuteerwartung und deren Abtransport.

b) Standort /Ausrichtung von Gebäuden, Anlagen und Einrichtungen

… können eine natürliche Überwachung durch die Bewohner/Nutzer ermöglichen, wenn z.B. die Zugangsbereiche gegenüberliegender Gebäude sich einsehen lassen.

c) Übersichtlichkeit, Orientierung und optische/akustische Wahrnehmbarkeit

… stärken die Bewegungs- und Selbstsicherheit im Raum und reduzieren Versteckmöglichkeiten. Weiterhin ist es anderen Passanten möglich, das Geschehen wahrzunehmen, bei Bedarf zu intervenieren bzw. bei Angriffen auf Personen und/oder Sachen Hilfe einzufordern. Umgekehrt erhöhen sie für einen motivierten Täter das Entdeckungs- und Ergreifungsrisiko und mindern so den Nutzen aus seiner Tat.

d) Nutzung und Belebung des Quartiers

…steuern die Intensität von Identifikation und Sozialkontrolle und nehmen so Einfluss auf die Gelegenheit zu einer Straftat. Mehrgenerationenwohnen, sowie eine gemischte Nutzung des Quartiers (wohnen, arbeiten, einkaufen, ausgehen) ermöglichen eine tageszeit- und wochentagsübergreifende Belebung des öffentlichen Raumes. Dieses steigert Sozialkrontrolle und wirkt sich somit positiv auf das Sicherheitsgefühl aus.

e) Ausstattung und Unterhalt der Siedlung

…sind wesentliche Merkmale zum Erhalt und Unterstützung der Nachhaltigkeit der vorgenannten Empfehlungen. Sie dienen der Sicherung von Sachen gegen Beschädigung, Wegnahme und unbefugter Benutzung und beugen zudem Vandalismus vor.

Bericht zum Sicherheitsaudit[14]

Auftraggeber:	Freie Waldorfschule Bonn z. H. Herrn _________ per E-Mail Stettiner Straße 21 53119 Bonn
Auditzeitraum:	04.11.-19.12.2008
Untersuchungsgebiet:	Schulgelände einschließlich der Parkplätze der Zufahrten Stolpstraße und Stettiner Straße
Auditor:	KHK Detlev Schürmann, M.A. Polizeipräsidium Bonn Städtebauliche Kriminalprävention 53227 Bonn - Königswinterer Straße 500 Tel.: 0228/157640 mailto: Detlev.Schuermann@polizei.nrw.de

Zusammenfassung der Ergebnisse:

a) Erreichbarkeit und Zugang zum Schulgelände

- Überregionale Anbindung an die BAB 555 (Köln/Bonn) über die AS Tannebusch und AS Verteilerkreis.
- Gute ÖPNV-Anbindung und fußläufige Erreichbarkeit über die Oppelner Straße und von der S-Bahnstation „Tannenbusch Mitte" der Linien 16 und 63 sowie der Buslinien 602, und 630.
- Zu- und Abfahrt für den motorisierten Individualverkehr von der Oppelner Straße über die Stolpstraße und Stettiner Straße.
- Zugänge in die Anlage befinden sich im Westen über das Gelände der Bertolt-Brecht-Gesamtschule, im Nordwesten über die Parkplatzzufahrt der Stolpstraße und im Osten über die fußläufige Verbindung zwischen der Hohe Straße und der Stettiner Straße.

b) Standort /Ausrichtung von Gebäuden, Anlagen und Einrichtungen

- Die Gebäudeeingänge bieten baulicherseits größtenteils Einsicht auf die Zugangssituationen der jeweils gegenüberliegenden Gebäude.
- Der Parkplatz an der Stolpstraße ist weder einem Schulgebäudefenster noch einem Wohnungsfenster der angrenzenden Wohngebäude zugewandt.

[14] Biewers, S., Kaldun, S., Schubert, H. (2005): Präventives Sozialraummanagement: Soziales Frühwarnsystem und städtebauliche Prävention im Wohnquartier. In: Kerner, H.-J.; Marks, E. (Hrsg.): Internetdokumentation Deutscher Präventionstag. Hannover; im Internet: http://www.praeventionstag.de/nano.cms/dokumentation/details/127

- Der schuleigene Parkplatz hinter dem Wendekreis an der Stettiner Straße kann von den Fenstern des parallel verlaufenden Schulgebäudes eingesehen werden.

c) Übersichtlichkeit, Orientierung optische/akustische Wahrnehmbarkeit

- Auf dem Schulgelände bestehen weder Sichthindernisse noch wird die akustische Wahrnehmbarkeit durch Verkehrslärm oder geräuschverursachende Gewerbebetriebe in der Nachbarschaft eingeschränkt.
- Die Orientierung spielt eine untergeordnete Rolle, da schulfremden Personen, die das Gelände durchqueren, das bestehende Wegerecht der Anwohnerschaft bekannt und damit Ortskenntnis vorhanden ist.
- Der schuleigene Parkplatz hinter dem Wendekreis an der Stettiner Straße kann zwar von den Fenstern des parallel verlaufenden Schulgebäudes eingesehen werden, ist allerdings auf Grund des starken Bewuchs der sozialen Kontrolle weitgehend entzogen (Bild 19).
- Fahrzeuge, die auf dem Parkplatz an der Stolpstraße stehen, können nur von Personen die sich ebenfalls auf dem Parkplatz befinden, gesehen werden (Bild 2). Die Einsichtnahme ist je nach Vegetation stark eingeschränkt.
- Auf den Parkplätzen und den umlaufenden Wegeverbindungen reicht die Beleuchtung zur Orientierung aus (Bilder 6 -8).
- Die Beleuchtung auf dem Schulgelände ist angemessen (Bilder 27 – 36) und hinsichtlich der Zweckbestimmung ausreichend. Haupt- und Nebenzugangstüren sind weitgehend mit bewegungsmeldergesteuerten Lampen ausgestattet. Fünf Bereiche sind unzureichend ausgeleuchtet (Bilder 9/10, 11/12, 13/14, 15/16, 17/18).

d) Nutzung und Belebung des Quartiers

- Der Hausrechtsbereich des Schulträgers ist eingeschränkt auf Grund eines bestehenden Wegerechtes. Das Grundstück steht im Eigentum der Bundesstadt Bonn, die Schule hat ein Erbpachtrecht. Dieses beinhaltet ein fußläufiges Wegerecht zum Durchqueren des Geländes für die Anwohner am Naturschutzgebiet „Düne“ und der Stolplstraße.
- Das Wegerecht besteht 24 Stunden am Tag und 7 Tage /Woche – somit ohne zeitliche Einschränkung innerhalb und außerhalb der Schulzeit.
- Außerhalb der Schulzeit, vornehmlich an den Wochenenden und in den Ferien halten sich auf dem rückwärtigen Schulgelände (in Richtung Schießstand) oft Jugendliche auf. Müll (Getränkebehälter, Grillüberreste) zeugen von deren Aktivitäten. Während der Begehung im laufenden Schulbetrieb wurden dort Utensilien für den Betäubungsmittelkonsum festgestellt (Bild 21).

- Grundsätzlich besteht die tatsächliche Möglichkeit, das Schulgelände vom Parkplatz an der Stolpstraße mit (auch mehrspurigen) Kraftfahrzeugen zu befahren. Rechtlich ist das für schulfremde Personen nicht zulässig. An diesem Zugang befinden sich ein zweiflügeliges Metalltor sowie ein umlegbarer Absperrpfahl, über die die Zufahrtskontrolle gesteuert werden kann (Bild 22).
- Weiterhin bietet dieser Eingang die Zugangsmöglichkeit zu den Sportanlagen der Waldorfschule sowie der benachbarten Bertold-Brecht-Gesamtschule. Diese werden außerhalb der Schulzeiten von den ortsansässigen Vereinen genutzt.
- Die Sportanlagen im Freien sind jedermann zugänglich und werden von Jugendlichen aus dem Ortsteil beansprucht.
- Der Parkplatz dient Sportlern, sowie Teilnehmern/Besuchern von Veranstaltungen der Waldorfschule zum Abstellen ihrer Kraftfahrzeuge.
- Die Eigentums-/Nutzungs-/Haftungs- und Verkehrssicherungsverhältnisse in Bezug auf den Parkplatz sind nicht eindeutig geklärt.
- In der Vergangenheit wurden einzelne Fenster mit Steinen eingeworfen. Bei der Begehung wurde festgestellt, dass zu Drainagezwecken an Gebäudewänden (zum Teil sehr grober) Kies verwendet wurde (Bild 23).
- In dem Gebäude der Werkräume sind von außen durch die Fenster Werkzeuge zu erkennen. Dieser Umstand kann Tatanreize auslösen (Bilder 24 – 26).

e) Ausstattung und Unterhalt des Schulgeländes

Schulgelände

- Die Schulanlage vermittelt durch die Architektur, verwandten Materialien und weitgehend helle farbliche Erscheinung einen ansprechenden und intakten Eindruck.
- Die Müllentsorgungssituation ist grundsätzlich geordnet. Auf dem Schulparkplatz an der Stettiner Straße wird an der Gebäudewand Sperrmüllgut gesammelt (Bild 16)
- (Sach-) Beschädigungen, Graffitis sowie herumliegender Müll sind auch auf den Spiel- und Pausenplätzen nicht erkennbar.
- Die Baum- und Strauchbepflanzung lässt auf eine grundsätzliche Pflege schließen. Ein konsequent sicherheitsrelevanter Rückschnitt der Grünanlagen ist nicht feststellbar.

Parkplätze

- Beide Parkplatzsituationen sind, besonders während der vegetationsintensiven Jahreszeiten, nur bedingt einsehbar.

Empfehlungen der Polizei:

1. Die Anpflanzungen an den Gebäuden, auf dem Gelände, sowie insbesondere den Parkplätzen sollte bis auf ca. 80 cm regelmäßig zurück geschnitten werden, um keine Versteckmöglichkeiten zu bieten.
2. Die Zu- und Durchfahrmöglichkeiten für mehrspurige Kraftfahrzeuge vom Parkplatz an der Stolpstraße kann durch konsequentes halbseitiges Schließen des Tores sowie Aufstellen des Sperrpfahles unterbunden werden.
3. Die Beleuchtung sollte an den aufgezeigten Objekten, sowie den Parkplatzbereichen installiert bzw. verdichtet werden.
4. Die bewegungsmeldergesteuerten Beleuchtungsintervalle können verlängert werden, dass ein Abwarten unattraktiv wird (ca. 5 Minuten). Bewegungsmelder und Leuchtmittel sind auf ihre Vandalismusresistenz zu überprüfen.
5. Die Einkiesung zur Drainagezwecken kann durch andere (feinkörnige) Materialien (z. B. Lava) ausgetauscht werden. Das hilft die Gelegenheit zum Einwerfen von Glasflächen mit vor Ort vorgefundenen Gegenständen zu reduzieren.
6. Die Sammlung von Sperrmüll sollte für Schulfremde möglichst nicht einsehbar organisiert werden. Sichtbare, scheinbar unbeaufsichtigte Müllansammlungen können dazu „verführen", dass Unberechtigte weiteren Müll dort abladen.
7. Durch die Fenster der Werkräume sollten keine Gegenstände/Werkzeuge von außen sichtbar sein, die als Diebesgut in Frage kommen können. Gleiches gilt für Stahlschränke, die im Inneren Diebsgut vermuten lassen.
8. An den Parkplatzzu- und Abfahrten/-gängen sollten Hinweise angebracht werden die daran erinnern, keine Wertsachen im Kraftfahrzeug zurück zu lassen.
9. Die Eigentums-/Nutzungs-/Haftungs- und Verkehrssicherungsverhältnisse in Bezug auf den Parkplatz an der Stolpstraße sollten geklärt werden, um ggf. eine stationäre Videobeobachtung einzurichten.
10. Hinweisschilder zur Siedlung am Naturschutzgebiet „Düne" bzw. der Stolpstraße können helfen, schulfremde Personen, die sich auf dem Schulgelände aufhalten und dieses augenscheinlich nicht nur durchqueren wollen, von Schulgelände zu verweisen. Dieses kann zusätzlich durch einen farblich markierten/gepflasterten Pfad signalisiert werden.
11. Um einzelne Bereiche des Geländes außerhalb der Schulzeit von ungewollten Nutzungen auszuschließen, können Angebote für bestimmte Zielgruppen überlegt werden. Hier sind Freischachanlagen sowie Boulebahnen denkbar, bzw. Kooperationen mit der Alanus-Hochschule.
12. Zu Stärkung der Sozialkontrolle auf dem Schulgelände, insbesondere außerhalb der Schulzeit, könnte eine Dienst-/Betriebswohnung, z. B. für einen Zivildienstleistenden, eingerichtet werden.

13. Festgestellte Verunreinigungen und Sachbeschädigungen etc. sollten unverzüglich gemeldet und beseitigt, Folgen strafbarer Handlungen (Sachbeschädigungen, Einbruch und Einbruchsversuche etc.) bei der Polizei angezeigt werden.
14. Bei Elternabenden oder sonstigen Veranstaltungen im Schulgebäude kann die Zugangs- und Garderobensituationen im Vorfeld bereits personell organisiert werden.
15. Fremde Personen, die offensichtlich nicht das Wegerecht nutzen, sind, verbunden mit einem Auskunfts-/Hilfsangebot, anzusprechen.
16. Die Mitarbeit in der Stadtteiljugendpflegschaft Tannenbusch sollte angestrebt werden.
17. **Melden Sie verdächtige Wahrnehmungen sofort der Polizei**
    - **Polizeinotruf: 110** (auch vom Mobiltelefon)
    - Ihre zuständige und 24 Stunden besetzte Polizeiwache befindet in der Bonner Innenstadt, Bornheimer Straße 19-25, 53111 Bonn. Die Telefonnummer lautet: 0228 / 15-6111.
    - Als Bezirksbeamte sind die Herren Polizeihauptkommissar Hubert Martin und Polizeioberkommissar Wilfried Clever für Sie zuständig. Persönlich erreichen Sie diese während der Bürgersprechstunden in der Polizeianlaufstelle Bonn Tannenbusch, Oppelner Straße 55, dienstags von 12.00 Uhr - 13.00 Uhr und donnerstags von 16.00 Uhr - 17.00 Uhr oder nach telefonischer Vereinbarung unter dem Telefonanschluss: 02 28 / 66 00 95
    - Besuchen Sie die Beratungsstelle der Kriminalpolizei Bonn im Internet: http://www1.polizei-nrw.de/bonn/Vorbeugung/

Der vorstehende Bericht zum Sicherheitsaudit war um eine Lichtbildmappe ergänzt worden und der Schule am 19.12.2008 per E-Mail zugesandt. Gemäß der geplanten Vorgehensweise kam es in der Folgezeit zu den möglichen weiteren Arbeitsschritten.

- *Gemeinsame Erörterung und Abstimmung kriminalpräventiver Handlungsempfehlungen durch die Eigentümergemeinschaft*
- *Konkretisierung der Handlungsempfehlungen durch zuständige Akteure*
- *Umsetzungsphase (Weihnachtsferien 2008/09)*
- *Nachuntersuchung (03.06.2009)*

Nachuntersuchung

Die Nachuntersuchung erfolgte am 03.06.2009. Um ein aussagefähiges Ergebnis zu erhalten wurden die Vergleichzeiträume der Vorjahre auf die Monate Januar bis Mai beschränkt, da nur der Zeitraum nach Durchführung der Maßnahmen repräsentativ war.

Das Polizeiliche Kriminalitätslagebild ergab demnach einen deutlichen Rückgang der erhobenen Delikte:

Besonders schwerer Diebstahl in/aus KFZ

Stolpstraße

2007 18 Delikte davon im Vergleichszeitraum **01.01.2007 – 31.05.2007: 7 Delikte**

2008 22 Delikte davon im Vergleichszeitraum **01.01.2008 – 31.05.2008: 14 Delikte**

2009 im Vergleichszeitraum **01.01.2009 – 31.05.2009: 2 Delikte**

Stettiner Straße

2007 7 Delikte davon im Vergleichszeitraum **01.01.2007 – 31.05.2007: 3 Delikte**

2008 8 Delikte davon im Vergleichszeitraum **01.01.2008 – 31.05.2008: 7 Delikte**

2009 im Vergleichszeitraum **01.01.2009 – 31.05.2009: 1 Delikt**

Straftaten z. N. Waldorfschule, Stettiner Straße 21

2007 10 Delikte davon im Vergleichszeitraum **01.01.2007 – 31.05.2007: 3 Delikte**

2008 8 Delikte davon im Vergleichszeitraum **01.01.2008 – 31.05.2008: 6 Delikte**

2009 im Vergleichszeitraum **01.01.2009 – 31.05.2009: 2 Delikte**

Genderhinweis

Aufgrund der besseren Lesbarkeit wurde auf die zusätzliche Nennung des weiblichen Geschlechts bei Personen verzichtet und nur die (vermeintlich) maskuline Form verwendet. Selbstverständlich richten sich die Inhalte auch an alle Personen weiblichen Geschlechts.

Melanie Blinzler

Nachhaltigkeit und Kommunale Prävention

1. **Der Begriff – von der Forstwirtschaft zum Nachhaltigkeitsdreieck**
2. **Strategien – Ökonomie und Gesellschaft**
3. **Nachhaltigkeit und Kommunale Prävention**

Auch in der kommunalen Präventionsarbeit wird der Begriff „Nachhaltigkeit" zunehmend gebraucht. Dabei fällt auf, dass er häufig die Funktion eines „Jokerbegriffs" hat. Noch ist nicht ganz klar, was „nachhaltig" sein soll und wie etwas „nachhaltig" wird. Häufig wird der Begriff seiner Komplexität beraubt und auf das verkürzt, was wir besser mit „Wirksamkeit" bezeichnen sollten. Insbesondere in der Bewertung von Projekten wird gefragt „Ist das auch nachhaltig?", wo es heißen müsste „Wird dieses Projekt (langanhaltend) zum gewünschten Ergebnis führen?" Letztere Formulierung weist auf das Dilemma hin, dass mit dem „Jokerbegriff" verschleiert wird: gewünscht sind umfassende empirische Analysen zur Problemlage und intensive Evaluationen zur Ergebnislage, um die Bedeutung und Wirksamkeit existierender Projekte und Vorhaben zu belegen. Aber die Ressourcen hierfür sind häufig zu gering oder nicht vorhanden.

Da lässt es sich manchmal einfacher mit dem „Jokerbegriff" Nachhaltigkeit operieren: Nachhaltigkeit ist „etwas Gutes" und weitgehend akzeptiert. Dabei kann die „Joker"-Funktion des Begriffs „Nachhaltigkeit" jenseits seiner pragmatischen Verkürzungen in der Praxis von großem Nutzen sein. Kommunale Präventionsarbeit ist ein Feld mit starkem Zukunftsbezug, in dem notwendig auch experimentiert werden muss, in dem innovative und noch nicht beschrittene Wege wünschenswert sind und dessen interdisziplinärer Anspruch „Jokerbegriffe" benötigt, unter denen man sich versammeln kann, weil die „Richtung irgendwie stimmt". Die Tatsache, dass „Nachhaltigkeit" Bestandteil von Politikkonzepten in aller Welt und auf verschiedensten Ebenen ist (von der Kommune bis hin zur UN), sowie in verschiedenen gesellschaftlichen Bereichen (vom Sportverein bis hin zu global agierenden Unternehmen) eine Rolle spielt, zeigt aber nicht nur, dass wir es mit einem vielseitigen Jokerbegriff zu tun haben. Zugleich ist die „Karriere" des Begriffs nicht vorstellbar, wenn er nicht auch zentrale Erschließungspotentiale enthielte. Diese Annahme, zugleich Ausgangspunkt für die Entstehung des folgenden Textes, wird verstärkt von Ulrich Grober, der in „Die Entdeckung der Nachhaltigkeit" den Begriff Nachhaltigkeit auf seine tiefen Wurzeln und seine lange Tradition hin untersucht hat. Er schreibt: „Die Idee der Nachhaltigkeit ist weder eine Kopfgeburt moderner Technokraten noch ein Geistesblitz von Ökofreaks der Generation Woodstock. Sie ist unser ursprünglichstes Weltkulturerbe."[1]

---

[1] Grober, Ulrich, Die Entdeckung der Nachhaltigkeit: Kulturgeschichte eines Begriffs, München 2010, S.13

Es lohnt sich, ja, es ist an der Zeit, die Bedeutungsdimensionen des Begriffs Nachhaltigkeit, besser: des dahinter liegenden Konzepts, stärker zur Kenntnis zu nehmen – um schließlich den Joker gezielter einsetzen zu können.

1. Der Begriff

1713 Ausgangspunkt Forstwirtschaft

Als fachsprachlicher Terminus taucht der Begriff Anfang des 18. Jahrhunderts in Deutschland in der Forstwirtschaft auf. Es ist von Carlowitz[2], der 1713 in seinem Werk „Sylvicultura oeconomica" fordert, dass immer nur so viel Holz geschlagen werde solle, wie durch planmäßige Aufforstung durch Säen und Pflanzen wieder nachwachsen könne. Die Forderung ergibt sich aus einer besorgniserregenden Mangelsituation des bedeutenden Rohstoffes Holz.

Wichtige Meilensteine für die Entwicklung des Begriffs Nachhaltigkeit und seine Verwendung in der Gegenwart sind:

1972 „Grenzen des Wachstums"

Mit der Studie „Grenzen des Wachstums" für den Club of Rome findet der Begriff der Nachhaltigkeit Eingang in den wissenschaftlichen Diskurs. Er erfährt eine deutliche Ausdehnung in seiner Bedeutung. Die Wissenschaftler plädieren für einen dauerhaften, weltweiten Gleichgewichtszustand, der nur durch weltweite Maßnahmen erreicht werden könne. Sie verknüpfen ökonomische, ökologische und soziale Aspekte der Nachhaltigkeit.

1987 Brundtland Report

Mit dem Brundtland Report[3] wird der Begriff der Gerechtigkeit in die Diskussion um Nachhaltigkeit eingebracht. Es heißt dort: Nachhaltig ist eine Entwicklung, „die den Bedürfnissen der heutigen Generation entspricht, ohne die Möglichkeiten künftiger Generationen zu gefährden, ihre eigenen Bedürfnisse zu befriedigen und ihren Lebensstil zu wählen." Mit dem Brundtland Report wird erstmals für die internationale Politik das Leitbild einer nachhaltigen Entwicklung erstellt.

1992 Agenda 21

Die auf der Konferenz in Rio beschlossene Agenda 21 gilt als politischer Meilenstein, weil sie den Begriff Nachhaltigkeit stärker in die politische Debatte integriert – mit den bis heute enthaltenen Implikationen, d.h. auch mit den Dimensionen Soziales und gesellschaftlicher Zusammenhalt. Bestandteil der Agenda 21 ist u.a. die Einführung nationaler Nachhaltigkeitsstrategien.

---

2 Hans Carl von Carlowitz (1645 – 1714), Oberberghauptmann am kursächsischen Hof in Freiberg

3 Der Report wurde benannt nach der Vorsitzenden der Weltkommission für Umwelt und Entwicklung, der damaligen Ministerpräsidentin von Norwegen, Gro Harlem Brundtland.

1999

beschließt die Bundesregierung, eine nationale Nachhaltigkeitsstrategie zu entwickeln.

2001

wird der „Rat für Nachhaltige Entwicklung" berufen, der der Bundesregierung beratend zur Seite steht. Die deutsche Nationale Nachhaltigkeitsstrategie mit dem Titel „Perspektiven für Deutschland" wird 2002 veröffentlicht[4].

Der Rat für Nachhaltige Entwicklung fasst die Grundideen für nachhaltiges Handeln so zusammen:„Nachhaltige Entwicklung heißt, Umweltgesichtspunkte gleichberechtigt mit sozialen und wirtschaftlichen Gesichtspunkten zu berücksichtigen. Zukunftsfähig wirtschaften bedeutet also: Wir müssen unseren Kindern und Enkelkindern ein intaktes ökologisches, soziales und ökonomisches Gefüge hinterlassen. Das eine ist ohne das andere nicht zu haben."

Um die gleichrangige Bedeutung der Aspekte Ökonomie, Ökologie und Soziales zu betonen, hat sich in der Diskussion das Modell des Nachhaltigkeitsdreiecks weitgehend durchgesetzt. Es wurde von der Bundesregierung in der Nachhaltigkeitsstrategie 2002 bekräftigt und festgelegt, dass „die umwelt-, wirtschafts- und sozialpolitischen Ziele gleichermaßen berücksichtigt werden" müssen.[5]

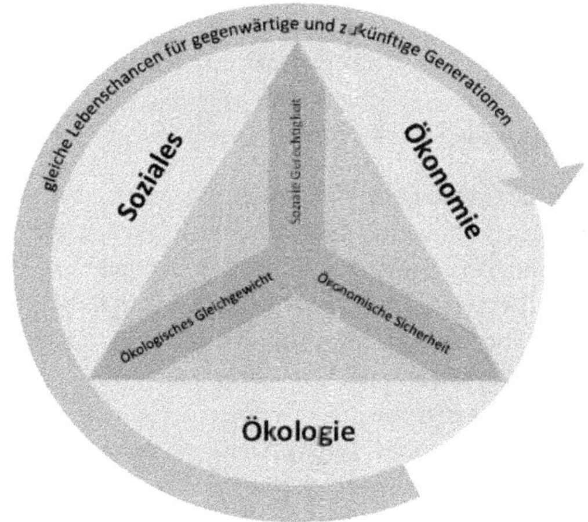

---

[4] Siehe ausführlich auf www.nachhaltigkeitsrat.de/der-rat/strategie/strategie-2002/

[5] Allerdings fehlt in dem Modell die politisch-prozessuale Komponente „Institutionen" bzw. „Partizipation". Die Kommission für nachhaltige Entwicklung der Vereinten Nationen hat auf die zentrale Bedeutung von partizipativen Entscheidungselementen und Strukturen auf dem Weg hin zu einer nachhaltigen Entwicklung hingewiesen. Siehe auch www.nachhaltigkeit.info/artikel/nachhaltigkeitsdreieck_1395.htm

2. Strategien – Ökonomie und Gesellschaft

Der Ausgangspunkt des Begriffs Nachhaltigkeit (s.o.) verweist auf das ökonomische Prinzip der Kapitalerhaltung. Auch Beispiele zur Bestandserhaltung aus der Fischereiwirtschaft, der Finanzwirtschaft u.a. zeigen dieses Grundprinzip: es geht darum, von den Erträgen und nicht von der Substanz zu leben[6]. Auch Stiftungen arbeiten i.d.R. nach diesem Prinzip: von den Zinsen, nicht vom Kapital, werden die Aktivitäten finanziert.

Die Begriffsentwicklung zeigt, dass das ökonomische Prinzip eine Erweiterung erfahren hat. Nachhaltigkeit meint nun weitergehend auch das soziale Prinzip, unter der Zielvorstellung Menschenwürde die Rechte künftiger Generationen mit denen heutiger Generationen in Einklang zu bringen.

Alle Initiativen und Entwicklungsstränge zur Umsetzung von Nachhaltigkeit hier vorzustellen, würde zu weit führen. Ich belasse es bei der Nennung folgender wichtiger Konzepte: Corporate Social Responsibility (Ökonomie), nationale Nachhaltigkeitsstrategie sowie „Städte für ein nachhaltiges Deutschland“ (Gesellschaft), um Hinweise auf das Potential des Nachhaltigkeitsdenkens zu geben.

2.1 Ökonomie

Das Konzept Corporate Social Responsibility (CSR) bietet Anschlussmöglichkeiten für die Entwicklung von Nachhaltigkeitsstrategien in Unternehmen. Die Europäische Kommission bezeichnet CSR als „ein Konzept, das den Unternehmen als Grundlage dient, um auf freiwilliger Basis soziale und ökologische Belange in ihrer Unternehmenstätigkeit und in ihre Wechselbeziehungen mit den Stakeholdern zu integrieren.“[7]

In der zunehmenden Bedeutung beider Konzepte, sowohl von CSR als auch Nachhaltigkeit, zeigt sich eine veränderte Wahrnehmung der gesellschaftlichen Verantwortung von Unternehmen, die über das frühere „Eigentum verpflichtet“ hinausgeht und sich entsprechend der gesellschaftlichen Herausforderungen weiter entwickelt. CSR meint mehr als Mäzenatentum oder Social Sponsoring. Jenseits einer finanziellen Unterstützung verschiedenster gesellschaftlicher Akteure und Aktivitäten (aus den Bereichen Sport, Kunst, Kultur, Umwelt usw.), geht es darum, die Unternehmensführung insgesamt auf die Lösung (je nach Unternehmen spezifizierter) zentraler gesellschaftlicher Probleme zu beziehen. Dabei handelt es sich häufig um Ressourcenfragen, weswegen ökologische Themen das Feld des CSR und der Nachhaltigkeit eindeutig dominieren. Seit einiger Zeit kommen aber auch andere Themen hinzu[8]. Wenn Unternehmen auf

[6] Vgl. Carnau, Peter, Nachhaltigkeitsethik, München und Mering 2011

[7] Mitteilung der Kommission am 25.10.2011, auch zu finden auf http://ec.europa.eu/enterprise/policies/sustainable-business/corporate-social-responsibility/index_de.htm

[8] Siehe ausführlich in „Corporate Citizenship“, Aus Politik und Zeitgeschichte (Beilage zur Wochenzeitung „Das Parlament“ der Bundeszentrale für politische Bildung), Heft 31/2008

kommunaler Ebene für die Übernahme gemeinsamer Verantwortung gewonnen werden sollen, bieten sich mit beiden Konzepten, CSR und Nachhaltigkeit, Ansatzpunkte für eine interdisziplinäre Entwicklung von Handlungszielen.

Der Artikel „Soziale Verantwortung mit handfesten Vorteilen"[9] nennt Beispiele aus Oldenburg für das Engagement von Unternehmen in der kommunalen Prävention. Die Autoren zeigen, dass dieses Engagement wichtiger Baustein der Verantwortungskultur von Unternehmen werden kann.

CSR-Maßnahmen erschließen sowohl betriebswirtschaftlichen als auch gesellschaftlichen Nutzen. Als Handlungsfeld mit vielen Facetten[10], kann CSR ein Feld des Experimentierens und der Innovation sein. Auch das Leitbild Nachhaltigkeit lässt verschiedene Interpretationsansätze (Themenwahl) und Operationalisierungsansätze (Bestimmung von Handlungszielen) zu und erfordert innovative Wege.

Der inzwischen entwickelte Deutsche Nachhaltigkeitskodex dient der Unterstützung der Unternehmen sowie der Transparenz des Nachhaltigkeitsmanagements von Unternehmen[11].

2.2 Gesellschaft, Bundesrepublik Deutschland

Die (selbstgesetzte oder von außen gestellte) Forderung nach Nachhaltigkeit trifft sich vor dem Hintergrund knapper Ressourcen mit dem Anspruch, diese sinnvoll und wirksam einzusetzen. Es geht häufig um eine Prioritätensetzung, wenn nicht alles möglich ist, was nötig, vorstellbar und gewünscht ist. Um hier mit Nachhaltigkeit nicht als radikal verkürztem Begriff und damit als Ablenkungsmanöver zu hantieren, lohnt es sich, die vorhandenen Strategien, ihre Leitlinien und Indikatorsysteme zu betrachten. Möglich wird dann die Verwendung des Nachhaltigkeit-Konzepts in der Weise, dass die fachlichen und bürgerschaftlichen Interessen nach Sinn und Wirksamkeit eigenen Tuns einen angemessenen Rahmen erhalten.

Die nationale Nachhaltigkeitsstrategie wurde 2002, zehn Jahre nach Rio, beschlossen und bestimmt seitdem den Kurs für eine nachhaltige Entwicklung in Deutschland. Die Strategie wird fortlaufend weiterentwickelt. Hierzu veröffentlicht die Bundesregierung regelmäßig Fortschrittsberichte. Hinzu kommen die Indikatorenberichte des Statistischen Bundesamtes, die im Detail darüber informieren, wie sich die Kernbereiche nachhaltiger Politik weiterentwickelt haben.[12]

---

9 Quante, Dr. Frank, Koop, Gerd, „Soziale Verantwortung mit handfesten Vorteilen", in: SECURITY insight – Fachzeitschrift für Unternehmenssicherheit, Ausgabe März/April 2/2012

10 Weitere Konzepte sind z.B. Corporate Citizenship und Corporate Volunteering

11 Siehe www.nachhaltigkeitsrat.de/deutscher-nachhaltigkeitskodex

12 Siehe z.B. Indikatorenbericht 2012 auf www.nachhaltigkeitsrat.de/der-rat/strategie/indikatorenbericht-2012/ oder www.bundesregierung.de/Content/DE/StatischeSeiten/Breg/Nachhaltigkeit/1-Nationale-N-Strategie/2006-07-27-die-nationale-nachhaltigkeitsstrategie.html?__site=Nachhaltigkeit

Die nationale Nachhaltigkeitsstrategie „Perspektiven für Deutschland" nennt prioritäre Handlungsfelder unter den vier Leitlinien *Generationengerechtigkeit, Lebensqualität, Sozialer Zusammenhalt* und *Internationale Verantwortung*. Die Handlungsfelder sind konkret formuliert, mit Zielen versehen und mit Indikatoren zur Erfolgskontrolle ausgestattet.[13]

Für die Leitlinie „Lebensqualität" wurde zu Beginn als überprüfbarer Indikator für das Handlungsfeld „Kriminalität" Wohungseinbruchsdiebstahl benannt. Damit einher ging das Ziel, einen Rückgang der Fälle auf unter 100.000 pro Jahr bis zum Jahr 2015 zu erreichen.

Für den Indikatorenbericht 2012 und den Fortschrittsbericht 2012 wurde dieser Indikator ausgetauscht gegen den Indikator „Straftaten pro 100.000 Einwohner" und als Ziel wurde formuliert „weniger als 7.000 pro Jahr in 2020". Der Austausch des Indikators erfolgte aufgrund anhaltender Kritik. Der neue Indikator soll die Aussagekraft zum Thema Kriminalität verbessern.

Für die Leitlinie „sozialer Zusammenhalt" wurden die Handlungsfelder Beschäftigung, Familie und Beruf, Gleichstellung und Integration genannt. Als Indikatoren gelten entsprechend die Erwerbstätigenquote, das Betreuungsangebot für Kinder, die Einkommensunterschiede zwischen Frauen und Männern und der Schulabschluss ausländischer Bürger. Auch hier sind für alle Indikatoren überprüfbare Ziele gesetzt.

Entscheidende Kriterien bei der Erarbeitung und Überarbeitung der Indikatoren sind Kontinuität und Transparenz, die Vergleichbarkeit mit anderen Nachhaltigkeitsprozessen, z.B. auf EU – Ebene, und die Aussagekraft. Eine Rolle spielt aber auch die Verfügbarkeit von Daten.

2.2.1 Gesellschaft, Kommunale Ebene

Auf kommunaler Ebene existieren zahlreiche Nachhaltigkeitsstrategien und verschiedene Indikatorensysteme. Um auch hier stärkere Transparenz, Vergleichbarkeit und die Möglichkeit des Voneinander-Lernens zu schaffen, haben sich einige Oberbürgermeister zu dem Dialog „Nachhaltige Stadt" zusammen gefunden. Im Oktober 2010 hat das Bündnis „Strategische Eckpunkte für eine nachhaltige Entwicklung in Kommunen"[14] herausgegeben. Im Juni 2011 erschien „Städte für ein nachhaltiges Deutschland" mit Beispielen für Handlungsfelder und notwendigen Voraussetzungen für nachhaltige Stadtpolitik.

Nicht jedes Stadtoberhaupt wird dabei in der Umsetzung so weit gehen wie der Tübinger OB Boris Palmer, der 2008 seinen Dienstwagen abschaffte, um als Vorbild voran zu gehen für die Klimaschutzkampagne „Tübingen macht blau". Das Beispiel zeigt aber, wie konkret Nachhaltigkeit vor Ort werden kann.

---

[13] Eine kurze und eine lange Fassung von „Perspektiven für Deutschland" findet sich auf www.nachhaltigkeit.info/artikel/nachhaltigkeitsstrategie_1374.htm

[14] Siehe http://www.nachhaltigkeitsrat.de/projekte/eigene-projekte/nachhaltige-stadt/

Für die Kommunen spielt die Partizipation und die Beteiligung der Öffentlichkeit eine herausragende Rolle. In „Städte für ein nachhaltiges Deutschland“ wird sie sogar als Voraussetzung nachhaltiger Stadtentwicklung bezeichnet. Es heißt dort: „Nachhaltige Entwicklung kann und darf nicht von oben verordnet werden. Sie muss gelebt werden und kann nur vom Engagement der Zivilgesellschaft leben. (…) Wir ermöglichen Beteiligung (…) nicht nur, sondern fordern die Mitwirkung und Verantwortungsübernahme auch ein.“[15]

Von 2001 bis 2004 fand der Wettbewerb „Zukunftsfähige Kommunen“ statt, um die Erfolge von Agenda 21–Prozessen ermitteln zu können. In diesem Rahmen wurde ein Indikatorensystem für die Zielsetzung und Überprüfbarkeit nachhaltiger Entwicklungen erstellt zu den Leitlinien „Wohlbefinden“, „soziale Gerechtigkeit“, „Umweltqualität und Ressourceneffizienz“ und „wirtschaftliche Effizienz“.

Für die Leitlinie „soziale Gerechtigkeit“ wurden in diesem Rahmen folgende Indikatoren gewählt: Betreuung von Kindern, Geschlechtergerechtigkeit, Kommunales Engagement für Kinder und Jugendliche, Engagement für Behinderte, Bezahlbarer Wohnraum, Empfänger von Hilfe zum Lebensunterhalt, Bildungschancen für Migranten, Kommunales Eine-Welt-Engagement, Einrichtungen für Kinder und Jugendliche.[16]

In der Wahl dieser Indikatoren zeigt sich ein deutlicher Unterschied zu den Indikatoren der nationalen Nachhaltigkeitsstrategie. Hier wurden Themenfelder gewählt, die für die kommunale Entwicklung von (großer) Bedeutung sind. Zugleich wurde auch hier auf die Verfügbarkeit der Daten geachtet und die Vergleichbarkeit zwischen den Kommunen war wettbewerbsbedingt ebenfalls ein Kriterium.

Die Leitlinien und Indikatoren zeigen, dass es sich um Themen und Handlungsfelder handelt, die z.T. auch für die kommunalen Präventionsräte von Bedeutung sind.

Wie stark sich die Handlungsfelder der Nachhaltigkeitsstrategien auf kommunaler Ebene mit den Handlungsfeldern der kommunalen Prävention berühren, zeigt auch das Beispiel Oldenburg. Hier gab es zur Entwicklung von Leitlinien für eine nachhaltige Stadtentwicklung einen Dialogprozess unter Beteiligung von engagierten Bürgern.[17] Das im Mai 2001 einstimmig vom Stadtrat für eine nachhaltige Zukunftsgestaltung beschlossene Agenda 21-Aktionsprogramm nannte u.a.:[18]

- Die Leitlinie „Zukunftsfähige Lebensstile“. Als Handlungsziel wurde formuliert, dass die Stadt Oldenburg an alle Bürgerinnen und Bürger appelliert, Toleranz und

15 Siehe http://www.nachhaltigkeitsrat.de/uploads/media/Broschuere_Staedte_fuer_ein_nachhaltiges_Deutschland_texte_Nr_36_Juni_2011.pdf, S. 36

16 Zu den Indikatoren auch der anderen Leitlinien siehe unter www.duh.de/251.html

17 Siehe www.oldenburg.de/microsites/umwelt/lokale-agenda-21/dokumentation/aktionsprogramm.html

18 Siehe Agenda 21-Aktionsprogramm » (pdf).

Zivilcourage zu praktizieren, (...) und dass sie im Rahmen ihrer Öffentlichkeitsarbeit die Solidargemeinschaft und die Eigenverantwortung fördert.

- Die Leitlinie „Soziale Gerechtigkeit". Als Handlungsziel wird unter „Die Zukunft der Kinder" genannt, dass die Stadt Oldenburg sozialen Missständen im Lebensbereich von Kindern und Jugendlichen präventiv begegnet.

3. Nachhaltigkeit und Kommunale Prävention

Kommunale Präventionsräte können sich in den Prozess der (kommunalen) Gestaltung von Nachhaltigkeit einbringen – und sollten dies auch tun.

Dafür spricht:

- Themen der kommunalen Prävention, z.B. Zivilcourage, Sicherheit, Konfliktkultur, Gewaltprävention sind Inhalte, die Bestandteile der Themen Lebensqualität und sozialer Zusammenhalt sind. Beide werden in wichtigen Nachhaltigkeitsstrategien als Leitlinien genannt. Hier können und sollten sich kommunale Präventionsräte an der Diskussion von geeigneten Indikatoren beteiligen und die eigenen Prioritäten mit den Leitlinien abgleichen.
- Ein Beispiel: Für die Leitlinie „Lebensqualität" wurde (auf Bundesebene) zu Beginn als überprüfbarer Indikator (Thema Kriminalität) der „Wohungseinbruchsdiebstahl" benannt. Dieser Indikator wurde inzwischen ausgewechselt von dem Indikator „Straftaten pro 100.000 Einwohner". Mit Blick auf die Kommune wäre zu prüfen, ob dieser Indikator hinreichend Auskunft zur „Lebensqualität" geben kann. Evtl. wäre ein Indikator „Anzahl Fälle häusliche Gewalt" mit der Zielsetzung der Verringerung für die Kommune innovativer und für die Akteure der Kommune mit der größeren und angemessenen Herausforderung verbunden, was die Schaffung nachhaltiger präventiver Maßnahmen betrifft?
- Sofern die Vergleichbarkeit mit anderen Kommunen nicht aufgegeben werden soll, könnten die Indikatoren mit stärkerem Bezug auf die je eigene Kommune ergänzend eingeführt werden.
- Soziale Gerechtigkeit im Sinne von Teilhabegerechtigkeit ist ein zentraler Begriff sowohl des Nachhaltigkeitsdenkens als auch der Prävention.[19]
- Kommunale Präventionsräte arbeiten notwendig interdisziplinär und im Netzwerk, sie können die Qualität der „Mittlerorganisation" einbringen.[20]

---

[19] Vgl. hierzu das Gutachten für den 17. Deutschen Präventionstag „Sicher leben in Stadt und Land – Sicherheit als Grundbedürfnis der Menschen und staatliche Aufgabe", Dr. Wiebke Steffen, www.praeventionstag.de/nano.cms/gutachten

[20] Vgl. hierzu „Grenzgänger, Pfadfinder, Arrangeure – Mittlerorganisationen zwischen Unternehmen und Gemeinwohlorganisationen", Bertelsmann Stiftung (Hrsg.), Gütersloh 2008
„In der Debatte um die gesellschaftliche Verantwortungsübernahme kristallisiert sich immer mehr die eminente Bedeutung der Kommunikation und des Managements von Zusammenarbeit heraus. Kooperationsfähigkeit erhält demnach eine Schlüsselfunktion für gemeinsam gestaltete Verantwortungsübernahme. Gute Kooperationsfähigkeit liefert tatsächlich wertvolle Beiträge für den Zusammenhalt des Gemeinwesens (...). Die stärkere Einbeziehung aller gesellschaftlichen Gruppen und die Vorstellung von einer neuen

- Kommunale Präventionsräte binden bürgerschaftliches Engagement ein. Sie schaffen damit soziales Kapital, das wiederum für die nachhaltige Gestaltung einer Kommune unverzichtbar ist.
- Die kommunale Prävention ist aber auch mit Bezug auf ihre eigenen Maßnahmen, Projekte und Aktivitäten angesichts des Themas Nachhaltigkeit gefordert: in welchen Zeiträumen wird gedacht, welche Rolle spielt die langfristige Einbindung der Bürgerinnen und Bürger und welche Rolle spielt die Verständigung auf gemeinsame Ziele, die Transparenz der Umsetzung und die Überprüfbarkeit der Ergebnisse.

In „Städte für ein nachhaltiges Deutschland" wird als Strategischer Eckpunkt genannt: „Wichtig ist, dass jedes Ressort, jeder Verein, jedes Unternehmen und jede Person der Stadt versteht, welche Aufgabe für eine zukunftsfähige Entwicklung der Stadt er oder sie hat."[21]

In diesem Sinne können sich auch die kommunalen Präventionsräte den „Joker Nachhaltigkeit" erschließen und das Zusammenspiel in der Kommune stärken.

Verantwortungsverschränkung zwischen den Sektoren Wirtschaft, Staat und Bürgergesellschaft könnten neue Antworten auf die bedeutende Frage liefern, was unsere Gesellschaft in Zukunft eigentlich zusammenhalten soll." (ebd., S.11)

[21] Städte für ein nachhaltiges Deutschland, hrsg. vom Rat für Nachhaltige Entwicklung, Juni 2011, S. 13, siehe 15

Literatur

Bertelsmann Stiftung (Hrsg.), Grenzgänger, Pfadfinder, Arrangeure – Mittlerorganisationen zwischen Unternehmen und Gemeinwohlorganisationen, Gütersloh 2008

Bundesministerium des Innern (Hrsg.), Theorie und Praxis gesellschaftlichen Zusammenhalts, Berlin 2008

Carnau, Peter, Nachhaltigkeitsethik, Normativer Gestaltungsansatz für eine global zukunftsfähige Entwicklung in Theorie und Praxis, München und Mering 2011

Grober, Ulrich, Die Entdeckung der Nachhaltigkeit: Kulturgeschichte eines Begriffs, München 2010

Krainer, Larissa, Trattnigg, Rita (Hrsg.), Kulturelle Nachhaltigkeit. Konzepte, Perspektiven, Positionen, München 2007

Lexikon der Nachhaltigkeit, http://www.nachhaltigkeit.info

Majer, Helge, Nachhaltigkeit, was bedeutet das?, Ulmer Initiativkreis nachhaltige Wirtschaftsentwicklung e.V., 12/2004

Majer, Helge, Ganzheitliche Sicht von sozialer Nachhaltigkeit, unveröffentlichtes Manuskript

Rat für nachhaltige Entwicklung, Unternehmerische Verantwortung in einer globalisierten Welt – Ein deutsches Profil des Corporate Social Responsibility, September 2006

Rat für nachhaltige Entwicklung, Städte für ein nachhaltiges Deutschland, Juni 2011

Rat für nachhaltige Entwicklung, Der deutsche Nachhaltigkeitskodex, Oktober 2011

Tagungsdokumentation „Zivilgesellschaft und soziale Nachhaltigkeit – Ein Forum zur nationalen Nachhaltigkeitsstrategie, 12. Februar 2002, Berlin, hrsg, vom Bundesministerium für Familie, Senioren, Frauen und Jugend

Wilkinson, Richard, Picklett, Cate, Gleichheit ist Glück – Warum gerechte Gesellschaften für alle besser sind, Berlin 2009

Empfehlenswerte Internetseiten

http://www.nachhaltigkeit.info, Lexikon der Nachhaltigkeit,
Zusammengestellt von der Aachener Stiftung Kathy Beys, Informationen rund um das Thema Nachhaltigkeit: Geschichte, Definitionen, Ziele, Akteure und Indikatoren, von Kurzinformationen bis zu den Links auf die Seiten von Originaldokumenten und Institutionen.

www.nachhaltigkeitsrat.de, Internetseite des Rates für Nachhaltige Entwicklung

Bernd Fuchs

Netzwerk Rhein-Neckar / Heidelberg
Chancen genutzt und auf Dauer angelegt - Teil 1

Kriminalprävention ist in die Jahre gekommen. Wie in Beziehungen zeigen sich im Laufe der Zeit Verschleißerscheinungen. Was in den 1980er oder 1990er Jahren mit viel Euphorie angegangen wurde, ist häufig über die politischen Absichtserklärungen nicht hinausgekommen. In gutgemeinter Absicht geschaffene Strukturen und Netzwerke konnten kaum Wirkung entfalten, weil sie nicht stringent zielorientiert arbeiteten, sondern allgemein im unverbindlichen „let's talk about…" von Anfang an oder im Laufe der Zeit stecken geblieben sind. Mancher „Runde Tisch" entwickelte sich zur „langen Bank". Erhebliche personelle und finanzielle Ressourcen wurden in eine kaum mehr überschaubare Anzahl von Projekten investiert, die nach lauter medialer Ankündigung geräuschlos versandeten, geschweige denn prozess- oder ergebnisevaluiert wurden.

Meine sehr geehrten Damen und Herren,

verstehen Sie bitte meinen provokanten Einstieg nicht falsch. Aber nach meiner festen Überzeugung bringt uns nicht Selbstgefälligkeit, sondern nur ein **permanentes kritisches Hinterfragen** in allen Lebensbereichen weiter, auch in der Präventionsarbeit. „Das Gute ist ja bekanntlich der Feind des Besseren."

Unter dieser Prämisse steht unser Ansatz, mit dem wir unseren Beitrag überschrieben haben: **„Netzwerk Rhein-Neckar – Chancen genutzt und auf Dauer angelegt"**. Den Beweis möchten wir antreten, vielen Dank dass Sie sich dafür interessieren.

Nach der Gemeindeordnung Baden-Württemberg haben originär die Kommunen im Rahmen ihres Selbstverwaltungsrechts alle öffentlichen Aufgaben in ihrem Gebiet unter eigener Verantwortung wahrzunehmen. Insofern ist **Kriminalprävention fester Bestandteil der Kommunalpolitik** im Rahmen der allgemeinen Daseinsvorsorge. Auch wenn der bei uns gebräuchliche Begriff „Kommunale Kriminalprävention" etwas sperrig ist, so sollte er doch Programm sein. Bei den Landkreisen und Kommunen entwickelte sich durchaus ein Verständnis für kriminalpräventive Verantwortung, die aber unterschiedlich wahrgenommen wird. Vorbildlich war hier von Anfang an die Stadt Heidelberg mit der **Einrichtung eines Lenkungsgremiums zur strategischen Ausrichtung der Kriminalprävention**. Jede Sitzung wird vom Oberbürgermeister persönlich geleitet, der somit **Prävention als Bürger(meister)pflicht** und somit in kommunaler Verantwortung sieht. War die Polizei früher auf dem Tandem vorne gesessen, hat gelenkt und in die Pedale getreten, so kann sie sich auf das kräftige Mittreten beschränken.

Prävention ist Chefsache. Bei der Polizeidirektion Heidelberg war dies nie eine leere Floskel, sondern von meinem Vorgänger in der Gründungsphase und seit 2000 von mir konsequente Führungsstrategie. Auch für Behördenleiter war und ist es nicht einfach, extern aber auch intern die Präventionsfahne hochzuhalten, insbesondere in Zeiten knapper Kassen.

Die Polizeidirektion Heidelberg ist für die Sicherheit von rund 615 000 Einwohnern im Rhein-Neckar-Kreis und in der Stadt Heidelberg zuständig. Mit knapp 1400 Mitarbeiterinnen und Mitarbeitern ist sie die größte Polizeidirektion in Baden-Württemberg. Unmittelbar dem Leiter nachgeordnet ist das **Sachgebiet Prävention** mit derzeit zwei Beamten und einer Beamtin. Hier wird die gesamte Prävention strategisch ausgerichtet und schwerpunktmäßig festgelegt. Insbesondere die Koordination von Präventionsprojekten und sonstigen Veranstaltungen wie Sicherheitswochen und Fachtagungen bis hin zum Opferschutz erfolgt hier ebenso wie die Geschäftsführung unserer beiden Präventionsvereine, auf die Herr Greulich anschließend eingehen wird. Angegliedert ist die **Kriminalpolizeiliche Beratungsstelle** mit einer Beamtin und zwei Tarifbeschäftigten als Fachberater. In einer großen Flächenbehörde bedarf es zur zielgruppenorientierten Umsetzung von Präventionsprojekten einer operativen Ebene vor Ort. Eingebunden in den Bezirks- und Ermittlungsdienst bei den zehn Polizeirevieren haben wir einen Beamten als **Sachbearbeiter Vorbeugung** ausschließlich für diese Aufgaben freigestellt. Diesen „Luxus“ erlauben wir uns, weil wir von der Sinnhaftigkeit trotz mancher Bedenken und Widerstände überzeugt sind. 14 Beamtinnen und Beamte sind darüber hinaus im Bereich **Verkehrserziehung** tätig. Sie sind organisatorisch der Verkehrspolizei angegliedert, ihr Einsatz vor Ort wird vom Sachgebiet Prävention koordiniert. So werden Programme an Schulen ganzheitlich angeboten, z.B. mit Gewaltprävention durch den Sachbearbeiter Vorbeugung.

Apropos Bedenken und Widerstände: Wenn immer wieder die Bedeutung und Wichtigkeit der Prävention auch von der Politik gebetsmühlenartig wiederholt wird, ist Vorsicht geboten. Vorsichtig nebulös wird auf desolate Haushaltslagen verwiesen und angesichts personeller Defizite unter dem Stichwort Aufgabenkritik darauf hingewiesen, dass die „Kür“ Freischaffender auf die Wahrnehmung der „Pflicht“-Aufgaben durch die Polizei zurückgeführt werden müsse. Bis in ministerielle Führungskreise wird die Frage gestellt, ob wir uns „den Gitarre spielenden Polizisten im Kindergarten“ noch leisten können. Diese wiederholt gefallenen Äußerungen zeigen nicht nur eine äußerst wirklichkeitsfremde Sicht der Arbeit vor Ort sondern verunglimpft die engagierte und professionelle Präventionsarbeit der Polizei, der Kommunen und der vielen Netzwerkpartner.

Bedenklich stimmt auch, wenn die Bedeutung der Präventionsarbeit bei der Eröffnung von medienträchtigen überregionalen Kongressen betont wird, im gleichen Atemzug aber in Frage gestellt wird, ob Prävention wirklich von den Chefs als Chefsache gesehen wird. Solange bei Politikern die Auffassung verhaftet ist, Prävention werde ausschließlich in den Revieren vor Ort wahrgenommen und der Dienststellenleiter erscheine nur für ein Foto beim Projektstart vor Ort, ist keine wirkliche Unterstützung der Verantwortlichen vor Ort zu erwarten.

Solche Sichtweisen legen die Vermutung nahe, dass der **Begriff Prävention nicht oder nur sehr rudimentär definiert** wird. Für uns umfasst er mehr als das Zeigen von Präsenz und Fahndungsaktionen nach Wohnungseinbrechern. Er umfasst mehr als das Aushändigen von Faltblättern durch die Bereitschaftspolizei bei einer Häufung von bestimmten Straftaten oder eine Fachberatung durch unsere Beratungsstelle. Diese Maßnahmen sind wichtig und unverzichtbar zur **Vermeidung von Tatgelegenheiten**. Aber sie sind eben nur ein Zahnrad im komplexen Uhrwerk der Prävention, ein Element der Sekundärprävention. Völlig außer Acht bleibt die **Primärprävention**, die gerade bei jungen Menschen in der Adoleszenzphase früh ansetzt, um Täterschaften von vorn herein zu verbinden. Hier kann die Polizei allein nichts erreichen, aber umgekehrt sind auch Eltern, Schulen, Erzieher, Sozialarbeiter und Drogenberater ohne Polizei auf sich allein gestellt.

Mit Blick auf die aktuellen Herausforderungen bei der Gewalt- und Jugendkriminalität ist ein weiter Präventionsbegriff ebenso gefragt wie kriminalpräventive Projekte, die **ursachenorientiert** und **vernetzt** ansetzen. Dabei sind zunächst weniger die individuellen Prädispositionen oder Lebensbedingungen Einzelner von zentraler Bedeutung, sondern vorrangiges Ziel muss es sein, zu einer Trendumkehr hin zu weniger Gewalt in unserer Gesellschaft zu kommen. Da Gewalt- und Jugendkriminalität vielfache Ursachen haben, sind letztlich alle gesellschaftlichen Kräfte und breit gefächerte Strategien gefordert.

Reiner Greulich

Netzwerk Rhein-Neckar / Heidelberg
Chancen genutzt und auf Dauer angelegt - Teil 2

Präventionsvereine als Partner im Netzwerk

Prävention wirkt. Ich denke, wenn Sie davon nicht überzeugt wären, wären Sie kaum hier beim Deutschen Präventionstag Aber Prävention kann ihre Wirkung nur entfalten, wenn sie in ein Netzwerk vor Ort eingebunden ist.

Als Netzwerk bezeichnet man gemeinhin eine Struktur, die gekennzeichnet ist von Knotenpunkten, die miteinander verbunden sind. Dabei können verschiedene Maschen enger geknüpft sein als andere und es gibt auch lose Beziehungen, die sich mit einem Netz verbinden.

Unsere bisherigen Erfahrungen haben deutlich und wissenschaftlich untermauert aufgezeigt, dass das präventive Netzwerk in der Region Rhein-Neckar/Heidelberg seine Ziele erreicht. Die Kriminalitätsbelastung geht zurück und die Furcht vor Kriminalität hat sich in den letzten 12 Jahren im Vergleich zu anderen Regionen deutlich reduziert. Prof. Dr. Hermann von der Universität Heidelberg führt dies in seinen Untersuchungen unter anderem auch auf die gute Vernetzung von Polizei, Kommunen, Zivilgesellschaft und Wissenschaft zurück.

Bitte begleiten Sie mich nun von München in die schöne Kurpfalz, die Stadt Heidelberg und den Rhein-Neckar-Kreis, wo ich ihnen gerne unsere Strukturen etwas näher bringen möchte. Dabei möchte ich vor allen Dingen eingehen auf die Arbeit und die Möglichkeiten von Fördervereinen in der Prävention. Ich selbst bin neben meiner Tätigkeit als Polizeibeamter Geschäftsführer des Vereins Sicheres Heidelberg e.V.

Die Polizeidirektion Heidelberg ist in der glücklichen Lage, in ihrem Dienstbezirk nicht nur einen, sondern zwei Präventionsvereine zu haben, Sicheres Heidelberg und Prävention Rhein-Neckar. Dazu kommt, dass die Geschäftsstellen dieser beiden Vereine von den Polizeibeamten geführt werden, die auch die Verantwortung für die polizeiliche Prävention tragen. Das müssen sie sich jetzt ganz konkret so vorstellen, dass das Dienstzimmer in der Polizeidirektion gleichzeitig zwei Geschäftsstellen beherbergt.

An diesem Punkt befinden wir uns bereits mitten im Netzwerk Prävention in unserer Region, nicht nur örtlich, sondern auch in den handelnden Personen. Die Polizei ist nach wie vor der Motor in der Präventionsarbeit. Sie weiß am ehesten, wie Kriminalität entsteht, wo sie passiert, wie sich Täterstrukturen zusammensetzen und vor allem, wie sich Opfer von Straftaten fühlen. Die Polizei kann vieles tun, aber nicht alles. Es ist ein Irrglaube, die Polizei als Reparaturbetrieb unserer Gesellschaft anzusehen. Um

Straftaten und Opferwerdung zu vermeiden, müssen viele Kräfte an einem Strang ziehen. In unserem Büro in der Polizeidirektion haben wir nun schon mal drei dieser Kräfte gebündelt zusammen. Für uns ein Riesenvorteil, den es zu nutzen gilt.

Lassen Sie uns kurz die Zeit um 15 Jahre zurückdrehen. Nach verschiedenen Pilotprojekten wurde 1997 in Baden-Württemberg das Instrument der Kommunalen Kriminalprävention flächendeckend zur Umsetzung empfohlen. Schon damals wurde von der Landesregierung angeregt, zur Unterstützung der Arbeit vor Ort Fördervereine zu installieren.

So wurden 1998 der Verein Prävention Rhein-Neckar als einer der ersten Präventionsvereine in Baden-Württemberg und 1999 der Verein Sicheres Heidelberg gegründet. Beide Vereine sind als gemeinnützig anerkannt und haben es sich zur Aufgabe gemacht, über konkrete Projektarbeit vor Ort Ursachen von Kriminalität zu reduzieren, Kriminalitätsängste abzubauen und damit die Sicherheit der Bürgerinnen und Bürger zu gewährleisten.

Inhaltlich findet sich diese etwas sperrige Formulierung in den Vereinssatzungen und sie bedeutete in der Anfangsphase, dass über die Fördervereine Geldmittel zur Verfügung gestellt werden konnten, wenn eine finanzielle Projektförderung durch das Land, die Kommune oder die Polizei aufgrund fehlender Mittel scheiterte. Wenn also das Jugendhaus im Stadtteil am Freitagabend ein Mitternachtsfußballturnier unter dem Motto „My Way – Fair Play“ veranstaltete, war einer der Präventionsvereine als Partner mit dabei (auch vor Ort, um sich in der Öffentlichkeit bekannt zu machen) und übernahm beispielsweise die Kosten für die Urkunden und die Pokale.

Natürlich wird solchen Anfragen nach wie vor zugestimmt, wenn es an kleinen finanziellen Zuwendungen fehlt, denn es sind gerade oft die unscheinbaren Projekte vor Ort, im Quartier und im Stadtteil, die hervorragende Präventionsarbeit machen, denen es aber oftmals an kleinen Beträgen fehlt. Hier unterstützen wir gerne.

Mittlerweile hat sich dieses Bild aber entscheidend gewandelt. Vom kurzzeitigen anfänglichen „Geldgeber“ sind die Präventionsvereine sehr schnell in die Rolle von Projektträgern und Zentralstellen im präventiven Netzwerk Rhein-Neckar / Heidelberg aufgerückt, in dem sie Kontakte herstellen, halten und vermitteln, gesellschaftliche Problemlagen erkennen und aufgreifen (Stichworte Neue Medien und Zivilcourage), Multiplikatoren aus- und weiterbilden und gemeinsame Kampagnen starten. Ich komme darauf später noch zurück, wenn ich Ihnen ein paar Beispiele hierzu nenne.

Im Netzwerk Rhein-Neckar/Heidelberg finden sich neben den Kommunen und der Polizeidirektion viele Behörden, die Universität und Hochschulen, Vereine, Verbände, der Einzelhandel, öffentliche Einrichtungen, Träger von Jugend- und Sozialarbeit, Kirchengemeinden und nicht zu vergessen: freie Wirtschaftsunternehmen.

Sie alle gilt es anzusprechen, um die Themen in der kommunalen Kriminalprävention zu transportieren. Dabei spielen neben den (oftmals etwas behäbigen) „offiziellen Dienstwegen“ auch andere, direkte Zugänge eine entscheidende Rolle.

So hat die Prävention der Polizeidirektion Heidelberg in den letzten Jahren einen speziellen Mailverteiler aufgebaut, dem heute ca. 1200 Adressen angehören. Von diesen Empfängern wissen wir, dass sie 1. an Prävention interessiert sind und 2. wiederum als Multiplikatoren dienen. Wir können also davon ausgehen, dass neue Projektangebote und Initiativen sehr schnell und vor allem direkt bei unseren „Endabnehmern“ landen.

Als polizeiliche Prävention bedeutet das für uns: Wir können uns nicht beschweren. Unsere Konzepte sind nachgefragt, unsere Multiplikatorenschulungen sind ausgebucht und unsere Tagungen sind stets bis zum letzten Platz gefüllt. Sie können sich sicher vorstellen, dass uns dieser Umstand auch mit einer gewissen Zufriedenheit erfüllt.

Darüber hinaus haben wir über die beiden Präventionsvereine noch weitere Zugänge zum Netzwerk.

Präventionsvereine: Aufbau und Struktur

Kriminalprävention ist Chefsache und Bürgermeisterpflicht! Dieser Grundsatz ist zu beachten, denn nur dann kann sichergestellt werden, dass kriminalpräventive Projekte von den Beteiligten vor Ort auch umgesetzt werden. Die beiden Präventionsvereine gehen hier mit gutem Beispiel voran, denn in den Vorständen sind jeweils der Oberbürgermeister, der Landrat, der Leiter der Polizeidirektion sowie namhafte Vertreter der Wirtschaft als Vorsitzende vertreten. Sie werden bei der Vorstandsarbeit unterstützt von Vertreten aus Wissenschaft, Schule, den örtlichen Sparkassen und einer bekannten Seniorenfortbildungseinrichtung der Region.

Weiterhin ist es gelungen, das bürgerschaftliche Engagement in der Region für die kommunale Kriminalprävention zu gewinnen. Prävention Rhein-Neckar und Sicheres Heidelberg gehören mittlerweile zusammen fast 600 Vereinsmitglieder an, darunter Einrichtungen aus allen gesellschaftlichen Bereichen, viele Bürgerinnen und Bürger, aber auch lokale Wirtschaftsbetriebe vom Handwerksmeister bis zum Global Player. Insgesamt gesehen also ein sehr tragfähiges Grundgerüst.

Im Verein Prävention Rhein-Neckar sind zudem alle 54 Kommunen des Rhein-Neckar-Kreises Mitglied, vertreten jeweils durch die Oberbürgermeister und Bürgermeister. Dieser Umstand ist besonders beachtenswert. Er liefert einen weiteren, unkomplizierten und unbürokratischen Zugang zu kommunalpolitischen Entscheidungsträgern vor Ort.

Die Angebote der Präventionsvereine werden über die Mitgliederinformationen weitergesteuert und den Kommunen auf diese Art direkt zugänglich gemacht.

So stellen wir sicher, dass alle Informationswege bedient sind, angefangen von offiziellen Verlautbarungen z. B. über die Schulämter, über die zielgruppengesteuerte Information per Mailverteiler und die direkte Information der Vereinsmitglieder.

Während beim Verein Prävention Rhein-Neckar alle Kommunen als Mitglied vertreten sind, wurde beim Verein Sicheres Heidelberg darauf Wert gelegt, örtliche Wirtschaftsunternehmen zu beteiligen. Sicherheit ist nicht zuletzt ein maßgeblicher Standortfaktor und somit auch Grundlage für die Niederlassung von Unternehmen, das Wohlbefinden ihrer Mitarbeiter und deren Familien.

Ich denke, was die Präventionsvereine auszeichnet, ist eine verlässliche Struktur und die Tatsache, stets einen festen und dauerhaften Ansprechpartner zu haben. Deshalb hat sich auch die Anbindung der Geschäftsstellen an die polizeiliche Prävention meines Erachtens bereits mehr als ausgezeichnet. Dafür müssen natürlich die Voraussetzungen gegeben sein, d. h. vor allem auch die Unterstützung von Seiten der Polizeiführung und die organisatorischen Rahmenbedingungen, wie z. B. die Büroausstattung der Geschäftsstelle.

Die Arbeit der Präventionsvereine im Netzwerk beschränkt sich nicht nur darauf, auf spezielle Problemlagen zu reagieren. Durch eine Nachhaltigkeit im geförderten Projektangebot stellen sie auf gewisse Weise eine kriminalpräventive Grundversorgung der Städte und Kommunen sicher, auf die jederzeit zurückgegriffen werden kann. Ich denke hier beispielsweise an Fördermaßnahmen im Bereich der Grundschule (Marionettentheater als Medium zu den Themen Gewalt, Diebstahl, Toleranz und Fremdenfeindlichkeit), der weiterführenden Schule (Kino-Seminare als Baustein in der Förderung der Medienkompetenz und aktuell: Schul- und Elternveranstaltungen zu den Themen Neue Medien und soziale Netzwerke), aber auch in der Multiplikatorenfortbildung (Tagungen und Workshops).

Beispielhafte Projekte / Initiativen

Ich denke, Sie haben nun einen Einblick bekommen in den Aufbau und die Struktur der Präventionsvereine und ihrer Funktion im Netzwerk Rhein-Neckar / Heidelberg.

Lassen Sie mich deshalb von der Theorie etwas mehr in die Praxis überleiten. Ich möchte Ihnen gerne zwei Maßnahmen vorstellen, die auf Dauer angelegt sind und die das Netzwerk unseres Einzugsbereichs gut repräsentieren.

Zunächst möchte ich Ihnen berichten von der jährlichen Fachtagung der Polizeidirektion Heidelberg. Die Tagung steht unter dem Überbegriff „Chancen und Möglichkeiten in der Prävention“ und hat eine Zielrichtung, nämlich die Akteure der Prävention zusammen zu bringen und sie fundiert und sachgerecht zu informieren zu Themen, die aktuell gesellschaftspolitisch im Fokus stehen.

Die Polizeidirektion Heidelberg organisiert diese Tagung seit dem Jahr 2001. Als Kooperationspartner fungieren seit Anfang an die Vereine Prävention Rhein-Neckar und Sicheres Heidelberg und darüber hinaus namhafte Einrichtungen wie die Landeszentrale für politische Bildung, die Aktion Jugendschutz, Wir schützen Dich e.V. und seit 2011 auch das Deutsch-Europäische Forum zur urbanen Sicherheit DEFUS.

Nicht vergessen möchte ich auch andere, örtliche Partner, die die Durchführung der Tagung unterstützen, sich dort aber auch im Gegenzug präsentieren können, wie die Rhein-Neckar-Zeitung, die Sparkasse, das Berufsbildungswerk, eine Bücherstube, das Medienzentrum Heidelberg und sogar ein zahntechnisches Labor, dem die Förderung der Kriminalprävention am Herzen liegt.

Die Themenfelder der Jahrestagung sind breit gefächert und reichen vom Islamismus über Rechtsextremismus, vom Kinderschutz über den demografischen Wandel in der Bevölkerung bis hin zu Fragen, welchen Werten die heutige Jugend nachstrebt und welche Ressourcen es braucht, um Prävention zukünftig erfolgreich zu betreiben.

Die Tagung ist ein Meilenstein in unserem Jahreskalender. Sie kann dank der finanziellen Unterstützung des Netzwerks für die Teilnehmerinnen und Teilnehmer kostenfrei angeboten werden und ist regelmäßig bis auf den letzten Platz ausgebucht. Sie wird genutzt von vielen Lehrkräften (und wird hier auch als offizielle Lehrer-Fortbildung über die Schulämter beworben), Beschäftigten in der Jugend- und Sozialarbeit, kommunalpolitischen Verantwortungsträgern, Behördenleitungen, Vertretern der Wissenschaft und der Polizei. Sie bietet eine hervorragende Plattform für eine aktuelle Wissensvermittlung und den gegenseitigen Austausch in der Diskussion. Nicht zuletzt deshalb ist sie mittlerweile weit über unsere Region hinaus bekannt. Am Rande sei erwähnt, dass zum 10-jährigen Jubiläum im Jahr 2010 der weltweit renommierte Gewaltpräventionsforscher Dan Olweus eigens aus Norwegen zu unserer Tagung anreiste.

Was ich damit sagen möchte ist natürlich, dass sich ein derartiger, ständig wiederkehrender Informationsaustausch auf lokaler Ebene richtig gut bezahlt macht, aber da erzähle ich Ihnen sicher nichts Neues.

Viel bemerkenswerter ist der Umstand, dass es über Netzwerkarbeit gelingt, solche Veranstaltungen über Jahre hinweg und mit gleichbleibend hohem Standard aufrecht zu erhalten. Dies ist ein Verdienst der Partner, die neben einem Mehrwert der Außendarstellung auch einen Sinn darin sehen, durch Beteiligung an dieser Veranstaltung ihrer gesamtgesellschaftlichen Verantwortung gerecht zu werden.

Als zweites möchte ich Ihnen gerne unsere Kampagne zur Förderung der Zivilcourage vorstellen. Beide Präventionsvereine legen hierauf ein besonderes Augenmerk. Die Kampagne besteht mittlerweile aus vier Bestandteilen, die ich Ihnen kurz erläutern werde.

Seit mittlerweile über vier Jahren fördern wir mit der Initiative „beistehen statt rumstehen“ die Anerkennungskultur in unserer Region. Unter dem gemeinsamen Motto werden im Rhein-Neckar-Kreis, in Heidelberg und in Mannheim Personen ausgezeichnet, die sich über das normale Maß hinaus couragiert für Menschen in einer Notlage eingesetzt haben. Das kann die schnelle Hilfe bei einem Unglücksfall genauso sein wie das Einschreiten bei einer Straftat. Die Helferinnen und Helfer erhalten eine Anerkennung von Kommune, Präventionsverein und Polizei. Durch die Veröffentlichungen in der Tagespresse wird die Kultur des Hinschauens und Helfens positiv verstärkt und das Sicherheitsempfinden der Bevölkerung erhöht. Die Initiative lehnt sich an die bundesweite „Aktion tu was!“ an und multipliziert hierdurch die sechs goldenen Regeln zur Förderung der Zivilcourage.

In diesem Zusammenhang sind wir auch im öffentlichen Nahverkehr sichtbar präsent. Seit 2010 bewerben wir die „Aktion Tu was!“ mit einem Bus und in allen Zügen und S-Bahnen der Region. Unsere Partner dabei sind die örtlichen Verkehrsbetriebe und die Deutsche Bahn, die uns die Werbeflächen kostenfrei zur Verfügung stellen.

Mit dem dritten Baustein der Kampagne wenden wir uns an Schülerinnen und Schüler der Sekundarstufe 1, also ab Klassenstufe 6. „Cool. Sicher. Selbstbestimmt“ heißt das Programm, das den Schulklassen in eintägigen Veranstaltungen Handlungskompetenzen in Gewaltsituationen vermittelt. Auf der Grundlage des in Frankfurt/Main entwickelten Trainings „cool sein – cool bleiben“ erlernen die Kinder, wie sie Handlungssicherheit und Selbstvertrauen für den Umgang mit Konfliktsituationen erlangen und sie erarbeiten sich aus der Helferperspektive, was sie tun können, wenn sie eine Tat beobachten.

Das Trainerteam besteht aus einer systemischen Beraterin und einem Coolnesstrainer. Das Projekt ist eine Kooperation der beiden Präventionsvereine Rhein-Neckar und Heidelberg und der Polizeidirektion. Partner sind die Schulen und die Kommunen der Region.

Last but not least: was zur Vervollständigung noch fehlte war ein Projekt zu Förderung der Zivilcourage für Erwachsene, also der vierte Baustein der Kampagne. Gemeinsam mit einer Theaterpädagogin haben wir den Kurs „Schnell weg – zwischen Panik und Gewissen“ aufgelegt. Hier geht es um theoretische Wissensvermittlung anhand der sechs Regeln der „Aktion Tu was!“, allerdings verbunden mit situativen Trainingseinheiten, in denen auf ein lösungsorientiertes Verhalten im Ernstfall hingearbeitet wird. Die Teilnehmerinnen und Teilnehmer erhalten auf diese Art und Weise mehr Klarheit und Sicherheit in ihrem Verhalten als Beobachter einer Straftat oder als Helfer in Gewaltsituationen. Sie erweitern ihr Handlungsrepertoire und können die eingeübten Verhaltensweisen bei Bedarf wieder abrufen.

Auch hier sind die Projektträger die beiden Präventionsvereine in Kooperation mit der Polizeidirektion Heidelberg. Partner sind die Städte und Gemeinden, so wie die Volkshochschulen, bei denen die Kurse in das Programm aufgenommen werden.

Wissenschaftliche Begleitung

Als Grundsatz der Arbeit der Präventionsvereine gilt: Keine nachhaltig angelegte Kampagne ohne wissenschaftliche Begleitung.

Natürlich ist man selbst stets von seinen eigenen Projekten überzeugt. Es wäre jedoch fatal, im bestehenden Netzwerk die Verknüpfungen zur Wissenschaft nicht zu nutzen, insbesondere wenn man sie vor Ort hat und bereits eine jahrelange gute Zusammenarbeit pflegt.

So versuchen wir, möglichst ressourcenschonend die Wirksamkeit unserer Initiativen und Kampagnen zu messen. Dabei greifen wir vor allem auf unsere Kontakte zu Erziehungswissenschaftlern und zur Universität Heidelberg zurück, insbesondere zu den Instituten für Kriminologie und Soziologie.

Wir sind in der Lage, zu einer ganzen Reihe von Maßnahmen wissenschaftliche Begleituntersuchungen vorzulegen, die uns deren Effektivität bestätigen, die uns aber auch mitteilen, an welchen Stellschrauben noch Veränderungen vorgenommen werden müssen.

Die Bandbreite reicht hierbei von Gewaltpräventionsmaßnahmen im Kindes- und Jugendalter über Opferschutzprojekte bis hin zu Masterarbeiten im Bereich der Seniorensicherheit.

Dabei nutzen wir auch gerne die Möglichkeiten, Studentinnen und Studenten der Kriminologie oder Soziologie im Rahmen ihres Praktikums bei uns unterzubringen und sie mit konkreten Auswertungsaufträgen zu betrauen oder auch Studierende der Hochschule für Polizei im Rahmen ihrer Forschungsarbeiten ein Präventionsprojekt untersuchen zu lassen.

Erste Erfahrungen in der wissenschaftlichen Begleitforschung sammelten wir bereits in den Jahren 1998/1999, als wir ein ganzjähriges Pilotprojekt mit einer 8. Klasse einer Hauptschule durchführten. Die „Gewaltfreie Klasse als Konfliktschlichter“ wurde während des Projektzeitraums von der Erziehungswissenschaftlerin Dr. Ulrike Hoge untersucht mit dem Ziel festzustellen, ob sich die Wertehaltungen und das Verhalten der Schülerinnen und Schüler veränderten. Projektbausteine waren unter anderem ein Aktionstag bei der Polizei, eine Gerichtsverhandlung, ein Besuch der Rechtsmedizin, Streitschlichtung, ein Erste-Hilfe-Kurs, Sicherheit im Straßenverkehr und Erlebnispädagogik im Klettergarten. Die Ergebnisse waren überaus positiv, nicht nur bei den Schülerinnen und Schülern, sondern auch im Lehrerkollegium. Für unsere polizeiliche Präventionsarbeit nutzen wir die Erkenntnisse mit der Entwicklung eines Curriculums zur Umsetzung von „Herausforderung Gewalt", so dass die Jugendsachbearbeiter auf ein wesentlich breiteres Spektrum an wirksamen Bausteinen zurückgreifen konnten. Dieser Lehrplan hat bis heute Gültigkeit.

Finanzierung

Professionelle Präventionsarbeit gibt es nicht zum Nulltarif. Sie alle wissen, dass eigene Mittel der Kommunen oftmals nicht ausreichen, um erfolgversprechende Projektideen umzusetzen.

Schon alleine deshalb ist die Gründung von Präventionsvereinen überaus hilfreich, denn mit Ihnen kommt Bürger- und Unternehmensbeteiligung mit ins Netzwerk.

Hier schließen die Präventionsvereine eine wichtige Lücke, nicht zuletzt dadurch, dass sie eingeständig Projektträgerschaften übernehmen und hierbei auf die Suche nach Partnern gehen.

Ihre Anerkennung der Gemeinnützigkeit spielt dabei eine große Rolle. Bürger und Unternehmen, die sich beteiligen bekommen das direkte Feedback, etwas Gutes für die Gesellschaft zu tun und ein Stück weit Verantwortung dafür zu übernehmen, dass wir alle an einem sicheren Zusammenleben interessiert sind.

Sicheres Heidelberg e.V. finanziert sich übrigens ausschließlich aus Spenden und projektbezogenen Bußgeldzuweisungen.

Prävention Rhein-Neckar e.V. geht hier den Weg über einen Mitgliedsbeitrag für Kommunen, der bei 1 Cent pro Einwohner und Jahr liegt. Der Cent wird jedoch durch den Mehrwert der präventiven Angebote leicht wieder eingespielt, so die Meinung der Oberbürgermeister und Bürgermeister der Region.

Fazit

Der Aufbau eines präventiven Netzwerks auf kommunaler Ebene erfordert Engagement, dauerhafte Verlässlichkeit und Vertrauen in die Partner. Die Berücksichtigung wissenschaftlicher Erkenntnisse in der Projektumsetzung ist eine Grundsäule nachhaltiger Präventionsarbeit.

Und schließlich: In einem funktionierenden Netzwerk multipliziert sich die Wirkung von Prävention, wenn ihre Chancen genutzt werden und sie auf Dauer angelegt ist!

In diesem Sinne wünsche ich Ihnen noch einen gewinnbringenden Aufenthalt beim Deutschen Präventionstag und bedanke mich für Ihre Aufmerksamkeit.

Rainer Cohrs

Sicher in Bus und Bahn – Präventionsarbeit bei der Münchner Verkehrsgesellschaft

Präsentationsinhalt

1. Die MVG und ihr Sicherheitskonzept
2. Präventionsmaßnahmen
3. Die Sicht der Kunden
4. Fazit

1. Die MVG und ihr Sicherheitskonzept

Mit weit über 500 Millionen Fahrgästen (bei steigender Tendenz) ist die MVG das zweitgrößte kommunale Verkehrsunternehmen in Deutschland. Allein die U-Bahn befördert auf ihrem fast 100 km langen Netz durchschnittlich rund eine Million Fahrgäste pro Tag.

Die Zahl der Gewalttaten in der U-Bahn liegt dabei seit Jahren auf vergleichsweise niedrigem Niveau und ist tendenziell - entgegen manch spektakulärer Berichterstattung – sogar rückläufig.

Gleichwohl sieht die MVG keinen Grund, sich in punkto Sicherheit zurückzulehnen und entwickelt ihr Sicherheitskonzept - unabhängig von tagesaktuellen Ereignissen - kontinuierlich weiter. Jedes Jahr investiert die MVG einen zweistelligen Millionenbetrag in die Sicherheit von Kunden, Mitarbeitern, Fahrzeugen und Anlagen.

Entsprechend dem hohen Sicherheitsniveau fühlt sich die große Mehrheit der Fahrgäste in den MVG-Verkehrsmitteln sicher. Es gibt aber immer wieder Situationen, die zu Unsicherheit führen können, verursacht u.a. durch Enge, Regelverletzungen durch Mitfahrgäste, Alkoholkonsum, Vandalismusschäden etc. Die Wirkung von eigenen Erfahrungen wird dabei oft von Videobildern in Fernsehen und Internet verstärkt.

Fahrgäste, die mit verunsichernden Situationen konfrontiert werden, wissen dabei oft nicht, wie sie reagieren sollen und welche Hilfsmittel Ihnen zur Verfügung stehen.

2. Präventionsmaßnahmen

Präventionsmaßnahmen sind ein wesentliches Element des MVG-Sicherheitskonzepts. Ziel ist dabei die

Verhinderung von

- Angst / Unsicherheit
- Übergriffen / Belästigungen / unsozialem Verhalten

- Sachbeschädigungen / Verschmutzungen
- Kontrollverlust

durch
Sicherstellung von

- gutem Sicherheitsempfinden der Fahrgäste
- schnelle Hilfe in kritischen Situationen
- Handlungssicherheit (Fahrgäste und Mitarbeiter)

Die wichtigsten Präventionsmaßnahmen können wie folgt den Präventionszielen zugeordnet werden:

Sicherheits-empfinden	**Hilfe**	**Handlungs-sicherheit**
U-Bahnwache		Schulprojekt
Design und Erscheinungsbild	Notfall-/Nothilfe-einrichtungen	Info-Veranstaltungen
Alkohol-konsumverbot	Ausbau Mobilfunknetz	Mitarbeiter-schulung

U-Bahnwache: Im gesamten U-Bahnnetz ist - neben der staatlichen Polizei, und auch in gemeinsamen Streifen - rund um die Uhr die „eigene" U-Bahnwache präsent. Die Zahl der Einsatzstunden der U-Bahnwache wurde seit 2006 um rund 30% erhöht, aktuell sind rund 130 Sicherheitsfachkräfte im Einsatz. Eine qualifizierte 4-monatige Grundausbildung sowie laufende Fortbildungen sorgen für einen hohen Qualitätsstandard der Mitarbeiter.

Design und Erscheinungsbild: Sauberkeit und Helligkeit sind eine wesentliche Basis für (subjektive) Sicherheit. Bahnhofsmodernisierungen, wie jüngst an der Münchner Freiheit (und künftig am Marienplatz und am Hauptbahnhof), bei denen besonders viel Wert auf Transparenz, Ausleuchtung und Farbgestaltung gelegt wird, sind vor diesem Hintergrund wegweisend. Durchgängig begehbare Züge ohne abgetrennte Abteile oder Wagen sorgen auch während der Fahrt für ein angenehmes und freundliches Ambiente.

Alkoholkonsumverbot: Rund 85% der Fahrgäste befürworten das Alkoholkonsumverbot, das im Jahre 2009 eingeführt wurde. Ziel ist dabei ausdrücklich keine 0-Promille-Grenze in Bussen und Bahnen, sondern der Appell an einen zivilisierten Umgang untereinander. Entsprechend wird das Verbot konsequent, aber auch mit Augenmass durchgesetzt.

Notruf-/Nothilfeeinrichtungen: Die Bahnhöfe und Fahrzeuge der U-Bahn sind flächendeckend mit Notruf- und Nothilfeeinrichtungen ausgestattet. In den U-Bahnstationen bündelt eine neue Notfallsäule mit Direktkontakt zum MVG-Betriebszentrum seit September 2009 sämtliche Sicherheitseinrichtungen vom Notruf bis zum Nothalt und verbessert damit deren Präsenz und Auffindbarkeit. Sie wird in den kommenden Jahren Zug um Zug auf allen U-Bahnsteigen und in allen Sperrengeschossen aufgestellt und löst damit die bisher verteilt vorhandenen „Einzelkomponenten" ab. In den U-Bahnzügen finden sich jeweils 18 Notrufsprechstellen je Zug mit Direktkontakt zum Fahrer. Seit 2011 ist zudem im gesamten U-Bahnnetz der Handyempfang über verschiedene Anbieter möglich und zahlreiche Bahnhöfe sind mit Defibrillatoren ausgerüstet.

Schulprojekte und Infoveranstaltungen: Die MVG bietet in Zusammenarbeit mit vielen Münchner Schulen und Kindergärten einen ganz besonderen Unterricht an. Die Schulprojekte U-Bahn und Bus vermitteln den Kindern viel Wissen und Erleben rund um das richtige Verhalten im öffentlichen Nahverkehr. Verkehrsmeister und Fahrer der MVG, unterstützt von Mitarbeitern der U-Bahnwache zeigen, worauf es bei der selbstständigen und sicheren Nutzung von U-Bahn, Bus und Tram ankommt. Darüber hinaus nimmt die MVG mit Infoständen und Bahnhofsführungen regelmäßig an Präventionsveranstaltungen der Polizei teil, z.B. dem Couragetag oder der Nacht der Prävention.

Mitarbeiterschulung: Die Mitarbeiter der MVG nehmen im Rahmen von Aus- und Fortbildung an Deeskalations- und Konfliktmanagement-Trainings teil. Die MVG erprobt dabei auch den Einsatz neuer Schulungsmethoden, z.B. computerbasierte, interaktive Simulationen, mit deren Hilfe komplexere Situationen nachgestellt werden können.

3. Die Sicht der Kunden

Verschiedene Erhebungen haben gezeigt, dass sich die Fahrgäste in der U-Bahn und den anderen Verkehrsmitteln grundsätzlich sicher fühlen und die von der MVG ergriffenen Sicherheitsmaßnahmen auch wahrnehmen.

In punkto Prävention wünschen sich die Kunden dabei vor allem die Anwesenheit von Sicherheitspersonal, aber auch Videoüberwachung und Notfalleinrichtungen werden häufig genannt.

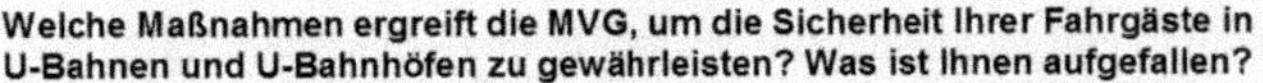

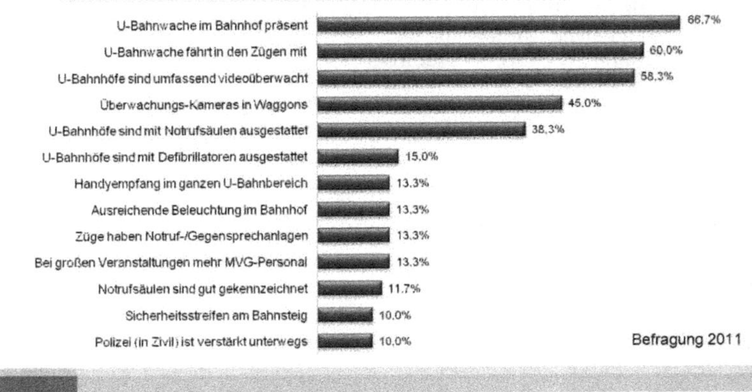

4. Fazit

Zusammenfassend ist festzuhalten:

1. Prävention ist ein wesentlicher Teil des Sicherheitskonzepts der MVG
2. Prävention ist die Summe vieler Einzelmaßnahmen
3. Erfolgreiche Präventionsarbeit im ÖPNV braucht
   a. Vernetzung (im Unternehmen, mit Sicherheitsbehörden),
   b. Konsequenz und Ausdauer
   c. Ausreichende Ressourcen

Gunnar Cronberger / Guido Jabusch

Schritt für Schritt

ÖPNV–Nutzung durch Menschen mit geistiger Behinderung

Erwachsene mit geistiger Behinderung erlernen die gefahrlose Nutzung des Öffentlichen Personennahverkehrs (ÖPNV)

Ein Projekt der Ordnungspartnerschaft aus Polizei Bochum, Bochum-Gelsenkirchener Straßenbahnen AG (BOGESTRA), Diakonie Ruhr als Träger der Behindertenwerkstatt Constantin, Verkehrswacht Bochum und Stadt Bochum.

Bei den Mitarbeitern der Werkstatt Constantin handelt es sich um Menschen mit einer geistigen und teilweise auch körperlichen Behinderung.

Gerade für Menschen mit Handicap ist die Nutzung des ÖPNV oft die einzige Möglichkeit, eigenständig am Berufsleben teilzunehmen und sinnvoll ihre Freizeit zu nutzen.

Leider kommt es häufig aufgrund von fehlendem Gefahrenbewusstsein und teilweise nicht angepasstem Verhalten zu unangenehmen und auch gefährlichen Situationen für und durch diese Verkehrsteilnehmer. Diese Negativerlebnisse können dazu führen, dass sie ihre mühsam erarbeitete Mobilität wieder aufgeben und dadurch ein großes Stück Lebensqualität verlieren.

Aufgrund einiger teilweise schwerwiegender Vorfälle und Unfälle kam es in Bochum zu der Ordnungspartnerschaft „Schritt für Schritt".

Netzwerkpartnerschaften haben in Bochum schon eine lange und positive Tradition. So ist es nicht verwunderlich, dass aufgrund von diversen Wegeunfällen, Meldungen von Fahrpersonalen, Beschwerden von anderen Fahrgästen etc. auch hier wieder der Weg einer Partnerschaft eingeschlagen wurde.

Aufgrund der bisherigen guten und fruchtbaren Zusammenarbeit kennen sich die Partner, gibt es kurze Wege und ist das notwendige Vertrauen vorhanden. So war es auch leicht, die Diakonie als neuen Partner zu integrieren.

Im Jahr 2010 kam es zu einer ersten Zusammenkunft der Partner. Schon bei diesem ersten Treffen wurde der Grundstein zu einer Ordnungspartnerschaft gelegt und das Programm „8 Schritte – ein Weg zu mehr Mobilität" entwickelt.

Der Begriff Schritte wurde sehr bewusst gewählt. Zum einen symbolisiert er Mobilität, zum anderen aber auch die Notwendigkeit, dass jeder Schritt exakt auf den anderen folgen muss. Sprünge würden die Zielgruppe aus dem Tritt bringen und den Ablauf nicht beschleunigen, sondern eher behindern und verunsichern.

Des Weiteren wurde festgelegt, mit welchen Teilnehmern die Trainings durchgeführt werden sollen.

Sie müssen ÖPNV-Nutzer (trifft auf mehr als die Hälfte der Constantin-Mitarbeiter zu) sein und unbedingt freiwillig am Training teilnehmen. Sie sollten möglichst verteilt in den Werkstätten arbeiten, um hiermit eine breite Information und Akzeptanz bei den übrigen Mitarbeitern zu erreichen.

Bei den ersten Gruppen nahmen alle Partner (außer der Stadt, die nur bei baulichen Fragen beteiligt ist) an der Ausbildung teil, um den gesamten Ablauf kennen zu lernen; später nur noch die an der jeweiligen Einheit (Schritt) beteiligten Organisationen. Pädagogische Kräfte der Werkstatt mussten und müssen natürlich beratend und unterstützend an allen Terminen teilnehmen.

Die Ausbildung Schritt für Schritt

Kennenlernen (Warm-up)

Schritt 1

Teilnehmer: alle Partner

Das erste Treffen ist ungeheuer wichtig. Aufgrund der bisherigen Lebenserfahrung haben die Behinderten nicht immer ein grundsätzlich vertrauensvolles Verhältnis gegenüber Verwaltung, Verkehrsunternehmen oder auch Polizei. Es gilt zu vermitteln, dass es nicht um Kontrolle von Leistung oder Wissen der Teilnehmer geht, sondern darum, sich etwas gemeinsam zu erarbeiten.

Die Teilnehmer und die Netzwerkpartner stellen sich vor, es werden Abläufe und Inhalte erläutert und eventuelle Vorurteile und Vorbehalte, nicht nur der Behinderten, abgebaut. Weiterhin werden Spielregeln aufgestellt (wir lachen miteinander, aber nicht übereinander, wir sind pünktlich, wir sagen, wenn wir etwas nicht wollen…) und auch gemeinsam akzeptiert.

Die Ausbildung

Schritte 2-6

Teilnehmer: die jeweils beteiligten Ordnungspartner.

Während der Ausbildungsschritte erlernen und erarbeiten sich die Ausbildungsteilnehmer die einzelnen Mobilitätsschritte.

Hier unterscheidet sich die Arbeit mit Behinderten nur in wenigen Punkten von Schulungen anderer Zielgruppen. Auch hier muss immer wieder reflektiert werden, ob das Tempo, die Lernintensität, die Reihenfolge und die Art der Ansprache dem Leistungsniveau des Einzelnen und den Möglichkeiten der Gruppe entspricht.

Ein Unterschied ist jedoch die fehlende Möglichkeit der Teilnehmer, Gelerntes zu abstrahieren und dann auf ähnliche Situationen umzusetzen. Deshalb reicht es z. B. nicht, auf Gemeinsamkeiten und Unterschiede zwischen Sicherheitseinrichtungen in Bus und Bahn hinzuweisen. Es ist vielmehr notwendig, in beiden Fahrzeugen zu trainieren.

Die einzelnen Ausbildungsschritte beinhalten hauptsächlich die klassischen Bereiche.

So werden die Wege von/zur Haltestelle behandelt und die damit verbundenen Gefahrenpunkte beleuchtet und das Umgehen mit diesen erarbeitet.

Beim Bus- und Bahn-Training gehen wir auf das verkehrssichere Verhalten beim Ein- und Ausstieg ein, es wird die sinnvolle Platzwahl sowie der sichere Stand/Sitzplatz im Fahrzeug besprochen und eingeübt. Weiterhin bestimmen die Teilnehmer den „toten Winkel“ des Busses und machen diesen durch die „Toter-Winkel-Plane“ kenntlich. Sie nehmen selbst auf dem Fahrersitz Platz, um zu erleben, wie eingeschränkt die Fahrer bei der Sicht und der Wahrnehmung von Geräuschen sind.

Bei diesen einzelnen Schritten wird immer versucht, Mitmach- oder Erlebnissituationen zu erzeugen. Eine Notbremsung selbst im Bus zu erleben und z. B. zu sehen, wie weit die 1,40 m große Puppe, die in der letzten Bank gesessen hat, bei einer Bremsung durch den Bus geschleudert wird, bewirkt mehr gewünschte Verhaltensänderungen als stundenlange Vorträge.

Bei dem Schritt Hilfe zur Selbsthilfe wird deshalb auch in Rollenspielen eingeübt, wie man sich einer unangenehmen Situation entzieht, jemanden um Hilfe bittet, dem Fahrer zuruft, einen noch aussteigen zu lassen usw., usw. …

Hierbei ist es natürlich ungeheuer wichtig, auf Erlebnisse der Teilnehmer, wie aber auch auf ihre persönliche Problematik einzugehen. Deshalb ist es auch unbedingt notwendig, dass die Trainingseinheiten ausnahmslos von geschultem Personal der Einrichtung begleitet werden.

Neben dem – im Gegensatz zu den meisten Schulungen – oft höheren zeitlichen Aufwand kommen bei der Schritt für Schritt-Gruppe zwei weitere Trainingseinheiten hinzu. Zum einen führt der Partner Verkehrswacht auf Wunsch der Teilnehmer ein Training „Weg Wohnung zur Haltestelle“ durch. Hier werden nicht nur Abläufe überprüft, sondern es wird auch nach Alternativen und Vermeidungsmöglichkeiten gesucht. So gibt es zum Beispiel häufig Ängste in überfüllten Bahnen in den Morgenstunden. Hier werden andere Fahrzeiten oder auch die Nutzung von Bussen überprüft und nach Möglichkeit auch praktisch getestet.

Ein weiterer Zusatzschritt ist die Besichtigung der Sicherheitsleitstelle. Hierdurch soll gezeigt werden, dass dort Menschen sitzen, die einen Notruf sehr ernst nehmen und denen auch eine Reihe von Hilfsmöglichkeiten zur Verfügung steht.

Durch die Teilung der Gruppe bei dieser Übung sehen die Teilnehmer sowohl die Situation am Bahnsteig wie auch das Videobild in der Zentrale.

Es wäre ein großer Fehler, bei den Teilnehmern Ängste zu schüren, die auch absolut nicht notwendig sind. Besser ist es, ihnen zu zeigen, dass man mit wenigen „Tricks" unangenehme oder gefährliche Situationen häufig vermeiden oder umgehen kann.

Jede Einheit dauert ca. 120 – 180 Minuten. Sie beginnt immer in einem Raum. Dort wird, möglichst durch die Teilnehmer, die vorherige Einheit reflektiert und bei Bedarf nochmals auf strittige Punkte eingegangen. Dann gibt es einen Ausblick auf die nun folgende Einheit.

Auch zum Ende jeder Einheit gehen wir in den Raum und sprechen über die abgelaufene Einheit und die Teilnehmer werden über die Inhalte und den Ablauf der nächsten Einheit informiert.

Diese permanente Wiederholung erleichtert es den Behinderten, sich auf die Situationen einzustellen, und die Trainer haben so natürlich auch einen Überblick über die Lernerfolge.

Feedback

Schritt 7

Alle Teilnehmer

Hier treffen sich zuerst die Trainer und die Vertreter der Einrichtung, um die Maßnahme, den organisatorischen Ablauf, eventuelle Veränderungen der Teilnehmer zu besprechen. Danach findet die Auswertung mit den Teilnehmern statt. Es wird auf die Inhalte und die Art der Trainings eingegangen. Wichtig ist aber auch, wie sich die Teilnehmer persönlich bei der Ausbildung gefühlt haben und wie sie Menge und Tempo der Ausbildung empfunden haben.

Die bisherigen Auswertungen waren sehr positiv und sehr offen. Die Teilnehmer hatten keine Probleme, auf persönliche Befindlichkeiten einzugehen und sind sehr gut in der Lage, ihren Leistungsstand einzuschätzen.

Es ist sehr schön zu beobachten, welche positive Entwicklung viele der Teilnehmer während der Einheiten machen. Die Erkenntnis, nun in der Lage zu sein, Bus und Bahn weitaus entspannter zu nutzen als es in der Vergangenheit oft geschehen ist, führt zu mehr Selbstbewusstsein.

Das Wegtraining befähigt die Teilnehmer, Gefahren zu erkennen, zu vermeiden und darauf zu reagieren.

Dass das Erlernte häufig auch in anderen Lebenssituationen angewandt werden kann, ist ein sehr positiver Nebeneffekt.

ÖPNV-Rallye

Schritt 8

Alle Teilnehmer

Natürlich wollen und müssen wir den Erfolg unserer Maßnahme auch messen. Eine schriftliche Abschlussprüfung würde aber an den Fähigkeiten einer Reihe von Teilnehmern scheitern.

Um also den Lernerfolg zu messen, aber auch als Belohnung für die Teilnehmer, führen wir die Rallye durch.

Hier werden Gruppen von 3 – 5 Personen gebildet. Jeder Gruppe wird ein Trainer und ein Mitarbeiter der Einrichtung zur Seite gestellt. Deren Tätigkeit besteht aber ausschließlich darin, die jeweiligen Aufgaben vorzulesen und die Antworten aufzuschreiben.

Aufgabe ist, verschiedene Haltestelle in unserem Betriebsgebiet anzufahren und dort z.B. die Notrufeinrichtung zu finden oder nachzusehen, wie viele Notausgangsschilder vorhanden sind.

Die Teilnehmer müssen - als Gruppenaufgabe natürlich - selbst die Linienverbindungen heraussuchen. An einzelnen Punkten stehen die Partner der Verkehrswacht und der Polizei und beurteilen das Verhalten beim Überqueren der Fahrbahn etc. Nach der Rallye kommt es zu einer gemeinsamen Auswertung der Fragebögen sowie der Verhaltenspunkte und auch zu einer kleinen Siegerehrung.

Auswertungstreffen

Einige Monate nach der Trainingseinheit kommt es zu einem Treffen der Trainer mit den Teilnehmern. Hier wird besprochen, was hängengeblieben ist, wo besteht erneuter/weiterer Trainingsbedarf, welche Erlebnisse hatten die Teilnehmer in der Zwischenzeit, und was hat sich für den Einzelnen durch das Training verändert.

Es ist geplant, mit den Gruppen nach ca. 12 Monaten 1-2 Auffrischungseinheiten durchzuführen.

Kosten

Bezogen auf Mannstunden haben die Partner folgenden Aufwand je Trainingsgruppe vom Kennenlernen bis ÖPNV–Rallye:

Landespolizei	18 Stunden
Verkehrswacht	16 Stunden
BOGESTRA	22 Stunden

Fazit und Ausblick

Das Training wird von den Bochumer Partnern nicht durchgeführt, weil sie gute Menschen sind und/oder Arbeit mit Behinderten positiv in der Öffentlichkeit wahrgenommen wird, sondern wir führen die Trainings durch, weil es einen Bedarf gibt.

Es gibt Probleme in den Fahrzeugen und es gibt Wegeunfälle.

Schon allein aus ökonomischen Gründen wird der Anteil der Mitarbeiter der Einrichtung, die den ÖPNV für den Berufsweg nutzen, weiter steigen.

Gleichzeitig wächst aber auch der gesellschaftliche Anspruch nach selbstbestimmter Freizeitgestaltung und damit nach selbstbestimmter Mobilität.

Die Bochumer Ordnungspartnerschaft „Schritt für Schritt" hat nichts anderes getan, als sich dieser gesellschaftlichen Herausforderung zu stellen.

Aufgrund der engen Zusammenarbeit wurden Änderungen im Fahrplan und in der Haltestellenanordnung durchgeführt.

Das Projekt soll nun auf andere Einrichtungen und Städte ausgeweitet werden.

Um den ÖPNV nicht nur für die Teilnehmer, sondern auch für die anderen behinderten Nutzer noch sicherer zu machen, ist derzeit ein Multiplikatorenprojekt in der Erprobungsphase.

Und nicht zu vergessen: Auch wir Trainer haben in den Einheiten sehr viel gelernt!

Gerd Neubeck

Ganzheitliche Sicherheitskonzepte setzen einen Schwerpunkt auf Prävention

Sehr geehrte Damen und Herren,

das Thema des diesjährigen Präventionstages „Sicher leben in Stadt und Land“ ist auch Programm für die Deutsche Bahn AG. Für den Nutzer des öffentlichen Personenverkehrs ist Sicherheit ein fundamentales Grundbedürfnis. Sowohl unsere Kunden als auch unsere Mitarbeiter erwarten zu Recht einen hohen Standard an Sicherheit in Bahnen, Bussen und Bahnhöfen des DB-Konzerns.

Sicherheit wird ähnlich wie Nahrung und Gesundheit nicht unbedingt geschätzt und hervorgehoben, wenn sie vorhanden ist. Kommt es jedoch zu Übergriffen und zu Gewalt in öffentlichen Verkehrsmitteln, dann zeigt sich die hohe Erwartung an die Securitybereiche der Unternehmen und die Polizeien.

Ein geringes Sicherheitsgefühl oder securityrelevante Ereignisse führen damit direkt zur Meidung öffentlicher Verkehrsmittel. Um den hohen Standard an Sicherheit zu erreichen, haben wir als Securityorganisation des DB-Konzerns in den letzten Jahren viel getan. Ein umfassendes Sicherheitskonzept wurde umgesetzt, die Anzahl der Sicherheitskräfte wurde um 500 auf inzwischen 3.700 erhöht und es wurden Maßnahmen gegen Vandalismus und Buntmetalldiebstahl gestartet.

Ein weiterer Baustein ist die verstärkte Durchführung von Präventions- und Awareness-Aktivitäten. Die Deutsche Bahn engagiert sich seit dem vergangenen Jahr für das Projekt „fairplayer“, einem Programm gegen Gewalt an Schulen und zur Vermittlung sozialer Kompetenzen, gemeinsam mit dem Deutschen Forum für Kriminalprävention (DFK) und der Freien Universität Berlin. Wir sind damit gemeinsam mit vielen Partnern auf einem guten Weg. Dennoch, jede Gewalttat ist eine zu viel. Wir müssen gemeinsam mehr tun, um Gewalt erst gar nicht entstehen zu lassen. Dies erreichen wir nur, wenn wir ganz vorne – in Familien, Kindergärten und Schulen – beginnen.

Wir benötigen eine deutschlandweite Ausbreitung, u. a. mit Hilfe dieses Projektes, um zunächst in allen Schulen soziale Kompetenzen zu fördern und damit ein Präventionsprogramm gegen Jugendgewalt zu starten. Die Schule spielt eine wichtige Rolle für die soziale Entwicklung von Kindern und Jugendlichen. Viele Programme und Partner stehen hierfür zur Verfügung. Es gilt nun, gemeinsam mit der Politik wissenschaftlich fundiert voranzugehen.

Wir, als eines der führenden Mobilitäts- und Logistikunternehmen weltweit, beschäftigen uns stetig damit, wo stehen wir heute, wo wollen wir wann hin und vor allem, wie erreichen wir das Ziel. In all diesen wichtigen Überlegungen binden wir weitere

Verkehrsunternehmen, Stadtplaner und die Verantwortlichen in den Kommunen und der Politik mit ein.

Mit solchen ganzheitlichen Sicherheitskonzepten wollen wir einen Schwerpunkt auf Prävention setzen. Denn die Herausforderungen der Deutschen Bahn AG für die Gewährleistung der täglichen Sicherheit sind sehr groß. Kooperationen mit weiteren Partnern und damit der Austausch von Know-how und Erfahrungen sind daher sehr wertvoll.

Die Erwartungen unserer Kunden, Mitarbeiter, der Politik, aber auch der Besteller an die Sicherheitsorganisation steigen und wir wollen diese soweit möglich berücksichtigen. Eine große Herausforderung ist die weitere Steigerung der Sicherheit ohne Einschränkungen für unsere Kunden. Die hierfür entwickelten Sicherheitskonzepte dürfen sich nicht gegen unsere Kunden richten. Sie müssen vermittel- und begreifbar sein. Unsere Kunden wünschen sich helle, saubere und ansprechende Räume und Fahrzeuge. Zudem können wir durch den Einsatz von Sicherheitskräften und durch technische Einrichtungen die objektive Sicherheit und somit auch das Sicherheitsgefühl unserer Kunden steigern. Besonders deutlich wird das insgesamt bei Kundenbefragungen zur Sicherheitseinschätzung in der Dunkelheit. Viele Menschen fühlen sich gerade bei Dunkelheit in Nahverkehrszügen und in Bahnhöfen sowie großteils im öffentlichen Raum unsicher; insbesondere, wenn sichtbare „Hinterlassenschaften“ von Schmierern und Vandalen zu sehen sind. Im Vergleich mit der „tatsächlichen“ Sicherheitslage lässt sich jedoch oft kein direkter Zusammenhang herstellen.

Fakt ist, die wahrgenommene Sicherheit ist kein direkter Spiegel der objektiven Sicherheit. Bahnhöfe und öffentliche Verkehrsmittel sind sicherer als der weitere öffentliche Raum. Subjektiv empfinden das unsere Kunden leider nicht immer so. Hier spielt sehr stark die Berichterstattung über die Medien eine herausragende Rolle, die natürlich weniger über gelungene Einsätze und die Sicherheitslage als über gewalttätige Übergriffe berichten.

Wir verfolgen den Ansatz, Möglichkeiten zu suchen und Festlegungen im Rahmen der unternehmerischen Sicherheitsvorsorge zu treffen, um den öffentlichen Personenverkehr bei bleibenden Angebotsmöglichkeiten so sicher wie möglich zu machen. Entsprechend der Sicherheits- und Gefährdungslage erfolgt die Durchführung von präventiven sowie zusätzlichen Maßnahmen durch uns bzw. die Sicherheitsbehörden.

Unser integriertes Sicherheitsverständnis stützt sich auf vier wesentliche Grundpfeiler: gut ausgebildete und qualifizierte Mitarbeiter, innovative technische Lösungen, enge und kontinuierlich ausgebaute Partnerschaften und eben nachhaltige Präventionsarbeit.

Wir haben unsere Verpflichtung als Unternehmen für gesellschaftliche Herausforderungen erkannt und werden das Größtmögliche tun, um Gewalt erst gar nicht entstehen zu lassen.

Wir haben die Zukunft im Blick!

Wolfgang Gores / Julia Muth

Zivilcourage – Ja! Aber wie?

Gewaltfrei – opferzentriert – gemeinwesenorientiert

Im Folgenden habe ich mich aus Gründen der besseren Lesbarkeit dazu entschieden, das generische Maskulinum zu benutzen: Inhaltlich beziehen sich meine Ausführungen immer gleichermaßen auf beide Geschlechter.

Menschen begegnen sich im öffentlichen Nahverkehrsraum und es kommt zum Konflikt. Die Rede ist hier nicht von Gewaltexzessen, sondern von Situationen, wie wir sie in unseren Bussen und Bahnen täglich erleben: eine laute Gruppe Jugendlicher; jemand telefoniert lautstark oder belästigt alle anderen mit lauter Musik oder ein Frau wird von einem aufdringlichen Mann belästigt und es ist ihr deutlich anzusehen, wie unwohl sie sich fühlt.

Die Menschen, die hier auf engstem Raum einen gewisse Zeitdauer zusammenstehen und sitzen, kennen sich untereinander nicht. Und die meisten von ihnen haben kein Konzept, wie sie mit dem eigenen Konflikt umgehen oder aus der Masse der anderen Umstehenden heraustreten sollen, um einer einzelnen Person zu helfen.

Die Initiatoren der Kampagne „Zivilcourage – Ja! Aber wie?" sind das Polizeipräsidium Westhessen, die Landeshauptstadt Wiesbaden und die ESWE-Verkehrsbetriebe in Wiesbaden. Sie vertreten folgenden Ausgangsstandpunkt: **Menschen wollen helfen! Sie wissen nur nicht wie!**

Der Inhalt dieser Präsentation erstreckt sich über die Fragen, wie es überhaupt zu der Kampagne kam und was genau die Ziele sind. Des Weiteren soll von den Menschen berichtet werden, die das Programm mit Leben füllen und wie die einzelnen Seminare ablaufen. Am Ende stehen erste Erfahrungsberichte.

Warum eine solche Kampagne?

Übergriffe und Gewalttaten im öffentlichen Raum, besonders im U- und S-Bahnverkehr, stehen immer häufiger im Fokus der öffentlichen Medien. Dadurch wird es von den Bürgern, aber auch von denen, die das Fahrzeug führen, insgesamt stärker wahrgenommen. Das hat weiterhin zur Folge, dass sich die Menschen in Bus und Bahn nicht mehr sicher fühlen.

Die Firma ESWE-Verkehr als Dienstleistungsunternehmen fühlt sich mitverantwortlich für das Sicherheitsgefühl ihrer Nutzer und wendete sich an das Polizeipräsidium Westhessen.

In weiterer Kooperation mit der Landeshauptstadt Wiesbaden wurde sodann ein Konzept entwickelt, das zum einen die Busfahrer der ESWE-Verkehr in ihren Handlungskompetenzen in Konfliktsituation fortbildet und zum anderen Bürgerseminare zum richtigen Verhalten in schwierigen Situationen anbietet. In dieser Präsentation sollen vor allem die Bürgerseminare näher vorgestellt werden.

Welche Ziele verfolgt die Kampagne?

Mit diesen Seminaren soll bei den Bürgern eine Bereitschaft zum öffentlichen Eintreten für Schwächere und Opfer im Sinne unserer Leitlinien (gewaltfrei – opferzentriert – gemeinwesenorientiert) erreicht werden.

Dieses Ziel wird zunächst durch die Vermittlung eines spezifischen Wissens über den Gewaltbegriff erlangt. Die Teilnehmer setzen sich mit dem Gewaltbegriff auseinander und werden auf die Eigendynamik von Konfliktsituationen sensibilisiert.

Wenn das Bewusstsein besteht, können die Seminarleiter mit den Teilnehmern die für sich selbst passenden Möglichkeiten entwickeln und erarbeiten, wie sie aus Konfliktsituationen selbstbewusst und sicher heraus kommen oder anderen kompetente Hilfe leisten.

Hierbei ist wichtig, dass keine komplizierten Handlungsabläufe oder gar Selbstverteidigungs- techniken geübt werden. Es geht vielmehr um ein selbstbewusstes, gewaltfreies und besonnenes Auftreten, je nach den persönlichen Fähigkeiten.

Mit der Durchführung verschiedener Rollenspiele, die ganz typische Konfliktsituationen in Bus und Bahn beinhalten, ist ein authentisches Auftreten und Ausprobieren übbar. Außerdem können verschiedene Handlungsmethoden offen diskutiert werden.

So wird erreicht, dass der Bürger zum verantwortungsvollen Nutzer von Bus und Bahn wird. und sich für die dortigen zwischenmenschlichen Abläufe mitverantwortlich zeigt.

Die Teilnehmer erstellen für sich ein Handlungsmuster, wie sie sich und anderen helfen können. Denn nur wer ein Konzept im Kopf hat, kann auch Entscheidungen treffen.

Die Leitlinien

<u>Gewaltfrei</u>

Die Seminare stehen immer unter dem Motto: Deeskalation und Eigenschutz. In den Seminaren sollen den Bürgern Möglichkeiten des gewaltfreien Widerstandes in Konflikt- bis hin zu Bedrohungssituationen aufzeigen. Elementar ist hier der Verzicht auf jegliche Form der Gewaltausübung!

Opferzentriert
Ein Täter wird immer versuchen, die Deutungshoheit in einer von ihm hervorgerufenen Konflikt- oder Bedrohungssituation zu behalten. Deswegen wird er all sein Tun auch mit dem Verhalten des Gegenübers (Opfers) rechtfertigen. Also ist aus der Sicht des Täters das Handeln des Opfers immer ursächlich für seine Aggression und Gewaltbereitschaft.

Wenn der Helfer sich nun nicht auf den Täter „einlässt", sondern sich nur auf das Opfer konzentriert, kann er sich dieser Deutungshoheit entziehen.

Dem Opfer wird geholfen; die Situation beendet und der Täter kann möglicherweise ohne Gesichtsverlust „aussteigen" (bspw.: Täter wird nicht verbal angegriffen und kann selbst aussteigen).

Es ist nicht das Ziel, aus den Tätern „bessere Menschen" zu machen, sondern das Opfer aus der Situation herauszuholen und ihm beizustehen.

Gemeinwesenorientiert
Den Teilnehmern wird verdeutlicht, dass es „ihre" Stadt ist, in der sie sich bewegen. Jeder einzelne trägt durch eine Identifikation damit erheblich zu einem allgemein besseren Sicherheitsgefühl eines jeden einzelnen bei.

Damit ist gemeint, dass der Bürger mit offenen Augen und Ohren „seinen" Bus, „seine" Bahn benutzt und sich für das Gemeinwohl mit verantwortlich fühlt.

Damit ist aber nicht gemeint, dass jeder eine Art „Hilfssheriff" ist! Es geht niemals um Täterfestnahme oder Bestrafung des Aggressors, sondern lediglich um die verantwortungsvolle Nutzung der öffentlichen Verkehrsmittel und Hilfestellung für Hilfesuchende.

Die Multiplikatoren

Ursprünglich wurden 20 Multiplikatoren ausgebildet. Derzeit befinden sich noch 18 aktiv in der Seminararbeit; zwei Multiplikatoren sind aus beruflichen Gründen ausgeschieden.

Dieser Pool aus Seminarleitern setzt sich aus acht Polizeibeamt/innen, sechs Bediensstete der Landeshauptstadt Wiesbaden und 2 Bediensteten aus den ESWE-Verkehrsbetrieben zusammen.

Alle Multiplikatoren haben auch in ihrem beruflichen Alltag sehr viel Kontakt mit dem Bürger und sind somit per se im Umgang mit Menschen geschult. Weiterhin erhielten sie eine dreitägige Beschulung durch einen pensionierten Polizeibeamten mit Zusatzausbildungen als Trainer in Konfliktberatungen sowie einer freien Trainerin, Beraterin und Programmentwicklerin in den Bereichen konstruktive Konfliktberatung, Partizipation und Zivilcourage.

Die Seminare

Die Seminare finden zwei Mal im Monat an verschiedenen Örtlichkeiten im turnusmäßigen Wechsel der einzelnen Stadtteile und Vororte der Stadt Wiesbaden statt. Sie sind kostenlos und dauern maximal vier Stunden. Es hat sich bewährt als Seminartage den Freitag- oder Samstagnachmittag zu nutzen.

Aus den vorgenannten Gründen ist das Angebot als sehr niederschwellig zu bezeichnen und wird auch gerne als solches angenommen.

Nach Begrüßung und Einführung in das Thema, werden die ersten Rollenspiele mit alltäglichen Konfliktsituationen angespielt. Da viele diese Situationen kennen und auch schon selbst erlebt haben, entsteht schnell eine Diskussionsgrundlage darüber, ob und wie geholfen/ gehandelt werden kann.

Lösungen werden gemeinsam erarbeitet und oftmals schlüpfen die Teilnehmer selbst in Rollen und spielen mit. Es werden immer die Themen des Magnetfelds „Gewalt“, Konflikt-Zeit-Ausstiegskurve (kein Einstieg ist der beste Ausstieg), Distanz halten und richtiges Helfen bearbeitet. Es wird auch besprochen, worauf man als Zeuge besonders achten sollte und wie man einen Notruf richtig tätigt. Wenn dann noch Zeit ist gehen die Multiplikatoren kurz auf die parallel laufende Busfahrerbeschulung ein.

Erfahrungen

Das Programm startete im September 2011. Im Jahr 2011 wurden noch vier Seminare gegeben; seit 2012 werden je zwei Seminare pro Monat angeboten und durchgeführt.

Die Seminare wurden bisher über die örtliche Presse und die Vergabe von Flyern beworben und sind stets ausgebucht. Es hat sich bewährt, die Zahl von 15 Teilnehmern pro Seminar nicht zu überschreiten.

Anfängliche Befürchtungen, dass die Teilnehmer nicht zur Durchführung von Rollenspielen bereit sein könnten, haben sich nicht bestätigt: Die Menschen nutzen die Gelegenheit, sich in einer Konfliktsituation einmal selbst dahingehend auszuprobieren, wie sie bei verschiedenen selbst gewählten Reaktionsmöglichkeiten auf andere wirken und was vielleicht Weiteres daraus resultieren könnte.

Bezüglich der Opferzentriertheit erleben die meisten Teilnehmer einen regelrechten „Aha-Effekt“; gehen doch die meisten Menschen davon aus, dass Zivilcourage bedeutet, gegen den Täter vorzugehen, um diesem Einhalt zu gebieten.

Eine Art Hand-out mit den wichtigsten Tipps und den Leitlinien wurde von den Teilnehmern gewünscht, weshalb dieses auch seither ausgehändigt wird. So können sie sich die Inhalte des Seminars auch nach mehreren Wochen und Monaten nochmals vergegenwärtigen und verinnerlichen.

Christian Weicht

Räumliche Kriminalprävention – Jugend im öffentlichen Raum

Kinder und Jugendliche, die ohne geeignete Spielräume im Freien aufwachsen, sind in ihren körperlichen, emotionalen und kognitiven Entwicklungspotenzialen eingeschränkt und leiden häufig unter Bewegungs- und Konzentrationsschwierigkeiten. Aber Abenteuer zu erleben, wird für Kinder und Jugendliche immer schwerer, denn geeignete Freiräume sind kaum noch vorhanden oder werden streng reglementiert. Ich werde das Gefühl nicht los, aber vielleicht ist dies ein Grund dafür, dass so manches Kind sich sicherer im virtuellen Raum, als im urbanen oder im natürlichen Raum bewegt.

Trotz aller virtuellen Möglichkeiten findet Jugend im öffentlichen Raum statt. Darauf deuten insbesondere Spuren von Übergangsritualen, die sich in den öffentlichen Räumen wiederfinden lassen. Besonders auffällig werden diese Merkmale, wenn sie als störend empfunden werden, wie z. B. Müll, Sachbeschädigungen, Graffiti, Tags oder Lärmbelästigung. Diese Störungen werden dann den Ämtern für öffentliche Sicherheit oder Ordnung gemeldet. Rechtliche Mittel, wie z. B. Platzverweis oder strafrechtliche und ordnungsbehördliche Verfolgung lösen vielleicht kurzfristig, aber auf keinen Fall langfristig das Problem. Denn fragt man Jugendliche, was sie von öffentlichen Räumen in der Stadt erwarten, dann suchen sie Orte[1]:

- der Repräsentation, Kommunikation und Interaktion
- als Distanz zu anderen Bevölkerungsgruppen
- mit eigenen Ästhetik- Vorstellungen.

Und die Frage, die wir uns stellen müssen ist: Wo finden Jugendliche urbane Räume, die ihren sozikulturellen Bedingungen entsprechen? Orte für Jugendliche finden sich in den mitteleuropäischen Städten nur in eingeschränkter Anzahl und erfüllen meistens noch andere Funktionen. Häufig weist man Jugendlichen auch Räume zu, die die Wünsche der Jugendlichen nicht erfüllen, z. B. Schulen. Sehr selten berücksichtigen die Raumgestaltungen von Schulen die jugendtypischen Wünsche. Geplant sind sie meistens als Bildungsstätten, Arbeitsplätze eventuell als Sportstätten aber weniger als Orte der Repräsentanz, Kommunikation oder Interaktion.

Spielplätze, die Freiräume für Kinder bieten sollen, werden zudem nicht selten durch Personen oder Gruppen (Alkohol-/ manchmal sogar Drogenszene) zweckentfremdet. Die geplante sozialräumliche Funktion können öffentliche Plätze durch eine überstrapazierende Fremdnutzung häufig aber nicht mehr ausüben. Ein derartiger Missbrauch

---

[1] Ulfert Herlyn, Hille von Seggern, Claudia Heinzelmann: Jugendliche in öffentlichen Räumen der Stadt. Chancen und Restriktionen der Raumaneignung (Taschenbuch) Vs Verlag; 1. Auflage 2003, ISBN-10: 3810040444

kann das Interesse an Spielplätzen, ihren Gebrauch und ihren Beitrag zur Lebensqualität ernsthaft gefährden.

Zusätzlich haben Spielplätze und öffentliche Jugendtreffs das Potenzial, Kriminalität und antisoziales Verhalten zu erzeugen sowie Furcht vor Kriminalität innerhalb eines Stadtteils zu erhöhen. Sie sind sozialräumlich anfällig für bestimmte Kriminalitätsformen sowie für Verschmutzungen und Vandalismusschäden, die hohe Reparaturkosten verursachen können. Vielfach sind solche Plätze funktionale und gestalterische Problembereiche, denen es an Lebendigkeit und Alltagstauglichkeit fehlt.

Die städtebauliche Kriminalprävention ist ein Weg, um Kriminalität im öffentlichen Raum zu reduzieren. Insbesondere im englischsprachigen Raum wird diese Strategie seit über 30 Jahren angewandt und hat nachweisbare Erfolge gebracht. So werden in Großbritannien vermehrt „Youth Shelter"[2] eingesetzt, die als Treffpunkte für Jugendliche gedacht sind.

Hampshire und Wilkinson machen deutlich, dass „ein öffentlicher Jugendtreff nicht die entscheidende Lösung der Probleme mit Jugendlichen im öffentlichen Bereich sein wird. Allein durch den Prozess der Beteiligung, der Verantwortungsübernahme und des Trainings wird mehr erreicht, als durch den Bau eines Treffs selbst" [2]. Weiterhin empfehlen sie, dass ein Spielplatz oder Jugendtreff nur dann eingerichtet wird, wenn:

- die lokalen Probleme deutlich identifiziert wurden,
- die Zielgruppe der Nutzer beteiligen wurden,
- die Beteiligung anliegender Bewohner mindestens zuzulassen war,
- die Ausstattung und das Umfeld als sicher einzustufen ist,
- die regelmäßige Säuberung und Instandhaltung geregelt stattfinden wird,
- und die bequeme Erreichbarkeit sichergestellt ist.[2]

Aber auch ein Jugendtreff ist ein Kristallisationspunkt des öffentlichen Raumes und sollte, wie andere öffentliche Plätze der Stadt, als Zentrum von Begegnung und Auseinandersetzung, für Urbanität und Weltoffenheit stehen. Allerdings findet der überwiegende Anteil der Straftaten, die von Jugendlichen begangen werden, im öffentlichen Raum statt. Hierzu zählen insbesondere

- Sachbeschädigung auch Graffitis und Tags,
- Körperverletzungen,

---

[2] Roger Hampshire, Mark Wilkinson: Youth Shelters and Sports Systems A good practice guide Second edition, Thames Valley Police 2002

- Raub,
- Delikte rund ums Kfz,
- Diebstahl, Einbruch, insbesondere Wohnungseinbruch,
- Brandstiftung.

Um durch räumliche Gestaltung gegen diese Form von Delikten zu wirken, ist die CPTED- Strategie[3] geeignet. Grundlegender Gedanke dieser Strategie ist, dass Tatgelegenheiten und Angsträume im urbanen Raum nicht zwingend vorhanden sind, sondern erst durch Planung und Gestaltung geschaffen werden.

Unter der Gewissheit, nicht jeden kriminellen Angriff vermeiden zu können, wird das Ziel verfolgt, Kriminalität zu reduzieren. Dabei ist die Reduktion der Kriminalitätsgefahr an einem bestimmten Ort ein umsetzbares Ziel, was mit angemessenen Ressourcen erreichbar wäre. Mit einer solchen Zielvorgabe können dann auch simple und effektivere Lösungen schneller in Gang gesetzt werden, was durch räumliche Gestaltungen besonders einfach, kostengünstig und schnell realisierbar ist. Denn „das richtige Design und der wirksame Gebrauch der gebauten Umwelt kann zu einer Reduzierung von Angst und Kriminalität und zu einer Verbesserung der Lebensqualität führen[4]". Schließlich hat die urbane Raumplanung auch das Ziel, soziales Verhalten zu berücksichtigen und nachhaltig zu planen. Und wenn Tatgelegenheiten und Angsträume in Städten geschaffen werden, dann lassen sie sich auch beseitigen. Jeden Angstraum zu entfernen, ist vielleicht eine überhöhte Forderung – aber wir können die Anzahl der Angsträume reduzieren. Räumlichen Kriminalprävention in einer optimalen Vollendung wäre die Kunst, dass ein vermeintlicher Straftäter auf Grund des Raumdesigns erst gar nicht mit der Überlegung beginnt, in dem geplanten Raum eine Straftat zu planen. Ein angstfreier Raum wäre ein Raum zum Wohlfühlen. Und in der Kombination wäre dies ein freiheitlicher Raum ohne Überwachung. Nichts anderes erwarten Jugendliche von öffentlichen Räumen.

Räumliche Kriminalitätsreduzierung hat nun nicht das Ziel, jede Form von Kriminalität oder unsozialem Verhalten zu unterbinden. Das Design solcher Räume dürfte eher abstoßend wirken. Wahrscheinlich wären die Räume weiß gefliest und videoüberwacht.

Städtebauliche Kriminalprävention, die Bedürfnisse von Kindern und Jugendliche berücksichtigt, kann aber in den 4 Dimensionen der Prävention wirken. Dabei übernimmt die Quartier-Prävention die Aufgabe der Verhältnismäßigkeit, deren Dringlichkeit im Bereich der räumlichen Prävention deutlich wird:

---

3 CPTED steht für: Crime Prevention Through Environmental Design

4 US National Crime Prevention Institute (NCPI)

	Medizin	Kriminalprävention	Räumliche Kriminalitätsreduzierung
Primäre Prävention	Vorzeitiges Handeln (Impfung)	Erziehung/ Schulung	Berücksichtigung von Kriminalitätsgefahren während der Raumplanung
Sekundäre Prävention	Früherkennung (noch kein Befund)	Verhinderung von Tatgelegenheiten	Verhinderung von erkannten Kriminalitätsgefahren durch räumliche Gestaltung
Tertiäre Prävention	Akutbehandlung (Erkrankung eingetreten)	Wiedereingliederung des Täters	Raumgestaltungskonzepte zur Verhinderung bereits eingetretener Störungen (Hot Spots)
Quartier Prävention	Verhinderung von Übermedikation	Anpassung der Maßnahmen unter Berücksichtigung der Verhältnismäßigkeit in der Kriminalprävention (Beispiel: Videoüberwachung erst, wenn andere Präventionsmaßnahmen nicht greifen)	Vermeidung von Überwachungsmaßnahmen (Reduzierung der Erforderlichkeit von Raumüberwachung durch Raumgestaltung)

Primäre Prävention (vorzeitiges Handeln)

Bereits im Planungsverfahren werden Erkenntnisse der räumlichen Kriminalprävention berücksichtigt, um die Entstehung von Tatgelegenheiten oder Angsträumen zu vermeiden. Diese Strategie wird insbesondere durch frühzeitige Beteiligungen im Planungsverfahren durch Einbindung von Expertenwissen praktiziert.

Jugendliche und Kinder können hierzu in die Planung mit eingebunden werden. Solche Projekte wurden im ExWoSt- Forschungsfeld „Jugend im Stadtquartier“ des Bundesinstituts für Bau-, Stadt- und Raumforschung im Bundesamt für Bauwesen und Raumforschung „Jugend macht Stadt“, „Jugend bewegt Stadt“ oder „Jugend belebt Leerstand“ erforscht und beispielhaft dargestellt.

Sekundäre Prävention (Früherkennung)

Ein Raum wird in seinen kriminogenen Strukturen untersucht, um Kriminalitätsgefahren zu vermeiden, wie sie bereits in vergleichbaren Räumen aufgetreten sind. Dabei werden Tatgelegenheiten verändert, um Kriminalität zu vermeiden oder angstfördernde Raumfaktoren beseitigt, um das Sicherheitsgefühl der Nutzer zu steigern. Beispiel: Zu einer Parkanlage kommen immer mehr Beschwerden der Bevölkerung, weil sich dort Jugendliche vermehrt treffen und man sich unsicher fühlt. Durch Beseitigung von Angstraumfaktoren (Dunkelheit, Nichteinsehbarkeit) mittels Rückschnitt von Gebüsch, Verbesserung der Beleuchtung, verbesserte Wegeführung kommt es zu einer vermehrten Nutzung des Raumes. Jugendlichen wird unter eigener Beteiligung ein Raum geschaffen, der ihren Bedürfnissen entspricht.

Tertiäre Prävention (Akuthandeln)

Zur Bekämpfung von Kriminalitätsbrennpunkten oder ausgewählten Delikten werden raumverändernde Maßnahmen getroffen, um Tatgelegenheiten zu beseitigen, damit ein Tathandeln erschwert wird. Beispiel: Vor einem Bahnhof werden Blumenkübel als Versteck für Drogen genutzt. Die Beseitigung der Kübel führte zur Verlagerung der Szene.

Werden in einem Quartier Delikte und Störungen in einer Gefahrenanalyse ermittelt, werden neben deren Potenzial (Anzahl der Störungen/Schadensausmaß) auch die räumlichen Schwachstellen deutlich. In einer graphischen Darstellung, zum Beispiel in einem Risikographen nach dem ALARP-Prinzip4 (s. Abb. 2), kann die Intensität der Gefahren (wie häufig und wie groß waren die Schäden in der Vergangenheit) ermittelt oder prognostiziert werden. Örtliche, zeitliche aber auch konzeptionelle Kontexte werden deutlich. Eine Prognose würde dann lauten: Kommt es zu keiner Veränderung, ist mit gleichen, eher steigenden Schäden zu rechnen. Folglich sollten, um dies zu vermeiden, die erkannten Schwachstellen im Rahmen eines Sicherungskonzepts mit raumgestalterischen und sicherungstechnischen Maßnahmen gelöst werden.

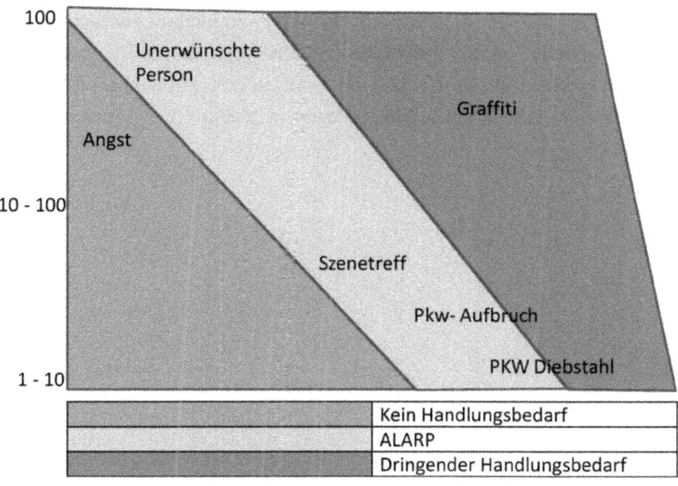

Quartär Prävention (vermeiden von Überreaktion)

Die Erforderlichkeit von Raumüberwachungsmaßnahmen wird erst dann getroffen, wenn raumverändernde Maßnahmen unwirksam blieben oder nicht umsetzbar waren. Raumveränderungen beinhalten keine freiheitseinschränkenden Maßnahmen, da sie nur auf Beseitigung von Tatgelegenheiten oder angstauslösende Raumfaktoren abzielen.

Bei der Installation von Videoüberwachungsanlagen wird häufig die präventive Wirkung überschätzt. Videoüberwachung kann seine Abschreckung nur erreichen, wenn eine Intervention durch den Störer erwartet wird, unerwünscht ist und mit negativen Konsequenzen verbunden ist.

Zu jeder Deliktsart, die in Beziehung zum öffentlichen Raum oder zu einem Gebäude steht, können diese Situationsmerkmale untersucht werden, in wie weit durch eine Veränderung einzelner Merkmale Kriminalität oder Kriminalitätsangst vermieden werden kann.

Eine Strategie zur Berücksichtigung von jugendspezifischen Kriminalitätsbelangen im öffentlichen Raum sollte sich daran orientieren, dass ein öffentlicher Raum 3 kriminalpräventiven Entwicklungsstufen unterliegt: Planung, Einrichtung und Pflege. Um Gelegenheiten für Kriminalität und Antisozialverhalten möglichst effektiv zu verhindern, sind deshalb bereits in der Vorplanung Design- und Managementmaßnahmen zu berücksichtigen, die in der Planung, Gestaltung, Errichtung und Pflege von Spielplätzen oder Jugendtreffs kriminalpräventive Wirkung entwickeln können. Obwohl jedes Problem sehr speziell sein wird, kann ein Lösungsprozess sich an einem Maßnahmenkatalog orientieren.

Kriminalität und steigende Kriminalitätsfurcht zwingen zu neuen Überlegungen und Wegen. Die Städtebauliche Kriminalprävention ist ein Weg, der für Jugendliche viele kriminalpräventive Strategien eröffnet. (Und nicht zuletzt ist bislang vollkommen unbeachtet geblieben, welche Kriminalitätspotenziale einmal „Seniorenspielplätze“ beinhalten werden.)

Thomas Kutschaty[1]

„Konzepte und Maßnahmen einer umfeldbezogenen Jugendkriminalprävention in Nordrhein-Westfalen“

I. Einleitende Gedanken

Im Vordergrund des Beitrags stehen Maßnahmen im tertiären Bereich der Kriminalprävention in Nordrhein-Westfalen, also Maßnahmen für junge Menschen, die bereits straffällig geworden sind und deren Rückfall es zu vermeiden gilt. Es geht weder um primärpräventive Maßnahmen noch um die raumbezogene Gestaltung im Sekundärbereich. Vertraute Szenarien der Kriminalprävention treten aber insoweit in den Vordergrund, als Ideen der Kooperation und der Vernetzung maßgebliche Elemente der betreffenden ambulanten und stationären Maßnahmen sind.

Die betreffenden Erwägungen sollen in kriminologische Diskurse und solche der Kriminalprävention eingebettet werden. Grundlage der Ausführungen sind kriminologische Erkenntnisse, denen zufolge Jugendkriminalität als Phänomen der sozialen Desintegration und abweichender Lebensstile mit entsprechendem Freizeitverhalten zu verstehen ist. Diese kriminologischen Ansatzpunkte für Handlungs- und Gestaltungsmöglichkeiten sind gekoppelt mit kriminalpolitischen Ideen der Haftvermeidung, die zugleich auch den Leitgedanken des Jugendgerichtsgesetzes bilden - so steht es in § 2 und § 5 des Jugendgerichtsgesetzes.

Kriminologische Erkenntnis und kriminalpolitischer Antrieb können mit dem Stichwort der rationalen Kriminalpolitik zusammengeführt werden. Als rational ist ein Gestaltungsbegehren zu verstehen, das plan- und maßvoll sowie nachhaltig ist. Außerdem müssen Überprüfungs- und Korrekturmöglichkeiten konzeptionell einbezogen sein.

Wegweisend bei den betreffenden Überlegungen und Planungen waren die Arbeitsergebnisse der im Jahre 2008 vom nordrhein-westfälischen Landtag eingesetzten „Enquetekommission zur Erarbeitung von Vorschlägen für eine effektive Präventionspolitik in Nordrhein-Westfalen“. Ihre Aufgabe war es, strukturelle Risikofaktoren für Jugenddelinquenz auf primär und sekundär kriminalpräventiver Ebene zu analysieren und praxisnahe Maßnahmen zur Bestrafung und Erziehung delinquenter Jugendlicher im Rahmen der tertiären Kriminalprävention vorzuschlagen. Der Erkenntniswert der Ergebnisse der Kommission ergibt sich insbesondere aus dem Umstand, dass erstmals Politik, Landesverwaltung und kriminologische Forschung gleichermaßen an der Ausarbeitung von kriminalpräventiven Maßnahmen beteiligt waren und insoweit ihre Verständnisse in die Arbeit einbringen konnten.

---

[1] Der Referent ist seit Juli 2010 Justizminister des Landes Nordrhein-Westfalen.

Die Enquetekommission hat ihren Abschlussbericht im März 2010 vorgelegt. Er enthält einen Katalog von 35 Handlungsempfehlungen, die sich über das gesamte Profil der Kriminalprävention legen. Es beginnt mit der Forderung nach „Frühen Hilfen“ und umfassender „Schulpädagogik und -sozialarbeit“ auf Primärebene, setzt sich im Sinne einer Verbindung zwischen den verschiedenen Präventionsebenen mit der Forderung einer „strukturellen Vernetzung der Hilfesysteme“ - also von Jugendhilfe- und Jugendkriminalsystem - fort und führt hin zu zahlreichen Vorschlägen im Tertiärsektor. Dabei geht es zum Beispiel um den „Wohngruppenvollzug“, den „Vollzug in freien Formen“, die „Untersuchungshaft-Vermeidung“, den „Vollzug des Jugendarrestes“ und den „Täter-Opfer-Ausgleich“.

Die Überlegungen der Kommission wenden sich dabei dem gesamten Reaktionsprogramm des Jugendgerichtsgesetzes zu und richten ihr Augenmerk insbesondere auf die problembehaftete Klientel junger Mehrfach- und Intensivtäter. Am Ende steht die Forderung nach einer „wissenschaftlichen Begleitung der Prävention“.

Diese Empfehlungen verkörpern just die Idee empirisch grundierter Handlungsansätze. Daraus ergeben sich für alle Beteiligten - also für Politik und Projektpraxis - wichtige Folgerungen, die sich wie folgt zusammenfassen lassen:

- die Phänomene der Jugendkriminalität müssen in ihrer lebensweltlichen Komplexität erfasst werden.
- das soziale Umfeld der Jugendlichen muss in das Reaktionsverhalten eingebunden werden.
- das Handeln der Verfahrensbeteiligten muss in einer Weise koordiniert werden, die die vorgenannten Integrationsfaktoren beachtet.
- das Handeln muss folglich insgesamt am Gedanken der Sozialintegration ausgerichtet werden.
- Schließlich müssen die Maßnahmen im Wege der Evaluation kontrolliert werden, um eben jenen Zusammenhang zwischen empirischer Realität und politischem Antrieb zu wahren und zugleich um korrekturfähig zu sein. Seit der Entscheidung des Bundesverfassungsgerichts zum Jugendstrafvollzug aus dem Jahre 2006 ist das Instrument der Evaluation sogar Gegenstand eines verfassungsrechtlichen Postulats. Dieses kann man als eine Art Entwicklungs- und Zukunftsklausel adressiert an die Gestaltungsverantwortlichen verstehen.

II. Empirisches Datenmaterial und Kategorisierungsversuche

Als empirische Grundlage für Maßnahmen und Planungen sind kurz einige statistische Befunde voranzustellen. Die Kriminalitätsdaten haben sich in den letzten Jahren im Jugendbereich rückläufig entwickelt.

Den umfassendsten statistischen Überblick über die Entwicklung der registrierten Kriminalität liefert die Polizeiliche Kriminalstatistik. Sie zeigt für Nordrhein-Westfalen, dass die Anzahl der tatverdächtigen Jugendlichen von 2010 auf 2011 um 8,4 % gesunken ist. In Relation zur Wohnbevölkerung - was die seriösere Bilanzierung darstellt - ist von 2010 auf 2011 ein Rückgang um 6,8 % zu verzeichnen.

Auch die Anzahl jugendlicher Tatverdächtiger, die wegen Gewaltdelikten aufgefallen sind, ist seit einem Höchststand im Jahre 2007 rückläufig. Wurden damals noch 11.300 Tatverdächtige in dieser Kategorie gezählt, waren es im Jahr 2011 nur noch 8.600 tatverdächtige jugendliche Gewalttäter. Allen gegenüber dem Jahr 2010 ist damit ein Rückgang von 10 % zu verzeichnen.

Ihre Stabilität beweisen diese Daten angesichts zugleich rückläufiger Werte bei den Verurteilungen. In der Strafverfolgungsstatistik Nordrhein-Westfalen war beispielsweise von 2009 auf 2010 ein Rückgang der verurteilten Jugendlichen von insgesamt knapp 7 % festzustellen, bei den Gewaltdelikten betrug die Verringerung sogar 9 %.

Besonders augenfällig ist der Rückgang bei den so genannten Mehrfachtatverdächtigen, die bekanntlich die Problemklientel darstellen, der sich unsere Bemühungen zentral zuwenden müssen. Die Zahl derer, die innerhalb eines Jahres polizeilich mindestens fünfmal registriert worden sind, betrug nach der Polizeilichen Kriminalstatistik Nordrhein-Westfalen im Jahr 2011 fast 7.200 Tatverdächtige unter 21 Jahren. Im Jahr 2005, in dem der Höchststand erreicht wurde, waren es hingegen noch knapp 9.000. Das ist ein sehr beachtenswerter Rückgang von fast 20 % binnen nur weniger Jahre.

Wir müssen uns fragen, wie es um die Aussagekraft dieser Zusammenhänge steht und wie sich die betreffenden Veränderungen interpretieren lassen. Erstens wissen wir alle, dass statistische Interpretationen und bereits die zugrunde gelegten Begrifflichkeiten mit Vorbehalt zu betrachten sind. Zweitens kennen wir die Abhängigkeit der Kriminalitätsentwicklung vom Anzeigeverhalten, das sich kaum steuern lässt. Und erst dann - gleichsam auf der dritten Ebene - kann man über Wirkungen kriminalpräventiven Handelns nachdenken. Dazu etwas genauer.

Kategorisierungen wie die des Mehrfachtatverdächtigen sind mehr als holzschnittartig. Dies ändert freilich nichts an der Bedeutung des noch näher zu definierenden Problems. Die Idee der gezielten Kriminalprävention betrifft in erster Linie die Gruppe der so genannten Mehrfach- und Intensivtäter. Es gehört mittlerweile zum gefestigten Wissensschatz der Kriminologie, dass eine relativ kleine Gruppe, die etwa 3 bis 7 % der jugendlichen und heranwachsenden Straftäter ausmacht, für etwa die Hälfte aller registrierten Straftaten der betreffenden Altersgruppe verantwortlich ist.

Im Gewaltbereich sind es bis zu drei Viertel aller einschlägigen Delikte. Dunkelfelduntersuchungen bestätigen diesen Befund. Ansonsten freilich ist vieles auf diesem Forschungssektor umstritten. Das gilt bereits für den Intensivtäterbegriff selbst und für betreffende Klassifikationsstrategien.

Diese Kategorisierungen können schlicht Deliktshäufungen auswerten oder aber in anspruchsvollen statistischen Berechnungen wertende Kriterien ausarbeiten. Damit verbunden sind mit dem Stichwort der „kriminellen Karriere“ unterschiedliche Strömungen der Verlaufsforschung. Geprägt sind sie von der Vorstellung lebenslang abweichender Verhaltensmuster, wobei teilweise auf persönliche Merkmale und Neigungen abgestellt wird, teilweise auf soziologisch relevante Momente wie soziale Herkunft und soziale Bindungen. Letztgenannte Ansätze zeigen Möglichkeiten eines Karriereabbruchs durch Veränderungen im Lebenslauf auf. Aus einer Perspektive der Lebensstilforschung wird insbesondere die Schule als Sozialisationsraum verstanden, in dem Normakzeptanz vermittelt werden kann. Große Bedeutung gleichermaßen für die Entstehung, aber auch für den Abbruch verfestigter Kriminalität, haben vor allem die so genannten Peers, also Gruppen Gleichaltriger, die das Freizeit- und Sozialverhalten junger Menschen wesentlich prägen.

Freilich können Projekte und Maßnahmen, die in der Praxis arbeitsfähig sein wollen, nicht mit einem solch anspruchsvollen methodischen Instrumentarium an die Bewertung und Einordnung ihrer Problemklientel herangehen. Hier muss man sich notwendig auf Rasterungen konzentrieren, die qualitative und quantitative Faktoren möglichst stimmig in eine Gesamtbewertung einbringen. Darauf werde ich später bei konkreten Projektmaßnahmen noch einmal zu sprechen kommen.

Einschränkungen in der Aussagekraft kriminalstatistischer Daten wie auch von Steuerungs- und Einflussmöglichkeiten bedingt die Tatsache, dass Kriminalität im Regelfall erst durch die Initiative von Geschädigten und ihren Anzeigen zu Ermittlungsverfahren und damit zum Gegenstand institutioneller Bearbeitung werden. Bekanntlich wird ein Großteil der Strafverfahren auf dem Wege der privaten Strafanzeige in Gang gesetzt. Diese Unwägbarkeiten können wir ein Stück weit durch Befragungen von Tätern und Opfern, also durch Dunkelfelduntersuchungen, korrigieren. Ergänzende Erkenntnisse aus der Dunkelfeldforschung ermöglichen es uns, ein komplexeres Bild von Kriminalitätsentwicklungen zu erhalten. Auch insoweit zeichnet sich neben der bereits festgestellten Verringerung der Kriminalitätsbelastung im statistischen Hellfeld eine tendenziell rückläufige Belastung junger Straftäter - gerade auch junger Intensivtäter - ab.

Mit diesen Einschränkungen und Vorbehalten dürfte die rückläufige Entwicklung der Jugendkriminalität nicht zuletzt Ausdruck der Tatsache sein, dass sich Gesellschaft und Politik in den letzten Jahren sehr intensiv mit dem Thema der Jugendkriminalität und insbesondere mit Möglichkeiten der Vorbeugung befasst haben. Es spricht einiges dafür, dass die umfänglichen Bemühungen - z.B. im Rahmen von zahlreichen Projektmaßnahmen - zumindest in der Tendenz langsam Früchte tragen und ihre kriminalpräventive Wirkung zeigen.

III. Maßnahmen

Eine Verbindung zwischen den zuvor dargelegten empirischen und konzeptionellen Vorgaben und den in Nordrhein-Westfalen praktizierten Maßnahmen der tertiären Jugendkriminalprävention lässt sich in vielfältiger Hinsicht herstellen. Die Palette ist breit, sowohl im ambulanten als auch im stationären Bereich.

1) Ambulanter Bereich

Im ambulanten Bereich geht es beispielhaft um folgende Maßnahmen und Projektierungen:

- den „Staatsanwalt für den Ort“,
- das Haus des Jugendrechts für Intensivtäter,
- die Ambulante Intensive Betreuung und schließlich
- die Vermeidung von Untersuchungshaft gemäß §§ 71, 72 des Jugendgerichtsgesetzes.

a) Der „Staatsanwalt für den Ort“

Bei den Staatsanwaltschaften in Nordrhein-Westfalen soll künftig die Bearbeitung von Jugendstrafverfahren einem so genannten „Staatsanwalt für den Ort“ übertragen werden. Das heißt, eine Jugendstaatsanwältin oder ein Jugendstaatsanwalt soll alle Ermittlungsverfahren gegen jugendliche und heranwachsende Beschuldigte aus einer ihr oder ihm zugewiesenen Gemeinde führen.

Das bereits bei verschiedenen Behörden erprobte Projekt bietet damit eine neue Möglichkeit einer umfeldbezogenen Bearbeitung von Jugendkriminalität. Die von § 42 des Jugendgerichtsgesetzes getragene Idee einer wohnortbezogenen Strafverfolgung erfährt so eine konsequente praktische Umsetzung. Kriminologisch ist dieser Ansatz schon deshalb plausibel, weil wir wissen, dass insbesondere Jugendkriminalität in erster Linie ein lokales Phänomen darstellt, also sozusagen „vor der Haustür stattfindet“.

Insbesondere bei Gruppentaten sind damit praktische Vorteile für die Ermittlungsarbeit verbunden, die durch Kenntnisse der besonderen Strukturen in der Jugendszene der jeweiligen Gemeinde noch verbessert werden. Mit dieser Zuständigkeitsgestaltung ist eine enge Vernetzung der Jugendstaatsanwältin oder des Jugendstaatsanwalts mit den kommunalen Behördenstrukturen verbunden. Jede Gemeinde erhält einen staatsanwaltschaftlichen Ansprechpartner, der nicht nur seine „Kunden“ gut kennt, sondern auch in Fragen der Vermeidung von Jugendkriminalität für alle in seinem Zuständigkeitsbereich tätigen Behörden wie Polizei, Jugendamt und Schulen zur Verfügung steht.

Die auf einzelne Orte konzentrierte Arbeitsweise ermöglicht auch eine besondere Identifikation der Jugendstaatsanwältinnen und Jugendstaatsanwälte mit ihrer Arbeit.

Sie entspricht damit zugleich dem Leitbild von Jugendstaatsanwältinnen und Jugendstaatsanwälten, die im Sinne von § 37 des Jugendgerichtsgesetzes erzieherische Erfahrungen in ihre Tätigkeit einbringen und weiterentwickeln sollen.

Um gesicherte Befunde zu erlangen, wurde das Projekt im Wege der Begleitforschung durch das Kriminologische Institut der Universität Bonn evaluiert. Die Mitte vergangenen Jahres abgeschlossene Untersuchung kommt zu dem Ergebnis, dass die Einführung des Projekts „Staatsanwalt für den Ort" neben einer Stärkung der Kooperationen vor Ort im statistischen Durchschnitt bezogen auf alle untersuchten sieben Standorte eine Verfahrensbeschleunigung von 15 Tagen bewirkt hat.

Die Verfahrensdauer ging von 92 auf 77 Tage zurück. Das stellt eine erhebliche Beschleunigung gegenüber Vergleichsgruppen mit herkömmlicher Zuständigkeitsbegründung dar.

In der Tat ist dies zunächst nur ein Teilerfolg einer verbesserten Verfahrenssteuerung. Eine Verringerung der Rückfallquote ließ sich bisher nicht feststellen. Zu beachten ist, dass sich das Projekt, das bislang erst bei sieben von 19 Staatsanwaltschaften praktiziert wird, noch in der Erprobungsphase befindet.

Wichtig ist, dass ein Umfeld geschaffen wird, in dem Jugendkriminalität aus ihrer Lebenswirklichkeit heraus bearbeitet werden kann und wo Eingriffs- und Hilfemöglichkeiten sich leichter umsetzen lassen als im Rahmen herkömmlicher Bearbeitungsstrukturen.

b) Häuser des Jugendrechts für Intensivtäter

Das Justizministerium des Landes Nordrhein-Westfalen plant die Einrichtung von „Häusern des Jugendrechts für Intensivtäter" an mehreren geeigneten Standorten. Die Sachbearbeitung der für den Umgang mit jugendlichen Intensivtätern zuständigen Vertreter der Staatsanwaltschaft, der Polizei und des Jugendamts soll in diesem Organisationsrahmen noch enger als bisher zusammengeführt werden.

Vorbildcharakter hat das „Haus des Jugendrechts für Intensivtäter" in Köln. Dort arbeiten polizeiliche Jugendsachbearbeiter und Jugendsachbearbeiterinnen, Jugendstaatsanwältinnen, und Jugendstaatsanwälte sowie Mitarbeiterinnen und Mitarbeiter der Jugend- bzw. Jugendgerichtshilfe behördenübergreifend zusammen. Die gemeinsame Arbeit unter einem Dach mit täglichen persönlichen Kontakten ermöglicht ein schnelles, ursachenorientiertes und konzeptionelles Zusammenwirken der Verantwortlichen.

In das Mitte 2009 eingerichtete Projekt sind bisher gut 100 Jugendliche einbezogen worden. Sie werden auf der Grundlage eines Bewertungssystems, das Deliktshäufigkeiten und Deliktsschwere kombiniert, in die Maßnahme aufgenommen. Sind sie in das Projekt aufgenommen, erfolgt eine personenorientierte Sachbearbeitung durch die Polizei und durch die staatsanwaltlichen Sonderdezernenten. Auf diese Weise erhalten die Jugendlichen einen festen Sachbearbeiter und auch einen Ansprechpartner, was Kontrolle und Betreuung für alle Beteiligten erleichtert. Zugleich werden Jugendhilfeangebote aktiviert. In diesen verschiedenen Nuancen der Zusammenarbeit sehe ich den praktischen Mehrwert gegenüber seit langem bestehenden Kooperationsformen der örtlichen Akteure.

Wie eingangs dargelegt, handelt es sich bei der betreffenden Klientel um junge Menschen, die in vielfältiger Hinsicht belastet sind - nicht nur mit Straftaten, sondern auch mit verschiedenen sozialen Problemlagen. Ich glaube, die erheblichen Bemühungen, die in Einrichtungen wie in Köln getätigt werden, sind durchaus geeignet, den Abbruch krimineller Karrieren zu unterstützen.

Natürlich kann das Alltagshandeln der Justiz oder der anderen Beteiligten nicht immer bis ins letzte austarierte Risikobilanzen zugrunde legen. Aber die Grundrezeptur jeder individuellen Verhaltensbeeinflussung muss beachtet werden: Insoweit geht es darum, Risikofaktoren einzugrenzen und ihre Wirkungen zu verlangsamen und umgekehrt, Schutzfaktoren aufzubauen und zu stärken. Das scheint in Köln zu gelingen.

Um langfristige Einwirkungen zu ermöglichen, wird die junge Klientel in dem Projekt über einen Zeitraum von mindestens sechs Monaten betreut und kontrolliert. Die tatsächliche durchschnittliche Verweildauer beträgt derzeit 19 Monate. Die Jugendlichen können aber nicht dauerhaft unterstützt und überwacht werden. Deshalb interessiert natürlich, was passiert, wenn sie aus der institutionellen Überwachung herausgenommen und aus dem Projekt entlassen werden. Die Ergebnisse stimmen auch insoweit hoffnungsvoll. Von den 45 im Jahre 2010 aus dem Projekt entlassenen Jugendlichen haben innerhalb eines einjährigen Rückfallzeitraums 44 % keine registrierte Straftat mehr begangen, weitere 25 % haben lediglich eine neue Tat verübt. Mehr als drei Straftaten wurden für 22 % der Probanden verzeichnet. Das ist - wie ich meine - eine durchaus ansehnliche Erfolgsbilanz.

Durch die Zusammenführung in einem Haus konnte zugleich die Vernetzung der beteiligten Behörden nach Einschätzung der Kooperationspartner aufgrund der kurzen Wege und der unmittelbaren persönlichen Kontakte deutlich verbessert werden. Die positiven Erfahrungen des Kölner Projekts sollen nun auf weitere Standorte in Nordrhein-Westfalen übertragen werden.

Kurz erwähnt sei noch ein wichtiges Thema, der Datenschutz: Um den Anforderungen des Datenschutzes im Rahmen gemeinsamer Kooperationskonzepte Rechnung zu tragen, treffen die Behörden in Nordrhein-Westfalen für den Austausch personenbezogener Daten ausdrückliche Vereinbarungen sowohl untereinander als auch mit den betroffenen Jugendlichen. Dabei wird festgelegt, dass jede beteiligte Behörde in

Fallkonferenzen Informationen nur nach den für sie maßgeblichen Datenschutzvorschriften mitteilen muss. Im Vorfeld einer Fallkonferenz bemühen sich die Behörden - gegebenenfalls über die gesetzlichen Vertreter - um eine schriftliche Einwilligung des jugendlichen Straftäters in die Weitergabe personenbezogener Daten. Auf dieser Grundlage konnten im Rahmen des Kölner Projekts bisher alle Probleme der Informationsvermittlung unter den Beteiligten gelöst werden.

Perspektivisch gilt es, die Entwicklungen innerhalb des Projekts weiter zu beobachten. Vernetzungen mit bereits bestehenden ambulanten Angeboten der Jugendhilfe sollen weiter ausgebaut werden. Auch die Evaluation wird fortgesetzt und weiter verfeinert werden.

c) Ambulante Intensive Betreuung

Über die organisatorische Strukturierung und Vernetzung hinaus müssen auch die pädagogischen Angebote erweitert werden. Es geht insbesondere um Möglichkeiten der intensiven Betreuung, also materielle Konzepte, in denen die dargestellten Rahmenbedingungen gleichsam mit pädagogischer Substanz gefüllt werden.

Ein gutes Beispiel dafür bietet das Projekt „Ambulante Intensive Betreuung" - kurz: A.I.B. Dieses wurde im Jahre 2006 bei der Dienststelle der Bewährungshilfe Köln auf eigene Initiative der Mitarbeiter eingerichtet. Drei Bewährungshelfer und eine Bewährungshelferin betreuen als „Intensiv-Bewährungshelfer" jeweils fünf nach Jugendstrafrecht verurteilte Probanden über einen Zeitraum von sechs Monaten intensiv. Zusätzlich unterstützen sie 25 bis 35 „normale" Probanden.

Ziel der Betreuung im Rahmen der A.I.B ist es, in der Anfangsphase der Bewährungszeit die Probanden in eine Tagesstruktur einzubinden, Hilfsangebote zu erschließen und ein soziales Netzwerk aufzubauen. Dadurch sollen die Jugendlichen und Heranwachsenden soweit stabilisiert werden, dass sie ihre Bewährungszeit erfolgreich abschließen können. In verstärktem Maße findet hier aufsuchende Sozialarbeit statt.

Daneben ist die enge und intensive Zusammenarbeit mit Gerichten, Polizei, Staatsanwaltschaft und Hilfeeinrichtungen wesentlicher Bestandteil des Konzepts. Dies gewährleistet einen aktuellen Informationsstand aller in den Betreuungs- und Kontrollprozess eingebundenen Institutionen und die Möglichkeit der unmittelbaren Reaktion auf Fehlverhalten und Auflagenverstöße, aber auch auf besondere Krisensituationen.

Dieses Projekt hat Vorbildcharakter für praktische Formen der Intensivpädagogik. Es lehrt uns, die vorhandenen Arbeitskapazitäten im Bereich des ambulanten Sozialen Dienstes der Justiz zu konzentrieren. Wir unterstützen entsprechende Maßnahmen durch Anregungen in den Qualitätsstandards der ambulanten Sozialarbeit der Justiz und künftig auch durch Berücksichtigung solcher Sonderbelastungen im Rahmen der derzeit überarbeiteten Belastungsstatistik. Das Projekt wird vom Max-Planck-Institut in Freiburg evaluiert.

d) Vermeidung von Untersuchungshaft gemäß §§ 71, 72 JGG

Gemäß §§ 71, 72 des Jugendgerichtsgesetzes ist die Vollziehung der Untersuchungshaft gegenüber Jugendlichen durch Alternativangebote der Jugendhilfe abzuwenden. Der Gesetzgeber hat damit die Vollziehung von Untersuchungshaft bei Jugendlichen zur rechtlichen Ausnahme erklärt. Faktisch dominiert jedoch die Untersuchungshaft als Sicherungsmittel der Hauptverhandlung. Dies widerspricht einer auf Haftvermeidung ausgerichteten Kriminalpolitik.

Nordrhein-Westfalen hat daher die Anzahl von Heimplätzen, die auf die besonderen Bedingungen einer durchschnittlich etwa dreimonatigen Unterbringung ausgerichtet sind, deutlich ausgebaut. Mittlerweile stehen 25 solcher Plätze an vier Standorten zur Verfügung - in Herne, Iserlohn, Neukirchen und Solingen. Die Einrichtungen nehmen Jugendliche aus ganz Nordrhein-Westfalen auf. Die Unterbringung dient der sinnvollen erzieherischen Nutzung der Phase bis zum rechtskräftigen Verfahrensabschluss und trägt mit den in der Jugendhilfe vorhandenen Instrumentarien dazu bei, das Strafverfahren zu sichern.

In den Einrichtungen erfolgt eine intensivpädagogische Betreuung, bei der für jeden Jugendlichen ein Betreuer vorhanden ist. Dabei wird auf die besonderen Anforderungen der Probanden eingegangen. Die Betreuung ist über den gesamten Tag gewährleistet. Daneben existiert in jeder Einrichtung ein abgestuftes Konzept struktureller und individueller Freiheitsbeschränkungen. Es handelt sich also um eine Form der Kooperation, die das Systemdenken von Jugendhilfe und Jugendkriminalrecht gleichermaßen berücksichtigt, soweit die Sicherung des Strafverfahrens mit den pädagogischen Mitteln der Jugendhilfe erfolgt.

2) Der stationäre Bereich

Für den stationären Bereich sind folgende Maßnahmen von besonderer Bedeutung:

- der Vollzug in freien Formen;
- Neuerungen bei der Ausgestaltung des Jugendarrestes
- und Szenarien des Übergangsmanagements.

Die Möglichkeiten sozialintegrativen Handelns sind natürlich nicht auf den ambulanten Bereich beschränkt. Gerade im vollzuglichen Kontext ist Ideenvielfalt gefragt, um Integrationshindernisse möglich einzugrenzen. Ein nicht zu vernachlässigender Aspekt der Kriminalprävention ist insoweit die Arbeit mit bereits inhaftierten Jugendlichen und Heranwachsenden.

a) Der Vollzug in freien Formen

Um junge Gefangene noch individueller und effektiver zu fördern, beginnt Nordrhein-Westfalen in diesem Sommer mit dem so genannten Jugendstrafvollzug in freien Formen. Die Jugendstrafe wird hierbei in einer Einrichtung der Jugendhilfe vollzogen. Aufgenommen werden bevorzugt junge Mehrfach- und Intensivtäter zwischen 14 und 16 Jahren, die unter anderem die uneingeschränkte Bereitschaft und Fähigkeit zur intensiven Mitarbeit mitbringen. Die Betreuung der Jugendlichen erfolgt in einer Intensivgruppe mit 7 Plätzen.

Den Jugendstrafvollzug in freien Formen gibt es bislang lediglich in Baden-Württemberg, Brandenburg und Sachsen. In Nordrhein-Westfalen wird er zunächst als Modellprojekt über drei Jahre erprobt und in dieser Zeit wissenschaftlich begleitet. Als Piloteinrichtung haben wir im Einvernehmen mit dem nordrhein-westfälischen Ministerium für Familie, Kinder, Jugend, Kultur und Sport sowie den Landesjugendämtern Rheinland und Westfalen-Lippe das Jugendhilfezentrum Raphaelshaus in Dormagen ausgewählt. Diese Einrichtung mit langjähriger Erfahrung zeichnet sich durch ein differenziertes pädagogisches Angebot aus.

b) Neuerungen bei der Ausgestaltung des Jugendarrestes

Auch im Bereich des Jugendarrestes beschreitet Nordrhein-Westfalen neue Wege. Das Recht des Jugendarrestvollzuges ist bisher nur oberflächlich und im Übrigen durch Rechtsverordnung und allgemeine Verwaltungsvorschriften geregelt. Das Bundesverfassungsgericht hat mehrfach nachdrücklich gefordert, für entsprechende Grundrechtseingriffe gegenüber Jugendlichen gesetzliche Grundlagen zu schaffen. Als erstes Bundesland wird Nordrhein-Westfalen dieser Forderung für den Jugendarrest bald nachkommen.

Der Entwurf des Gesetzes zur Regelung des Jugendarrestvollzuges berücksichtigt wissenschaftliche Erkenntnisse und zeitgemäße pädagogische und vollzugliche Ansätze: Das bloße Wegsperren für kurze Zeit, in der Fachliteratur als „short sharp shock" bezeichnet, hat sich als nicht sinnvoll herausgestellt. Rückfallquoten von über 60 % sprechen hier eine eigene Sprache. Der Gesetzesentwurf wendet sich deshalb konsequent vom reinen Sanktionscharakter des Jugendarrestes ab.

Stattdessen setzt das neue Jugendarrestvollzugsgesetz auf die Förderung und Erziehung der Jugendlichen. Sie sollen lernen, zukünftig eigenverantwortlich zu leben, die Rechte anderer zu respektieren und keine Straftaten mehr zu begehen. Gleichzeitig wird Sorge dafür getragen, dass die verfassungsrechtlich geschützten Persönlichkeitsrechte der jungen Menschen geachtet werden. Auch die unterschiedlichen Lebenslagen und Bedürfnisse der weiblichen und männlichen Jugendlichen sind bei allen Maßnahmen zu berücksichtigen.

Vorgegeben und standardisiert werden durch den Entwurf individuell ausgerichtete Bildungs- und Fördermaßnahmen sowie die effektive Unterstützung beim Erlernen neuer Handlungsalternativen. Dabei wird nicht übersehen, dass eine pädagogisch nachhaltige Einwirkung auf die Jugendlichen in der Regel einen Zeitraum von mindestens einer Woche voraussetzt. Deshalb zielt der Gesetzesentwurf im wesentlichen auf den maximal vierwöchigen Dauerarrest ab.

Als tragende Elemente der erzieherischen Gestaltung sind insbesondere soziale Trainingskurse, Gruppensettings und Gemeinschaftsveranstaltungen vorgesehen. Beispielsweise sind hier Antiaggressionskurse, Erste-Hilfe-Kurse, integrationsfördernde Übungen und Veranstaltungen mit der Polizei zu nennen. Zusätzlich können die Jugendlichen in Einzelgesprächen familiäre, emotionale und soziale Probleme ansprechen.

Daneben kommt der Freizeitgestaltung eine entscheidende Bedeutung zu. Gemeinsamer Sport soll ein gewaltreduziertes, positives Klima in den Einrichtungen fördern. Insbesondere durch Mannschaftssport können die Jugendlichen lernen, Gemeinschaftssinn zu entwickeln, Regeln zu befolgen und Rücksicht zu üben. Anhand individuell und altersgemäß zugeschnittener handwerklicher, kreativer und künstlerischer Angebote soll den jungen Menschen eine sinnvolle Freizeitgestaltung aufgezeigt werden. Vorhandene Fähigkeiten und Kompetenzen können so ausgebaut werden und vielleicht sogar neue Talente entdeckt werden.

Und schließlich sieht der Gesetzesentwurf vor, dass für die Zeit nach der Entlassung stabilisierende Kontakte und Anlaufstellen vermittelt werden. So soll durch ein professionell organisiertes Übergangsmanagement die weitere Betreuung durch Schulen, Ausbildungsbetriebe und Beratungsstellen gewährleistet werden.

Natürlich sind all diese Neuerungen nicht zum Nulltarif zu haben. Die pädagogische Ausrichtung des Jugendarrestvollzuges muss und wird mit qualifiziertem Personal in ausreichender Anzahl sichergestellt werden. Ich glaube, mit entsprechenden Gestaltungsmaßnahmen können wir einiges von der Skepsis abbauen, die in der Kriminologie und der Sanktionsforschung gegenüber dem Jugendarrest besteht. Wenn ich es recht sehe, kann sich auch die Wissenschaft durchaus so etwas wie einen „stationären sozialen Trainingskurs“ vorstellen.

Unabhängig von der gesetzlichen Regelung führt Nordrhein-Westfalen schon heute im Bereich des Jugendarrestvollzuges diverse Maßnahmen zur Kriminalprävention durch:

- Die Gewaltprävention nimmt einen wichtigen Stellenwert in der pädagogischen Arbeit in den Einrichtungen ein. Davon sind Maßnahmen umfasst, die einen unmittelbaren Bezug zu den jeweiligen Verhaltensauffälligkeiten junger Gewalttäter haben, wie beispielsweise Soziales Training oder Anti-Aggressionstraining.

Ebenfalls gewaltpräventiv ausgerichtet sind alle Maßnahmen, die soziale Kompetenzen, Selbstbewusstsein und Empathie der jungen Arrestantinnen und Arrestanten fördern. Hierzu sind die angebotenen Sport- und Freizeitveranstaltungen sowie Betreuungsangebote zu zählen.

- Ein strukturierter, bildungsorientierter Tagesablauf soll den jungen Menschen Impulse zum Umdenken und zu Verhaltensänderungen geben. In den Jugendarrestanstalten, in denen Dauerarrest vollzogen wird, werden daher beispielsweise Bewerbungs- und Kommunikationstrainings, Sporteinheiten, soziale Trainingsmaßnahmen, suchtpräventive Veranstaltungen und adressatengerechte kulturelle Angebote in den Tagesablauf integriert.
- Weiterhin arbeiten wir schon jetzt an der Entwicklung eines zentral gesteuerten Übergangsmanagements, das die Überleitung in das heimische Betreuungssystem steuert. Da in der Regel der Heimatort der Jugendlichen nicht mit dem Ort der Jugendarrestanstalt übereinstimmt, ist es unser Ziel, die Dauerarrestantinnen und -arrestanten in das lokale reguläre Hilfssystem am Entlassungsort überzuleiten.

c) Szenarien des Übergangsmanagements

Mit dem Begriff des Übergangsmanagements ist ein Stichwort gefallen, das in den letzten Jahren im Kontext der Sozialarbeit und auch der Kriminalprävention in aller Munde ist. Natürlich ist es besonders wichtig, dass Brüche zwischen den verschiedenen Systemen möglichst überwunden und Empfangsräume geschaffen werden, die ein Alltagsleben zumindest in Grundzügen nach allgemeinen Sozialstandards ermöglichen.

Das Übergangsmanagement betrifft in Nordrhein-Westfalen selbstverständlich nicht allein den Jugendarrest. Unser besonderes Augenmerk in diesem Zusammenhang liegt bereits seit einiger Zeit auf dem Jugendstrafvollzug.

Auch bei besten Rahmenbedingungen für die Behandlung inhaftierter Straftäter bleiben die Möglichkeiten zur Resozialisierung hinter Gittern begrenzt. Dies wird nicht zuletzt durch die 2011 erschienene zweite Ausgabe der bundesweiten Rückfallstatistik „Legalbewährung nach strafrechtlichen Sanktionen“ belegt, nach der bundesweit 69% der Entlassenen aus dem Jugendstrafvollzug binnen dreier Jahre erneut straffällig werden. 36% wurden gar zu einer neuen unbedingten Haftstrafe verurteilt, kehrten also erneut in den Strafvollzug zurück. Und kriminologische Studien zeigen uns, dass gerade in den ersten sechs Monaten nach einer Haft besonders hohe Rückfallrisiken bestehen. Der Übergang aus dem strukturierten Alltag einer Justizvollzugsanstalt in unsichere oder ungesicherte Lebensverhältnisse ist offensichtlich mit zahlreichen Gefährdungen verbunden. Diesen Gefährdungen wirksam zu begegnen, die Reintegrationschancen der Inhaftierten zu fördern und so einer erneuten Straffälligkeit vorzubeugen, ist Aufgabe des Übergangsmanagements.

Prävention bekommt vor diesem Hintergrund eine besondere Bedeutung. Bei Gefangenen und Haftentlassenen müssen vorbeugende Maßnahmen auch vorausschauend als nachsorgende Interventionen verstanden und konzipiert werden. Der Strafvollzug kann solche Maßnahmen allerdings in der Regel nur vorbereiten, aber nicht selbst erbringen.

Seine Zuständigkeit endet formal mit dem Datum der Entlassung. Und auch die Tatsache, dass der für die Wiedereingliederung maßgebliche Wohnort der Entlassenen nicht zwangsläufig mit dem Standort der Justizvollzugsanstalt identisch ist, stellt eine umfeldbezogene Kriminalprävention in großen Flächenstaaten wie Nordrhein-Westfalen vor besondere Herausforderungen.

Um die Präventionspotenziale besser als bisher nutzen zu können, ist eine örtlich wie überörtlich gleichermaßen verbesserte Kooperation zwischen dem Strafvollzug und vollzugsexternen Einrichtungen gefordert. Dem werden wir in unserem Land auf drei Ebenen Rechnung tragen:

- Im Übergangsmanagement geht es zunächst um eine verbesserte Verzahnung des Vollzuges mit den ambulanten Sozialen Diensten der Justiz und der Freien Straffälligenhilfe.
- Es geht darüber hinaus um die intensivierte Vernetzung mit anderen professionellen Hilfen, aber auch ehrenamtlichen Helfern, im Einzugsbereich der Vollzugsanstalten.
- Und es geht schließlich um die systematische, auch überregionale Verknüpfung von Qualifizierungs-, Vermittlungs- und Stabilisierungsmaßnahmen zur beruflichen Wiedereingliederung der Gefangenen, kurz: um ihre gezielte Vermittlung in Arbeit oder Ausbildung. Dies sollte möglichst in nahtloser Fortsetzung der zahlreichen Fördermaßnahmen geschehen, die im nordrhein-westfälischen Jugendstrafvollzug vorgehalten werden.

Gerade den Bereich der Arbeitsmarktintegration betrachten wir als besonders wichtiges Element einer erfolgreichen Resozialisierung und Rückfallprävention. Auf der Grundlage des modernen Handlungskonzeptes Case Management soll die vollzugsübergreifende Fallarbeit hier künftig ebenso Standard werden wie der Ausbau regionaler und überregionaler Netzwerke unter Einbeziehung aller relevanten Arbeitsmarktakteure. Ziel ist es, die guten Ergebnisse der vollzuglichen Bildungs- und Behandlungsmaßnahmen auch über den Entlassungszeitpunkt hinaus zu sichern. Zugleich sollen die Mitwirkungsbereitschaft der Inhaftierten durch Schaffung konkreter Beschäftigungsperspektiven gesteigert und ihre Wiedereingliederung durch flankierende Nachsorgemaßnahmen stabilisiert werden.

Die zentralen Voraussetzungen für den Auf- und Ausbau eines solchen landesweiten Übergangsmanagements wurden bereits geschaffen.

Der nordrhein-westfälische Jugendstrafvollzug verfügt bei einer Belegung von knapp 1.500 Gefangenen derzeit über ca. 620 Plätze in beruflichen Förder-, Qualifizierungs- und Ausbildungsmaßnahmen, deren Ausgestaltung sowohl an den Bedürfnissen der Inhaftierten als auch an den Erfordernissen des Arbeitsmarktes ausgerichtet wird.

Mit Modellprojekten des Kriminologischen Dienstes, die unter anderem aus Mitteln des Europäischen Sozialfonds gefördert und mittlerweile in den Regelbetrieb übernommen wurden, konnte eine „3-Säulen-Strategie zur beruflichen Wiedereingliederung“ umgesetzt werden. Diese hat unter dem Namen MABiS.NeT auch weit über die Landesgrenzen hinaus Beachtung und Anerkennung gefunden. In 11 Justizvollzugsanstalten, darunter alle Anstalten des Jugendstrafvollzuges, wird hier eine arbeitsmarktorientierte Entlassungsvorbereitung angeboten, mit deren Hilfe die Inhaftierten, insbesondere die Teilnehmer beruflicher Qualifizierungsmaßnahmen, möglichst schon vor der Entlassung in Arbeit oder (Folge-)Ausbildungsplätze vermittelt werden sollen.

In 6 Nachsorgestellen werden zudem über den Zeitraum von 6 Monaten ergänzende Beratungs- und Unterstützungsleistungen angeboten, die sowohl Haftentlassene als auch Arbeitgeber nutzen können, um die Vermittlungsaktivitäten zu erweitern und Beschäftigungsabbrüchen im Interesse einer verbesserten Rückfallprävention vorzubeugen.

Mit den kürzlich abgeschlossenen bzw. kurz vor dem Abschluss stehenden Modellprojekten TANDEM und INA sind nun weitere Voraussetzungen für eine professionelle Verzahnung der drei Säulen „Qualifizierung“, „Vermittlung“ und „Nachsorge“ für Gefangene unter 25 Jahren im Rahmen eines professionellen Übergangsmanagements geschaffen worden. TANDEM beinhaltet eine Verknüpfung von schulischen bzw. beruflichen Qualifizierungs- und Gewaltpräventionskonzepten in gemeinsamer Umsetzung von Mitarbeitern aus dem Vollzug und den Berufskollegs. INA steht für „Integrationsplanung“, Netzwerkbildung“ und „Arbeitsmarktintegration“ - es geht um entsprechende Kooperationsszenarien.

Aktuell werden die „best practices“ der bisherigen Modellprojekte in einer neuen Gemeinschaftsinitiative namens B5 zusammengeführt. Die Bezeichnung B5 verdeutlicht, dass dem Programm fünf berufsbezogene Module zugrundeliegen.

Zur Umsetzung dieses Programms wurde Nordrhein-Westfalen in sieben Regionen aufgeteilt, in denen die Justizvollzugsanstalten, die Arbeitsagenturen und Jobcenter, aber auch die ambulanten Dienste der Justiz und Einrichtungen der Freien Straffälligenhilfe zusammenarbeiten werden. Sie sollen die Übergänge der Inhaftierten aus der Haft in Arbeit oder Ausbildung bzw. in vollzugsexterne Hilfe- und Grundsicherungssysteme besser als bisher strukturieren. Neu eingestellte und speziell geschulte „Netzwerkerinnen“ und „Netzwerker“ werden das bisher im Übergangsmanagement eingesetzte Personal ergänzen und insbesondere die Zusammenarbeit zwischen Justiz- und Arbeitsverwaltung nach Maßgabe der regionalen Möglichkeiten verdichten.[2]

Schließlich gilt es, in die „Konzepte und Maßnahmen einer umfeldbezogenen Jugendkriminal-prävention in Nordrhein-Westfalen“ auch die Evaluation des Jugendstrafvollzuges einzubeziehen.

Wie eingangs erwähnt hat das Bundesverfassungsgericht bereits im Mai 2006 verlangt, die gesetzlichen Vorgaben für die Ausgestaltung des Jugendvollzuges auf möglichst realitätsnahe Annahmen zu stützen. Erforderlich dafür sei die Erhebung aussagekräftiger und vergleichbarer Daten, die eine Bewertung der Erfolge und Misserfolge des Vollzuges und die gezielte Erforschung der zugrundliegenden Faktoren ermöglichten.

In Nordrhein-Westfalen ist diese Forderung in § 108 Jugendstrafvollzugsgesetz NRW eingeflossen. Hiernach sollen die Aufgabenerfüllung und Gestaltung des Vollzuges, die Behandlungsmethoden, die Umsetzung der Leitlinien und die Förderungs- und Erziehungsmaßnahmen für die jungen Gefangenen regelmäßig wissenschaftlich begleitet, erforscht und bewertet werden.

Im Auftrag des Strafvollzugsausschusses der Länder hat eine Arbeitsgruppe aus Vertreterinnen und Vertretern mehrerer Kriminologischer Dienste der Länder eine Konzeptvorlage für gemeinsame Standards zur Evaluation der Maßnahmen im Jugendstrafvollzug erstellt. Erhoben werden Strukturdaten zur vergleichenden Dokumentation, Falldaten zur Analyse der Ergebnisqualität und Rückfalldaten. Anhand dieses Konzeptes führt Nordrhein-Westfalen seit Herbst 2010 die Evaluation des Jugendstrafvollzuges durch. Der Evaluationsbericht wird für Spätsommer diesen Jahres erwartet.

IV. Zusammenfassung

Der Umgang mit jungen, strafrechtlich auffälligen Menschen setzt Ideenreichtum voraus. Wir können hier nicht einfach justizielle Standardprogramme abwickeln, sondern müssen uns geleitet durch den gesetzlichen Erziehungsauftrag und die damit verbundene Idee der Haftvermeidung nach Wegen umschauen, den Erscheinungen der Jugendkriminalität möglichst lebensnah entgegenwirken. Dabei müssen wir über den Tellerrand unserer eigenen Zuständigkeiten und Aufgabenstellungen schauen. Es gilt insbesondere dafür Sorge zu tragen, dass funktionierende Kooperationen mit anderen an der Jugendkriminalprävention beteiligten Einrichtungen entstehen, ohne dabei vorhandene Rollenbilder vollends aufzulösen. Aus dieser Gestaltungsperspektive sind effektive Abstimmungsprozesse und Informationsverläufe sicherzustellen. Reak-

[2] Die für diese Gemeinschaftsinitiative grundlegende Kooperationsvereinbarung wurde mittlerweile - am 10. Mai 2012 - von Herrn Justizminister Kutschaty und der Vorsitzenden der Geschäftsführung der Regionaldirektion NRW der Bundesagentur für Arbeit, Frau Schönefeld, unterzeichnet.

tionen auf Abweichung Jugendlicher sollen sich nicht als Einzelmaßnahme darstellen, sondern Teil eines abgestimmten Vorgehens verschiedener beteiligter Institutionen sein. Ohne eine gleichsam vernetzte Reaktion und Fallkoordination - neudeutsch: Case-Management - droht jungen Menschen, durch die Institutionen durchgereicht zu werden.

Wir konzentrieren uns dabei in Nordrhein-Westfalen auf Programme und Maßnahmen, die die Lebenswelt insbesondere von hoch belasteten jungen Menschen und den sozialen Rahmen ihres Verhaltens möglichst eng in die Aufarbeitung bereits erfolgter Vorfälle und die Vermeidung neuer Straftaten einbinden wollen.

Andreas Mayer

Präventionsangebote für ältere Menschen im Zeichen gesellschaftlichen Wandels

Das Programm Polizeiliche Kriminalprävention der Länder und des Bundes (ProPK) verfolgt das Ziel, die Bevölkerung, Multiplikatoren, Medien und andere Präventionsträger über Erscheinungsformen der Kriminalität und Möglichkeiten zu deren Verhinderung aufzuklären. Dies geschieht unter anderem durch kriminalpräventive Presse- und Öffentlichkeitsarbeit und durch die Entwicklung und Herausgabe von Medien, Maßnahmen und Konzepten, welche die örtlichen Polizeidienststellen und andere Einrichtungen in ihrer Präventionsarbeit unterstützen. Im Zuge dieses Auftrags entwickelte das ProPK in der Vergangenheit auch diverse Medien und Angebote für ältere Menschen. Vor dem Hintergrund der demografischen Entwicklung in unserer Gesellschaft und angesichts veränderter Kommunikations- und Konsumgewohnheiten stellte das ProPK seine Angebote speziell für diese Zielgruppe auf den Prüfstand und stellte grundsätzliche Überlegungen zur Weiterentwicklung seines Angebots an.

Ausgangssituation

Die Kommission Polizeiliche Kriminalprävention, an der alle Bundesländer und der Bund beteiligt sind, hat in einer zurückliegenden Arbeitstagung beschlossen, sich mit der Zielgruppe der Senioren gesondert zu befassen und hierzu eine Projektgruppe einzurichten, die überlegen solle, wie diese Zielgruppe mit den Methoden und Möglichkeiten des Programms der Polizeilichen Kriminalprävention überhaupt erreicht werden kann. Hierbei sollten insbesondere Fragestellungen wie eine klare Beschreibung und Erreichbarkeit der Zielgruppe, die Art der von ProPK angebotenen Medien und das Nutzungsverhalten der Zielgruppe sowie altersspezifische Layout-Fragen (Schriftbild, Kontrast, Wortwahl, Lebensgewohnheiten etc.) berücksichtigt werden.

Jede Lebensphase des Menschen, von der Kindheit über die Jugend und das Erwachsenenalter bis hin zum Seniorendasein ist durch unterschiedliche physische, psychische, gesellschaftliche, strukturelle aber auch ganz individuelle Gegebenheiten und Veränderungen geprägt. Auch wenn die Übergänge zwischen diesen Phasen fließend sind, so bringt doch jede – auch bezogen auf die Kriminalitätsbelastung bzw. Opferwerdung - ihre eigenen Risiken und Gefahren mit sich.

Der Lebensabschnitt des Seniorendaseins ist in der Regel durch neue Freiheiten infolge der beginnenden Rente, aber auch durch aufkommende Einschränkungen (sowohl körperlicher als auch geistiger Art) gekennzeichnet. Dass immer mehr Menschen immer älter werden, wirkt sich auch auf das Kriminalitätsgeschehen aus. Zum Beispiel entwickeln sich vermehrt spezifische, auf ältere Opfer ausgerichtete Deliktsmuster wie der „Enkeltrick“[1], da die Täter insbesondere bei der Zielgruppe der alleinlebenden alten Menschen günstige Tatgelegenheiten vermuten. Deshalb gewinnt gerade das Thema „Senioren als Opfer“ für die Kriminalprävention - nicht nur für die Polizei - bundesweit an Bedeutung. Obwohl vor dem Hintergrund der demografischen Entwicklung mit dem Anteil älterer Menschen an der Bevölkerung auch der Anteil der von dieser Altersgruppe begangenen Straftaten an der Gesamtkriminalität anwachsen dürfte, wurde der Aspekt „Senioren als Täter“ aufgrund der bisherigen Schwerpunktsetzung des ProPK im Folgenden ausgenommen.

Demografische Entwicklung

Deutschland hatte Ende des Jahres 2009 eine Einwohnerzahl von zirka 81,8 Millionen. Die Kinderzahl von 2,1 Kindern pro Frau, die als notwendige Quote für eine langfristige stabile Bevölkerungsentwicklung gilt, ist seit langem unterschritten. Im Jahr 2011 lag die durchschnittliche Kinderzahl pro Frau bei 1,36 Kindern.[2] Gleichzeitig ist die Lebenserwartung im 20. Jahrhundert enorm gestiegen. Betrug die durchschnittliche Lebenserwartung bei Geburt Ende des 19. Jahrhunderts noch etwa 41 Jahre, so stieg sie bis Mitte des 20. Jahrhunderts auf zirka 66 Jahre an und lag im Jahr 2008 nur knapp unter 80 Jahren. Die fernere Lebenserwartung (d.h. die Lebenserwartung ab einer bestimmten Altersstufe) ab einem Alter von 65 Jahren betrug im Jahr 2008 im Durchschnitt noch knapp 19 Jahre. Dies führt sowohl zu einem Rückgang der Gesamtbevölkerung als auch zu einem wachsenden Anteil älterer Menschen an der Bevölkerung. Entsprechend den Bevölkerungsvorausberechnungen des Statistischen Bundesamtes wird die Altersgruppe der über 65-Jährigen um ca. 33 Prozent von 16,8 Millionen im Jahr 2010 auf 22,3 Millionen Personen im Jahr 2030 ansteigen. Gemessen an der Gesamtbevölkerung bedeutet dies einen Anstieg von 21 Prozent im Jahr 2010 auf 29 Prozent im Jahr 2030.[3] Trotz einer erwarteten Zunahme der Migration nach Deutschland wird dieser grundsätzliche Trend anhalten, schon allein deshalb, weil in aller Regel nicht nur Säuglinge nach Deutschland einwandern.

Einhergehend mit der höheren Zahl betagter und hochbetagter Menschen steigt auch die Anzahl Pflegebedürftiger (Leistungsempfänger gem. SGB XI) in Deutschland. Ihre Zahl wird sich nach Schätzungen von 2,37 Millionen im Jahr 2010 über 3,27 Millionen im Jahr 2030 bis auf 4,36 Millionen im Jahr 2050 nahezu verdoppeln.

Polizeiliche Kriminalstatistik (PKS) - eine Hellfeldanalyse

Die PKS zeigt, dass im Alter ein insgesamt deutlich reduziertes Risiko besteht, Opfer einer Straftat zu werden. So lag der Anteil der Opfer in der Altersgruppe 60+ an allen

---

[1] Der Enkeltrick ist eine Form des Trickbetrugs, die sich gezielt gegen ältere Mitmenschen richtet. Der Täter täuscht dem Geschädigten gegenüber - vorzugsweise am Telefon - ein Verwandtschaftsverhältnis (zumeist „Enkel“) vor (Definition siehe Polas BW, Katalog Fall Begehungsweise S. 30). So werden hohe Geldbeträge von den Opfern erbeten, die diese den Tätern oder von jenen entsandten Boten übergeben.

[2] Statistisches Bundesamt, Pressemitteilung vom 20.09.2012

[3] www.destatis.de, Bevölkerungsfortschreibung S.11 (Stand: 21.10.2011)

Opfern vollendeter Delikte mit Opfererfassung im Jahr 2008 bei nur ca. neun Prozent, während der Anteil der 60-Jährigen und älteren an der Bevölkerung ca. 25 Prozent betrug. Lediglich bei einzelnen Straftatbeständen wie Handtaschenraub (vorwiegend Frauen), Missbrauch von Schutzbefohlenen, Raubmord sowie fahrlässiger Tötung (z. B. ärztliche Behandlungs- und Kunstfehler) besteht ab einem Alter von 60+ ein erhöhtes Risiko, Opfer zu werden.

Allerdings müssen in diesem Zusammenhang Besonderheiten der polizeilichen Straftatenerfassung berücksichtigt werden, die die Aussagekraft der PKS hinsichtlich der Opferwerdung im Alter deutlich einschränken:

- Im Gegensatz zur feingliedrigen Alterserfassung in einen Kinder-, Jugend- und Heranwachsendenbereich ist die PKS ab dem 60. Lebensjahr nicht in weitere Altersgruppen untergliedert.
- In der PKS werden grundsätzlich in allen Altersgruppen nicht zu allen Delikten Opferdaten erfasst, sondern nur zu den sogenannten Opferdelikten. Eigentums- und Vermögensdelikte gehören in der Regel nicht dazu.

Die PKS bietet also im Ergebnis aufgrund der fehlenden Altersdifferenzierung sowie der unvollständigen Erfassung der Opferdaten nur ein grobes Bild der Opferwerdung. In verschiedenen Bundesländern wurde mit Sondererfassungen bzw. –auswertungen der PKS und anderer polizeilicher Informationssysteme sowie Forschungsprojekten versucht, aussagekräftigere Daten zu gewinnen. Dabei wurden beispielhaft folgende Erkenntnisse gewonnen:

- Die Altersgruppe der 70- bis 79-Jährigen hat bei Trickdiebstählen ein etwa dreifach höheres Opferwerdungsrisiko als die Altersgruppe der 60- bis 69-Jährigen. Dieses steigt weiter an und erreicht bei den 90-Jährigen und Älteren etwa das Zehnfache des Werts der 60 bis 69-Jährigen. Besonders stark betroffen sind hochaltrige, zumeist allein lebende Frauen.[4]
- In Baden-Württemberg wurden im Jahr 2010 788 (2009: 621) Fälle von Trickbetrug[5] in der PKS registriert. Hiervon sind 311 (2009: 143) Fälle mit der Tatbegehungsweise „Enkeltrick“ erfasst. Da Trickbetrug und die Begehungsweise „Enkeltrick“ keine Opferdelikte sind, wird das Lebensalter der Geschädigten nicht erfasst. Aufgrund der definierten Begehungsweise des Enkeltricks (siehe Fußnote 1) ist allerdings davon auszugehen, dass die überwiegende Anzahl der Opfer älter als 60 Jahre ist. Im einzelnen stellen sich die Fallzahlen und Schadenssummen der letzten fünf Jahre für Baden-Württemberg wie folgt dar:

---

4 Polizeiliche Daten (ISA-Web) Bremen, 01/2004 – 05/2006; S.34

5 Trickbetrug ist Betrug, der unter Anwendung besonderen Geschicks, besonderer List und Raffinesse oder neuer, besonderer Methoden begangen wird (Definition siehe „Jahresbericht Wirtschaftskriminalität 2010“, Baden-Württemberg“), S.5/25.

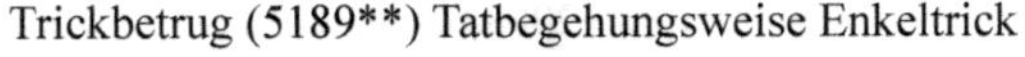
Trickbetrug (5189**) Tatbegehungsweise Enkeltrick

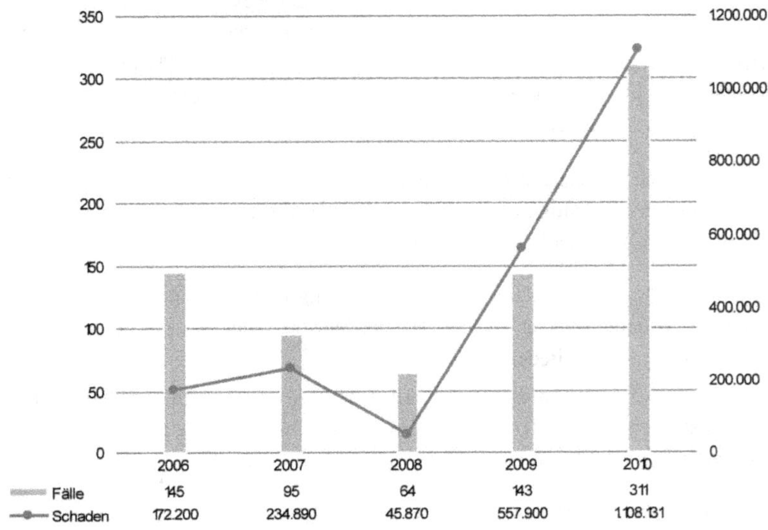

Diese Entwicklungskurve dürfte in anderen Bundesländern ähnlich verlaufen.

Erkenntnisse aus Befragungen - Dunkelfeldforschung

Neben statistischen Hellfelddaten lassen sich aus der sog. Dunkelfeldforschung Erkenntnisse zur Opferwerdung älterer Menschen gewinnen. So ergab eine bundesweite Dunkelfeldbefragung des Kriminologischen Forschungsinstituts Niedersachsen (KFN) im Jahr 2005 in der Altersgruppe zwischen 40 und 85 Jahren einen mit dem Alter sinkenden Anteil von Menschen, die im zurückliegenden Jahr oder auch in den letzten fünf Monaten Opfer einer Straftat wurden. Der Handtaschenraub bildet hierbei eine Ausnahme. Menschen in der Altersgruppe ab 60 Jahre beurteilen die Kriminalitätsentwicklung in Deutschland insgesamt etwas negativer als jüngere Befragte, die Entwicklung in der eigenen Wohngegend hingegen positiver. Ältere Personen fürchten sich nicht mehr als Jüngere vor Kriminalität und schätzen ihr Risiko, Opfer einer Straftat zu werden (wiederum mit Ausnahme des Handtaschenraubes) nicht höher ein. Zugleich ist aber das Vorsichts- und passive Vermeideverhalten bei der Personengruppe 60+ ausgeprägter als bei den Jüngeren. So führen beispielsweise ältere Personen weniger Bargeld bei sich oder vermeiden es, sich zu bestimmten Zeitpunkten an bestimmten Orten aufzuhalten.[6] Zu berücksichtigen ist bei solchen Dunkelfeldstudien aber, dass stets nur Personen befragt werden können, die dazu geistig und körperlich in der Lage sind. Gerade im sehr hohen Alter ist diese Voraussetzung nicht mehr durchgängig gegeben; insofern liegen vor allem für die „jungen Alten“ belastbare

6 Kriminologisches Forschungsinstitut Niedersachsen (KFN), Viktimisierungsbefragung Nr. 99, 2006

Dunkelfelddaten vor, während die Befundlage für die neunte und zehnte Lebensdekade unsicherer ist.

Ursachenanalyse – Gefahrenzonen

Sowohl der PKS-Opfererfassung als auch Befragungen zufolge nimmt die Gefährdung im höheren Alter insgesamt also nicht zu, sondern eher ab. Daraus den Rückschluss zu ziehen, dass Senioren für die Kriminalprävention keine bedeutende Zielgruppe darstellen, ist aber bei differenzierter Betrachtung unzulässig. Sowohl Hellfeld- als auch Dunkelfelderhebungen weisen – wie dargestellt – Lücken auf. Gerade die Erkenntnisse länderspezifischer Auswertungen polizeilicher Informationssysteme zeigen, dass in einigen Bereichen von einer hohen Viktimisierung älterer Menschen ausgegangen werden kann.

Zwar ist mit zunehmendem Alter eine ausgeprägte Heterogenität dieser Altersgruppe festzustellen. Insgesamt betrachtet treten aufgrund der kontinuierlichen Erhöhung der Lebenserwartung Funktionseinschränkungen, Gebrechlichkeit und Pflegebedürftigkeit immer später auf. Damit häufen sich Merkmale, die gleichzeitig eine

- Einschränkung der Möglichkeit von Befragungen,
- Einschränkung der Anzeigefähigkeit,
- Erhöhung der Verletzbarkeit in Bezug auf Tatbegehung, Tatverdeckung, Schwere und Dauerhaftigkeit von Tatfolgen

bedingen. Aus Sicht des ProPK bilden sich insbesondere drei auf Hochaltrige ausgerichtete sogenannte „Gefahrenzonen“ heraus, die durch folgende Delikts-/Erscheinungsformen gekennzeichnet sind:

- Eigentums- und Vermögensdelikte, bei denen der oder die Täter gezielt hochaltrige Opfer auswählen, weil sie günstige Tatbedingungen vermuten (z. B. alleinlebend, körperlich eingeschränkt, leicht zu täuschen, verlangsamte Reaktion) und nach polizeilicher Erfahrung auch vorfinden. Der Zugang zum Opfer erfolgt z. B. via Simulieren einer persönlichen Beziehung oder einer speziellen beruflichen Rolle, etwa Vortäuschen einer Amtsträgereigenschaft. Prototypisch sind Trickbetrugsdelikte („Enkeltrick“) oder Trickdiebstähle („Glas-Wasser-Trick“). Im Graubereich schließen sich unseriöse Geschäftspraktiken an (Kaffeefahrten, Gewinnmitteilungen, Haustürgeschäfte), die im Einzelfall ebenfalls Straftatbestände verwirklichen können.
- Misshandlungen/Vernachlässigungen der Pflegebedürftigen, die durch günstige Tatbegehungs- und Tatverdeckungsmöglichkeiten, Machtunterschiede und Abhängigkeiten sowie hohe Belastungs- und Konfliktpotenziale gekennzeichnet sind.

- (unerkannte) Tötungsdelikte an Älteren; Beispiele hierfür sind Tötungsdelikte in Kliniken und Pflegeheimen, kombinierte Fremd-/Selbsttötungen bei älteren Paaren („erweiterter Suizid") und unerkannte „nicht natürliche Todesfälle" (Tod als erwartetes Ereignis bei Hochaltrigen).

Aufgrund des weiter fortschreitenden demografischen Wandels und der besonderen gesellschaftlichen Verantwortung für „potenziell unsichtbare Opfer" sollten kriminalpräventive Maßnahmen für die genannten „Gefahrenzonen" ergriffen werden. Da (unerkannte) Tötungsdelikte an Älteren nicht oder nur mittelbar (z. B. Erhöhung der Obduktionsrate) präventabel erscheinen, blieben sie im Rahmen der weiteren Prüfung unberücksichtigt.

Ziele

ProPK setzt sich zum Ziel, einen Beitrag zur Verminderung des Viktimisierungsrisikos in den für Menschen in einem Alter von über 60 Jahren besonders ausgeprägten Gefahrenzonen der Kriminalität zu leisten. Hierzu gehört, dass ältere Personen in verständlicher Form zielgruppenspezifisch über Möglichkeiten zum Schutz vor Straftaten informiert werden, bei denen sie besonders gefährdet sind oder in näherer Zukunft gefährdet sein könnten. Zudem sollen Multiplikatoren durch Bereitstellung geeigneter Informationen unterstützt werden, Verhaltensregeln zum Schutz vor Opferwerdung an ältere, besonders viktimisierungsanfällige Menschen zu vermitteln.

Zielgruppen

Für gute, kriminalpräventive Medien bedarf es einer detaillierten Betrachtung der jeweiligen Zielgruppe(n). Der Begriff „Senior" wird in seiner ursprünglichen wörtlichen Bedeutung als „älterer Mensch" definiert[7]. Diese sehr allgemeine Begrifflichkeit reicht für den oben benannten Anspruch nicht aus. ProPK hat sich deshalb intensiv mit der Definition weiterer Merkmale der Zielgruppe im Sinne der Auftragsstellung beschäftigt. Wie bereits dargestellt ist „Alter nicht gleich Alter" und die Personengruppe der über 60-Jährigen eine sehr inhomogene Personengruppe. Vor dem Hintergrund der steigenden Lebenserwartung ist „Alter" inzwischen eine Lebensphase, die so lange wie die der „Kindheit und Jugend" dauert. Für eine immer größer werdende Anzahl von Menschen übertrifft sie diese sogar. Dies hat auch Konsequenzen für die Kriminalprävention. Die Kategorie „Altersgruppe 60+" umfasst durch die immer breiter werdende Altersspanne Menschen in ganz unterschiedlichen Lebenslagen, mit sämtlichen Graden von Alltagskompetenz und deren Einschränkungen, unterschiedlichen (körperlichen und geistigen) Fähigkeitspotenzialen und Opferwerdungsrisiken sowie unterschiedlichen Erreichbarkeiten für Maßnahmen der Kriminalprävention. Insoweit bedarf es einer weiteren Unterteilung der Altersgruppe 60+. Es ist also nicht von einer, sondern von mehreren Zielgruppen auszugehen.

---

[7] www.Duden.de/rechtschreibung/senior (Stand: 21.10.2011)

In Anlehnung an die Altersdifferenzierung nach P. und M. Baltes wurde die Zielgruppe „Senioren“ in Personen im „Dritten Lebensalter“ und Personen im „Vierten Lebensalter“ unterschieden[8]. Die Übergänge zwischen den beiden Lebensphasen sind fließend. Unabhängig davon wurde als eigene, dritte Zielgruppe die Kategorie „Pflegebedürftige Personen“ definiert.

„Drittes Lebensalter“

Der Beginn des „Dritten Lebensalters“ liegt bei etwa 60 bis 65 Jahren. Es ist vor allem gekennzeichnet durch die Veränderung sozialer Rollen, insbesondere hinsichtlich der Erwerbstätigkeit und familiärer Aufgaben. Der Übergang in den Ruhestand ist dabei herausragendes Merkmal. Menschen im „Dritten Lebensalter“ sind in der Regel (noch) bei guter Gesundheit, meist mobil und aktiv. In zunehmenden Maß betreuen sie noch ältere, teilweise pflegebedürftige Verwandte und Bekannte. Innerhalb dieses Lebensalters sind die Personen - neben den in der PKS überproportional ausgewiesenen Straftatbeständen – mutmaßlich von denselben Straftatbeständen betroffen, wie alle anderen (jüngeren) Erwachsenen auch. Von den Delikts-/Erscheinungsformen der erkannten drei „Gefahrenzonen“ sind Menschen im „Dritten Lebensalter“ grundsätzlich (noch) nicht betroffen.

„Viertes Lebensalter“

In wirtschaftlich hoch entwickelten Gesellschaften beginnt das „Vierte Lebensalter“ bei etwa 80 bis 85 Jahren. Im vierten Lebensalter treten vermehrt gesundheitliche und funktionale Einschränkungen auf, die nicht mehr ohne weiteres kompensierbar sind. Mobilität und Freizeitverhalten ändern sich. Der Hauptaufenthaltsort ist die eigene Wohnung/das eigene Haus. Die Gefahr, Opfer bestimmter Straftaten zu werden, wächst. In erster Linie sind hier die Delikts-/Erscheinungsformen der erkannten Gefahrenzone „Eigentums- und Vermögensdelikte“ relevant.

Pflegebedürftige Personen

Pflegebedürftige Personen im Sinne dieser Konzeption definieren sich nicht über die Pflegestufen des SGB (Leistungsempfänger gem. SGB XI). Hierunter sind diejenigen Menschen zu verstehen, die aufgrund ihrer geistigen und körperlichen Einschränkungen (z. B. Bettlägerigkeit, fortgeschrittene Demenz) im Wesentlichen von den Delikts-/Erscheinungsformen der erkannten Gefahrenzone „Misshandlungen / Vernachlässigungen der Pflegebedürftigen“ betroffen sein können. Sie wurde bewusst als gesonderte Zielgruppe definiert, da nicht die Pflegebedürftigen selber die unmittelbare Zielgruppe präventiver Aktivitäten darstellen, sondern vielmehr deren Garanten und Helfer (Stichwort: Gewalt in der Pflege).

---

[8] Current Opinion in Psychiatry (Hrg) S. 411-415/ Baltes, P. B., & Smith, J, S. 123-135.

Nutzungsverhalten und Erreichbarkeiten der Zielgruppen

„Drittes Lebensalter“

Personen im „Dritten Lebensalter“ haben Zugang zu allen Medien/Quellen bzw. ihnen steht der Weg dazu offen. Sie unterscheiden sich im Nutzungsverhalten nur wenig von der Personengruppe der unter 60 Jahre alten Erwachsenen. Im Rahmen ihres Freizeitverhaltens nutzen sie vermehrt das Internet ebenso wie jüngere Personengruppen, lesen Zeitung, Bücher und Zeitschriften, sehen fern, hören Radio und besuchen Veranstaltungen. Sie sind in der Lage, sich selber aktiv zielgerichtet und deliktsspezifisch zu informieren. Dabei dürften auch perspektivische, auf die eigene Zukunft ausgerichtete Informationen von Interesse sein. Zudem ist ein Großteil der Gruppe in der Lage, komplexe Sachverhalte zu erfassen. Daher ist sie generell über sämtliche Medien deliktsspezifisch erreichbar. Neben einer solchen Aufklärung bietet sich bei dieser Personengruppe die Möglichkeit, dass sie hinsichtlich bildungsfernerer Personen des eigenen Lebensalters oder Personen im „Vierten Lebensalter“ eine sog. „Multiplikatorenfunktion“ übernehmen können, um entsprechende Präventionsinformationen zu übermitteln.

„Viertes Lebensalter“

Personen im „Vierten Lebensalter“ zeigen aufgrund ihrer gesundheitlichen und funktionalen Einschränkungen ein stark verändertes Nutzungsverhalten von Medien. Neue Techniken, wie das Internet, spielen eine deutlich geringere Rolle. Neben dem Lesen von Printmedien nutzen sie vorwiegend die auditiven (z. B. Radio) und audiovisuellen (meist das Fernsehen) Medien. Komplexe Informationen können zunehmend schlechter erfasst werden. Aufgrund der nachlassenden Mobilität reduziert sich die Möglichkeit der Informationsweitergabe bzw. -aufnahme. Die Personen im „Vierten Lebensalter“ sind vermehrt darauf angewiesen, dass ihnen die Informationen in ihrem Wohnumfeld „zugeführt“ werden, da sie meist nicht mehr in der Lage sind, sich diese aktiv zu holen.

Pflegebedürftige Personen

Pflegebedürftige Personen nutzen überwiegend, soweit dies noch möglich ist, auditive und audiovisuelle Medien. In der Regel sind sie nicht in der Lage, sich Informationen aktiv einzuholen. Der Personenkreis der Garanten und Helfer gewinnt daher als Vermittler von Botschaften/Informationen an Bedeutung. Bei vollständig fehlender geistiger Aufnahmefähigkeit der pflegebedürftigen Personen sind Garanten und Helfer (z. B. pflegende Familienangehörige, Pflegekräfte) die alleinigen Empfänger von Botschaften/Informationen.

Konsequenzen für die Präventionsarbeit und das ProPK

Die bislang von ProPK herausgegebenen Medien richten sich an die Zielgruppe der „Senioren“, ohne diese weiter zu unterscheiden. Die o. a. Ausführungen indizieren die Notwendigkeit, bei der Entwicklung spezifischer Präventionsmedien die Zielgruppe in

- Personen im „Dritten Lebensalter",
- Personen im „Vierten Lebensalter" und
- Pflegebedürftige Personen

zu unterscheiden.

„Drittes Lebensalter"

Da Personen im „Dritten Lebensalter" (noch) nicht den o. a. „Gefahrenzonen" unterliegen und ihnen alle Informationsmöglichkeiten zur Verfügung stehen, stellt sich die Frage, ob diese Zielgruppe überhaupt separate Präventionsmedien benötigt. Im Einklang mit wissenschaftlichen Erkenntnissen und unter Einbeziehung eigener Erfahrungen sprechen folgende Argumente für die Notwendigkeit solcher Angebote

- Ältere Menschen (60+) verhalten sich vorsichtiger als Jüngere und haben daher grundsätzlich ein – auch auf die eigene Sicherheit bezogenes – größeres Interesse an der Zukunft und damit einen höheren Informationsbedarf.[9]
- Ältere Menschen (60+) haben ein überdurchschnittlich hohes Vertrauen in die Polizei und können daher gut mit polizeilichen Präventionsbotschaften erreicht werden.[10]
- Personen im „Dritten Lebensalter" nehmen in Anbetracht der demografischen Entwicklung vermehrt eine Multiplikatorenfunktion gegenüber gleichaltrigen, älteren Verwandten und Bekannten (Personen im „Vierten Lebensalter") ein. Hierfür bedarf es der gezielten Informationsvermittlung.

Von diesen Erkenntnissen ausgehend, wurden stichprobenartig Kolleginnen und Kollegen aus der polizeilichen Praxis in den an der Projektgruppe beteiligten Bundesländern zur Notwendigkeit eines eigenständigen Präventionsmediums für Personen im „Dritten Lebensalter" befragt. Im Ergebnis spricht sich auch die polizeiliche Praxis für ein eigenständiges Präventionsmedium aus. Im Resultat beabsichtigt ProPK ein umfangreicheres Grundmedium anzubieten, mit dem sich die Zielgruppe der Personen im „Dritten Lebensalter" einerseits selbst informieren, andererseits die Informationen an schwerer erreichbare Personen im „Vierten Lebensalter" weitergeben kann. Hierfür erscheint die Broschüre „Der goldene Herbst", die bereits als „Dauerbrenner" angeboten und in großer Zahl verteilt wird, gut geeignet. Diese bedarf allerdings einer Überarbeitung in Inhalt, Form und Umfang.

„Viertes Lebensalter"

Die Personen im „Vierten Lebensalter" unterliegen vor allem im Bereich der Eigentums- und Vermögensdelikte der Gefahr, Opfer von Straftaten zu werden. Da sich

9 Kriminologisches Forschungsinstitut Niedersachsen (KFN), Viktimisierungsbefragung Nr. 99, 2006

10 BIK Umfrageforschung: Bedarf des polizeilichen Beratungs- und Informationsangebots zur Kriminalitätsvorbeugung. Hamburg, 2002, Anhang

diese Zielgruppe aufgrund ihrer eingeschränkten Mobilität vornehmlich zu Hause aufhält, soll dieser Themenbereich unter dem Arbeitstitel „Sicher zu Hause“ (Vertrauens - bzw. Datenmissbrauch) besonders aufgegriffen werden. Hierbei ist vorgesehen, eine neue Broschüre zu erstellen, die sich zielgruppenorientiert auf wesentliche Inhalte und Botschaften beschränkt sowie einprägsame Give-aways (z. B. Klappkarte als Türanhänger zum Abtrennen, Telefonaufkleber zum Abziehen) enthalten könnte.

Da die Zielgruppe neben dem Lesen von Printmedien vorwiegend die auditiven (z. B. Radio) und audiovisuellen (meist das Fernsehen) Medien nutzen, sollte aus Sicht der Projektgruppe ergänzend ein umfassendes Medienpaket entwickelt werden. Dazu sollten beispielsweise

- bildschirmtaugliche Präventionsbotschaften (z. B. Spots für Fernsehen oder Textbotschaften für „Home-TV“ in Arztpraxen, Krankenhäusern oder Pflegeheimen),
- Spots für das Radio sowie
- Telefonansagen gehören.

Pflegebedürftige Personen

Für pflegebedürftige Personen besteht aufgrund ihrer Schutzbedürftigkeit und der besonderen Gefahr, Opfer von Misshandlungen oder Vernachlässigungen zu werden, die Notwendigkeit intensiver Präventionsmaßnahmen. Vor allem Garanten und Helfern (z. B. pflegende Familienangehörige, Pflegekräfte) sind umfassende Informationen zum Thema „Gewalt in der Pflege“ zur Verfügung zu stellen. Da dieser (polizeiliche) Aspekt nur einer unter vielen der komplexen Thematik „Pflege“ darstellt, bedarf die Erreichung dieser Zielgruppe eines ressortübergreifenden Ansatzes beispielsweise unter Federführung des Bundesministeriums für Familie, Senioren, Frauen und Jugend (BMFSFJ). Eine aktive Beteiligung der Polizei ist obligatorisch.

Schlussbemerkung

In Anbetracht bereits in den Ländern und auch auf regionaler Ebene zahlreich vorhandener Informationen erscheint es angezeigt, dass sich die Polizei bei der Vermittlung von Präventionsbotschaften an die Zielgruppe der Senioren auf wesentliche Delikts- und Erscheinungsformen von Kriminalität beschränkt. Wie in anderen Themen- und Handlungsfeldern auch bietet sich bei der Erreichung dieser Zielgruppen dabei die Kooperation mit anderen Akteuren (z. B. „Essen auf Rädern“) an. Auch dem bereits vielfach praktizierten Prinzip „Senioren beraten Senioren“ ist hierbei besondere Bedeutung beizumessen.

Die dargestellten, grundsätzlichen konzeptionellen Überlegungen bedürfen nun der weiteren Ausarbeitung und konkreten Umsetzung, um dem Anspruch des ProPK an sich selbst gerecht zu werden und dem Ziel, Kriminalität zu reduzieren, ein Stück näher zu kommen:

„Wir wollen, dass Sie sicher leben!“

Literatur- und Quellenverzeichnis

Die o. a. Ausführungen basieren im Wesentlichen auf der Arbeit einer Bund-Länder-Projektgruppe der Kommission Polizeiliche Kriminalprävention, die u. a. die nachfolgenden Quellen nutzte:

Baltes, P.B. & Smith, J.: New frontiers in the future of aging: From successful aging of the young old to the dilemmas of the fourth age. Berlin, 2003

BIK Umfrageforschung: Bedarf des polizeilichen Beratungs- und Informationsangebotes zur Kriminalitätsvorbeugung. Hamburg, 2002

Current Opinion in Psychiatry (Hrg.) Baltes, M.M: The psychology of the oldest-old: The Fourth Age. Berlin, 1998

Kriminalistisch-Kriminologische Forschungsstelle im Landeskriminalamt Nordrhein-Westfalen, Analysen Nr. 1/2004: Senioren und Kriminalität. Eine Analyse unter Berücksichtigung demografischer Entwicklungen. Düsseldorf, 2004

Kriminologisches Forschungsinstitut Niedersachsen (KFN) (Hrg.): Forschungsbericht Nr. 99: Projekt Kriminalität und Gewalt im Leben alter Menschen. Hannover, 2006

Landeskriminalamt Baden-Württemberg: Jahresbericht Wirtschaftskriminalität. Stuttgart, 2010

Polizeiliches Auskunftssystem Baden-Württemberg (Polas): Katalog Fall Begehungsweise. Stuttgart, 2011

Polizeiliches Informationssystem (ISA-Web): Daten 01/2004 -05/2004. Bremen, 2004

Statistisches Bundesamt: Pressemitteilung 301 vom 18.08.2011: Durchschnittliche Kinderzahl je Frau steigt 2010 auf 1,39. Wiesbaden, 2011

Internet:

http://www.destatis.de/jetspeed/portal/cms/Sites/destatis/Internet/DE/Content/Publikationen/Fachveroeffentlichungen/Bevoelkerung/Bevoelkerungsstand/Bevoelkerungsfortschreibung,templateId=renderPrint.psml
(Stand: 21.10.2011)

http://www.duden.de/rechtschreibung/senior
(Stand: 21.10.2011)

Holger Bölkow / Celina Sonka

Phänomenübergreifende Prävention politisch motivierter Gewaltkriminalität

Aus den Erfahrungen zur phänomenspezifischen Prävention von politisch motivierter Kriminalität entstand das Projekt „Entwicklungsmöglichkeiten einer phänomenübergreifend ausgerichteten Prävention politisch motivierter Gewaltkriminalität (PüG)“, das zwischen 02/2012 und 09/2013 in der Forschungs- und Beratungsstelle Kriminalprävention des Bundeskriminalamtes umgesetzt wird. Gern nutzen wir die Gelegenheit, es im Rahmen eines Projektspots vorzustellen und zur Diskussion zu stellen.

Politisch motivierte Kriminalität (PMK) der verschiedensten Ausrichtungen steht immer wieder aufs Neue im besonderen polizeilichen, politischen und öffentlichen Fokus. Neben der Entwicklung der Fallzahlen sind es vor allem herausragende Gewalttaten, die auch auf Seiten der Polizeilichen Kriminalprävention Handlungsdruck erzeugen. Bisher prägen hier zumeist kurzfristige Reaktionen auf aktuelle Kriminalitätsereignisse die Präventionspraxis.

Die verschiedenen Teilphänomene der PMK – insbesondere die politisch rechts, links und islamistisch-jihaddistisch motivierte Kriminalität – scheinen auf den ersten Blick große Unterschiede aufzuweisen, z. B. hinsichtlich ihrer zugrunde liegenden Ideologie, der Art der Delikte sowie einer Reihe von Tätercharakteristika. Die bisherigen Maßnahmen der Kriminalprävention spiegeln durch eine zumeist phänomenspezifische Ausrichtung diese wahrgenommenen Differenzen wider. Dies bedeutet, dass sich bestehende Programme und einzelne Maßnahmen an Straftäter des rechten, linken oder islamistischen Spektrums richten, nur wenige richten sich an alle drei zugleich. Zudem sind diese Maßnahmen häufig ideologiefokussiert, d. h. Ansatzpunkt ist eine Auseinandersetzung mit der Ideologie und auch die Ansprache der Zielgruppe erfolgt über die Ideologie.

Das wird an folgenden Beispielen deutlich:

- 2005 waren veränderte Tatbegehungsweisen im rechten Spektrum zu verzeichnen. Stichworte dazu sind u. a die sogenannten „Schulhof-CD‘s“ sowie ein verändertes, bürgerlich angepasstes Auftreten. Um dem zu begegnen, entwickelte das Programm Polizeiliche Kriminalprävention (ProPK) die Präventionskampagne „Wölfe im Schafspelz“, mit der Schüler sensibilisiert wurden.
- Ende 2011 führten die Ereignisse um die Terrorzelle NSU (Nationalsozialistischer Untergrund) nicht nur zu erheblichen Anstrengungen der Strafverfolgung, sondern auch zur Überprüfung bestehender Präventionsansätze gegen PMK -rechts-.

- 2009 erreichten die Fallzahlen der politisch motivierten Kriminalität -links- einen vorläufigen Höchststand; auffällig war vor allem die Zunahme an Gewaltkriminalität u. a. im Zusammenhang mit dem NATO-Gipfel in Kehl. In der Folge wurden wiederum phänomenspezifisch polizeiliche Präventionsmaßnahmen diskutiert und entwickelt.

Phänomenspezifisch sind auch die Maßnahmen der sogenannten Islamismusprävention ausgerichtet, die intensiv diskutiert werden u. a. im Zusammenhang mit spektakulären Ereignissen wie der Festnahme der sogenannten „Sauerland-Gruppe“ 2007 (einer vierköpfigen Zelle der Jihad-Union) oder der Ermordung von US-Soldaten am Frankfurter Flughafen im März 2011.

Die Forschungs- und Beratungsstelle Kriminalprävention hat sich in den letzten Jahren in einem ihrer Schwerpunkte mit der Prävention von politisch motivierter Kriminalität befasst. So wurden u. a. aktuelle Forschungsbefunde zu Radikalisierungsprozessen sowie Erfahrungen mit der Umsetzung von Präventionsprogrammen erhoben sowie drei Experten-Workshops zu rechter, linker und religiös motivierter Gewaltkriminalität durchgeführt. Die hierbei gewonnenen Erkenntnisse gaben Anlass, das bisherige kriminalpräventive Vorgehen zu hinterfragen, zeichnet sich doch folgende Problemstellung ab:

> Die Forschungslage ist defizitär - vor allem in den Bereichen links und religiös motivierter politischer Kriminalität.
>
> Die vorhandenen aktuellen Forschungsbefunde weisen jedoch darauf hin, dass phänomenübergreifend grundlegende Gemeinsamkeiten hinsichtlich der Verlaufsformen und –dynamiken im Radikalisierungsprozess junger Menschen bestehen.
>
> Die politische Motivation für den Anschluss an eine (extremistische) Gruppierung ist häufig (zunächst) sekundär, stattdessen steht die Erfüllung von sozialen Bedürfnissen wie Geborgenheit, Anerkennung und Lebensorientierung im Vordergrund.
>
> Das Leben der Täter ist häufig durch prekäre Lebensbedingungen, enormen Entwicklungsstress und eine problematische Bildungs- und Beschäftigungssituation geprägt und ähnelt damit dem anderer delinquenter Jugendlicher.[1]
>
> Politisch motivierte und allgemeine Gewaltkriminalität sind schwer voneinander abzugrenzen. Deutlich wird dies z. B. bei den Kfz-Branddelikten in Berlin und in anderen Städten.

---

[1] Eine wichtige Erkenntnisquelle stellt hierbei eine durch die Forschungsstelle Terrorismus/ Extremismus des BKA durchgeführte Biographiestudie dar: Saskia Lützinger (2010). Die Sicht der Anderen. Wiesbaden: Luchterhand.

Die Wirksamkeit phänomenspezifischer, ideologiefokussierter Maßnahmen ist zu hinterfragen. Wie in vielen Phänomenbereichen werden auch bei der Prävention von PMK Evaluationen selten durchgeführt.

Auch müssen mögliche negative Nebeneffekte zukünftig stärker berücksichtigt werden. So wird der Ideologie oft eine Bedeutung beigemessen, die Betroffene bisher vielleicht selbst gar nicht gesehen haben. Das kann den Effekt einer Aufwertung haben, sie gar ideologisieren. Eine „Politisierung von Allgemeinkriminalität" kann jedoch nicht gewollt sein.

Das gilt auch für mögliche Etikettierungseffekte, die zu einem Generalverdacht gegenüber Muslimen führen können. Junge Muslime könnten sich in der Folge als Reaktion überhaupt erst radikalisieren, muslimische Gemeinden könnten sich aus der Netzwerkarbeit zurückziehen. Generalverdacht und Sicherheitspartnerschaft passen nicht zusammen.

Ein ideologiefokussierter Ansatz kann zudem Kriminalitätsfurcht und Fremdenangst in der Bevölkerung ungerechtfertigt steigern.

Diese Erkenntnisse und Erfahrungen führten zu der Fragestellung, welche Schlussfolgerungen für die Prävention hieraus zu ziehen sind und mündeten in der Konzeption des Projektes „Entwicklungsmöglichkeiten einer phänomenübergreifend ausgerichteten Prävention politisch motivierter Gewaltkriminalität (PüG)". Das Projekt wird zwischen 02/2012 und 09/2013 in der Forschungs- und Beratungsstelle Kriminalprävention des Bundeskriminalamtes umgesetzt. Dessen Ziel ist es zu prüfen, ob und welche Entwicklungsmöglichkeiten einer phänomenübergreifend ausgerichteten Prävention politisch motivierter Gewaltkriminalität vor dem Hintergrund aktueller Forschungserkenntnisse einerseits sowie der bisherigen Erfahrungen der Präventionspraxis andererseits bestehen. Fragen sind hier u. a.: Bei welcher Zielgruppe wären phänomenübergreifende Ansätze grundsätzlich sinnvoll und möglich, unter welchen Rahmenbedingungen, durch welche Akteure, welche konkreten Maßnahmen sind denkbar?

Der Fokus des Projekts liegt hierbei auf der bisher zumeist ideologiefokussiert und phänomenspezifisch ausgerichteten sekundären sowie tertiären Prävention. Im Rahmen der primären Prävention werden bereits zahlreiche Maßnahmen durchgeführt, die junge Menschen nicht nur weniger empfänglich gegenüber extremistischen Einstellungen machen, sondern ohne Blick auf einen bestimmten Kriminalitätsbereich allgemein abweichendem Verhalten vorbeugen sollen: allgemeine Wertevermittlung, Förderung der Empathiefähigkeit, Entwicklung sozialer Verarbeitungs- und Abwehrmechanismen, die Entwicklung eines Demokratieverständnisses u. a. Darüber hinaus gibt es eine Vielzahl von Ansätzen, die auf den Abbau von Belastungs- und Risikofaktoren abzielen und ebenfalls unspezifisch ausgerichtet sind.

Der Fokus des Projektes liegt zudem auf dem polizeilichen Handlungsfeld. Prävention kann letztlich jedoch nur gelingen, wenn sie gesamtgesellschaftlich verankert ist und die Erfahrungen der unterschiedlichsten Disziplinen berücksichtigt, so dass die Kooperationsmöglichkeiten mit anderen Präventionsakteuren ebenfalls Berücksichtigung finden.

Bestandteile des Projekts sind zum einen eine Sekundäranalyse phänomenbezogener Fachliteratur, in deren Rahmen Erkenntnisse über Gemeinsamkeiten und Unterschiede systematisch aufgearbeitet werden sollen. Zum anderen sollen bestehende Präventionsansätze hinsichtlich möglicher Anknüpfungspunkte für phänomenspezifische Ansätze analysiert werden.

In einem ersten Schritt ist zunächst die Durchführung eines Experten-Workshops mit Vertretern der Extremismus- und Gewaltforschung und -prävention geplant, in dem die bisherige Praxis in der Prävention politisch motivierter Kriminalität kritisch hinterfragt, Pro und Contra phänomenübergreifender Ansätze einschließlich der Rahmenbedingungen erörtert sowie das weitere Vorgehen im Projekt konzeptionell geschärft werden sollen.

Insgesamt soll mit dem Projekt ein Beitrag geleistet werden, eine auf differenzierten phänomenologischen Kenntnissen beruhende, ursachenorientierte Kriminalprävention zu betreiben, um fehlinvestierte Kosten und Mühen ebenso zu vermeiden wie nichtintendierte negative Effekte.

Helmut Fünfsinn / Helmut Seitz

Elektronische Aufenthaltsüberwachung

[Teil 1: Dr. Helmut Fünfsinn]

Meine sehr geehrten Damen und Herren,

ich freue mich, dass Sie doch trotz später Stunde am letzten Veranstaltungstag so zahlreich erschienen sind. Viele von Ihnen kennen sicherlich die Entscheidung des Europäischen Gerichtshofs für Menschenrechte zur Sicherungsverwahrung aus dem Jahr 2010 aus der Presseberichterstattung. Der Gerichtshof hatte – endgültig – entschieden, dass die Fortdauer der Unterbringung in der Sicherungsverwahrung über die zuvor geltende Höchstfrist von 10 Jahren hinaus konventionswidrig ist. Dies war und ist eine Entscheidung mit erheblichen Folgen. Der Gesetzgeber sah sich zu einer tiefgreifenden Reform der Regelungen veranlasst und zwar nicht nur des Rechts der Sicherungsverwahrung sondern auch der Führungsaufsicht. Aufgrund dieser Reform ist es den Gerichten nunmehr möglich, besonders gefährlichen Straftätern aufzugeben, ihren Aufenthaltsort elektronisch überwachen zu lassen. Sieht man in die Gesetzesbegründung, so verweist der Gesetzgeber dabei auf die Erfahrungen aus Frankreich – zu denen Sie heute Nachmittag noch etwas hören werden – und auf die Erfahrungen aus Hessen.

Hessische Erfahrungen – Modellprojekt „Elektronische Fußfessel“

Wenn man über die hessischen Erfahrungen spricht, sind damit die Erfahrungen aus dem hessischen Modellprojekt „Elektronische Fußfessel“ gemeint, ein sozialpädagogisches Projekt, das seit nunmehr 12 Jahren besteht und zwischenzeitlich auf alle Landgerichtsbezirke ausgedehnt worden ist. Zurzeit befinden sich regelmäßig 80 Probanden pro Tag unter elektronischer Überwachung.

Die Fußfessel ist anwendbar auf der Grundlage des geltenden Rechts und zwar auch schon vor dem 1. Januar 2011. Notwendig sind eine Weisung des Gerichts und – ganz wichtig – die Einwilligung des Probanden.

Die Kritiker des Projekts vertreten zwei gänzlich unterschiedliche Positionen: für die einen ist die Fußfessel eine menschenunwürdige Sanktion, für die anderen Strafvollzug bei Bier und Chips auf der Couch. Sie werden sehen, dass die Fußfessel keines von beiden ist.

Konkret wird die Fußfessel im hessischen Modellprojekt im Rahmen der Strafaussetzung zur Bewährung und der Aussetzung des Vollzugs eines Haftbefehls eingesetzt; in sehr seltenen Fällen aber auch bei Gnadenentscheidungen sowie im Rahmen der Führungsaufsicht schon vor dem 1. Januar 2011.

Etwa 70 % der Probanden nehmen teil im Rahmen einer Bewährungsauflage. Dies ist kein Zufall. Nicht wenige Probanden haben nie gelernt, ihren Tagesablauf zu strukturieren. Sie verfügen über zu wenig Selbstdisziplin und sind nicht in der Lage, zuverlässig Auflagen und Weisungen zu erfüllen. Dies führt dann konsequenterweise dazu, dass die gewährte Bewährung widerrufen oder aufgrund der schlechten Prognose erst überhaupt keine Bewährung gewährt wird. Genau hier setzt das Modellprojekt an. Diesen unzuverlässigen Probanden soll eine letzte Chance gewährt werden, indem eine engmaschige Überwachung durch die Technik kombiniert wird mit einer intensiven Betreuung durch die Bewährungshilfe. In einem Wochenplan wird genau festgelegt, zu welchen Zeiten der Proband anwesend sein muss, anwesend sein kann oder abwesend sein muss. Abwesenheitszeiten sind deswegen erforderlich, weil das Erlernen von Struktur voraussetzt, dass man gerade nicht 24 Stunden am Tag in der Wohnung bleibt, sondern einer geeigneten Beschäftigung nachgeht. Dies kann die Ableistung von gemeinnütziger Arbeit sein, aber auch eine Drogentherapie.

Verstöße gegen den Zeitplan werden vom System registriert und sofort per SMS weitergeleitet. Sofort heißt hier in der Tat zu jeder Tages- und Nachtzeit. Hierzu wurde eine Rufbereitschaft bei der Bewährungshilfe am Landgericht Frankfurt am Main eingerichtet. Unmittelbar nach Eingang der SMS nimmt die Rufbereitschaft telefonischen Kontakt mit dem Probanden auf und versucht, den Vorfall zu klären. Allein schon diese sofortige Reaktion ist eine neue Erfahrung für die Probanden, haben sie doch bisher gelernt, dass einige Zeit bis zur Reaktion der Justiz vergeht. Sie zeigt dem Probanden auch, dass er unter Beobachtung steht und sich rechtfertigen muss.

Darüber hinaus bedeutet die Teilnahme an dem Projekt, dass der Proband wöchentlich persönlichen Kontakt mit seinem Bewährungshelfer hat, so dass eine intensivere Arbeit mit den Probanden möglich ist.

In etwa 30 % der Fälle wird die Fußfessel im Rahmen der Vermeidung von Untersuchungshaft eingesetzt. Hierbei fungiert die Fußfessel als eine erweiterte Meldeauflage gegenüber der polizeilichen Meldeauflage, mit der die Fluchttendenz gemindert werden kann.

Ich möchte auch kurz auf die Kosten des Projektes eingehen. Das hessische Modellprojekt ist ein Projekt, mit dem Kosten gespart werden können. Denn das erklärte Ziel ist die Vermeidung von Haftverbüßung. Haftkosten liegen ohne die Baukosten bei etwa 96 € pro Tag pro Person. Die Fußfesselkosten einschließlich der Betreuungskosten lagen letztes Jahr bei 29,53 € pro Tag und Person. Sie sehen zudem anhand der Tabelle, dass auch die Zahl der Fußfesseltage deutlich zugenommen hat im Vergleich zu den Anfängen im Jahr 2000, natürlich auch bedingt durch die hessenweite Ausdehnung.

Die Erfahrung nach 12 Jahren ist, dass die Kombination aus Technik und Betreuung zu einer nachhaltigen Stabilisierung dieses doch sehr schwierigen Klientels beigetragen hat. Dies zeigt auch die Abbruchquote, die mit etwa 10 % gering ausfällt. Die Fußfessel ist daher sowohl eine Hilfe für die Betroffenen als auch eine Hilfe für die Justiz.

Elektronische Aufenthaltsüberwachung im Rahmen der Führungsaufsicht

Der Bundesgesetzgeber hat es nunmehr seit dem 1. Januar 2011 den Gerichten im Rahmen der Führungsaufsicht ermöglicht, Probanden auch gegen ihren Willen aufzuerlegen, die für eine elektronische Überwachung ihres Aufenthaltsortes erforderlichen technischen Mittel ständig im betriebsbereiten Zustand bei sich zu führen und deren Funktionsfähigkeit nicht zu beeinträchtigen. Nicht nur, aber auch aufgrund der hessischen Erfahrungen erhofft sich der Gesetzgeber von dieser neuen Maßnahme eine Erhöhung der Hemmschwelle für die Begehung neuer Straftaten durch die Steigerung des Entdeckungsrisikos. Damit einher geht auch eine Verbesserung des Schutzes der Allgemeinheit und etwaiger ehemaliger Opfer im Besonderen.

Aber, meine Damen und Herren, ich möchte an dieser Stelle gerade im Hinblick auf die Presseberichterstattung betonen, dass der Gesetzgeber gerade keine anlassunabhängige, permanente Echtzeitbeobachtung erlaubt hat. Vielmehr ist stets ein Anlass notwendig, um in die Daten eines Probanden Einsicht zu nehmen. Die elektronische Aufenthaltsberatung ist kein Ersatz für eine geschlossene Unterbringung. Zudem können diese Daten auch nicht unbegrenzt gespeichert werden, sondern sind grundsätzlich nach zwei Monaten aufgrund der gesetzgeberischen Vorschriften zu löschen. Sie merken also, dass doch erhebliche Unterschiede zu dem hessischen Modellprojekt bestehen und zwar nicht nur im Hinblick auf die Zielgruppe und die eingesetzte Technik.

Hinsichtlich der konkreten Ausgestaltung will ich nicht allzu sehr ins Detail gehen, dies wird mein Kollege Herr Dr. Seitz übernehmen. Vorab möchte ich jedoch darauf hinweisen, dass von Anfang an die Kooperation der Länder untereinander hervorragend war und es dem beträchtlichen Engagement aller Beteiligten zu verdanken ist, dass in sehr kurzer Zeit eine gemeinsame Lösung für alle Bundesländer – und dies kommt nicht allzu oft vor – gefunden werden konnte. Denn die Länder arbeiten nicht nur in technischer Hinsicht zusammen, sondern auch in fachlicher Hinsicht. Weil die Ereignismeldungen auch fachlich zu jeder Tages- und Nachtzeit bewertet werden müssen, haben sich die Bundesländer frühzeitig darauf geeinigt, eine gemeinsame Stelle zu schaffen, nämlich die Gemeinsame elektronische Überwachungsstelle der Länder, abgekürzt GÜL. Hierfür war ein Staatsvertrag notwendig, der am 1. Januar 2012 in Kraft getreten ist. Lediglich Berlin, Brandenburg und Sachsen sind diesem noch nicht beigetreten, werden dieses aber im Laufe des Jahres tun.

Kurzer Ausblick

Meine Damen und Herren, die Möglichkeiten, die sich durch die Technik bieten, sind noch lange nicht ausgeschöpft. Auch im Rahmen der häuslichen Gewalt könnte deren Einsatz sinnvoll sein, wobei – wie immer bei solchen Projekten – die rechtlichen Rahmenbedingungen sorgfältig geprüft werden müssen. Auch ist und war es immer meine Überzeugung, dass der Einsatz der Technik allein nicht zum Erfolg führt, sondern Technik ein Hilfsmittel ist, das mit der sozialpädagogischen Betreuung des Probanden verknüpft sein muss. Dies ist auch bei der Umsetzung der neuen gesetzgeberischen Aufgabe von besonderer Wichtigkeit, über die Sie nunmehr mein Kollege Herr Dr. Seitz informieren wird. Vielen Dank.

[Teil 2: Dr. Helmut Seitz]

Meine sehr geehrten Damen und Herren,

ich möchte mich zunächst meinem Kollegen Herrn Dr. Fünfsinn anschließen, der die hervorragende Länderkooperation bei der Einführung der elektronischen Aufenthaltsüberwachung gefährlicher Straftäter im Rahmen der Führungsaufsicht gelobt hat: Dass dieses Projekt in einem Jahr realisiert wurde, war bei den vielfältigen technischen, organisatorischen und fachlichen Aufgabenstellungen, die gemeistert werden mussten und Justiz und Polizei gleichermaßen betrafen, eine beispielhafte Leistung.

Bayerische Machbarkeitsstudie

Bayern hat frühzeitig entschieden, das Projekt in Angriff zu nehmen und das möglichst gemeinsam mit anderen Bundesländern. Ausschlaggebend hierfür war eine Machbarkeitsstudie, die das Bayerische Justizministerium im Herbst 2010 in Auftrag gegeben hatte, als absehbar wurde, dass mit der Neuordnung des Rechts der Sicherungsverwahrung die Rechtsgrundlagen für die elektronische Aufenthaltsüberwachung in der Führungsaufsicht geschaffen werden sollen. Die Studie kam zu dem Ergebnis, dass mit der elektronischen Aufenthaltsüberwachung – trotz vorhandener Restriktionen der GPS-Technologie – der Schutz der Bevölkerung verbessert wird. Sie bietet die Möglichkeit, aufenthaltsbezogene Weisungen der Gerichte über elektronische Gebots- und Verbotszonen stärker zu überwachen, und kann abschreckend wirken, denn die Überwachten wissen, dass sie im Falle einer erneuten Straftat mit den registrierten Aufenthaltsdaten leichter überführt werden. Die elektronische Aufenthaltsüberwachung kann daher zwar keine absolute Sicherheit gewährleisten, aber in geeigneten Fällen als ergänzendes Instrument helfen, die Rückfallgefahr verurteilter schwerer Gewalt- und Sexualstraftäter weiter zu vermindern. Sehen muss man dabei auch, dass die Rechtsprechung des EGMR und des Bundesverfassungsgerichts in manchen Fällen dazu zwingt, auch noch gefährliche Straftäter freizulassen.

Länderübergreifendes Umsetzungskonzept

Ergebnis der Machbarkeitsstudie war allerdings auch, dass der personelle und finanzielle Aufwand für den Aufbau und Betrieb der technischen Lösung und die anfallenden Überwachungsaufgaben erheblich ist, wenn jedes Land eine eigene Lösung realisiert. Vor allem weil die Überwachungsaufgaben bei den gefährlichen Straftätern rund um die Uhr geleistet werden müssen. Das war der Anlass dafür, dass vier Länder – Hessen, Baden-Württemberg, Nordrhein-Westfalen und Bayern – auf der Grundlage des in Hessen bereits eingesetzten „Fußfessel-Systems" ein länderübergreifendes Konzept für die Realisierung der elektronischen Aufenthaltsüberwachung in der Führungsaufsicht erarbeitet haben, das im Mai 2011 von der Justizministerkonferenz beschlossen worden ist.

Diesem Konzept entsprechend hat die Hessische Zentrale für Datenverarbeitung (HZD) in Hünfeld die technische Überwachungszentrale – das sog. Technische Monitoring Center – übernommen. Sie stellt die technische Verfügbarkeit des Systems sicher, speichert die durch GPS- und ergänzende LBS-Ortung registrierten Aufenthaltsdaten und leitet im Bedarfsfall eingehende Ereignismeldungen – beispielsweise bei Verstößen der Überwachten gegen Gebots- oder Verbotszonen, bei Manipulationen an den Geräten oder bei technischen Störungen – weiter. Daneben wurde – Herr Dr. Fünfsinn hat bereits darauf hingewiesen – auf der Grundlage eines Staatsvertrages in Hessen bei der Gemeinsamen IT-Stelle der hessischen Justiz in Bad Vilbel die „Gemeinsame elektronische Überwachungsstelle der Länder" eingerichtet. Die GÜL – wie sie abgekürzt bezeichnet wird – hat die Ereignismeldungen daraufhin zu bewerten, ob Anhaltspunkte für eine bevorstehende schwere Gewalt- oder Sexualstraftat des Verurteilten, für eine Manipulation der Geräte oder für ein bewusstes Unterlaufen der Überwachung durch den Verurteilten gegeben sind und daher die zuständige Polizeistelle des betroffenen Landes und Stellen der Justiz zu verständigen sind.

Konzept der Fallkonferenzen

Das länderübergreifende Umsetzungskonzept hat ferner als wichtiges Ziel vorgegeben, dass die elektronische Aufenthaltsüberwachung lediglich in geeigneten Fällen zum Einsatz kommen soll. Damit sollte – angesichts der technischen Einschränkungen und der rechtlichen Anforderungen – eine möglichst zielgerichtete und praxisgerechte Überwachung sichergestellt werden. Vor allem sollte vermieden werden, dass Weisungen nach § 68 Abs. 1 Satz 1 Nr. 12 StGB eher schematisch beantragt werden oder Weisungen elektronisch überwacht werden müssen, bei denen dies nicht praktikabel möglich ist. Hier hatte man beispielsweise die – in der Praxis häufig erteilte – Weisung vor Augen, dass sich der Verurteilte nicht auf Kinderspielplätzen, in Schulen, in Schwimmbädern oder an vergleichbaren Orten aufhalten darf, an den typischerweise Kinder anzutreffen sind. Daher wurde festgelegt, dass die mit dem Verurteilten befassten Stellen aus Polizei und Justiz in Fallkonferenzen gemeinsam die Vorauswahl der geeigneten Fälle und Weisungen treffen.

Dieser Konzeptteil wurde im Anschluss an die Justizministerkonferenz durch eine Arbeitsgruppe des Strafrechtsausschusses mit Beteiligung von Vertretern der Innenministerien der Länder näher ausgestaltet. Die Arbeitsgruppe hat sich darauf verständigt, dass sich etwa 4 bis 6 Monate vor der Entlassung eines Verurteilten, bei dem die elektronische Aufenthaltsüberwachung ernsthaft in Betracht kommt, eine Fallkonferenz mit Vertretern aus Justiz und Polizei mit der Notwendigkeit und Geeignetheit der Maßnahme im konkreten Einzelfall befasst. Die Fallkonferenz prüft zunächst, ob bei dem Verurteilten ein hohes Risiko für weitere schwere Gewalt- oder Sexualstraftaten der in § 66 Abs. 3 Satz 1 StGB genannten Art besteht und berücksichtigt hierbei etwaige vorhandene Sachverständigengutachten und eine vorab seitens der Justiz- oder Maßregelvollzugsanstalt abzugebende Risikoeinschätzung. Anschließend vergewissert sie sich, ob die elektronische Aufenthaltsüberwachung im konkreten Einzelfall erforderlich ist, weil erwartet werden kann, dass das Rückfallrisiko durch eine elektronische Überwachung aufenthaltsbezogener Weisungen oder die spezialpräventive Abschreckungswirkung verringert wird. Im Falle eines positiven Votums hat die Fallkonferenz daneben Empfehlungen zu den mit der elektronischen Aufenthaltsüberwachung zusammenhängenden und weiteren individuellen Weisungen zu erarbeiten. Die Ergebnisse fließen in den Antrag der Vollstreckungsbehörde auf Erlass eines Führungsaufsichtsbeschlusses ein, damit die Strafvollstreckungskammer eine fundierte Basis für ihre Entscheidung hat.

Wird die Beantragung einer Weisung zur elektronischen Aufenthaltsüberwachung empfohlen, hat die Fallkonferenz darüber hinaus Handlungsanweisungen an die GÜL zu erstellen, in denen die Reaktionen der GÜL auf die bei ihr eingehenden Ereignismeldungen soweit wie möglich festgelegt werden.

Verfahrenseinsatz in Bayern

Nachdem der Staatsvertrag zur Errichtung der GÜL rechtzeitig in Kraft getreten ist und ein in Zusammenarbeit mit Hessen durchgeführter bayerischer Test- und Pilotbetrieb im September und November 2011 die Einsatzfähigkeit des Systems bestätigt hat, konnte im Januar 2012 der Verfahrenseinsatz in Bayern gestartet werden. Bereits im September 2011 beginnend sind zwischenzeitlich etwa 45 Fallkonferenzen durchgeführt worden; davon handelte es sich bei 30 Fallkonferenzen um sog. EGMR-Parallelfälle, also um Sicherungsverwahrte mit einer Rückwirkungsproblematik i.S. der Entscheidungen des EGMR vom 17. Dezember 2009 und des Bundesverfassungsgerichts vom 4. Mai 2011. Teilnehmer sind Vertreter der Vollstreckungsbehörde, der Justiz- oder Maßregelvollzugsanstalt, der Bewährungshilfe, der Polizei und im Ausnahmefall auch der Führungsaufsichtsstelle. Trotz des deutlichen Zeitaufwands, wird das Fallkonferenzenkonzept in der Praxis sehr positiv bewertet. Die Fallkonferenzen werden sehr kooperativ durchgeführt und erzielen dabei bisher ausnahmslos einvernehmliche Ergebnisse. Aktuell liegen in Bayern für 20 verurteilte Personen Führungsaufsichtsbeschlüsse mit einer Weisung zur elektronischen Aufenthaltsüberwachung vor. Sechs dieser Personen werden aktuell elektronisch überwacht. Die übrigen befinden sich derzeit noch in behördlicher Verwahrung, meist in der Unterbringung nach dem Therapieunterbringungsgesetz. Weit überwiegend verfolgen die gerichtlichen Anordnungen mit der elektronischen Aufenthaltsüberwachung eine rein spezialpräventive Zielrichtung.

Kurzes Fazit:

Meine Damen und Herren, auch wenn der Zeitraum des Echteinsatzes noch zu kurz ist, um verlässliche Aussagen zum praktischen Einsatz der elektronischen Aufenthaltsüberwachung zu treffen: Nach den bisherigen Erfahrungen können wir davon ausgehen, dass die aufgebaute technische und organisatorische Lösung einen wirtschaftlichen und praxistauglichen Verfahrenseinsatz gewährleistet. Die Zusammenarbeit der beteiligten bayerischen Stellen mit dem Technischen Monitoring Center in Hünfeld und mit der GÜL in Bad Vilbel ist ausgezeichnet. Und die im Vorfeld immer wieder geäußerte Befürchtung, es würde Unmengen von Fehlalarmen und viele unnötige Polizeieinsätze geben, hat sich bisher nicht bewahrheitet.

Silke Eilzer / Heinz-Peter Mair

Elektronische Aufenthaltsüberüberwachung in Europa – kriminalpräventive Alternativen?

[Teil 1: Silke Eilzer]

Meine sehr geehrte Damen und Herren,

ich freue mich sehr, Ihnen heute über die elektronische Aufenthaltsüberwachung in Europa berichten zu dürfen. Sie werden zunächst etwas von mir über den Einsatz der so genannten Radiofrequenztechnik hören. Anschließend wird Herr Mair Ihnen europäische Projekte zur satellitengestützten Überwachung näher bringen.

Zur besseren Unterscheidung möchte ich Ihnen nochmals kurz den Unterschied erklären zwischen dem Einsatz der Radiofrequenztechnik und der satellitengestützten Überwachung. Die Radiofrequenztechnik wird im hessischen Modellprojekt eingesetzt. Mit ihr wird die bloße An- und Abwesenheit von einem bestimmten Ort, nämlich dem, an dem die Empfangsstation aufgestellt ist, überwacht. Eine genaue Bestimmung des Aufenthaltsortes erfolgt dabei gerade nicht. Im Gegensatz hierzu ermöglicht die satellitengestützte Überwachung – die GPS-Technik – die Feststellung des Aufenthaltsortes.

Ich werde mich in meinem Vortrag auf drei Länder konzentrieren: Österreich, Schweden sowie England & Wales und habe ihnen zur Einführung aus diesen Ländern ein paar Stimmen mitgebracht, die sich zu der Situation befassen, mit einer Fußfessel zu leben, und die Ihnen im Verlauf des Vortrags an der einen oder anderen Stelle vielleicht wieder ins Gedächtnis kommen werden.

Österreich

Lassen Sie uns nun mit unseren Nachbarn in Österreich beginnen.

In Österreich ist der elektronisch überwachte Hausarrest seit dem 1. September 2010 gesetzlich möglich in zwei Fällen: Zum einen zur Untersuchungshaftvermeidung, wobei hier eine gerichtliche Entscheidung vorliegen muss. Hier gelten im wesentlichen die Ausführungen von Herrn Dr. Fünfsinn zum hessischen Modellprojekt entsprechend.

Zum anderen kann der EÜH als besondere Form des Strafvollzugs eingesetzt werden, wobei es sich hier um eine Entscheidung des jeweiligen Anstaltsleiters handelt. Die wichtigsten Voraussetzungen für diese besondere Vollzugsform sind die Einwilligung des Probanden sowie das Vorhandensein einer geeigneten Beschäftigung. Besonders hervorzuheben ist, dass sich der österreichische Gesetzgeber dazu entschlossen hat, keine Tatbestände von vorneherein aus dem Anwendungsbereich herauszunehmen. Gerade aber bei häuslicher Gewalt und Sexualstraftaten kommt der Prognoseentscheidung, nämlich dass kein Missbrauch der Vollzugsform zu befürchten ist, besondere Bedeutung zu. Hierbei ist zudem eine besondere Stelle zu beteiligen, nämlich die Begutachtungs- und Evaluationsstelle für Gewalt- und Sexualstraftäter.

Maximal können 12 Monate Freiheitsstrafe bis zur Entlassung im Wege des elektronisch überwachten Hausarrests verbüßt werden. Entlassung meint hier nicht nur die Entlassung bei Strafende, sondern auch eine Entlassung auf Bewährung. Da das österreichische Recht eine bedingte Entlassung zum Halbstrafenzeitpunkt kennt, ergibt sich daraus, dass der Einsatz des EÜH bei Freiheitsstrafen von bis zu zwei Jahren dazu führen kann, dass die verurteilte Personen keinen Tag im Gefängnis verbringen muss. Anzumerken ist auch, dass der Einsatz des elektronisch überwachten Hausarrests grundsätzlich kostenpflichtig für den Probanden ist. Durch Rechtsverordnung wurden hier 22 € pro Tag festgelegt. Ich möchte aber darauf hinweisen, dass es auch Ausnahmen von der Kostenpflicht gibt. Es kommt hierbei maßgeblich auf die finanziellen Verhältnisse des Probanden an. Zum einjährigen Bestehen der Gesetzesänderung hat das österreichische Justizministerium in einer Pressemitteilung bekannt gegeben, dass die Durchschnittsverweildauer im elektronisch überwachten Hausarrest drei Monate betrage. Ca. 400 Personen hätten daran teilgenommen, wobei lediglich in 5 % der Fälle ein Widerruf erfolgt sei.

England & Wales

Nach dem noch jungen Projekt in Österreich kommen wir nun zu dem Rechtskreis, in dem die höchsten Fallzahlen der elektronischen Überwachung existieren. Ich spreche hier von England & Wales. Das dortige Recht unterscheidet grundsätzlich fünf Einsatzmöglichkeiten: Zunächst ist auch hier die Untersuchungshaftvermeidung zu nennen, man denke nur an Julian Assange. Das Mindestalter für diese Maßnahme ist hierbei 12 Jahre bedingt durch das niedrigere Alter der Strafmündigkeit. Ebenfalls möglich ist der Einsatz im Rahmen der vorzeitigen Entlassung auf Bewährung (Release on Licence).

Eine im Vergleich zu allen anderen europäischen Ländern wohl einzigartige Einsatzmöglichkeit ist die Verhängung im Rahmen der sogenannten „Community Order". Es handelt sich hierbei um eine eigenständige Strafform (keine Bewährungsauflage) in Form einer Aufenthaltsbeschränkung, die mit weiteren Anordnungen verknüpft werden kann, aber nicht muss. Die elektronische Überwachung setzt voraus, dass mindestens für 2 Stunden, aber für nicht mehr als 12 Stunden pro Tag eine Aufenthaltsbeschränkung ausgesprochen worden ist. Die Anordnung darf auch nicht länger als sechs Monate andauern. In diesem Zusammenhang wird nun ein Proband zitiert mit „Meine Freunde können ins Stadion und ich kann nicht mitgehen". Meine Damen und Herren, genau das ist der Punkt. Denn dass eine solche Aufenthaltsbeschränkung ausgesprochen worden ist, könnte etwas damit zu tun haben, dass jedes Mal, wenn der Proband ins Stadion mit seinen Freunden gegangen ist, nachher Unheil herausgekommen ist.

Eingangs habe ich schon erwähnt, dass England & Wales die höchsten Fallzahlen zu verzeichnen haben. Allein im Zusammenhang mit der Community Order gab es im Jahre 2009 55.189 Anordnungen und im Jahre 2010 62.233. Wie gesagt, diese Zahlen gelten nur für die Anordnungen im Rahmen der Community Order, die anderen Anwendungsbereiche sind hiervon gerade nicht umfasst.

Eine weitere Einsatzmöglichkeit besteht im Rahmen einer „Home Detention Curfew Order". Hierbei können maximal 90 Tage Haft bei Gefangenen mit einer Strafe von mehr als drei Monaten und weniger als vier Jahren ersetzt werden. Bei Jugendlichen im Alter von 12-17 Jahren kommt der Einsatz zudem im Rahmen einer „Detention and Training Order" in Betracht. Diese zeichnet sich dadurch aus, dass die Hälfte der Strafe im Gefängnis verbracht wird und die andere Hälfte unter Aufsicht durch das Youth Offending Team. Die elektronische Überwachung erfolgt in diesem Fall bei einer Entlassung vor der Halbstrafe, ansonsten bedarf es der Anordnung einer zusätzlichen besonderen Aufsicht.

Schweden

Das letzte europäische Land, das ich Ihnen im Rahmen der elektronischen Aufenthaltsüberwachung näher bringen möchte, ist Schweden. Schweden kann man mit Fug und Recht als Pionier auf diesem Gebiet bezeichnen. Es war das erste Land, das in den neunziger Jahren sich für den Einsatz der elektronischen Fußfessel entschieden hat. Besonders hervorzuheben ist hierbei, dass der Einsatz eine rein administrative Entscheidung ist, nämlich durch die Swedish Prison and Probation Administraion. Man hat sich ganz bewusst gegen gerichtliche Entscheidungen entschieden, um so einem befürchteten Net Widening Effekt von vornherein entgegenzuwirken. Mit dem Net Widening Effekt ist gemeint, dass Gerichte bei Kenntnis der Möglichkeit der elektronischen Fußfesseln häufiger Freiheitsstrafen verhängen könnten, als sie dies ohne diese technische Möglichkeit machen würden.

Der Einsatz der elektronischen Fußfessel setzt auch in Schweden stets die Einwilligung des Probanden voraus. Er kommt in Betracht beim Ersatz von kurzen Freiheitsstrafen sowie bei der Verbüßung eines Teils der Strafe in Form der „Intensiven Supervision". Wie auch in Österreich gibt es in Schweden ebenfalls keinen zwingenden Ausschluss bei bestimmten Taten. Aber auch hier wird dem Opferschutz Rechnung getragen, indem bei häuslicher Gewalt regelmäßig die Maßnahme versagt wird, wenn der Proband beabsichtigt, seinen Wohnsitz in der Nähe seines ehemaligen Opfers zu nehmen. Es gilt ein striktes Alkohol- und Drogenverbot. Auch hier darf der Proband die Wohnung nur in Übereinstimmung mit dem erarbeiteten Tagesplan verlassen werden. Sie sehen, welche zentrale Bedeutung der Tagesplan hat, den Sie bereits aus dem hessischen Modellprojekt kennen.

Der Proband muss einer Beschäftigung mit mindestens 20 Stunden pro Woche nachgehen. Zeit zur freien Verfügung außerhalb der Wohnung steht dem Probanden für ca. 1 Stunde pro Tag zu.

In 2010 waren etwa 12 % der Gefangenen in Schweden unter der elektronischen Überwachung pro Tag. In absoluten Zahlen ausgedrückt sind dies 530 Personen pro Tag. Über das Jahr verteilt haben 3700 Personen ihre Strafe gänzlich oder zumindest zum Teil in Form dieser Maßnahme verbüßt. Bei dem weit überwiegenden Teil, nämlich bei 3000 Personen, erfolgte dies im Rahmen des Ersatzes von kurzen Freiheitsstrafen, zumeist Trunkenheitsdelikten oder Betäubungsmitteldelikten. Die Abbruchquote liegt bei 9 % der Probanden. Am häufigsten erfolgte ein solcher Abbruch wegen des Verstoßes gegen das Abstinenzgebot.

Meine Damen und Herren, dies waren nur drei Beispiele aus dem europäischen Ausland. Ich möchte darauf hinweisen, dass noch eine ganze Reihe anderer Länder die elektronische Überwachung in der einen oder anderen Form einsetzt. Deutschland war in der Vergangenheit – mit Ausnahme von Hessen – eher sehr zurückhaltend. Dies hat sich auf Bundesebene durch die Einführung der elektronischen Aufenthaltsüberwachung im Rahmen der Führungsaufsicht geändert. Angesichts der Verbreitung dieser Maßnahme im europäischen Ausland verwundert es nicht, dass sich mittlerweile auch schon der Europarat mit der elektronischen Überwachung befasst hat, nämlich in den Empfehlungen des Ministerkomitees an die Mitgliedstaaten über die Grundsätze der Bewährungshilfe des Europarates. Dort wird insbesondere betont, dass die elektronische Überwachung mit Interventionen verbunden sein soll, die auf Wiedereingliederung und Rückfallprävention abzielen. Dies wird von einigen als Hinweis darauf verstanden, dass der Umgang in England &Wales mit der elektronischen Überwachung als eigenständiger Strafform mit einem gewissen Unbehagen betrachtet wird. Die Empfehlungen mahnen aber auch die Einhaltung des Verhältnismäßigkeitsprinzips an.

Meine Damen und Herren, ich glaube, im Laufe der Vorträge ist deutlich geworden, wie wichtig das Zusammenspiel von enger Betreuung durch die Bewährungshilfe und der technischen Überwachung ist. Auch die Erfahrungen auf europäischer Ebene zeigen, dass es nicht damit getan sein kann, jemandem eine Fußfessel anzulegen. Vielmehr muss die sozialarbeiterische Betreuung gewährleistet sein, die von der Technik unterstützt wird und so nachhaltig zu einer positiven Veränderung des Verhaltens des Probandes und damit auch dem Wohl der Allgemeinheit beitragen kann. Vielen Dank.

[Teil 2: Heinz-Peter Mair]

Meine sehr geehrten Damen und Herren,

während Frau Eilzer über die europäischen Erfahrungen mit dem Einsatz der elektronischen Aufenthaltsüberwachung bei Straftätern mit einer eher günstigen Prognose berichtet hat, soll es in meinem Vortrag nun um die europäischen Überwachungsprojekte mit gefährlichen Straftätern gehen. Im Herbst 2010 hat das Bayerische Justizministerium im Rahmen einer Machbarkeitsstudie prüfen lassen, wie die damals noch im Entwurf vorliegende gesetzliche Regelung zur elektronischen Aufenthaltsüberwachung in der Führungsaufsicht technisch und organisatorisch umgesetzt werden kann. Diese Studie hat sich zu einem Schwerpunkt mit den praktischen Erfahrungen anderer europäischer Länder auf diesem Gebiet befasst. Besonders intensiv wurde dabei das französische Projekt „Mobile elektronische Überwachung" betrachtet, da es für den Gesetzentwurf in Deutschland wichtige Impulse gegeben hat.

GPS-gestützte Überwachung gefährlicher Straftäter in Europa

Bei der GPS-gestützten Überwachung gefährlicher Straftäter handelt es sich um ein junges Einsatzfeld. Die Einsatzzahlen sind in Europa bisher im Vergleich zu denjenigen in den sog. Hausarrestprojekten, in denen die elektronische Aufenthaltsüberwachung als Alternative zur Freiheitsstrafe oder zur Untersuchungshaft eingesetzt wird, noch gering. Dies dürfte vor allem darauf beruhen, dass nach wie vor Zweifel an einer ausreichenden Praxistauglichkeit der GPS-Technologie für die Überwachung gefährlicher Straftäter verbreitet sind, auch mit Blick auf Feldversuche in England und Wales und in Kanada, die in den Jahren zwischen 2004 und 2006 bzw. 2008/2009 durchgeführt worden sind und wegen einer hohen Anzahl an Fehlalarmen nicht in den Regelbetrieb überführt wurden.

Dennoch kann man feststellen, dass die elektronische Aufenthaltsüberwachung gefährlicher Straftäter seit Jahren zunehmend an Bedeutung gewinnt. Projekte hierzu gibt es aktuell in Europa beispielsweise in Frankreich, in Irland, in den Niederlanden und in Spanien. Im Wesentlichen geht es dabei um zwei Einsatzbereiche: die Überwachung gefährlicher Straftäter nach der Entlassung und in Fällen häuslicher Gewalt. Mit der elektronischen Aufenthaltsüberwachung wird hier das Ziel verfolgt, die Gefahr von Straftaten zu verringern und gleichzeitig das Sicherheitsgefühl gefährdeter Personen zu verbessern. Hierfür nutzen fast alle Projekte die GPS-Ortung, weil mit dieser Technologie die Bewegungen der Täter überwacht und bei Bedarf jederzeit deren aktueller Aufenthaltsort bestimmt werden können. Die anlassunabhängige permanente Überwachung der Täter, wie sie vor allem in Irland praktiziert wird, stellt in der Praxis allerdings die seltene Ausnahme dar. In der Regel werden in den europäischen Projekten aufenthaltsbezogene Weisungen über elektronisch eingerichtete Gebots- oder Verbotszonen überwacht und die registrierten Aufenthaltsdaten gespeichert, um sie bei Rückfalltaten für Ermittlungszwecke nutzen zu können.

Ich möchte Ihnen nun zwei der genannten Projekte näher vorstellen:

Das Projekt „Mobile elektronische Überwachung“ (Frankreich)

Das Projekt „Mobile elektronische Überwachung“ wird in Frankreich seit August 2007 landesweit eingesetzt (seit dem Jahr 2000 wird dort bereits in großem Umfang die elektronische Aufenthaltsüberwachung als sog. Hausarrestlösung als Alternative zur Freiheitsstrafe betrieben). Überwacht werden hier schwere Gewalt- und Sexualstraftäter mit einer Anlassverurteilung von mindestens sieben Jahre Freiheitsstrafe, die vorzeitig zur Bewährung entlassen werden. Grundlage ist eine gerichtliche Anordnung, die allerdings die Einwilligung des Verurteilten voraussetzt. Im Projekt wird keine anlassunabhängige permanente Überwachung praktiziert. Sondern das System dient der Überwachung aufenthaltsbezogener Weisungen des Gerichts, der Lokalisierung des Verurteilten im Gefahrfall und der Unterstützung der Ermittlungen bei einer neuen Straftat.

Die überwachten Probanden haben ein zweiteiliges Gerät bei sich zu führen, mit dem durch GPS- und ergänzende Funkzellen(LBS)-Ortung eine regelmäßige Positionsbestimmung durchgeführt wird. Die Daten werden in bestimmten Zeitabständen an eine Überwachungszentrale übertragen und dort gespeichert, damit sie im Falle einer neuen Straftat für Ermittlungszwecke zur Verfügung stehen. Daneben können entsprechend den gerichtlichen Weisungen individuell Gebots- und Verbotszonen definiert werden, mit der Folge, dass bei Verstößen systemtechnisch Alarmmeldungen an die Überwachungszentrale erzeugt werden. Auf diese Weise wird beispielsweise überwacht, ob sich der Proband zu den festgelegten Zeiten in seiner Wohnung oder an seinem Arbeitsplatz aufhält oder ob er sich auf dem Weg zur Arbeit innerhalb des Korridors bewegt, der ihm vom Gericht vorgegeben worden ist. Verbotszonen können unter anderem dazu dienen, die Einhaltung eines gerichtlichen Annäherungsverbots an den Wohnsitz eines gefährdeten Opfers zu kontrollieren.

Die technische Funktionsfähigkeit des Systems wird in Frankreich durch private Dienstleister sichergestellt. Die fachlichen Überwachungsaufgaben haben die Zentralen in den Justizvollzugsanstalten übernommen, die auch für das Hausarrestprojekt zuständig und rund um die Uhr mit Bediensteten besetzt sind. Dort werden eingehende Systemmeldungen über Gebots- oder Verbotszonenverstöße, über technische Störungen oder über Manipulationen der Probanden an den Geräten daraufhin bewertet, ob eine Gefahrensituation gegeben ist und Anlass besteht, das Gericht zu verständigen, das auch außerhalb der üblichen Dienstzeit Bereitschaft hat und seinerseits die Polizei informiert. Daneben wird in dem Projekt großer Wert auf eine enge Betreuung der überwachten Probanden durch die Bewährungshilfe gelegt.

Zum 1. März 2012 standen in dem Projekt 45 Probanden unter „mobiler elektronischer Überwachung“. Es hatte zunächst längere Zeit damit zu kämpfen, dass beim GPS-Empfang und im Mobilfunknetz häufig Ausfälle und Störungen auftraten. Ferner waren oftmals aufenthaltsbezogene Weisungen elektronisch zu überwachen, bei denen dies nicht praktikabel möglich war: typisches Beispiel war die Weisung, sämtliche Schulen und Kindergärten zu meiden. Dies hat in der Praxis zu vielen Ereignismeldungen geführt und zu einem hohen Aufwand für unnötige polizeiliche Einsätze. Zwischenzeitlich hat sich die Situation durch technische und organisatorische Fortentwicklungen im Projekt jedoch deutlich verbessert: vor allem wird nun bei einem Ausfall der GPS-Ortung ergänzend die LBS-Ortung genutzt, um den Aufenthaltsort eines Probanden festzustellen, und im Falle einer Alarmmeldung zur Klärung der Situation zunächst mit dem Probanden über ein Mobilteil Sprachverbindung aufgenommen. Dadurch können offensichtlich viele unnötige Alarmierungen vermieden werden. Im Ergebnis bewerten die Verantwortlichen im französischen Justizministerium das Projekt als erfolgreich. Es könne keine völlige Sicherheit bieten, aber die Rückfallgefahr senken. Den Probanden helfe das Bewusstsein, dass sie mit den registrierten Aufenthaltsdaten leichter überführt werden können, ihre Impulse zu beherrschen.

Elektronische Aufenthaltsüberwachung bei häuslicher Gewalt (Spanien)

Ein bedeutendes GPS-gestütztes Modellprojekt im Bereich häusliche Gewalt wird in Spanien durchgeführt. Die elektronische Aufenthaltsüberwachung dient hier der Durchsetzung von Kontakt- bzw. Näherungsverboten, die gegen Täter häuslicher Gewalt durch einstweilige Verfügung verhängt werden können, und der Überwachung entlassener Sexualstraftäter. Dabei werden im Wege des sog. Bilateral Monitoring Täter und Opfer gleichermaßen elektronisch überwacht. Das heißt, dass auch das Opfer einen GPS-Empfänger erhält. Durch einen ständigen Abgleich der registrierten Aufenthaltsdaten wird eine „dynamische Sicherheitszone“ verwirklicht und ein Alarm ausgelöst, wenn die Distanz zwischen Täter und Opfer eine festgelegte Entfernung unterschreitet. Geht ein Alarm ein, nimmt die Überwachungszentrale über LCD, SMS oder Sprachverbindung Kontakt mit dem Täter auf, um die Situation zu klären und ihn anzumahnen, die notwendige Distanz einzuhalten. Bei Gefahr in Verzug verständigt sie die Polizei und hält diese über den Aufenthaltsort von Täter und Opfer auf dem Laufenden. Gleichzeitig wird das Opfer über eine mögliche Annäherung des Täters informiert. Daneben kann das Opfer selbst im Gefahrfall über das mitgeführte Gerät einen „Panik-Alarm“ bei der Überwachungszentrale auslösen.

Die elektronische Aufenthaltsüberwachung bei häuslicher Gewalt wurde in Spanien zunächst ab 2006 in Madrid und auf den Balearen pilotiert; seit 2009 ist sie landesweit im Einsatz. Auch dieses Projekt geht davon aus, dass die GPS-gestützte Überwachung keine absolute Sicherheit vor neuerlichen Gewalttaten gewährleisten kann. Dennoch wird damit der Opferschutz verbessert, weil die polizeiliche Überwachung deutlich verstärkt und eine Abschreckung der (potentiellen) Täter erreicht werden kann. Nach veröffentlichten Statistiken sind bis Mai 2011 insgesamt 614 Paare in das Projekt einbezogen worden, ohne dass ein erfolgreicher gewalttätiger Übergriff bekannt geworden ist.

Folgerungen für Deutschland

Meine Damen und Herren, welche Folgerungen sind aus den europäischen Erfahrungen mit der elektronischen Aufenthaltsüberwachung gefährlicher Straftäter für Deutschland gezogen worden? Welche Folgerungen können wir noch ziehen?

Das französische Projekt war – hierauf habe ich bereits hingewiesen – ein Vorbild für den Bundesgesetzgeber bei der Schaffung der Rechtsgrundlagen für die elektronische Aufenthaltsüberwachung in der Führungsaufsicht im Rahmen der Neuordnung des Rechts der Sicherungsverwahrung zum 1. Januar 2011. Ebenso wie das spanische Projekt hat es gezeigt, dass die elektronische Aufenthaltsüberwachung gefährlicher Gewalt- und Sexualstraftäter ein ergänzendes Instrument sein kann, mit dem in geeigneten Fällen neben anderen Überwachungs- und Unterstützungsprogrammen ein zusätzlicher Schutz der Bevölkerung vor Rückfällen erzielt wird. Ferner haben die Länder bei der Vorbereitung der Einführung der elektronischen Aufenthaltsüberwachung in Deutschland von den französischen Erfahrungen profitieren können. Viele technische und organisatorische Festlegungen sind übernommen worden. So wird in Deutschland auch von Beginn an ergänzend zur GPS-Ortung die LBS-Ortung eingesetzt und die Möglichkeit genutzt, dass die Überwachungszentrale bei Eingang von Ereignismeldungen zunächst zur Klärung der Situation mit den Probanden Sprachverbindung aufnimmt. Durch eine intensive Information aller beteiligten Stellen soll ferner vermieden werden, dass Weisungen überwacht werden müssen, bei denen dies elektronisch nicht praktikabel möglich ist. Berücksichtigt man die bisherigen praktischen Erfahrungen mit dem Einsatz der elektronischen Aufenthaltsüberwachung in Deutschland seit Anfang dieses Jahres, können wir mit guten Gründen davon ausgehen, dass in Deutschland deutlich weniger Ereignismeldungen oder Fehlalarme auftreten werden als in Frankreich. Ich erwarte mir daher in Deutschland auch eine größere Akzeptanz der elektronischen Aufenthaltsüberwachung in der Praxis und höhere Fallzahlen.

Das sog. Bilateral Monitoring in Spanien könnte der Ausblick für eine Fortentwicklung des deutschen Projekts sein. Hierfür müssten allerdings noch die technischen und rechtlichen Voraussetzungen näher geprüft werden. Im Übrigen erscheint es ratsam, zunächst ausreichend praktische Erfahrungen mit dem gegenwärtigen Einsatz der elektronischen Aufenthaltsüberwachung in der Führungsaufsicht zu sammeln.

Autoren

Dirk Behrmann
Landeskriminalamt Niedersachsen, Hannover

Melanie Blinzler
Präventionsrat Oldenburg (PRO)

Dr. Wilfried Blume-Beyerle
Landeshauptstadt München

Holger Bölkow
Bundeskriminalamt Wiesbaden

Rainer Cohrs
Münchner Verkehrsgesellschaft mbH

Gunnar Cronberger
BOGESTRA AG Bochum Gelsenkirchener Straßenbahnen AG

Silke Eilzer
Hessisches Ministerium der Justiz, für Integration und Europa, Wiesbaden

Dr. Holger Floeting
Deutsches Institut für Urbanistik Berlin

Prof. Dr. Bernhard Frevel
Fachhochschule für öffentliche Verwaltung NRW, Münster

Bernd Fuchs
Polizeidirektion Heidelberg

Dr. Helmut Fünfsinn
Hessisches Ministerium der Justiz, für Integration und Europa, Wiesbaden

Wolfgang Gores
Polizeipräsidium Westhessen, Wiesbaden

Reiner Greulich
Polizeidirektion Heidelberg

Frederick Groeger-Roth
Landespräventionsrat Niedersachsen, Hannover

Prof. Dr. Axel Groenemeyer
Technische Universität Dortmund

Dr. Joachim Häfele
Hafencity University Hamburg

Dr. Rita Haverkamp
Max-Planck-Institut für ausländisches und internationales Strafrecht, Freiburg i. Br.

Prof. Dr. Dieter Hermann
Universität Heidelberg

Joachim Herrmann
Bayerischer Staatsminister des Innern

Guido Jabusch
Polizei Bochum

Robert Kopp
Polizeipräsidium München

Thomas Kutschaty
Justizminister des Landes Nordrhein-Westfalen

Dr. Olaf Lobermeier
proVal - Gesellschaft für sozialwissenschaftliche Analyse, Beratung und Evaluation, Hannover

Heinz-Peter Mair
Bayerisches Staatsministerium der Justiz und für Verbraucherschutz, München

Erich Marks
Deutscher Präventionstag, Hannover

Andreas Mayer
Polizeiliche Kriminalprävention der Länder und des Bundes (ProPK), Stuttgart

Christian Miesner
Westfälische Wilhelms-Universität Münster

Julia Muth
Polizeipräsidium Westhessen, Wiesbaden

Prof. Gerd Neubeck
Deutsche Bahn AG, Berlin

Sybille Oetliker
Schweizerischer Städteverband, Bern

Christiane Sadeler
Waterloo Region Crime Prevention Council (WRCPC), Kanada

Dr. Martin Schairer
Bürgermeister der Landeshauptstadt Stuttgart

Karla Schmitz
Deutscher Präventionstag, Hannover

Dr. Anke Schröder
Landeskriminalamt Niedersachsen, Hannover

Prof. Dr. Dr. Herbert Schubert
Fachhochschule Köln

Christoph Schüle
proVal - Gesellschaft für sozialwissenschaftliche Analyse, Beratung und Evaluation, Hannover

Detlev Schürmann
Polizei Bonn

Dr. Tillmann Schulze
Ernst Basler + Partner AG, Schweiz

Dr. Helmut Seitz
Bayerisches Staatsministerium der Justiz und für Verbraucherschutz, München

Norbert Seitz
Bundesministerium des Innern, Berlin

Celina Sonka
Bundeskriminalamt Wiesbaden

Dr. Wiebke Steffen
Deutscher Präventionstag, Heiligenberg (Baden) / München

Dr. Rainer Strobl
proVal - Gesellschaft für sozialwissenschaftliche Analyse, Beratung und Evaluation, Hannover

Christian Ude
Oberbürgermeister der Landeshauptstadt München

Dr. Marie-Luis Wallraven-Lindl
Landeshauptstadt München

Christian Weicht
EDOCA- European Design Out Crime Association, Lemgo

www.ingramcontent.com/pod-product-compliance
Lightning Source LLC
Chambersburg PA
CBHW072039020426
42334CB00017B/1333

* 9 7 8 3 9 4 2 8 6 5 1 5 9 *